W0411823

»Hier haben Sie den einzigartigen T. C. Es hat bisher keinen wie mich gegeben, und es wird auch nach mir keinen wie mich geben.«

TRUMAN CAPOTE IM GESPRÄCH, JUNI 1984

»Und ich habe nur die Hälfte dessen beschrieben, was ich gesehen habe ...«

Zitat von Marco Polo,
Ausriß aus einer Zeitschrift, der in den Papieren
von Truman Capote GEFUNDEN wurde

[illegible]
[illegible]

[illegible]

[illegible]

[illegible]
[illegible]
[illegible]

ERSTER TEIL

1

Damals bewegten sich die Menschen da unten langsamer, deshalb hätte man Arch, der genau das Gegenteil tat, fast für einen Yankee halten können. Als er an jenem Aprilnachmittag die Straße entlangeilte und nur lange genug innehielt, um vor Damen, die er kannte, den Hut zu lüften, schien er schneller zu gehen, schneller zu sprechen und schneller zu denken als sonst jemand in Troy, ja man könnte sogar sagen in ganz Alabama. Aber Arch war schließlich ein junger Mann auf dem Weg nach oben, und am Tag, an dem er Lillie Mae kennenlernte, war er, wie fast jeden Tag, gerade einem Geschäft auf der Spur, das seinen Aufstieg in die Wege leiten sollte.

Sie begegneten einander vor dem Folmar Building, East Three Notch Street, und Arch, der geglaubt hatte, jedes attraktive Mädchen in der Stadt zu kennen, wurde in seinem Vorwärtsdrang von der hübschesten jungen Frau gebremst, die er je gesehen hatte. Sie war klein, nicht einmal einssechzig, ihr Haar war dunkelblond, und ihre Augen hatten die Farbe von edlem Bourbon Whiskey. »Sie hat mich einfach umgehauen«, erinnerte er sich später. Ohne eine Sekunde zu zögern, machte er kehrt und folgte ihr. Als sie in McLeod's Pharmacy verschwand, wartete er nervös draußen; er wollte sie in ein Gespräch verwickeln, aber wahrscheinlich zum ersten Mal in seinem Leben wußte er nicht recht, was er sagen sollte und wie er es sagen sollte. Er war immer noch am Überlegen, als sie herauskam und das Problem für ihn löste.

»Hallo, Arch Persons«, sagte sie. »Wie geht's Bill McCorvey?« Bill McCorvey war ein alter Freund von Arch aus Monroeville, einem kleinen

Provinzkaff im Westen, und Lillie Mae, die von dort herkam, benutzte seinen Namen, um Arch mitzuteilen, daß sie sehr wohl wußte, wer er war, wenn er auch nicht wußte, wer sie war.

»Hallo, Honey, ich kenne Sie«, log er, »aber ich habe Ihren Namen vergessen.«

»Ich bin Lillie Mae Faulk«, antwortete sie.

Danach hatte Arch keine Schwierigkeiten mehr, das Gespräch in Gang zu halten. Er begleitete sie ins Studentenwohnheim zurück – sie machte gerade ihr erstes Jahr an der Lehrerbildungsanstalt in der Normal Avenue –, und nach dem Abendessen kam er noch einmal vorbei, um die Unterhaltung mit ihr im Aufenthaltsraum fortzusetzen. Worüber sie damals redeten, ist längst vergessen, aber Arch, der mit seiner dicken Brille und dem schütter werdenden blonden Haar eigentlich kein gutaussehender Mann war, muß seinen Charme voll ausgespielt haben – was er auch bei nahezu jeder anderen Frau tat –, denn als er am nächsten Tag eine seiner kaufmännischen Expeditionen nach Colorado startete, versprach sie, ihm zu schreiben.

Und sie hielt Wort. Sie korrespondierten fast täglich, und als er am Ende des Sommers nach Alabama zurückkehrte, ohne den Weg nach oben entdeckt zu haben, fuhr er schnurstracks nach Monroeville zu Lillie Mae. Sie setzten ihre Romanze da fort, wo ihre Briefe geendet hatten, und nachdem sie sich in der Kreisstadt von Richter Fountain eine Eheerlaubnis besorgt hatten, hielten sie kurz danach Hochzeit. Es war der 23. August 1923. Arch trennten weniger als zwei Wochen von seinem sechsundzwanzigsten Geburtstag; Lillie Mae war siebzehn.

Ihre verwitwete Mutter war vier Jahre zuvor gestorben und hatte ihren fünf Kindern eine hübsche Summe hinterlassen. Seit damals lebten sie mit einer Ausnahme alle mit ihren ledig gebliebenen Faulk-Kusinen und deren ebenfalls unverheiratetem Bruder zusammen. In ihrem Haus in der Alabama Avenue fand auch die Hochzeit statt. Die Eingangshalle war mit Riesenfarnen geschmückt, Mrs. Lee von nebenan spielte Klavier, und ein Baptistengeistlicher verlas das Ehegelübde. Der Tag war typisch für den tropischen Monat, so heiß und schwül, daß die Männer an ihren Kragen zupften, die

Frauen in ihren schweren Miedern dahinwelkten und nach der Trauung alle in das Eßzimmer drängten, um sich mit Limonade zu erfrischen, bevor die Hochzeitstorte angeschnitten wurde. Als es für das glückliche Paar an der Zeit war, sich zu verabschieden, fuhr Mr. Wiggins, der für solche Gelegenheitsjobs zuständig war, die beiden vierzig Meilen nach Atmore, zur nächstgelegenen Station der Louisville and Nashville Railroad. Dort bestiegen sie hochgestimmt und hoffnungsvoll einen Zug, der sie in die Flitterwochen am Golf von Mexiko brachte.

Für Lillie Mae war die Enttäuschung jedoch so nahe wie das Ende der Fahrt. Wie gewöhnlich knapp bei Kasse, ließ Arch die imposanten, mit weißen Schindeln verkleideten Hotels an der Golfküste links liegen und quartierte sich mit ihr statt dessen in einer Pension in der Nähe von Gulfport/Mississippi ein, deren Besitzer, ein alter Geschäftsfreund, ihm einen Rabatt gewährte. Dort verbrachten sie etwa eine Woche und fuhren dann nach New Orleans weiter, wo ihnen noch ein paar Tage blieben, bevor eine noch größere Enttäuschung eintrat: Arch ging das Geld ganz aus, und ihre Flitterwochen fanden ein abruptes Ende.

Während er zurückblieb, weil er versuchen wollte, etwas Bargeld aufzutreiben, setzte er Lillie Mae in einen Zug und schickte sie nach Monroeville zurück, nachdem er ihren Vormund, die Kusine Jennie Faulk, angerufen und ersucht hatte, sie in Atmore abzuholen. Gegenüber Jennie, die für ihr cholerisches Temperament berüchtigt war, ließ er nicht durchblicken, daß er pleite war. Er erzählte ihr vielmehr, daß er eine große Sache in Aussicht habe, derentwegen er weiterreisen müsse, und ein unerfahrenes Mädchen wie Lillie Mae nicht allein in einer fremden Stadt zurücklassen wollte. Falls Jennie, die ebenso durchtrieben wie mißtrauisch war, damals den Braten noch nicht roch, erfuhr sie die Wahrheit bald von Lillie Mae, und als Arch vier oder fünf Wochen später zurückkehrte, um seine frisch angetraute Frau wieder in Empfang zu nehmen, ließ Jennie ihn wissen, er sei in ihrem Haus nicht mehr willkommen. »Verschwinde und laß dich nie wieder auf meiner Schwelle blicken!« schrie sie. »Setz besser überhaupt keinen Fuß mehr in meinen Hof!« Erst nachdem er die Nacht im Hotel Purafore verbracht hatte, ließ sie sich erweichen und gestattete ihm, sich bei seiner Frau in deren altem, nach hinten gelegenem Schlafzimmer einzuquartieren.

Tief verletzt durch das abrupte Ende ihrer Flitterwochen, grämte sich Lillie Mae noch mehr, als Arch wieder auftauchte. Einer der Gründe, warum sie ihn geheiratet hatte, war gewesen, ihren streitsüchtigen, sich überall einmischenden Kusinen zu entgehen. Und nun war sie verheiratet und wohnte doch immer noch bei ihnen, als hätte es gar keine Hochzeit gegeben. Arch schien es für ganz richtig und natürlich zu halten, daß Jennie auch für ihn sorgte.

Er war offenkundig nicht der Mann, als der er sich Lillie Mae gegenüber ausgegeben hatte, und viele Bewohner des Städtchens, die ihn im Laufe der Jahre hatten kommen und gehen sehen, mal in einem teuren LaSalle oder Packard Phaeton vorfahrend, wenn er gerade Geld hatte, mal seine Freunde anpumpend, wenn er blank war, wußten das und genossen insgeheim ihr Pech. Alle räumten zwar ein, daß sie eine gutaussehende junge Frau war, ja vielleicht das bezauberndste Mädchen, das Monroe County in einer Generation hervorgebracht hatte. Was den Leuten aber mißfiel, war, daß sie kein Geheimnis daraus machte, wie sehr sie ihre hohe Meinung von ihr teilte. Sie hatte einen durchaus akzeptablen einheimischen Bewerber ausgeschlagen, um Arch zu heiraten, und sie hatte nicht den geringsten Zweifel daran gelassen, daß sie nicht vorhatte, den Rest ihrer Tage in Monroeville zu verbringen und für den Missionskreis der Baptisten Kuchen zu backen. Ihr Blick war auf ferne Horizonte gerichtet, auf New Orleans, St. Louis, sogar New York. Doch die manche erheiternde, für sie niederschmetternde Tatsache war, daß sie mit ihrem ganzen anspruchsvollen Getue wieder dort gelandet war, wo sie angefangen hatte, noch bevor ihr Brautbukett auch nur Zeit gehabt hatte zu verwelken. Ihr Hochmut war schneller zu Fall gekommen, als irgend jemand zu hoffen gewagt hatte, und natürlich wurde in diesem Herbst und Winter viel über ihren Mißgriff geredet. »Die Leute in Monroeville hielten Arch für einen Windbeutel und fanden es sehr, sehr traurig, daß meine Schwester ihn heiratete«, berichtete ihr Bruder Seabon. »Sie fanden, daß ihr das nicht hätte passieren dürfen.«

Niemand war davon überzeugter als Lillie Mae selbst. Sie war jedoch zu jung und hatte viel zuviel Schwung, um lange zu Hause Trübsal zu blasen. Da Arch nicht für sie aufkommen konnte, machte sie Pläne, um selbst für sich zu sorgen. Statt an die Lehrerbildungsanstalt zurückzukehren, wählte sie eine praktischere Sache und schrieb sich in einer Handelsschule in Selma ein. Dort fiel sie im Winter 1924 während einer Schulstunde in Ohnmacht und erfuhr auf diese unsanfte Weise, daß sie schwanger war. Angesichts der offenkundigen Hoffnungslosigkeit ihrer Ehe war das keine erfreuliche Entdeckung, und die Aussicht, von Arch ein Kind zu erwarten, muß ihr wie die Verurteilung zu einer Gefängnisstrafe vorgekommen sein, ein Markstein, der den Fehler, daß sie ihn geheiratet hatte, dauerhaft und unwiderruflich machte. Obwohl Arch inzwischen eine Stelle bei einer Dampfschiffahrtsgesellschaft in New Orleans gefunden hatte, glaubte Lillie Mae nicht, daß er sich geändert habe, und ohne ihm ihre Neuigkeit mitzuteilen, ließ sie ihre Kurse im Stich und kehrte nach Monroeville zurück, entschlossen, das Kind abzutreiben. Das war 1924 keine einfache Sache, und sie bat wahrscheinlich Jennie um Hilfe. Jennie sagte fast sicher nein; auf alle Fälle zitierte sie den Vater in spe herbei, seine schwangere Frau abzuholen.

Lillie Maes Entschluß, das Kind abzutreiben, war ungebrochen. Sie richtete ihre Forderung jetzt an Arch und drängte, bettelte und stritt während des ganzen Frühjahrs 1924 mit ihm. »Natürlich hielt ich sie unter Vorwänden hin«, erklärte er, »weil ich mir einen kleinen Sohn mehr als alles übrige in der Welt wünschte. Als es schließlich Juni wurde, schickte ich sie mit einigen Bekannten nach Colorado, weil das Klima dort wunderbar für sie war.« Als Lillie Mae im Juli nach Monroeville zurückkehrte, war ihre Schwangerschaft zu weit fortgeschritten, als daß man eine Abtreibung noch hätte in Erwägung ziehen können. Ob es ihr gefiel oder nicht, sie mußte Archs Kind zur Welt bringen.

Arch hätte nichts dagegen gehabt, die Entbindung Jennie und ihren Schwestern zu überlassen, aber als sich der Zeitpunkt näherte, schickte Jennie Lillie Mae nach New Orleans, wo Arch im Hotel Monteleone, am

Rand des französischen Viertels, eine Suite mietete und sich die Dienste von Dr. E. R. King, einem der besten Gynäkologen und Geburtshelfer der Stadt, sicherte. Am Morgen des Dienstags, den 30. September, setzten bei Lillie Mae schließlich die Wehen ein. Nachdem Arch ihren Bruder Seabon herbeigerufen hatte, trug er sie zu einem Taxi und fuhr mit ihr in die Touro-Klinik. Während der Vater und der Onkel im Korridor auf und ab gingen, kam am Nachmittag etwa um drei Uhr das Kind – der Junge, den Arch sich so sehr gewünscht hatte – zur Welt. Arch nannte ihn Truman nach Truman Moore, einem alten Freund aus seiner Militärzeit, und Streckfus nach seinem Arbeitgeber in New Orleans: Truman Streckfus Persons.

2

Zumindest anfangs schob Lillie Mae ihre früheren Befürchtungen beiseite und benahm sich wie jede andere glückliche junge Mutter. Es war schon fast komisch, wie sie versuchte, Truman sprechen zu lehren und ihm die Dinge um ihn herum zu erklären, bevor er noch seinen Kopf vom Kissen heben konnte. Arch überraschte sie insofern, als er sich in seinem neuen Job hervorragend bewährte. Es ging darum, Vereine und Kirchengemeinden für Ausflugsfahrten auf den Vergnügungsschiffen der Mississippi-Dampfschiffahrtsgesellschaft von Streckfus zu gewinnen. Im Herbst und Winter hatte er sein Büro in New Orleans, im Frühling und Sommer in St. Louis. Selten hat jemand eine solche Eignung für einen Job bewiesen wie Arch für seinen, und wahrscheinlich hat seit Mark Twain niemand eine Kreuzfahrt auf dem Mississippi in leuchtenderen Farben geschildert. Um welche Gruppe es sich auch handelte, er fand die richtigen Worte, um sie an Bord zu bringen. »Wenn irgend jemand es schaffte, die Leute zu überzeugen, dann Arch«, meinte sein Boß, Captain Verne. »Er war der Beste.« Nach jahrelanger Suche hatte Arch seine Berufung gefunden. So wie manche Menschen zum Sportler, Musiker oder Heerführer geboren sind, war er ein geborener Verkäufer. In der Zeit, die ein potentieller Kunde brauchte, um eine Tasse Kaffee zu trinken, gelang es ihm, ihn so in seinen Bann zu schlagen, daß sich der Sahnekrug vor ihm in Aladins Lampe und die Zuckerdose in ein Schatzkästchen verwandelte.

Arch war jedoch kein plumper Charmeur, und seine Fähigkeit zu überzeugen beruhte nicht auf Schmeichelei, Schulterklopfen oder dem Erzählen komischer Geschichten – obwohl er alle diese Dinge ebenfalls spielend beherrschte. Sein Charme hatte ein festeres Fundament: Er hatte nach einem Gespräch von wenigen Minuten intuitiv die geheimen Wünsche seines Gegenübers erraten, so wie eine Wahrsagerin aus wenigen unwissentlich preisgegebenen Anhaltspunkten die Vergangenheit ihres Klienten zu rekonstruieren vermag, und er konnte diese verborgenen Träume so nahe und erreichbar scheinen lassen wie die Zeitung von morgen. Er faszinierte, ja hypnotisierte die Leute; er war auf seine eigene Weise ein Magier, ein Svengali im weißen Leinenanzug. Seine magnetische Anziehungskraft wurde so bekannt, daß *The Circle*, die Zeitschrift der Schifffahrtsgesellschaft, ihn zum »Prince Charming der Streckfus-Linie« erklärte. Er besaß ein blendendes Talent, zu groß, um es auf seinen Job bei Streckfus zu beschränken. In den zwei freien Monaten März und August sowie in der restlichen Zeit, die ihm blieb, setzte er seine Suche nach der Goldmine fort, die, wie er es nannte, hinter dem nächsten Hügel auf ihn wartete. Als Truman noch klein war, versuchte er sein Glück mit unzähligen Projekten, von denen er sich jedes Mal den großen Durchbruch erhoffte. Einmal managte er einen Boxer namens Joe Littleton. Arch wollte einen Boxkampf mitten auf dem Rathausplatz in Monroeville veranstalten, und um Aufmerksamkeit zu erregen, ließ er seinen Star in Shorts durch die Stadt joggen. »Die Damen waren schockiert«, erinnerte sich Lillie Maes Schwester Mary Ida Carter. »Sie hatten noch nie zuvor die nackten Beine eines Mannes gesehen.« Daraufhin erließen die Stadtväter, durch die Proteste aufgeschreckt, ein Verbot von Boxveranstaltungen innerhalb der Stadtgrenzen, und Joe Littleton zog wieder lange Hosen an und kehrte nach New Orleans zurück.

Ein anderes Mal machte Arch die trügerische Goldmine in Gestalt des Großen Paschas alias Sam Goldberg aus der Bronx aus. Goldberg verdiente seinen Unterhalt in Turban und Robe mit einem grotesken Varieté-Auftritt. Seine beste Nummer, der Trick, den Arch so toll fand, war, sich lebendig begraben zu lassen. Mit Hilfe einer geheimen ägyptischen Droge, wie es in den Anzeigen hieß, konnte er seinen Herzschlag auf eine so niedrige Frequenz senken, daß er kaum zu atmen brauchte, und so schaffte er es, bis zu fünf Stunden in einem luftdichten Sarg auszuharren. Unter der Schlagzeile »Der weltberühmte Mann mit magischen Kräften« ließ Arch seine Pascha-Show – »Der lebende Leichnam, Fahrt mit verbundenen Augen, Aufs Kreuz genagelt, Folterszenen und 100 andere Nummern« – an einem halben Dutzend Orten steigen. Nach Monroeville strömten die Leute aus einem Umkreis von hundert Meilen; selbst die Banken schlossen an diesem Tag. Trotz ihres Erfolgs zerstritt sich Arch aber am Ende mit dem Pascha und trennte sich von ihm. Arch dürfte dabei nicht viel verloren haben, denn nicht lange nach ihrem Zerwürfnis versagte Goldbergs ägyptisches Wundermittel, und als man seinen Sarg wieder ausgrub, war der Große Pascha so still wie die Pharaonen.

Arch verfolgte auch noch andere Projekte, darunter einen Plan, Stenographielektionen an Zeitungsketten zu verscherbeln, eine Zeitschrift für Studentinnen- und Studentenverbindungen und eine Serie von Popularitätswettbewerben für Schülerinnen. Die Zahl seiner Projekte war buchstäblich unbegrenzt. Sein Geist feuerte Gedankenblitze ab wie eine Wunderkerze am Vierten Juli, und er dachte an wenig anderes als an neue Möglichkeiten, ein Vermögen zu machen. »Geld ist der sechste Sinn, ohne den die anderen fünf zu nichts nutze sind«, pflegte er zu sagen, und er glaubte, daß er vom Schicksal dazu bestimmt sei, reich zu werden. Hätte er noch irgendeine zusätzliche Gabe besessen – vielleicht nichts Außergewöhnliches, nur Geduld –, hätte sich dieser Glaube vielleicht erfüllt, und er wäre ein so berühmter Promoter geworden wie Billy Rose, Mike Todd oder der Mann, dem er am meisten von allen ähnlich war: P. T. Barnum. Aber was auch immer diese Gabe gewesen wäre, er hat sie nicht besessen. Sein emotionales Barometer war zu vielen Schwankungen ausgesetzt – einen Tag draufgängerisch, am nächsten depressiv –, und er hatte nicht die Art, sehr lange bei einer Sache zu bleiben. Er war außerdem nicht immer wählerisch, wenn es darum ging, zu Geld zu kommen. Bei seiner Jagd nach dem Glück ließ er sich manchmal auf ziemlich krumme Touren ein, und nach und nach glich er immer weniger einem weitblickenden Promoter und immer mehr einem ganz gewöhnlichen Hochstapler. Das Bild, das aus jenen Jahren bleibt, ist das des Sheriffs, der automatisch mit den Schlüsseln zum Arrest zu spielen begann, sooft Arch in die Stadt kam. Sogar seine Mutter, die überzeugt war, daß Gott ihn zu etwas Großartigem und Wichtigem bestimmt habe, klagte, daß er den Unterschied zwischen Recht und Unrecht nicht kenne.

3

Jahre später sagte Lillie Mae zurückblickend oft, sie habe Arch nur geheiratet, um von zu Hause wegzukommen. Manchmal, wenn sie in einer weichen Stimmung war, gab sie jedoch zu, daß sie ihn einst geliebt hatte – und das ist zweifellos die Wahrheit. »Arch war so romantisch«, berichtete Mary Ida. »Er brachte ihr immer Blumen mit – und wenn er sie im Hinterhof pflücken mußte.« Aber die Romanze überlebte die Hochzeit nicht lange. Es war leicht, Arch gern zu haben, aber es war nicht leicht, ihn zu lieben. Genau das, was ihn so charmant machte – die Versprechungen, mit denen er so freigebig um sich warf –, führte regelmäßig zur Enttäuschung. Statt ihm seine Unzuverlässigkeit zu verzeihen – wie sie es vielleicht getan hätte, wenn er ihre Hoffnungen nicht so hoch geschraubt hätte –, warf Lillie Mae sie ihm vor, überzeugt, daß er sie betrogen habe. »Sie war der Meinung, sie habe sich durch die Heirat von ihm hereinlegen lassen«, erklärte Seabon. »Sie hatte geglaubt, einen Mann zu heiraten, der ihr etwas Sicherheit und das Leben einer Hausfrau bieten könne.« Arch konnte ihr weder das eine noch das andere geben, und wenn sie nicht schwanger geworden wäre, ist zu bezweifeln, daß sie länger als ein Jahr zusammengeblieben wären.

Wie die Dinge lagen, ging ihre Ehe zwar nicht abrupt zu Ende, aber sie zerfiel zusehends, zuerst langsam und dann immer schneller, wie ein Stück Zucker in einem kalten Getränk. Lillie Mae scheint sich bemüht zu haben, sie nach Trumans Geburt noch ein paar Monate lang zu erhalten, aber bald gab sie auf, und andere Männer traten in ihr Leben. »Wenn ihr ein Bursche gefiel, konnte sie es nicht erwarten, mit ihm ins Bett zu gehen«, berichtete Arch. »Sie wollte ihr Vergnügen, und sie verschaffte es sich. Nach drei oder vier Wochen hatte sie es dann satt und war bereit, etwas Neues anzufangen.« Arch behauptete, in den sieben Jahren ihrer Ehe neunundzwanzig solcher Affären gezählt zu haben. Sein Bruder John, den Arch ebenfalls belog und betrog, war bereit, Lillie Mae die Seitensprünge zu vergeben. Was er jedoch unverzeihlich fand, war ihr schlechter Geschmack in bezug auf Männer. »Durch die Bank«, klagte er in einem Brief, »sind es entweder Griechen, Spanier, College-Scheichs, aufgeblasene junge Stadtfritzen oder genauso unreife Provinzheinis.«

Der erste auf der Liste könnte ein Mittelamerikaner gewesen sein, der im Sommer 1925 auftauchte. Alle Klischees vom heißblütigen *Latin lover* paßten auf ihn: Er war leidenschaftlich, er überschüttete sie mit Geschenken, und er drohte sie umzubringen, sollte er sie je mit einem anderen Mann, ihr Gatte natürlich ausgenommen, antreffen. Arch gefiel dieses Techtelmechtel nicht – so sagte er jedenfalls später –, aber er machte deswegen keinen Krawall. »Was sollte ich denn tun?« jammerte er. »Sie hat sich weggeschlichen und ihn getroffen, während ich bei der Arbeit war. Es war einfach etwas, über das ich nicht sprach.«

Um peinliche Zusammenstöße zu vermeiden, traf sich Lillie Mae gewöhnlich nachmittags mit ihrem Liebhaber. Aber manchmal folgte er ihnen, von ihr angespitzt, auch abends in ein Kino. Sie half dann Arch, in der ersten Reihe einen Sitz zu finden – er war so kurzsichtig, daß er kaum die Leinwand sah, wenn er weiter hinten saß –, und verkrümelte sich mit ihrem Liebhaber in einem verborgenen Winkel weit hinten. Sobald der Film vorbei war, kehrte sie zu Arch zurück, und der andere ging zu seiner eigenen Frau nach Hause. So kurzsichtig er war, wußte Arch aber doch gewöhnlich, was gespielt wurde.

Manchmal hielt sie ihre Schäferstündchen auch in Gegenwart von Truman ab, zweifellos im Glauben, er sei zu klein, um etwas mitzukriegen. Darin täuschte sie sich. »Einmal ist sie mit einem Mann in St. Louis ins Bett gegangen«, erinnerte sich Truman. »Ich war erst etwa zwei Jahre alt, aber ich erinnere mich deutlich an ihn bis hin zu seinem Aussehen – er hatte dunkles Haar. Wir waren in seiner Wohnung, und ich schlief auf einer Couch. Plötzlich hatten sie einen großen Streit. Er ging an einen Schrank, zog eine Krawatte heraus und begann sie damit zu würgen. Er hörte erst auf, als ich hysterisch zu schreien begann. Etwa zwei Jahre später nahm sie mich nach Jacksonville mit, um mich bei meiner Großmutter abzusetzen. Mein Vater und sie waren damals schon mehr oder weniger getrennt, und sie ging während ihres Aufenthalts dort mit verschiedenen jungen Männern aus. Eines Abends hörte ich, wie sie es, was immer es auch war, auf dem Klappsitz eines Autos trieben. An einem anderen Abend brachte sie einen Mann einfach nach Hause mit. Sie muß getrunken haben, denn ich hörte sie kichern, und ihre Stimme klang komisch. Plötzlich flammten alle Lichter auf, und meine Großmutter und sie schrien einander an. Dann begann sie zu packen, und alle paar Minuten kam sie auf die Veranda, wo ich lag. Sie weinte, umarmte mich und sagte zu mir, sie werde mich nie verlassen. Ich wurde wieder einmal hysterisch; an diesem Punkt versagt mein Gedächtnis.«

Nicht alle ihre Liebhaber waren Griechen, Spanier oder College-Scheichs. Jack Dempsey, der frühere Boxweltmeister im Schwergewicht, genügte sogar den hohen Ansprüchen von John Persons. Lillie Mae lernte ihn im Zug kennen, als sie mit Truman von Memphis nach St. Louis fuhr. »Wir saßen in einem offenen Abteil, und ein Mann ging den Gang auf und ab und schaute dabei meine Mutter an – ich war es gewöhnt, daß die Männer meine Mutter anschauten. Dann lud er uns auf einen Drink in sein geschlossenes Abteil ein. Ich wußte schon damals, wer Dempsey war, oder zumindest wußte ich, daß es jemand Berühmter war. Wir gingen also in sein Abteil, und meine Mutter unterhielt sich mit ihm. Nach einer Weile sagte Dempsey zu dem Mann, der sein Manager gewesen sein muß, er solle mir im Aussichtswaggon eine Cola spendieren. Wir gingen zusammen dahin und starrten fast den ganzen Nachmittag lang auf die Gleise hinaus. Ich erinnere mich, daß ich ihn fragte, wo meine Mutter sei. Aber ich wußte genau, wo sie war. Solche Sachen geschahen oft.«

Ein Grund, warum Arch in all diesen Jahren stillhielt und dabei die Liebhaber seiner Frau so methodisch zählte, als notiere er den Stand eines Kartenspiels, war, daß er sich nicht scheute, sie bei seiner Jagd nach Geld einzuspannen. Als sie jung verheiratet waren, überredete er sie etwa, ungedeckte Schecks für ihn einzulösen, wobei er ihr gutes Aussehen als Köder nutzte. In Dempsey erblickte er sogleich eine Goldmine – sogar eine noch prallere als der Große Pascha –, und mit Lillie Mae als Vermittlerin überredete er den Ex-Champion, der immer noch eine ungeheuer populäre Figur wie Charles Lindbergh oder Will Rogers war, als Schiedsrichter bei einem Ringkampf in Columbus/Mississippi aufzutreten. Er verschickte Tausende von Reklamezetteln, ließ Briefpapier mit Fotos von Dempsey und ihm drucken und errichtete Holztribünen für elfeinhalbtausend Personen. »Es gab keine Arena im ganzen Staat, in der die Massen Platz gefunden hätten, die wir erwarteten!« rief er aus. Aber das Glück entwischte ihm aufs neue. Am »Jack Dempsey Day«, dem 10. November 1930, brach ein schrecklicher Sturm über Columbus herein, und Dempsey war nicht populär genug, um mehr als dreitausend Leute zu veranlassen, sich Wind und Regen auszusetzen. Arch brachte seine Kosten nicht herein.
Obwohl Lillie Mae ihm nicht treu war, hielt sie in den meisten übrigen Punkten zu Arch, und zwar noch lange, nachdem ihn ein Großteil der anderen Frauen wohl hinausgeworfen hätte. Sie sah über seine Mißerfolge hinweg, verteidigte ihn bei seinen immer häufigeren Konflikten mit dem Gesetz und half ihm, wann immer sie konnte. Obwohl die Zeiten ihres Zusammenseins immer kürzer wurden, sprach keiner der beiden von Scheidung; beide schienen zufrieden mit ihrem Arrangement.

Der einzige Leidtragende war Truman, und wenn stimmt, was die Psychologen sagen, nämlich daß es die größte Angst eines Kindes – die Urangst – ist, von seinen Eltern verlassen zu werden, dann hatte er guten Grund zur Angst. Zwischen Archs Luftschlössern und Lillie Maes Affären blieb wenig Zeit für ihn übrig. Wenn er bei ihnen war, sperrten sie ihn manchmal nachts in ihr Hotelzimmer und wiesen das Personal an, ihn nicht herauszulassen, selbst wenn er schreien sollte, was er in seiner Panik oft tat. »Mit der Zeit«, erinnerte er sich, »war ich so erschöpft, daß ich mich einfach aufs Bett oder auf den Boden warf, bis sie zurückkamen. Jeder Tag war ein Alptraum, weil ich Angst hatte, daß sie weggehen würden, wenn es finster wurde. Ich hatte schreckliche Angst, im Stich gelassen zu werden, und ich erinnere mich, daß ich praktisch meine ganze Kindheit in einem Zustand ständiger Anspannung und Furcht verlebte.« Eine frühe Erinnerung, die zweifellos einen Traum und kein wirkliches Ereignis betrifft, ist dennoch symbolisch für diese einsamen Jahre: Während er mit einer schwarzen Amme durch den Zoo von St. Louis ging, hörte er Schreie – ein Löwe war ausgebrochen. Die Amme lief weg, und er blieb ganz allein zurück, ohne Versteck und ohne Zuflucht.

Lillie Mae unternahm sporadische Versuche, ihn bei sich zu behalten. Im Winter 1929 nahm sie ihn sogar nach Kentucky mit, wo sie, immer noch in der Hoffnung auf einen eigenen Beruf, ein paar Wochen lang eine Handelsschule besuchte. Auch Arch versicherte ihn stets seiner ewigen Liebe. Aber keiner von beiden war bereit, sich ganz den Elternaufgaben zu widmen oder ein dauerhaftes Opfer zu bringen. Kurz, sie liebten ihn nur, wenn sie gerade nichts anderes zu tun hatten. Manchmal gaben sie ihn zu Archs verwitweter Mutter, die einen Presbyterianer-Pfarrer in Jacksonville geheiratet hatte. Häufiger deponierten sie ihn bei Lillie Maes Verwandten in Monroeville. Im Sommer 1930, wenige Monate vor seinem sechsten Geburtstag, ließen sie ihn schließlich endgültig dort – oder zumindest auf unabsehbare Zeit. Arch jagte wieder seinen Projekten nach; Lillie Mae fuhr zu Freunden in Colorado. Trumans ständige Angst, sie würden ihn im Stich lassen, hatte sich bewahrheitet.

4

Es war ein sonderbarer Haushalt, in den er in Monroeville kam, einzigartig für den Süden und eigentümlich für die Zeit: drei streitsüchtige Schwestern in vorgerückten Jahren, der menschenscheue ältere Bruder und eine Atmosphäre, die erfüllt war von Geheimniskrämerei und altem Groll. Jennie, Callie, Sook und Bud, zusammengehalten durch die Bande des Blutes und die Mauern des weitläufigen alten Hauses in der Alabama Avenue, entzweit durch Eifersucht und die angestauten Kränkungen eines halben Jahrhunderts.

Jennie, eine stattliche, etwas maskulin wirkende Frau mit rotem Haar, war der Boß, die letzte und absolute Autorität in allen wichtigen Fragen. Als junge Frau hatte sie erkannt, daß sie als einzige imstande war, die Familie zu erhalten; sie war nach St. Louis und Pensacola in Florida gegangen, um die Hutmacherei zu lernen, und hatte nach ihrer Rückkehr auf dem Rathausplatz ein eigenes Geschäft eröffnet. Zur damaligen Zeit verließen Frauen das Haus nicht ohne extravagante Aufbauten auf dem Kopf, und Jennie kam zu Wohlstand, indem sie die vagen und unartikulierten Phantasien ihrer Kundinnen in ein Feuerwerk von Firlefanz und Federn umsetzte. Mit der Zeit erweiterte sie ihr Angebot, bis sie schließlich alles führte, was sich eine Frau mit Ausnahme der Schuhe an den Füßen wünschen konnte. Sie werde sich nie dazu herbeilassen, Schweißfüße anzufassen, erklärte Jennie. »Sie war die stärkste Frau, die ich je gesehen habe«, meinte Seabon, »und eine der besten Geschäftsfrauen, die es je gegeben hat. Sie war eine der ersten Aktienbesitzerinnen sowohl von der Monroe County Bank als auch von der First National Bank von Monroeville. Sie mischte überall mit.« Jennie war auch für ihr aufbrausendes Temperament bekannt. Einmal schlug sie einen faulen Gehilfen mit einer Hundekette; ein anderes Mal sprang sie aus dem Auto, als sie einen Mann erblickte, von dem sie sich übers Ohr gehauen fühlte, und ging auf seiner eigenen Terrasse vor seiner Frau und den Kindern auf ihn los. Die Leute gingen auf Zehenspitzen, wenn Jennie in der Nähe war.

Callie mit dem lockigen Schwarzhaar, die jüngste und einst hübscheste der Schwestern, war Lehrerin gewesen. Als sich Jennies Hutladen zu rentieren begann, befahl ihr Jennie, zu kündigen und ihr bei der Buchhaltung zu helfen, und wie alle übrigen in diesem Haus gehorchte auch Callie; sie führte die Bücher und tippte mit zwei Fingern Geschäftsbriefe auf einer alten Schreibmaschine. Aber wie viele schwache Menschen rächte sich Callie, indem sie ständig nörgelte und sich beklagte, wobei sie in einer Dauerhaltung moralischer Überlegenheit stets die Nase hoch trug. Wenn Jennie beispielsweise einmal die Kirche sausenließ, wie sie es manchmal tat, reagierte Callie mit Empörung. »O Jennie, so eine Sünde!« klagte sie dann. »Ich gehe!« Und sie dampfte in ihrem Sonntagsgewand wutschnaubend ab wie eine Fregatte, die mit wehenden Wimpeln und tutender Sirene aus dem Hafen ausläuft. Da sie wußte, daß sowohl Jennie als auch Sook, die dritte Schwester, heimlich süffelten – guten Baptisten, insbesondere guten Baptistinnen, war das Trinken nicht erlaubt –, machte sie es auch zu einer ihrer Lebensaufgaben, die versteckten Bourbonflaschen aufzustöbern und auszuleeren. Jennie war allerdings nicht bußfertig und schaffte es, immer über genügend Vorräte zu verfügen; an Wochenenden war sie vormittags oft auf der Veranda anzutreffen, wo sie an ihrem Eistee nippte, wie sie es diskret nannte. Wenn eine Nachbarin vorbeikam, etwa Mrs. Lee von nebenan, bat sie sie zu einem Glas herein – und ging dann in die Küche, um einen Pott echten Tee zu brauen.

Jennie mußte sich Callies hinterhältige Angriffe zwar gefallen lassen, aber es lag nicht in ihrer Natur, den Mund zu halten, und so zankten sich die beiden unablässig. Tatsächlich gab es fast nichts, worüber sie sich nicht in die Haare gerieten: ob sie jemanden zum Abendessen einladen sollten, ob es Steak oder Huhn geben sollte, ob der Tisch so oder so zu decken sei. Nach einem Script, das sie tausendmal durchgespielt hatten, trug Callie bei diesen kleinen Gefechten stets den Sieg davon, aber Jennie gewann die großen Schlachten, und wenn das geschah, lief Callie weinend in ihr Zimmer.

Sook, die Dritte im Bunde, war zwei Jahre älter als Jennie und vier Jahre älter als Callie, aber dennoch die Jüngste an Geist und Seele. Etwas zur Fülle neigend, das weiße Haar kurz geschnitten und so kindlich, daß sie von vielen für etwas zurückgeblieben gehalten wurde. In Wirklichkeit war sie bloß so scheu und weltfremd, daß sie manchmal einfältig wirkte. Sie war selten aus Monroe County hinausgekommen. In all den Jahren hatte sie nie etwas gelesen außer der Bibel und Grimms Märchen, und sie war nie im Kino gewesen, hatte niemals Rudolph Valentino, Mary Pickford, Douglas Fairbanks oder einen der anderen Stars gesehen, über die alle redeten, ja sie hatte nicht einmal mitgekriegt, daß der Stummfilm sprechen lernte. Ihre Aufgabe war, daheim zu bleiben und das Haus zu versorgen, und sie wußte wenig von der Welt außerhalb des Gartenzauns.

Nur gelegentlich machte sie längere Exkursionen. So ging sie zum Beispiel jeden Herbst einen Tag lang in den Wald, um die Ingredienzien für ihr Hausmittel gegen Wassersucht zu suchen, dessen Rezept noch von den Indianern oder den Zigeunern – niemand wußte das so genau – auf sie überkommen war. Dann kochte sie all ihre Zutaten, hauptsächlich Kräuter und Berberitzen, in einem riesigen Waschkessel im Hinterhof, und die Nachbarn wußten aufgrund der roten Glut an diesem Abend, daß Sook wiederum ihr Tränklein braute. Was es auch war, es schien zu wirken, und mehrere Opfer dieser Krankheit priesen sie wie eine Heilige.

Eine zweite Exkursion fand ebenfalls im Herbst statt. Dann suchte sie im Wald Pekannüsse für ihre Weihnachtsstollen. Sie machte jeweils etwa ein Dutzend Stollen und verschenkte sie an Verwandte und Leute, die sie bewunderte, etwa an den Mann, der mit einem Wagen herumzog und

Blechwaren verkaufte, oder an Präsident Roosevelt und seine Frau. Das Dankschreiben der Roosevelts, das beide Unterschriften auf Briefpapier des Weißen Hauses trug, zählte zu ihren kostbarsten Besitztümern. Doch auch die sanfte, unschuldige Sook hatte eine dunkle Seite; sie war süchtig nach Morphium, das ihr nach einer Brustamputation als Schmerzmittel verordnet worden war, und ihre Abhängigkeit machte sie manchmal launisch und reizbar. »Wenn ihr die Medizin ausging, wurde sie wild, und man konnte nicht mit ihr reden«, erinnerte sich Seabon. »›Au! Au!‹, stöhnte sie dann und rief mich: ›Seabon! Lauf zu Dr. Coxwell hinüber und hol mir meine Medizin. Ich brauche meine Medizin!‹«

Umringt von verbiesterten, schwierigen Frauen und halbinvalide durch Asthma, hielt sich der ebenso hochaufgeschossene wie magere Bruder Bud soviel wie möglich abseits. Obwohl er kraft seines Geschlechts und Alters das nominelle Oberhaupt des Clans war, hatte er schon seit langem zugunsten Jennies abgedankt und hielt sich einen Großteil der Zeit in seinem Zimmer auf, wo er sich den beißenden Dämpfen eines Asthmamittels namens Green Mountain aussetzte, das er in einer umgekehrten Untertasse auf dem Kaminsims verbrannte. Die übrige Zeit verbrachte er entweder mit der Beaufsichtigung der Farm, die er außerhalb der Stadt besaß, oder in einem Schaukelstuhl auf der vorderen Veranda. Jennie und Callie hatten genügend Verehrer gehabt, aber Bud war nie mit einer Frau ausgegangen und hatte kein wie auch immer geartetes Interesse an Sex bekundet; niemand erkühnte sich, ihn nach dem Grund zu fragen. Er sprach niemals abfällig über irgend jemanden, und der einzige Mensch der Welt, den er nicht zu mögen schien, war sein jüngerer Bruder Howard, der mit seiner Frau auf einer Nachbarfarm lebte. Vor langer Zeit hatten sie sich über ein Stück Land gestritten, das sie von ihrem Vater geerbt hatten, und seither sprachen sie nicht mehr miteinander. Wenn Howard und seine Frau zum Abendessen kamen – und das war jeden Sonntagnachmittag der Brauch –, saßen sich die beiden Brüder bei Tisch gegenüber, ohne eine Silbe miteinander zu reden.

Doch trotz all der emotionalen Stürme, der Zwistigkeiten und tränenreichen Abgänge, der verschrobenen Bräuche und Verhaltensweisen ruhte das Leben in der Alabama Avenue auf einem Fundament von Ruhe, Ordnung und einer inzwischen verschwundenen Einfachheit, und es ist leicht zu verstehen, warum es Lillie Mae, die so verzweifelt weggestrebt hatte, so oft dahin zurückzog. Trotz all ihrer Intrigen und erbitterten Auseinandersetzungen waren die Faulks eine Familie. Sie wußten, daß sie, was auch immer gesagt wurde, am Ende doch stets aufeinander zählen konnten. Sie sorgten füreinander.

Als Truman dort um 1930 zu leben begann, war Monroeville ein kleiner Marktflecken, kaum mehr als eine Häuserzeile zwischen Mais- und Baumwollfeldern. Die Zählung hatte in diesem Jahr gerade 1355 Einwohner ergeben, aber selbst diese geringe Zahl war wahrscheinlich von den örtlichen Beamten aufgemöbelt worden, die erreichen wollten, daß die Gemeinde ein eigenes Postamt bekam. Es gab keine einzige gepflasterte Straße, und eine Zeile von Eichenbäumen prangte mitten in der Alabama Avenue. An heißen Sommertagen wirbelten Autos und Pferde roten Staub auf, sooft sie vorbeifuhren; wenn es regnete, verwandelte sich dieser Staub in Schlamm. Ohne Straßenkarte war es schwer festzustellen, wo die Ortschaft begann und das umliegende Ackerland endete. Die Hinterhöfe waren weitläufig, mit zwei oder drei Nebengebäuden, und die meisten Leute hielten Hühner, manche Schweine und zumindest eine Kuh. Die Faulks hatten keine Kuh – Sook wollte keine melken –, aber sie zogen Hühner und auch Puten groß, und Bud brachte jeden Winter zwei Mastschweine von seiner Farm, die alsbald in der Räucherkammer landeten.

Der Tagesablauf war, wie auf dem Lande üblich: mit den Hühnern auf und um acht oder neun Uhr zu Bett. Im Faulk-Haushalt fingen Sook und die alte Tante Liza – alle älteren Schwarzen wurden von ihren weißen Dienstherrn »Tante« oder »Onkel« genannt – um fünf Uhr früh an, Frühstück zu kochen, die große Mahlzeit des Tages. Dazu gehörten selbstverständlich Schinken, Eier und Pfannkuchen, aber die Fruchtbarkeit des Landes wurde darüber hinaus fast im Übermaß bewiesen, indem man auch gebratenes Huhn, Schweinekoteletts, Katzenwels und Eichhörnchen (je nach Jahreszeit) auftischte. Neben all dem gab es Grütze und Sauce, Kichererbsen, Kohl (mit Maisbrot zum Auftunken des Saftes), weiche Brötchen und hausgemachte Marmeladen und Kompotte, gehaltvolle Früchtekuchen, Milch und Buttermilch und mit Zichorie aromatisierten Kaffee. Nach diesem Bankett in aller Herrgottsfrühe gingen Jennie und Callie zu Fuß in ihren Laden, Bud zog sich in sein Schlafzimmer zurück und Sook nahm sich ihrer anderen Haushaltspflichten an, wozu die Kontrolle Tante Lizas und des alten schwarzen Faktotums Anna Stabler zählte, die in einer kleinen Hütte im Hinterhof wohnte. Anna war fast ein Bestandteil der Familie und so zänkisch, daß Jennie und Callie daneben fast sanftmütig wirkten. »Ein Gezeter war das! Schon aus zwei Meilen Entfernung hat man sie keifen gehört!« erzählte Mary Ida. »Ein Neger ist damals gegenüber einem Weißen nicht frech geworden, aber Anna nahm bei keinem Weißen ein Blatt vor den Mund. Wenn Sook mit ihr schimpfte, weil sie an Stellen nicht saubermachte, die man nicht sehen konnte, etwa die Unterseite des Klaviers, stand Anna bloß auf und belferte zurück. Dann mußten beide lachen und setzten ihre Tätigkeit fort.« Die teils von Indianern abstammende Anna leugnete, überhaupt schwarzes Blut in den Adern zu haben, und trug dickes Rouge auf die Wangen auf, um sich als Indianerin auszuweisen. Am Wochenende saß sie stolz im schönsten Kleid auf ihrer kleinen Veranda und spielte auf dem Akkordeon, die Backen mit Baumwolle ausgestopft im vergeblichen Bemühen, die Tatsache zu verbergen, daß sie keine Zähne mehr hatte.

Jennie und Callie kamen zum Mittagessen, das gewöhnlich aus Aufgewärmtem vom Frühstück bestand, nach Hause. Nach Geschäftsschluß gab es ein frühes Abendessen, bei dem ebenfalls großenteils Reste des morgendlichen Festmahls verwendet wurden. Nach dem Abendessen fanden sich alle auf der großen, teils offenen Veranda ein, die fast das ganze Jahr über das Zentrum der Geselligkeit bildete. Die Winter sind kurz im Süden von Alabama und in manchen Jahren so mild, daß man sie kaum bemerkte;

der Herbst geht dann mit einer ganz kurzen Zwischenphase in den Frühling über. Nach einer Weile kamen jeweils auch Nachbarn vorbei, um zu plaudern. Reden war die Hauptform der Unterhaltung, und alle Welt wußte alles, was es über alle übrigen zu wissen gab. Einmal in der Woche luden Sook und Callie einige Freunde, gewöhnlich Dr. Logan und Dr. Bear, zu einem Kartenspiel namens Rook ein. Sook, die beste Spielerin in der ganzen Straße, fabrizierte aus diesem Anlaß einen Berg Schaumgebäck und tanzte den ganzen Tag in freudiger Erregung umher. Jennie war als einzige darüber erhaben. Kartenspielen, pflegte sie zu sagen, sei etwas für arme Narren. Ihre einzige Leidenschaft war der Garten. Ihre Kameliensträucher waren in der ganzen Gegend berühmt, und sie wachte darüber, als wären es kostbare Juwelen, was sie in ihren Augen tatsächlich waren.

Selbst die Wirtschaftskrise, die den Süden zuerst und am härtesten traf, änderte nichts an dieser geruhsamen Routine. Es waren einfach mehr Leute da, an die Sook abgetragene Kleider verteilen mußte, und die ersten »Hoover-Autos« tauchten auf, Pferdewagen mit Gummirädern, die von verschrotteten Model-Ts stammten. Auch Geld war in Provinznestern wie Monroeville niemals so reichlich vorhanden oder so wichtig gewesen wie in den Städten, und daß es plötzlich keines mehr gab, fiel entsprechend weniger ins Gewicht. Die Faulks bekamen die harten Zeiten zwar auch zu spüren, aber sie litten nie wirklich Mangel. In Sooks Küche drängten sich wie immer rund um die Uhr volle Kochtöpfe.

5

Truman, der schon so oft in diesem Haus zu Gast gewesen war, oft wochenlang, benötigte keine Eingewöhnungszeit und keine Anpassung. Den ganzen Sommer 1930 über schwamm er täglich an der Hatter-Mühle in einem kleinen See an der Drewry Road, wo die meisten Bewohner von Monroeville hingingen, um zu picknicken, zu baden und den kühnen Burschen zu applaudieren, die aus einem Fenster im dritten Stock der alten Mühle ins Wasser sprangen. Er schlief in einem Raum neben Sooks Zimmer, und wenn er nicht am See zum Baden war, hielt er sich gewöhnlich in ihrer Nähe auf, sei es in der Küche, im Hinterhof oder auf den angrenzenden Feldern. Nach seiner Einschulung im September blieb ihnen weniger gemeinsame Zeit, aber es gab immer noch die Nachmittage und Wochenenden, und sobald nach den schwülen Sommertagen eine erste Brise aufkam, brachte sie ihm bei, wie man einen Drachen steigen läßt. Er begleitete sie seinerseits auf ihren herbstlichen Ausflügen in die Wälder und half ihr die Zutaten für ihre Arznei gegen Wassersucht und die Pekannüsse für ihre Weihnachtsstollen suchen. Sie tat ihr Bestes, um ihm Mutter sowie Freundin zu sein, und das gelang ihr auch weitgehend.

Truman hatte nur noch einen anderen echten Spielgefährten, und das war Harper Lee, die jüngste Tochter der Nachbarsfamilie. Nach herrschenden Maßstäben galten die Lees als Intellektuelle. Mr. Lee war Anwalt, hatte früher Anteile am *Monroe Journal* besessen, das er auch herausgab, und hatte einige Zeit als Senator von Alabama in der Hauptstadt Montgomery verbracht. Seine Frau, dieselbe Mrs. Lee, die auf der Hochzeit von Arch und Lillie Mae Klavier gespielt hatte, war ein Kreuzworträtsel-Genie, eine Frau von gigantischer Körperfülle, die stundenlang auf ihrer vorderen Veranda saß und hingebungsvoll Buchstaben in Kästchen eintrug. Sie war allerdings nicht ganz richtig im Kopf. Sie wanderte oft die Straße auf und ab und sagte merkwürdige Dinge zu Nachbarn und Vorübergehenden, und zweimal hatte sie versucht, Harper – oder Nelle, wie sie damals genannt wurde – in der Badewanne zu ertränken. »Beide Male wurde Nelle von einer älteren Schwester gerettet«, erzählte Truman. »Wenn sie von den unwahrscheinlichen Geschichten des Südens sprechen, ist das durchaus wörtlich zu verstehen!«

Harper überstand die Wässerungen und wurde zum Wildfang der Nachbarschaft, zu einem Mädchen, das, wie Mary Ida es formulierte, den meisten Jungen ihres Alters oder auch ein Jahr älteren, wie Truman, die Puste aus dem Leib prügeln konnte. Tatsächlich war er eines ihrer bevorzugten Opfer, aber das hielt die beiden nicht davon ab, unzertrennliche Spielgefährten zu werden. Ein Bretterverschlag im Chinaberry-Baum der Lees wurde ihre Festung gegen die Welt, eine lauschige Zuflucht, wo sie lasen und Szenen aus ihren Lieblingsbüchern spielten, die die Abenteuer von Tarzan, Tom Swift und den Rover Boys schilderten.

Das Band, das sie vereinte, war stärker als Freundschaft – es war ihre gemeinsame Not. Beide laborierten an der Kränkung elterlicher Ablehnung, und beide litten unter Einsamkeit. Beide hatten nicht viele andere echte Freunde. Nelle war den meisten anderen Mädchen zu ruppig, und Truman war den meisten anderen Jungen zu weich. Es begann schon damit, daß er für sein Alter klein war und es ihm keinen Spaß machte, sich mit den anderen zu prügeln und im Dreck zu wälzen, wie das die meisten übrigen Jungen taten. Und da Lillie Mae, die seine Kleider mit der Post schickte, ihn, ohne es zu beabsichtigen, zu gut anzog, stach er in seinem frischgewaschenen Hemd und dem adretten Leinenhöschen von den anderen ab wie Little Lord Fauntleroy. Die Leute bemerkten oft, er sei mit seinen hellblonden Haaren und den himmelblauen Augen hübsch genug, daß er ein Mädchen sein könnte. Kurz, er war als Bubi verschrien.

Es gibt Fotos von Truman in diesem Alter – ein übers ganze Gesicht lächelnder blonder Knirps –, aber Harper lieferte dreißig Jahre später das beste Bild von ihm. Sie gestaltete einen der Charaktere in ihrem Roman »To Kill a Mockingbird« (»Wer die Nachtigall stört«) nach ihm und beschrieb ihn als ein echtes Kuriosum: »Er trug blaue Leinenshorts, die ans Hemd geknöpft waren, sein Haar war schneeweiß und klebte an seinem Kopf wie Schuppen. Er war ein Jahr älter als ich, aber ich überragte ihn beträchtlich. Wenn er uns [eine] alte Geschichte erzählte, wurden seine blauen Augen abwechselnd heller und dunkler. Sein Lachen war spontan und glücklich. Er zupfte ständig an einer Haarsträhne, die ihm in die Stirn hing... Wir lernten [ihn] als kleinen Merlin kennen, dessen Kopf voll war von exzentrischen Plänen, seltsamen Sehnsüchten und wunderlichen Ideen.«

Obwohl er von den meisten seiner Altersgenossen nicht besonders geschätzt wurde, war er ein zärtliches und zauberhaftes Kind, dieser kleine Merlin, und wenn sie ihn auch nicht sofort ins Herz schlossen wie Sook, so gewannen ihn doch auch Jennie und Callie bald lieb. »Ich fürchte, wenn es das überhaupt geben kann, daß wir ihn alle zu gern haben«, gestand Callie in einem Bericht an Archs Mutter. »Er ist einfach ein süßer Junge«, fügte sie später hinzu. »Wir freuen uns, ihn hier zu haben. Er ist der Sonnenschein unserer Familie.« Er war außergewöhnlich aufgeweckt, und Callie, die ehemalige Lehrerin, war stolz auf seinen vielversprechenden Verstand. Sie erwähnte, sie und Jennie läsen ihm jeden Abend vor – und er ihnen. »Es gefällt mir sehr, zu sehen, wie sich sein kleiner Geist entwickelt und sich die Dinge aneignet«, bemerkte sie beifällig.

Als die selbsternannte Moralwächterin der Alabama Avenue versicherte Callie seiner Großmutter auch, daß er in der Sonntagsschule gute Fortschritte mache – ja daß er mit Auszeichnung aufgestiegen sei – und daß er auch zu Hause die entsprechende geistliche Anleitung erhalte. »Wir gewähren ihm jedes mögliche Vergnügen«, schrieb sie, »aber natürlich versuchen wir, ihm beizubringen, daß es eine richtige Art gibt, sich zu vergnügen. Ich versuchte, ihn dafür zu interessieren, den 23. Psalm auswendig zu lernen; auch die Zehn Gebote. Ich sagte zu ihm (er wußte es eigentlich schon), daß sein Unterricht nicht viel tauge, aber daß ich ihm, wenn er den 23. Psalm perfekt auswendig könne, 25 Cents geben würde – aber er solle es nicht bloß für die 25 Cents tun, sondern für die Liebe Gottes und um der Liebe willen, die er für Gott empfinde. Er stimmte bereitwillig zu, den Psalm zu lernen, weil es richtig für ihn sei, dies zu tun. Er schaffte es prima, ich gab ihm die 25 Cents, und Sook legte noch etwas drauf. Jetzt hat er mit den Zehn Geboten angefangen. Ich habe ihm gesagt, er solle jeden Tag bloß eines lernen, dann werde es ihm nicht so schwer erscheinen.«

Trotz Callies Versicherungen war Truman aber nicht glücklich. Seine eigenen Schilderungen seines Lebens in Monroeville sind fast grausig, und Callie wäre vielleicht entsetzt gewesen über das negative Bild, das er von ihr zeichnete. Verglichen mit Sook empfand er sowohl Callie wie auch Jennie als kalt und lieblos, als verkniffene und geizige alte Jungfern. Wahrscheinlich erwartete er zuviel von ihnen; vielleicht ließ er sich auch von Jennies rauher Schale täuschen, und Callies Selbstgerechtigkeit ging ihm vermutlich auf die Nerven. Seinen Religionsunterricht behielt er so in Erinnerung, daß man ihn ständig in die Kirche mitschleppte und ihm nicht mehr freie Wahl ließ als den Häftlingstrupps, die außerhalb der Stadt aneinandergekettet im Straßenbau arbeiteten. Dennoch kann man sich schwer vorstellen, daß die Faulk-Schwestern noch mehr hätten für ihn tun können. Obwohl Lillie Mae und – in seltenen Fällen – Arch für die meisten durch ihn entstehenden Kosten aufkamen, war es doch diese besondere Familie, die sich konkret um ihn kümmerte.

Truman beklagte sich im Grunde nicht, Jennie sei cholerisch und Callie nörgele ständig oder es sei nicht genügend Geld für all die verlockenden Dinge dagewesen, die er in Mobile in den Auslagen sah. Es war vielmehr so, daß keine der Faulk-Schwestern, nicht einmal die geliebte Sook, ihm seine leiblichen Eltern ersetzen konnten. Es stimmt zwar, daß Lillie Mae gelegentlich von irgendeinem fernen Ort herbeieilte und mit ihren schikken, teuren Kleidern bei ihren Freundinnen neidische Blicke erntete. Aber sie verschwand bald wieder in einer duftenden Wolke von Evening in Paris, ihrem Lieblingsparfum. Truman war immer todunglücklich, wenn sie wegfuhr. Als er einmal eine Parfumflasche fand, die sie vergessen hatte, trank er sie bis zum letzten Tropfen aus, als könnte er durch ihren Duft die Frau herbeizaubern. Bei einem ihrer Besuche redete er sich ein, daß sie ihn diesmal mitnehmen werde. »Aber nach drei oder vier Tagen brach sie auf«, seufzte er, »und ich stand auf der Straße und sah sie in einem schwarzen Buick wegfahren, der immer kleiner und kleiner wurde. Stell dir einen Hund vor, der zusieht und wartet und hofft, mitgenommen zu werden. Das ist das Bild von mir damals.«

Arch erregte auf seine Weise in Monroeville Aufsehen. Wenn eines seiner Projekte eingeschlagen hatte, hielt er in einem schnittigen Cabrio Einzug im Ort, wobei er seine Ankunft durch lautes Betätigen der chromblitzenden, trompetenähnlichen Hupen verkündete, die die Motorhaube schmückten. Selbst Cäsar hätte sich keine durchdringendere und triumphalere Fanfare wünschen können. War ein Plan dagegen fehlgeschlagen, was in jenen düsteren Jahren der Depression immer häufiger vorkam, schlich er sich in den Ort und huschte möglichst unauffällig zu den Faulks, damit niemand und speziell nicht seine Gläubiger etwas von seiner Anwesenheit erfuhren. Doch selbst in dieser Hinsicht war er gewöhnlich erfolglos. Eines Abends klopfte um elf Uhr, lange nachdem alle zu Bett gegangen waren, ein Gendarm mit einem Haftbefehl an die Tür. Zu seinem Glück hatte Arch sich nach dem Abendessen empfohlen. Ob er sich jedoch laut oder still verhielt, es gelang ihm nicht, vielen Bewohnern von Monroeville zu imponieren; sie fielen auf Hochstapler nicht herein. »Die Leute machten sich über ihn lustig«, berichtete Mary Ida. »Er war immer hinter der Million Dollar her, die sich ihm entzog, immer auf der Jagd nach etwas, das ein paar Nummern zu groß für ihn war. Und das machte Truman psychologische Probleme, wie Sie es wahrscheinlich nennen würden. Schon als kleiner Junge spürte er, daß mit seinem Daddy etwas nicht stimmte.«

Wie alle übrigen Menschen blendete Arch auch Truman mit Versprechungen, und wenn Truman das Gefühl hatte, in der Alabama Avenue nicht gut behandelt zu werden, erwähnte er trotzig seinen Daddy, der ihm versprochen hatte, ihn aus seiner Misere zu erlösen. Unter anderm hatte Arch ihm einen Hund und Bücher in Aussicht gestellt, Dinge, die sich Truman brennend wünschte. Aber weder der Hund noch die Bücher trafen je ein. Mehr als einmal schwor Arch, er werde ihn an einen der Strände der Golfküste mitnehmen. »Truman flippte fast aus vor Aufregung«, erzählte Mary Ida. »Er machte Luftsprünge vor Glück, besorgte sich eine neue Badehose und wartete auf die Abreise. Aber Arch hielt nicht Wort. Er hat ihn kein einziges Mal dorthin mitgenommen.«
Mit der Zeit durchschaute Truman seinen Vater und erkannte, wie leer all diese Versprechungen waren. Die Augen wurden ihm endgültig geöffnet, als Arch einmal nach allen Seiten freundlich grüßend und lächelnd in einem seiner großen Schlitten im Ort aufkreuzte und Truman und einige seiner Freunde zum Mittagessen in Mobile einlud. Truman trommelte seine Freunde zusammen, Sook gab ihm zwei Dollar – damals eine ganz hübsche Summe –, damit er sich Bücher kaufen konnte, und Arch verfrachtete tatsächlich alle in sein Auto und startete nach Mobile. Das dicke Ende folgte erst, als sie im Restaurant waren und Arch Truman flüsternd um die zwei Dollar bat, die Sook ihm gegeben hatte. »Danach habe ich ihm nie wieder vertraut«, schloß Truman.

6

So selten die Eltern Truman besuchten, sahen sie einander doch noch seltener, und im Herbst 1930 näherte sich die Geschichte von Arch und Lillie Mae rapide ihrem Ende: Nach sechs Jahren sonderbarer, zwielichtiger Ehe wollte Lillie Mae raus. Sie hatte viele Gründe, aber der entscheidende Vorfall, der sie endgültig überzeugte, scheint die Entdeckung gewesen zu sein, daß Arch sie mit einem Trick überredet hatte, mit einer Wagenladung voll schwarzgebranntem Schnaps nach Monroeville zu fahren.

Wahrscheinlich hatte sie das, ohne es zu wissen, schon oft getan. Da Arch nicht nur kurzsichtig, sondern auch nachtblind war, hatte er sie oder wen immer er finden konnte häufig gebeten, sich ans Lenkrad zu setzen, wenn er nach Einbruch der Dunkelheit irgendwohin wollte. Aber er sagte nicht, was im Kofferraum war, und als sie draufkam, daß er sie für eine so ordinäre, miese und zudem gefährliche Tätigkeit wie den Transport von illegalem Schnaps eingespannt hatte, war sie wütend und nicht mehr bereit, ihm zu verzeihen. »Damit war die Sache für sie gelaufen«, berichtete Mary Ida. »Sie konnte es sich nicht bieten lassen, daß er sie in Monroeville so blamierte. Auf einen Bootlegger blickten alle mit Verachtung herab.«

Er war zu weit gegangen. Aber Lillie Mae hatte dasselbe Problem wie schon immer: kein Geld. Sie hatte ihren Unterhalt nie selbst verdient, und Archs Einkommen, so unstetig und zunehmend irregulär es war, blieb das einzige, was sie von der völligen Abhängigkeit von Jennies Nächstenliebe trennte. Zweimal, zuerst in Selma, dann in Bowling Green, hatte sie in der Hoffnung auf einen Beruf eine Handelsschule besucht, und beide Male war sie vorzeitig abgegangen. Jetzt startete sie einen neuen Versuch. Die Elizabeth Arden School of Beauty in New York hatte ihr ein Stipendium angeboten, und Arch hatte in einem Augenblick untypischer Großzügigkeit versprochen, ihr wöchentlich 40 Dollar für den Unterhalt zu schicken. Er war vor kurzem zu etwas Geld gekommen – eine Entschädigung für Verletzungen, die er sich bei einem Sturz in St. Louis zugezogen hatte. »Der einzige Grund, weshalb ich zustimmte, war die Tatsache, daß mein Bruder Sam in New York lebte«, erklärte er später. »Ich rechnete damit, daß er sie gewissermaßen im Auge behalten würde. Der Lehrgang sollte nur drei Monate dauern, und danach sollte sie nach Monroeville zurückkehren.« Mit dieser Vereinbarung brach Lillie Mae am 15. Januar 1931 nach New York auf. Sam, der dritte der drei Persons-Brüder, hatte nicht das geringste für Arch übrig und nicht viel mehr für Lillie Mae. »Ich habe den Eindruck, daß sie immer irgend etwas lernt oder irgendeinen Kurs macht, aber niemals arbeiten geht«, schrieb er an John. Dennoch spielte er den guten Bruder und holte sie ab, als sie am nächsten Morgen eintraf.

Angesichts des Folgenden steht fest, daß Lillie Mae gegenüber Arch nicht offen gewesen war, sondern von Anfang an gehofft hatte, auf die eine oder andere Weise über die ihr zugestandenen drei Monate hinaus wegbleiben zu können. New York war immer ihr Traumziel gewesen, und als sie einmal dort war, hatte sie es nicht eilig, nach Monroeville zurückzukehren. Und sie blieb. Allerdings hatte sie auch keine andere Wahl. Wie auf der Hochzeitsreise ging Arch das Geld aus, nur daß sie diesmal weit weg von zu Hause gestrandet war. In Alabama war er inzwischen mit dem Gesetz in Konflikt geraten. Er fing an, ihr ungedeckte Schecks zu schicken, oder er überredete seine Mutter, ihr die versprochenen 40 Dollar pro Woche zu überweisen. An diesem Punkt schritt John ein, der sich als Beschützer seiner Mutter verstand. Er erklärte Lillie Mae die Situation – »Arch wird in kürzester Zeit in ernsthafte Schwierigkeiten geraten« – und empfahl ihr klipp und klar, sich nach einer Unterstützung aus einer anderen Quelle als der Familie

Persons umzusehen. »Ich kann gut verstehen, warum Dir so sehr daran liegt, Deinen Kurs dort abzuschließen – jetzt mehr denn je«, schrieb er ihr. »Aber offenbar ist auf die Unterhaltszahlungen von Arch kein Verlaß, und Mutter hat kein Geld für weitere telegraphische Überweisungen, selbst wenn diese angebracht wären.« Ein paar Tage später, am 16. März, telegraphierte John die Fortsetzung: Arch war wegen Scheckbetrug und Erpressung in Birmingham eingelocht worden.

Lillie Mae hatte schon Böses geahnt, als seine Schecks zu platzen begannen. Schon Anfang März, noch bevor sie Johns warnenden Brief erhielt, nahm sie einen Job in einem Restaurant am unteren Broadway an. Dennoch war sie erschüttert, als John ihr telegraphierte, Arch sei nun hinter Gittern. Sie antwortete umgehend auf einem winzigen, billigen Notizzettel, dem einzigen Briefpapier, das sie zur Hand hatte: »Entschuldige bitte dieses Papier etc. Dein Telegramm ist eben angekommen, und ich bin zu nervös & aufgeregt, um zu schreiben. Dein Brief hat mich mehr oder weniger auf Dein Telegramm vorbereitet – es gibt einfach nichts dazu zu sagen. Warum – Warum – Warum? Weißt Du etwas? Ich kann Dir einfach nicht schreiben, ich bin so nervös. Sobald [er] anfing, mir ungedeckte Schecks zu schicken, wußte ich, daß etwas nicht stimmte. Ich habe seit zwei Wochen nichts von ihm gehört. Ich verdiene nur gerade genug, um *existieren* zu können, aber ich glaube, ich werde es hier eine Weile probieren, da ich nichts tun könnte, wenn ich zurückkäme, weil ich kein Geld habe. Was würdest Du mir raten? Bitte schreibe mir ausführlich.«

Die Panik legte sich bald wieder. Arch war zwar immer noch in der Bredouille, aber für den Augenblick kam er jedenfalls gegen Kaution frei. Wie schon so oft war ihm seine Mutter zu Hilfe gekommen und hatte ein Monatsgehalt verpfändet, um die Kaution von 150 Dollar für ihn zu bezahlen. »Wenn er in Schwierigkeiten ist, würde sie notfalls ihr Leben verpfänden, um ihn freizubekommen«, erklärte John seiner Schwägerin ärgerlich. »Wie Du weißt, geht das schon seit vielen, vielen Jahren so. Es ist nicht fair, und es ist äußerst rücksichtslos von Arch, sie in diese Situationen zu bringen, aber da sie ihn immer wieder rettet, ist er wahrscheinlich überzeugt, daß sie es auch weiterhin tun wird, und stürzt sich unverzüglich in das nächste Schlamassel.« Tatsächlich zeigte sich Arch alles andere als bußfertig, sondern jammerte, die Obrigkeit in Alabama habe etwas gegen ihn. In gekränktem, verärgertem Ton drohte er, Alabama, ja vielleicht die USA zu verlassen.

In einer Zwangslage erweisen sich Leute, die sich stets auf andere verlassen haben, oft nicht nur als lebensfähig, sondern sie blühen richtig auf. Das war bei Lillie Mae der Fall, die mit etwas Verspätung lernte, daß sie auch allein zurechtkam. Sie war bei ihren Arbeitgebern gut angeschrieben, und Mitte Juni wurde sie mit einem Gehalt von 32 Dollar in der Woche zur Filialleiterin befördert. Obwohl sie einen guten Teil davon nach Monroeville schickte, um für Trumans Unterhalt aufzukommen, gelang es ihr, sich vom Rest in New York über Wasser zu halten. Sie war nicht nur attraktiv, sondern clever, und wenn sie ausdauernd eine Karriere verfolgt hätte, hätte sie es durchaus schaffen können. Aber ihr eigentliches Ziel war dasselbe, das sie immer gehabt hatte: ein Heim, Geborgenheit und ein Platz in der Gesellschaft. Im Laufe jenes Winters oder Frühlings, nicht lange nach ihrer Ankunft, entdeckte – oder wiederentdeckte – sie den Mann, der ihr alle drei Dinge bescheren sollte.

Sein Name war Joseph Garcia Capote; er war ein weiterer der von ihr bevorzugten Latinos. Sein Vater war als Oberst der spanischen Armee 1894 in Kuba eingetroffen, als die Insel noch spanische Kolonie war, und hatte in der Schlacht von San Juan Hill gegen Theodore Roosevelts Kavallerie gekämpft. Er erwarb dann einen Grundbesitz, kehrte nach Barcelona zurück, um dort zu heiraten, und kam wieder nach Kuba, wo er in soliden Mittelstandsverhältnissen drei Jungen großzog, von denen Joe der älteste war. Joe hatte die Universität von Havanna besucht und war 1924 im Alter von vierundzwanzig Jahren nach New Orleans gekommen, um sich in den Vereinigten Staaten nach einem Job umzusehen. In New Orleans hatte er im Sommer 1925 in der Halle des Hotels Monteleone Lillie Mae kennengelernt. Von ihrer Lebendigkeit und Schönheit bezaubert, hatte er sich, genau wie früher Arch, sofort in sie verliebt. Sie mochte ihn, weil sein Akzent sie an ihren abwesenden Geliebten, den eifersüchtigen Mittelamerikaner, erinnerte. Sie aßen zusammen zu Abend und gingen vielleicht auch miteinander ins Bett; aber falls sie eine Affäre hatten, war sie auf alle Fälle von kurzer Dauer. Sie hatte bereits einen Liebhaber, ganz zu schweigen von Ehemann und Kind, und Joe fehlten die Mittel, um länger zu bleiben. Da er in New Orleans keine Arbeit fand, verlegte er seine Stellensuche nach New York, wo er bald eine Sekretärin einer jener Firmen heiratete, bei denen er sich bewarb. Dennoch korrespondierte er weiterhin mit Lillie Mae, und es ist möglich, daß er sie ermunterte und ihr vielleicht sogar Geld gab, damit sie in den Norden kommen konnte. Wie auch immer es ablief, sie sahen einander jedenfalls in New York wieder und setzten ihre Romanze an dem Punkt fort, wo sie sie in New Orleans abgebrochen hatten.

Beide waren in den fünf dazwischenliegenden Jahren gereift. Bei ihrer ersten Begegnung war sie erst zwanzig gewesen, ein wildes und unausgegorenes Mädchen, und er war ebenfalls noch nicht richtig erwachsen gewesen und unsicher, was aus ihm werden sollte und wo er hingehen wollte. Bei ihrem Wiedersehen war sie sechsundzwanzig und durch ihre Erfahrungen etwas ernüchtert; er war ein hoffnungsvoller junger Aufsteiger mit einer aussichtsreichen Zukunft in der Wall Street. Vier Jahre lang hatte er tagsüber in einem Transportunternehmen gearbeitet und abends an der New York University Rechnungswesen und Betriebswirtschaft studiert, und 1931 bezog er bereits ein gutes Gehalt als Bürovorsteher der alten und angesehenen Textil-Maklerfirma Taylor, Clapp und Beall.

Lillie Mae hätte sich nicht in ein Arbeitstier verlieben können, und Joe war denn auch ein aufgeweckter Mann mit Sinn für Humor und Späße, dem es noch mehr zusagte, Geld auszugeben, als es zu verdienen. Er verstand das Leben zu genießen, wußte gutes Essen und guten Wein zu schätzen, kleidete sich gut, mit dem konservativen Einschlag der Wall Street, und war anspruchsvoll in seinen persönlichen Gewohnheiten. »Ich habe nie einen Mann gesehen, der mehr auf Reinlichkeit hielt als Joe Capote«, berichtete Lillie Maes Bruder Seabon. »Er badete morgens, bevor er ins Büro ging, dann noch einmal am Abend und zog sich saubere Unterwäsche und ein frisches Hemd an, bevor er sich zum Abendessen an den Tisch setzte.« Er war klein, stämmig und bebrillt und hatte dunkles, straff zurückgekämmtes Haar, war also nicht im herkömmlichen Sinn ein gutaussehender Mann. Aber Lillie Mae war nicht die einzige Frau, die ihn attraktiv fand, und auch Männer, die ihn körperlich überragten, lernten bald, ihn nicht herauszufordern. Unter seinem dunklen Anzug verbarg sich der Körperbau eines Boxers: starke, muskulöse Arme, ein kräftiger Nacken und eine breite, mächtige Brust.

Im Gegensatz zu einigen anderen Männern in Lillie Maes Leben hatte Arch ihn nicht kennengelernt, ja nicht einmal von ihm gehört, als Joe 1925 in New Orleans gewesen war. Nicht lange nachdem Lillie Mae sich in New York niedergelassen hatte, spätestens im April 1931, ahnte er jedoch, daß jemand Neuer in ihr Leben getreten war: Sie schreibe ihm nicht mehr, klagte er John. Im Sommer bestätigte sie seinen Verdacht, und er beschwor sie in panischer Angst, ihn nicht zu verlassen, ihre Stelle zu kündigen und sofort nach Hause zurückzukehren. Sie erklärte sich schließlich bereit – das glaubte er zumindest –, ihn am Vierten Juli in Jacksonville zu treffen, wo er eine Show mit dem Großen Pascha aufzog. Als sie nicht erschien, telegraphierte John, der in Jacksonville lebte, an Sam in New York und bat ihn, ihr gegenüber als Archs Fürsprecher aufzutreten. »Arch in verzweifelter Verfassung, aber sonst okay«, telegraphierte John an Sam und fügte ohne den geringsten Beweis hinzu, daß sich Arch vollkommen gewandelt habe und jetzt imstande sei, sie zu erhalten.

Das war zuviel für den nüchternen Sam, der über das ständige Eintreten seines jüngeren Bruders für Arch inzwischen fast ebenso irritiert war wie über Archs Bitte, als sein Fürsprecher aufzutreten. »Das beiliegende Telegramm kam gestern abend, als ich schon im Bett war«, antwortete er. »Es trägt Johns Namen, aber es fällt schwer zu glauben, daß er eine so hirnrissige Botschaft hätte abschicken können. Ich möchte sie kurz analysieren:

1. ›Arch in verzweifelter Verfassung, aber sonst okay.‹ Warum sollte seine

Verfassung verzweifelt sein, weil Lillie Mae zu vernünftig ist, ihre Stellung aufzugeben und zu einem Ehemann zurückzukehren, der nicht für ihren Unterhalt aufgekommen ist und sie bei zahllosen Anlässen blamiert hat?
2. ›Sie versprach ihm, am Vierten zu kommen usw. usw.‹ Das hätte sie nicht tun sollen, aber Archs Briefe klangen so herzzerreißend (sein alter Trick, wenn er verzweifelt versucht, Mitleid zu schinden), daß sie bereit war, ihm das Blaue vom Himmel zu versprechen, nur damit er sich für den Augenblick besser fühlte.
3. ›Empfehle dringend, daß sie sofort kommt.‹ Völlig lächerlich. Warum sollte sie kommen? Arch besitzt keinen roten Heller, ist arbeitslos, wird von der Polizei gejagt, steckt bis zum Hals in Schulden, und Du empfiehlst, daß sie in dieses Schlamassel zurückkehrt. Hast Du den Verstand verloren, John?
4. ›A. hat sich ohne Zweifel vollkommen gewandelt und ist jetzt fähig, sie zu erhalten.‹ Das ist noch absurder als Punkt 3. *Jeder* Zweifel an seiner völligen Wandlung ist angebracht. Seit etwa zwanzig Jahren hat er ständig Schwierigkeiten gemacht – ernstliche und endlose Schwierigkeiten –, und es wäre in der Tat ein Wunder, wenn der Tag je kommen sollte, an dem er sich wie ein normaler Mensch verhält.«

Lillie Mae hätte ihre Sache nicht besser vertreten können. Als sie schließlich nach Süden fuhr, um Arch zu treffen, beabsichtigte sie keineswegs über ihre Ehe zu diskutieren, sondern sie zu beenden. Joe bezahlte ihr die Fahrt, und sie verließ New York Mitte Juli 1931 und traf Arch am 24. Juli in Pensacola/Florida, nachdem sie Truman in Monroeville abgeholt hatte. Es gab keine Diskussionen. Innerhalb einer Viertelstunde hatte sie ihm klargemacht, daß sie sich scheiden lassen wolle, um einen anderen Mann heiraten zu können. »Sie wollte mir nicht sagen, wer es war«, erinnerte sich Arch. »Sie sagte bloß, daß seine Initialen J. C. lauteten und daß er leitender Angestellter einer Textilfirma in New York sei. Sie hat mir nicht gesagt, daß er Spanier oder Latino ist, nichts dergleichen.« Joes Name blieb nicht lange geheim, aber Arch gab noch Monate später vor, ihn nicht zu kennen. In

Briefen an seine Familie verballhornte er den Namen zu Capotey oder Catobey, oder er nannte ihn nur »den Ausländer«, »den Spanier«, »den New Yorker Spic«, »den fiesen, gemeinen Kubaner« und schließlich noch »einen Kubaner, die unterste Kategorie eines Weißen, die man sich vorstellen kann«.

In ihrer Scheidungsklage machte Lillie Mae Grausamkeit geltend, und Jennie versicherte in einer eidesstattlichen Erklärung, daß sie gesehen habe, wie Arch sie schlug. Arch leugnete das – obwohl er später bemerkte, daß sie es manchmal verdient hätte. Aber er schien glücklich – ja entzückt –, die Rolle des unschuldigen und zu Recht empörten Ehemannes zu spielen. In Briefen an seine Angehörigen und Freunde wälzte er sich in Selbstmitleid und schwelgte in seinen eigenen Tränen, während er über das schreckliche Unrecht jammerte, das ihm zugefügt worden sei. Er behauptete, seine Bemühungen, Geld für Lillie Mae aufzutreiben, hätten ihn in Konflikte mit dem Gesetz gestürzt; ihre »Habgier und unverantwortlichen Handlungen« hätten ihn auf Abwege geführt. »Ich bin der verlassene Junge«, schloß er und klagte, sie sei sowohl illoyal als auch undankbar gewesen. In allem, was geschehen war, hielt er sich für schuldlos. Der unschlagbare Verkäufer war sein eigener bester Kunde, und seine Fähigkeit, sich selbst in die Tasche zu lügen, grenzte ans Pathologische.

Lillie Maes Anwalt reichte am 2. August die offizielle Scheidungsklage ein; Ende August, drei Wochen nach ihrer Rückkehr nach New York, erhielt Arch die Klageschrift zugestellt. In einem Brief an John beweinte er erneut sein unglückliches Los. Lillie Mae, berichtete er, habe ihn angerufen, um ihm zu sagen, »daß sie Joe sofort heiraten will und daß sie ihn liebt und daß ich ihr nie etwas bedeutet habe. Das war's also. Sie hat sich so grausam und herzlos wie nur möglich verhalten. Frauen kosten einen wirklich den letzten Nerv.« Es gab eine kurze Verzögerung der Verhandlung, weil er sich ein paar Tage lang aus Trotz und Wut vor einem Sheriff verborgen hielt, der ihm eine Vorladung zustellen wollte. Aber am 9. November 1931 war die Scheidung endgültig – und das war's dann wirklich. Arch und Lillie Mae waren nicht mehr Mann und Frau.

7

Nach den Bestimmungen des Scheidungsurteils stand Lillie Mae neun Monate des Jahres das Sorgerecht für Truman zu und Arch die restlichen drei Monate vom 1. Juni bis zum 31. August. Aber zunächst und für längere Zeit bestand dieses Abkommen lediglich auf dem Papier, da keiner von beiden bereit war, sich voll und ganz seinen Elternpflichten zu widmen. Für Truman fiel die Scheidung kaum ins Gewicht; er blieb in Monroeville, und seine Eltern besuchten ihn nur gelegentlich, wie zuvor.

Wenn Lillie Mae gewollt hätte, hätte sie ihn am Ende des Jahres, als sie und Joe eine eigene Wohnung bezogen, nach New York mitnehmen können. Das tat sie jedoch nicht. Das Schlafzimmer, das für ihn zur Verfügung stand, erhielt vielmehr ihre Schwester Marie – Tiny war ihr Kosename –, die in den Norden gekommen war, um Joes Sekretärin zu werden. Joes eigene Scheidung trat am 18. März 1932 in Kraft, und weniger als eine Woche später, am Donnerstag, den 24. März, wurden er und Lillie Mae getraut. Doch nicht einmal jetzt, da sie in einem neuen Heim Geborgenheit gefunden hatte und sich von einem ihr ergebenen, fleißigen Mann versorgt wußte, holte Lillie Mae Truman zu sich.

Arch sprach seinerseits zwar oft von seinem »kleinen Engel«, aber die Zeit, die er tatsächlich mit ihm verbrachte, zählte eher nach Stunden als nach Tagen. Ende Februar nahm er ihn auf ein langes Wochenende nach New Orleans mit, und im April redete er großspurig davon, den Sommer mit ihm in Colorado zu verbringen, aber als der 1. Juni kam, der Tag, an dem er das Sorgerecht antreten sollte, war er wie üblich anderswo beschäftigt. Während der drei Monate, in denen Arch für Truman zuständig war, verbrachte er ganze zwei Tage mit seinem kleinen Engel. Das hinderte ihn nicht, empört zu sein, als Lillie Mae Joe im Juli nach Monroeville mitbrachte. Seine Gefühle, die sich ihr gegenüber nach der Scheidung beträchtlich erwärmt hatten, waren nach ihrer Wiederverheiratung erneut erkaltet. Als sie ihm einen versöhnlichen Brief schrieb, kritzelte er »kein Interesse« darauf und schickte ihn zurück. Als sie ihm vorwarf, er sei mit der vorgesehenen Unterhaltszahlung von 40 Dollar monatlich in Verzug, feuerte er einen derart beleidigenden Brief ab, daß sowohl John als seine Mutter ihn warnten, er könnte gegen die Beförderungsbestimmungen der Post verstoßen.

Seine Gedanken waren bald von anderen, dringlicheren Problemen in Anspruch genommen. Anfang August wurde er wieder einmal verhaftet und ins Gefängnis von New Orleans überstellt, weil er ungedeckte Schecks im Wert von 1800 Dollar ausgestellt hatte. Diesmal brachte John die Kaution auf, wobei er seiner Mutter gegenüber sarkastisch bemerkte, was Arch eigentlich brauche, sei ein Bewacher, der ihn von Füllfedern und Schecks fernhalte. Es überraschte niemanden, daß Arch es bei seiner Freilassung wieder an Einsicht fehlen ließ und all seine Schwierigkeiten auf seine Gutmütigkeit zurückführte. Er habe doch nur einem diebischen Hotelportier einen Gefallen tun wollen. »Ich bin so unschuldig wie ein Baby«, behauptete er im Brustton der Überzeugung.

In der ersten Septemberwoche 1932 traf endlich das ein, wovor er sich am meisten fürchtete: Lillie Mae trat verspätet ihre Rechte und Pflichten als Mutter an und ließ ihren Sohn zu sich kommen. In Begleitung von Lucy Brown, einer Schwarzen, die beim Ehepaar Capote eine Stellung als Köchin antreten sollte, bestieg Truman einen Zug nach New York. Arch kam mit dem Auto aus Birmingham, um ihm Lebwohl zu sagen, aber er traf zu spät ein und äußerte in einem Brief an John drei Wochen später seine Bitterkeit und Frustration: »Heute ist Trumans Geburtstag. Ich hatte kein Geld, um ihm ein Geschenk oder auch nur ein Telegramm zu schicken. Ich höre nichts von ihm oder über ihn, weil der Spanier natürlich jede

Kommunikation mit mir verbietet. Ist das nicht eine fürchterliche Lage, in der ich mich befinde? Im nächsten Sommer wird es anders laufen. Am 1. Juni werde ich meine Rechte geltend machen, und dann wird jemand anderer vor einer Mauer des Schweigens stehen. Ja, sobald ich mich gefangen habe, werde ich bei Gericht eine neue Regelung des Sorgerechts beantragen, da ihre Heirat eine ganz neue Situation geschaffen hat und ich guten Grund zur Annahme habe, daß es Trumans Wohl nicht dient, täglich mit einem Mann zusammenzusein, der ihn und seinesgleichen gar nicht mögen kann – insbesondere mit einem Menschen dieser Kategorie.«

Die Wahrheit über Joe war das genaue Gegenteil. Er hatte keinesfalls eine Abneigung gegen Truman, sondern war ein weichherziger Stiefvater, der viel eher als Lillie Mae dazu neigte, ihn zu verwöhnen und ihm zu verzeihen, wenn er unartig gewesen war. Um Arch zu beweisen, wie gut es ihnen allen in New York ging – oder noch wahrscheinlicher einfach, um anzugeben –, machte Lillie Mae im Oktober zusammen mit Truman und Joe einen Besuch bei Sam. Das Auto sei neu gewesen, und Lillie Mae habe sich in »Gala geworfen«, berichtete Sam, und wie üblich »große Töne gespuckt«. Doch Truman, das müsse er einräumen, habe einen gepflegten Eindruck gemacht. Lillie Maes plötzliche Wohlhabenheit muß die ganze Familie Persons mit Neid erfüllt haben. Auch Sam und John, so solide und fleißig sie waren, hatte die Wirtschaftskrise schwer zugesetzt. Aber besonders tief muß Arch ihre offenkundige Prosperität getroffen haben. Er war nicht nur mittellos, es drohte ihm sogar ein Aufenthalt im Angola-Staatsgefängnis von Alabama – dem härtesten Knast der Welt, wie er in gewohnter Übertreibung bemerkte. Das einzige, was er zu Weihnachten erübrigen konnte, waren 50 Cents, um Truman ein Telegramm zu schicken. Das brach sogar Sam das Herz, und er schickte dem Jungen ein Paar Schlittschuhe mit einer Karte, aus der hervorging, daß das Geschenk von seinem Vater und nicht von seinem Onkel stamme. Eine weitere Hiobsbotschaft brach in der ersten Januarwoche 1933 über Arch herein, als er aus Monroeville eine gerichtliche Vorladung erhielt, in der ihm mitgeteilt wurde, Lillie Mae, die seit dem vorigen Mai keine

Unterhaltszahlungen für das Kind erhalten hatte, beantrage das volle Sorgerecht. Diesmal hatte Arch einen guten Grund, sich selbst zu bemitleiden. Er sei ein Mann, der sich mit bloßen Händen gegen ein Rudel Löwen zur Wehr setzen müsse, meinte er.

Er war jedoch nicht bereit, Truman kampflos aufzugeben, und als dieser über den Sommer nach Monroeville zurückkehrte, war Arch entschlossen, ihn dazubehalten. Die Gerichtsverhandlung sollte im August stattfinden, und während Lillie Mae verspätete Flitterwochen in Europa genoß, bereitete er für ihre Rückkehr eine Überraschung vor. Er sei bereit, auf seine drei Monate Sorgerecht zu verzichten, wenn sie ihre neun Monate aufgebe. Truman, das Objekt dieses Tauschhandels, sollte bei Jennie und Callie bleiben und Alabama nur verlassen dürfen, um die Militärakademie an der Golfküste, Archs eigene Alma mater, im Nachbarstaat Mississippi zu besuchen. Er arbeite eifrig daran, schrieb Arch an John, Truman vor diesem »Weibsteufel« zu erretten.

Arch tat alles, was in seiner Macht stand. Er heuerte Jennings Ratcliffe, einen bekannten ortsansässigen Anwalt, als seinen Vertreter an, und er brachte seinen alten Freund Bill McCorvey dazu, mit dem Richter zu reden, der mit Bills Vater eine Anwaltskanzlei betrieben hatte. Arch überredete auch seine Mutter, Trumans Großmutter, zu schreiben und sandte dem Richter selbst einen Brief, in dem er ihn daran erinnerte, daß er ein Freund seines, Archs, Vaters gewesen war. »Der kleine Truman«, schrieb er, »ist jeder Zoll ein Persons – er ist meinem verstorbenen Vater aus dem Gesicht geschnitten –, und wir vertreten die Auffassung, daß er nicht gezwungen werden sollte, diesen Kubaner de facto als seinen Vater anzuerkennen.« Als sich der Tag der Gerichtsverhandlung näherte, strahlte Arch Zuversicht aus. Der Richter war angeblich auf seiner Seite, und Anwalt Ratcliffe garantierte den Sieg. Was ihn darüber hinaus ermutigte, war Lillie Maes allgemeine Unbeliebtheit in der Gegend. Nachdem Truman das »flotte Leben« geschildert habe, das sie in New York führe, sei ihr Ansehen, das niemals hoch gewesen war, noch weiter gesunken, berichtete er John triumphierend. Lillie Mae, sagte er voraus, stehe ein schwarzer Tag bevor.

Dieser Tag war Donnerstag, der 24. August. Lillie Mae und ihre Angehörigen sagten am Morgen aus, Arch und seine Freunde am Nachmittag. Er versuchte den Richter einzuseifen, wie er es mit allen Menschen stets gemacht hatte. Als er sich warmgeredet hatte, gerieten alle Streitigkeiten mit Jennie in Vergessenheit, und er schilderte dieses Haus kranker und alternder Exzentriker als den idealen Ort für einen Knaben, um zum Jüngling heranzureifen. »Ich habe kein Heim je höher geschätzt als das ihre, und das wird sich wahrscheinlich nie ändern«, beteuerte Arch. »Und ich bin der Ansicht, daß seinen Interessen am besten gedient wäre, wenn er hier unter Menschen seines Schlages bliebe. Wenn mir das Gericht das Sorgerecht zuspräche, das volle Sorgerecht, und ich mit ihm tun könnte, was ich für richtig halte, dann würde ich das Kind nehmen und in dieselben Hände geben, in die ich beantrage, daß er kommen soll. Ich würde ihn nicht vollständig in meine Obhut nehmen.«

Er muß einige peinliche Augenblicke durchgemacht haben, als ihn Lillie Maes Anwalt nötigte, zuzugeben, daß er seit sechzehn Monaten nichts zu Trumans Unterhalt beigetragen hatte. Er muß weitere solche Augenblicke erlebt haben, als er gezwungen war, sich zu seinen Kollisionen mit dem Gesetz zu bekennen. Er sei »fünf- oder sechsmal« arretiert worden, sagte er, aber »jedes Mal bloß wegen Dummheiten«. Dennoch war Arch bei Verlassen des Gerichtssaals überzeugt, er habe gewonnen, und glaubte, auch Lillie Mae sei dieser Meinung. Ihre Einladung zum Abendessen im Hause nahm er an und betrachtete sie als honoriges Eingeständnis ihrer Niederlage. Der Tag wurde für ihn nur durch eine Kleinigkeit getrübt: Trumans Post war, wie er bemerkte, an »Truman Capote« adressiert.

Wieder einmal war es ihm jedoch nur gelungen, sich selbst zu überzeugen. Er wollte seinen Sohn nicht, aber er wollte ihn auch nicht Lillie Mae überlassen, und der Richter durchschaute ihn mühelos. Das Urteil, das am folgenden Montag verkündet wurde, sprach Lillie Mae das vollständige Sorgerecht zu; Arch ging völlig leer aus. »Ich würde es für äußerst schädlich halten, das Kind monatelang in ein Internat zu stecken, ohne auch nur ein Wochenende zu Hause«, erklärte der Richter. »Man kann sich keine einsamere, unglücklichere Situation vorstellen. Dem Gericht ist nichts bekannt, was auf eine Untauglichkeit seitens der Mutter hindeutet. Ihr gegenwärtiger Gatte scheint ein bemittelter und verantwortlicher Mann zu sein und bereit, seine Mittel für seinen Stiefsohn aufzuwenden. Das wohlverstandene Interesse des Kindes liegt bei der Mutter.« Fast unmittelbar nach Verkündung des Urteils fuhren Lillie Mae und Truman nach New York zurück.

Wütend und verbittert klagte Arch, er sei ein Opfer kleinstädtischer Intrigen geworden, und gab allen die Schuld außer sich selbst. »Ich habe nicht gewußt, daß in einem zivilisierten Land einem Mann sein Kind geraubt werden kann«, bemerkte er verzweifelt zu John. Doch selbst Archs Mutter, die nicht mehr Sympathie für Lillie Mae hatte als alle übrigen Mitglieder der Familie Persons, begrüßte insgeheim das Urteil und sagte zu Joe, daß sie einen so kleinen Jungen wie Truman nicht in ein Internat eingesperrt sehen wollte. Lillie Mae werde sich um ihn kümmern, sagte sie, und fügte etwas hinzu, das Arch entweder vergessen oder für zu unwichtig gehalten hatte, um es zu berücksichtigen: Truman liebte seine Mutter.

Aber Arch gab noch nicht auf, wenn auch eher, wie es schien, um sich an Lillie Mae zu rächen, als um Truman zu bekommen. Als er hörte, daß Truman den Sommer 1934 in Monroeville verbringen würde, begann er zum zweiten Mal darauf hinzuarbeiten, ihn dazubehalten, indem er sich einredete, Lillie Mae werde freiwillig auf Truman verzichten, wenn er ihr drohe, Joe über ihre angeblich zwielichtige Vergangenheit aufzuklären. »Wir haben die Fakten über sie schwarz auf weiß«, bemerkte er zu John, »und sie wird ihr jetziges gemachtes Nest retten wollen.« Er verwirklichte seine Drohung jedoch nie, und im April erschien er vor einem Bundesgericht in Mobile, um sich der Fälschung einer Postanweisung schuldig zu bekennen. Das Urteil – drei Jahre im Bundesgefängnis von Atlanta – wurde zur Bewährung ausgesetzt, aber die dräuende Vision von Gitterstäben ernüchterte ihn offenbar: Er stimmte kleinlaut zu, daß Joe Truman offiziell adoptierte. Nur eine Bedingung stellte er: Truman müsse den Namen Persons beibehalten.

Da sie jetzt Oberwasser hatte, war Lillie Mae nicht einmal in diesem Punkt bereit nachzugeben. Am 11. Juli 1934 stellte sie beim Vormundschaftsgericht in Manhattan einen formellen Adoptionsantrag. Zum Beweis von Archs Untauglichkeit als Vater erklärte sie, daß sie ihn nicht einmal ausfindig machen könne, um von ihm Unterhalt für das Kind zu fordern. »Mein ehemaliger Mann hat die Gewohnheit, beim geringsten Anlaß und aus Gründen, die er selbst am besten kennt, einen Ortswechsel zu vollziehen«, erklärte sie etwas giftig. Eine hilfreiche Freundin hatte ihr die Meldung von seiner Verurteilung vor dem Bundesgericht geschickt, und sie fügte ihrem Beweismaterial den Ausschnitt aus einer Zeitung von Mobile hinzu: URTEIL AUSGESETZT, lautete die Überschrift; MANN GESTEHT FÄLSCHUNG VON POSTANWEISUNG.

In die Ecke getrieben, sprach Arch wieder von Erpressung. »Kannst Du Dir so etwas Schreckliches vorstellen – dem Goldjungen offiziell den Namen eines Spics zu geben und ausgerechnet den Namen des Mannes, der mir die Frau gestohlen hat?« fragte er John. »Das stellt ja Schundromane in den Schatten.« Aber als am Morgen des 28. September 1934 in der Hall of Records in Manhattan die Adoptionsverhandlung begann, gab es zu keinem Zeitpunkt einen Zweifel bezüglich des Ausgangs, und viereinhalb Monate später, am 14. Februar 1935, wurde Lillie Maes Antrag genehmigt. Joe wurde Vater, und Truman Streckfus Persons erhielt im Alter von zehn Jahren den neuen Namen Truman Garcia Capote. Nur Arch klammerte sich an den alten Namen, als könnte er sich dadurch den Platz als rechtmäßiger Vater sichern. Schließlich bat ihn Truman selbst, seine Post an ihn nicht mehr in der alten Weise zu adressieren. »Wie Du weißt, wurde mein Name von Person's in Capote abgeändert«, kritzelte er auf das Blatt seines Schulnotizblocks, wobei er, wahrscheinlich als absichtliche Beleidigung, einen unkorrekten Apostroph in den Familiennamen einfügte. »Und ich wäre Dir dankbar, wenn Du mich künftig als Truman Capote ansprechen würdest, da mich alle unter diesem Namen kennen.«

8

Solange Truman in Alabama lebte, hatte er sich danach gesehnt, im Norden bei seiner Mutter zu sein. Jetzt, da sein Wunsch in Erfüllung gegangen war, blickte er mit heftiger und unerwarteter Nostalgie auf sein Leben in Monroeville zurück. Mehrere Jahre lang hatte er Lillie Mae nur als Besucherin gekannt, als eine vergötterte Verwandte, die plötzlich auftauchte und ihn mit ihrer Schönheit und ihrem Glamour tief beeindruckte, und die dann genauso unvermittelt verschwand und wie ein Raunen in der Luft das Versprechen hinterließ, daß sie ihn eines Tages mitnehmen werde. Aus diesen ebenso faszinierenden wie flüchtigen Eindrücken hatte sich sein lebhafter Geist eine Gestalt zusammengeträumt, die mehr aus Fiktion als aus Fakten bestand. Ähnlich wie er es mit Arch getan hatte, verwandelte er auch Lillie Mae in eine Figur aus einem seiner Geschichtenbücher: jemand, der ihn in eine romantischere und aufregendere Welt versetzen würde, an einen Ort, wo er geliebt, beschützt und unablässig bewundert werden würde.

Als er dann wirklich bei ihr in New York lebte, entdeckte er, daß es weder diese Welt noch diese Frau so gab. Sicher war die Stadt aufregend, aber sie war eben auch groß und beängstigend. Selbst in Brooklyn, wo die Familie Capote ein Haus gemietet hatte, erschien das Leben für einen Jungen, der den gemütlichen Schlendrian von Monroeville gewohnt war, zu hektisch und unpersönlich. Hätte Lillie Mae ihm die Liebe gegeben, mit der Sook ihn so reichlich überschüttet hatte, hätte er sich mit der Zeit wahrscheinlich an sein neues Leben gewöhnt. Aber die Lillie Mae, die ihn in Alabama mit

Küssen erstickt hatte, geizte in New York mit Liebesbezeigungen. Sie hatte ihn wohl mitgenommen, wie er so oft gebetet hatte, aber der Rest der Geschichte folgte nicht der Story, die er sich ausgedacht hatte. Seine Enttäuschung war total, und er fühlte sich von ihr ebenso betrogen, wie Arch ihn so viele Male betrogen hatte. Der Unterschied war, daß ihm Arch nur Bücher und Spielzeug und Ausflüge an die Golfküste versprochen hatte. Aber Lillie Mae hatte sozusagen sich selbst versprochen, und eben das, so schien es, war das eine, was sie ihm vorenthalten würde.

Ihr neuer Mann beanspruchte bereits den größten Teil ihrer Aufmerksamkeit; in ihrem Leben blieb wenig Raum für Truman oder sonst jemand außer Joe. Sie waren voneinander besessen: Statt ihre Liebe zu zähmen und sie auf das Alltägliche und Häusliche hinzuwenden, wie es gewöhnlich der Fall ist, hatte die Heirat sie noch glühender und leidenschaftlicher entfacht als zuvor. Mit der ganzen Zuwendung, die sie ihren früheren Partnern nicht hatten geben können, übergossen sie jetzt einander. »Sie waren wahnsinnig verliebt«, erzählte Lyn White, eine der engsten Freundinnen von Lillie Mae. »Sie wollten nichts anderes tun als zusammensein.«

Außenstehenden erschien ihr gemeinsames Leben verlockend, ja hinreißend. Sie verjubelten Joes Gehalt nicht nur zur Gänze, sondern lebten sogar etwas über ihre Verhältnisse und schienen sich das Beste von allem zu gönnen. Die Wochenenden verbrachten sie beim Pferderennen, die Abende im Theater oder in eleganten Nachtclubs, die Urlaube in East Hampton, Kuba, auf den Bermudas oder gar in Europa, das sie in den dreißiger Jahren zweimal bereisten. Sie hielten selten inne in ihrer Jagd nach dem Glück, und die Wirtschaftskrise bescherte ihnen keine harten Zeiten, sondern ein einziges langes, ausgelassenes Fest. Alle Wünsche von Lillie Mae waren in Erfüllung gegangen. Sie war genau dort, wo sie immer hatte sein wollen, und tat genau das, was sie tun wollte, in Gesellschaft des einzigen Mannes, mit dem sie beisammensein wollte. Wie eine schöne Pflanze, die durch Mangel an Licht am Wachsen gehindert worden war, blühte sie unter dem Sonnenschein einer glücklichen, erfolgreichen Ehe auf, und bevor das Jahrzehnt zu Ende war, hatte sie sich von einer unbedarften Provinzgöre in

eine Frau mit anspruchsvollem Geschmack und mondänen Beschäftigungen verwandelt.
Diese Metamorphose schloß sogar eine Änderung ihres Vornamens ein. Mit dem größten Teil ihres Südstaatenakzents legte sie den Hillbilly-Namen Lillie Mae zugunsten eines kosmopolitischeren ab, der ihrem neuen Leben eher entsprach – Nina. Mit Ausnahme ihrer Freunde und Angehörigen in Alabama wurde sie fortan von allen Nina genannt.
Das Glück der neuen Nina Capote enthielt nur einen Wermutstropfen: daß sie, die ein Kind mit einem ungeliebten Mann hatte, in ihrer neuen Ehe mehrere Jahre lang kein Kind von dem Mann bekommen konnte, den sie so glühend liebte. Die Schuld dafür konnte sie nur bei sich selbst suchen. Jennie und Arch hatten sie an einer Abtreibung gehindert, als sie mit Truman schwanger war, aber Joe hatte sie nicht davon abhalten können, die zwei Schwangerschaften abzubrechen, welche in New York folgten. »Ich möchte nicht noch ein Kind wie Truman bekommen«, sagte sie zu ihm, »und wenn ich noch ein Kind kriege, dann wird es wie Truman sein.« Bei einer dieser Abtreibungen ging auf dem Operationstisch jedoch etwas schief, und sie verlor beinahe das Leben. Der Arzt geriet in Panik; er rief Joe im Büro an und verlangte von ihm, sie abzuholen und nach Hause zu bringen. Obwohl sie sich bald wieder erholte, trugen ihre Fortpflanzungsorgane einen dauerhaften Schaden davon. Als sich ihre Einstellung ein paar Jahre später geändert hatte und sie schließlich ein Kind haben wollte, war sie nicht mehr dazu imstande. Sie wurde zwei- oder dreimal schwanger, aber es war jedes Mal eine Eileiterschwangerschaft, die mit einer Fehlgeburt endete. »Ich glaube, daß sie davon einen seelischen Knacks bekam, denn sie war nachher nie mehr dieselbe«, meinte Truman. »Sie wollte unbedingt ein Kind von ihm haben.«

Wenn ein Mann der unbestrittene Liebling seiner Mutter ist, schrieb Freud sinngemäß, behält er sein Leben lang das triumphale Gefühl, jenes Zutrauen zum Erfolg, das nicht selten den Erfolg mit sich bringt. Das Umgekehrte ist genauso richtig; einem Mann, dem die mütterliche Wertschätzung vorenthalten wurde, bleibt auch das mühelose Selbstvertrauen versagt, jenes wunderbare Triumphgefühl, mit dem Mutters Liebling jeden Morgen begrüßt. Wenn er zu Erfolg kommt, betrachtet er ihn oft nicht als Geschenk, nicht als Geburtsrecht, sondern als Darlehen, und er macht sich den Rest seines Lebens Sorgen, daß er ihm wieder weggenommen und jemand anderem gegeben werden könnte, der ihn eher verdient. Der emotionale Preis dafür, die Angst und die Anspannung, können beträchtlich sein. Dies war jedenfalls bei Truman der Fall, und es ist unmöglich, sein hartes und erschreckendes Urteil über seine Mutter in Zweifel zu ziehen: »Sie war der verheerendste Mensch in meinem Leben.«

Sie haßte ihn nicht. Hätte sie es getan, hätte er sie wenigstens seinerseits hassen können, schlicht und bedingungslos. Auch ignorierte sie ihn nicht wirklich, obwohl sie ihn weiterhin auf dem Schoß anderer Leute ablud. Hätte sie es getan, hätte auch er sie vielleicht ignorieren können. Was sie tat, war schlimmer. Sie ließ ihn spüren, daß sie ihm nach all den Jahren und nach all ihren Kämpfen, Arch das Sorgerecht zu entwinden, immer noch ambivalent gegenüberstand: Sie liebte ihn und sie liebte ihn nicht; sie wollte ihn bei sich haben und auch wieder nicht; sie war stolz, seine Mutter zu sein, und sie schämte sich für ihn. Ihre Gefühle für ihn schwankten zwischen extremen Gegensätzen, und er konnte von einem Tag zum nächsten und manchmal von einer Stunde zur anderen nicht voraussagen, wie sie ihm entgegentreten würde.

Die liebevolle Mutter, die ihn in Monroeville besucht hatte, blieb warmherzig und fürsorglich. Die lieblose Mutter betrachtete ihn mit Argwohn, als sei er nicht ihr Kind, sondern nur der Sohn des Vaters, dem er so glich – und nur ein schlechter Ersatz für den Jungen, den sie sich eigentlich wünschte und den sie mit Joe haben wollte. Diese Mutter konnte kalt und grausam verletzend sein, begierig, Fehler zu finden und Fehler auszumerzen.

Sie warf ihm oft vor, er sei ein Lügner, und machte sich Sorgen, er könnte Archs Unfähigkeit geerbt haben, zwischen wahr und unwahr zu unterscheiden. Joe versuchte, sie zu beruhigen, indem er ihr versicherte, alle Kinder würden flunkern, aber das überzeugte sie nicht. Eifersüchtig auf das

Monopol, das Joe auf die Zuneigung seiner Mutter zu haben schien, war Truman zudem für dessen Hilfe nicht dankbar. Joe tat sein Bestes, um ein guter Stiefvater zu sein, aber Truman legte es darauf an, ihn vor den Kopf zu stoßen. So machte er sich beispielsweise über seinen kubanischen Akzent lustig, indem er jedes Wort Joes wie ein Papagei nachplapperte. Joe nahm solche Affronts geduldig hin; Nina nicht. Sowohl seine Lügen als auch seine Rüpelhaftigkeit gegenüber ihrem neuen Mann waren jedoch bloße Irritationen, normale Ärgernisse, mit denen sie hätte leben können. Was sie an Truman wirklich störte, was sie peinlich und unerträglich fand und nicht akzeptieren konnte, war etwas, woran er nichts zu ändern vermochte: sein effeminiertes, mädchenhaftes Verhalten.

Schon in Monroeville war er als Memme und Muttersöhnchen verschrien gewesen, und fast so weit er sich zurückerinnern konnte, war ihm immer bewußt gewesen, daß über ihn geredet wurde, ein Umstand, gegen den sich sowohl seine Eltern als auch seine Faulk-Verwandten glaubten zur Wehr setzen zu müssen und für den sie Entschuldigungen erfanden. Seiner Tante Tiny zufolge weigerten sich Ninas Schwestern wegen seiner »Verweichlichung« sogar, ihre Kinder mit ihm spielen zu lassen. Im Laufe der Jahre wurden die Unterschiede zwischen ihm und anderen Jungen noch ausgeprägter. Er blieb klein und hübsch wie eine chinesische Puppe, und seine Idiosynkrasien, persönliche Eigenheiten wie sein Gang oder seine Körperhaltung, fingen an, irgendwie anders zu wirken als die anderer Jungen. Selbst seine Stimme begann merkwürdig zu klingen, sonderbar kleinkindhaft und künstlich, als hätte er unbewußt beschlossen, daß jener Teil von ihm, der einzige Teil, den er daran hindern konnte, heranzureifen, für alle Zeiten jungenhaft bleiben und ihn an glücklichere und weniger verwirrende Zeiten erinnern sollte. Sein Gesicht und sein Körper entwickelten sich verspätet normal, aber seine Sprechweise nicht. »Seine Stimme ist heute noch dieselbe wie in der vierten Klasse«, bemerkte eine seiner Lehrerinnen viele Jahre später, als Truman längst in mittleren Jahren war. »Ich höre ihn im Fernsehen oder im Radio und sehe ihn als kleinen Jungen vor mir.«

Doch war sich niemand deutlicher bewußt als Truman selbst, daß mit ihm etwas nicht stimmte. Fast während der ganzen Kindheit, bis zum Alter von etwa neun Jahren, fand er es so schwierig und belastend, ein Junge zu sein, daß er tatsächlich lieber ein Mädchen gewesen wäre. »Ich hatte nicht das Gefühl, im falschen Körper eingesperrt zu sein. Ich war nicht transsexuell. Ich hatte einfach den Eindruck, es wäre alles einfacher für mich, wenn ich ein Mädchen wäre.« Die meisten Eltern hätten sich um einen solchen Jungen Sorgen gemacht. Nina, die schon immer überempfindlich auf die Meinung anderer Menschen reagiert hatte, war mehr als besorgt; sie war von ihrer Sorge besessen. Wenn ihre New Yorker Freundinnen Bemerkungen machten, dann schnitt sie ihnen ärgerlich das Wort ab – niemandem außer seiner Mutter war es gestattet, ihren Sohn zu kritisieren –, aber ihre Kommentare verletzten sie dennoch. Das Problem mit Truman entschwand nie weit aus ihrem Bewußtsein, und sie sorgte dafür, daß es auch ihm nie ganz aus dem Sinn ging. Sie tyrannisierte und schikanierte ihn und setzte ihn herunter.

Als alle ihre Worte und Maßnahmen nichts fruchteten, brachte sie ihn zu zwei verschiedenen Psychiatern, in der Hoffnung, ein Heilmittel, ein Medikament oder eine Therapie zu finden, die aus ihm einen echten Jungen machen würden. Der eine Psychiater riet ihr, sich keine Sorgen zu machen, und versprach ihr, die Züge, die ihr mißfielen, würden im Laufe der Jahre verschwinden. Was auch immer der andere zu ihr sagte, verärgerte sie so sehr, daß sie sich sogar Joe gegenüber weigerte, es zu berichten, was ihn argwöhnen ließ, daß der Psychiater niemand anderem als ihr die Schuld an Trumans merkwürdigem Verhalten gegeben hatte. Danach bemühte sie zwar die Psychiatrie nicht mehr, aber ihre Suche nach einem Heilmittel gab sie nicht auf. »Sie machte sich immer sehr große Sorgen um ihn«, berichtete Joe. »Sie wollte, daß er ein ganz gewöhnlicher Mensch war, in jeder Hinsicht normal. Aber Truman sträubte sich dagegen, ein gewöhnlicher Mensch zu sein. Er mußte er selbst sein.«

Die Capotes blieben nicht sehr lange in Brooklyn. Als Truman im Herbst 1933 aus den Ferien in Alabama zurückkehrte, hatten sie bereits eine Wohnung am Riverside Drive in Manhattan bezogen, und Ende September begann er die vierte Klasse an der Trinity School, einer der ältesten und besten New Yorker Privatschulen für Jungen.

An der Trinity School, die damals der Episkopalkirche unterstand, wurden viermal wöchentlich Morgengebete abgehalten, die Schüler mußten am Freitag bei der Litanei knien, und an kirchlichen Festtagen wurde die Kommunion gefeiert. Es war eine streng benotende Schule, deren Hauptziel darin bestand, ihre Schüler auf die renommierten Ivy-League-Universitäten des Landes vorzubereiten. Obwohl Truman die Zielscheibe einiger Witze war, wurde er im großen und ganzen akzeptiert und von vielen seiner Mitschüler als Klassenmaskottchen betrachtet. Er weigerte sich, bei den Mannschaftssportarten mitzumachen – die in Trinity zu seinem Glück nicht obligatorisch waren –, aber in den übrigen Sportarten erwies er sich als überraschend gut. Er war ein ausgezeichneter Schwimmer und erstklassiger Kunsteisläufer, der den ganzen Winter über fleißig auf dem Gay Blades, einem Eislaufplatz an der West Side, trainierte. Er hatte Spaß an Theateraufführungen in der Schule, und nicht lange nach Schulbeginn übernahm er die Rolle der blondzöpfigen Little Eva in einer Aufführung von »Onkel Toms Hütte«.

Im ersten Jahr an der Trinity School hatte er einen Notendurchschnitt von 83, was als gut galt; aber er rutschte in der fünften Klasse auf 78 und in der sechsten dann noch weiter auf 73 ab, was als nur mittelmäßig angesehen wurde. Der Grund für sein Nachlassen war sowohl seinen Lehrern als auch der Schulleitung klar: Er war ein schwer gestörtes Kind. »Truman hat mir immer leid getan«, sagte einer von ihnen. »Ich hatte das Gefühl, daß er ein eher unerwünschtes Kind war. Es gab Probleme zu Hause, und seine Mutter rief manchmal an, um über seine Wutausbrüche zu reden, die meines Wissens nicht selten waren. Sie wußte sich dann überhaupt nicht zu helfen. Im Jahr, als er an diese Schule kam, erlebte ich einen solchen Vorfall selbst mit. Er lag im Gang auf dem Rücken und strampelte mit den Beinen wie ein Zweijähriger. Er war offenkundig am Rande der Hysterie.« Wie viele gestörte Kinder war er ein Schlafwandler. Mehr als einmal wachte er plötzlich auf und fand sich im Schlafanzug in der Eingangshalle seines Wohnhauses wieder.

Die Leute, die Nina in der Schule anrief, waren nicht sehr hilfreich, ja nicht einmal besonders verständnisvoll, und einer von ihnen, ein inzwischen längst verstorbener Lehrer, vergrößerte seine Probleme wahrscheinlich noch. Er begleitete ihn manchmal nach Hause, berichtete Truman, und auf dem Weg verzogen sie sich für eine Weile in das Olympia-Kino am oberen Broadway. Sie setzten sich in die uneinsehbare letzte Reihe, und während der Lehrer mit ihm schmuste, masturbierte ihn Truman. Welche Wirkung diese schäbige kleine Szene auf einen Jungen wie Truman hatte, kann man nicht wissen, aber es war zumindest eine erbärmliche Einweihung in die Mysterien des Geschlechts.

Nina wußte nichts von diesen Kinobesuchen, aber es war auch so unübersehbar, daß sich Truman nicht zu dem gewöhnlichen, maskulinen Jungen entwickelte, den sie sich wünschte. Als Südstaatlerin hatte sie viele Jungen einschließlich ihres Bruders Seabon gekannt, die stolz die Kadettenuniform einer Militärakademie getragen hatten, und sie hegte die Hoffnung, zackige Ausbilder und die Gesellschaft anderer, männlicherer Jungen könnten dort Erfolg haben, wo sie und die Psychiater gescheitert waren. Nachdem Truman drei Jahre in Trinity verbracht hatte, beschloß sie deshalb, ihn an eine Militärakademie zu schicken. Joe und vielleicht auch einige Lehrer von Trinity rieten ihr davon ab. »Wie konnte sie so verrückt sein, diesen Jungen an eine Militärschule zu schicken?« fragte einer von ihnen lange danach. »Es war grausam, der letzte Ort in der Welt, wo man ihn hätte hinschicken sollen. Es war kaum zu glauben.« Was Truman anging, setzte Nina stets ihren Willen durch, und im Herbst 1936, kurz vor seinem zwölften Geburtstag, meldete sie ihn an der St. John's Military Academy, einer inzwischen geschlossenen Episkopal-Schule in Ossining im Staat New York, an, die etwa fünfzig Kilometer nördlich von Manhattan am Hudson River lag. Archs Traum, daß sein Sohn eine Kadettenuniform tragen würde, sollte in Erfüllung gehen, wenn auch drei Jahre später und unter völlig anderen Umständen.

Truman selbst freute sich darauf, da er zweifellos mehr an die Vergnügungen als an die Strapazen einer solchen Institution dachte und beispielsweise die Chance begrüßte, reiten zu lernen, statt sich auf den zu erwartenden Drill und die Disziplin einzustellen. In einem seltenen Ausbruch von Begeisterung schrieb er Arch, daß er bald eine »wunderbare Kadettenschule« besuchen werde. Dort angekommen, sah er die Dinge jedoch bald anders. Es ist unmöglich, sich einen Jungen vorzustellen, der für eine militärische Erziehung ungeeigneter war als Truman. Er trug nicht gern eine Uniform und hatte eine Abneigung gegen das Internatsleben. Obwohl er sich mit einigen Jungen anfreundete, waren die Kadettenschüler ihm gegenüber nicht so tolerant, wie es seine Klassenkameraden in Trinity gewesen waren. Sie fanden Dutzende von Tricks, um ihm die Hölle heiß zu machen. So verspotteten sie zum Beispiel seinen Südstaatenakzent und machten sich über seine Macken lustig. Seinen Akzent konnte er ablegen, aber an seiner Individualität konnte weder er noch St. John's etwas ändern.

Hätte Nina seine offenkundigen homosexuellen Tendenzen absichtlich fördern wollen, hätte sie ohne Zweifel keinen besseren Ort wählen können als eine Kadettenschule. St. John's bewirkte genau das Gegenteil dessen, was sie sich erhofft hatte. Als kleinster und hübschester Junge der Klasse wurde Truman von mehreren Kadetten – den raubauzigen, männlichen Typen, denen er hätte nacheifern sollen – als Sexualobjekt betrachtet. Sobald die Lichter ausgingen, wurde er gelegentlich in das Bett eines stärkeren Burschen genötigt. Nach seiner Erfahrung ging nichts von dem, was sich unter diesen Bettüchern abspielte, über pubertäre Sexspiele hinaus – Küssen, Streicheln und »Bauchrubbeln«, wobei er den Bauch zur Verfügung stellte und ein größerer Junge das Rubbeln besorgte. Dennoch machte die Androhung von Zwang diese relativ unschuldigen sexuellen Erfahrungen zu etwas Häßlichem und Unangenehmem. »Ich hatte vor den meisten Schülern in St. John's Angst«, sagte er. »Sie nahmen Sex sehr ernst. Statt mich glücklich zu machen und mir ein Gefühl der Sicherheit zu geben, hatte diese Jagd auf mich die gegenteilige Wirkung. Ich kam mir vor wie im Gefängnis. Ich habe mit vielen Häftlingen gesprochen, und ich weiß, wie es ist. Es ist immer ein junger hübscher Häftling dabei, hinter dem alle her sind.«

Das Ende des Schuljahres bot die einzige Fluchtmöglichkeit; Nina dachte nicht daran, ihn vorher herauszunehmen. In den Monaten seines Aufenthalts dort scheint sie ihn aus ihrem Bewußtsein wie auch aus ihrem Leben verdrängt zu haben. Sie war schwanger, als er von zu Hause wegfuhr – wahrscheinlich ein weiterer Grund, ihn fortzuschicken –, und in seiner Abwesenheit erlitt sie den Schock und den Schmerz einer weiteren Fehlgeburt. Trotzdem vernachlässigte sie ihn in unentschuldbarer Weise. St. John's war nur eine Stunde von Manhattan entfernt, per Auto oder Bahn mühelos erreichbar, aber wenn sich Truman richtig erinnerte, besuchte sie ihn während dieses Schuljahres nur zweimal.

Wieder einmal fühlte er sich von seiner Mutter abgelehnt, aber diesmal konnte er nicht bei Sook Trost suchen. Er war isoliert und in seiner teuren Gefängniszelle am Hudson furchtbar einsam. Es zeigte sich, daß der Richter in Alabama recht gehabt hatte, als er Archs Vorschlag, ihn in eine Militärschule zu schicken, abgelehnt hatte. Rückblickend blieben Truman vor allem die Stunden im Gedächtnis, die er weinend verbracht hatte. »Ich wäre viel glücklicher gewesen, wenn mich meine Mutter einfach in Alabama gelassen hätte«, sagte er. Sehr wahrscheinlich hatte er recht. Sogar Nina muß erkannt haben, daß das Jahr in St. John's ein Desaster gewesen war, und im Herbst 1937 schickte sie ihn wieder nach Trinity zurück.

9

Truman war so viel herumgeschubst und von einem Ort zum anderen geschickt worden, und so viele Leute hatten ihn in diese und jene Richtung gezerrt, daß sein Charakter bis zu seinem dreizehnten Lebensjahr etwas verschwommen blieb. Die einzelnen Teile waren vorhanden, aber sie fügten sich zu keinem Bild. Statt seine eigene Natur Form annehmen zu lassen, hatte er bis dahin auf die Wunschvorstellungen reagiert, die die Menschen um ihn herum, insbesondere seine Mutter, von ihm hatten. Nach dem fürchterlichen Jahr in St. John's scheint er sich gefestigt und vielleicht unbewußt begonnen zu haben, mit sich selbst ins reine zu kommen. Er hatte versucht, so zu werden, wie seine Mutter ihn haben wollte, und war damit gescheitert. Im Alter von dreizehn scheint er diesen Versuch aufgegeben zu haben, und seine Persönlichkeit begann die Gestalt anzunehmen, die sie in all den Jahren danach beibehalten sollte.

Er war nicht weniger begierig, geliebt zu werden, als früher, aber er war jetzt alt genug und erfahren genug, um sich nach seinen eigenen Vorstellungen, bewußt und vorsätzlich um die Gunst anderer zu bemühen. Der kleine Merlin, der Harper Lee mit seinen phantastischen Geschichten in Bann geschlagen hatte, wurde jetzt zu einem brillanten Erzähler, der Unterhaltung versprach, sooft er den Mund öffnete. Die üblichen Leistungen durchschnittlicher Jungen waren ihm nicht erreichbar, aber er hatte eine Fähigkeit, an die wenige von ihnen hoffen konnten, je heranzukommen: Wenn er wollte, konnte er fast jeden bezaubern.

»Es war faszinierend, ihn zu beobachten«, erzählte Howard Weber Jun., der damals sein engster Freund war. »In den Weihnachtsferien fanden sehr gesellige Teenager-Tanzparties statt. Meine Tante veranstaltete vorher immer ein Abendessen für meine Kusine Louise, die so alt war wie wir, und ich habe gewöhnlich Truman und drei oder vier andere Freunde im Smoking mitgebracht. Meine Tante hat Truman nie vergessen, denn sobald er zur Tür hereinkam, strömten alle Jungen zu ihm hin und setzten sich in einem Kreis um ihn herum, da sie wußten, daß er ihnen Geschichten erzählen und sie unterhalten würde. Die Mädchen wurden zu Mauerblümchen und hockten ganz allein am anderen Ende des Raumes. Es faszinierte meine Tante zu beobachten, wie das geschah, und es geschah tatsächlich jedes Mal! Die Erklärung war, daß Truman im Gegensatz zu den Mädchen seines Alters alles las und über alles reden konnte. Er war ungeheuer witzig und hatte einen beißenden Sarkasmus, den alle seine Freunde unheimlich stark fanden.«

Auch viele Erwachsene waren von ihm entzückt, und einige seiner Lehrer in Trinity sahen über seine miserablen Noten hinweg und machten ihn zu ihrem speziellen Liebling. »Mr. Putney, der Theaterwissenschaft unterrichtete, hatte in jedem Stück, das wir aufführten, eine Rolle für Truman«, berichtete Weber. »Da Truman und ich ziemlich gut aussahen, spielten wir immer Mädchen; einmal spielten wir in einem Stück zusammen mit einem anderen Jungen drei Prinzessinnen, die auf einer Mauer sitzen. Truman kostümierte alle, und dann erklärte er Mr. Putney, wer die rote Perücke tragen sollte, wer die schwarze und so weiter. Er war voll in seinem Element!«

Zu Hause war er jedoch immer noch ein gestörtes Kind, und Nina rief wieder einmal in der Schule an, um sich beraten zu lassen. Obwohl er vierzehn Jahre alt sei und in die achte Klasse gehe, werfe er sich immer noch auf den Boden und strampele mit den Beinen, wenn er seinen Willen nicht durchsetze. Was sie tun solle? Niemand in Trinity wußte das oder hatte bei einem Jungen seines Alters je ein solches Verhalten erlebt. Seine Lehrer bekamen nur eine schwache Vorstellung von seiner Widerspenstigkeit. »Der Biologielehrer flippte fast aus wegen Truman, weil der immer in der

Klasse saß und sich die ganze Zeit die Haare kämmte«, erinnerte sich Weber. »›Bitte, steck den Kamm weg!‹ ermahnte er ihn. Truman scherte sich nicht im geringsten darum. Er kämmte sich glatt weiter.« Seine lässige Haltung schlug sich in seinen Noten nieder. Während seines zweiten Aufenthalts in Trinity schnitt er in allen Fächern schlecht ab, bestand mehrere, darunter Biologie, nur knapp und blieb in einem, Algebra, weit hinter dem Klassenziel zurück. Er war zur Überzeugung gelangt, daß keines der Fächer geeignet war, ihn auf die Rolle seines Lebens vorzubereiten. Sein Entschluß, was er eines Tages tun wollte, stand bereits fest: Er würde Schriftsteller werden.

Eigentlich hatte er diese Entscheidung schon einige Jahre zuvor getroffen. »Aus irgendeinem Grund begann ich in Alabama zu lesen und merkte, wie sehr es mir gefiel«, berichtete er. »Eines Tages, als ich neun oder zehn war, ging ich die Straße entlang und spielte mit den Steinen Fußball, und plötzlich wurde mir bewußt, daß ich Schriftsteller werden wollte, ein Künstler. Wie ist es dazu gekommen? Ich frage mich das selbst. Meine Verwandten waren nichts, bitterarme Bauern. Ich glaube nicht an Besessenheit, aber etwas hat von mir Besitz ergriffen, irgendein kleiner Dämon, der mich zu einem Schriftsteller gemacht hat. Wie kann man es sich sonst erklären?«

Dieselbe Frage könnte man natürlich in bezug auf die meisten Autoren stellen, die nicht inmitten von Büchern oder in Gesellschaft von Bücherliebhabern aufwachsen, und die Antwort fällt nie befriedigend aus. Die Faulks waren zwar weder arm, wie Truman behauptete, noch Analphabeten, wie er implizierte, doch stimmt es, daß sie keine Leser waren. Mit Ausnahme der Bibel war im Haus in der Alabama Avenue wenig Lesestoff vorhanden.

Es wäre jedoch irreführend, die Frage damit auf sich beruhen zu lassen. Trumans Milieu war zwar nicht im konventionellen Sinn literarisch, aber es zeichnete sich doch mehr, als er wahrhaben wollte, durch eine literarische Betrachtungsweise aus, eine Neigung, Menschen als handelnde Personen in einem Drama, ja das Leben selbst als eine Geschichte zu betrachten, die weitergesponnen werden muß. Seine Angehörigen lasen keine Geschichten; sie erzählten oder hörten sie vielmehr von ihren Nachbarn, die sie in gewöhnliche Unterhaltungen einfließen ließen. An dramatischen Verwicklungen, deren Mittelpunkt Familienfehden bildeten, bestand kein Mangel, und an heißen Sommerabenden wurden auf den Veranden von Monroeville Dutzende von Geschichten in allen Einzelheiten ausgebreitet. Truman fand im Hause Faulk zwar nicht viele Bücher vor, aber er hörte in den beschaulichen, schummrigen Stunden zwischen Abendessen und Schlafenszeit das mündliche Äquivalent von Hunderten von ihnen.

Väterlicherseits war die Familie zwar ebenfalls nicht belesen, aber der Persons-Clan war auf seine eigene Weise äußerst literarisch. Jahrelang verging keine Woche ohne Austausch von Briefen zwischen Archs Mutter Mabel und ihren drei Jungen sowie weiterer Korrespondenz zwischen den Söhnen selbst. Die Mutter und ihre Söhne verspürten einen wahren Drang, ihr Leben auf Papier darzulegen, und ihre nach Hunderten zählenden Briefe zeichnen zusammen genommen ein facettenreiches Bild sowohl ihrer Familie wie auch des Südens insgesamt während der großen Krise. Und fast alle sind gut geschrieben; viele zeugen von echtem Talent: Sie sind lebendig, unverklemmt und pikant formuliert und zeichnen sich durch plötzliche und überraschende Erkenntnisblitze aus. Truman erbte sowohl diesen Mitteilungsdrang wie auch das Talent. Er konnte lesen, bevor er eine Schule betrat, und als er noch kurze Hosen trug und nicht mehr als fünf oder sechs Jahre alt war, hatte er bereits stets ein winziges Wörterbuch sowie einen Bleistift und Papier bei sich, auf dem er sich Notizen machen konnte. Später richtete er sich in einer Ecke seines Zimmers in der Alabama Avenue ein kleines Büro ein, und dort saß er stundenlang und hämmerte Geschichten in seine Schreibmaschine. Als er nach Trinity kam, stand sein Berufsziel schon unverrückbar fest. »Er ist der einzige Mensch, den ich je kannte, der im Alter von zwölf schon genau wußte, was er tun wollte, und alles übrige ausschloß«, berichtete sein Freund Howard. »Ihm war nichts anderes wichtig als das Schreiben.«

Wenige Beispiele seiner frühesten Versuche auf diesem Gebiet sind erhalten, und diese wenigen – sechzehn Aufsätze, Erzählungen und Gedichte – wurden von John E. Langford, einem seiner Englischlehrer in Trinity, gerettet. Zwölf entstanden in der sechsten Klasse und vier in der achten, nach seiner Rückkehr von St. John's. Die Arbeiten aus der sechsten Klasse sind überwiegend nicht bemerkenswert, etwa das, was von einem Jungen dieses Alters zu erwarten ist, mit vielen ins Auge springenden grammatikalischen Schnitzern und noch viel mehr Rechtschreibfehlern. Die vier späteren Arbeiten, aus der achten Klasse, sind zwar immer noch das Werk eines Jungen, aber jetzt eines Jungen mit Talent. Truman bemüht sich zwar etwas krampfhaft um literarisch klingende Wirkungen – eine Frau sagt nicht etwas, sondern stößt die Worte hervor; ein Mann lächelt nicht, er grinst vor Entzücken –, aber die Geschichten imponieren durch ihren Fluß und eine gewisse Anmut, und soweit man aufgrund dieser wenigen Belege urteilen kann, versuchte er ihnen nicht nur Form, sondern auch Stil zu verleihen. Die interessanteste Geschichte dieser Trinity-Jahre ist jedoch nur in mündlicher Überlieferung erhalten geblieben. John Lasher, Trumans Englischlehrer in der neunten Klasse, gab das Manuskript davon eines Tages seinem Kollegen C. Bruner-Smith zu lesen, ohne ihm zu sagen, wer es geschrieben hatte. Die Geschichte schilderte in einer traumartigen Sequenz das Gefühl, einen Abhang hinunterzurollen, bis man das Bewußtsein verliert. »Es war ein ziemlich umfangreiches Manuskript«, erinnerte sich Bruner-Smith, »und ich war unerhört beeindruckt davon. Es handelte von Kindern und zeichnete sich durch ein Feeling aus, das mir bemerkenswert erschien. Sehr wenige Schriftsteller, auch bedeutende, sind imstande, sich in ein Kind hineinzuversetzen. Mark Twain konnte es, und auch Booth Tarkington. Aber Shakespeare konnte es nicht. Die Geschichte, die mir Lasher zu lesen gab, bewies, daß ihr Autor diese Fähigkeit besaß. Die Rechtschreibung war schlimm, aber ich konnte trotzdem nicht glauben, daß das von einem dreizehn- oder vierzehnjährigen Jungen stammen könnte. ›Wer hat das geschrieben?‹ fragte ich Lasher, und er antwortete: ›Truman Capote sagt, es sei von ihm.‹ Und so war es auch.«

Nicht lange danach nahm Trumans Leben erneut eine abrupte Wendung: Im Juni 1939 übersiedelte seine Familie von New York nach Greenwich in Connecticut. Joe und Nina mieteten ein Haus am Orchard Drive im Millbrook-Viertel, einer kleinen Enklave der oberen Mittelschicht, die gegenüber dem Rest des Städtchens eine sorgsam gewahrte, wenn auch freundliche Distanz hielt. Steinsäulen markierten die Einfahrt von der Hauptstraße aus, ein privater Schutzmann machte in den schönen, gewundenen Straßen seine Runden, und die etwa neunzig Häuser waren ebenso wie das der Capotes im traditionellen Tudor-Stil erbaut. Um der Siedlung eine ländliche Note zu geben, hatte man, als sie in den zwanziger Jahren angelegt wurde, Reste der ursprünglichen Landschaft bewahrt: Hügel, Bäume, Bäche und zwei große Seen, die im Sommer zu Bootsfahrten und im Winter zum Eislaufen einluden. So klein die Siedlung war, hatte sie ihren eigenen Country Club, der nur Einwohnern offenstand. Millbrook war nicht der vermögendste Teil von Greenwich und auch nicht der vornehmste, aber wer sich einmal da niederließ, blieb gewöhnlich. Die Bewohner von Millbrook verbrachten ihre Zeit in der Regel mit anderen Bewohnern des Viertels.
Joe und Nina waren beide gesellige Naturen, und sie fühlten sich hier rasch zu Hause. Sie brachten ihre Haushälterin und deren Mann mit, den sie als Chauffeur beschäftigten. Nina stand es also frei, ihre Nachmittage mit Einkaufen im Country Club oder bei Bridgespiel oder Kaffeeklatsch mit anderen Ehefrauen zuzubringen. Fast jeden Abend, kurz nach der Rückkehr der Ehemänner aus Manhattan, gab es dann irgendwo eine größere Party. Alkohol floß reichlich in Greenwich, und die neuen Bekannten der Capotes verstanden das Leben genauso zu genießen wie sie. Für Joe und Nina, die sich bereits den größten Teil des Jahrzehnts in ähnlicher Weise und mit ähnlichen Freunden vergnügt hatten, hatte bloß die Adresse gewechselt.
Überraschenderweise – wenn man an die Schwierigkeiten denkt, die ihm frühere Veränderungen bereitet hatten – verkraftete Truman, der im September an der High School des Ortes die zehnte Klasse begann, den

Umzug nach Greenwich genauso mühelos. Natürlich gab es auch hier ein paar feindselige Bemerkungen in seine Richtung. Nach den Maßstäben der Zeit sah er nun mal nicht aus, wie er sollte, hatte nicht den richtigen Tonfall drauf und kleidete sich nicht richtig. Während die anderen Jungen lange Hosen und Lederschuhe trugen, kam er, eine Generation zu früh, in schlampig wirkenden Bluejeans und Turnschuhen zur Schule. Aber die Mißbilligung fiel insgesamt milde aus, und wenn sich Truman von dem Gerede getroffen fühlte, zeigte er es nicht. »Die ihn kannten, akzeptierten ihn als ebenbürtig«, berichtete Crawford Hart Jun., einer seiner Klassenkameraden. »Auf die anderen blickte er mit Verachtung herab.«

Tatsächlich genoß er wahrscheinlich die Aufmerksamkeit. In Trinity hatte er gelernt, sich von allen übrigen zu unterscheiden. In Greenwich ging er noch einen Schritt weiter: Er entdeckte, wie man den Scheinwerfer auf sich und nur auf sich richtet. »Truman war ausgesprochen unkonventionell«, meinte Thomas Flanagan, ein Mitschüler, der später ein historischer Romancier von beträchtlichem Ansehen wurde. »Er war voll Energie und Selbstvertrauen und ein ziemlicher Angeber; er verstand es, sich in Szene zu setzen. Er empfand sich einfach als etwas Besonderes, eine Tatsache, die er sich nicht vor anderen zu verbergen bemühte. Truman mochte nur Leute, die sich ebenfalls durch irgend etwas wie Witz oder sozialen Rang auszeichneten. Das war keine Eigenschaft, die geeignet war, Freunde zu gewinnen, und diejenigen, die ihn nicht mochten – und das waren ziemlich viele –, hätten ihn wahrscheinlich als affektiert und eingebildet bezeichnet. Aber von den harten Urteilen anderer ließ er sich nicht treffen.«

Was ihn dagegen zutiefst traf, war, ignoriert zu werden. Selbst wenn es bei etwas so Unwichtigem wie einer Theateraufführung in der Schule nur zu einer Nebenrolle reichte, verletzte das sein Ego, und er war zutiefst enttäuscht, wie sich Flanagan erinnerte, als ihm im historischen Drama »If I Were King« lediglich eine winzige Rolle zugewiesen wurde. Während die übrigen Akteure in farbenfrohen Kostümen die Bühne beherrschten, waren er und Flanagan als Henker wenig mehr als Statisten. Diese Rolle konnte einem vierzehnjährigen Angeber nicht genügen, und Truman war entschlossen, sie auszubauen. Wenn er schon nicht François Villon spielen konnte, den Mann, der Frankreich rettete, so konnte er doch zumindest der schwatzhafteste Henker der Theatergeschichte sein. Am Premierenabend benutzte er seinen Text bloß als Ausgangspunkt für einen eigenen Monolog über Hinrichtungen: »Nicht jeder Tag einer Hinrichtung ist wie der heutige. Erinnerst du dich noch, wie wir vor vier Jahren den Soundso hängten...« Es war, wie wenn einer der Lanzenträger in »Hamlet« den Dänenprinzen beiseite drängen würde, um »Sein oder Nichtsein« zu rezitieren. Noch bevor der Vorhang gefallen war, jagte ihm der wütende Schauspiellehrer über die Bühne nach – eine Szene, die zweifellos interessanter und sicher erheiternder war als alles Vorangegangene. »Am Ende des Stückes wird Villon beinahe gehängt«, fügte Flanagan hinzu, »und ich dachte bei mir: Wenn Truman wirklich im Mittelpunkt stehen will, dann wird er den armen Teufel das nächste Mal echt aufknüpfen.«

Solche Kostproben seiner Egozentrik machten ihn nicht gerade beliebt, aber Trumans eigentliches Problem in Greenwich waren nicht seine Mitschüler; es war die Schulleitung, die auf sein häufiges Schwänzen, seine Weigerung, sich mit Dingen abzugeben, die ihn langweilten, und seinen lautstarken und unerbittlichen Boykott der Turnstunden ziemlich allergisch reagierte. »Er erschien sehr unregelmäßig zum Unterricht und bewies seine Kreativität mit Ausreden wegen Zuspätkommens und Fehlens«, erinnerte sich Andrew Bella, der Direktor der Schule. »Die größten Probleme hatte er in Leibeserziehung. Er trieb die Turnlehrer zur Verzweiflung, und ich erinnere mich an einen seiner zahllosen Auftritte in meinem Büro. Er stand hinter der hohen Theke, die er mit seinem Kinn kaum überragte, spreizte die Ellbogen wie Flügel und verkündete trotzig: ›Ich mache keine Turnstunden.‹ Unsere Erklärung, daß Turnen gesetzlich vorgeschrieben sei und er ein ärztliches Attest brauche, um davon befreit zu werden, machte keinen Eindruck auf ihn. Er glaubte es nicht nötig zu haben.«

Schlechte Noten und Mißerfolge – er fiel in Algebra, Französisch und Spanisch durch – schreckten ihn nicht davon ab, sich verbissen und zielstrebig auf das einzige zu konzentrieren, was ihm wichtig war: das

Schreiben. Bei seiner wilden Entschlossenheit hätte er zweifellos trotz jeglicher Entmutigung daran festgehalten, aber jeder junge Schriftsteller, so selbstbewußt er auch sein mag, braucht Ermutigung, jemand, der älter ist und ihm versichert, daß seine Schreibversuche mehr sind als die Kritzeleien eines Halbwüchsigen. Truman war darin keine Ausnahme, und er hatte das ungeheure Glück, unter die Fittiche der Englischlehrerin Catherine Wood zu kommen, die nicht nur seinen Glauben an sich teilte, sondern es als ihre Pflicht, ihre Mission und ihren heiligen Auftrag ansah, seine Talente zum Blühen zu bringen.

Er erregte ihre Aufmerksamkeit, so aggressiv er nur konnte, als sie für ihre Schüler eine Führung durch die Schulbibliothek veranstaltete und eben ein Buch von Sigrid Undset für eines der Mädchen aus dem Regal genommen hatte. »Plötzlich wandte sich dieser kleine Bursche, der nicht in meiner Gruppe war, von seinem Platz zu mir um und unterbrach mich. ›Muß wunderbar sein, sie im Original zu lesen‹, bemerkte er. – ›Natürlich, was sonst!‹ antwortete ich, obwohl ich natürlich kein Wort Norwegisch konnte. Von diesem Tag an war ich oft mit Truman zusammen, und als er im nächsten Jahr in meine Klasse kam, es war die elfte Klasse, sahen wir uns ständig.«

Miss Wood, eine hochgewachsene, grauhaarige alte Jungfer, die mit einer anderen Englischlehrerin ein Haus in einer Seitenstraße der Post Road bewohnte, lud ihn oft zum Abendessen ein, las seine Geschichten, ging im Unterricht auf ihn ein und beschwor ihre Kollegen, dasselbe zu tun. »Ich stellte einen Stundenplan für ihn zusammen«, berichtete sie, »und warb bei den anderen Lehrern um Verständnis für ihn, damit sie ihn nicht überforderten. Manche protestierten dagegen, und der Direktor, der ihn nicht schätzte, war nicht bereit, für ihn eine Ausnahme zu machen. Deshalb sagte ich zu ihm: ›Ich weiß, daß die Zeit kommen wird, da Sie stolz darauf sein werden, daß Truman Capote ein Absolvent der Greenwich High School ist!‹« Selbst Nina konnte den leidenschaftlichen Plädoyers dieser resoluten Frau mit dem länglichen Schafsgesicht nicht entrinnen. »Seine Mutter hatte kein Verständnis für den Jungen, der so ganz andere Vorlieben hatte«, meinte sie. »Ich erinnere mich, daß wir in meinem kleinen Eßzimmer saßen und ich zu ihr sagte, es falle mir schwer, das zu seiner eigenen Mutter zu sagen, aber die anderen, gewöhnlichen Jungen, die die üblichen Dinge in der üblichen Weise tun, würden eben später immer noch diese Dinge tun, Truman aber werde berühmt sein.«

Truman selbst war davon überzeugt, und die Stunden, die er darauf verwandte, sein Handwerk zu erlernen, fingen schließlich auch an, Ergebnisse zu zeitigen. In Trinity war der beste Beweis seiner Befähigung seine Beharrlichkeit gewesen. Mit wenigen Ausnahmen wie seine Stream-of-consciousness-Schilderung eines Kindes, das einen Abhang hinunterkullert, waren seine Schreiberzeugnisse als solche nicht außergewöhnlich gewesen. In Greenwich begann sein Talent zu knospen, wenn nicht bereits aufzublühen, und fand bald Aufnahme in die Literaturzeitschrift der Schule, die mehrere für sein Alter erstaunlich gute Prosastücke von ihm veröffentlichte.

Das beste davon ist die Erzählung »Lucy«, die er mit sechzehn schrieb, ein liebevoll gezeichnetes Porträt von Lucy Brown, der schwarzen Hausangestellten, die ihn 1932 von Monroeville nach Norden gebracht hatte, ihre Aufregung über die Reise in den Norden, ihr späteres Heimweh und schließlich ihre Rückkehr in den Süden. »New York war nichts als ungeheure Einsamkeit«, schrieb Truman. »Der Hudson flüsterte ständig ›Alabama River‹, ja, Alabama River mit seinen roten, schlammigen Fluten, die zum Ufer hochsteigen, und mit all seinen sumpfigen kleinen Seitenarmen.« Die anderen Texte sind stilistisch ebenso brillant, werden aber durch ihre konstruierte Handlung und einen affektierten und bemühten hochgestochenen Ton beeinträchtigt. Doch alle seine Arbeiten dieser Zeit sind äußerst pfiffig, Produkte einer überraschend sicheren und selbstbewußten Hand. Wichtiger als die technische Kompetenz, die letztlich viele fleißige Schüler erwerben können, ist die natürliche und unverkennbare Gabe, echte und lebendige Figuren zu erschaffen, was ja schließlich die Hauptaufgabe jedes Romanciers ist.

10

Wenn auch viele seiner Zeitgenossen in Greenwich Truman ablehnten – diejenigen, die er als Freunde haben wollte, um die er sich bemühte, gewann er in der Regel auch. Nur wenige konnten dem Ansturm seiner Zuneigung widerstehen. »Er hatte eine großartige und immense Fähigkeit zur Freundschaft«, berichtete Phoebe Pierce, eine der ersten, die ihm erlag. Andere folgten bald, und in kurzer Zeit war er Anführer einer lebendigen und anregenden Millbrook-Clique, einer Schar von etwa einem Dutzend junger Leute, zu denen vor allem die hübschen kleinen Jaeger-Schwestern Marion und Lucia zählten, der attraktive Ted Walworth, die wilde Joan Ackerman und Phoebe, deren Ehrgeiz, Dichterin zu werden, ebenso stark war wie Trumans Wunsch, als Prosaautor zu reüssieren. Aufgeweckt und lebhaft, mit dem sonnigen Lächeln, der strahlenden Zuversicht und dem typisch amerikanischen Schick von Photomodellen einer Zahnpastareklame, vertraten sie die Normalität in der Vorkriegswelt des Jitterbugs und der alten Benzinkutschen. Doch wenn sie nicht mehr wußten, was sie noch anstellen konnten, wandten sie sich regelmäßig an den außergewöhnlichen Neuankömmling aus New York. »Truman brachte Glück in unser Leben«, erzählte Marion Jaeger. »Er sagte: ›Tun wir's doch! Habt keine Angst!‹ Ihm verdankten wir unser Vergnügen, und wenn wir uns langweilten, hatte er immer eine Idee, die wieder Leben in die Bude brachte.«

Nach der Schule kamen sie oft bei ihm zu Hause zusammen, und sein Schlafzimmer wurde zu einem Treffpunkt, wo sie Joes lange, dunkelbraune kubanische Zigaretten rauchten, Alkohol tranken – meist die süßen Obstschnäpse, die sie ihren Eltern geklaut hatten – und zu Jazzplatten tanzten. An den Wochenenden verlegten sie ihre ausgelassenen Zusammenkünfte in die große, dunkle Höhle des alten Pickwick-Kinos in der Boston Post Road. Vom allgegenwärtigen süßen Obstler beflügelt, den sie in Papiertüten einschmuggelten, lachten sie bei traurigen Szenen, taten, als weinten sie, wenn sie hätten lachen sollen, und überboten einander in der Ausschmükkung von Hollywood-Liebesszenen mit amüsanteren Dialogen, die sie selbst erfanden. Schließlich waren die Schauspieler selbst nicht mehr zu hören durch den Krach, den sie machten, und die geplagten Billeteure scheuchten sie wieder in die Abenddämmerung hinaus. »Wir waren darauf aus, die Leute zu schockieren, und das gelang uns auch«, berichtete Phoebe. »Wir waren einfach schrecklich. Wir konnten uns kein Eis kaufen, ohne Rabatz zu machen. Wir waren rüpelhaft und intolerant, und wir vervollkommneten bis zum Geht-nicht-Mehr, was die britische Armee als ›dummen Ungehorsam‹ bezeichnete. Wir taten Dinge teils aus Spaß und teils, um die anderen auf die Palme zu treiben. Wir waren kreative Störenfriede.« An Freitag- oder Samstagabenden fuhren sie häufig in benachbarte Ortschaften, um dort in Nachtclubs wie dem Glen Island Casino in New Rochelle oder Aladdin's Cave in Stamford zur Musik der Big Bands zu tanzen. Truman, der fast immer knapp bei Kasse war, verließ sich dann auf die freundlichen Jaeger-Schwestern, die ihm halfen, seinen Anteil an der Rechnung zu begleichen. Aber an einem denkwürdigen Abend machte er seine früheren Versäumnisse gut. Den ganzen Tag war er durch die Korridore von Greenwich High getigert und hatte jeden, der ihm begegnete, um einen Penny für Briefmarken gebeten, und als sie an diesem Abend Aladdin's Cave anpeilten, hing ihm die Hose vom Gewicht der Münzen herunter. »Ich habe eine Überraschung«, erklärte er geheimnisvoll. Als die beiden Schwestern später automatisch nach ihren Geldbörsen griffen, stoppte er sie. »Heute seid ihr eingeladen«, verkündete er stolz. Er leerte seine prallen Hosentaschen und häufte einen Berg von Kupfermünzen auf den Tisch, Hunderte seiner schwerverdienten Pennies. Zu dem protestierenden Kellner sagte er: »Nur wegen Ihrer Unhöflichkeit legen wir keinen

Wert darauf, noch einmal hierherzukommen. Uns gefällt das Publikum hier sowieso nicht.«

Es war ein privilegiertes und allem Anschein nach sorgloses, idyllisches Leben, das Truman und seine Clique in jenen Jahren vor Pearl Harbor genossen. Im Frühling und Sommer schwammen sie und spielten im Country Club Tennis. Im Winter gingen sie an den oberen See zum Eislaufen, und Mrs. Jaeger empfing sie mit einem dampfenden Krug voll heißem Kakao, wenn sie durchgefroren, aber beschwingt zurückkehrten. Im Herbst stieg eine endlose Runde von Feten.

Nina organisierte selbst eine solche Party, eine Art Schnitzeljagd, und gab mit ihrem gewöhnlichen Flair in solchen Dingen das Beispiel für viele folgende glückliche Abende. »Es war Halloween 1939«, erzählte Howard Weber, Trumans Freund aus der Trinity-Zeit, der ihn an diesem Wochenende besuchte. »Es war Vollmond, eine kristallklare Nacht, und es lag ein Geruch von brennendem Laub in der Luft. Man mußte einen Namen aus einem Hut ziehen, und als ich zog, sagte Trumans Mutter: ›Ah, du hast das große Los gezogen!‹ Sie hatte recht – ich hatte Phoebes Namen erwischt –, und wir tigerten los, stiefelten durch das raschelnde Laub von einer Haustür zur anderen und baten die Leute, uns eine Statue der Venus von Milo zu leihen oder was sonst gerade auf unserer Liste stand. Sobald wir bekommen hatten, was wir brauchten, liefen wir zu den Capotes zurück, wo alle einschließlich der Eltern tanzten. Alle Jungen trugen Sakko und Krawatte, und die Mädchen sahen fabelhaft aus in Pullovern und Röcken, Spangenschuhen und Kamelhaarmänteln. Wir unterhielten uns großartig. Truman hatte einige wunderbare Freunde, und ich war so neidisch, daß ich fast umfiel, als ich sah, wieviel Spaß sie miteinander hatten.«

Sie waren alle gute Freunde, aber Trumans engste Gefährtin in diesen Greenwich-Jahren, der Gegenstand seiner geheimsten Gedanken, war das Mädchen, dem Ninas Ausruf gegolten hatte, die witzige und amüsante Phoebe. Truman hatte sie kurz nach seiner Ankunft von New York auf einem Fest kennengelernt, und nachdem sie angefangen hatten, miteinander zu reden, fiel es ihnen schwer, wieder aufzuhören. »Zum ersten Mal in meinem Leben hatte ich den Eindruck, mit jemandem wirklich sprechen und ihm meine Gefühle mitteilen zu können«, erzählte Phoebe, »und dieser Mensch war Truman. Wir waren beide ungeheuer tief und leidenschaftlich an Literatur und Dichtung interessiert. Wir liebten *The New Yorker*, wir liebten Oscar Wilde, wir liebten Saki.« Sie redeten über alles in den Wochen, die folgten, aber so weit sie ihre Phantasie auch schweifen ließen, sie landeten immer bei ihrem liebsten, dauerhaftesten Traum: nach Manhattan zu ziehen und ein Teil des smarten literarischen Lebens zu werden, von dem sie sicher waren, daß es sie dort erwartete. »Wir träumten davon, Greenwich zu verlassen und nach New York zu gehen«, erzählte sie. »Manhattan war Oz für uns, der wunderbare Ort, wo wir ausflippen und uns vergnügen konnten.«

Hochgewachsen und attraktiv, mit riesigen blauen Augen und schimmerndem dunklem Haar, war Phoebe eine seltene Kombination von mehreren, gewöhnlich unvereinbaren Eigenschaften. Sie war weit über ihr Alter weltklug, und soweit ein Mädchen mit vierzehn oder fünfzehn *glamorous* sein kann, war sie es, mit einem sicheren Wissen, wie man sich kleidet und auftritt, und einer nie versagenden Fähigkeit, jedes Gespräch zu beleben. Schon mit vierzehn hatte sie die Figur einer jungen Frau. Während die anderen Mädchen in Kleidern auf Feste gingen, die sorgfältig die Tatsache verbargen, daß sie noch nicht viel Busen zu verbergen hatten, trug sie welche, die zur Geltung brachten, daß es ihr daran nicht fehlte. »Meine Eltern gaben einmal ein Fest für mich«, erinnerte sich Marion Jaeger, »und mein Vater, der sehr deutsch und sehr streng war, sagte: ›Deine Mutter wird ein Kleid für dich auswählen.‹ Sie wählte ein rosa Kleid mit Spitzen bis zum Hals. Dann betrat Phoebe in einem schulterfreien Abendkleid die Szene, und die ganze Gesellschaft lag ihr zu Füßen. Ich war in meinem ganzen Leben nie so enttäuscht. Truman zog mich in eine Ecke und sagte zu mir: ›Du siehst aus wie eine kleine alte Jungfer!‹«

Sie waren noch nicht alt genug, nach New York zu ziehen, aber mit fünfzehn und sechzehn besuchten Truman und Phoebe an manchen Samstagabenden ihr Oz. Ohne andere in ihre Pläne einzuweihen, horteten sie wochenlang Geld und stellten ihre Kleider zusammen. Wenn es schließlich soweit war, hatte die fünfundvierzigminütige Bahnfahrt nach Manhattan den Ruch eines tollkühnen, verbotenen Abenteuers angenommen. Zuerst fielen sie in einige Jazz-Lokale ein, die die 52. Straße säumten, und hörten dort Billie Holiday, Dinah Washington oder Lionel Hampton. Wenn es dann gegen Mitternacht ging, wanderten sie ein oder zwei Blöcke ostwärts und beschwatzten die Türsteher, sie in die Glitzerpaläste der Café Society, El Morocco und Stork Club, einzulassen. Truman war mit Joe und Nina in beiden Lokalen gewesen, aber als er zum ersten Mal mit Phoebe allein dort hinging, drohte ihn unter den kritischen Blicken des Obers die Chuzpe zu verlassen. Sie sah aus, als gehe sie zu einem Schultanzfest, trug weiße Handschuhe und ein bodenlanges weißes Seidenkleid übersät mit Pailletten. Er sah aus wie ihr kleiner Bruder und verging fast vor Angst, daß sie trotz aller Anstrengungen nicht genügend Geld zusammengekratzt hatten, um die Rechnung zu bezahlen. »Bestell nichts Teures!« flüsterte er ihr zu, als sie auf einer der zebragestreiften Polsterbänke des El Morocco Platz nahmen.

Man warf sie jedoch nicht hinaus, und nach diesem ersten, nervösen Abend rauschten die beiden kessen Teenager durch die Tür wie der Herzog und die Herzogin von Windsor. »Wir waren ein so wild aussehendes Paar, daß die Oberkellner nie wußten, was sie zu uns sagen sollten«, erinnerte sich Phoebe, die fortan ihre Handtasche in der Schublade ließ und ihre weiße Glitzerrobe durch ein schwarzes Cocktailkleid ersetzte, wie sie die anderen Frauen trugen. »Sie dachten immer, Truman sei zu jung für alkoholische Getränke. Aber da ich älter aussah, machten sie keine Einwände. Im Grunde kamen wir rein, weil wir interessant aussahen. Wir waren beide wunderbare Tänzer – es war nie jemand auf der Tanzfläche, der die lateinamerikanischen Rhythmen so tanzen konnte wie Truman –, und sobald wir die Tanzfläche betraten, verzieh man uns alles übrige. Wir waren ein ungewöhnliches Paar, und wir müssen die Leute amüsiert haben. Also ertanzten wir uns quasi unser Abendessen.«

Sie erredeten es sich auch, das heißt, sie kompensierten ihren ewigen Geldmangel, indem sie den Trick perfektionierten, bei wohltätigen älteren Paaren an der Bar Drinks und Abendessen zu schnorren. »Wir sind im Hockey-Team von Princeton«, witzelte Truman, während Phoebe ihre ausdrucksvollen Augen spielen ließ und ihre Wohltäter durch ihr überschäumendes Geplauder entzückte. Nach einem solchermaßen anstrengenden Abend stürmten sie jeweils zur Tür hinaus wie Aschenbrödel nach dem Ball und rannten zur Grand Central Station, wo sie gerade noch rechtzeitig eintrafen, um den letzten Zug nach Greenwich zu erwischen.

In solch schwindelnde Höhen verstiegen sie sich allerdings selten, und wenn sie zurückkehrten, erwartete sie eine unerfreuliche Realität. Alle Freunde wußten, daß Phoebe zu Hause unglücklich war. Ihre Mutter war Alkoholikerin und wiederholt in psychiatrischer Behandlung gewesen, und ihr Vater, den sie vergötterte, war gestorben, als sie sechzehn war. Was ihre Freunde nicht wußten, war, daß Truman genauso litt. Abgesehen von New York und den Nachtclubs, abgesehen auch von ihrer gemeinsamen Begeisterung für Literatur, fühlten sich Truman und Phoebe durch eine ähnliche Traurigkeit miteinander verbunden. Ihre heimlichen Ausflüge nach New York waren nicht nur Fahrten in das Zauberland Oz; sie waren auch eine Flucht vor den häßlichen Szenen, die sich zu Hause abspielten. »Was für zwei merkwürdige und verlorene Kinder wir waren!« staunte Phoebe. »Wir waren wie Bruder und Schwester, und wir halfen einander durch die Dunkelheit, denn in Wirklichkeit war das Leben schrecklich einsam für uns beide.«

Einsamkeit war für Truman natürlich nichts Neues. Von frühester Kindheit an hatte er sich isoliert und unerwünscht gefühlt. Selbst während der glücklichen Zeiten mit Sook, selbst während er den Übermut der Millbrook-Clique genoß, lebte er in dem manchmal ferneren, manchmal näheren Bewußtsein, daß es zu Hause nicht stimmte. Die Ambivalenz seiner Mutter ihm gegenüber war weder verschwunden, noch hatte sie sich in den Jahren, seit sie ihn zu sich geholt hatte, verringert. Sie war vielmehr noch ausgeprägter geworden, und wenn Nina getrunken hatte, was in Greenwich immer öfter geschah, konnte sich die liebevolle, gute Nina in angsterregendem Tempo in die böse und lieblose Nina verwandeln.

Die gute Nina war diejenige, die die meisten seiner Freunde erlebten, die Frau, die das Capote-Haus am Orchard Drive zu einem einladenden und freundlichen Treffpunkt für sie machte. Sie war gesellig und lustig, behandelte seine Freunde als ihre Freunde, lachte mit ihnen über frivole Witze, tanzte mit ihnen und war angesichts ihrer Verstöße gegen die Regeln gern bereit, ein Auge zuzudrücken. Wenige andere Mütter hätten sich den Lärm gefallen lassen, sich blind gestellt, wenn sie ihre gestohlenen Schnapsflaschen ins Haus schmuggelten und die leeren Flaschen hinaustrugen. »Wir waren alle einfach hingerissen von ihr«, erzählte Howard Weber. »Sie wirkte sehr jung, und wir fanden, sie gehöre eher unserer Generation an als der unserer Eltern.«

Diese öffentliche Nina war auch eine liebevolle Mutter, deren Fürsorge für ihren Sohn sich in kleinen wie in großen Dingen zeigte. Howard Weber, der oft zu Besuch kam, bemerkte zum Beispiel, daß sie ihre jeweilige Tätigkeit unterbrach, um Trumans Äußeres, bevor er abends ausging, einer zärtlichen, aber sorgfältigen Prüfung zu unterziehen. So benetzte sie ihren Finger mit der Zunge, um ihm den Haarschopf aus der Stirn zu streichen und seine Augenbrauen zu glätten. Und, fügte Weber hinzu, »wenn sie und Joe ausgingen, unterließ sie es nie, wenn sie zurückkam, in sein Zimmer zu kommen. Truman und ich taten so, als schliefen wir, aber wir waren gewöhnlich hellwach, denn wir hechteten meist erst in die Betten, wenn wir sie kommen hörten, nachdem wir zuvor eine Flasche Aprikosenbrandy leer gesüffelt hatten. Sie strich dann seine Bettdecke glatt, gab ihm einen Gutenachtkuß und vergewisserte sich, daß die Fenster geschlossen waren. In meiner Gegenwart machte sie immer den Eindruck, ihn sehr gern zu haben.«

Doch selbst diejenigen, die sie wirklich sehr mochten, bemerkten etwas

Ungewöhnliches in ihrer Beziehung zu Truman. Sie schien sich in der Mutterrolle nicht wohl zu fühlen, und wenn sie seine Freunde von gleich zu gleich behandelte, dann behandelte sie auch ihn so – wie einen Bruder oder vielleicht einen Geliebten, aber selten wie einen Sohn. Es war die Fortsetzung der alten Geschichte. Sie konnte beschützend und liebevoll sein, aber auch grausam und demütigend. »Manchmal dachte ich, sie hasse ihn wegen der Art, wie er sich verhielt«, meinte Joe. Truman erwiderte ihre Ambivalenz mit seiner eigenen Ambivalenz. Wie sie ihn liebte, liebte er sie auch, und wie sie ihn haßte, haßte er sie. »Niemand konnte ihn so glücklich machen wie sie«, sagte Phoebe, »und niemand ging ihm so auf die Nerven wie sie. Es war die Art von Beziehung, an der Scharen von Psychiatern jahrelang ihre wahre Freude haben.«

Öfter und öfter kam die böse Nina durch eine Flasche Scotch zum Vorschein, und wenige Monate nach ihrer Ankunft in Greenwich hatte sich die schicke, mondäne, wählerische Nina von einer Frau, die gern trinkt, in eine Frau, die gern zuviel trinkt, verwandelt. Joe behauptete, sie sei dem Alkohol verfallen, weil sie sich für Truman schämte und sich Sorgen machte, er könnte homosexuell werden. »Sie war nicht realistisch in bezug auf ihn«, sagte er. »Sie wollte den Tatsachen nicht ins Auge sehen.« Ihr Bruder Seabon, der in New York arbeitete, meinte dagegen, sie habe wegen ihrer Probleme mit Joe getrunken. Ihre erstaunliche Leidenschaft war im Laufe der Jahre nicht abgekühlt – »Ich liebte meine Frau, und sie liebte mich«, sagte Joe –, und beide reagierten heftig auf das geringste Anzeichen eines Flirts des anderen. Marion Jaeger erinnerte sich, daß Joe, der ihr die Schritte eines lateinamerikanischen Tanzes beibrachte, plötzlich von Nina brüsk beiseite gedrängt wurde. »Ich werde es Marion zeigen«, sagte Nina. Joe selbst erinnerte sich an einen anderen Vorfall, der einem Eklat im Stork Club einige Jahre zuvor ähnlich war und bei dem er einen Mann dabei ertappt hatte, wie er auf einer Party seinen Arm um Nina legte. »Ich packte seine Hand«, berichtete er, »riß sie weg und stieß ihn so heftig, daß er stürzte. Ich war fuchsteufelswild!« Beide waren immer noch attraktiv und besaßen eine Ausstrahlung, die Fotos nicht vermitteln können. »Nina hatte eine ganz besondere erotische Anziehungskraft«, meinte Lucia Jaeger. »Meine Mutter war eine hübsche Frau, aber wenn sie und Nina zusammen waren, richteten sich die Blicke auf Nina und nicht auf meine Mutter.« Joe seinerseits hatte einen südamerikanischen Charme, den viele Frauen fast unwiderstehlich fanden.

Dieser südamerikanische Charme ging mit einer entsprechenden Einstellung zur Ehe einher: Er konnte es nicht bleibenlassen, sich mit anderen Frauen zu amüsieren – »Mal da was, mal dort was«, wie er später sagte. Gelegentlich verbrachte er einen Samstag mit einer Freundin in New York. Zu diesem Zweck ließ er sich vom jungen Carl Jaeger mit dem Auto zur Bahnstation in Port Chester bringen, damit sich in Greenwich niemand den Kopf zerbrach, warum er an einem Wochenende nach Manhattan fuhr. Carl rief dann auf seinen Wunsch Nina an, um ihr zu sagen, daß er in die Stadt gefahren war. »Ich weiß«, lautete ihre tonlose Antwort. Aber seine Seitensprünge quälten sie. Aus Rache ließ sie sich ebenfalls auf eine oder zwei Affären ein. Manche von Trumans gutaussehenden Freunden überhäufte sie mit so viel Aufmerksamkeit, daß Truman später mit einigem Grund argwöhnte, sie sei zumindest mit einem von ihnen auch ins Bett gegangen.

Ihr Leben war nicht vollkommen, aber allem äußeren Anschein nach hatte sie dennoch erreicht, was sie sich als Lillie Mae Faulk erträumt haben mochte, als jene Lillie Mae, die sehnsüchtig die aus Monroeville wegführenden Straßen entlanggeblickt hatte. Sie hatte sogar erreicht, was Arch, der Großmeister der Versprechungen, ihr in jenem fernen April in Troy vorgegaukelt hatte. Aber alles, was sie hatte, war ihr letzten Endes nicht genug. An ihr nagte eine fürchterliche Enttäuschung – worin diese bestand, konnte allerdings niemand sagen –, über die hinwegzukommen sie nicht den Willen oder die Kraft hatte. An einem Ort, an dem es für eine intelligente Frau wenig zu tun gab und wo alle übrigen so viel tranken, lag es nahe, im Alkohol Erlösung zu suchen. Es dauerte nicht lange, und sie fing schon am Nachmittag an, ihr Glas mit Scotch zu füllen und sich den ganzen Abend bis in die Nacht hinein nachzugießen. Sie war keine lallende, verwahrloste Trinkerin; wenige ihrer Freunde in dieser trinkfesten Stadt hätten sie überhaupt als Alkoholikerin bezeichnet. Aber sie war eine, und Truman litt darunter.

»Das Anzeichen, daß sie zuviel getrunken hatte, war eine Art von unheilvoller, überdrehter Aufgekratztheit«, sagte Phoebe, die diese Symptome von ihrer eigenen Mutter her kannte. »Diese leichte Gereiztheit konnte dann sehr rasch in ein echtes Donnerwetter umschlagen. Sie konnte sehr garstig zu Truman sein.« In einem betrunkenen Wutausbruch zerriß sie eines seiner Manuskripte vor seinen Augen; ein anderes Mal beschuldigte sie ihn, die Idee für eine Geschichte aus einem Roman geklaut zu haben, den sie gelesen hatte. Beide Handlungen schienen darauf abzuzielen, das einzige kaputtzumachen, was ihm Selbstvertrauen gab, sein Bewußtsein, daß er schreiben konnte. Die übliche Zielscheibe ihrer Wut, die Hauptquelle ihrer Verärgerung über ihn war jedoch, was sie immer gewesen war: seine Unfähigkeit, so auszusehen, sich so zu verhalten, so zu *sein* wie andere Jungen. Miss Wood und alle ihre Plädoyers für Toleranz hatten nicht die geringste Wirkung gehabt. »Du bist eine Schwuchtel!« schrie ihn Nina an. »Du bist eine Tunte! Du wirst im Gefängnis landen! Du wirst in der Gosse enden!«

Truman reagierte wie jedes Kind alkoholsüchtiger Eltern – mit Verwirrung, einem Gefühl der Scham und mit seiner eigenen Wut. »Ich war praktisch die ganze Zeit wütend auf sie, weil sie so trank«, sagte er. »Sie hielt mich ständig in einem Zustand der Angst.« Gespeist durch seine Wut, war sein eigenes Verhalten immer noch oft das eines gestörten Kindes. Er warf sich zwar nicht mehr auf den Boden und schrie und strampelte, aber er konnte sich noch genauso unreif verhalten und auf genauso unmögliche Weise. Einmal wurde einer seiner Freunde Zeuge, wie ihn Joe wegen irgendeiner Missetat rügte. Truman antwortete, indem er Joe ins Gesicht spuckte, eine Beleidigung, die Joe wie üblich stoisch ignorierte. Von seinem Talent und Ehrgeiz getrieben, war Truman in mancher Hinsicht weit über sein Alter hinausgeschossen; in emotionaler Hinsicht aber war er noch ein kleiner Junge.

Nina hatte mit einer ihrer in der Trunkenheit gemachten Anklagen recht – das, wovor sie sich so lange gefürchtet hatte, war eingetreten: Truman war jetzt eindeutig und klar homosexuell. Wie er aussah und sich verhielt, war nun ironischerweise sogar quasi sein Glück. Er konnte nicht verbergen, was er war – nicht einmal vor sich selbst –, und er war nie mit dem lähmenden Zweifel und den Schuldgefühlen geschlagen, die das Leben so vieler junger Homosexueller ruinieren, die jahrelang nicht oder vielleicht überhaupt nie herausfinden, was sie sind. Truman wußte schon mit fünfzehn, was er war; ja er hatte es wahrscheinlich zumindest unbewußt schon seit seiner Kindheit gespürt. »Ich hatte immer eine ausgeprägte homosexuelle Neigung«, sagte er, »und ich empfand nie Schuldgefühle deshalb. Im Laufe der Zeit entscheidet man sich schließlich für das eine oder das andere, homosexuell oder heterosexuell. Und ich war homosexuell.«

Wie schon Jahre zuvor, als sie ihn ohne Erfolg zu Psychiatern geschleppt hatte, versuchte Nina erneut, ihn zu verändern. Eines Nachmittags packte sie ihn zu einer geheimnisvollen Fahrt nach New York ins Auto. Truman erinnerte sich mit Bitterkeit an diesen Tag: »Auf der Fahrt sagte sie zu mir: ›Ich bringe dich zu Dr. Murphy. Ich glaube, du bist homosexuell, und ich möchte, daß er dir männliche Hormone spritzt.‹ Wörtlich sagte sie sogar: ›Ich glaube, du bist homosexuell, du kleines Monster!‹ Ich sagte: ›Halte sofort an!‹, und sie fuhr an den Straßenrand. ›Du bist beknackt‹, sagte ich zu ihr. ›Ich werde dir mal was sagen. Ich bin homosexuell, und du bringst mich nicht zu Dr. Murphy, mit dem du bis vor zwei Jahren ins Bett gegangen bist.‹ Sie beugte sich vor und schlug mich mit aller Kraft ins Gesicht. Ich schaute sie bloß an: ›Wenn du das noch einmal machst‹, sagte ich, ›breche ich dir die Nase. Ich tue, was mir paßt.‹ Danach belästigte sie mich nicht mehr damit, doch sie jammerte bei allen, die in Hörweite kamen, ich sei homosexuell.«

Das tat sie tatsächlich. »Tja, mein Sohn ist schwul«, sagte sie etwa zu einer Schar Freunde, die, vor Verlegenheit erstarrt, zu lachen versuchten und so taten, als mache sie einen Witz. Manche wußten vielleicht gar nicht, was sie meinte. Nicht viele Leute sprachen damals offen über Homosexualität, und obwohl sie natürlich wußten, daß er anders war, errieten nur wenige seiner Freunde, selbst aufgeklärte wie Tom Flanagan, der Oscar Wilde gelesen hatte und über diese Dinge Bescheid wußte, seine sexuelle Veranlagung. »Er war sehr zärtlich«, berichtete Marion Jaeger, eine der vielen, die nicht durchblickten, »und er umarmte und küßte wie alle anderen Jungen.« Ihre Eltern wußten gewöhnlich, wovon Nina sprach, und eine Freundin der Webers war unverschämt genug, das auch zu sagen. »Wie könnt ihr zulassen, daß euer Sohn mit dieser offensichtlichen Schwuchtel verkehrt?« fragte sie Howards Eltern.

Mit fünfzehn und sechzehn erlebte Truman die ersten Liebesgeschichten. Er hatte eine seit langem bestehende Beziehung zu einem Jungen, den er aus New York kannte, und später verliebte er sich leidenschaftlich in einen anderen Jungen aus Greenwich, einen großen, feschen, sportlichen Klassenkameraden – kurz in jemanden, der genau dem Typ entsprach, den sich Nina als Sohn wünschte. Obwohl er auf seine Weise gutaussehend war, fühlte sich Truman nicht attraktiv, und er wandte seine ganze, beträchtliche Raffinesse auf, um sein Idol zu verführen, indem er ihm schmeichelte, ihn mit Aufmerksamkeit überhäufte und eine Flasche Bourbon öffnete, sooft er zur Tür hereinkam. Schließlich führten seine Anstrengungen zum Erfolg. »Er war der schönste Junge, den ich je gesehen habe, und der beliebteste in der Schule«, sagte er im Ton eines Fischers, der nie den Augenblick des Triumphes und des Stolzes vergessen wird, als er die größte Forelle im See fing. »Alle, Jungen und Mädchen, waren verrückt nach ihm. Und das Komische war – er stand auf mich! Wir sind immer in seinem Auto weggefahren und haben geschmust und uns gegenseitig gewichst. Eines Tages fand ich schließlich, das gehe nun schon zu lange so, und ich beugte mich hinunter und habe ihm einen geblasen. Aus irgendeinem Grund störte ihn das; er hatte große Schuldgefühle deshalb, aber nicht groß genug, um aufzuhören. Zu meinem sechzehnten Geburtstag schenkte er mir ein Buch mit Gedichten von Edgar Allan Poe, in das er geschrieben hatte: ›Wie Efeu an den Wänden muß auch Liebe enden.‹ Ich war tödlich getroffen und weinte, weil ich ihn wirklich liebte. Wir trieben es auch danach noch miteinander, aber gefühlsmäßig war es nie mehr dasselbe. Irgendeine Verbindung war zerbrochen.«

Im Laufe der Zeit wurde auch Trumans Verhältnis zu Phoebe gespannt. Er wußte, daß keine Hoffnung auf eine Liebesgeschichte zwischen ihnen bestand, aber so irrational das war, er ärgerte sich trotzdem und fühlte sich abgelehnt, wenn sie mit anderen Jungen ausging. Truman neigte ebenso zur Eifersucht wie seine Mutter. Er wollte Phoebe nicht für sich haben, aber er gönnte sie auch niemand anderem. In seiner Wut versuchte er sogar, potentielle Verehrer von ihr fernzuhalten, indem er das Gerücht verbreitete, sie interessiere sich gar nicht für das andere Geschlecht, eine Taktik, die bei niemandem verfing. Eine Zeitlang schäumte er vor Frustration und Wut. Ein Besucher sah, wie er ihr Bild in den offenen Kamin warf und es bespuckte, sooft er daran vorüberging. »Soweit Truman in eine Frau verliebt sein konnte, war er in Phoebe verliebt«, bemerkte ein gemeinsamer Freund. Es war jedoch nur eine partielle und für sie unbefriedigende Liebe. »Er liebte mich als Menschen, nicht als Frau«, berichtete sie. »Ein paarmal hat er mir einen Heiratsantrag gemacht. ›Du könntest dein Leben leben‹, sagte er, ›und ich lebe das meine.‹ Ich sagte zu ihm: ›Truman, ich könnte es nicht ertragen.‹« Auch er hätte es nicht ertragen. Sein Weg führte ihn in eine andere Richtung, und er begann jetzt, ihm ohne Skrupel und Bedenken zu folgen.

ZWEITER TEIL

11

Sechs Monate nach Pearl Harbor, im Juni 1942, verließen die Capotes Connecticut und kehrten aufatmend nach New York zurück. Sie hatten in Greenwich sowohl gute als auch schlechte Zeiten erlebt, aber alles in allem waren die drei Jahre dort für keinen von ihnen erfolgreich gewesen – und für Nina waren sie verheerend. »Goodbye girls, ich kehre in die Stadt zurück«, rief ein jubilierender Truman den Jaeger-Schwestern zu, als sein Zug aus der Bahnstation Greenwich rollte. Dann zog er in der Aufregung unabsichtlich die Notbremse und brachte seinen Abgang zu einem ruckenden Halt. »Gehen wir, bevor uns jemand sieht«, sagte Lucia zu Marion. »Wie oft wird Truman uns noch blamieren?« Trotzdem schaffte er es schließlich zur Grand Central Station, und die Capotes etablierten sich rasch in einer Wohnung Ecke Park Avenue und 87. Straße, in der Upper East Side von Manhattan.

Der glückliche Teil von Trumans Leben in Greenwich war in diesem Monat ohnehin zu Ende gegangen, da sich seine kleine Millbrook-Clique nach dem High-School-Abschlußfest in verschiedene Colleges zerstreut hatte oder zum Militärdienst eingezogen wurde. Truman, der aufgrund seiner schlechten Noten im Unterschied zu seinen Klassenkameraden des Jahrgangs 42 kein Abschlußzeugnis erhalten hatte, stand weder das eine noch das andere bevor. Nach einer Fahrt in den Süden mit dem Ziel, Arch zu besuchen, der endlich seine Goldmine gefunden hatte – die Heirat mit einer betuchten Frau in Louisiana –, wiederholte er auf Ninas Betreiben sein Abschlußjahr an der Franklin School, einer Privatschule in der West

Side. Franklin war hauptsächlich für Schüler, die an besseren Schulen keine Aufnahme fanden; er hatte eine leichte Fächerkombination, durfte kommen und gehen, wie es ihm gefiel, und man drückte auch ein Auge zu, wenn er ohne Schuldgefühle oder Reue Stunden schwänzte, was er häufig tat.

Er hatte seinen Schulnoten ohnehin nie mehr als vorübergehende Aufmerksamkeit gezollt, aber selbst wenn er es getan hätte – wie hätte er fleißig lernen sollen, da doch alles, was er sich wünschte, alles, wovon Phoebe und er in ihrem Exil in Greenwich gesprochen und geträumt hatten, jetzt vor seiner Tür lag? »In New York war Truman zum ersten Mal in seinem Leben glücklich und frei«, berichtete Phoebe, die ebenfalls in Manhattan war und das Barnard College besuchte. Der kleine Junge aus Monroeville, der sich bei seiner Ankunft zehn Jahre vorher vor den Gehsteigen und den hohen Gebäuden gefürchtet hatte, war zu einem jungen Mann herangewachsen, der sich dieser Stadt von Herzen verbunden fühlte, »dieser Insel, die im Strom schwimmt wie ein funkelnder Eisberg«, wie er es bald formulieren sollte.

Er besitze ein immenses Talent zur Freundschaft, hatte Phoebe gesagt, und das bewies er bald genug. Er lernte Eleanor Marcus kennen, die ihn mit ihrer Schwester Carol bekannt machte. Carol, mit Phoebes Worten eine »anerkannte Spinnerin«, war von ihm bezaubert und machte ihn mit ihren eigenen besten Freundinnen, Oona O'Neill und Gloria Vanderbilt, bekannt. In den folgenden Monaten, bis Mitte 1943, bildeten sie ein vierblättriges Kleeblatt: Carol, die blonde Phantastin; Gloria, die berühmteste Erbin dieser Ära; Oona, die Tochter des größten amerikanischen Dramatikers; und Truman, der amüsante Neuankömmling aus den Suburbs. Truman hatte zwar Phoebe verloren, aber dreifachen Ersatz für sie gefunden, und alle drei waren ungewöhnlich und auf ihre eigene, ganz besondere Weise bemerkenswert attraktiv.

Er war jetzt Stammgast im El Morocco und im Stork Club. Sherman Billingsley, der Besitzer des Stork Clubs, war entzückt, drei Mädchen als Gäste zu haben, über die so oft in den Klatschspalten berichtet wurde, und offerierte ihnen – und auch Truman – das Mittagessen gratis. Nachmittags waren sie häufig in einer Lieblingsbar an der 53. Straße East zu finden, wo sie den Klavierspieler aufforderten, die unbeliebtesten Songs von Cole Porter zu spielen. Abends kehrten sie dann oft wieder zum Stork Club oder El Morocco zurück. »Wir fanden uns selbst ganz toll«, gestand Carol, »und der Stork Club war genau die richtige Spielwiese für uns.« Truman fühlte sich endlich zu Hause, dort, wo er sein wollte. New York machte Spaß, es war aufregend und *glamorous*, und er liebte jetzt eben die Dinge, um derentwegen er die Stadt einst gehaßt hatte – ihre Menschenmassen, ihren hektischen Trubel, ihre Intensität. Aber die Nachtclubs und amüsante Leute machten nur einen Teil des Reizes aus. Am meisten hatte er die Möglichkeiten schätzen gelernt, die sich ihm auf diesem funkelnden, aber glatten Eisberg eröffneten.

Erfüllt von einer ans Religiöse grenzenden Vision von seiner Karriere als Schriftsteller – kein Märtyrer des Kreuzes war sich seines Glaubens je sicherer gewesen –, konnte er seine brillante Zukunft fast mit Händen greifen, wenn er die Fifth Avenue entlangschlenderte. Sie lag praktisch in Reichweite, die idealisierte Zukunft, die ihn in ihren Bann schlug und ihn ebenso sicher antrieb, wie die Verheißung von Reichtümern einst Arch angetrieben hatte. Aber Truman wollte sich nicht mit verrückten Plänen betrügen, wie es sein Vater getan hatte, oder sich zurücklehnen und warten, daß ihm das Glück hold war. Er wollte seine glänzende Zukunft skrupellos beim Schopf packen wie ein Kondor seine Beute. Im Gedicht »Sand für das Stundenglas«, das er für die Literaturzeitschrift der Franklin School schrieb, sprach er das auch kühn aus. Das aus gewaltigen Metaphern bestehende Gedicht – er vergleicht sich darin mit dem Kondor auf der Suche nach seiner Mahlzeit – ist das Manifest eines jungen Mannes, eine Kriegserklärung gegen eine Welt, die weniger feindselig denn gleichgültig war, was Truman als fast noch schlimmer empfand. Er hatte fest vor, berühmt zu werden:

Wie der mächtige Kondor,
dessen Geierschwingen
sich auf dem kupfernen Himmel abzeichnen,
habe ich auf meine Beute
gewartet und gelauert!
Mein Opfer ist die Unsterblichkeit –
Jemand zu sein, an den man sich erinnert –
Ist das nicht auch dein müßiger Traum?
Denn in der Erinnerung halten wir das Leben
zärtlich in den alt gewordenen Händen.
Du sagst – »Er ist ein Narr und Träumer.«
Ich lache und lasse mein Lachen
wie ein blitzendes, furchtbares Messer
euch ins Herz dringen!
Denn ihr wißt und ich weiß,
wie jung oder alt wir auch sein mögen,
wir warten nur darauf,
unsere Namen in Stein gemeißelt zu sehen.
So ist es heute, und so wird es morgen sein!

Wie hätte die Welt einem so entschlossenen Willen, einem so zielstrebigen Ehrgeiz widerstehen können?

Selbst ein junger Kondor findet seine Beute nicht am Tag, an dem er das Nest verläßt, und Trumans erster Schritt in die literarische Welt New Yorks war der eines Grünschnabels. Irgendwann Ende 1942 oder vielleicht Anfang 1943, als er noch die Franklin School besuchte, fand er eine Teilzeitstelle als Copyboy beim *New Yorker*, einem Magazin, von dem Phoebe und er nur Monate zuvor noch im gedämpften Ton Andächtiger vor einem Heiligtum gesprochen hatten. Sie hatten es in Greenwich jede Woche gelesen und für den Gipfel an Geist und Witz gehalten. Truman wie auch vielen anderen jungen Autoren erschienen die schäbigen Redaktionsräume an der 43. Straße West als der bestmögliche Ort, ja vielleicht der einzig mögliche Ort, an dem ein sensibler Schriftsteller eine kongeniale Beschäftigung finden konnte. Endlich wurde einer seiner Träume wahr.

Die Arbeit in diesem sonderbaren und exzentrischen Laden machte ihm allerdings nicht soviel Spaß, wie er sich vorgestellt hatte. In den frostigen und unfreundlichen Korridoren war nichts von der Geselligkeit einer Lokalredaktion zu spüren. Viele Autoren kamen überhaupt nie in die Redaktion, und jene, die auftauchten, waren selten gesprächsbereit. Die Leute wurden kaum je miteinander bekannt gemacht. Es galt als gravierender Bruch der Etikette, im Aufzug ein Gespräch zu beginnen, und manche Mitarbeiter, die einander täglich sahen, hatten nicht einmal ein Kopfnicken füreinander übrig. Edmund Wilson, der Literaturkritiker des Magazins, hielt zum Beispiel jahrelang den Kunstredakteur für den Belletristikredakteur, während eine Mitarbeiterin glaubte, ein Druckereibote im mittleren Alter, der einen schwarzen Derby trug und eine gewisse heruntergekommene Vornehmheit ausstrahlte, sei Wilson. Als Truman anfing, war ein Großteil der Mitarbeiter eingezogen worden oder stand kurz davor, und die Atmosphäre in den Redaktionsräumen im 19. Stock war noch abgehobener und kurioser, als sie in Friedenszeiten gewesen war. »*The New Yorker* ist jetzt ein noch schlimmeres Tollhaus als je zuvor«, klagte E. B. White, »weil alle in den Krieg gezogen und nur die Senilen, die Neurotiker, die Krüppel, die Lahmen und die Doofen übrig sind, um das Blatt herauszubringen. Es ist kaum ein Hormon übrig in dem Laden...«

Obwohl Truman es wahrscheinlich nicht wußte, als er am ersten Morgen vor Aufregung fiebernd die Redaktion betrat, waren die Copyboys des *New Yorker*, die Redaktionsgehilfen und Laufburschen, niemals als potentielle Redakteure oder Reporter betrachtet worden, wie das bei anderen Blättern der Fall war, und im Krieg war ihr Ansehen noch tiefer gesunken als zuvor. Sie waren entweder alt und hinfällig, Diebe oder Spitzel – Chefredakteur Harold Ross konnte Spitzel nicht ausstehen –, und aus dem einen oder anderen Grund wurden viele innerhalb einer Woche geheuert und gefeuert. Von denen, die sich hielten, wurde erwartet, daß sie den Mund hielten und wenn irgend möglich unsichtbar blieben. Daß Truman eingestellt wurde, war somit ein Zeichen kriegsbedingten Notstands: Er war zweifellos der sichtbarste und am wenigsten schweigsame Copyboy, den das Magazin je beschäftigt hatte – und wahrscheinlich seither beschäftigt hat. Und wirklich hätten diese vermeintlich mit allen Wassern gewaschenen Leute, die er und Phoebe aus der Entfernung so bewunderten, genausogut Farmer aus Iowa sein können, so wie sie ihn angafften, wenn er Bleistifte spitzte und Manuskripte von einer Abteilung zur anderen beförderte. Sie waren zwar an eigenartig aussehende Literaten gewöhnt – die Lahmen und die Doofen, wie White sie genannt hatte –, aber sie waren nicht an eigenartig aussehende Copyboys gewöhnt, insbesondere nicht an den Anblick von einem, der mit den Worten William Shawns, des damaligen Nonfiction-Redakteurs, wie »ein kleiner Junge, fast wie ein Kind« wirkte.

Shawns Beschreibung war nicht übertrieben. Im Alter von achtzehn hätte man Truman für einen zwölfjährigen Jungen halten können. Er hatte keine sichtbare Spur eines Bartes, war immer noch außergewöhnlich klein, hatte vielleicht noch nicht einmal seine erwachsene Größe von einsachtundfünfzig erreicht und blieb ungewöhnlich hübsch mit den großen, fesselnden blauen Augen und blonden Haarsträhnen, die ihm ungeordnet über die Stirn fielen. Und wenn sein Aussehen nicht schockierte, dann tat es seine kindliche Stimme – ein unfreundlicher Witzbold behauptete, sie sei so hoch, daß nur ein Hund sie hören könne. Truman mag sich als Kondor gefühlt haben, aber seinen neuen Kollegen kam er eher vor wie ein exotischer Kanarienvogel. »Um Gottes willen! Was ist denn das?« fragte sich Ross, als er aus seinem Büro lugte und ihn den Gang entlangtänzeln sah.

Noch bevor die erste Woche um war, war er eines der Hauptgesprächsthemen in den Korridoren. Zwei der »Liftboys« – in Wirklichkeit gestandene Männer – waren so verwirrt, daß sie um einen Dollar wetteten, ob er Männchen oder Weibchen sei. »Du wirst dein Geld verlieren«, sagte Ebba Jonsson, die Bibliothekarin, zum Verlierer. »Es ist definitiv ein Junge.« Auf eine der Frauen machte er einen so lebhaften Eindruck, daß sie träumte, seine Adern seien mit Milch gefüllt – ob Vollmilch oder Magermilch, ließ sie offen. Truman heizte den Klatsch noch an, zweifellos absichtlich, indem er sich den Lunch nicht von Delikatessenläden bringen ließ wie alle übrigen, sondern von teuren Restaurants in der Stadtmitte wie dem »21« und »Le Ruban Bleu«. Bald ging das Gerücht, er sei reich, und als ihn jemand mit einer seiner berühmten Freundinnen in einem Nachtclub sah, wurde es zur unumstößlichen Gewißheit. Diese Wirkung hätte in etwa von jedem vorausgesagt werden können, der ihn und seine vielen Tricks kannte, mit denen er Aufmerksamkeit zu erregen pflegte. Was jedoch nicht vorhersehbar war und bewirkte, daß man sich ehrlich erstaunt nach ihm umdrehte, war etwas freilich Bemerkenswertes: Truman war es fast als einzigem in der Redaktion gelungen, sich mit Daise Terry, der gefürchteten cholerischen Bürovorsteherin, anzufreunden.

Sie war eine kleine, ältere Frau von notorisch übellaunigem und zänkischem Wesen, und sie jagte allen, Redakteuren wie Copyboys, Furcht ein. Sehr wenige Mitarbeiter mochten sie, und auch sie mochte nur wenige. »Sie war eine fürchterlich verbiesterte Frau«, erzählte Andy Logan, deren lange Karriere als Reporterin für das Magazin gerade begonnen hatte, als Truman dort anfing. »Einmal sah ich einen Copyboy, den sie zur Schnecke gemacht hatte, bitterlich weinen, und ich weiß auch von einem Mann, der einmal hier Redaktionsgehilfe war und der in vorgerücktem Alter immer noch in kalten Schweiß gebadet aufwacht, wenn er sich an diese Schreckschraube erinnert.«

Wie es Truman schaffte, sie zu zähmen, wußte niemand, aber er hatte wie ein streunender Hund schon immer die Gabe besessen, Leute zu finden und sich bei ihnen beliebt zu machen, die ihm, wie seine Lehrerin Miss Wood, helfen konnten. »Es steht in seinen Sternen oder in seinen Karten, oder es ist sein Schicksal oder wie man es nennen will, daß er sich in die richtige Richtung bewegt«, bemerkte damals ein Freund. »Sein Instinkt führt ihn zu den Menschen, die auf seiner Seite sind.« Aber Opportunismus war nur die Hälfte dieser Gleichung; er mochte die Menschen wirklich, die auf seiner Seite waren. Er gab nicht vor, Daise Terrys Freund zu sein, weil sie ihm helfen konnte. Sie konnte ihm helfen, und das machte ihn zu ihrem Freund. Es war eine vollkommene Verbindung von Zuneigung und Opportunismus.

»Sie war eine sehr lebhafte kleine Frau und ziemlich einsam«, erzählte er. »Alle haßten sie außer mir. Selbst Ross fürchtete sie. Aber sie ging ganz in dem Magazin auf; da tat sich einfach nichts, wovon sie nichts wußte. In ihren Augen war ich irgendwie noch ein Kind, was gewissermaßen auch stimmte, und sie hat mich immer gedeckt, wenn ich irgend etwas verschlampt hatte.« Bald sah man das ungleiche Paar, das ein Altersunterschied von fast einem halben Jahrhundert trennte, zusammen zum Mittagessen gehen. Sie trafen sich auch abends zum Essen und gingen ins Theater, ja sie sahen sich sogar an Samstagen, wenn die Redaktion geschlossen war. Seine Freundschaft wurde belohnt: Unter den neiderfüllten Blicken der anderen Copyboys avancierte er zu ihrem Protegé. An Regentagen mußten andere die Botengänge außerhalb des Hauses machen, und auch die Spätschicht blieb an anderen hängen. Nach nur wenigen Wochen gab sie ihm dann den besten Job von allen: Copyboy im Kunstressort.

Der Gehilfe des Kunstressorts hatte eine redaktionelle Aufgabe zu erfüllen, wenn auch keine sehr bedeutende. Er mußte die Dutzende von unerbetenen Cartoons und Cartoon-Ideen durchsehen, die jede Woche eingereicht wurden, und die möglichen von den unmöglichen trennen. Der Art Director unterzog das Gesammelte einer weiteren Auswahl, die er dann Ross, dem Literaturredakteur Gus Lobrano, Rea Irvin, der das erste Titelbild des *New Yorker* gezeichnet hatte, und Terry zeigte, die jede Zeichnung mit ihren eigenen Kommentaren versahen. Die Dienstagnachmittag-Konferenz war immer eine laute, lebhafte Sache, und wenn Ross einen Cartoon nicht mochte oder verstand, was häufig der Fall war, hörte man seine Stimme »verzweifelt den Mond anheulen«, wie es James Thurber formulierte. »Tragen Frauen heute solche Hüte?« fragte er dann etwa, oder er beschwerte sich, daß eine Figur, die einen Armeeoberen darstellen sollte, wie »ein verdammter Portier« aussehe.

»Der Copyboy hatte die Aufgabe, sauberzumachen, alle Stühle ordentlich hinzustellen und dafür zu sorgen, daß Ross' Stricknadel bereitlag«, berichtete Albert Hubbell, der während des größten Teils von Trumans »Amtszeit« Art Director war. »Ross ereiferte sich manchmal sehr und stach auf die Zeichnungen ein, um etwas klarzumachen. Wenn er einen Bleistift benutzte, hinterließ er Spuren, darum kam jemand auf die Idee, ihm eine stumpfe Stricknadel zu geben, die harmlos war. Wenn der Copyboy alles vorbereitet hatte, nahm er alle Zeichnungen – es waren gewöhnlich dreißig oder vierzig – und präsentierte sie auf einer Staffelei, so daß die Redakteure sie anschauen konnten. Bis dahin waren die Art-Boys eine Art Automat gewesen. Nicht so Truman. Er schnitt Gesichter, wenn ihm etwas nicht gefiel, lachte, wenn er eine Zeichnung witzig fand, und reagierte auf die Bemerkungen der Redakteure. Das war unerhört, und Ross fragte mich: ›Wer ist dieser Junge? Woher kommt der?‹ Dann fügte er hinzu: ›Sag ihm, daß er das bleibenlassen soll. Wir brauchen keine weitere Meinung.‹ Ich sagte es Truman, und danach hielt er einigermaßen den Mund. Aber gelegentlich konnte er sich kleine Randbemerkungen dennoch nicht verkneifen.«

Dutzende, ja Hunderte von Zeichnungen mußten geordnet werden, und gelegentlich wuchs Truman die Flut über den Kopf. »Manchmal brachte ich die Cartoons alle durcheinander, dann warf ich sie einfach in ein Loch und sagte mir: Die sortiere ich später aus. Irgendwie schaffte ich es auf diese Weise, etwa siebenhundert Stück loszuwerden. Ich habe sie nicht absichtlich vernichtet; ich weiß nicht, wie sie abhanden kamen. Aber sie waren weg. Verständlicherweise waren viele Leute sehr verärgert. Das war einer der Anlässe, bei denen Daise Terry mich deckte.«

Sobald die Redakteure ihre Entscheidungen getroffen hatten, gab Truman sie an die Künstler weiter, bekundete Mitgefühl mit denjenigen, deren Zeichnungen abgelehnt worden waren, und diente allen generell als Trostspender. Für Thurber, der beinahe blind war, mußte er noch etliches mehr tun. Es war seine lästige Pflicht, Thurber herumzuführen, ihn zu seinen Rendezvous mit einer Sekretärin des Magazins zu begleiten und sogar im Wohnzimmer zu warten, während die beiden im Schlafzimmer laut ihrer Leidenschaft frönten. Ihr Liebesspiel, klagte er später, habe sich so romantisch angehört wie das Quietschen von Schweinen beim Schlachten. Wenn sich der Lärm gelegt hatte, mußte er Thurber in die Kleider helfen. Einmal zog er Thurber die Socken mit der Innenseite nach außen an, und die scharfsichtige Mrs. Thurber, die sie ihm am Morgen richtig angezogen hatte, merkte den Unterschied. Am nächsten Morgen warf ihm der Künstler vor, den Fehler absichtlich begangen zu haben. »Thurber war der unangenehmste, fieseste Mann, der mir je begegnet ist«, bemerkte Truman. »Er war furchtbar aggressiv – vielleicht weil er blind war –, und alle haßten ihn außer dieser einen Sekretärin, mit der er ins Bett ging. Sie war die häßlichste Person, die man sich vorstellen kann, aber ihm war es egal, weil er sie nicht sehen konnte.«

Für eine humoristische Zeitschrift war der *New Yorker* ein ernster, düsterer Arbeitsplatz, und Truman, der seine Hochstimmung nicht unterdrücken konnte, ließ bei der Ausübung seiner bescheidenen Pflichten eine merkbar lässige Einstellung erkennen. In einer spielerischen Parodie auf seinen Job bediente er sich eines großen Staubwedels und machte aus dem Abstauben der Schreibtische eine große Show. »Damals wurden alle eingezogen«, erinnerte sich Hubbell, »und eines Abends kam er zu mir und sagte: ›Ich habe meine Grußkarte gekriegt. Morgen muß ich mich in der Grand Central Station zur Musterung melden, und vielleicht geht dann gleich die Post ab.‹ Wir gaben ihm eine kleine Party für den Fall, daß das geschehen sollte. Aber als ich am nächsten Tag ins Büro kam, war er wieder da, mit einem Tuch um die Mitte und dem Staubwedel in der Hand. ›Sie haben mich für nichts genommen‹, erzählte er mir, ›nicht einmal fürs Frauencorps.‹« Truman erklärte später, warum man ihn nicht in den Krieg geschickt hatte: »Sie fanden mich ziemlich neurotisch. Ich war noch keine Viertelstunde bei der Musterungskommission, da sagten sie schon: ›Wir werden das aufschieben.‹ Und ich habe nie wieder von ihnen gehört.«

Beim Magazin schienen sich alle darüber im klaren zu sein, daß der Copyboy des Kunstressorts mehr vorzuweisen hatte als sein ungewöhnliches Aussehen. Er machte auch kein Geheimnis aus seiner Absicht, Schriftsteller zu werden. »Er stand immer hinter meinem Schreibtisch«, berichtete Barbara Lawrence, die eine zweitklassige Redakteursstelle hatte, »und eines Tages sagte er zu mir: ›Wissen Sie, ich schreibe Geschichten.‹« Er zeigte ihr einige, und während der paar folgenden Jahre las sie sie, ermutigte und beriet ihn, ähnlich wie es Miss Wood in Greenwich getan hatte. »Bei Barbaras Vorschlägen handelte es sich hauptsächlich um Streichungen«, berichtete er. »Sie war eine sehr, sehr gute Cutterin. Damals hatte ich die Tendenz, meine Texte nicht richtig zu gliedern; die einzelnen Absätze wurden einfach zu lang. Sie war mir eine große Hilfe bei der Gliederung und solchen Dingen.«

Sie war jedoch die einzige, die sich hilfreich zeigte und ihn ermunterte. Es entsprach den unergründlichen Praktiken der Magazine, daß man ihm keine Chance gab, sich als Schriftsteller zu erproben. »Es bestand die Tendenz – reiner *New Yorker* – Snobismus – Officeboys nicht ernst zu nehmen«, berichtet E.J. Kahn, ein langjähriges Redaktionsmitglied. »Und Truman hielt man für einen effeminierten, albernen kleinen Jungen.« Neben der Auswahl von Cartoons zählte es zu seinen weiteren Pflichten, die Zeitungen nach Ideen für die Klatschspalte über das Kommen und Gehen in New York zu durchforsten. Aber als er anbot, selbst als Reporter hinauszugehen und über einiges direkt zu berichten, blockte man ihn ab. »Wir glaubten sogar, daß er es wahrscheinlich schaffen würde«, bemerkte Shawn, »aber wir sahen keine Möglichkeit, jemanden, der so jung war, für uns berichten zu lassen.« Truman reichte auch einige Kurzgeschichten im Literaturressort ein, das sie mit mäßigem Lob bedachte, aber ebenfalls ablehnte. »Sehr gut, aber auf eine Art romantisch, wie es unser Magazin nicht ist«, lautete in Trumans Erinnerung eine solche Bemerkung. »Es ist ein Skandal, daß wir keine von Trumans Kurzgeschichten veröffentlichten«, fand Brendan Gill, der inoffizielle Historiker des *New Yorker.* »Aber es ist auch ein Skandal, daß wir nichts von Hemingway oder Faulkner und bloß eine Geschichte von Fitzgerald brachten.«

Skandal oder nicht, Truman war zweifellos gekränkt über die hartnäckige

Ablehnung seitens einer Zeitschrift, die er einst verehrt hatte. Obwohl eine gewisse Bewunderung für den *New Yorker* in ihm blieb, empfand er keine Ehrfurcht mehr vor dem Magazin oder den Leuten, die dort arbeiteten. »Niemand kümmerte sich um Dinge, die außerhalb der Redaktion passierten. Es waren alles sehr sonderbare Geheimniskrämer, wie Bären, die sich im Zoo in ihre Höhlen verkriechen. Shawn kam nie aus seiner Höhle heraus, und E. B. White kam nicht einmal heraus, wenn der Wärter an seine Tür klopfte. Alle – buchstäblich alle – machten in die Hosen vor Ross. Er sah gemeingefährlich aus, und er war gemeingefährlich. Sogar ich hatte Angst vor ihm, und ich bin nicht furchtsam. So einen Haufen gehässiger Leute hat es noch nie gegeben. Sie waren alle zwanghafte Klatschmäuler und vollkommen besessen voneinander. Ich gehörte nie ihren Cliquen an und war mit niemandem eng befreundet. Ich glaube, einer der Gründe dafür war, daß ich wußte, sie würden dableiben, und ich nicht. Es war wie in einer Schule; man weiß, daß bestimmte Leute den Abschluß schaffen werden und bestimmte andere nicht. Aber ich bin froh, daß ich dort war. Damals war es wahrscheinlich die beste Zeitschrift der Welt, und dort zu arbeiten, war um Klassen besser, als ein College zu besuchen.«

Im Herbst 1943 glaubte er, den *New Yorker* hinter sich lassen zu können. Er kündigte, um sich ganz dem Schreiben zu widmen. Manhattan war dafür jedoch nicht der richtige Ort, und die Wohnung der Capotes bot weder die nötige Ruhe noch Ungestörtheit. Nina, die immer noch trank, störte ihn ständig und war außerdem oft aggressiv, und selbst wenn sie nüchtern war, beklagte sie sich über den Lärm, den seine kleine Kofferschreibmaschine machte, wenn er auf dem Küchentisch tippte. Es konnte nicht ausbleiben, daß sich sein Blick nach Süden richtete: Er kehrte in das Heim zurück, in dem er den größten Teil seiner Kindheit verbracht hatte, nach Monroeville in Jennies Haus an der Alabama Avenue. Aber auch dort konnte er nicht schreiben. Das heimelige alte Haus war 1937 abgebrannt, und das neue war so ungastlich wie die Wohnung der Capotes. »Das ist *bestimmt* nicht der richtige Ort«, schrieb er Arch am 2. Dezember in einem der seltenen Briefe an seinen Vater. »Ich habe eine Erkältung und fühle mich scheußlich; es ist

so verdammt ungemütlich hier. Ich glaube, ich werde bald nach New York zurückkehren, da Alabama eindeutig kein Refugium zum Schreiben ist.«
Wenige Wochen später war er wieder in Manhattan und sortierte Cartoons für den *New Yorker.* Sein endgültiger Abgang vom Magazin im Sommer 1944 war sowohl abrupter wie auch unerfreulicher, als er es sich wohl gewünscht hätte. Trotz der mangelnden Ermutigung hatte er die ganze Zeit geschrieben, und im August benutzte er seinen Urlaub, um an der Bread-Loaf-Schriftstellerkonferenz in Vermont teilzunehmen. Er erwähnte bei seiner Ankunft seine Verbindung zum *New Yorker* und erweckte wahrscheinlich den Eindruck, daß er Texte schreibe und nicht befördere. Jedenfalls glaubte das Robert Frost, der damals den schrundigen Gipfel seiner Berühmtheit erklommen hatte, und als Truman eine seiner Lesungen verließ, wertete der alte Dichter dies als absichtliche Beleidigung von seiten Trumans und der Zeitschrift, die ihn beschäftigte.
Die Beleidigung, wenn es sich denn um eine handelte, war nicht beabsichtigt. »Ich erholte mich eben von einer Grippe«, berichtete Truman, »und hatte noch einen sehr steifen Hals. Ich saß in der ersten Reihe. Ich beugte mich hinunter, um meinen Knöchel zu massieren, und stellte fest, daß ich mich wegen meines Halses nicht mehr aufrichten konnte. Da saß ich also vornübergebeugt mit der Hand an meinem Knöchel. Es muß ausgesehen haben, als wäre ich eingeschlafen. Und er saß auf dem Podium oben und las. Da ich mich nicht aufrichten konnte, wand ich mich irgendwie aus meinem Sitz und humpelte so leise ich konnte zum Ausgang – immer noch tief gebeugt. So sah es für ihn aus, als schliche ich mich hinaus. Ich hörte, wie er das Buch zuklappte. Dann sagte er: ›Also, wenn der Vertreter des *New Yorker* so zu meiner Lesung steht, dann werde ich aufhören.‹ Damit schmiß er das Buch hin.«
Der Vorfall sprach sich herum bis New York und bis zum *New Yorker.* Einige Frauen, die an der Lesung teilgenommen hatten, und wahrscheinlich auch Frost selbst schrieben ärgerliche Briefe an Ross, und Ross, der offenbar und vielleicht zu Recht glaubte, Truman habe sich fälschlich als Autor des *New Yorker* eingeführt, forderte eine Erklärung. Die verweiger-

te Truman. Er konfrontierte den Herausgeber des *New Yorker* mit demselben halsstarrigen Nein, mit dem er den Direktor der Greenwich High School in Rage versetzt hatte. »Ich sagte ihm, ich gäbe ihm keine Erklärung, ich hätte nichts Unrechtes getan, und ich sei gar nicht im Namen des *New Yorker* dort gewesen.« Ob er kündigte, bevor er hinausgeworfen wurde, wußte er selbst nicht mehr. Wie auch immer, er ging noch am gleichen Tag, und Ross gab Weisung, ihn nicht mehr in den 19. Stock zu lassen. »Truman kam weinend nach Hause«, erinnerte sich Joe Capote. »Er war so enttäuscht. Ich sagte, er solle sich nicht unterkriegen lassen, er brauche sich keine Sorgen zu machen. Dann sagte er: ›Ich möchte das Buch abschließen, an dem ich arbeite. Bist du bereit, so lange für mich aufzukommen?‹ Das versprach ich ihm.«

12

Obwohl es Truman an diesem Tag noch nicht wissen konnte, hatte Ross ihm mit dem Hinauswurf etwas Gutes, einen unbeabsichtigten Gefallen getan. Wenn es anders gekommen wäre, wenn er durch einen bürokratischen Winkelzug zu einem Autor des *New Yorker* geworden wäre, hätte das verheerende Folgen für seine Schreibversuche und seine Karriere haben können. Er fing ja erst an, seine eigene Stimme, seinen persönlichen Stil als Autor zu finden, und wenn er dageblieben und aufgestiegen wäre, hätte er, vielleicht ohne es zu wissen, der Versuchung erliegen können, seine immer fulminantere Prosa auf das von der Zeitschrift bevorzugte gedämpftere Understatement hinzutrimmen. Eine solche Dämpfung, diese Art Schutzfarbe, war zweifellos das Schicksal anderer vielversprechender Begabungen beim *New Yorker* und anderswo. Eine Umarmung kann, wenn sie lähmt und fesselt, schädlicher sein als eine Ablehnung, und in diesem Alter wäre vielleicht sogar Truman zur vornehmen Stromlinienform des *New Yorker* zu bekehren gewesen. Wie die Dinge lagen, ließ ihm Ross keine Wahl: Er mußte der werden, der er war, und als er im Herbst 1944 zwanzig wurde, ließ er sich darauf ein, ausschließlich Schriftsteller zu sein, dessen einziges Anliegen vom Morgen bis in die Nacht darin bestand, ein Blatt Papier mit Worten zu füllen.

Wiederum und aus denselben Gründen wie früher – der Alkoholismus seiner Mutter und sein Bedürfnis nach Einsamkeit, in der er arbeiten konnte – blickte er nach Süden. Es gab ohnehin wenig Anreize, in New York zu bleiben. Er hatte nicht nur seinen Job verloren, sondern für den

Augenblick auch die meisten seiner Freunde. Phoebe war von Barnard an das Bennington College in Vermont übergewechselt, und Carol Marcus und Oona O'Neill waren nach Kalifornien gegangen und hatten berühmte Männer geheiratet – Carol hatte William Saroyan geheiratet und Oona den großen Charlie Chaplin. Alabama war vielleicht nicht das ideale Refugium zum Schreiben, aber es war zumindest ruhig und, solange er bei Verwandten wohnte, billig.

Diesmal fühlte er sich zum Glück wohler und behaglicher dort als im vorigen Jahr. »Es war Anfang Winter, als ich dort ankam«, schrieb er später, »und die Atmosphäre des geräumigen Farmhauses, das ausschließlich durch Öfen und offene Kamine beheizt wurde, eignete sich gut für einen jungen Schriftsteller, der sich stille Abgeschiedenheit wünscht. Der Haushalt begann sich morgens um vier Uhr dreißig zu regen, es wurde bei elektrischem Licht gefrühstückt, und wenn sich die Sonne zeigte, gingen bereits alle ihren Geschäften nach.« Das Haus gehörte seiner Tante Lucille, aber er wohnte abwechselnd auch bei Jennie und Mary Ida, seiner anderen Tante in Monroeville. »Er schien glücklich und zufrieden«, erinnerte sich Mary Ida. »Oft setzte er sich hin und redete so schnell er nur konnte, genau wie ich. Ich hörte ihm nicht zu, und er hörte mir nicht zu. Aber wenn er arbeitete, dann arbeitete er wirklich.«

Das unvollendete Buch, das er von New York mitgebracht hatte und bei dessen Vollendung ihm Joe finanziell helfen sollte, hieß »Summer Crossing«. Es war eine Gesellschaftskomödie, die sich um eine Debütantin der Fifth Avenue und die Parties drehte, die sie in dem Sommer gibt, während dem ihre Eltern in Europa sind – die Sommerreise des Titels. In Alabama erschien ihm das Thema allerdings weniger überzeugend als in New York. Wenn er die ausladenden Äste des Seifenbaums betrachtete, in dessen Hochsitz er und Harper Lee Geheimnisse ausgetauscht hatten, wenn er durch die mit rotem Staub bedeckten Straßen von Monroeville schlenderte, durch die Arch einst den Großen Pascha hatte einziehen lassen, und wenn er durch die sumpfigen Wälder rings um den Ort stiefelte, in denen er und Sook die Zutaten für ihr Wundermittel gesucht hatten, dann spürte er,

daß die Fifth Avenue sehr weit weg und seine eigene Kindheit sehr nahe war, wo immer er hinblickte, auf allen seinen Wegen – die Luft selbst war erfüllt davon. »Nach und nach«, schrieb er, »erschien mir ›Summer Crossing‹ dünn, geistreichelnd, unpersönlich. Eine andere Sprache, eine geheime spirituelle Geographie keimte in mir – und nistete sich in meinen nächtlichen Traumstunden wie auch in meinen Tagträumen ein.«
Die Ablagerungen der Vergangenheit hätten ihn plötzlich an einem frostigen Dezembernachmittag überwältigt, berichtete er, als er zur Hatter-Mühle hinausgewandert sei, wo er schwimmen gelernt habe und wo er an einem schrecklichen Tag von einer Mokassinschlange gebissen worden sei. Das still und verlassen unter der schwachen, milchigen Wintersonne daliegende Wasser des kleines Sees erschien ihm wie sein eigenes Unterbewußtes, das in dämmriger Tiefe all die Tage und Wochen seiner Kindheit enthielt. Als er unter die Oberfläche dieses trüben Wassers starrte, erblickte er die Umrisse eines völlig neuen Buches, eines Buches nicht über die glatte und geschniegelte Welt der Fifth-Avenue-Society, die er im Grunde kaum kannte, sondern über einen Jungen, der einsam und vergessen, nach Liebe hungernd in einem hinterwäldlerischen Nest in Alabama aufwächst. Erinnerungen drängten herauf, und »Erregung – eine Spielart des kreativen Komas – überfiel mich. Auf dem Nachhauseweg verirrte ich mich und stapfte im Kreis durch die Wälder, denn die Gedanken an dieses Buch versetzten mich in einen Taumel.
Es war dunkel, als ich nach Hause kam, und kalt, aber ich spürte die Kälte über meinem inneren Feuer nicht. Tante Lucille sagte, sie habe sich schon Sorgen um mich gemacht, und war enttäuscht, weil ich kein Abendessen wollte. Sie wollte wissen, ob ich krank sei; ich sagte nein. Sie sagte: ›Du siehst aber krank aus. Du bist blaß wie ein Gespenst.‹ Ich sagte gute Nacht, schloß mich in mein Zimmer ein, warf das Manuskript von ›Summer Crossing‹ in die unterste Schreibtischlade, suchte ein paar gespitzte Bleistifte und einen neuen Block gelbes, liniertes Papier zusammen, hockte mich angekleidet ins Bett und schrieb mit rührendem Optimismus: ›Other Voices, Other Rooms‹, ein Roman von Truman Capote.«

Sehr wahrscheinlich ist diese Schilderung ein Kondensat dessen, was sich über einen Zeitraum von Tagen oder Wochen abspielte. Egal. Das Ergebnis war dasselbe. »Summer Crossing« wurde beiseite gelegt und der neue Roman mit seinem anspielungsreichen und packenden Titel »Other Voices, Other Rooms« (»Andere Stimmen, andere Räume«) begonnen. »Es ist ungewöhnlich, aber gelegentlich passiert es fast jedem Schriftsteller, daß das Schreiben einer bestimmten Geschichte von außen kommend und mühelos erscheint«, sagte Truman. »Es ist, als wäre man eine Sekretärin, die die Worte einer Stimme aus einer Wolke niederschreibt. Die Schwierigkeit besteht darin, den Kontakt mit diesem gespenstischen Diktator aufrechtzuerhalten. Mit der Zeit stellte sich heraus, daß die Kommunikation am besten nachts funktionierte, so wie sich das Fieber nach Einbruch der Dunkelheit erhöht. Ich gewöhnte mir also an, die Nacht durchzuarbeiten und tagsüber zu schlafen, eine Routine, die den Haushalt durcheinanderbrachte und ständige mißbilligende Kommentare zur Folge hatte: ›Aber du hast alles auf den Kopf gestellt. Du ruinierst dir deine Gesundheit.‹ Deshalb dankte ich meinen aufgebrachten Verwandten für ihre Gastfreundschaft und ihre strapazierte Geduld und kaufte mir eine Karte für einen Greyhound-Bus nach New Orleans.«

Dort mietete er wahrscheinlich im Januar 1945 ein Zimmer – »lärmend wie ein Stahlwerk« – im Hause Royal Street Nr. 711 im Herzen des französischen Viertels. Straßenbahnen ratterten und Touristen schnatterten tagsüber vor seinem Fenster, und nachts verwandelten Soldaten und Seeleute die Straße in eine grölende Party. Dennoch behielt er die Zeiteinteilung, die seine Verwandten so gestört hatte, bei und arbeitete regelmäßig. Es entstanden mehrere Kurzgeschichten sowie der erste Teil seines neuen Romans. Joe Capote schickte ihm offenbar etwas Geld, aber es war nicht genug, um davon leben. Um etwas dazuzuverdienen, versuchte es Truman mit einigen rasch hingeworfenen Gemälden, die er wie viele andere den Touristen auf dem Jackson Square feilbot. »Er malte fürchterlich schlecht«, erzählte Patsy Streckfus, eine seiner Freundinnen in New Orleans. »Er brachte ein paar seiner Bilder zu uns nach Hause mit, und selbst er gab zu, daß sie nichts taugten.« Trotz der Beschwernisse blickte er auf die Monate im französischen Viertel als »die freieste Zeit meines Lebens« zurück. »Ich hatte keinerlei Verpflichtungen gegenüber irgend jemandem.«

Diese Zeit dauerte nicht lange. Mit einem Koffer voller fertiger und gut vorankommender Arbeiten sehnte er sich erneut nach dem funkelnden Eisberg zwischen dem Hudson und dem East River. Er warf seine Pinsel weg und machte sich wieder auf den Weg nach Norden, in die Stadt, in der er, wie er jetzt erkannte, zu Hause war: New York City.

Mehrmals hatte Truman versucht, mit seiner Prosa Aufnahme im *New Yorker* zu finden, den er für die einzige Heimstatt eines begabten jungen Autors hielt, und mehrmals war er höflich abgewiesen worden. Was er nicht wußte, war, daß er an die falsche Tür klopfte. Der Ort, nach dem er suchte, der Ort, wo neue Schriftsteller nicht nur akzeptiert, sondern willkommen geheißen wurden, war nicht Harold Ross' manchmal muffiges Establishment in der 43. Straße West, sondern eine insgesamt weniger spektakuläre, weniger naheliegende Adresse: die der Damenmodenmagazine, insbesondere *Harper's Bazaar* und *Mademoiselle*, die mehr als zwei Jahrzehnte lang, von Mitte der dreißiger bis Mitte der fünfziger Jahre, die interessanteste und originellste Kurzprosa in den Vereinigten Staaten veröffentlichten.

Dieser bemerkenswerte, aber der Erinnerung entschwundene Zeitraum in der amerikanischen Literaturgeschichte, als gute Prosa ein Nest in einem Wald von Lingerie-Anzeigen fand, war weitgehend das Werk eines Mannes, an den sich ebenfalls nur wenige erinnern, ein fetter, fauler, aber immer brillanter Redakteur namens George Davis. Als begabter junger Schriftsteller entwickelte Davis einen unheilbaren Fall von Schreibhemmung. Aber die Worte, die er sich nicht aus dem eigenen Hirn quetschen konnte, entriß er durch Betteln, Drängen und gutes Zureden den Köpfen anderer, zuerst, von 1936 bis 1941, als Literaturredakteur von *Harper's Bazaar* und dann in den folgenden acht Jahren von *Mademoiselle*.

Obwohl in den Vertriebsbüros dieser Zeitschriften über die ausgefallenen und oft schockierenden Geschichten gemurrt wurde, die er auswählte, etwa Ray Bradburys Phantasie über ein Thanksgiving von Vampiren, genoß er von seiten seiner Chefredakteurinnen, der beiden äußerst imposanten Frauen Carmel Snow bei *Harper's Bazaar* und Betsy Talbot Blackwell bei *Mademoiselle*, die entschiedenste Unterstützung. Die Herausgeber, für die Prosa und Lyrik ohnehin nichts weiter als überflüssiges Beiwerk für die Bilder und Anzeigen waren, gaben achselzuckend und in der vielleicht sogar richtigen Annahme nach, daß ihre Leserinnen klug genug seien, lange Spalten mit anstößigen Texten zu überblättern. Die Folge war, daß Davis in seiner Tätigkeit für die Hochglanzmagazine weitaus mehr Freiheit genoß, als es beim *New Yorker*, bei *Atlantic* oder jedem anderen Periodikum der Fall gewesen wäre, dessen Hauptanliegen kluge Worte waren. Es gelang ihm, Prosatexte von Virginia Woolf, den Sitwells und Colette zu veröffentlichen und Christopher Isherwood und W. H. Auden zu beauftragen, über ihren Chinaaufenthalt im Krieg zu berichten, sowie einen Großteil von zwei Nummern Carson McCullers' starker und damals schockierender Novelle »Reflections in a Golden Eye« (»Spiegelbild im goldnen Auge«) zu widmen.

Als Truman für sie am Ende des Zweiten Weltkriegs zu schreiben begann, zählten die Modemagazine und speziell *Harper's Bazaar* zu den lebendigsten Presseerzeugnissen in Amerika. Während ihrer dreizehnjährigen Leitung schaffte es die außergewöhnliche Carmel Snow, die aus Dublin stammte und über die Beharrlichkeit einer Irin verfügte, den *Bazaar* von einer simplen Modezeitschrift in einen Hort des Neuen und Kühnen zu verwandeln, sowohl was Fotografie und Design als auch was Literatur betraf. Diana Vreeland, die mit der inneren Überzeugung eines Calvin an Fragen der Rocksäume und Frisuren heranging, war ihre Moderedakteurin, Alexey Brodovitch, der Bühnenbilder für Diaghilev und das Ballet Russe entworfen hatte, ihr Art Director, und Mary Louise Aswell, die eine warme Ausstrahlung mit kalten und kompromißlosen Maßstäben verband, leitete das Literaturressort auf ihre Weise ebenso gut wie Davis auf seine. »Es war eine außergewöhnliche Crew, die *Harper's Bazaar* herausgab«, meinte Richard Avedon, der damals am Anfang seiner Karriere als Fotograf stand. »Für mich stand es außer Frage, daß das die Zeitschrift war, für die ich arbeiten wollte. Sie verkörperte die Dinge, die mir wichtig waren, und diese Redakteure holten aus jedem das Beste heraus. Wir hätten alles für sie getan! Und weil Hearst, dem der *Bazaar* gehörte, ein derart knausriger Laden war, hat man nicht nur alles für sie getan, sondern auch noch dafür bezahlt.«

In gewisser Weise war Mary Louise Aswell die wichtigste Stütze von Carmel Snow. Mrs. Snow wußte zwar alles über Mode und Fotografie, hatte aber sehr wenig Ahnung von Texten und überließ es ganz ihrer Literaturredakteurin, die besten zu besorgen. Trotzdem machte sie sich als fromme Katholikin ständig Sorgen über die Schicklichkeit der Arbeiten, die sie veröffentlichte, und es war ihr furchtbar peinlich, als sich die Post über ein gewagtes Gedicht beschwerte und ihr drohte, die inkriminierte Nummer nicht auszuliefern. »Das ist zu schrecklich«, sagte sie zu einer ihrer Redakteurinnen. »Ich kann ja nicht mehr erhobenen Hauptes durch die Fifth Avenue gehen.« Dann pickte sie die harmloseste Stelle des Gedichts heraus – *»he kissed her on the nape«* – und fragte: »Was um Gotes willen heißt eigentlich nape?« [= Nacken]. Nach diesem Scharmützel mit dem Gesetz wandte sie sich nervös an Aswell, sooft sie bei einer Geschichte, die in Satz gehen sollte, nicht ganz durchblickte. »Mary Louise, ich weiß, du bist eine Dame bis in die Fingerspitzen und hast ein wunderbares Urteil«, sagte sie dann. »Aber bist du sicher, daß diese Geschichte in Ordnung ist?« – »Ja, Carmel«, antwortete Mary Louise, und damit gab sich Mrs. Snow zufrieden.

Trotz aller Mängel, Albernheit und Frivolität ging es in den Redaktionen der Modezeitschriften lebendig zu; der Kontrast zu Trumans früherem Betätigungsfeld war augenfällig. Wenn die Autoren und Redakteure des *New Yorker* Bären waren, die sich in ihre Höhlen verkrochen, sooft sich jemand näherte, waren ihre Kolleginnen und Kollegen von *Harper's Bazaar* und *Mademoiselle* energiegeladene Jungfüchse, oft egozentrisch, häufig eitel, aber auch äußerst neugierig und vor allem offen für neue Ideen und neue Menschen. »Wir waren ständig am Jammern«, erzählte Avedon. »Aber wir wußten, daß das die goldenen Jahre waren.«

Diese vibrierende und aufgeschlossene Welt betrat Truman, als er aus New Orleans nach New York zurückkehrte. Irgendwann im Frühjahr 1945 erschien er in der Redaktion von *Mademoiselle* in der 42. Straße East und sagte zur Empfangsdame, daß er eine Kurzgeschichte einreichen wolle. »Das ist schön, mein Junge«, meinte sie. »Hast du deinen Namen und die Adresse draufgeschrieben?« Seine mit souveräner Selbstsicherheit geäußerte Antwort bestand aus einem Satz, den sie wahrscheinlich nie zuvor gehört hatte – »Ich warte, bis man sie gelesen hat« –, worauf sie sofort George Davis rief, der seine Assistentin Rita Smith hinausschickte, um »nachzuschauen, was für ein Spinner draußen ist«. Rita Smith, die nur zwei Jahre älter war als Truman, lugte vorsichtig ins Vorzimmer und schlich auf Zehenspitzen zurück, um zu berichten, daß niemand draußen sei außer einem kleinen Jungen. Davis schickte sie nochmals hinaus, und sie näherte sich schließlich dem altklugen Kind und nahm ihm sein Manuskript ab, bei dem es sich wahrscheinlich um »The Walls Are Cold« handelte, eine kurze, bittere Geschichte über ein verwöhntes, reiches Mädchen, das von einem ungebildeten Seemann seine wohlverdiente Strafe erhält. Rita Smith gefiel sie, und sie wollte sie kaufen, aber Davis überstimmte sie zu Recht: Die Geschichte war ein Abklatsch der *New Yorker*-Stories ohne persönliche Note, sie hätte von jedem handwerklich guten Schriftsteller stammen können.

Für einen, der gewohnt war, vom *New Yorker* das Wort Nein zu hören, war die Begeisterung Rita Smiths dennoch ermutigend, und Truman kreuzte bald wieder auf, um ihr eine weitaus bessere, urkomische Geschichte mit dem Titel »My Side of the Matter« (»Wie ich die Dinge sehe«) zu zeigen. In dieser Story kehrt ein halbwüchsiger Jungverheirateter aus Mobile mit seiner schwangeren Frau in deren Heimatort im hintersten Alabama zurück, setzt sie dort wie eine Tüte mit Lebensmitteln ab und nistet sich dann uneingeladen und unwillkommen bei ihr und ihren beiden Tanten ein. Der junge Schnorrer hat eine Spur von Arch, seine frisch Angetraute einen Anflug von Lillie Mae, und die zwei streitsüchtigen, altjüngferlichen Tanten erinnern an Jennie und Callie; Truman hatte an jenen heißen, tratscherfüllten Abenden auf der Veranda in Monroeville seine Familiengeschichte offenbar mit allen Poren eingesogen. Obwohl die Erzählweise in Form eines weinerlichen Monologs des frischgebackenen Ehemannes fast sicher von Eudora Weltys Geschichte »Why I Live at the P. O.« beeinflußt ist, kann man den Stil – locker, überdreht und äußerst komisch – zu Recht als Trumans eigenen bezeichnen. Die aus Georgia stammende Rita Smith – Carson McCullers' jüngere Schwester – war von der Geschichte entzückt. Obwohl Truman sie bereits der Zeitschrift *Story* verkauft hatte, bat sie ihn, ihr weitere Arbeiten zu zeigen.

Darauf brachte er ihr »Miriam«, eine völlig andere Art von Erzählung, ein fesselnder und einprägsamer psychologischer Krimi, den man schwerlich wieder vergißt: Miriam ist ein unheimliches kleines Mädchen mit silberblondem Haar und furchtlosen, erwachsenen Augen, das sich an Mrs. Miller, eine Witwe in mittleren Jahren, heranmacht. Mrs. Miller, die allein in einer kleinen Wohnung in der Nähe des East River lebt, ist anfangs von Miriams hübschen Kleidern und dem Zufall, daß sie beide denselben Vornamen haben, entzückt. Mit jedem Besuch des Mädchens beginnt ihre wohlgeordnete, aber einsame kleine Welt jedoch mehr zu zerfallen. Miriam beginnt ihr Leben zu beherrschen und zieht am Ende der Geschichte in ihre Wohnung ein, um auch ihre Identität anzunehmen. Truman wahrt geschickt einen Ton spannender Zweideutigkeit, und beim Leser bleiben am Ende bohrende Fragen zurück: Ist Miriam wirklich? Ist sie übernatürlich? Oder ist sie – Trumans eigene Interpretation – ein Teil von Mrs. Miller selbst, die erschreckende Schöpfung einer Frau, die in Schizophrenie versinkt?

Die eine Geschichte ist düster, die andere erheiternd, aber beide haben eines miteinander gemein: Sie sind allem, was Truman zuvor geschrieben hatte, weit überlegen, so einfühlend in bezug auf Charaktere und Psychologie, so reich an Bildern und Metaphern, daß sie fast von einem anderen Menschen geschrieben sein könnten. In gewissem Sinn sind sie das auch.

Jene harten und einsamen Monate im Süden hatten Truman befähigt, das Joch dessen abzuwerfen, was er für die willkommene Schreibweise einer Geschichte hielt, und sich vom Götzenbild des *New Yorker* zu befreien. Wie über Nacht hatte er einen Durchbruch geschafft und war von konventionellen Stoffen und konventioneller Prosa in eine stilistisch und inhaltlich ganz von ihm geschaffene Welt vorgedrungen. Er hatte in den Tiefen des Wassers bei Hatters Mühle nicht nur die Idee für »Andere Stimmen, andere Räume« gefunden; er hatte seine authentische Stimme als Schriftsteller entdeckt.

Auf dringende Empfehlung von Rita Smith öffnete sich nun auch Davis bald dieser Stimme, und *Mademoiselle* veröffentlichte »Miriam« in der Juni-Nummer 1945, kurz nachdem Truman ihnen die Geschichte gezeigt hatte. Kurzgeschichten erregten damals mehr Aufmerksamkeit als heute – die Leute sprachen darüber, wie man heute vielleicht über einen erfolgreichen Film oder einen Romanbestseller diskutiert –, und die Reaktion erfolgte fast sofort und war befriedigender, als selbst Truman es sich hätte wünschen können. Diese eine Geschichte katapultierte ihn dorthin, wo er immer hatte sein wollen, ins Zentrum des literarischen Scheinwerferlichts, wo er bewundert und geschätzt wurde und plötzlich gefragt war. »Ich sah ›Miriam‹ in *Mademoiselle* und sagte mir: Das ist jemand, den wir in *Harper's Bazaar* bringen müssen«, erinnerte sich Mary Louise Aswell. »Als der kleine Wicht, dieser kleine Kobold erschien, sagte ich zu ihm: ›Ich möchte alles sehen, was Sie haben.‹«

Er gab ihr »A Tree of Night« (»Baum der Nacht«), eine ebenso gruselige Geschichte wie »Miriam« und in vieler Hinsicht besser. Eine Studentin, die spätabends in einem überfüllten Zug fährt, findet einen Sitzplatz in einem Abteil mit zwei grotesken Typen, einem zombieartigen, taubstummen Mann und einer skurril aussehenden kleinen Frau mit übermäßig großem Kopf und rougeverschmiertem Gesicht. Die beiden reisen in den Südstaaten von einer Stadt zur anderen und ziehen eine Art Freak-Show ab, bei der sich der Mann, der den Namen Lazarus trägt, lebendig begraben läßt und

dann wiederaufersteht. Für das Mädchen wird die Fahrt mit diesem unheimlichen Paar zu einer Reise ins Unbewußte, die eine »Kindheitserinnerung an Schrecken« in ihr wachruft, »die einst vor langer Zeit über ihr geschwebt hatten wie das mit Geistern bevölkerte Geäst des Baumes der Nacht. Tanten, Köchinnen, Fremde – alle hatten sie eine Lust daran, Spukgeschichten zu erzählen oder Verse zu lehren von Tod, bösen Vorahnungen, Geistern und Dämonen. Und immer war da die unaufhörliche Drohung mit jenem Zauberer gewesen: Bleib in der Nähe des Hauses, Kind, oder der Zauberer wird dich fangen und bei lebendigem Leibe auffressen! Es gab ihn überall, den Zauberer, und überall war Gefahr.«
Subtiler in seiner Verwendung von Symbolik als »Miriam«, behandelt »Baum der Nacht« dasselbe Thema auf andere Weise: Eine vermeintlich rationale Frau erliegt den Schrecken, die in ihrer Seele verborgen liegen. Für Truman war die Geschichte auch ein Besuch in der Vergangenheit, eine Rückkehr in seine Kindheit; das Vorbild für Lazarus ist natürlich Archs Glanznummer, der Große Pascha.

Harper's Bazaar veröffentlichte diese gespenstische Geschichte im Oktober 1945, und im Dezember brachte *Mademoiselle* »Jug of Silver« (»Der silberne Krug«) heraus, eine heitere, bezaubernde Geschichte über einen in Erfüllung gehenden Wunsch. Das Aufeinander zweier so verschiedener Werke entsprach einem Muster, das bereits von »Miriam« und »Wie ich die Dinge sehe« etabliert worden war. Die ganzen vierziger Jahre hindurch wechselte Trumans Kurzprosa zwischen Düsterem und Heiterem, Schaudererregendem und Amüsantem. Die zwei Magazine setzten ihr Tauziehen um ihn bis zum Ende des Jahrzehnts fort. »*Harper's* und *Mademoiselle* verwandelten sich in Tempel, die die Anhänger jeden Monat in der selten erfüllten Hoffnung betraten, daß der kleine Gott eine neue Geschichte veröffentlicht haben möge.« Mit diesen Worten beschrieb Alfred Chester das Interesse, das Truman weckte.

Im Januar 1945 war Truman noch ein ehemaliger Laufbursche des *New Yorker* gewesen mit einer düsteren und ungewissen Zukunft. Wenige Monate danach wurde er bereits als potentieller Star der Schriftstellergeneration der Nachkriegszeit erwähnt. Im Frühling 1946 bewertete Herschel Brickell, Herausgeber der alljährlich erscheinenden »O. Henry Memorial Award Prize Stories«, das eben abgelaufene Jahr und wagte eine Prophezeiung: »Das bemerkenswerteste neue Talent des Jahres war nach Meinung des Herausgebers Truman Capote, (das e wird ausgesprochen), ein eben erst volljährig gewordener junger Mann aus New Orleans. Es läßt sich mit Sicherheit voraussagen, daß Mr. Capote seinen Platz unter den besten Kurzgeschichtenautoren der aufstrebenden Generation einnehmen wird.« Der scharfäugige und unermüdliche kleine Kondor hatte seine Beute in den Fängen, und als er einundzwanzig wurde, war er auf dem Weg zum Ruhm.

13

Miriam, das böse kleine Mädchen, verschaffte ihm überall in New York Zutritt, und Truman entdeckte wie viele vor ihm, daß die Großstadt, sobald man »dazugehört«, eine Kleinstadt ist und daß der bedeutsamste Unterschied zwischen Manhattan und Monroeville darin besteht, daß das eine im Norden und das andere im Süden liegt. Die Anerkennung, die er sich im Jahr zuvor so verzweifelt gewünscht hatte, wurde ihm jetzt mühelos, beiläufig, fast selbstverständlich zuteil. Was ihm 1944 noch wie eine Besteigung des Mount Everest erschienen war, wirkte nur zwölf Monate später wie ein Spaziergang durch einen blühenden sommerlichen Garten. Einer stellte ihn dem anderen vor und dieser wiederum dem nächsten, der ihn ebenfalls weiterreichte. So lief das ab – alles schien sich in einem Augenblick zu vollziehen –, bis er alle kennengelernt hatte, die er kennen wollte und deren Bekanntschaft wichtig für ihn war.

Die Aufnahme in den Kreis hing natürlich nicht bloß davon ab, ob man die richtigen Leute kennenlernte. Viele andere talentierte Schriftsteller erhielten dieselbe Chance; sie durften den Kreis betreten, wurden dann aber hinausgekickt und entschwanden den Blicken, als hätten sie nie existiert. Aber Truman sollte nicht vergessen werden, und ebensowenig sollte man ihm seinen Platz streitig machen, sobald er sich innerhalb der unsichtbaren Grenze befand. Gerade die Dinge, die seine Kollegen vom *New Yorker* geschockt hatten – sein Auftreten, sein Äußeres und seine Kinderstimme –, garantierten, daß man sich an ihn erinnerte. Seine verführerische Persönlichkeit gewährleistete, daß er akzeptiert wurde. In bezug auf Charme

konnte selbst Arch, der imstande war, einer Klapperschlange das Klappern auszureden, Truman nicht das Wasser reichen.
Eine besondere Faszination übte er auf George Davis aus, der hinter dem glatten Kindergesicht etwas von sich selbst oder dem, was er zwanzig Jahre zuvor gewesen war, erkannte. »George hatte Monstrositäten im Kopf«, erzählte Leo Lerman, der ebenfalls gelegentlich für die Modezeitschriften schrieb. »Sie waren absolut perfekt, Georges Monstrositäten. Er warf einen Blick auf Truman und erkannte das Monster, das da drin darauf lauerte, Dinge hervorzubringen, die wirklich schön waren.«
Eine Zeitlang war Davis' Beziehung zu Truman fast die eines Meisters zu seinem Lehrling. George liebte es, ihn zu necken, mit ihm zu scherzen und ihm etwas beizubringen, und Truman verhielt sich entsprechend respektvoll, wie alle übrigen darauf bedacht, ihm nicht in die Quere zu kommen. »George hatte die schärfste Zunge, die mir je begegnet ist«, berichtete Pearl Kazin, eine andere junge Schriftstellerin, die unausrottbare Bosheit hinter seinen leicht hängenden Augenlidern und den übertriebenen, ins Klischee passenden homosexuellen Manierismen vermutete. »Er sah aus wie ein angefaulter Pfirsich.«
Das war kein schlechter Vergleich. George hatte tatsächlich etwas Überreifes an sich, einen Überdruß an den alltäglichen Vergnügungen, vielleicht am Leben selbst, der ihn zum Dekadenten und Ungesunden neigen ließ. Wie eines der unförmigen Tiefseegeschöpfe, die von Taucherglocken aus in mehreren hundert Metern Tiefe auf dem Meeresgrund fotografiert werden, war er im Dunklen zu Hause und scheute das Licht, was soviel heißt wie das Gewöhnliche, das die meisten anderen Menschen zufriedenstellt. Die Unterschicht faszinierte ihn; er besuchte schäbige Spelunken und fühlte sich zu hartgesottenen Seeleuten und Strichjungen hingezogen, von denen ihn einer ein paar Jahre später so brutal verprügelte, daß er fast starb. Seine Vorliebe für Mißbildungen zog ihn zu Varieté-Freaks hin, und einem Clan von Schwachsinnigen auf Coney Island stattete er häufige Besuche ab, die er erst einstellte, als jemand unverschämt genug war, ihn zu fragen, ob er mit der Familie verwandt sei.

So hatte er durchaus diese dunkle und unerfreuliche Seite, aber es gab auch eine andere. Seine Zunge hinterließ manchmal bleibende Narben, doch konnte er auch äußerst witzig sein. Er hatte eine Gabe zu aphoristischen Formulierungen, die Oscar Wilde entzückt hätte, und sein Freund W. H. Auden bezeichnete ihn als den witzigsten Menschen, den er je gekannt habe. George war zwar manchmal grausam, aber er konnte auch so gütig sein wie der Weihnachtsmann; viele Schriftsteller verdankten seiner Großzügigkeit ihre Karriere und noch mehr. Jemandem, der wie etwa Carson McCullers mehr als die übliche Menge an Unterstützung und Ermutigung brauchte, bot er beides im Übermaß. Es war irgendwie typisch, daß er seine Gemeinheiten an die große Glocke hängte und seine guten Taten verschwieg, als fürchtete er, man könnte ihm etwas so Gewöhnliches wie Sentimentalität vorwerfen. »George zu kennen war ein Metier für sich«, erzählte Phoebe Pierce, die Ende der vierziger Jahre für ihn arbeitete. »Nicht daß er bösartig war. Er war bloß unfähig, über irgend jemand etwas Gutes zu sagen. Doch selbst während er gehässig daherredete, konnte er etwas sehr Nettes tun. Hinter seiner grimmigen Fassade verbargen sich ein weiches Herz und ein gutes Urteil.«
Truman machte zwar kein Metier daraus, ihn kennenzulernen, wohl aber, fasziniert von Georges seltsamer Mischung aus Brillanz und Trivialität, Gutem und Schlechtem, ein Hobby. Genauso wie George etwas von sich in Truman erkannte, entdeckte Truman zweifellos in George eine Andeutung dessen, was aus ihm werden könnte, das Monster im mittleren Alter. Das Böse hat seine Anziehung, und George zeigte ihm Abgründe, von deren Existenz er nichts gewußt hatte. Wenn die beiden beisammen waren, nahm Truman sogar einige Manierismen seines Lehrers an, so wie ein Mensch mit untrüglichem Gehör unbewußt den Akzent seines Gegenübers nachahmt. Wenn sie über gemeinsame Freunde klatschten, wurde er etwa, für ihn untypisch, so ätzend wie George, und er verlangsamte sogar den üblichen Sturzbach seiner Rede zur gedehnten Sprechweise, die George kultivierte. »George brachte das Schlechteste in Truman zum Ausbruch«, meinte Pearl Kazin. »Ich sah sie deshalb nicht gern zusammen.«

Ein Trick, den Truman von George lernte, war, daß man ein Geheimnis am besten dadurch herauskriegt, indem man selbst eines erzählt – notfalls sein eigenes. Es erscheint unhöflich, ja kleinlich, Geheimnisse für sich zu behalten, wenn das Gegenüber eben den letzten Schleier abgeworfen und sich nackt gezeigt hat. Selbstenthüllung oder noch besser Selbsterniedrigung kann als eine Art Köder dienen, um ein Band sofortiger Intimität zu knüpfen. Das war ein Trick, den George zur Kunst erhoben hatte. Obwohl er Skandalgeschichten über fast alle Bekannten erzählte, betrafen die skandalösesten, freimütigsten und manchmal blamabelsten immer ihn selbst. Fast jeder hatte zum Beispiel seine Lieblingsgeschichte gehört: Als er jung und gutaussehend war und in Paris lebte, hatte ihn ein attraktiver Schwarzer aufgegabelt, der ihn zu einem sexuellen Abenteuer in ein schäbiges Hotel einlud. Erst zu fortgeschrittener Stunde hörte George ein Gekicher aus dem Nebenzimmer und erkannte, daß er unwissentlich Akteur in einer Sex-Show gewesen war – im Nebenraum anwesende Zuschauer hatten das ganze Spektakel durch einen Einwegspiegel verfolgt.

Als er Truman kennenlernte, stellte er sofort eine solche Bindung her, indem er den größten Teil des gemeinsamen Mittagessens einem Bericht über sein sexuelles Vorleben widmete. »Er behauptete, in seinem Heimatort in Michigan gebe es keinen einzigen Mann, mit dem er nicht im Bett gewesen sei«, bemerkte Truman, »und er erzählte mir alles über die Affäre, die er damals mit einem französischen Kapitän hatte. George erfand so viele Geschichten – aber vielleicht waren sie ja auch alle wahr.« Nach diesem Lunch lud George ihn gelegentlich zu Parties in sein schäbiges Brownstone-Haus an der 86. Straße East ein. Das vom Keller bis zum Speicher mit viktorianischen Möbeln und Krimskrams vollgestopfte Haus hätte man nicht als attraktiv bezeichnen können. Doch auf der harten und buckligen Couch sitzend oder neben einer scheußlichen Statue stehend traf man einige der interessantesten Zeitgenossen von Auden und Jean Cocteau bis Dorothy Parker und Gypsy Rose Lee, die von beiden als Georges Verlobte bezeichnet wurde. »George kannte ganze

Legionen von Leuten«, erzählte der Dichter Howard Moss. »Man wäre nicht überrascht gewesen, wenn Shakespeare plötzlich aus einem Nebenzimmer getreten wäre.«

Sie waren aus dem gleichen Holz geschnitzt, Truman und George, aber obwohl sie einander in den nächsten paar Jahren häufig sahen, entwickelte sich keine entspannte Freundschaft zwischen ihnen. George ließ durchblikken, daß Truman Rita Smiths Entdeckung war und nicht seine und daß er ihre Begeisterung für sein Werk nicht teilte. Mit untypischer Borniertheit – Truman war erst zweiundzwanzig, als er es sagte – erklärte er sogar, Trumans »dürftiges Talent« sei bereits ausgeschöpft. Abgesehen von seinem gewohnten Sarkasmus verrieten seine Kommentare eine Spur von Neid, so als habe Truman die Anerkennung errungen, die George zuteil geworden wäre, hätte er nicht an Schreibhemmung gelitten. In Wirklichkeit empfand George – schon damals oder später – größere Achtung vor Trumans Leistungen, als er sich anmerken ließ. Als er zehn Jahre später in Europa lebte, ersuchte er einen Freund, ihm doch zwei Artikel aus den USA zu schicken; beide stammten von Truman.

Trumans Gefühle gegenüber George waren genauso ambivalent. Er anerkannte seine Brillanz, aber es lag nicht in Trumans Natur, seine Kränkungen zu vergeben. Falls er Rache wünschte, gelang sie ihm 1976, als er George, der damals schon fast zwanzig Jahre tot war, in seinen Geschichten »Unspoiled Monsters« und »Kate McCloud« als Vorbild für die äußerst unsympathische Figur Turner Boatwright benutzte.

Eine viel engere Freundschaft verband ihn mit Leo Lerman, der oberflächlich betrachtet so große Ähnlichkeit mit George hatte, daß Georges Freunde ihn als »George-Davis-Verschnitt« bezeichneten. Truman lernte ihn im Herbst 1945 bei Mary Louise kennen. Er verhielt sich das ganze Abendessen hindurch unauffällig, aber als Lerman gehen wollte, versteckte er sich auf der Treppe und sprang ihm auf die Schultern. »Es war in einer für Truman typischen Weise aufsehenerregend«, meinte Lerman, »und es hätte mich für den Rest meines Lebens vor ihm warnen sollen. Hat es aber nicht.« Trotz dieser ungestümen Kontaktaufnahme wurden sie gute Freunde. Da Leo nur einen Block von den Capotes entfernt wohnte, sahen sie einander fast täglich. Wenn Leo krank war, ging Truman morgens hinüber, zündete seinen Gasofen an – Leo hatte eine krankhafte Angst vor dem Anzünden – und machte ihm Kaffee. Leo seinerseits bot Truman Zuflucht vor Nina, die inzwischen noch mehr trank als in Greenwich. »Nina wurde manchmal ziemlich gewalttätig, wenn sie trank«, berichtete Leo. »Einmal warf sie einen riesigen Packen von Trumans Briefen aus dem Fenster auf die Park Avenue hinunter. Ein anderes Mal tauchte er plötzlich mitten in der Nacht bei mir auf und rief: ›Sie zerdeppert das Geschirr!‹ Wenn er es gar nicht mehr aushielt, flitzte er um die Ecke, stieg die vielen Treppen zu mir hoch und schlief auf meiner Couch.«

Leo war zehn Jahre älter als Truman, groß und glatzköpfig, und er hatte einen langen Bart, der ihm das Aussehen eines bejahrten Rabbis verlieh. Leo hatte als Schauspieler angefangen und erst mit Schreiben angefangen, nachdem ein Autounfall sein Gesicht entstellt hatte. Danach wies sein Leben tatsächlich viele Parallelen zu dem von Davis auf. Auch er arbeitete überwiegend für die Modezeitschriften, auch er klatschte gern, und auch er stopfte seine Wohnung mit Viktoriana voll. Die vielleicht auffallendste Parallele war, daß auch er Feste gab, auf denen sich die Prominenz tummelte.

Die Ähnlichkeiten beschränkten sich jedoch alle auf die Oberfläche; die Unterschiede reichten tief. Leo besaß sehr wenig von Davis' Talent, aber er hatte auch wenig von seiner Bosheit. Während George von einer Aura von Langeweile umgeben war, als halte er das Leben für ein überschätztes Theaterstück, das die guten Kritiken nicht verdient, verströmte Leo ständig Lob und Begeisterung. Er war ein leidenschaftlicher Sammler, den zumindest vorübergehend fast alles faszinierte. Seine eigentliche Gabe war weder das Schreiben noch das Redigieren, sondern sein Gespür dafür, was gerade en vogue war und wessen Stern im Begriff war aufzugehen – oder zu verblassen. »Er wußte zweifelsfrei den exakten Moment, in dem die James-Renaissance ihren Höhepunkt überschritten hatte«, beschrieb Pearl Kazin einen fiktiven Charakter, von dem viele annahmen, daß er nach Leo gestaltet sei, »daß Stendhal ein alter Hut, Cocteau ein Langweiler und Genet das neueste, frischeste Genie von allen war. Niemals weniger als hundertprozentig informiert, wußte er immer mit absoluter Sicherheit, wann wo was als Nächstes geschehen würde.«

Einen Großteil dieser Informationen verdankte Leo seinen Sonntagabend-Parties, die während der ganzen vierziger Jahre eine New Yorker Institution waren. Er empfand einen perversen Stolz darauf, Leute anlocken zu können, obwohl er entgegen der üblichen Bewirtung nichts anbot außer Käse, der gewöhnlich in Mausefallen zu finden ist, und zum Trinken offenen Wein, der so schlecht war, daß, wie er gern prahlte, ihn kluge Leute gar nicht anrührten. Dennoch kamen sie: Dramatiker, Dichter und Romanautoren, Broadway- und Filmstars, Ballerinen und Revuetänzer – fast alle, die die Klettertour in den vierten Stock überlebten. Ein Mann, von dem man annahm, daß er in einer Höhle im Central Park lebe, kam immer ziemlich früh, stopfte sich mit einem Berg Mäusekäse voll, den er mit dem Rotwein hinunterspülte, und empfahl sich dann eilig wieder. Ein anderer Stammgast, eine Frau, deren Identität gleichermaßen mysteriös war, trug immer dasselbe chinesische Kleid und einen Kuli-Hut, was zum Scherz Anlaß gab, sie ziehe, wenn sie nicht gerade bei Leo sei, in der Fifth Avenue eine Rikscha.

Auf Georges Parties wäre niemand überrascht gewesen, wenn Shakespeare durch den Flur hereingewankt wäre. Bei Leo dagegen hätte ihn niemand bemerkt, so viele Leute waren auf so engem Raum zusammengedrängt. Der Gastgeber, der gewöhnlich ein buntes Kostüm trug, etwa eine rote Robe gekrönt von einem Fez, begrüßte seine Gäste oft vom Bett aus. Aber ob er stand, saß oder lag, er verbreitete immer ein frohes Leuchten auf seinen Festen. Trotz des Durcheinanders und der improvisierten, zusammengewürfelten Atmosphäre waren seine Parties so sorgfältig choreographiert wie ein Hit-Musical. Er sorgte dafür, daß die Leute, die ihm wichtig waren, kamen, daß die anderen wegblieben und daß alle Anwesenden glücklich waren, da zu sein. »Man wußte genau, was einen dort erwartete«, erzählte

Mary Louise. »Er war ein wunderbarer Gastgeber, der einem das Gefühl gab, wirklich willkommen zu sein, und der sehr witzig war, und man konnte sicher sein, daß man sich am Sonntagabend bei Leo wunderbar unterhielt.«

Shakespeare, meinte Trumans Freundin Marguerite Young, müsse jemanden wie Truman gekannt haben, als er Ariel und Droll schuf. In einem Augenblick war er der ätherische Sendbote aus Himmel und Wolke, der leibhaftige Ariel, im nächsten war er der schalkhafte, irdische Kobold, Puck, der sich im Betonwald von Manhattan verlustierte, und halb das eine, halb das andere war er damals und blieb er viele Jahre lang. Wie Ariel war er warmherzig und mitfühlend, großzügig mit seiner Zeit und auch mit Geld, wenn er welches hatte. Wie Puck liebte er es, Leuten Streiche zu spielen und über seine Freunde zu klatschen; mehr mutwillig als böse, genoß er es, Unfug zu treiben und die Dramen anzuzetteln, in deren Strudel er sich so wohl fühlte. »Little T kann ein absoluter Schatz oder eine solche Nervensäge sein, daß man ihm am liebsten einen Tritt geben möchte«, beschrieb Mary Louise ihn damals einem Reporter.

»Wir mögen ihn hier sehr«, fügte sie jedoch hinzu – wobei sich das »Hier« auf die Redaktion von *Harper's Bazaar* und dessen Ableger *Junior Bazaar* bezog. Tatsächlich verbrachte Truman so viel Zeit mit Mary Louise und Barbara Lawrence, die den *New Yorker* verlassen hatte, um Features-Redakteurin von *Junior Bazaar* zu werden, daß Carmel Snow ihn für Barbaras kleinen Bruder hielt und ihm ein Glas Milch anbot, als ihn jemand zum ersten Mal zu einer ihrer Cocktail-Parties mitbrachte. Als ihr Mary Louise mitteilte, daß der unschuldig aussehende Junge der Verfasser der alptraumhaften Visionen »Miriam« und »Baum der Nacht« sei, drückte ihm Mrs. Snow statt dessen rasch einen Martini in die Hand.

Es war der erste von vielen, die sie in den nächsten Jahren mit ihm leeren sollte. Sie wurde zu einer weiteren Vertreterin des Kreises reifer Frauen, die ihn an ihren Busen drückten und die Blicke auf sich zogen, wo immer sie sich mit ihm zeigten. Sie war die berühmte Chefredakteurin, eine Perfektionistin, die sich nur in Balenciaga-Roben zeigte. Er war der unreife Autor, ein Bürschchen, das mehr als fünfunddreißig Jahre jünger als sie und dessen einziges modisches Attribut der lange Bronzini-Schal war, der hinter ihm herflatterte wie der Wimpel eines Schiffes in einer steifen Brise. Ein merkwürdigeres und ausgefalleneres Paar kann man sich kaum vorstellen, doch man sah sie immer wieder zusammen mittagessen oder trinken und wie uralte Freunde miteinander plaudern, und er war das begehrte Schmuckstück, der kleine Puck, der ihre Dinner-Parties würzte und ihre Gäste ebenso unterhielt wie sie. »Carmel und Diana Vreeland waren beide von ihm fasziniert und liebten ihn heiß«, erzählte Mary Louise. »Sie hatten beide ein Auge für das Außergewöhnliche und Hochbegabte. Ich hatte überhaupt nichts mit all diesen glanzvollen, schön gekleideten Frauen im Moderessort zu tun – die Literaturredaktion war das absolute Stiefkind des Hearst-Konzerns –, aber eines Tages kam Diana zu mir und sagte: ›Ich mag dich, weil du eine Freundin von Truman Capote bist!‹«

Für die Modezarinnen war er eine Art amüsantes Patenkind, das auf Kommando für ein paar Stunden munteren Geplauders erschien, aber sich dabei hübsch artig benahm, wie Patenkinder das gewöhnlich tun. Echte Intimität war mehreren anderen Frauen vorbehalten, die er damals kennenlernte und für die er eher ein Kumpel, ein Spielkamerad oder ein jüngerer Bruder war. Er hatte immer viele männliche Freunde gehabt, heterosexuelle wie homosexuelle, mit denen er sich verbunden fühlte, und das sollte auch so bleiben. Aber zu Frauen hatte er einen besonderen Draht, eine entspannte Beziehung, wie sie wenigen Männern unabhängig von ihrer sexuellen Vorliebe je vergönnt ist. Frauen waren gern mit ihm zusammen, und er mit ihnen, und er fand seine engsten Gefährten oft unter Angehörigen des anderen Geschlechts. »Es ist wirklich schade, daß ich mit Frauen nicht gern ins Bett gehe«, klagte er Jahre später, sichtlich mit echtem Bedauern. »Ich hätte jede Frau in der Welt von der Garbo bis zur Dietrich haben können. Die Frauen lieben mich immer, und ich liebe attraktive und schöne Frauen, aber als Freundinnen, nicht als Geliebte. Ich kann nicht verstehen, warum irgend jemand mit einer Frau schlafen möchte. Es ist langweilig, langweilig, langweilig!«

Zwei Frauen, in deren Gesellschaft er sich am wohlsten fühlte, waren Barbara Lawrence und Mary Louise. Er machte es sich nicht nur stundenlang in ihren Büros gemütlich, er ging auch mit ihnen zur Gymnastik und zum Abendessen und forderte sie heraus, sich mit ihm auf irgendeinen amüsanten Unfug einzulassen, wie er es mit den Jaeger-Schwestern in Greenwich getan hatte. »Ach, das waren lustige Zeiten!« erinnerte sich Mary Louise. »Truman scheute nie davor zurück, auszusprechen, was ihm gerade durch den Kopf ging; wir wurden praktisch aus jedem Schrafft's in New York hinausgeworfen, weil wir soviel wieherten.« Sogar seine Albernheit brachte sie zum Lachen. Einmal luden sie ihn in ein Konzert ein, erhielten aber eine Absage, als er hörte, daß sie auf dem Balkon sitzen würden: Er könne es sich nicht leisten, auf so billigen Sitzen gesehen zu werden, teilte er ihnen mit; das würde sein Image ruinieren. »Er war damals ganz schön aufgeblasen«, meinte Mary Louise, »und Barbara und ich neckten ihn oft wegen seines Größenwahns.«

Barbara, die die Rolle der hilfreichen älteren Schwester spielte, wie sie es beim *New Yorker* getan hatte, las auch weiterhin seine Manuskripte; auf ihren Rat hin änderte er den Schluß von »Miriam«, das heißt, er strich die letzten beiden Absätze, bevor er das Manuskript bei *Mademoiselle* einreichte. Mary Louise war eher eine Art Muttersatz; seit Sook hatte er keine Frau mehr kennengelernt, die ihm eine so innige und uneingeschränkte Zuneigung entgegenbrachte. Sie war eines jener seltenen Geschöpfe, die von allen geliebt werden, schien in guten Leuten den Wunsch zu erwecken, besser zu werden, und mittelmäßige Autoren anzuspornen, ihre Prosa zum Tanzen zu bringen. Kurz, sie war sowohl eine ideale Redakteurin wie Gefährtin. »Sie war ideal für Truman, jemand, zu dem er hingehen und mit dem er reden konnte«, berichtete sein Freund Andrew Lyndon. »Sie bewunderte ihn als Künstler und fand ihn auch liebenswert. Und ich glaube, nicht viele Menschen hatten Truman bis zu diesem Zeitpunkt so liebenswert gefunden wie sie.«

Von ihr in die für ihn ungewohnte Rolle des guten Sohnes versetzt, war Truman auch ein großer Trost für Mary Louise, die mehr als die übliche

Last an Traurigkeit zu tragen hatte. Nicht lange zuvor war sie aufgrund einer psychischen Störung von einem inkompetenten Therapeuten dazu überredet worden, sich in ein psychiatrisches Krankenhaus zu begeben. Als sie wieder herauskam, mußte sie die niederschmetternde Entdeckung machen, daß ihr Exmann das Sorgerecht für ihre beiden Kinder erlangt hatte. »Sie war in einem sehr labilen Zustand«, berichtete Pearl Kazin. »Doch trotz seiner Jugend war Truman eine große Stütze für sie und gab ihr den Rückhalt, den sie brauchte. Ich staunte darüber. Ich weiß niemanden in seinem Alter und eigentlich auch in keinem anderen Alter, der so intuitiv, liebevoll und hilfreich zu ihr sein konnte wie er. Seine Freundschaft bedeutete ihr sehr viel.«

Seine Briefe bestätigen diese Einschätzung. In den nächsten paar Jahren war er, sooft Mary Louise niedergeschlagen war, zur Stelle, um sie aufzurichten. »Als Redakteurin scheinst Du Dich beharrlich zu weigern, Deine Rolle als einer der zwei oder drei Menschen anzuerkennen, von denen sich ernsthafte Künstler, insbesondere die jungen, eine kommerzielle Anerkennung erhoffen können«, schrieb er, als sie mit dem Gedanken spielte, von *Harper's Bazaar* wegzugehen. »Das ist eine Verantwortung, Marylou, eine Rolle, deren Preisgabe ich Dir vielleicht nicht verzeihen könnte... wenn Du Dich je in einem verrückten Moment dazu hinreißen ließest. Stimmt es nicht, daß Du die beste Kurzprosa in diesem Land auswählst und veröffentlichst und ermutigst? Und das ist kein Zufall, Darling. Es hängt, glaube ich, alles davon ab, was man für wichtig hält. Wenn man Kunst für wichtig hält, wie Du es tust und ich es tue, dann bist Du einer der wichtigsten Menschen der Welt.

Jedes Menschenleben hat seine Jahreszeiten, und niemandes persönliches Chaos kann von Dauer sein: Der Winter dauert schließlich auch nicht ewig, oder? Es gibt den Sommer und den Frühling, auch wenn man manchmal, wenn die Äste dunkel bleiben und die Erde vor Frost rissig wird, glaubt, daß sie nie wiederkehren, der Frühling, der Sommer, aber sie kommen und werden immer wieder kommen.«

Wenn Barbara die pflichtbewußte, aber manchmal langweilige ältere

Schwester war, war Doris Lilly ihr glanzvoller, vergnügungssüchtiger Zwilling. Sie war groß gewachsen und hübsch, hatte lange Beine und hellblonde Strähnen im Haar und gehörte einer Spezies an, die bald aussterben sollte: das leichtlebige Party-Girl, dessen einziges, offen und ehrlich erklärtes Ziel darin bestand, eine reiche Partie zu machen. Es war ein Unternehmen, für das sie bewundernswert ausgestattet war. Als ehemaliges Starlet, dessen Filmkarriere höchstens als sternschnuppenartig bezeichnet werden kann – sie hatte im Film »The Story of Dr. Wassell« einen Satz zu sprechen –, war sie munter und aufgekratzt und neigte weder zu Launen noch zu einer Funkstille von mehr als dreißig Sekunden. Sie erinnerte manche ihrer literarischen Freunde an Rosie Driffield, die Verkörperung der Lebenskraft in Somerset Maughams Roman »Cakes and Ale« (»Rosie und die Künstler«).

Als Truman sie nicht lange nach ihrer Rückkehr aus Kalifornien kennenlernte, hatte sie gerade weder einen Millionär noch einen Job an der Hand und deshalb Zeit, lange Spaziergänge mit ihm zu machen, in ihrer liftlosen Wohnung in der 78. Straße East mit ihm das Abendessen einzunehmen – das sie sich natürlich bringen ließen – und stundenlang mit ihm zu telefonieren. Einmal blieb sie die Miete schuldig, und ihr Vermieter drehte ihr Heizung und Licht ab. »Wer denkt schon an solche Dinge?« erklärte sie später. »Ich war so damit beschäftigt, jeden Abend auszugehen. Ich erwähnte das Problem einem Mann gegenüber, mit dem ich damals befreundet war, aber statt mir einen Scheck zu schicken, sandte er zwei Dutzend Kerzen. Schließlich wurde es so kalt, daß Truman und ich die Bretter aus dem Küchenschrank nahmen und sie im offenen Kamin verbrannten.« Die in den meisten Dingen zerstreute Doris konnte sich fabelhaft konzentrieren, wenn es ihr darum ging, einem Mann Vergnügen zu bereiten, und selbst ein Miesepeter wie Evelyn Waugh, der damals auf dem Gipfel seines Ruhms war, überwand vorübergehend seine eingefleischte Abneigung gegen Amerikanerinnen und machte ihr den Hof. »Wissen Sie etwas über einen Schriftsteller namens Waugh?« fragte sie Andrew Lyndon. – »Meinen Sie Evelyn Waugh?« fragte er zurück. – »Nein, mein Lieber«, erklärte sie geduldig. »Es handelt sich um einen Mann.«

Ihre Lust an ausgefallenen Vergnügungen und Abenteuern gefiel Truman ebensosehr wie den meisten anderen Männern; sie sollte eines der Vorbilder für Holly Golightly in »Breakfast at Tiffany's« (»Frühstück bei Tiffany«) werden. Sie verhalf ihm zu einer Romanfigur, und er revanchierte sich dafür, indem er ihr sowohl das Thema wie den Titel für ihr erstes Buch vorschlug. »Schreib über Dinge, über die du Bescheid weißt«, sagte er zu ihr. »Du weißt über Millionäre Bescheid, also schreib über sie und nenne das Buch ›Wie angle ich mir einen Millionär?‹. Schließlich will jedes Mädchen in der Welt wissen, wie man sich einen Millionär angelt. Ich helfe dir beim Schreiben.« Und das tat er auch.

»Als ich sie zum ersten Mal sah – ein großes, gertenschlankes Mädchen mit leicht hängenden Schultern und einem faszinierenden Gesicht, das gleichzeitig heiter und melancholisch war –, dachte ich, wie schön ihre Augen seien. Sie hatten die Farbe von gutem, klarem Kaffee oder von dunklem Ale, das man zum Wärmen ans Kaminfeuer hält. Ihre Stimme hatte dieselbe Ausstrahlung, dieselbe sanfte Wärme wie ein wohliger Sommernachmittag, der geruhsam, aber nicht verschlafen ist.«
So beschrieb Truman Carson McCullers, die die außergewöhnlichste aller Frauen war, die im Jahr des ersten Erfolgs in sein Leben traten. Rita Smith fand, er müsse ihre berühmte ältere Schwester kennenlernen, und irgendwann im Frühjahr oder Sommer 1945, nicht lange nachdem Rita selbst ihn kennengelernt hatte, lud sie ihn nach Nyack ein, wo die beiden Schwestern und ihre verwitwete Mutter ein großes altes Haus mit Blick auf den Hudson bewohnten.
Rita hatte völlig richtig geurteilt. Carson und Truman fanden einander auf den ersten Blick sympathisch, was auch nicht weiter verwunderlich ist, denn sie waren einander in allem ähnlich außer in ihrem Geschlecht und Körper, und wenn sie einander näher betrachteten, erblickten sie jemand sehr Vertrauten. Als 1940 Carsons erster Roman »The Heart Is a Lonely Hunter« (»Das Herz ist ein einsamer Jäger«) erschien, hatte sie ebenfalls eine Karriere als Wunderkind und Liebling der Modemagazine hinter sich.

George Davis war in sie vernarrt; sie saßen stundenlang beisammen und ergötzten sich an seiner Fotosammlung von Freaks, wie sentimentale Eltern, die im Familienalbum blättern.

Der frühe Erfolg war jedoch nur eines der Dinge, die sie und Truman miteinander gemein hatten. Auch sie war im Süden aufgewachsen. Auch von ihr fand man, daß sie merkwürdig aussehe – in ihrem Fall nicht zu klein, sondern zu groß und dünn – und schrullige Eigenheiten habe. Obwohl sie mit Reeves McCullers verheiratet war, fühlte sie sich hauptsächlich zu Angehörigen ihres eigenen Geschlechts hingezogen. Sogar ihre Schreibweise war der Trumans ähnlich in der Substanz, wenn auch nicht im Stil, und kreiste um Einsamkeit und die Perversität der Liebe. Es ist daher kaum verwunderlich, daß Truman sofort Zuneigung zu ihr faßte. »Ich hatte Carson sehr, sehr gern«, sagte er. »Sie war eine Teufelin, aber ich respektierte sie.« Kaum verwunderlich auch, daß sie, wie ihr Cousin Jordan Massee berichtete, »von ihm bezaubert war und ihn als ihren eigenen, persönlichen kleinen Protegé betrachtete«.

Er wurde Stammgast in Nyack und erfuhr, was es bedeutete, ihr Freund zu sein, was es bedeutete, von ihren Fragen durchlöchert, von ihrer Fürsorge eingehüllt und von ihren Forderungen in Fesseln gelegt zu werden. Sie liebte es, Leute anzufassen, zu umarmen und zu küssen, und ihre Freunde fühlten sich sogar am Telefon von ihrer Umarmung überwältigt. Obwohl sie noch nicht dreißig war, als Truman sie kennenlernte, hatte sie bereits mehrere schwere Krankheiten hinter sich, und wie viele chronisch kranke Menschen glaubte sie, ein fast unabweisbares Recht auf die Zeit und die Aufmerksamkeit ihrer Umgebung zu haben. Viele erlagen wie Truman ihrem Bann und gewährten ihr dieses Privileg; andere hielten sich von ihr fern. »Eine Stunde beim Zahnarzt ohne Novocain war wie eine Minute bei Carson McCullers«, lautete Gore Vidals ätzende Erinnerung.

Ihr Haus in Nyack blickte auf den Hudson, aber das schnelle Yankee-Gewässer hätte genausogut irgendein träger Strom in Georgia sein können, in dessen Untiefen sich faul die Alligatoren sonnen, so waschecht südstaatlich war die Atmosphäre, sobald man die Schwelle überschritt. Dort mit

Truman zu Besuch zu sein, war für Phoebe wie eine Reise durch ein sumpfiges Dickicht. »Carsons Familie war hemmungslos *southern*«, erzählte sie, »und wenn sie alle versammelt waren – ihr Bruder war gerade mit seiner Frau aus dem Süden gekommen, als ich dort war –, war das reichlich nervtötend. Carson hatte sich ins Bett zurückgezogen, aber wir übrigen saßen im Wohnzimmer und hörten *Brother-Man* beim Klavierspielen zu. Ich habe nie in meinem Leben etwas so Gräßliches gehört. ›Spiel's noch einmal, *Brother-Man!*‹ riefen alle, und er tat es. Das ging schon eine Weile so, und ich fragte nach der Toilette, weil ich dachte, daß ich in den oberen Stock entwischen könnte. Von wegen! Carsons Mutter deutete auf das Bad, das ans Wohnzimmer angrenzte. Das Haus wurde eben umgebaut, und das Bad war fertig, mit Waschtisch und allem, mit einer Ausnahme – es hatte keine Wände. ›Schließt jetzt alle die Augen, damit Phoebe aufs Klo gehen kann‹, sagte sie, und sie schlossen wirklich alle die Augen, während ich das Klo ohne Wände benutzte. Aber es war okay: *Brother-Man* hörte nicht auf, Klavier zu spielen.«

So seltsam ihr dieser Haushalt erschien, für Truman war er so normal wie Grütze und Bohnen, eine nostalgische Erinnerung an die Sommerabende auf Jennies Veranda. Mehr als einer seiner Freunde bemerkte, daß der Südstaatler bei ihm stärker herauskam, wenn sie zusammen waren, als bei Carson, die einen größeren Teil ihres Lebens im Süden zugebracht und daher eigentlich mehr Anspruch darauf hatte. Sein Südstaatenakzent, den er längst abgelegt hatte, erwachte dann aus seinem Schlummer, und sein ganzes Betragen veränderte sich in merklicher, wenn auch undefinierbarer Weise. »Nordstaatler haben die vage Vorstellung, daß Südstaatler, abgesehen von ihrer komischen Redeweise, genauso seien wie sie«, meinte Phoebe. »Ich weiß, daß *ich* das glaubte. Als ich Truman und Carson zusammen sah, wurde mir jedoch klar, daß sie eine ganze Welt gemeinsamer Erfahrungen haben und daß das ihn und Carson verband.«

Carson verlangte viel von ihren Freunden, aber sie gab ebensoviel, wie sie erhielt, und sie half keinem anderen jungen Schriftsteller so begeistert wie Truman. Zusammen mit Rita fand sie in Marion Ives eine Agentin für ihn, und sie schrieb einen sehr freundlichen Empfehlungsbrief an Robert Linscott, einen leitenden Lektor bei Random House. Linscott, ein aufgeschlossener, Tweed tragender Typ aus New England, der seine Verlagskarriere 1904 als Laufbursche begonnen hatte, war von »Miriam« ebenso beeindruckt wie die meisten anderen, und am 22. Oktober 1945 schloß er mit Truman einen Vertrag über »Andere Stimmen, andere Räume« ab, der einen kleinen Vorschuß enthielt: 1200 Dollar, die beginnend mit dem 1. Dezember in Raten von 100 Dollar monatlich ausbezahlt werden sollten. »Ab jetzt bist du ein Schriftsteller und Künstler«, sagte Linscott zu ihm. »Wir werden dich unterstützen und für dich sorgen. Du bist wie ein Rennpferd.« Linscotts Boß, Bennett Cerf, schilderte, was als nächstes geschah: »Also *das* war ein Tag, als Truman bei Random House aufkreuzte! Er hatte Stirnfransen; niemand traute seinen Augen, als dieses Wunderkind hereinwirbelte. Er sah ungefähr wie achtzehn aus. Er strahlte und war glücklich und vollkommen selbstsicher. Alle wußten, daß jemand Bedeutender die Bühne betreten hatte – besonders Truman!«

14

Während der hektischen Monate seines eben geborenen Ruhms, während des ganzes Herbstes 1945 und des Winters 1946, trieb der jüngste Grünschnabel der literarischen Welt die Arbeit an seinem Roman voran. Er hielt an der verkehrten Zeiteinteilung fest, die im Jahr zuvor seine mit den Hühnern zu Bett gehenden und mit ihnen aufstehenden Verwandten in Alabama so vor den Kopf gestoßen hatte. Er begann etwa um zehn Uhr abends zu schreiben, und zwar auf dem Bett liegend mit einem Notizblock auf den angezogenen Knien, löschte um etwa vier Uhr früh am nächsten Morgen das Licht und wachte um zwölf Uhr, gerade recht zum Mittagessen, auf. »Nacht für Nacht sah ich ihn da arbeiten«, berichtete Joe Capote. Und so hätte es weitergehen können, wenn seine Mutter nicht gewesen wäre. Schriftsteller können im Stehen, im Sitzen oder auf dem Rücken liegend arbeiten; sie können ihre Worte bei Hitze oder Kälte, am Morgen oder in der Nacht zu Papier bringen. Sehr wenige können jedoch etwas so Großes wie einen Roman schaffen ohne eine gewisse Ruhe, eine gewisse Ungestörtheit, die es ihnen erlaubt, sich zu konzentrieren und die Dinge zusammenzufügen. Aber Stille und Ruhe war genau das, woran es in Ninas Haus mangelte. Zu welcher Tages- und Nachtzeit er auch arbeitete, er hatte stets unter ihrer nervösen Hektik und ihren hemmungslosen Wutausbrüchen zu leiden. In der Umgebung eines Alkoholikers gibt es keinen Frieden und keine Ruhe.

Sein Dilemma war, daß er es sich nicht leisten konnte auszuziehen, aber auch unmöglich bleiben konnte. Einmal mehr kam ihm Carson zu Hilfe:

Sie schlug ihm vor, im Frühling zu ihr nach Yaddo zu kommen, in die Schriftsteller- und Künstlerkolonie in der Nähe von Saratoga Springs, wo sie selbst oft eine ruhige Zuflucht gefunden hatte. Es würde ihn nichts kosten, erklärte sie ihm – außer der Fahrt trug Yaddo alle Kosten –, und um aufgenommen zu werden, bedürfe es nur der Anfrage. Sie werde die nötigen Fäden ziehen. Newton Arvin, einer der Kuratoren, war einer ihrer besten Freunde, und Elizabeth Ames, die matriarchalische Leiterin, tat fast alles für sie. Truman nahm das Angebot natürlich an, und am 1. Mai 1946 fuhren er und Leo Lerman, der sich ebenfalls beworben hatte, mit dem Zug nach Saratoga Springs im Staat New York, das etwa vier Stunden von Manhattan entfernt liegt.

Und das von sanften Hügeln, schattigen Wäldern und einladenden Seen umgebene Yaddo bot tatsächlich die Stille, die ihm Carson versprochen hatte – und noch eine Menge mehr. Die Gästeliste war klein, sie umfaßte nie mehr als fünfzehn oder zwanzig Namen, und die Anlage war weiträumig. Manche Gäste wohnten in Bungalows und Studios auf dem Gelände; andere waren in der großen Villa aus Naturstein untergebracht, die das Zentrum der Geselligkeit bildete. Ruhe wurde nicht nur versprochen, sie war obligatorisch, und jeder Verstoß gegen die Hausordnung hatte eine streng formulierte schriftliche Ermahnung seitens der wachsamen Mrs. Ames zur Folge. »Sie war eine merkwürdige, irgendwie unheimliche Frau«, erinnerte sich Truman, »finster und schweigsam wie Mrs. Danvers in ›Rebecca‹. Sie spionierte immer herum und schaute nach, wer arbeitete und wer nicht und was jeder einzelne trieb.« Yaddo sei ein Arbeitszentrum, so wurde in der Hausordnung betont, und von neun bis vier Uhr werde von den Gästen erwartet, daß sie sich allein mit ihren jeweiligen Projekten beschäftigten. Die Küche gab sogar Lunchpakete aus, damit niemand seine Arbeit zu unterbrechen brauchte. Soviel Liebesmühe trug freilich ihre Früchte, und nach vier Uhr wurde denn auch das Schweigen gebrochen. Türen flogen auf, Einladungen wurden ausgesprochen, und in den meisten Jahren vergnügten sich die Gäste ebenso eifrig, wie sie arbeiteten. Jeder Sommer endete mit Geschichten über Trinkgelage und Tanzfeste, Rasen-

spiele und Liebesromanzen, die unter dem nördlichen Sternenzelt begannen und endeten.
Carson war bereits über einen Monat dort, als Truman eintraf, und während der elf Wochen seines Aufenthalts – er reiste am 17. Juli ab – kamen oder gingen über ein Dutzend andere Besucher, darunter mehrere, die ihm besonders ans Herz wuchsen. Marguerite Young und John Malcolm Brinnin repräsentierten die jüngere Generation von Schriftstellern und Dichtern; Newton Arvin und Howard Doughty, ein weiterer Freund Carsons, waren die Akademiker in mittleren Jahren; und die mit sechsundfünzig immer noch schöne Katherine Anne Porter war die glanzvolle und bewunderte ältere Kollegin.

Truman, der sich mit derselben Disziplin wie alle übrigen an die Tageseinteilung von Yaddo hielt, arbeitete an »Andere Stimmen, andere Räume«, schrieb die Kurzgeschichte »The Headless Hawk« (»Ohne Ziel«) und bereitete sich darauf vor, nach seinem Aufenthalt in Yaddo im Auftrag von *Harper's Bazaar* nach New Orleans zu fahren. Die Zeitschrift wünschte einen impressionistischen Reisebericht von ihm. In den freien Stunden bildete er, wie zu erwarten, das Zentrum der Aufmerksamkeit. Mit dem aus der Hose hängenden Hemdzipfel »schien er immer wie aus einer Wolke herbeizuschweben«, erzählte Marguerite Young. »Er ging, als sei jeder Schritt nach einer Musik choreographiert, die er allein vernahm. Man sah ihn – oder bloß den Schoß seines weißen Hemdes – einen Augenblick lang, und dann war er verschwunden. Ich habe ihn von diesem Sommer als absolut bezaubernd in Erinnerung, lebhaft, liebevoll, großzügig. Wir hielten ihn alle für ein Genie.«
Das war seine Ariel-Seite, aber es gab auch Puck, der die meisten Vergnügungen dieses Jahres ausheckte. »Wo andere vorsichtig sind, ist er spontan; er hat die Direktheit eines Kindes und die Gleichgültigkeit eines Kindes gegenüber der Schicklichkeit«, schrieb Brinnin in sein Tagebuch, »und so dringt er mit einer Kühnheit, die Außenstehende zuerst empörend und dann hinreißend finden, zum Herzen der Dinge vor. Doch nichts, was

er sagt oder tut, erklärt den irgendwo in seinem Wesen verborgenen Magneten, der wie eine logisch nicht zu begründende Kraft wirkt. Er hat es fertiggebracht, den Sommer in einen Tanz der Bienen zu verwandeln. Jede seiner Bewegungen durch das Haus, im Gelände oder in den kleinen Straßen von Saratoga werden verfolgt und von Posten aufgezeichnet, die nur füreinander sichtbar sind. Komplotte, um beim Abendessen an seinem Tisch sitzen zu können, werden schon beim Frühstück geschmiedet, manchmal von einzelnen Konspiranten, manchmal durch schamlos verbündete Teams. An seinem Tisch ertönt immer Gelächter, das über den Graben des Schweigens nachhallt, in dem die Tische um ihn herum versunken sind.«

Obwohl Carson, die ebenfalls über bemerkenswerte Präsenz verfügte, nur bis Ende Mai blieb, benahmen sie sich wie Bruder und Schwester, solange sie da war. Was immer er hatte, wollte sie auch. Sie trug seine Kleider, ja sogar seine Schuhe und angelte sich seine langschößigen weißen Hemden, sooft sie konnte. Als sie eines Tages in seiner Kommode wühlte, entdeckte sie ein Dokument, das seinen ursprünglichen Namen trug, und drohte, allen zu verraten, daß er ein Schwindler sei und gar nicht Truman Capote heiße, sondern in Wirklichkeit auf den schwerfälligen Namen Truman Streckfus Persons höre. »Mach das nur, meine Süße«, sagte er kühl zu ihr, »dann werde ich den Leuten sagen, daß du in Wirklichkeit Lula Smith heißt.« Sogar Katherine Anne Porter war von dem unerwarteten Schauspiel fasziniert, das sie boten, als sie in der riesigen Küche miteinander tanzten: Der große Partner, Carson, wackelte linkisch auf und ab, während der kleine, Truman, anmutige kleine Pirouetten improvisierte. Auf allen ihren Reisen hatte Miss Porter wahrscheinlich noch nie zuvor jemanden wie Truman gesehen. An die schwerhörige Mrs. Ames gewendet, fragte sie mit einer so lauten Stimme, daß ihr südlicher Akzent den ganzen Raum erfüllte: »Wo kommt er her, meine Liebe?« – »Von *Harper's Bazaar*«, lautete Mrs. Ames' entschiedene, wenn auch alberne Antwort.

Katherine Anne, die ebenfalls mit ihm tanzte, behauptete später, er sei ein Karrierist, der sich ihres literarischen Ruhmes wegen an sie gehängt habe, aber er schien in einem Brief an Mary Louise auffallend unbeeindruckt und sogar ziemlich frech in seiner Beschreibung von ihr. »Sie muß etwa sechzig sein«, schrieb er, »aber wie sie den Hootchy-Cootchy tanzt! Sie versucht, sich wie eine sechzehnjährige Südstaatenschönheit aufzuführen. Sie ist so unernst, daß es schwerfällt zu glauben, daß sie überhaupt schreiben kann. Sie hält mich für einen wunderbaren Tänzer und zwingt mich ständig, mit ihr zu tanzen. Es ist einfach gräßlich, weil sie nicht die blasseste Ahnung von den einfachsten Schritten hat.«

Ähnliches hätte man über den armen Leo sagen können, der in der ländlichen Verbannung, fern des freundlichen Pflasters, an das er gewöhnt war, eine ganze neue Latte kurioser Ängste und Phobien an den Tag legte. Ebenso wie Truman war ihm ein Studio in einiger Entfernung vom Haupthaus zugewiesen worden, wo er die ganze Nacht das Licht brennen ließ, um Gespenster zu vertreiben. Einmal bat er Truman, ihn in seinem Studio übernachten zu lassen, wo er sich dann in einem alten Korbsessel zusammenrollte, bis die Sonne aufging. In einem Frontbericht an Mary Louise versicherte Truman tapfer, daß er sich nicht fürchte – außer natürlich, wenn sich Fledermäuse in sein Zimmer verirrten. »Dieses Tschiip-tschiip-Gekreisch, wenn sie im Dunkeln herumschwirren, kann ich einfach nicht ertragen«, schrieb er ihr.

Die Existenz von Gespenstern war ein Gegenstand der Spekulation, was für die Anwesenheit von Schlangen ganz und gar nicht galt. Das führte indirekt, aber sehr rasch dazu, daß Truman einen strengen Tadel von der stets wachsamen Mrs. Ames erhielt. In einem anderen Brief an Mary Louise – der in dem Befehl *»Vernichten!!!«* gipfelte – erklärte er, was geschehen war. »Ich wußte ja, daß es zu schön war, um von Dauer zu sein. Ich sitze in der Tinte, und daran ist nur Leo schuld. Mrs. Ames behauptet, daß Howard Doughty und ich ihn ›hartnäckig verfolgen‹. Verstehst Du, Leo hat einen echten Tick in bezug auf Schlangen. Er besteht darauf, daß ich ihn täglich vom Haupthaus zu seinem Studio eskortiere, aber er hat die ganze Sache in einem so lächerlichen Maß dramatisiert, daß alle hier glaubten, es sei ihm nur halb ernst damit. Gestern kam Howard zum

Mittagessen in mein Studio. Als er ging, trat er in meinem Hof auf eine Schlange und hob sie auf. Leo, der auf der anderen Straßenseite vor seiner Tür stand, sah es und begann zu schreien: ›Du bist gemein, du bist grausam!‹, dann knallte er seine Tür zu, zog alle Jalousien herunter und verkroch sich unter seinem Schreibtisch, wo er in einem Anfall von Panik den ganzen Nachmittag verharrte. Natürlich hatte niemand beabsichtigt, ihn zu erschrecken. Aber zwei Angestellte, die Brennholz in unsere Studios brachten, sahen das alles und erzählten es Mrs. A., die prompt ein kleines ›blaues Memo‹ losschickte (die gesamte Kommunikation wird über diese blauen Memos abgewickelt), in dem sie behauptete, wir (Howard und ich) hätten Mr. Lerman durch unsere beharrliche Verfolgung krank gemacht. Ich nehme an, es wird sich wieder geben, aber das Ganze ist einfach zu absurd. Leo ist es natürlich sehr peinlich, daß er uns in solche Schwierigkeiten gebracht hat. Howard schrieb eine köstliche Antwort, in der er alles erklärte (wir fühlten uns wie kleine, unartige Schuljungen, was Howard ärgerte, denn er ist Professor in Harvard und zweiundvierzig Jahre alt).«

In einem anderen Brief an Mary Louise listete Truman die Leute auf, mit denen er sich in Yaddo angefreundet hatte, und fügte hinzu: »Von allen Anwesenden mag ich Howard Doughty am meisten.« Er versäumte nur, den Grund zu nennen: Er und Howard schrieben das neueste Kapitel in Yaddos langer Geschichte von Sommerliebschaften, und Truman spielte wahrscheinlich auf ihre Affäre an, als er Mary Louise schrieb: »Es geschieht etwas äußerst Seltsames, ich kann es nicht erwarten, es Dir zu erzählen, aber ich wage nicht in einem Brief darüber zu schreiben.« Zum Entsetzen Howards, der eine öffentliche Fassade von Heterosexualität wahrte, erzählte es Truman jedoch fast allen übrigen. »Der Kleine hat schon wieder gequatscht«, sagte Howard einmal erbittert zu Freunden, die von seinem Geheimnis erfahren hatten. Jahre später zog Truman ein zutreffendes Resümee über ihre Beziehung. »Howard und mich hat nur der Sex verbunden«, meinte er. »Er war sehr attraktiv, aber ich war nicht in ihn verliebt.«

Beide Äußerungen dürften der Wahrheit entsprochen haben. Nach allen Berichten war Doughty tatsächlich ein attraktiver Mann, schlank und hochgewachsen, etwa einsachtzig, mit dunklem Haar, gutgeschnittenem Gesicht und den aristokratischen Manieren, die sich für einen Nachkommen von Cotton Mather geziemen. »Er hatte eine wunderschöne Stimme«, erinnerte sich Brinnin, »mit all den Anklängen, die hervorzubringen zehn Generationen erfordert.« Einen Großteil seines Erwachsenenlebens – mehr als zwanzig Jahre – widmete er einer Biographie von Francis Parkman, dem großen Historiker des 19. Jahrhunderts. Das Buch, das 1962 endlich herauskam, zu spät, um seiner akademischen Karriere noch zugute zu kommen, zeigte über seine sonstigen Qualitäten hinaus seine geistige Affinität mit Parkman. »Howard neigte zu starken Depressionen«, berichtete seine Frau Frances, die schon von ihrer Heirat über seine Homosexualität Bescheid wußte. »Er erlitt einige Zusammenbrüche, und er hatte oft Anwandlungen, in denen er einfach den Kopf zu Wand drehen wollte. Unsere Ehe war nicht leicht, und ich erwog, mich scheiden zu lassen. Aber wir hatten so viele Vorlieben miteinander gemein, und im großen und ganzen hatten wir doch ein sehr gutes Leben miteinander, außer in bezug auf Sex.«

Wäre Howard eine Generation später zur Welt gekommen, hätte er wahrscheinlich überhaupt nicht geheiratet, sondern wäre statt dessen, soweit beide zu einer solchen Bindung fähig gewesen wären, der lebenslange Gefährte von Newton Arvin geworden, einem Literaturprofessor am Smith College, der fast sicher den stärksten Einfluß auf ihn als Erwachsenen ausübte. Auch ohne offiziell anerkannte Beziehung war die Bindung zwischen ihnen unauflöslich. Sie waren dreißig oder mehr Jahre lang häufig zusammen und gingen Arvins Tagebüchern zufolge bei fast jeder Begegnung miteinander ins Bett. Obwohl beide auch Beziehungen zu anderen hatten, entfernten sie sich in ihrem Herzen nie weit voneinander. »Du weißt, wie sehr ich Dich liebe«, schrieb Arvin am 14. Mai an Howard, während sich letzterer vielleicht gerade mit Truman vergnügte. »Es ist ein Luxus, allein schon sich zu gestatten, es von Zeit zu Zeit *auszusprechen*. Ich

kann nach all diesen Jahren immer noch nicht glauben, daß ich Dich gefunden habe. Ist eine vollständigere gegenseitige Sympathie zwischen fehlbaren Menschen vorstellbar? Ich kann es mir jedenfalls nicht denken.«
Zu diesem Zeitpunkt enterte Truman ohne Ankündigung oder Vorwarnung ihr Leben; er schoß auf sie zu wie ein Meteor und verblüffte, überwältigte und blendete sie völlig. »Sind Dir je Geschichten von Truman Capote untergekommen?« schrieb Howard an Newton am 2. Juni. »Der Junge ist wirklich unheimlich talentiert – fast erschreckend. Er scheint praktisch keine Bildung zu haben, außer was er sich in irgendwelchen Zeitschriften zusammengelesen hat. Jedenfalls ist er völlig unbeschwert von Gedanken, außer hinsichtlich der Ausübung seiner Kunst, aber eine Stimme wie die eines Mediums spricht durch ihn im makellosesten Ton. Es ist lange her, seit ich jemanden mit einer so ausgeprägten schriftstellerischen Begabung gelesen habe – wie die eines Musikers für die Musik.«

Arvin traf am 12. Juni ebenfalls zu seinem alljährlichen Sommeraufenthalt in Yaddo ein. Innerhalb von Stunden hatte ihn der Meteor getroffen, und er gestand, sich auf den ersten Blick verliebt zu haben. Der »magische Kreis« der Liebe, wie er es nannte, habe sich um ihn geschlossen. Howard entfloh sofort nach Boston – ob aufgrund vorheriger Vereinbarung oder plötzlicher Eingebung, ist schwer zu sagen –, und bei seiner Abreise nahm er das unvergeßliche Bild seines früheren und seines gegenwärtigen Geliebten mit, die Hand in Hand auf das Nirwana zuschritten.
Der Tag, an dem sich der »magische Kreis« schloß – was wahrscheinlich das erste Mal bedeutete, an dem sich Truman und Newton liebten –, war Freitag, der 14. Juni. »Ich kann mein Verlangen nicht überwinden, Dir und nur Dir zu erzählen«, schrieb Newton ein paar Tage später an Howard, »wie magisch die Kräfte der Natur, beginnend am letzten Freitag (den 14. Juni 1946, wie ich wahrscheinlich nie vergessen werde), und die äußeren Umstände zusammenwirkten, um die Art von Medium oder Ambiente für jenes *Etwas* zu erschaffen, das man gewiß nur ein- oder zweimal im Leben erwarten darf. Das Wetter war übernatürlich am Freitag, und auch am

Sonntag und am Dienstag, und vielleicht kann ich Dir irgendwann sagen, was die kühle, blaue Luft und das grüne Licht und ein Strahl Mondlicht, der in mein Zimmer fiel, als die Dämmerung unmerklich damit verschmolz – was Dinge dieser Art mit meinen Augen und meiner Fähigkeit zu sprechen und meinen Sinnen, ja meiner ganzen Natur anrichteten.«

Auch für Truman war der 14. Juni ein übernatürlicher Tag. Im Handumdrehen hatte er Howards aristokratische Stimme und seine Jimmy-Stewart-Attraktivität vergessen und sich in Newton verliebt, den unwahrscheinlichsten Kandidaten für seine Zuneigung: fünfundvierzig, kahlköpfig, bebrillt, schmächtig, schüchtern, blutarm, Opfer von Depressionen und Schwindelanfällen und einem Dutzend anderer psychosomatischer Leiden – kurz, fast eine Parodie des populären Klischees des mausgrauen College-Professors. »Newton sah aus wie ein Kommis; seine Anziehungskraft war mir ein Rätsel«, meinte Brinnin, der damit eine allgemeine Meinung wiedergab. Truman sah Newton mit anderen Augen und entdeckte Vorzüge, die wahrscheinlich sogar Howard entgangen waren. »Newton war ein bezaubernder Mensch«, sagte er, »in jeder Hinsicht kultiviert, mit einem wunderbar subtilen Geist. Er war wie ein Kristall, den man so oder so zum Licht drehen kann und der stets die wunderschönsten Farben erzeugt.«

Angesichts solcher Gefühle auf beiden Seiten bestand keine Notwendigkeit, umeinander zu werben, und das neue Liebespaar genoß im Monat, der folgte, eine Art von Flitterwochen, einen Honigmond, der um so köstlicher war, als er so überraschend kam: Es war, als wären sie von den weiten, sonnenbeschienenen Rasenflächen Yaddos in den Wald gegangen und hätten dort eine blumenbestandene und nach wilden Glyzinen duftende Lichtung entdeckt. Sie nahmen die Mahlzeiten allein oder mit anderen zusammen ein, gingen in die Stadt ins Kino und machten in der Abenddämmerung lange Spaziergänge in der Umgebung.

Sie redeten unablässig miteinander, doch verspürte Newton, ein Mann der Feder, auch den Drang, seine zärtlichen Gefühle zu Papier zu bringen. »Aber Du weißt ja, liebster T. C.«, schrieb er in einer Notiz, »daß ich, wenn ich je einen ›Brief‹ an Dich begänne, er kein vorstellbares Ende – und auch keinen Anfang – haben könnte, denn er würde sich wie ein großes Rad ständig um die eine zentrale Tatsache drehen müssen, und Du weißt, was diese Tatsache ist. Es gibt entweder Millionen Arten, es Dir zu sagen, oder nur eine Art. Ich liebe Dich von ganzem Herzen, und wenn Du willst, werde ich es immer und immer wieder schreiben, bis diese Seite voll ist und viele weitere Seiten, wie ein unartiger Junge, der nach der Schule nachsitzen muß und dessen Lehrer ihn (auf perverse Weise) nicht unglücklich, sondern glücklich machen will. Nur bin ich kein unartiger Junge und auch Du nicht; wir sind im Gegenteil sehr gut und werden im Lauf der Zeit immer besser werden – denn wir sitzen an der Quelle des Guten, und wir trinken das Wasser der Wahrheit, und was wir miteinander tun, ist einfach schön. Ist es möglich, besser zu sein?«

Newton hatte noch keine von Trumans Geschichten gelesen – um die Frage zu beantworten, die Howard in seinem Brief vom 2. Juni gestellt hatte –, aber er machte rasch seine Hausaufgaben in Yaddo und hinterließ ihm ein Briefchen mit rührenden und dabei elegant formulierten Lobesworten: »Ich habe drei von Deinen Geschichten gelesen, liebster T. C., ›Baum der Nacht‹, ›Miriam‹ und ›Der silberne Krug‹. Sie sind bezaubernd und erschreckend und rein und zärtlich, und sie haben mir eine seltsame, schöne Erfahrung beschert. Ich achte Dich so sehr dafür, daß Du sie geschrieben hast. Sie werden in meinem Bewußtsein noch viele Tage lang, ja noch länger, gelegentlich aufleuchten wie ein plötzlicher und magischer Schimmer bei Schneefall oder in einem wäßrigen Licht: Ich habe noch nicht die richtigen Worte gefunden, um Dir zu sagen, wie wirklich und dabei doch phantastisch poetisch sie mir erscheinen. Ein berühmter Mann hat einmal gesagt (Zitat), es gebe keine wahre Schönheit, die nicht den Stempel des Fremdartigen trage. Er hatte sehr recht; alle guten Schriftsteller haben das immer gewußt: Auch Du weißt es, lieber Truman, und niemand kann Dir dieses Wissen rauben. Es wird sich mit jedem Tag Deines Lebens vertiefen und bereichern und erweitern, und es *muß* dem keine Ende gesetzt sein, was Du für uns alle darüber aussagen kannst, was es heißt, ein Mensch zu sein und Angst zu haben und verliebt und

unendlich glücklich zu sein. So viele Dinge! Es liegt alles vor Dir, und *Du* wirst nicht den Fehler machen, den Zug nicht zu besteigen, der Dich an Dein Ziel bringt.
Es scheint mir nicht möglich, Dich noch zärtlicher zu lieben und zu schätzen, mit mehr meiner selbst, als ich es bereits tue, aber wenn es möglich wäre, würde die Lektüre Deiner Geschichten dies bewirken. Wo bist Du hergekommen, Truman? Und wie geschah es, daß ich mich auf den Punkt zubewegte, wo Du warst? Es muß das Werk irgendwelcher wohlwollender Geister sein, nur so kann ich es mir vorstellen.«

Newton hatte nur eine Sorge, während er das Wasser der Wahrheit trank, und das war, durch seine Verliebtheit in Truman Howard zu verletzen. »Was T. C. betrifft, so ist es mir fast unmöglich, das Thema in diesem Brief zu berühren«, schrieb er Howard am 17. Juni nervös im ersten einer Reihe von bezaubernden, reich ausgeschmückten Briefen zwischen ihnen. »Mein Kopf dreht sich noch von einer ganz anderen Art von Schwindelgefühl als dem, worüber ich Dir klagte, und ich bin zu tief bewegt, um leichthin darüber zu schreiben. Das Wichtige für den Augenblick ist, daß es nicht auf irgendeine plumpe Weise zu einer weiteren Quelle der Angst und Verwirrung für *Dich* wird.«
Was immer er empfinden mochte, Howard hätte kaum taktvoller antworten können, als er es zwei Tage später tat: »Dummerchen, wie kannst Du nur für einen Augenblick glauben, daß ein *rapprochement* (um ein sehr schwaches Wort für die von mir vermuteten Umstände zu gebrauchen) zwischen Dir und T. C. bei mir auch nur die geringste Spur von Angst oder Verwirrung auslösen würde – ein anderes Gefühl als die wärmste Freude? Ich habe nie in meinem Leben bei irgend jemandem, Mann, Frau oder Kind, eine solche Zartheit und Reinheit des Gefühls erlebt, wie es das natürliche Wesen von T. C.s Psyche ist, und mir fällt auch niemand auf der ganzen Erde außer Dir, mein Lieber, ein, der besser imstande wäre, auf diese Gefühle in einer Weise anzusprechen, die sie verdienen, oder mit einem größeren Schatz an Weisheit und Erfahrung, die sie bereichern und vertiefen. Gottes Segen auf Euch beide.«

Auf diese Weise beruhigt, fühlte sich Newton ermutigt, den einzigartigen Taumel zu beschreiben, den er innerhalb des »magischen Kreises« erlebte. »Du bist sehr verständnisvoll und einfühlsam, ich wußte insgeheim, daß Du es in bezug auf T.C. und mich sein würdest«, antwortete er mit offenkundiger Erleichterung. »Ich verabscheue bloß den Gedanken, Dir auch nur einen Moment lang weh zu tun, so sehr, daß ich der irrealen Gefahr vorauseilte, als würde sie dadurch abgewendet! Jetzt, da ich sowohl intuitiv als auch tatsächlich weiß, wie irreal sie ist, bleibt nichts übrig – absolut nichts, so scheint es mir –, was die unglaubliche Vollkommenheit dieser Erfahrung trüben oder erschüttern könnte. Ich bin diesbezüglich hoffnungslos zerrissen: Einen Augenblick habe ich das Gefühl, allen in Hörweite mitteilen zu müssen, wie übernatürlich glücklich ich bin und warum; den nächsten spüre ich, daß ich keinem Sterblichen, *nicht einmal Dir*, ein Wort darüber sagen kann und will. Und im Moment ist letzteres vielleicht der klügere Impuls.«

Darauf antwortete Howard am 21. Juni mit noch extravaganteren Worten und einem wahren Bukett barocker Poesie: »Ich kann Dir nicht sagen, mein Lieber, wie froh ich bin, daß dies alles geschehen ist. Es erscheint mir als ein Wunder. Hast Du nicht das Gefühl, daß jede Minute Deines Lebens gerechtfertigt ist, die ganze sorgfältige ›Kultivierung‹ der eigenen Sensibilität und Wahrnehmung, das Fithalten der Psyche, die geistige Disziplin, die einem manchmal so schwerfällt, bis sie triumphierend durch das bestätigt wird, was sie zu Augenblicken wie diesen beitragen kann? Und die falschen Spuren, denen du gefolgt bist, die Leute, die nicht erkennen konnten oder wollten, was gut für sie ist – und jetzt das Wunder der Zeit, das T.C. hervorgebracht hat. Wirklich, es gibt mir den *frisson* eines historischen Augenblicks – einer neuen Vermählung von Faustus und Helena.

Erinnerst Du Dich an das Gedicht ›The Picture of Little T. C. in a Prospect of Flowers‹ von Marvell? Der Titel ist mir eines Abends eingefallen, als wir am Tennisplatz vorübergingen und T. C. mit der unvergleichlichen Eleganz und Grazie der Bewegungen, die ihn manchmal auszeichnet, zu dem Veilchenbeet dort hinlief, sich im Schneidersitz hinsetzte und Blüten in die

Knopflöcher seines Hemdes zu flechten begann. Ich konnte das Gedicht in Yaddo nicht finden und habe es eben nachgeschlagen. Es gibt einige sehr hübsche Zeilen darin…«

Who can foretell for what high cause
This darling of the gods was born?…
Meantime, whilst every verdant thing
Itself does at thy beauty charm,
Reform the errors of the spring;
Make that – the tulips may have share
Of sweetness, seeing they are fair;
And roses of their thorns disarm;
    But most procure
That violets may a longer age endure.

But O, young beauty of the woods,
Whom Nature courts with fruit and flowers,
Gather the flowers, but spare the buds,
Lest Flora, angry at thy crime
To kill her infants in their prime,
Do quickly make the example yours;
    And ere we see
Nip in the blossom, all our hopes and thee.

Howard, der am 8. Juli nach Yaddo zurückkehrte, hatte Gelegenheit, seinen Segen auch persönlich zu erteilen. Er sehe aus wie »eine Million Dollar«, schrieb Newton an seinen Freund Granville Hicks. Aber am nächsten Tag war Howards Million auf ein paar mickrige Pennies zusammengeschrumpft, und er verkroch sich in sein Bett. Ob es der konkrete Anblick der beiden Verliebten war, was ihm so zusetzte, oder irgendeine andere emotionale Aufregung, läßt sich nicht mehr feststellen, aber wahrscheinlich war es so, daß ihm die Liaison trotz all seiner großzügigen Auslassungen gegenüber Newton stärker zu schaffen machte, als er selbst wußte. Wie hätte es in der Tat anders sein sollen? »Howard grübelte endlos über die Beziehung zwischen Newton und Truman nach«, bemerkte Brinnin, »und vielleicht war er auch irgendwie verletzt.« Bei näherer Betrachtung verraten sogar manche seiner überschwenglichen Segensworte die Ambivalenz seiner Gefühle. Als »eine neue Vermählung zwischen Faustus und Helena« hatte Howard die Romanze bezeichnet und damit vordergründig in hochgestochen-literarischer Weise impliziert, daß Trumans Jugend auf Newton abfärben und auch ihm das Gefühl geben werde, jung zu sein. Aber Newton, der sein Leben damit zugebracht hatte, unter die Oberfläche von Worten einzudringen, dürfte etwas irritiert gewesen sein, sich mit Faustus und Truman mit Helena verglichen zu sehen: Helena war der Legende zufolge eines der Geschenke des Teufels an Faustus; dieser tauschte seine Seele dafür ein.

Howard erholte sich im Grunde erst, als Truman am 17. Juli im Auftrag von *Harper's Bazaar* nach New Orleans fuhr. »Einen Großteil des Tages mit Howard zugebracht«, schrieb Newton am 18. Juli in sein Tagebuch, »morgens in seinem Studio, dort zu Mittag gegessen und dann am Abend hier in meinem Studio. Natürlich sprachen wir viel über den kleinen T. C.« Und es gab viel zu besprechen. Newtons Flitterwochen mit dem kleinen T. C. waren vorüber, aber seine Romanze hatte eben erst begonnen, und sie hatten bereits vereinbart, sich im August in Newtons Wohnung in Massachusetts zu treffen.

Trumans Abreise hatte die Atmosphäre in Yaddo verändert, und Howard und Newton waren nicht die einzigen, die das bemerkten: Der Katalysator, der abends soviel zur Unterhaltung beigetragen hatte, war verschwunden, das Leben war langweiliger geworden, und die Zurückgebliebenen mußten jetzt selbst für ihr Vergnügen sorgen. Es war, als sei der Herbst zwei Monate zu früh gekommen, und die Blätter hätten vorzeitig eine melancholische Goldfärbung angenommen. »Plötzlich war das Turmzimmer leer, die Kabale des Frühstückstisches zerstoben«, erzählte Brinnin. »Haltlos begannen wir in Yaddo Zurückgebliebenen uns nach Partnern für Pingpong,

Dame, Krockett umzusehen. Der allabendlichen Positionskämpfe enthoben, trafen sich alte Freunde in einer Atmosphäre mitleidiger Verachtung. Truman war überall. Von ihm zu sprechen, hätte seine Abwesenheit besiegelt. Niemand tat es.«

15

»Ist Newton ein bedeutender Kritiker?« hatte Truman Brinnin gefragt. »Ebenso bedeutend wie Edmund Wilson?« Brinnin, der am Vassar College unterrichtete und diese Dinge wissen mußte, bejahte beide Fragen – und er hatte recht. Newton war zwar nicht annähernd so bekannt wie Wilson, und er besaß nicht Wilsons enorme Spannweite, aber auf seinem eigenen Gebiet, der amerikanischen Literatur des 19. Jh., nahm er den ersten Rang ein. Er schrieb Biographien über Hawthorne, Longfellow, Whitman und Melville, von denen die letztgenannten 1951 mit dem National Book Award ausgezeichnet wurde. Sein Urteil war scharf und fundiert, und er wußte wahrscheinlich mehr über das goldene Zeitalter der amerikanischen Literatur als jeder andere Kritiker, mit Ausnahme seines alten Freundes und Mentors, Van Wyck Brooks.

Auch in der Literatur anderer Länder war er unerhört, fast unglaublich bewandert – er las Französisch, Deutsch, Italienisch, Spanisch, Latein und etwas Griechisch –, und einer der Vorzüge seiner Kritik bestand in seiner Fähigkeit, die amerikanische Literatur in eine umfassende historische Perspektive zu stellen. Alfred Kazin, ein anderer Kritiker von beträchtlichem Renommee, bezeichnete seine Melville-Biographie als »die klügste und ausgewogenste Auseinandersetzung mit Melville, die mir je untergekommen ist«, und Klugheit und Ausgewogenheit kennzeichneten Newtons Schriften allgemein eher als Parteilichkeit und Neuinterpretation. Wenn er in bezug auf irgend etwas leidenschaftlich war, dann war es stilistische Brillanz; schlecht zu schreiben, sagte er, sei irgendwie unmoralisch. Sein eigener Stil ist, wie aus den Briefen an Howard und Truman hervorgeht, sowohl lebendig als auch präzise. Wilson lobte den »Charme seines Stils« und fügte hinzu: »Unter den Autoren, die ihr Leben wirklich dem Studium unserer Literatur gewidmet haben, fallen mir nur zwei ein, die man als erstklassige Schriftsteller bezeichnen kann, Van Wyck Brooks und Newton Arvin.«

Wilson meinte die Bemerkung, daß Newton sein Leben dem Studium »unserer Literatur« gewidmet habe, im konventionellen Sinn einer beruflichen Karriere; aber Newton hatte sein Leben wirklich der Literatur gewidmet – und zwar in einem Maß, daß man fast sagen kann, er habe gar kein Leben außerhalb der Bücher gehabt. Er war 1900 in Valparaiso/Indiana geboren und fand die Welt am erträglichsten in Form von bedrucktem Papier. Sein Vater, ein erfolgreicher Geschäftsmann, verbrachte den größten Teil der Zeit in Chicago oder Indianapolis; an den seltenen Wochenenden, an denen er nach Hause zurückkehrte, stritt er mit seiner Frau und verspottete Newton als Muttersöhnchen, das er nach den üblichen Maßstäben auch war. »Mißraten« – das heißt verachtenswert – ist das Etikett, das Newton später auf sein jüngeres Selbst anwandte. Er entfloh ostwärts nach Harvard, wo er sich erneut in Büchern vergrub und keinen Augenblick, wie er sich bedauernd erinnerte, für irgend etwas erübrigte, was man als Spaß hätte bezeichnen können. Er hielt sich selbst für einen Pauker und Büffler und galt wahrscheinlich auch in den Augen aller anderen als solcher. Obwohl er summa cum laude promovierte, erlaubte sein immer noch unversöhnlicher Vater seiner ihn bewundernden Mutter nicht, an der Promotionsfeier teilzunehmen.

Nach Harvard ging er an das Smith College, wo er mit Ausnahme einiger kurzer Abstecher in die weitere Welt für den Rest seines Lebens blieb. Es gehörte zu den Seven Sisters, dem damaligen weiblichen Äquivalent der männlichen Ivy League, der efeubewachsenen östlichen Eliteuniversitäten, und es war einer der wenigen Orte, an dem ein Mann wie Newton überhaupt leben konnte. Das in Northampton in den Hügeln von West-Massachusetts einige Stunden von Boston und New York entfernt gelegene

College vermittelte ein Gefühl von Isolierung und Schutz, was für Newton fast ein und dasselbe war. Er verließ den Ort nur selten, und selbst Wochenendausflüge nach New York beendete er oft vorzeitig, in sichtlicher Panik zum ersten erreichbaren Zug zur Grand Central Station eilend. »Er war ein furchtsamer, scheuer Mann«, meinte Daniel Aaron, einer seiner besten Freunde im Kollegium von Smith. »Er konnte sich von Northampton wirklich nicht losreißen; es war ein Hort der Geborgenheit für ihn.« In tiefer Scham über seine Homosexualität beging er den Fehler, 1932 seine Schülerin Mary Garrison zu heiraten. Sie war eine große, lebhafte, auffallend attraktive Blondine und fast in jeder Hinsicht das Gegenteil von ihm. Sie sei mit »animalischem Temperament« gesegnet, sagte er einmal. Sie war gesellig, wo er sich zurückzog, munter, wo er zur Niedergeschlagenheit neigte, angespornt, wo er entmutigt war. Ihr Temperament war dem Trumans sehr ähnlich, und Newton fühlte sich wahrscheinlich aus recht ähnlichen Gründen zu beiden hingezogen – sie verschafften ihm einen Kontakt zum Leben. Er wollte zwar ihr gegenüber ehrlich sein, scheute aber davor zurück, offen zu sagen, daß er homosexuell sei, und so versuchte er es ihr klarzumachen, indem er ihr ein Gedicht Walt Whitmans, eines anderen Homosexuellen, zeigte, das, wie er glaubte, alles erklären würde:

> Primeval my love for the woman I love.
> O bride! O wife! more resistless, more enduring than I can tell,
> the thought of you!
> Then separate, as disembodied, the purest born,
> The ethereal, the last athletic reality, my consolation,
> I ascend – I float in the regions of your love, O man,
> O sharer of my roving life.

Ob sie es verstehe, fragte er besorgt – es muß ein Augenblick von erlesener intellektueller Situationskomik gewesen sein. Sie sagte ja, und er war so erleichtert, daß er nicht weiter nachfragte. Ihre Interpretation dieser äußerst vieldeutigen Zeilen unterschied sich in Wirklichkeit so stark von seiner wie seine möglicherweise von der Whitmans. Sie glaubte, der Dichter spreche über einen Konflikt zwischen einem Mann und einer Frau, und Newton wolle sie auf seine kryptische und indirekte Weise warnen, daß ihre Ehe schwierig werden könnte. Die eigentliche Botschaft entging ihr, und das Ergebnis dieses Mißverständnisses waren acht Jahre des Leidens für beide: Newtons Braut wußte zum Unterschied von Howards Frau damals und auch mehrere Jahre danach nicht, daß ihr Mann homosexuell war.

»Er war äußerst großzügig und sehr lieb zu mir«, erinnerte sie sich lange danach. »Aber alle sagten, er behandle mich wie ein Kind. Als wir von unserer Hochzeitsreise nach Hause zurückkehrten, zeigte er auf das Telefon und sagte: ›Wenn das Ding läutet, egal, was jemand will, die Antwort ist nein!‹ Meine Aufgabe war es, Menschen von ihm fernzuhalten und ihn nicht bei der Arbeit zu stören. Ich klopfte nicht einmal an seine Tür. Wenn ich ihm etwas mitteilen wollte, schob ich einen Zettel darunter durch.«

Nach ihrer Scheidung 1940 verstärkten sich sowohl seine Depressionen wie auch seine Isolierung. »Den ganzen Tag niemand gesehen. In Einsamkeit gebadet«, lautet eine typische Eintragung in seinem Tagebuch. Er analysierte sich mit derselben Gemütsruhe, mit der er etwa an ein Gedicht von Longfellow heranging, und Howard erklärte er die Beschaffenheit seiner emotionalen Defekte so: »Es gibt so etwas wie eine affektive Impotenz. Ich meine jetzt nicht das, was man als psychische Impotenz bezeichnet, und sicher nicht physische Impotenz (obwohl beides oder eines von beiden mitspielen kann), sondern im Bereich der Emotionen ein großes und brennendes Bedürfnis nach Liebe, verbunden mit einer im letzten Moment auftretenden Unfähigkeit, sowohl Besitz zu ergreifen als auch von sich in Besitz nehmen zu lassen – und ich meine wieder etwas Ungreifbares. Jede Fähigkeit zur Zärtlichkeit ist vorhanden – außer das eine Vermögen, mit letzter Intimität in den anderen Menschen einzudringen und ihn in mich eindringen zu lassen.« Auch in seinen Phantasien war er allein. Statt Schäfchen zu zählen oder still für sich Gedichte zu rezitieren, wenn er Mühe hatte einzuschlafen, stellte er sich oft vor, daß er auf einem fremden Planeten sei und die Aufgabe habe, alle Bäume und Geschöpfe zu benennen, die er dort entdeckte. Aber von einem Horizont zum anderen war er der einzige Mensch in Sicht. Er hatte den ganzen Planeten für sich allein.

Außer in seinen Büchern fand er kein Glück. Er versuchte mindestens dreimal, sich das Leben zu nehmen. Einer dieser Versuche war durch ein besonderes, aufschlußreiches Pathos gekennzeichnet. Es war Winter, und er ging zu einem Teich in der Nähe seiner Wohnung, wo er einer Schar von Eisläufern zusah, die sich, ein Bild der ungebrochenen Vitalität der Jugend, mit geröteten Wangen in der frostigen Luft tummelten. Es muß eine Szene gewesen sein, die große Ähnlichkeit mit einer Episode in Thomas Manns »Tonio Kröger« hatte – vielleicht ist sie auch Newton, der einen starken Hang zu literarischen Analogien hatte, in den Sinn gekommen: Tonio, der Schriftsteller, der Beobachter, der ewige Außenseiter, sieht einer ähnlichen Schar sorgloser junger Leute beim Tanzen zu – »ihr Blonden, Lebendigen, Glücklichen!« Sie evozieren Erinnerungen an seine frühe Jugend. Überwältigt von dem Gedanken, was hätte sein können, flüchtet er ins Bett und schluchzt vor »Reue und Heimweh«.

So erging es auch Newton, der in diesem Augenblick wahrscheinlich alles, was er getan, und alles, was er geschrieben hatte, hingegeben hätte, wenn er mit einem dieser robusten jungen Leute hätte tauschen können, die mühelos über das Eis glitten. Nachdem er sie eine Weile angestarrt hatte, trottete er nach Hause, öffnete eine Flasche Whiskey und spielte immer wieder eine Platte von Hugo Wolfs »Ganymed«, gesungen von John McCormack. Während McCormacks voller und ausdrucksstarker Tenor in Worten und Klängen pries, was Newton eben gesehen hatte, die Herrlichkeit der Jugend und Schönheit, schluckte Newton sechzehn Tabletten Nembutal. Es war schieres Glück, daß ihn ein Freund am nächsten Morgen in seiner Wohnung aufsuchte, bevor sie ihr schreckliches Werk vollendet hatten.

Dies war der gequälte, leidende Mann, der im Sommer 1946 nach Yaddo kam. »Wieder kurz nach fünf aufgewacht«, schrieb er wenige Monate zuvor in sein Tagebuch. »Gedanken an Tod und Selbstzerstörung. ›Morgentränen.‹« Im Mai beschrieb er sich als »ziemlich niedergeschlagen«, und so fühlte er sich wahrscheinlich immer noch, als er Truman begegnete, jenem spitzbübischen, amüsanten Ganymed, der ihm zweifellos jener beneidenswerten Rasse der Blonden, Lebendigen, Glücklichen anzugehören schien.

Wenn er in Trumans Nähe war oder auch bloß an ihn dachte, war Newton ein verwandelter Mensch, eine völlig andere Person als der in Düsternis gehüllte Depressive, der ein paar Monate zuvor Suizidgedanken vor sich hin gemurmelt hatte. Er schilderte Granville Hicks das ihm unvertraute Gefühl »seelischer Euphorie« und fügte stolz hinzu: »Ich bin nie im Leben vergnügter gewesen.« Seine einzige Klage in diesen schwindenden Junitagen betraf den bittersüßen Schmerz, den jeder glühend Liebende kennt, der des geliebten Menschen beraubt wird. Obwohl ihm Truman an manchen Tagen drei Briefe aus New Orleans schrieb, waren sie kein Ersatz für Truman selbst. Nur wenige Wochen vor seinem sechsundvierzigsten Geburtstag hatte Newton offenbar seine »affektive Impotenz« besiegt und erforschte in großer Erregung Emotionen, die ihm zuvor nur in der Literatur begegnet waren. Wahrscheinlich zum ersten Mal, seit er erwachsen geworden war, bedurfte er nicht bloß der gelegentlichen, sondern der ständigen Gesellschaft eines anderen Menschen.
»Alles stünde auf der persönlichen Ebene in der Tat zum Besten, wenn nicht die Trennung vom kleinen T.C. wäre«, sagte er wenige Tage nach Trumans Abreise aus Yaddo zu Howard. »Sie kam zu früh und dauert zu lang. Bei diesem Stand der Dinge sollten wir wirklich nicht getrennt sein.« Er fürchte auch, fügte er hinzu, daß der Auftrag von *Harper's Bazaar* seinen jungen Geliebten krank machen oder erschöpfen könnte; dieser berichte, daß er und Henri Cartier-Bresson, der Fotograf des *Bazaar*, täglich kilometerweit durch die tropische Hitze von New Orleans marschierten. »Freilich ist er jung, wie du sagst, göttlich jung, dem Himmel sei Dank, und voller Lebenskraft und auch zäh auf seine Weise, und ich

mache mir nicht wirklich Sorgen wie ein altes Weib. Aber ich liebe ihn so zärtlich, daß mich diese Möglichkeiten nicht ganz gleichgültig lassen können.«

Ihre Trennung schien jedoch nur lang, und am 28. Juli, also bloß zwölf Tage, nachdem sie sich in Yaddo verabschiedet hatten, flog Truman nach New York zurück, raste vom Flughafen zur Grand Central Station und bestieg den ersten Zug nach Northampton. »Schau, wo ich bin!« schrieb er an diesem Abend jubelnd an Howard, als er einen Augenblick allein war, während sein Gastgeber das Abendessen einkaufen ging. »Heute angekommen, überflüssig zu sagen, daß ich begeistert bin von Northampton (von dem ich noch gar nichts gesehen habe), von Newtons Wohnung und von Newton selbst.« Seine Begeisterung hielt die vier Tage seines Aufenthalts über an, und als er nach New York zurückgekehrt war, zog er gegenüber Mary Louise, die in Maine auf Urlaub war, endgültig Bilanz: »Ich erlebte eine wunderbare Zeit in Northampton mit Newton. Ich liebe ihn sehr zärtlich, eigentlich mehr, als ich Dir sagen kann, denn er ist abgesehen von Dir der liebenswürdigste, gütigste Mensch, den ich je kennengelernt habe.«

Der August war für beide ein arbeitsreicher und schwieriger Monat: Newton hielt Sommerkurse in Vesleyan, einem reinen Männer-College in Middletown/Connecticut, und litt dabei. Er war gewöhnt, Frauen zu unterrichten, und es enervierte ihn, vor Männern Vorlesungen zu halten, deren Gesichter ihm vom Podium aus bedrückend unempfänglich und unerforschlich wirkten. Truman hatte ebenfalls mit Widrigkeiten zu kämpfen: Nachdem ihn *Harper's Bazaar* über ein Jahr als Kronprinzen behandelt hatte, sah er sich nun in einen unangenehmen Streit mit den Redakteurinnen verwickelt. Mary Louise war abwesend, und sie sträubten sich dagegen, die vollen Spesen seiner Reise in den Süden zu übernehmen, die sich als weitaus höher erwiesen, als er erwartet hatte, und sprachen auch davon, die Veröffentlichung der Geschichte »Ohne Ziel«, die er in Yaddo geschrieben hatte und die für die Oktober-Nummer vorgesehen gewesen war, zu verschieben. Die Aussicht, mit dem Artikel über New Orleans draufzuzahlen, statt Geld zu verdienen, war ärgerlich genug, aber die Möglichkeit, daß »Ohne Ziel« in einer Redaktionsschublade verschwinden und vergessen werden könnte, war mehr als ärgerlich. Truman geriet darüber in Panik. Sein Name hatte, seit »Der silberne Krug« Ende 1945 in *Mademoiselle* erschienen war, unter keiner neuen Prosa gestanden, und sein für seine Jahre erstaunlich sicheres Gespür für die Förderung seiner Karriere sagte ihm, daß er bald mit einer neuen Geschichte herauskommen mußte, wenn er nicht Gefahr laufen wollte, den Ruf zu verspielen, den er sich mit »Miriam« über Nacht erworben hatte.

Die Probleme wurden dann aber zu seiner Zufriedenheit gelöst. Seinen Finanzen wurde aufgeholfen; »Ohne Ziel« sollte im November-Heft erscheinen, einen Monat nach »Notes on N. O.«, und er war frei, seine emotionalen Energien auf Newton zu konzentrieren. Sie schrieben einander getreulich mindestens einmal am Tag, und für beide war die Ankunft des Postboten der hellste, ungeduldig erwartete Augenblick des Tages. »Deine Briefe klingen wie Mozart in meinen Ohren«, schrieb Newton. Anfang August schickte ihm Truman ein Kinderbild von sich und ein Paar silberne Manschettenknöpfe, in die seine Initialen graviert waren. »Liebster«, schrieb Truman, »die Manschettenknöpfe hat mir jemand geschenkt, der mich auch liebte, die liebe, gute Sooky, an meinem zwölften Geburtstag – trage sie, Liebling, wenn Du kannst. Ich liebe Dich. T.« Es waren kleine Schätze für Truman – Sook war wenige Monate zuvor gestorben –, und Newton reagierte mit so viel Dankbarkeit, als handelte es sich um eine seltene Erstausgabe von Hawthorne oder Longfellow. »Ich betrachte immer noch die Manschettenknöpfe und das kleine Bild, mein Engel, mit Tränen knapp *hinter* meinen Augen; wer ist von seinem Liebsten je so verschwenderisch bedacht worden wie ich? Ich könnte nicht einmal Dir sagen, was für ein seltsam zärtliches Gefühl sie mir beschert haben. Könntest Du mir jetzt nicht postwendend eines Deiner Augen oder eine Deiner Hände schicken? Ach mein Liebster, Liebster, wie ungeheuer viel Du mir bedeutest. Ich liebe Dich.«

Einige Tage später, am 14. August, genau zwei Monate nachdem sich jener

»magische Kreis« um ihn geschlossen hatte, erinnerte Newton seinen Engel, wie wichtig der vierzehnte Tag jedes Monats jetzt für ihn sei. »Heute *ist* ein Gedenktag, und ich denke schon seit Tagen daran. Ich habe nie in meinem Leben ein Datum *so* in Erinnerung behalten – so intensiv, meine ich, denn natürlich hat es nie ein Datum wie den 14. Juni zuvor gegeben, nicht in diesem Leben, und wahrscheinlich in keinem.« Er verfaßte innerhalb weniger Monate all die Liebesbriefe, zu denen ihn in den Jahren zuvor niemand inspiriert hatte, und schrieb ihm immer wieder mit demselben leidenschaftlichen Feuer. »Ich bin gestern nacht aufgewacht«, heißt es in einem dieser Briefe, »nicht durch eine Nachtigall, sondern eine Mücke – und als ich dalag und allmählich wieder einschlief, sehnte ich mich unbeschreiblich danach, Dich hier in meinen Armen zu haben und mit *Dir* in Schlummer zu versinken. Dich nicht dazuhaben war schmerzhafte Einsamkeit und Verlust.« Seine wohlgeordnete Welt war durch die heftigen und ungewohnten Emotionen auf den Kopf gestellt worden, und er fügte halb scherzhaft hinzu: »Du kleines Monster! Ich hatte nie den Plan oder die Absicht, mich zu diesem Zeitpunkt so hoffnungslos zu verlieben, und ich kann es mir kaum leisten, meine Zeit ständig den Gedanken an Dich zu opfern.«

Einige Leute, die Newton kannten, staunten über die bei ihm noch nie dagewesenen Gefühlsergüsse und wurden vielleicht auch eifersüchtig. Sie machten sich auf alle Fälle Sorgen, daß er seiner Leidenschaft gestatten könnte, den Sieg über die Vernunft davonzutragen. Carson, die ihm nur wenige Monate zuvor versichert hatte, er sei ihr teuerster Freund, hatte den Verdacht, daß Truman eine Weile mit ihm spielen und ihn, sobald er sich langweilte, verlassen und auf diese Weise tödlich verletzen könnte. Howard, der zur Überzeugung gekommen war, daß Truman doch kein Liebling der Götter sei, fürchtete genau das Gegenteil. In einem Brief an John Malcolm Brinnin verglich er Truman mit dessen eigener Schöpfung, der bösen, manipulierenden Miriam. Er fürchte, schrieb Howard, daß Truman versuchen könnte, Newtons Miriam zu spielen, indem er sich so fest an ihn klammere, daß dieser durch seine Umarmung erdrückt werde, wie es in der Geschichte mit Mrs. Miller geschieht.

Truman nährte diesen Verdacht unbeabsichtigt, indem er durchblicken ließ, daß Newton von Smith und Northampton weggehen könnte, um mit ihm in New York zusammenzuleben. »Ich höre die verschiedensten interessanten Gerüchte *à ton sujet*«, erdreistete sich Howard, Newton zu berichten. »Ich hoffe, Du unternimmst nichts allzu Drastisches, um Deine Welt zum Teufel gehen zu lassen – obwohl Du, wenn ich mir's recht überlege, etwa im Alter von Antonius bist und T. C. ist, was A. niemals hatte, nämlich Kleopatra in der Blüte ihrer Jahre!« Newton, der es sicher satt hatte, von Howard erneut mit einer dem Untergang geweihten, tragischen Figur assoziiert zu werden, antwortete ziemlich kühl: »Was für interessante Gerüchte Du offenbar hörst! Ich wünschte, ich wüßte, worum es sich da handelt. Aber ich fürchte, daß sie alle keine sehr solide Grundlage haben.«

In Wirklichkeit war es Truman, der regelmäßig die vierstündige Fahrt nach Northampton auf sich nahm, wobei er einige seiner Jazzplatten mitnahm, um auch noch etwas anderes hören zu können als diese »miesepetrige alte Begräbnismusik«, für die Newton schwärmte – die miesepetrige Begräbnismusik waren Sinfonien und Konzerte von Mozart, Beethoven und anderen Komponisten. Newton wagte sich gelegentlich, wenn auch ziemlich nervös, nach New York und schleifte dann Truman, der bis dahin so anspruchsvolle Unternehmungen vermieden hatte, in die Oper und in die Museen. »Er benahm sich wie ein euphorischer Bräutigam mit seiner jungen Braut«, erinnerte sich Daniel Aaron, und wie Braut und Bräutigam spielten Truman und er die üblichen Spiele Jungverheirateter. Sie buchstabierten ihre Namen rückwärts, das ergab zärtliche Codeworte füreinander; Newton war Notwen Nivra, Truman Namurt Etopac. In einem Brief vergaß sich Notwen so weit, daß er sogar einen sexuellen Scherz machte, wenn er auch etwas forciert geriet: »*Verloren*, wahrscheinlich in Manhattan. Pfefferminzlutscher, schön rosa und weiß, wunderbar gerade, köstlich süß. Etwa eine Hand lang. Von großem innerem und auch gefühlsmäßigem Wert für den Eigentümer.«

Newton hatte auch schon andere Liebesbeziehungen zu jüngeren Männern gehabt, aber keine war ihm so nahegegangen wie diese. Durch Truman fühlte er sich wieder jung – jünger zweifellos, als er sich gefühlt hatte, als er wirklich jung gewesen war – und auch irgendwie verwegen, denn Truman hatte ihn mit seinem mitreißenden Schwung und seiner Begeisterungsfähigkeit angesteckt. »Es war wie ein Schluck eines erlesenen Getränks, Deine Stimme zu vernehmen – und so fröhlich mit Dir zu lachen – wie *ich* es mit keinem anderen Menschen kann und niemals konnte«, schrieb er Truman nach einem Telefongespräch. Am Abend eines Samstags im September gestattete Newton seinem Tagebuch einen kurzen, aber irgendwie rührenden Einblick in einen ihrer glücklichen Tage in Northampton. Sie hätten in einem Bistro in der Stadt zu Mittag gegessen, schrieb er, aber den Rest des Tages allein in seiner Wohnung verbracht und am späten Nachmittag ihre rituellen Manhattans getrunken. Danach, notierte er, »gar keine dritte Mahlzeit. Keine Zeit dafür. Ziemlich gewalttätige oder zumindest intensive *amour*, gefolgt von einem plötzlichen und tiefen gemeinsamen Schlaf.«

Truman war genauso tief beeindruckt: »Ich vermisse [Newton] ganz entsetzlich«, schrieb er Howard, »und obwohl ich ständig von Leuten umgeben bin, fühle ich mich sehr einsam. Es ist sehr merkwürdig, nicht, wie alles gekommen ist? Ich weiß Deine Großzügigkeit zu schätzen, lieber Howard, mir N. zu überlassen; ich fürchte, ich könnte nie so großzügig sein.«

Auch in diesem Fall ließ sich jedoch seine Zuneigung nicht von seinem Bedürfnis trennen. Er erkannte durchaus, wie nützlich Newton einem jungen Mann sein konnte, der genaugenommen keine richtige Bildung erhalten hatte. Sicher hatte Truman viel gelesen, aber er war dabei so sprunghaft und unsystematisch verfahren, daß ihm viele Standardwerke der Literatur, die jedem Absolventen eines guten geisteswissenschaftlichen College vertraut sind, völlig entgangen waren. Viele seiner Freunde, die diesen Vorzug genossen, staunten oft und fanden es erheiternd, mit welcher

Offenheit und Naivität er seine Unwissenheit zugab. Andrew Lyndon erinnerte sich, daß er mit ihm in die *Radio City Music Hall* ging, wo die Verfilmung von »Great Expectations« (»Geheimnisvolle Erbschaft«) lief. »Truman schrieb noch an ›Andere Stimmen, andere Räume‹, dessen Held ebenso wie Pip, der Junge bei Dickens, von Fremden aufgezogen wird. Da saßen wir dann in dem riesigen Kinosaal, und Truman rutschte unruhig auf seinem Sitz hin und her und wurde immer nervöser. Plötzlich legte er beide Hände auf meinen Arm und sagte: ›O mein Gott, Darling! Sie haben meinen Plot gestohlen!‹ Er war wirklich eine irre Kombination von geistigem Anspruch und Naivität. Ich erinnere mich, daß ich Newton davon erzählte und er sagte: ›Warte nur, bis er Shakespeare entdeckt, das wird erst interessant.‹«

Truman, der eine rasche Auffassungsgabe besaß, fehlte eigentlich nur ein guter Literaturprofessor, jemand, der ihn darüber aufklären konnte, was man wissen mußte, was weniger wichtig war und was er sich getrost sparen konnte. Und es gab keinen besseren Führer durch den literarischen Dschungel als Newton, der alles gelesen und sich nichts erspart hatte: Trumans unfehlbare Wünschelrute hatte ihn einmal mehr zu dem einen Menschen hingeführt, der ihm in dem Augenblick, da er am dringendsten Hilfe brauchte, am meisten helfen konnte. »Ich war immer der Meinung, Truman habe Newton gewählt, weil er glaubte, daß er ihm nützen könne«, bemerkte Andrew. »Jedenfalls hat er mir gegenüber diesen Eindruck erweckt. Er brüstete sich mit Newton, und einmal sagte er: ›Er liest am Frühstückstisch Griechisch!‹« Truman meinte es nicht scherzhaft, wenn er verkündete: »Newton war mein Harvard.«

Im Herbst 1946 saß er oft in Newtons Vorlesungen in einer der hinteren Reihen, und er kam auch in den Genuß eines privaten Förderunterrichts in Newtons Wohnung an der Prospect Street, wo er einen Schnellkurs über die Grundkenntnisse der Literatur absolvierte. »Es war Newton, der mich veranlaßte, Proust und die amerikanischen Klassiker des 19. Jh., Hawthorne und Melville zum Beispiel, zu lesen – obwohl mich ›Moby Dick‹ tödlich langweilte. Ich hatte schon all die frühen Romane von Henry

James gelesen und mich damit leichtgetan, aber mit den späteren Sachen wie ›The Golden Bowl‹ (›Die goldene Schale‹) hatte ich Schwierigkeiten. Ohne Newton hätte ich sie nie zu Ende gelesen. Nicht daß ich sie besonders schätze; die Sprache ist mir zu blumig. Ich hatte auch schon vor meiner Begegnung mit Newton Lyrik gelesen, aber danach las ich noch viel mehr. Er machte mir Dichtung zugänglich, was sie zuvor nicht ganz gewesen war. Ich erinnere mich an eine Periode von zwei Monaten, in der ich Dutzende amerikanische Dichter von Walt Whitman bis Wallace Stevens las. Wir sprachen über alles, was ich gerade las, und er erschloß mir vieles und zeigte mir, daß Dinge, die ich für offenkundig hielt, es nicht notwendigerweise waren. Er hatte einen sehr originellen und wißbegierigen Geist, und er gab mir Perspektiven bei meiner Lektüre.«

Newton seinerseits war stolz, ja glücklich, ihm als Führer zu dienen. Unterrichten war seine Lebensaufgabe; weit davon entfernt, sich benutzt oder manipuliert zu fühlen, war er eifrig bestrebt, ihm so viel von seinem Wissen zu vermitteln, wie er konnte. Tatsächlich schien es ihm ein Bedürfnis zu sein, Pygmalion zu spielen, nicht nur Truman gegenüber, sondern auch den anderen jungen Männern, mit denen er im Laufe der Jahre zusammen war, als könnte er dadurch die Beziehung zu ihnen legitimieren und sie über das rein Sinnliche erheben. »Newton interessierte sich nur für junge Männer, die irgend etwas mit Literatur zu tun hatten«, bemerkte Daniel Aaron, »und ihm gefiel der Gedanke, daß seine Bemühungen um sie mehr waren als sexueller Appetit, daß er ihnen wirklich helfen konnte. Es war nicht unähnlich den vage homoerotischen Gefühlen, die Henry James seinen jungen Protegés entgegenbrachte. Wenn Newton jemanden mochte, verübelte er es ihm fast, wenn er nicht gut schrieb. Ich erinnere mich, wie er über Truman sprach, schon bevor ich ihn kennenlernte: dieser fabelhafte Junge, dieses Genie, dieser unglaubliche Mensch, der völlig ungebildet sei und dennoch diese Begabung habe.«

Newton, der für Truman Liebhaber, Lehrer, Kritiker und Bewunderer zugleich war, spielte auch noch eine andere Rolle: Er war der Vater für ihn, der Arch nie gewesen war. Er war in der Tat nur drei Jahre jünger als Arch, und die Rolle schien ihm auf den Leib geschrieben. Seine Briefe begannen oft mit »Liebstes Kind«, »Mein kleiner Liebling« oder »Mein geliebter Junge«. In einem Brief an Mary Louise sorgte er sich, daß das Leben, das sein »armer Junge« in New York führe, für seine Arbeit und seinen Seelenfrieden nicht geeignet sei. »Ich wünschte, ich wüßte, was seine wahrsten Bedürfnisse in dieser und jeder anderen Hinsicht sind«, äußerte er besorgt. »Ich habe ihn zu gern, als daß ich mich an den falschen Punkten einmischen oder ihn in den richtigen enttäuschen möchte.« Das glücklichste Bild dieser väterlichen Fürsorge stammt aus dem Sommer, der folgte. Mary Louise, die sich mit ihnen in einem Haus aufhielt, das sie auf Nantucket gemietet hatten, kam eines Tages ins Wohnzimmer und fand sie nebeneinander auf der Couch sitzend und ein Buch lesend. »Sie sahen aus wie ein Vater und sein kleiner Junge«, erzählte sie, und sie waren so in die Worte vor ihren Augen vertieft, daß sie nichts anderes rundherum wahrnahmen, weder sie noch das Haus, noch das Meer vor dem Fenster.

16

»Es ist schön hier, das Wetter, kristallklar«, berichtete Truman im Oktober 1946 in einem Brief an Mary Louise begeistert und fügte hinzu: »Die Berge, die das Städtchen umrahmen, brennen grün und blau, und der kalte, braune Ton des Herbstes ist überall. Ein riesiger, schwer mit Früchten behangener Apfelbaum wächst unter dem Fenster; gibt es, abgesehen von brennendem Laub, etwas Nostalgischeres als den Duft reifender Oktoberäpfel? Ich arbeite fleißig und *denke klar*, und ich bin so ungeheuer glücklich hier mit Newton: Er ist so gut zu mir und für mich.« Zu Howard bemerkte er wehmütig: »Ich liebe den Oktober so sehr, daß ich mir wünsche, es könnte immer Oktober sein.« Mit dem heißen Wetter waren die meisten seiner Probleme verschwunden; seine Karriere verlief mit der Veröffentlichung seiner zwei Geschichten im *Bazaar* wieder planmäßig und, was am wichtigsten war: Er war verliebt. Alles wäre so idyllisch gewesen wie die Szene, die er Mary Louise schilderte, wenn es nicht ein, wie es scheint, unlösbares Problem gegeben hätte: Nina.

Ihre Trunksucht hatte in den vergangenen Monaten stetig zugenommen, und die häßlichen Szenen, die ihn zwangen, um die Ecke zu flitzen und bei Leo Lerman Zuflucht zu suchen, wurden immer häufiger. Ihre alkoholbedingten Wutausbrüche richteten sich überwiegend gegen Joe, dessen Treulosigkeit eine ständig und unverminderte Qual für sie war. Sie liebten einander immer noch – soviel war klar –, aber das hinderte ihn nicht daran, es sich zur Gewohnheit zu machen, auf dem Nachhauseweg von der Wall Street andere Frauen zu besuchen, und es hinderte sie nicht, seine

Schon als Baby im ländlichen Süden verstand es Truman instinktiv, das Auge der Kamera auf sich zu lenken, und das sollte auch in all den folgenden Jahren nicht anders sein.

Trumans Mutter Lillie Mae war vom Wunsch besessen, ihren Weg zu machen. Im Winter 1929 fuhr sie mit ihrem vierjährigen Sohn in ein ihr unvertrautes Land voll Eis und Schnee – Kentucky –, um dort eine Handelsschule zu besuchen.

Sein Vater Arch nannte ihn den »kleinen Engel«, war aber froh, wenn andere ihm Nahrung Obdach und Liebe gaben, während er in de Ferne nach dem trügerischen Weg zum Glück suchte. Dieses Bild von 1932 zeigt Vater und Sohn in einem der seltenen Augenblicke, die sie zusammen verbrachten.

»Er ist der Sonnenschein unseres Hauses«, behauptete Trumans ältliche Tante Callie. Seine eigene Erinnerung an die einsame Kindheit in Monroeville war bittersüß. Hier sieht man ihn vor dem Haus an der Alabama Avenue mit Jennie und Callie (oben links), seiner geliebten Sook (oben rechts) und seinem Onkel Seabon Faulk (unten).

Ein ebenso unerklärlicher wie untrüglicher Instinkt führte Truman jeweils zur richtigen Zeit mit den richtigen Leuten zusammen. Im Uhrzeigersinn: Daise Terry, die cholerische Bürovorsteherin des *New Yorker*, nahm ihn unter ihre schützenden Fittiche. George Davis (hier mit Lotte Lenya) veröffentlichte seine frühe Prosa in *Mademoiselle*. Und Mary Louise Aswell, die Literaturredakteurin von *Harper's Bazaar* wurde sowohl Mentorin wie Mutter für ihn.

Carson McCullers betrachtete Truman zu Beginn als kleinen Bruder, verschaffte ihm eine Agentin und einen Lektor und veranlaßte, daß er in Yaddo, der Künstler- und Schriftstellerkolonie in Saratoga Springs aufgenommen wurde. Bald konnte sie jedoch seinen Erfolg nicht mehr verwinden und wurde eine seiner erbittertsten Feinde. Truman meinte: »Sie war eine Teufelin, aber ich respektierte sie.«

Harte Arbeit und Vergnügen in Yaddo: Von den Gästen wurde erwartet, daß sie vor- und nachmittags konzentriert arbeiteten, aber um 16 Uhr öffneten sich die Türen, und die Geselligkeit kam zu ihrem Recht. So führte Truman, hier mit Newton zur Rechten, beim Abendessen häufig das große Wort. »An seinem Tisch ertönt immer Gelächter«, schrieb ein Mitbewohner, »das über den Graben des Schweigens nachhallt, in dem die Tische um ihn herum versunken sind.«

SOTERIC, NEW ORLEANS-BORN TRUMAN CAPOTE, 22, WRITES HAUNTING SHORT STORIES. HIS NOVEL, "OTHER VOICES, OTHER ROOMS," WILL BE OUT THIS FALL

YOUNG U.S. WRITERS

REFRESHING GROUP OF NEWCOMERS ON THE LITERARY SCENE IS READY TO TACKLE ALMOST ANYTHING

Just as soon as the end of war promised an end paper rationing, U.S. book publishers started opping around for new talent. They found, ady and waiting with manuscript in hand, a nd-new batch of writers who had grown up dur- g the depression. Some had also fought through orld War II. All of them seemed more studious, ore sober and less pessimistic than "the lost neration" which followed World War I.

These young writers of the 1940s, of whom LIFE esents on these pages a representative selection, are bringing a new freshness to the American literary scene. One of them, 30-year-old Robert Lowell, has just won the Pulitzer Prize for poetry (LIFE, May 19). A young team wrote the novel, *Mrs. Mike*, the March Literary Guild selection. Other young writers have produced four best-sellers and a half-dozen major and minor critical successes. As a group these new writers, many of whom are in their early 20s, do not suffer in comparison with the early fiction produced by the writers of the 1920s and 1930s. They are busily tackling, in every conceivable style and manner of fiction, almost every subject under the American sun: schooldays, family life, county fairs, mountain lions, Freudian symbolism, roadside drive-ins, Pacific cargo boats, Northwest mounties, Southern poor whites, lack of communication between human beings, and kleptomania.

On pages 61 and 82 LIFE's John Chamberlain, who, as New York *Times*'s and *Harper*'s famous critic, watched the last literary generation grow up, gives his estimate of these new young writers.

Das Magazin *Life* stellte 1947 junge amerikanische Schriftsteller vor, die nach dem Zweiten Weltkrieg in Erscheinung getreten waren. Alle außer Truman hatten mindestens einen Roman veröffentlicht, aber es war der »esoterische, aus New Orleans stammende« Truman, der wie ein Star behandelt wurde. Ein konkurrierender Verleger wollte wissen, wie ihm dieser Coup gelungen sei, aber die Antwort war einfach: Truman wußte, wie man die Kamera verführt.

»Na, wie fühlt man sich als *Enfant terrible?*« fragte Truman seinen Schriftstellerkollegen Gore Vidal, als sie einander 1945 kennenlernten. Beide wußten, daß es jeweils nur ein *Enfant terrible* geben kann, und so begann eine der dauerhaftesten und aufsehenerregendsten Rivalitäten in der amerikanischen Literaturgeschichte. »Man könnte meinen, sie liefen ein Kopf-an-Kopf-Rennen um irgendeinen großartigen Goldpokal«, schrieb Tennessee.

Tennessee Williams galt bereits als einer der größten Dramatiker Amerikas, als Truman ihn kennenlernte. Truman und er tauschten mehr als dreißig Jahre lang manchmal als Freunde Komplimente, manchmal als Feinde Beleidigungen aus.

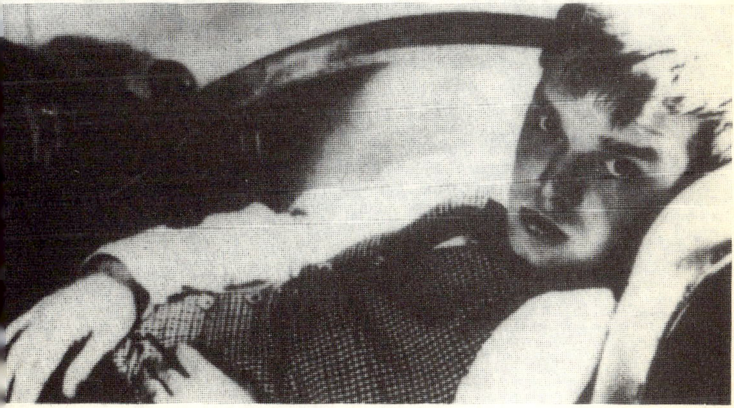

Das berühmt-berüchtigte Foto: Harold Halmas Bild auf dem Umschlag von »Andere Stimmen, andere Räume« (1948) löste mindestens ebenso viele Kommentare und Kontroversen aus wie das Buch selbst. Truman behauptete stets, es handle sich um einen Schnappschuß, aber in Wirklichkeit hatte er dafür posiert und sowohl das Bild wie auch die Publicity gezielt veranlaßt.

Einen »Liebling der Götter« hatte ihn einer seiner Freunde genannt, und als junger Mann war Truman tatsächlich mit Glück und Lebensfreude gesegnet. So wie er hier im Sommer 1949 für Cecil Beatons Kamera in Tanger Faxen macht, haben ihn viele in Erinnerung behalten – ausgelassen, ungehemmt und nicht zu zähmen.

Unterwäsche auf Spermaflecken zu untersuchen, während er seine abendliche Dusche nahm. »Er ist so dumm, Lyn!« klagte sie dann ihrer Freundin Lyn White. »Seine Shorts waren voll Pimmelspuren!«

Manchen Außenstehenden schienen die anschließenden Zimmerschlachten, die gewöhnlich in Umarmungen und Küssen endeten, einfach Bestandteil ihrer Ehe zu sein, ein notwendiges Elizabeth-Taylor-Richard-Burton-Ritual, das von der Heftigkeit ihrer Leidenschaft zeugte. »Ich fand, daß sie eine wilde und romantische Beziehung hatten«, berichtete Ninas Freundin Eleanor Friede. »Sie hat ihm ständig gedroht. ›Ich komme dir mit dem Schlachtermesser!‹ sagte sie. ›Mach das nie wieder!‹ Aber so waren sie einfach. Mir erschienen sie als ein tolles, blendendes, faszinierendes Paar.« Doch je länger, desto mehr, speziell wenn die Scotch-Flasche fast leer war, arteten ihre Auseinandersetzungen in wüste Szenen aus. Auf einer Dinnerparty gab sie ihm eine Ohrfeige, und er stieß sie daraufhin vom Stuhl, wobei sie sich die Lippe so böse aufschlug, daß ein Arzt gerufen werden mußte. Ein anderes Mal, als sie im Schlafzimmer rauften, riß sie ihn so heftig an den Hoden, daß Blut kam und er sich im Bademantel ins Krankenhaus begeben mußte. Die Monate danach waren der Tiefpunkt ihrer Ehe. Er zog aus und begann eine Beziehung mit einer anderen Frau, und sie ließ sich ebenfalls auf Affären ein – die einzige Möglichkeit, die sie habe, sich für seine Seitensprünge zu rächen, sagte sie.

Joes Untreue war für sie vielleicht noch kränkender, als sie es für andere Frauen gewesen wäre, die nicht ihren fast unverschämten Stolz auf die Gabe hatten, Männer anzuziehen. Anfang Vierzig, war Nina immer noch lebhaft und attraktiv, immer noch schlank, chic und elegant. Sie war sorgfältig gekleidet und tadellos gepflegt, ihr Haar wurde in einem Schönheitssalon, wo sie Stammkundin war, ständig blondiert, und sie erschien einer jüngeren Frau wie Eleanor Friede als Inbegriff des Mondänen. Aber nach diesem Bruch wirkte sie zum ersten Mal ein bißchen ratlos, wie eine der Frauen in einem Stück von Tennessee Williams, die von irgendeiner vagen Kränkung oder Enttäuschung aus der Vergangenheit geplagt werden. »Um Nina war eine so tragische Aura«, meinte Michael Brown, ein

Liedermacher, der sie auf vielen durchfeierten Nächten beobachtete. »Es war etwas fast Hysterisches in ihrem Geflatter, dem unaufhörlichen Schwall von Worten, in ihrer *Southernness.*«
Nina hatte eine zerstörerischere Wirkung auf sich selbst als auf Truman oder Joe, und irgendwann während dieser schwierigen Periode versuchte sie, sich durch Einnahme einer Überdosis an Schlaftabletten das Leben zu nehmen. Aber wie Newton wurde sie gerettet, als eine Freundin Hilfe holte. »Am nächsten ober übernächsten Tag rief mich Truman an und bat mich herüberzukommen«, berichtete Andrew. »Wir wußten inzwischen, daß sie außer Gefahr war, aber aufgrund eines Zufalls hatte er soeben erst den Brief erhalten, den sie ihm hinterlassen hatte. Sie hatte die üblichen Verabschiedungen geschrieben und dann hinzugefügt: ›Mein Schmuck ist in einer Kassette unter dem Heizkörper im Wohnzimmer. Ich möchte nicht, daß diese Frau meine Sachen bekommt. Sie sind für Dich. Alles Liebe, Mutter.‹ Es war ein sehr würdevoller Brief, mit Ausnahme des Postskriptums, das in etwa lautete: ›Es wäre mir doch lieber, wenn Du für meinen Schmuck ein Depot in der Chase Manhattan Bank mieten würdest. Du bist manchmal ziemlich unachtsam, und ich möchte wissen, wo meine Sachen sind, wenn ich sie brauche.‹ Trotzdem glaube ich, daß sie sich wirklich umbringen wollte. Sie war immer noch eine Südstaaten-Schönheit und konnte sich nicht damit abfinden, von ihrem Mann hintergangen zu werden.«

Ninas alkoholbedingte Aggressionen richteten sich aber nicht nur gegen Joe. Wenn Joe fort war, diente Truman ihr als Zielscheibe – aus den ewig gleichen Gründen. Truman war zwar nicht in der Gosse oder im Gefängnis gelandet, wie sie vorhergesagt hatte, aber sie verbarg selten vor ihm, daß er sie trotz allem, was er erreicht hatte, enttäuschte. Er war nicht der Junge gewesen, den sie sich erhofft hatte, und jetzt war er auch nicht der Mann, als den sie ihren Sohn sehen wollte. »Sie war ein wunderbarer Mensch, wenn sie nicht trank, und unmöglich, wenn sie es tat«, sagte er. »Sie war Jekyll und Hyde, viel neurotischer und schwieriger, als irgend jemand erkannte.«
Sie selbst hätte über sein Verhalten vielleicht hinwegsehen können – sie

freundete sich mit einigen seiner homosexuellen Freunde sehr eng an –, aber sie konnte das Urteil anderer nicht ignorieren. Niemand hört soviel wirkliches und eingebildetes Geflüster wie jemand, der in einer Kleinstadt aufgewachsen ist. Es kann auch sein, daß das Gerede über Archs peinliche Eskapaden und Zusammenstöße mit dem Gesetz sowie die Neugier, mit der Leute ihr flottes Leben verfolgten, sie außergewöhnlich sensibilisiert hatten. Sie war krankhaft besorgt, was die Leute über sie und die Ihren sagen könnten, und lauerte immer auf Anzeichen von Mißbilligung; sie strengte sich sogar an, abfällige Bemerkungen in Gesprächen am anderen Ende des Zimmers aufzuschnappen. »Sie war der verkrampfteste Mensch, der mir je untergekommen ist«, sagte Harper Lee, »ständig so gespannt wie eine Violinsaite.«

Wenn sie Trumans Homosexualität mit Lyn White erörterte, ballte sie die Fäuste in Wut und Frustration so fest, daß ihre Knöchel weiß wurden. »Nina, hättest du lieber einen Fußballspieler oder ein Genie als Sohn?« fragte dann Lyn, eine überschäumende, freigeistige junge Texanerin. – »Ach Lyn«, antwortete Nina, »du weißt einfach nicht, wie das ist!« Für sie bedeutete es jedenfalls eine fast unablässige Demütigung, und sie hätte fast sicher vorgezogen, einen Fußballspieler als Sohn zu haben und kein Genie, oder genauer gesagt, kein homosexuelles Genie. Sie hätte Truman auf manche Art sehen können, aber, so traurig das für sie wie auch für ihn war, sie betrachtete ihn meist nicht als einen fast spektakulär erfolgreichen jungen Schriftsteller, sondern als einen komischen Kauz, der die Blicke auf sich zog, über den gekichert wurde und der einen Lieferanten veranlaßte, auf die Mauer vor ihrer Wohnung zu schreiben: *»Capote ist schwul.«*

Sie war eine Frau mit starken Widersprüchen – immer noch die gute und die böse Nina –, und es schien ihr Schicksal zu sein, die Ambivalenz in bezug auf ihren Sohn ins Grab mitzunehmen. Sie war, ob betrunken oder nüchtern, zu intelligent, um seine Leistungen nicht schätzen zu können, und es gab Momente, in denen sie sich, wenn auch noch so widerwillig und frustriert, damit abgefunden zu haben schien, wer und was er war. Sowohl die Resignation als auch die Frustration zeigten sich in einem amüsanten

Vorfall, den Truman und seine Freunde alsbald zur Legende ausbauten. Cheryl Crawford, eine wichtige Broadway-Produzentin, rief eines Tages an, und da Truman nicht zu Hause war, bat sie Nina, ihm zu sagen, daß »Miss Crawford« angerufen habe. Von Cheryl Crawfords Stimme irregeführt, die für eine Frau ungewöhnlich tief war, tiefer als die vieler Männer, antwortete Nina: »Also, Jungs, was ihr treibt, soll mir ja alles recht sein, aber ich finde, es geht doch wohl etwas zu weit, wenn ihr anfangt, euch jetzt *Miss* zu nennen!«, und sie knallte den Hörer hin.
Es gab auch Zeiten, da sie wie eine der sich selbst in die Tasche lügenden, alternden Südstaaten-Schönheiten von Tennessee Williams die unangenehme Wahrheit einfach beiseite fegte und selbst gegenüber engen Freunden wie Lyn White und Eleanor Friede so tat, als wäre Truman ein ganz gewöhnlicher junger Mann mit gewöhnlichen Neigungen. Sie verstehe es nicht, sagte sie dann, warum er nicht ein nettes Mädchen finden und eine Familie gründen könne. »Lyn, würdest du meinen Sohn heiraten?« fragte sie. – »Nina«, antwortete diese, ohne sich an der Selbsttäuschung zu beteiligen, »ich glaube, dein Sohn wäre genausowenig interessiert wie ich.« Eleanor Friede empfand ihre Vortäuschung von Unwissenheit geradezu als peinlich. »Wir waren so intim, daß sie mir sogar erzählte, was sie und Joe im Bett machten«, erinnerte sie sich. »Aber andererseits schwelgte sie in dieser Phantasie in bezug auf Truman. Natürlich wußte sie über ihn Bescheid, aber sie *wollte nicht* Bescheid wissen. Er war ihr hochbegabter Sohn, der es sich eines Tages abschminken würde, mit den Boys herumzuspielen, und der eine Familie gründen würde. Was hätte ich dazu sagen können? Ich sagte gar nichts. Ich wich ihren Blicken aus.«

Im Herbst 1946 gab es nur noch wenige friedliche Stunden in der Park Avenue 1060, und die ständigen Kräche begannen Truman zu zermürben. »T. C. – Armes Kind. Sieht nach einer schrecklichen Szene mit Nina blaß und müde aus«, notierte Newton Anfang September in seinem Tagebuch. Eine wiederholt auftretende Mandelentzündung zwang Truman Ende Oktober, seine Mandeln entfernen zu lassen, aber es kam zu einer weiteren schrecklichen Szene, als er noch rekonvaleszent im Bett lag. Newton notierte abends in seinem Tagebuch, was nach außen geschehen war: »Zwei Anrufe von T.C. – den ersten am Morgen (da schien es ihm noch gutzugehen) aus der Park Avenue 1060, und den zweiten am frühen Abend aus Leos Wohnung – wohin er sich offenbar wegen des verrückten Verhaltens seiner Mutter aus dem Krankenbett geflüchtet hatte. Das arme, arme Kind.« Was Trumans Flucht in die frostige Nacht veranlaßt hatte, ein Grund, den das »arme Kind« wahrscheinlich für sich behielt, war die Entdeckung, daß Nina die Dutzende von Briefen gelesen hatte, die Newton ihm seit Juni geschrieben hatte. »Ich hatte sie in eine Lade gelegt«, erzählte er. »Eines Tages waren sie verschwunden, und als ich sie bei der Lektüre ertappte, begann ich zu toben! Ich raste!« Er hatte ihr bis dahin viel verziehen, aber nun hatte sie etwas Unverzeihliches getan, und er beschloß, endlich so weit von ihr wegzuziehen, wie er nur konnte – nach Brooklyn. Er traf diese Entscheidung nach einem Besuch bei Andrew Lyndon, der dort in einer Pension wohnte; sie gehörte zwei älteren Damen, die im Souterrain einen Telefonbeantwortungsdienst betrieben. In der Hoffnung auf Erlösung zog Truman bald darauf zu ihm. »Ich habe die Adresse gewechselt und bin in eine kleine Bruchbude im finstersten Brooklyn gezogen«, bemerkte er zu Brinnin. Seine Worte ließen die Lehmtürme von Timbuktu weniger fern und geheimnisvoll erscheinen als den Stadtteil jenseits der Brücke. »Vor allem wollte ich diesen hektischen, nervtötenden Einflüssen entrinnen; ich flüchtete, um mit meiner Arbeit voranzukommen. Ich war inzwischen so nervös, daß ich kaum eine Zigarette halten konnte und meine Arbeit stagnierte.« Für 10 Dollar pro Woche, eine erstaunlich niedrige Summe selbst für 1946, konnte er sich zwei sonnige Zimmer mieten. Das Haus im Viertel Clinton Hill, am Clifton Place Nr. 17, war mit genügend Viktoriana vollgestopft, um selbst George Davis' Neid zu erwekken, und es war sauber, gut geheizt und so still wie eine Kirche. Abgesehen von den Besitzerinnen, die nur gelegentlich heraufkamen, um Luft zu schnappen, waren er und Andrew die einzigen Bewohner.

Manchmal verließ Truman seine neue Behausung drei oder vier Tage hintereinander nicht und fuhr höchstens zum Mittagessen oder zu Parties nach Manhattan oder um den Zug nach Northampton zu nehmen. Regelmäßig versuchte er Andrew, der die New School in Manhattan besuchte, zu überreden, den Unterricht zu schwänzen und ihm Gesellschaft zu leisten. Und Andrew, der sich ebenfalls als Schriftsteller etablieren wollte, tat ihm oft den Gefallen. Ein paar Wochen lang wiegte sich Truman im Glauben, eine geheime Zuflucht gefunden zu haben, und er hielt seine Telefonnummer vor Nina und vielen anderen geheim. »Sag sie unter keinen Umständen irgend jemand weiter, weder meinen Angehörigen noch Freunden«, ermahnte er Brinnin streng. Es dauerte jedoch nicht lange, bis er Manhattan vermißte. Die vierzigminütige U-Bahn-Fahrt in die Stadtmitte erschien ihm bald wie eine Reise von tausend Meilen. »Truman hat zur Fahrt nach Brooklyn etwa dasselbe Verhältnis wie Livingstone zu seiner Afrikareise«, lautete die ironische Bemerkung einer seiner Freundinnen. Die Lage seines Verstecks in Brooklyn war bloß ein kurzlebiges Geheimnis; bald flehte er die Leute an, ihn zu besuchen.

Im Dezember versöhnte er sich wieder mit seiner Mutter. Im Rahmen ihres Friedensabkommens lud er sie ins Theater ein, und obwohl er seine Zimmer am Clifton Place fast den ganzen Winter über behielt, übernachtete er auch oft in der Park Avenue, wo ein gewisses Maß an Ruhe eingezogen war. Mutter und Sohn machten immer noch einen vorsichtigen Bogen umeinander, aber sie schienen eine neue Grundlage gefunden zu haben, eine Form des Zusammenlebens, die beide befriedigte, wenn sie ihnen auch nicht ideal vorkam. Ihre stillschweigende Übereinkunft wurde durch eine Szene illustriert, die Eleanor Friede miterlebte. Truman hatte sich für eine Dinnerparty in seine eleganteste Abendkleidung geworfen: schwarzer Samtanzug, rote Samtweste, weißes Rüschenhemd und glänzende schwarze Lackschuhe. »Das war damals eine gewagte Kombination«, erzählte Eleanor, »und er sah ein bißchen nach Kostümball aus. Nina warf einen Blick auf ihn und sagte dann: ›Truman, komm mal her! Was hast du denn da an? Geh zurück in dein Zimmer und zieh dir den grauen Flanellanzug von Brooks Brothers an. Ich möchte nicht, daß du in diesen Kleidern ausgehst.‹ Er verzog schmollend das Gesicht, kehrte aber dennoch in sein Zimmer zurück. Als er wieder herauskam, hatte er seinen grauen Brooks-Brothers-Anzug an. Er hatte jedoch nicht ganz kapituliert. Er trug immer noch die rote Samtweste und die Lackschuhe.«

Noch Monate nach ihrer ersten Begegnung setzte Newton seine schwärmerischen, intellektuellen Ergüsse fort. »Wie Thoreau sagen würde, leben wir nicht nur in Harmonie, sondern auch in Melodie; und es war eine exquisite Melodie dieses Wochenende«, schrieb er Truman im Oktober. »Du *bist kein* Mensch; nicht nur ein Mensch, meine ich«, fügte er später hinzu. »Ich bin mir dessen die ganze Zeit sicher gewesen. Du hast nur all den vorstellbaren *Charme* eines Menschen, aber in Wirklichkeit bist Du ein übernatürlicher Helfer, wie die Märchenforscher sagen, und wenn ich nicht so artig bin, wie ich sein sollte, wirst Du Dich eines Tages in eine duftende, farbige Wolke auflösen – und was wird dann aus *mir*?« Seine Eintragungen im Tagebuch waren kürzer als die Briefe und ohne das ganze hochgestochene Filigran, aber sie klangen genauso tief empfunden. »Wunderbar, ihn zu sehen«, schrieb er zu Beginn eines ihrer Wochenenden in Northampton. »T. C. fährt wieder nach New York zurück – es tut weh wie immer, ihn gehen zu lassen«, bemerkte er am Ende eines anderen.

So wunderbar es für ihn war, ihn zu sehen, wünschte Newton seine Besuche doch nicht sehr häufig. Er vermochte die exquisite Melodie nur über kurze Zeiträume zu genießen – dann überkamen ihn wieder ein Gefühl von Klaustrophobie und das Bedürfnis nach Ruhe und Alleinsein. Mehr als einmal sagte er, nur wenn sie zusammen seien, lebe er wirklich, aber Tatsache war – und blieb bestehen und überschattete sie beide ebenso hartnäckig und unwiderlegbar wie der Felsen von Gibraltar –, daß er sich nur ein- oder zweimal im Monat auf diese Weise lebendig fühlen wollte. Die übrige Zeit bevorzugte er die ihn weniger beanspruchende Gesellschaft der Autoren in seinem Bücherregal. »Versüßte mir den Mund mit ein wenig Montaigne«, so beschrieb er seine Bettlektüre einmal im Tagebuch. Er hätte den Liebesakt nicht mit größerem oder sinnlicherem Vergnügen beschreiben können.

Truman war im Gegensatz dazu nur zu intimen Beziehungen fähig. Er vermochte nicht, *cool* oder distanziert zu sein, und er behielt seine kindliche Gewohnheit bei, selbst relativ Fremde zu umarmen, zu küssen und ihnen sein Herz zu öffnen. Diese Zutraulichkeit eines jungen Hundes war ein grundlegender Zug seiner Persönlichkeit. Er konnte sie nicht nach Belieben ein- und ausschalten, und wenn er jemanden liebte, wie es bei Newton der Fall war, empfand er es als selbstverständlich, mit diesem Menschen soviel wie möglich zusammenzusein. Newtons Freunde sahen das genauso. Wenn sie ihn von seinem T.C. schwärmen hörten, fürchteten Howard und Brinnin, er sei Truman so völlig verfallen, daß er sein Leben für ihn aufgeben wolle. Doch das Gegenteil war der Fall: Newton redete nur wie ein Besessener, aber seine Füße waren so fest in Northampton verwurzelt wie die alten Ahornbäume, die den Campus von Smith überschatteten, und er hatte nicht vor, sein Leben aus den Angeln heben zu lassen. Wenn er Truman nicht sehen wollte, dann sagte er es ihm und stürzte Truman dadurch in endlose Pein und Verwirrung.

Mehr als einmal erhielt Truman, während er sich schon auf die Fahrt nach Northampton vorbereitete, in letzter Minute einen Anruf von Newton, der fragte, ob es ihm etwas ausmache, an diesem Wochenende nicht zu kommen. »Als wir in Brooklyn wohnten, war Truman einmal schon reisefertig«, erinnert sich Andrew. »In letzter Sekunde rief Newton an und sagte in seiner abgezirkelten Ausdrucksweise: ›Vielleicht ist es das beste, wenn du dieses Wochenende nicht kommst, Truman, denn ich glaube, daß einige Freunde mit dem Auto in der Nähe unterwegs sind, und es könnte peinlich sein, wenn sie zufällig vorbeikämen.‹ Als er auflegte, brach Truman in Tränen aus und bat mich, mit ihm ins Bett zu gehen und zu kuscheln – zwischen uns hat sich nie etwas Sexuelles abgespielt; er wollte bloß in den Armen gehalten werden und von mir hören, daß alles wieder gut werden würde. Nach einigen Minuten erhob er sich und zuckte mit den Schultern, als werfe er eine physische Last ab. Dann kehrte er in sein Zimmer zurück und schrieb an seinem Buch weiter. Im späteren Verlauf des Tages kam er an meine Tür und sagte: ›Laß dir einen guten Rat geben. Arbeite immer an einem Roman. Es gibt Augenblicke, in denen du ihn brauchst.‹«

Den ganzen Herbst lang versuchte Newton seine unentschuldbare Gefühllosigkeit wegzuerklären und eine Gemütsverfassung verständlich zu machen, von der selbst er zugab, daß sie unverständlich war. »Es bedrückt mich unaussprechlich, daß es Dir in der Stadt so elend schlechtgeht und daß Du so weit weg von, nun ja, dem Mittelpunkt von allem übrigen bist«, schrieb er ihm Ende Oktober, als Ninas betrunkene Wutausbrüche ihr Crescendo erreichten. »Der Impuls ist fast überwältigend, Dich anzurufen oder Dir zu telegraphieren und darauf zu bestehen, daß Du nach Northampton zurückkommst, um auf unbegrenzte Zeit bei mir zu bleiben. Ich bringe nur mit Mühe genügend Mut auf, um zu mir selbst nein zu sagen – genügend Mut und vielleicht genügend Grausamkeit. Aber, liebster Truman, gegenwärtig kann ich mir nicht verhehlen, daß dies eine schreckliche Enttäuschung für uns beide sein könnte und, wenn es so wäre, unser Glück in einer Weise beeinträchtigen könnte, die ich nicht verantworten kann. Ich habe niemals eine solche Trauer über meine eigene Begrenztheit empfunden wie in diesem Herbst. Aber Selbsterkenntnis zu mißachten bedeutet eine tödliche Gefahr, und obwohl ich es mir nicht einmal selbst erklären kann, noch weniger Dir (und anderen daher überhaupt nicht), weiß ich nur zu gut, was dieser elementare, unwiderlegbare Hunger nach einer bestimmten Anzahl von Stunden oder Tagen des Alleinseins bedeutet oder ist – ich kenne ihn zu gut, um willens zu sein, Dich anzulügen. Es ist, als ob etwas Physisches wie Blut aus mir ausströmte – nicht immer, aber häufig –, wenn ich nicht allein bin, und es kommt der Punkt, an dem meine Identität mir zu entgleiten beginnt und ich aufhöre, ein ganzer Mensch zu sein, selbst für jemanden, den ich liebe…«

Das war die klarste und umfassendste Aussage über seine Gefühle, zu der er sich durchringen konnte, seine *apologia pro vita sua*, und sie war auf eine

Weise ehrlich genug: Sein Bedürfnis nach Ungestörtheit war enorm; dennoch liebte er Truman. Was er nicht sagte, war, daß seine Schuldgefühle in bezug auf seine Homosexualität der zentrale Punkt seines Lebens waren – und daß ihn Truman in Gegenwart anderer Leute oft in Verlegenheit brachte. »Ich fühle mich, als trüge ich ständig einen Tarnanzug, ja es ist tatsächlich so, doch zum Glück ist es eine Tarnung, die ich schon so lange trage, daß sie zweifellos aussieht, als paßte sie mir«, hatte er Truman kurz nach ihrer ersten Begegnung geschrieben. »Ich bin ein Schwindler. Werde ich nicht eines Tages ertappt und entlarvt werden?... Aber weißt Du, mein Lieber, ich glaube *allen Ernstes*, daß wir lernen müssen, einen Teil unseres Lebens in Feindesland zu leben; der Preis, es anders zu machen, ist noch entsetzlicher.« Angesichts dieser Ängste war es mehr als eine gewisse Ironie, daß er sich in jemanden verliebte, der niemals versucht hatte, sich zu tarnen, der keine derartigen Ängste hatte und der bei den Spaziergängen über den Campus seine Hand hielt und ihn verriet, sooft sie zusammen waren. »Als wir einander vorgestellt wurden, küßte mich Truman!« berichtete Newtons Kollege Daniel Aaron. »Es war das erste Mal, daß mich ein Mann je geküßt hat. Ich war konsterniert! Ich war geschockt! Es war, als hätte er mich ins Gesicht geschlagen. Bei diesem ersten Mal hatte ich den Eindruck, als kehre er bewußt und mit einer gewissen Bosheit die Tunte heraus. Ich glaube, er spürte, daß sich Newton schämte und sich nicht schämen sollte – daß er viel offener sein sollte, als er war. Und dafür wollte er sich ein bißchen rächen.«

Doch so schwer es ihm auch gefallen sein mag, legte Newton nun zumindest gegenüber einigen Freunden seine Tarnung ab. Im Laufe des folgenden Jahres stellte er seinen jungen Geliebten mehreren Persönlichkeiten vor, die in den höchsten Rängen des literarischen Establishments zu Hause waren: Lionel und Diana Trilling, dem einschüchternden Paar von Columbia; Harvards Harry Levin und F.O. Matthiessen; Granville Hicks, dem radikalen Kritiker und Schriftsteller; Louis Kronenberger, dem Theaterkritiker von *Time Magazine*, und Edmund Wilson persönlich. Die Reaktion war jedoch nicht, wie Newton sie sich erhofft hatte. Als er schriftlich anfragte, ob er Truman zu einem Abendessen bei den Trillings mitbringen dürfe, antwortete die Gastgeberin, eine in jeder Hinsicht imposante Frau, mit einem entschiedenen Nein. »Wenn ich möchte, daß jemand zum Abendessen in mein Haus kommt, dann lade ich ihn ein«, antwortete sie ungehalten. »Sie wurden zum Abendessen eingeladen; Sie wurden jedoch nicht gebeten, Ihre Freunde mitzubringen.« Newton zeigte Truman verärgert das Antwortschreiben, und der zerriß es. »Natürlich mußt du trotzdem hingehen«, sagte Truman, und Newton tat es auch. »Die akademischen Kreise nahmen mich sehr frostig auf. Das muß sehr schwierig für ihn gewesen sein«, meinte Truman. »Wenn ich rückblickend darüber nachdenke, muß ich diesen Leuten wie eine männliche Lolita vorgekommen sein.«

Die meiste Zeit waren er und Newton am glücklichsten für sich, und so beendeten sie auch das Jahr 1946. »Ein eher stiller Tag für uns beide allein«, beschrieb Newton ihre Silvesterfeier in seinem Tagebuch. »Champagner. Platten. Der langsame Satz des Klarinettenkonzerts von Mozart. Ziemlich früh zu Bett, aber wir wachten um Mitternacht auf (durch das Glockengeläut) und begrüßten das neue Jahr in inniger Umarmung.«

17

Als ich jung war, schrieb Jonathan Swift, hatte ich das Gefühl, über den Mond springen zu können. So muß sich Truman gefühlt haben, als das neue Jahr, 1947, begann. Die schlimmsten Probleme mit seiner Mutter lagen hinter ihm, Newton und er hatten einen erträglichen Modus gefunden, und sein Ruhm als Schriftsteller schien wie Jacks verhexter Bohnenstengel von selbst zu sprießen und aus einem sehr kleinen Keimling, einer Handvoll Kurzgeschichten und der Verheißung eines Romans in den Himmel zu wachsen. Dieses winzige Werk, verbunden mit Neugier auf Truman selbst, genügte, um in den Redaktionen und Lektoraten in ganz Manhattan heftiges Interesse zu erregen und sogar in Hollywood Beifallsäußerungen auszulösen. Allein im Hinblick auf die Möglichkeit, daß die unbesehenen Seiten den Stoff zu einem Film enthalten könnten, zahlte Twentieth Century Fox 1500 Dollar für eine Option auf »Andere Stimmen, andere Räume« und den zweiten Roman, der angeblich folgen würde.

Gore Vidal versuchte es so zu erklären: »Nach dem Krieg warteten alle auf das Erscheinen der nächsten Hemingway-Fitzgerald-Generation. Deshalb wurde den Dichtern und Schriftstellern so große Aufmerksamkeit gewidmet und deshalb war ein neuer Roman von einem von uns ein so interessantes Ereignis.« Der englische Kritiker Cyril Connolly übertrieb denn auch nur leicht, als er in einem Bericht für das britische Magazin *Horizon* über die amerikanische Nachkriegsszene den Wirbel in den literarischen Kreisen New Yorks beschrieb: »Die Jagd nach jungen Autoren, die einen gewissen Prestigewert behalten, … aber doch den begehrten Jackpot gewinnen könnten, ist fieberhaft und pausenlos. Die Autoren des letzten Jahres werden beiseite gedrängt und die diesjährigen – die Romanautorin Jean Stafford, ihr Dichter-Gatte Robert Lowell oder die ungekannte Größe, Truman Capote – ins Spiel gebracht. Sie mögen noch so wenig gelesen werden, aber ihre Namen werden wie die neueste Nummer einer Zeitschrift ständig von den Eingeweihten zitiert. ›Besorgt mir Capote!‹ – Die Losung ertönt in dieser Minute in manchem 60. Stockwerk.«

Das Magazin *Life*, das ähnlich wie heute die TV-Talkshows mit dem Klicken eines Kameraverschlusses Prominente aus dem Boden stampfen konnte, suchte sich seinen eigenen Strauß von vielversprechenden Autoren. Mit Ausnahme von Truman hatten alle zumindest einen Roman zwischen Buchdeckeln, aber es war das kleine *dark horse*, das Pony der Herde, dessen Bild, fast auf eine ganze Seite vergrößert, die Redakteure an den Anfang ihres Artikels stellten. Und es war dieser »esoterische, aus New Orleans stammende Truman Capote«, wie er im Bildtext beschrieben wurde, den zweifellos die meisten Leser in Erinnerung behielten. Als das Heft herauskam, erhielt Bennett Cerf einen Anruf von seinem Freund und Konkurrenten Richard Simon von Simon and Schuster. »Wie zum Teufel schafft ihr es, das ganzseitige Bild eines Autors in *Life* zu haben, dessen erstes Buch noch gar nicht erschienen ist?« wollte Simon wissen. – »Glaubst du, ich werde es dir sagen? Verrät Macy's seine Tricks an Gimbels?« antwortete Cerf. – »Komm schon. Wie hast du das hingekriegt?« insistierte Simon. – »Dick, ich habe nicht die Absicht, dir das mitzuteilen«, lautete Cerfs sture Antwort. »Er legte verschnupft auf«, schrieb Cerf später, »und auch ich legte auf und schrie: ›Teufel noch mal, bringt mir die neue Ausgabe von *Life*!‹ Ich hatte von der ganzen Affäre keine Ahnung! Truman hatte es geschafft, dieses ganzseitige Bild von sich ins Blatt zu mogeln. Wie, weiß ich bis zum heutigen Tag nicht.«

In Wirklichkeit hatte Truman keinen Finger dafür gerührt. Der Grund, warum sein Bild so groß gebracht wurde, war zu naheliegend, als daß Simon, Cerf oder vielleicht sogar Truman ihn hätten erraten können. Die *Life*-

Redakteure hatten sich aus demselben Grund auf ihn gestürzt, aus dem sie im Vorjahr in einem Bildbericht über Yaddo zwei Fotos von ihm gebracht hatten: Sein ungewöhnliches Aussehen hatte Seltenheitswert. Wie er da schmollend zwischen Leo Lermans viktorianischen Nippes saß, machte er den Eindruck eines blasierten und der Welt überdrüssigen Kindes, und er war der einzige in der Gruppe, der vom Aussehen her einen Leser innehalten ließ, bevor er umblätterte. Die meisten anderen jungen Romanciers, eine Gruppe, die Thomas Heggen, Jean Stafford, Calder Willingham und Gore Vidal einschloß, hätten genausogut eine Reportage über junge Werbefachleute – oder Nachwuchsredakteure von *Life* – illustrieren können. Wie ein Filmstar oder ein sehr pfiffiges Kind wußte Truman instinktiv, wie man die Kamera verführt, wann es angezeigt ist, zu stehen oder zu sitzen, zu lächeln oder die Stirn zu runzeln, und die Redakteure von *Life* konnten ebenso wie viele andere Redakteure in den Jahren danach kaum anders, als ihn in das Scheinwerferlicht zu rücken, das er sich wünschte.

Es ist unmöglich, sich vorzustellen, daß ein junger Schriftsteller, der so wenig vorzuweisen hat, heute ein solches Trara auslösen könnte. Das New York, in dem sein Name in jenen Jahren kurz nach dem Krieg in aller Munde war, ist verschwunden, und eine neue Stadt mit anderem Geist und anderem Wesen ist an seine Stelle getreten. Das Manhattan von damals war das unbestrittene Zentrum des Planeten, »die führende Metropole der Gegenwart«, wie Connolly seinen englischen Lesern versicherte; es war, was London einst gewesen war, und Rom so lange Zeit davor. Die großen Hauptstädte Europas waren verarmt und verwüstet von den Schlachten, die um sie getobt hatten. Europäische Intellektuelle, die in schäbigen, aber freundlichen West-Side-Karawansereien Zuflucht gesucht hatten, waren dort hängengeblieben, und die Städte des Sunbelt – das Wort existierte damals noch nicht – dämmerten noch in schläfriger Verborgenheit dahin, ohne zu ahnen, daß sie bald selbst zu rivalisierenden Zentren aufblühen würden. Die politischen Entscheidungen wurden zwar in Washington getroffen, aber die meisten anderen Meinungen und Urteile, die in den Vereinigten Staaten zählten – bei denen es um Geld und Ruhm und die Anerkennung literarischer und künstlerischer Leistungen ging –, wurden auf jener felsigen Insel gefällt, dem funkelnden Eisberg zwischen den Flüssen. Kein Wunder, daß die erfolgreichen New Yorker Stolz und vielleicht ein bißchen Selbstgefälligkeit darüber empfanden, wer sie waren und wo sie waren: waren sie doch alle bis zur Spitze der »schlüpfrigen Stange« geklettert, wie Disraeli es nannte. Und kein Wunder, daß Truman, der diese schwindelerregende Höhe erklommen hatte, noch bevor er volljährig war, die Aussicht so hinreißend fand.

Die Hochbahn donnerte immer noch durch eine schmuddlige Third Avenue, der Kohlenstaub hatte den Kalkstein und die Ziegel der Park Avenue in ein rußiges Grau verwandelt, und der Sommer bedeutete im Zeitalter vor der Vollklimatisierung heiße und schlaflose Nächte, in denen man dem Surren des Ventilators lauschte. Aber es war auch eine Zeit, wie John Cheever lange danach bemerkte, »als die City von New York noch vom Licht der Flüsse erfüllt war, als aus einem Radio im Schreibwarenladen an der Ecke das Benny-Goodman-Quartett erklang und fast alle Hüte trugen.« Wer an diesen Straßen und Avenues wohnte, hegte Gefühle der Zuneigung und Bewunderung gegenüber seiner Stadt, die man heute schwer nachempfinden kann. Grün und gelb lackierte Doppeldeckerbusse, die so elegant und imposant waren, daß sie nach dem Ozeanriesen Queen Marys genannt wurden, wummerten friedlich die Fifth Avenue entlang; die einlaufenden Ozeandampfer putzten sich heraus, wenn sie die Freiheitsstatue passierten; und ein königlicher roter Teppich wurde jeden Abend an der alten Penn Station entrollt, wenn der Twentieth-Century-Limited mit seiner verwöhnten Fracht von Hollywood-Stars aus dem Westen einrollte. Die Skyline selbst war romantisch: Die ersten flachgedeckten gläsernen Wolkenkratzer standen noch nicht, und Manhattan war immer noch eine Insel großartiger und überschäumender architektonischer Phantasie – Minarette, Stufentürme, Kuppeln, Pyramiden und Spitzen. Banken sahen aus wie Kathedralen, Bürogebäude kostümierten sich als Paläste, und spitze Türme drängelten sich um einen Platz in den Wolken.

Ein paar verrufene Viertel ausgenommen, trieben sich die Leute umher, wo sie wollten und wann sie wollten: Straßenüberfälle waren selten. Ständig hinter Neuigkeiten her, bliesen die acht Tageszeitungen alles, was in den fünf Stadtteilen geschah, so trivial es auch sein mochte, künstlich zu etwas Bedeutendem auf, während ein Bataillon von Klatschkolumnisten wie neugierige Provinztelefonistinnen mit ihrem atemlosen Geschnatter über die Berühmten und nach Berühmtheit Gierenden die Stadt kleiner erscheinen ließen, als sie war. Der Broadway war ein nie endendes Fest. Von dem reichen Angebot verwöhnt, erwarteten die Theaterbesucher wahrscheinlich, nun werde jedes Jahr so opulent sein wie 1947, als nicht nur »Endstation Sehnsucht«, »Brigadoon« und »Finian's Rainbow« uraufgeführt wurden, sondern auch Hits wie »Oklahoma!«, »Annie Get Your Gun«, »Harvey« und »Born Yesterday« Hunderte von Vorstellungen erlebten. Für Connolly und viele andere fügte sich soviel Lebenslust und Vitalität zu einem »unvergeßlichen Bild dessen, was eine Stadt sein sollte: nämlich stets frech und lebendig, ein Ort, wo man zu jeder Tages- und Nachtzeit ein Buch kaufen oder einen Freund treffen kann, wo jede Sprache gesprochen wird und Fremdenhaß fast unbekannt ist, wo für jeden Geldbeutel und Appetit gesorgt ist, wo jede Straße in jedem Viertel und ihre Bewohner ihre Funktion erfüllen und nicht in Apathie, Gleichgültigkeit und Verwesung versinken. Wenn Paris der richtige Rahmen für eine Liebesgeschichte ist, dann ist New York die ideale Stadt, um darüber hinwegzukommen, um über alles hinwegzukommen. Hier wird die verlorene *douceur de vivre* vergessen, und das berauschende Leben tritt an ihre Stelle.«

Der Liebling der Götter, wie Howard Truman genannt hatte, wurde auch zum Liebling halb Manhattans. Die Angehörigen der New Yorker Schickeria waren genauso fasziniert wie fast alle übrigen von »diesem außergewöhnlichen Jungen«, wie Phyllis Cerf ihn nannte. In einer Szene, die sich mit geringfügigen Abwandlungen in dieser Zeit oft wiederholte, schilderte sie, wie leicht, wie scheinbar mühelos er eine von ihren mit Berühmtheiten gespickten Gesellschaften zu fesseln verstand. »Wir gaben eine formelle Dinnerparty, und da ich zuwenig Männer hatte, bat ich Bennett, einige

Random-House-Autoren einzuladen, was er auch tat. Aber als die Gäste eintrafen, kam plötzlich der Butler auf mich zu. ›Erwarten Sie ein Kind?‹ fragte er mich. Ich verneinte. Bennett sagte: ›Das ist Truman Capote!‹ und eilte, um ihn zu begrüßen. Truman kam die Treppe hoch; er wirkte sehr schmal, sehr verloren, sehr kindlich mit dem blondem Haar, das ihm in die Stirn fiel, und betrat den Raum ziemlich blindlings – er hatte seine Brille nicht auf. Der erste Gast, der gekommen war, war Edna Ferber. Sie war eben eingetroffen, als unser Sohn Chris, der damals sechs oder sieben war, im Schlafanzug heruntergekommen war, um uns gute Nacht zu sagen. Ich hatte ihn Miss Ferber vorgestellt und dann zu Bett geschickt. Aber sie machte den ganzen Abend lang Leute auf Truman aufmerksam und flüsterte: ›Also so was! So schlimm kann es doch nicht gewesen sein, daß Phyllis ihr eigenes Kind in einen Smoking stecken mußte! Als ich kam, war der junge Mann noch im Schlafanzug.‹«

Die Kombination von kindlichem Aussehen und messerscharfer Erwachsenenintelligenz machte ihn nur noch faszinierender für die prominenten Gäste der Cerfs. Die Frauen in ihren Roben und Klunkern scharten sich nach dem Essen augenblicklich um ihn – »wirklich augenblicklich«, versicherte Phyllis – und hörten ihm gespannt zu, als er seine gedrechselten Geschichten über Wahrsagerinnen erzählte und sich mit der bis dahin nicht enthüllten Fähigkeit brüstete, die Zukunft vorauszusehen. »Sie waren total bezaubert von ihm«, berichtete Phyllis, »und von da an begannen auch andere Anwesende ihn zu ihren Parties einzuladen.«

Niemand lud ihn öfter ein als die Cerfs. Er war ein häufiger Gast in ihrem Haus an der 62. Straße East und auch im *Columns*, ihrem Landsitz in Mount Kisco. Phyllis vergötterte ihn, und Bennett spürte vielleicht einen verwandten Geist hinter seinen täuschend unschuldigen blauen Augen: als wäre er ein Teddybär, der nur da ist, um geknuddelt zu werden. Auch Bennett sehnte sich verzweifelt nach dem Scheinwerferlicht, das ihm ein paar Jahre später als Mitwirkendem der populären Fernseh-Quiz-Show *What's My Line?* endlich zuteil wurde. »Alle sagten immer: ›Ach, Bennett Cerf, der ist doch irgendwie ein Witz. Er will bloß im Fernsehen sein und diese müden Kalauer machen‹«, sagte Truman. »Und er hatte tatsächlich diese Seite. Aber er war auch ein sehr sensibler und vernünftiger Mensch – man konnte wirklich mit ihm reden. Sein Rat war immer ausgezeichnet. Er hatte einen sehr, sehr guten Geschmack, und er kannte den Unterschied zwischen Gut und Böse. Die Leute glaubten das nicht, aber er kannte den Unterschied besser als alle übrigen.«

Bennett beriet Truman mit Bob Linscott und wurde manchmal so väterlich in seiner Zuwendung, daß Truman sich einen Spaß daraus machte, ihn mit innigen Umarmungen und dem Ruf nach »Big Daddy« in Verlegenheit zu bringen. Bennett gab später zu: »Ich tue Dinge für Truman, die ich für keinen anderen Autor tun würde. Ich mag ihn unheimlich.« Um Truman nur ja nicht zu verletzen, übertrug Bennett es seiner Frau, Tadel an ihn weiterzugeben. Die intelligente und verständnisvolle Phyllis, die allerdings auch sehr hart und streitsüchtig sein konnte – Bennett selbst nannte sie »General« –, übermittelte seine Ratschläge gewöhnlich beim Lunch. Truman hielt sich nicht immer dran, aber da sie von Phyllis kamen, ließ er sie sich gutmütig gefallen. »Ich hatte sie sehr gern«, sagte er. »Sehr wenige Leute mochten sie. Aber sie war ein lebendiger, gutherziger, loyaler Mensch, der bereit war, alles für einen zu tun, wenn sie einen wirklich mochte – aber auch alles gegen einen, wenn das nicht der Fall war. Wenn sie einen nicht mochte, war es ratsam, sich einen Paß zu besorgen und das Land zu verlassen.«

Selten ist ein junger Romancier, insbesondere einer, der noch nichts veröffentlicht hatte, von einem Verlag so hochgejubelt und verwöhnt worden wie Truman von Random House. In der luxuriöseren Zeit von damals residierte der Verlag in einem jener palastähnlich aufgemotzten Geschäftsgebäude, der Nachahmung eines italienischen Palazzos an der Madison Avenue. Kein anderen Verleger in New York verfügte über eine imposantere Flucht von Geschäftsräumen, und Truman schien der Meinung, wenn er schon nicht Eigentümer des ganzen Schuppens sei, dann habe er ihn zumindest langfristig gepachtet. William Goyen, ein Romancier,

der von Linscott nach Truman unter Vertrag genommen wurde, hatte einen ähnlichen Eindruck: »Er galt bei Random House als eine Art ungezogener, aber sehr talentierter kleiner Schlingel, eine Figur wie aus einer Schulklamotte. ›Paß bloß auf‹, schienen alle zu sagen, ›oder der kleine Racker läßt dich auf einer Bananenschale ausrutschen!‹ Ich erinnere mich lebhaft daran, daß ich einmal durch die hohen Türen kam und ihn auf einer Bank neben dem Empfang sitzend vorfand. Er hatte eine Baseball-Kappe auf dem Kopf, und seine Füße berührten den Fußboden nicht. Doch er sah aus, als würde er sagen: ›Das ist mein Reich. Es ist ein wunderbares Reich, und ich werde dich überall hinführen und dich allen vorstellen.‹ Und er machte mich wirklich mit vielen Leuten bekannt, gab mir Tips, wie ich mich verhalten sollte, und bewirkte, daß ich mich dort heimischer fühlte.«
Es war sein Reich, der imposante Neorenaissancebau, das erste Heim, in dem sich Truman seit Jennies Haus an der Alabama Avenue willkommen fühlte. Die Cerfs hatten ihn so gut wie adoptiert, und Linscott hielt Wort und kümmerte sich besonders um ihn, er hüllte ihn in eine Decke seidenweicher Fürsorglichkeit. Wie er es mit Carson McCullers und einigen anderen getan hatte, gab ihm Linscott, der Witwer war, einen Schlüssel zu seiner Wohnung an der 63. Straße East, damit er tagsüber einen ruhigen Platz zum Arbeiten hatte. Er bot Truman sogar an, Newton über das Wochenende auf seine Farm mitzubringen, die nur fünfundzwanzig Kilometer von Northampton entfernt war, und er pries ihn unentwegt allen gegenüber, die in Hörweite kamen. »Bob glaubte, daß Truman ein unglaublich glanzvolles Leben führe«, berichtete Linscotts Assistentin, Naomi Bliven, »daß er alle kenne, die man kennen müsse, und daß er ihm Tips für die besten Lokale geben könne. Mein Mann und ich aßen oft mit Bob zu Abend, und wir gingen immer in Restaurants, die Truman empfohlen hatte. Schließlich aßen wir nur noch im Plaza Hotel, weil Truman deren Hühnerfrikassee gelobt hatte.«
Viele Autoren fühlten sich früher oder später von Linscott im Stich gelassen, dessen Begeisterung, die so beflügelnd war, wenn ihm ein Manuskript gefiel, einer frostigen Verachtung weichen konnte, sobald er

enttäuscht war. In den zwölf Jahren ihrer Zusammenarbeit – Linscott ging 1957 in den Ruhestand – war er jedoch niemals ernsthaft von Truman enttäuscht. Aus Trumans Sicht war er ein idealer Lektor: scharfsichtig genug, um gelegentlich hilfreiche Anregungen zu geben, aber andererseits auch klug genug, um zu wissen, daß seine eigentliche Aufgabe nicht darin bestand, am Text herumzufummeln, sondern den Autor moralisch aufzubauen. »Als Künstler, als Handwerker ist [Truman] sich seiner selbst völlig sicher«, sagte Linscott 1948 zu einem Interviewer. »Als Mensch hat er ein großes Bedürfnis, geliebt und dieser Liebe ständig versichert zu werden. Wie alle sensiblen Menschen empfindet er die Welt als feindselig und furchterregend. Truman hat alle Wundmale des Genies. Ich bin überzeugt, daß ein Genie Wundmale haben muß. Es muß verwundet sein.«

18

»New York ist wie eine Stadt aus Knetmasse«, sagte Truman einmal. »Man kann daraus machen, was immer man will. Es ist die einzige Stadt der Welt, in der man mehrere völlig voneinander getrennte Leben führen kann, in der man Freundeskreise haben kann, die einander nicht kennen und nichts übereinander wissen.« Was er in diesen Nachkriegsjahren aus New York machte, war eine niemals endende Party mit Menschenschwärmen, die sich über einen riesigen Festsaal verteilten, der sich von der 96. Straße bis Greenwich Village erstreckte. Die Cerfs und die dynamischen Macher, die er durch sie kennenlernte, befanden sich in einer Ecke, der Leo-Lerman-Kreis in einer anderen, Mary Louise Aswell und all jene, die bei ihr Wärme und Rat suchten, in einer dritten, seine engen homosexuellen Freunde standen an den Fenstern, und die nichtliierten Singles, eine bunte Liste, die Tallulah Bankhead, Dorothy Parker und Tennessee Williams einschloß, waren immer in der Nähe der Bar zu finden. Im Laufe eines Monats sah er fast alle von ihnen zumindest einmal; er huschte von einem zum anderen wie ein Kolibri an einem langen Sommertag, entschlossen, aus jeder Blume im Garten Nektar zu saugen, bevor die Dämmerung im Dunkel versinkt. Als Linscott sagte, Truman habe ein großes Bedürfnis, geliebt zu werden, erkannte er nicht, wie groß – wie grenzenlos und unersättlich – dieses Bedürfnis in Wirklichkeit war.

Ein paarmal, wenn Joe und Nina fort waren, aber gelegentlich auch in ihrer Anwesenheit, führte er seine getrennten Lebenskreise in der Park Avenue 1060 zusammen. »Truman hatte wirklich begonnen, in New York herumzukommen«, sagte Phyllis Cerf in Erinnerung an das wahrscheinlich erste große Fest, das er gab und das Leute von Marlene Dietrich bis Walter Winchell anlockte. »Es war kaum zu glauben, wer alles da war; eine erstaunliche Auslese. Aber Truman hatte keine Ahnung, wie man eine Party organisiert, und seine Mutter war total entsetzt über die Unmenge von Leuten, die er eingeladen hatte. Es war ein Tollhaus, urkomisch, als hätte jemand versprochen, Tausend-Dollar-Scheine zu verteilen. Es war kein Platz, um hineinzukommen, sich einen Drink zu holen oder sich wieder bis zur Tür vorzuarbeiten.«

Abgesehen von seinen Fahrten nach Northampton besuchte Truman außerhalb der Stadt gelegentlich die Cerfs oder die Musiker Gian-Carlo Menotti und Samuel Barber, die in Mount Kisco ein Haus namens Capricorn mit dem begabten jungen Dichter Robert Horan teilten. Ins Capricorn kamen und gingen viele Menschen, und Bill Goyen, der eine Zeitlang Barbers Geliebter war, schilderte Trumans Ankunft auf der Bahnstation von Mount Kisco folgendermaßen: »Wir gingen alle hin, um ihn vom Zug abzuholen, und er zelebrierte einen großen Auftritt. Er war ganz in Samt gekleidet – er liebte Samt – und stieg so gemessen aus, daß er mindestens fünf Minuten zu brauchen schien, um die Stufen herunterzukommen. Offenbar glaubte er, die Presse erwarte ihn, aber es waren bloß wir Jungs.«

Was große Auftritte anging, mußte jedoch sogar Truman hinter Tallulah zurückstecken. »Sie trank ziemlich viel und rief mich mit Vorliebe um zwei Uhr früh an«, erzählte Truman. »Sie redete über jede Liebesgeschichte, die sie je gehabt hatte, jeden Menschen, mit dem sie je im Bett gewesen war, und alle Kräche, die sie je gehabt hatte. Sie hatte schon alles ausprobiert, einschließlich Sex mit Frauen, doch ich glaube nicht, daß ihr das viel bedeutete.« Einmal kam sie ins Capricorn, als er dort war, und schockierte die Nachbarschaft mit ihrer Extravaganz. Unter der Hitze stöhnend, flüchtete die ganze Gesellschaft in ein kühleres Haus in der Nähe, dessen Gastgeberin ihnen Badeanzüge anbot und sie einlud, sich in ihrem Pool zu erfrischen. »Ich trage nie einen Badeanzug«, erklärte Tallulah und stand denn auch, eine Frau, ein Wort, bald auf dem Sprungbrett mit nichts an als ihrer Perlenkette. »Alle, insbesondere die halbwüchsigen Jungen, gafften sie mit offenem Mund an«, erzählte Horan. »Aber es war eine typische Tallulah-Szene, bis hin zur Tatsache, daß ihr Chauffeur später zurückkehren und die Perlen aus dem Wasser fischen mußte. Als ich sie fragte, warum sie das getan habe, antwortete sie: ›Ich wollte bloß beweisen, daß ich von Natur aus aschblond bin.‹ Sie hatte die Bravour, die große Theatralik, um solche Szenen hinzukriegen. Dieses Gefühl hatte ich bei Truman nie. Seine Auftritte waren eher bescheiden, defensiv und überaus menschlich. Ich verstand sie. Es waren Akte des Trotzes, als wollte er sagen: Ich bin im Grund ziemlich verletzlich, und deshalb setze ich mich in Szene, bevor ihr mir in irgendeiner Weise zu nahe treten könnt.«

Vielleicht war es auch Teil seiner Panzerung, sich mit so vielen prominenten Namen zu schmücken. Er schien ein fast greifbares Machtgefühl daraus zu ziehen, daß er ein so großes Spektrum von Menschen kannte. Es gefiel ihm, zu glauben, daß er allein sie alle kenne und in ihre Geheimnisse eingeweiht sei. Seine Lieblingsphantasie war, sich vorzustellen, daß er sich wie ein Tourist in der Sahara im Dunkel von Zelt zu Zelt schleiche, von Lagerfeuer zu Lagerfeuer, um die Einheimischen auszuspionieren. »Er war allgegenwärtig und ständig am Telefon«, berichtete Goyen. »Mein Gott, war er ein kleiner Hansdampf! Es gefiel ihm, Liebesaffären aufzudecken und Leute miteinander zu verkuppeln.«

Von allen Freundschaften, die er in jenen Jahren schloß, war keine so ungewöhnlich wie die mit Gore Vidal. Der fast genau ein Jahr jüngere Vidal hatte noch fanatischer auf einen frühen Erfolg hingearbeitet und bereits zwei Romane abgeschlossen, als die beiden sich im Dezember 1945 in der Wohnung von Anaïs Nin kennenlernten, die für ihre Tagebücher berühmt werden sollte. »Als es läutete, ging ich zur Tür«, beschrieb sie Trumans Auftritt. »Ich erblickte einen kleinen, schlanken jungen Mann, dem die Haare über die Augen fielen und der mir die weichste und knochenloseste Hand entgegenstreckte, die ich je angefaßt hatte und die sich wie das

Patschhändchen eines Kindes in die meine schmiegte.« Ein paar Minuten später streckte sich das Patschhändchen auch Vidal zum ersten Mal entgegen. »Na, wie fühlt man sich als Enfant terrible?« fragte ihn Truman, die Aussprache der französischen Wörter nach seinem Gusto verhunzend. Doch wie er sie auch aussprach, er wußte genau, was sie bedeuteten und auch daß es immer nur ein Enfant terrible geben kann. Schon als er das Patschhändchen schüttelte, begriff das auch Vidal, und ihre Beziehung war denn auch von Anfang an eher durch Rivalität gekennzeichnet, eher ein blutdürstiges intellektuelles Florettgefecht als echter Herzensbund.

Abgesehen von ihrer Jugend und Begabung unterschieden sie sich in jeder Hinsicht. Vidal war groß, blond und gutaussehend, mit einem bleistiftscharfen Profil, das seiner kampflustigen Persönlichkeit entsprach. Im Gegensatz zu Truman wirkte er männlich in seinem Äußeren, seiner Kleidung und seinem Auftreten, und ebenfalls im Gegensatz zu Truman hatte er eine herkömmliche, wenn auch höchst privilegierte Kindheit genossen. Sein Großvater war Senator von Oklahoma, und sein Vater hatte in der Roosevelt-Administration den Rang eines Staatssekretärs bekleidet. Seine Mutter hatte nach ihrer Scheidung einen Auchincloss geheiratet und Gore das Entree in die Gesellschaft verschafft. Bevor er 1943 in die Armee eintrat, hatte er eine der besten und ältesten *Prep Schools* des Landes [Phillips Exeter Academy in New Hampshire] absolviert.

In anderen, vielleicht grundlegenderen Dingen waren sie einander jedoch überraschend ähnlich: Beide hatten das Gefühl, sie seien von ihren Müttern emotional im Stich gelassen worden; beide fühlten sich zu Angehörigen ihres eigenen Geschlechts hingezogen, und beide waren vom Wunsch besessen, durch das geschriebene Wort Unsterblichkeit zu erlangen. Gore erklärte später, er wolle »als Mensch [in Erinnerung bleiben], der zu seiner Zeit die besten Sätze schrieb«, und das war auch Trumans Wunsch. Wenn sich Truman für einen Kondor hielt, der darauf wartete, sich auf seine Beute, den literarischen Ruhm, zu stürzen, sah sich Gore als goldenen Adler, der, wenn er nicht als erster auf die Beute stieß, sie dem anderen rasch abjagen würde. »Gore war ungeheuer darauf erpicht, die Nummer eins unter den jungen amerikanischen Schriftstellern zu sein«, meinte Truman, »und er fürchtete, daß ich ihm das vielleicht vermasseln könnte.« Etwa ein Jahr oder länger waren sie es dennoch zufrieden, in relativer Harmonie zusammen über den Feldern und Schluchten von Manhattan zu kreisen. Gore nahm Truman in die Everard Baths, eine bekannte Schwulensauna, mit. Truman nahm Gore in Phil Black's Celebrity Club mit, ein riesiges, vorwiegend von Homosexuellen besuchtes Tanzlokal in Harlem. Fast jede Woche trafen sie sich zum Lunch im Oak Room des Plaza, wo sie beim ersten Gang ihre Freunde vernaschten, beim zweiten ihre Feinde vertilgten und bei Kaffee und Nachtisch ihre eigene glorreiche Zukunft auskosteten. »Es war tödlich, in das Kreuzfeuer ihrer Konversation zu geraten«, erinnerte sich jemand, der sich einmal zu ihnen gesellte. »Sie waren der Inbegriff der Jeunesse dorée, und die Welt lag ihnen zu Füßen.«

»Ich konnte Gore ziemlich gut leiden«, sagte Truman. »Er war amüsant, klug und immer sehr ätzend, und wir hatten viel miteinander gemein. Seine Mutter war Alkoholikerin und meine auch. Seine Mutter hieß Nina und meine auch. Diese Dinge klingen oberflächlich, aber sie sind es nicht. Und wir waren beide furchtbar jung, und gleichzeitig hatten wir sehr genaue Vorstellungen von unserer Zukunft. Wir trafen uns immer zu einem kleinen Lunch im Plaza, und er erklärte mir dann genau bis ins letzte Detail – er ging da sehr methodisch vor –, wie er sein Leben gestalten werde. Er hatte vor, der große alte Mann der amerikanischen Literatur zu werden, der amerikanische Somerset Maugham. Er wollte populäre Bücher schreiben, viel Geld damit verdienen und es genau wie Maugham zu einem Haus an der Riviera bringen. Er pflegte zu sagen: ›Langlebigkeit ist die Lösung. Wenn du lang genug lebst, wendet sich alles zu deinen Gunsten.‹ Ich sagte immer: ›Gore, du wirst alles erreichen, wenn du es wirklich willst.‹ Und er hat es tatsächlich geschafft. Er hat alles erreicht, außer einem: Er wird nie so populär sein, wie Maugham war, und keines seiner Bücher wird je so gut oder so lesbar sein wie die besten Sachen von Maugham. Er hat kein Talent, außer für das Schreiben von Essays. Er hat keine innere Sensibilität – er kann sich nicht in jemand anderen hineinversetzen –, und mit

Ausnahme von ›Myra Breckinridge‹ hat er im Grunde nie eine eigene Handschrift gefunden. ›Julian‹ oder ›Burr‹ könnten auch von irgend jemand anderem sein.«
Daß sie irgendwann aneinandergeraten mußten, war so gut wie vorprogrammiert. Zum Eklat kam es denn auch, vielleicht schon 1948, und zwar in der Wohnung von Tennessee Williams. »Sie begannen, gegenseitig ihre Arbeit zu kritisieren«, berichtete Williams. »Gore sagte zu Truman, er habe alle seine Plots von Carson McCullers und Eudora Welty. Truman antwortete: ›Na ja, vielleicht hast du deine alle aus der *Daily News*.‹ Und damit war der Krach da. Sie haben sich nie wieder versöhnt.« Truman selbst konnte sich an den Ausbruch des Streits nicht erinnern, aber er wußte, daß es »sehr, sehr, sehr unerfreulich war, worum es auch gegangen sein mag, und Gore und ich waren danach niemals mehr Freunde. Tennessee lehnte sich bloß zurück und kicherte.«
Von da an war es ein offener Krieg, und ihre Freunde unterhielten einander bald mit den neuesten Berichten vom Schlachtfeld. Wenn einer von beiden gepriesen wurde, weil er so früh schon soviel erreicht habe, explodierte der andere (welcher es war, wechselte, je nachdem, wer die Geschichte erzählte): »Ha, er ist zweiundzwanzig!« – eine Bemerkung von so erlesener Albernheit, daß sie selbst bald eine gewisse Berühmtheit erlangte. »Als ich Gore zum ersten Mal sah, bemerkte ich, wie unerhört begabt Truman sei«, erzählte Glenway Wescott, ein älterer Schriftsteller, der sich als neutral bezeichnete. »Gore, der wahnsinnig eifersüchtig war, brauste sofort auf: ›Wie können Sie jemanden als begabt bezeichnen, der mit dreiundzwanzig erst ein Buch geschrieben hat? Ich habe schon drei Bücher geschrieben und bin erst zweiundzwanzig!‹« Umgekehrt geriet Truman in Rage, sooft Gores Name erwähnt wurde, und stampfte dann mit dem Fuß auf wie Rumpelstilzchen: »Er hat kein Talent!« rief er. »Null, null, null!«
Sosehr er sich auch darüber ereiferte – »Hast du schon gehört, was sich Gore wieder geleistet hat?« fragte er Phoebe Pierce immer wieder –, ihre Fehde war für Truman doch mehr ein Spiel als ein echter Krieg, und jenen, die sie beide kannten, schien es klar, daß er sich im Grunde weniger um

Gore scherte als Gore sich um ihn. Der Grund lag für alle außer Gore auf der Hand: Truman hatte gesiegt; der Titel des herrschenden literarischen Wunderkindes war ihm zugefallen. Trotz seiner Jugend war er ein reifer Autor, der mit unverwechselbarer und sicherer Stimme sprach. Gore war zwar sehr produktiv, aber er war immer noch krampfhaft auf der Suche sowohl nach einem Stil wie nach einem Stoff, und sein Werk wurde nur von wenigen sehr ernst genommen. Williams klagte in vertraulichen Gesprächen, Gores dritter Roman »The City and the Pillar«, der wegen seiner homosexuellen Thematik eine gewisse anrüchige Bekanntheit erlangt hatte, enthalte keine einzige »wirklich wertvolle Zeile«, und Anaïs Nin, an die sich Gore eng angeschlossen hatte, fand seine Werke unlebendig. »Action, kein Gefühl«, schrieb sie in ihr Tagebuch. Von Trumans Geschichten war sie dagegen »hingerissen«, sie bewunderte »seine Fähigkeit zu träumen, die Subtilität seines Stils, seine Einbildungskraft. Vor allem anderen seine Sensitivität.« Solche Empfindungen, die er fast überall zu hören bekam, kränkten und ärgerten Gore zutiefst. Er konnte die Vorstellung nicht akzeptieren, daß dieser kleine Wicht auf ein Piedestal gehoben wurde, das nach seiner Überzeugung eigentlich ihm zustand. Als er 1948 mit Tennessee Williams eine Europareise machte, redete er ständig über Truman. »Er ist von diesem fürchterlichen Konkurrenzgeist infiziert und scheint ständig von den Erfolgen oder Leistungen anderer Autoren wie Truman Capote heimgesucht zu werden«, schrieb Tennessee an einen Freund. »Von dem armen kleinen Truman Capote ist er geradezu besessen. Man könnte meinen, sie liefen ein Kopf-an-Kopf-Rennen um irgendeinen großartigen Goldpokal.«

19

Wenn er sich nicht gerade mit Gore zankte oder seinem Adreßbuch neue Namen hinzufügte, blieb Truman seiner gewohnten Lebensweise treu. Er rang immer noch mit »Andere Stimmen« und machte sich immer noch Sorgen um Nina, die schließlich bei den Anonymen Alkoholikern Hilfe gesucht hatte. Nachdem er seine Zimmer in Brooklyn gegen eine kleine Wohnung an der Second Avenue eingetauscht hatte, sah er alte Freunde wie Mary Louise Aswell, Leo Lerman, Phoebe Pierce und Andrew Lyndon sogar noch häufiger. Andrew war nach Manhattan gezogen,um seinem neuen Geliebten, einem aufstrebenden jungen Fotografen namens Harold Halma, nahe zu sein. Sie hatten alle nicht viel Geld; statt auszugehen, nahmen sie das Abendessen deshalb häufig in der Wohnung des einen oder anderen ein – am häufigsten bei Andrew, in dankbarer Anerkennung von Harolds Kochkünsten. »Ißt er denn jetzt alle seine Mahlzeiten bei euch?« fragte Nina Andrew ärgerlich, nachdem Truman mehrmals dem Abendessen im Haus Nr. 1060 ferngeblieben war. Truman hatte sich, wenn auch sehr bedauernd, mit Newtons großem Bedürfnis nach Alleinsein abgefunden. Etwa zweimal im Monat verbrachten sie glückliche Wochenenden zusammen. Im bevorstehenden Sommer planten sie, mehrere Wochen lang zusammenzuleben, wie sie es in Yaddo getan hatten. Truman unterschrieb im März einen zweimonatigen Mietvertrag für ein Haus auf Nantucket. »Es klingt bezaubernd, und ich kann mir keine reizvollere Umgebung, keinen idealeren Rahmen für unseren gemeinsamen Sommer vorstellen«, schrieb ihm Newton. »Wie ich mich nach dem Juni sehne!«

Truman, der Andrew mitnahm, traf zuerst auf der Insel ein, und zwar am Dienstag, dem 10. Juni. Er gab Newton telefonisch eine begeisterte Schilderung des Hauses, das zwar komfortabel, aber ansonsten nichts Besonderes war, voll halbkaputter Korbmöbel, wie sie für gemietete Sommerhäuser typisch sind. Newton traf eine Woche später ein, und fast auf den Tag genau ein Jahr nach ihrer ersten Begegnung versuchten sie erneut, den »magischen Kreis« um sich zu schließen.

Den ganzen Vormittag arbeiteten sie: Truman an »Andere Stimmen«, das sich der Vollendung näherte, Newton an seiner Melville-Biographie und Andrew an einer Kurzgeschichte. Die Nachmittage verbrachten Truman und Andrew je nach Wetter in der Sonne und im Wasser; Newton gesellte sich manchmal zu ihnen, aber häufiger blieb er im Haus und entspannte sich mit Büchern, die er als leichte Hängemattenlektüre betrachtete: Thomas Browns »Religio Medici«, »Don Quijote«, Pascal, Schopenhauer und Shakespeare. Am Abend tranken sie Manhattans oder Martinis, bevor sie zum Abendessen nach Siasconset, der nächsten Ortschaft, fuhren. Nach dem Essen kehrten sie nach Hause zurück, unterhielten sich noch ein oder zwei Stunden und steuerten dann früh das Bett an. Gelegentlich gingen sie ins Kino oder tauschten Besuche mit einem anderen Kreis aus, der sich um Leo gebildet hatte. Leo hatte in Quidnet, einem Ort, der in einem dreiviertelstündigen Spaziergang am Strand entlang zu erreichen war, ein ehemaliges Haus der Küstenwache gemietet. Am Vierten Juli kamen Barbara Lawrence und Mary Louise zu Besuch, die Ende des Monats mit ihren beiden Kindern wiederkommen wollte. Abgesehen von diesen kleinen Zerstreuungen störte nichts ihren gewohnten Tagesablauf, und die ersten paar Wochen auf der Insel verliefen sowohl friedlich als auch produktiv. »Wir halten uns an regelmäßige Arbeitszeiten, und ich komme ungeheuer voran«, berichtete Truman Mary Louise. »Noch ein paar Wochen, und das Buch wird fertig sein. Kannst du es glauben?«

Das Leben im Haus Nr. 1060 hatte ihn gegen Lärm abgehärtet; anders als viele Schriftsteller, die einen stillen, ungestörten Arbeitsplatz, einen speziellen Schreibtisch oder einen bestimmten Stuhl brauchen, konnte Truman fast überall und unter fast allen Umständen schreiben. Auf Nantucket schrieb er wie gewöhnlich im Bett und ließ sich in den sakrosankten Stunden des Vormittages durch nichts ablenken. »›Truman zu beobachten, wenn er sich konzentriert, ist einer der erschreckendsten Anblicke des 20. Jahrhunderts‹, hatte Tennessee Williams einmal bemerkt, und ich verstand jetzt, was er meinte«, erzählte Andrew. »Er ballte die Fäuste, biß die Zähne zusammen und kniff die Augen bis auf einen schmalen Schlitz so fest zu, daß er auf seinem Backenknochen ein Muskel zu zucken begann. Er konnte sich sammeln, was auch um ihn herum geschah. Wäre im Nebenzimmer eine Bombe explodiert, er hätte nicht mit den Wimpern gezuckt.« Andrew und Newton erhielten tägliche, manchmal stündliche Berichte über den Fortschritt seines Buches. Auf eine Reaktion erpicht, hielt er nach Vollendung eines Absatzes oft inne und las ihn laut vor. Drei Tage nach Newtons Ankunft beendete Truman das vorletzte Kapitel und las es ihnen vor. Ohne einen Augenblick lang Atem zu holen, peilte er daraufhin die Ziellinie an und begann schon am folgenden Morgen mit dem letzten Kapitel.

Er wußte, wie sein Buch enden würde: Er war einer jener Schriftsteller, die das zwanghafte Bedürfnis haben, zu wissen, wie ein Roman oder eine Kurzgeschichte enden wird, bevor sie damit anfangen können. Einen Schluß im Sinn zu haben, ist jedoch nicht dasselbe, wie ihn zu Papier zu bringen, und das letzte Kapitel von »Andere Stimmen« erwies sich als unerwartet widerspenstig. Das Buch, das zweieinhalb Jahre zuvor an einem frostigen Dezembernachmittag in Alabama einem »kreativen Koma« entsprungen war, kam an den warmen Sommervormittagen in 'Sconset nur noch schleppend voran. »Diese letzten paar Seiten! Jedes Wort ein Blutverlust«, schrieb Truman an Linscott. »Ich weiß nicht, warum es so ist, besonders, da ich doch genau weiß, was ich vorhabe.«

Während er sich mit diesen letzten paar Seiten abquälte – 29 wurden es letzten Endes –, kehrte Newton, der den entstehenden Roman im Laufe des vergangenen Jahres Stück für Stück gelesen hatte, zum Anfang zurück und begann ihn noch einmal zu lesen, um ihn diesmal als ein Ganzes und mit dem Auge des Kritikers und nicht des Liebhabers aufnehmen zu können. Er brachte »einige kleine Korrekturen« an – so notierte er in seinem Tagebuch –, wahrscheinlich in bezug auf Rechtschreibung und Grammatik, und hielt seine Eindrücke methodisch fest. Offenbar empfahl er keine größeren Änderungen, aber angesichts seiner scharfsichtigen literarischen Intelligenz ist anzunehmen, daß er trotzdem eine Hilfe war, und sei es nur, indem er auf die schwachen Stellen hinwies, die fast jedem längeren Prosatext anhaften. Doch am 30. Juli, dem Tag, an dem Newton abreiste und Mary Louise mit den Kindern eintraf, rang Truman immer noch mit dem störrischen letzten Kapitel. Mary Louise befand sich eine Treppe höher, als er am 11. August die letzten Worte niederschrieb. »Trumans hohe Stimme ertönte von unten«, erinnerte sie sich, »er rief: ›Ich bin fertig!‹« Sie tanzten zur Feier eine Gigue, und Newton notierte an diesem Abend erfreut: »T. C. rief mich kurz nach dem Mittagessen an, um mir die große Neuigkeit mitzuteilen, daß er sein Buch soeben vollendet habe.«

In diesem Sommer schloß sich der »magische Kreis« um Truman und Newton nur kurz. Seiner »Bäder in Einsamkeit« beraubt und durch unvertraute Gesichter nervös, litt Newton unter Anfällen von Angst und Depressionen. Andrew zog zwar in Leos Haus um, als Harold Halma am 9. Juli auf die Insel kam, aber vier Tage später wurde Newtons Seelenfrieden abermals gestört, als Truman und er zwei neue lebhafte Gäste empfingen: Christopher Isherwood und seinen Geliebten Bill Caskey. Bald klagte Newton seinem Tagebuch: »Ein schwieriger Tag wegen meiner Nerven – Gastbeschwerden.«

Die Schuld lag bei Truman, der, ohne sich mit Newton abzustimmen, im Mai impulsiv die Einladung ausgesprochen hatte. Der in Kalifornien lebende Isherwood hatte Random House besucht und seine Freunde dort unter Anrufung des geheiligten Namens Proust mit dem »erstaunlichen jungen Schriftsteller« prahlen gehört, mit dem sie ihn bekannt machen wollten. »Ich dachte: ›Ha! Noch so ein junger Schreiberling‹«, berichtete Isherwood, »als dieser frappierende kleine Mensch mit so hocherhobener

Hand das Zimmer betrat, daß es aussah, als wollte er sie mir zum Handkuß reichen. Meine erste Reaktion war: ›Wow! Das ist kein Scherz!‹ Aber dann wurde mir bewußt, daß er zwar eine Show abzog, daß dahinter aber etwas sehr Überlegtes und durchaus Echtes steckte. Dann geschah, was man sich öfter im Leben wünschen würde: Ich mochte ihn auf den ersten Blick. Wir hatten noch nicht länger als ein paar Minuten miteinander gesprochen, da lud er mich auch schon ein, einige Wochen bei ihm auf Nantucket zu verbringen. Ich ging zu Bill Caskey zurück und sagte zu ihm: ›Etwas Unglaubliches ist eben geschehen. Ich habe etwas getan, was ich noch nie zuvor gemacht habe. Ich habe von einem völlig fremden Menschen eine Einladung für uns beide angenommen, eine Zeitlang bei ihm zu wohnen. Wenn du ihn siehst, wirst du, glaube ich, wissen, warum.‹ Bill lernte ihn kennen und hatte genau dieselbe Reaktion. Wir waren beide begeistert von ihm. Truman machte einen völlig rationalen Eindruck, aber gleichzeitig war er eine Art kuscheliger kleiner Koalabär.«

Truman war nicht weniger entzückt von Isherwood, dem Autor von »Goodbye to Berlin«, dem Schöpfer der unbezähmbaren Sally Bowls und Erzähler, der nach Somerset Maughams Meinung »die Zukunft des englischen Romans in den Händen« hielt. Seine Gesellschaft wurde von jüngeren Schriftstellern sehr gesucht; sie hofften, daß er ihnen einige Geheimnisse über ihr Handwerk anvertraue, und löcherten ihn ebenso wie Truman ständig mit Fragen über das literarische Leben in England und die berühmten Schriftsteller, die er gekannt hatte. Truman war zweifellos erregt von der Aussicht, eine solche literarische Berühmtheit zu Gast zu haben, aber da er Newton kannte, muß er auch gewußt haben, daß es ihn kränken und irritieren würde, als er die Einladung aussprach, die Isherwood und seinen Freund am 13. Juli nach 'Sconset brachte.

Obwohl die Vormittage immer noch der Arbeit gewidmet waren, herrschte an den Nachmittagen und Abenden jetzt plötzlich jener Wirbel, bei dem Truman erst so richtig aufblühte – und den Newton zutiefst verabscheute. Isherwood, der viel jünger aussah als 42, war immer noch der »verständnisvolle, lustige kleine Vogel«, als den ihn Virginia Woolf zehn Jahre zuvor bezeichnet hatte, und Caskey, ein gutaussehender Amerikaner Mitte Zwanzig, war genauso aufgekratzt; er hatte einen ungehemmten, frechen Sarkasmus, der gesetztere Leute oft schockierte. Wenn die drei losen Vögel des Capote-Haushalts mit den Frohnaturen in Leos Haus zusammentrafen, hatte die Welt der Erwachsenen nichts mehr zu melden, und Nantucket wurde zu einem Jugendlager, aus dem auf mysteriöse Weise alle Autoritätsfiguren entschwunden waren. Truman gab wie immer den Ton an. Er bestimmte, was sie unternehmen wollten, und unter seiner Leitung machten sie täglich Ausflüge an den Strand und Radtouren über die Insel, und sie spielten Verstecken und andere Kinderspiele.

Fast alles, was sie trieben, war mit Sicherheit zu albern für Newton, der sich »sehr im Hintergrund hielt, fast wie ein Tutor«, berichtete Caskey. Er begleitete sie nie an den Strand und verkroch sich mehr und mehr im Haus, ja er machte sich manchmal sogar Rühreier, um nicht an ihren ausgedehnten, von Gelächter erfüllten Abendessen teilnehmen zu müssen. Doch regredierte auch er in die Kindheit, die für ihn nur Unglück und Demütigung bedeutet hatte: sich mit Büchern im Haus zu verbarrikadieren, während sich alle anderen draußen austobten, war genau das, was er als der »mißratene« Junge in Indiana getan hatte. »Ich bleibe da und mopse mich«, vertraute er am 15. Juli niedergeschlagen seinem Tagebuch an. Selbst nachdem Isherwood und Caskey fort waren, blieb er nervös und zählte die Stunden, bis er sich wieder am Smith College hinter seinen Bücherregalen sicher verschanzen konnte. »Ich kann es nicht erwarten, diese Woche nach Hamp zurückzukehren und mich im Büro auf eine lange, konzentrierte und ungestörte Phase der Arbeit am Buch [über Melville] einzurichten, wie ich es nur zu Hause kann und tun muß, wenn mich die bösen Kobolde nicht holen sollen«, schrieb er Mary Louise, kurz bevor er die Insel verließ. »Es waren wunderschöne Ferien hier«, fügte er höflich hinzu, »aber ich möchte nicht ewig im Fegefeuer, Abteilung Faultiere, schmoren.«

Truman kehrte vier Tage nach Vollendung von »Andere Stimmen« nach New York zurück, und einige Tage später fuhr er ebenfalls nach Northampton, wo er mit Newton dessen siebenundvierzigsten Geburtstag feierte. »Sehr glücklich dank T.C.s Anwesenheit«, verzeichnete Newton das Datum. »Hier zu Abend gegessen – mit Kuchen und Kerzen.« Einen Monat später stand erneut ein kerzengeschmückter Kuchen auf dem Tisch – für Trumans Geburtstag, den dreiundzwanzigsten. So zog der Herbst ein, und die beiden nahmen nach ihrem langen und jedenfalls für Newton nicht ganz geglückten Sommer auf Nantucket wieder ihren Pendelverkehr zwischen New York und Northampton auf.

Für die einzige echte Aufregung in diesem Herbst sorgte eine außerplanmäßige Farce an einem Abend Ende November, als Truman mit einer kleinen Schar von Freunden, darunter Andrew, Newton und Phoebe, zum alljährlichen Tuntenball des Celebrity Clubs nach Harlem fuhr. Dieser Ball war stets einer der Höhepunkte des Jahres, und die Dinge entwickelten sich soeben auf die übliche, amüsante Weise – »die Schwuchteln hatten sich alle aufgetakelt wie Marie Antoinette«, erzählte Andrew –, als eine weitere maskierte Schar, in Polizeiblau gekleidet, in den Saal drang. »Eine Razzia! Eine Razzia!« schrien die verkleideten Gäste und hoben die Röcke, während sie zu den Ausgängen sprinteten. »O Gott, mein Ruf, mein Ruf«, stöhnte Newton, der schon seinen Namen am nächsten Morgen in den Schlagzeilen sah. »Dein Ruf ist dahin, wenn sie dich hier erwischen, meine Liebe«, sagte sich auch Phoebe, während sich Trumans kostümierte Schar zur Tür durchkämpfte. Erst als sie draußen in Sicherheit waren, erfuhren sie, daß es gar keine Razzia war, sondern daß die Polizei bloß überprüfte, ob nicht gegen die Feuerschutzgesetze verstoßen werde. Aber als sie sich sammelten, um in die Stadt zurückzufahren, blieb Newton unauffindbar, der in der Panik verschwunden war, unauffindbar – man vermutete, daß ihn der Schrecken schon wieder den halben Weg nach Northampton zurückgejagt habe. Doch Truman ging noch einmal hinein, um nach ihm zu suchen, und entdeckte ihn in einer Telefonzelle kauernd. »Kann man sich schon herauswagen?« fragte er ängstlich, als ihn Truman herauszog. Selbst nach seinen eigenen Maßstäben stellt Newtons Bericht über den Abend einen Gipfel an Understatement dar: »Bei Blackie's (Celebrity Club) in Harlem, von wo wir um Mitternacht schnell fortmußten«, schrieb er in sein Tagebuch.

Befreit von der Bürde der Arbeit an seinem Buch, nahm Truman einen Auftrag an, der zumindest eine der ehrgeizigen Hoffnungen erfüllte, die er in Greenwich gehegt hatte: *Vogue* entsandte ihn mit der Mission nach Kalifornien, mit neuen Augen an das alte Thema Hollywood heranzugehen und dieselbe Art von subjektiver, impressionistischer Reportage zu schreiben, die er für *Harper's Bazaar* über New Orleans verfaßt hatte. Er unternahm seine Wallfahrt zum Heiligtum Hollywood Anfang Dezember und stellte erfreut fest, daß es immerhin in gewisser Hinsicht genauso war, wie er es sich vorgestellt hatte. »Ich bin die einzige Person jedweden Geschlechts, die sich hier nicht aushalten läßt«, schrieb er aufgekratzt an Andrew. »Und Du würdest nicht glauben, *was* man im südlichen Kalifornien nicht alles für würdig erachtet, ausgehalten zu werden!«

Oona O'Neill, die inzwischen Mrs. Charlie Chaplin war, gab eine Party für ihn, und Joan Crawford, »die sagenhafte Miss C.«, wie er sie in seinem Bericht diskret bezeichnete, lud ihn zum Lunch ein. In einen Morgenmantel gehüllt, ohne Make-up und mit losen Haarnadeln »hüpfte [die Crawford] wie ein Schulmädchen durchs Zimmer« und entschuldigte sich, daß sie ihn habe warten lassen – sie hatte oben die Betten gemacht. Katherine Ann Porter, die nebenbei Drehbücher schrieb, kochte in ihrer Wohnung in Santa Monica ein Abendessen für ihn. »Immer noch auf der Pirsch nach Prominenz, hätte er in gar keinem aussichtsreicheren Ambiente sein können«, erinnerte sich die Porter säuerlich – die guten gemeinsamen Zeiten in Yaddo schien sie vergessen zu haben. »Er war umgeben von berühmten Leuten, die er schon immer hatte kennenlernen wollen. Und er war fest entschlossen, sie kennenzulernen.« Das gelang ihm in diesen zwei umtriebigen Wochen ohne Zweifel, und die Porter lieferte eine ebenso spitze, wie wahrscheinlich zutreffende Darstellung eines ihrer Gespräche: »Rate mal, mit wem ich gestern zu Mittag gegessen habe?« fragte Truman. »Und zwar im Speisezimmer des Stars, möchte ich bemerken.«

»Ich habe keine Ahnung, Truman, aber ich bin sicher, du wirst es mir sagen.«

»Tja, mit der göttlichen Greta Garbo, und sie war einfach hinreißend.«

»Schön für dich. Aber wie hast du diesen fabelhaften Coup gelandet?«

»Tja, ich habe so meine Tricks, Katherine Ann. Ich habe meine Tricks.« Diese Begegnung mit der Göttlichen hatte sich auf magische Weise auf sieben volle Tage verlängert, als es Zeit wurde, sie seinen New Yorker Freunden zu schildern: »Ich habe die erste Woche mit Greta Garbo und die zweite Woche mit Charlie Chaplin verbracht«, erzählte er Cerf, der ihm, selbst starsüchtig, jedes Wort glaubte.

Das Jahr 1947 endete für ihn, wo es begonnen hatte, in Northampton, und am Heiligen Abend, bloß zwei Tage nach seiner Rückkehr aus Hollywood, unternahm er wieder die vertraute Fahrt von der Grand Central Station aus nach Norden. Im Gegensatz zum vorangegangenen Jahreswechsel brachte der Beginn des Jahres 1948 eine echte Wende in seinem Leben. Random House hatte während seines Aufenthalts in Kalifornien mit der Auslieferung von »Andere Stimmen« begonnen, und die Rezensenten hatten endlich Gelegenheit, das erste Buch des berühmtesten unveröffentlichten Romanciers von Amerika zu lesen und zu beurteilen. »[Trumans] Roman kommt Mitte Januar heraus«, schrieb Newton an Granville Hicks. »Zweifellos ein *Ereignis*, und man kann nur hoffen, daß die Verleger und auch andere die Erwartungen nicht in gefährlichem, vermessenem Ausmaß übersteigert haben. All diese New Yorker Gents (und Ladies) werden ihn fertigmachen, wenn sie können – als Schriftsteller fertigmachen, meine ich –, aber mein Eindruck ist doch, daß ihnen das recht schwerfallen dürfte. Er besitzt eine Art von Zähigkeit, mit der sie wahrscheinlich nicht rechnen.«

20

»›Andere Stimmen, andere Räume‹ war ein Versuch, Dämonen auszutreiben«, schrieb Truman ein Vierteljahrhundert später, »ein unbewußter, völlig intuitiver Versuch, denn, einige Vorfälle und Schilderungen ausgenommen, merkte ich nicht, daß dieses Buch in gravierendem Maß autobiographisch war. Jetzt, wo ich es erneut lese, finde ich diese Selbsttäuschung unverzeihlich.« Selbsttäuschung, mag sein; unverzeihlich, nein. Der Mann mittleren Alters, der dieses Urteil aussprach, war zu streng gegenüber dem jungen Autor, der ein Werk von so außerordentlicher Kraft und Intensität hervorbrachte. Genau betrachtet war es sogar ein Glück, daß er zumindest auf der bewußten Ebene blind gegenüber dem war, was er da tat. Befangenheit hätte seine Hand auf dem Papier gelähmt, wenn er erkannt hätte, daß er nicht bloß einen Roman schrieb, sondern seine psychologische Autobiographie: daß er unter dem Deckmantel von Fiktion die schmerzhafte Reise schilderte, die mit der Entdeckung seiner Identität als Mann, als Homosexueller und als Künstler endete.

Seine Selbsttäuschung ist verständlich, denn oberflächlich gesehen gibt es nur wenig Parallelen zwischen dem Verlauf seines eigenen Lebens und der hintergründigen Handlung seines Buchs. Sein Held ist der dreizehnjährige Joel Harrison Knox, der nach dem Tod seiner Mutter von New Orleans, wo er bis dahin gelebt hatte, auf eine einsame Plantage zu seinem Vater geschickt wird, den er nie gesehen hat und dessen Familiennamen, Sansom, er nicht einmal trägt. Zu Beginn des Buches ist er unterwegs nach Noon City, der Kleinstadt, in deren Nähe sich die Plantage befindet. Dort wird er vom uralten schwarzen Diener Jesus Fever mit einem maultierbespannten Wagen abgeholt, der ihn wie in einem Traum über dunkle und verlassene Landstraßen nach Skully's Landing in das Haus bringt, in dem sein Vater lebt.

Überrest eines einst bedeutenden Herrensitzes, ist Skully's Landing ein Ort außerhalb der Zeit, in dem Dekadenz und Verfall herrschen. Es gibt weder elektrischen Strom noch fließendes Wasser, und dem Garten verleihen fünf weiße Säulen, die einzigen Überbleibsel eines abgebrannten Flügels, »den urzeitlichen, gespenstischen Eindruck einer verlassenen Ruine«. Die einzigen Bewohner sind Joels bissige Stiefmutter Miss Amy, ihr effeminierter, narzißtischer Cousin Randolph und Joels Vater, der allen Nachfragen Joels zum Trotz mysteriöserweise unsichtbar bleibt. Alle Personen, die in Skully's Landing und Umgebung leben, sind auf irgendeine Weise abnorm bis grotesk: die Zwillinge von einer benachbarten Farm, die feminine, aber zickige Florabel und ihre wilde, kumpelhafte Schwester Idabel, der zwergenhafte Jesus Fever, dessen jahrhundertealte Augen etwas von einem Hexenmeister haben, seine Enkelin Zoo, an deren giraffenartigem Hals die Narbe zu sehen ist, die ihr Bräutigam ihr in der Hochzeitsnacht mit dem Messer zufügte, und Little Sunshine, ein schwarzer Einsiedler, der in den von Sümpfen umgebenen Resten einer einstigen Nobelherberge, des Hotels Cloud, haust. Am beunruhigendsten ist für Joel die Erscheinung eines geisterhaften Gesichts, das aus dem Fenster eines oberen Stockwerks auf ihn herunterschaut, einer »sonderbaren Dame«, die eine hohe weiße Perücke mit »dicken Hängelocken« trägt, wie eine Gräfin am Hof Ludwigs XVI.

Randolph ist Mitte Dreißig; er verwirrt Joel mit seinem merkwürdigen Verhalten und seinem sonderbaren Äußeren – er kleidet sich in Seidenpyjamas und Kimonos – sowie seiner ironischen, an Oscar Wilde erinnernden Redeweise. »Alle Kinder sind morbide; das gerade ist ihre Rettung«, lautet einer seiner Aussprüche. Joel fühlt sich durch seine Aufmerksamkeit jedoch geschmeichelt, und als ihm Randolph die Geschichte seiner unglücklichen Leidenschaft für einen mexikanischen Boxer namens Pepe Alvarez erzählt, beginnt Joel zu verstehen und mit ihm zu fühlen. »Das Hirn mag Rat annehmen, doch nicht das Herz, und die Liebe, die nichts von Geographie weiß, kennt keine Grenzen«, erklärt ihm Randolph. »Beschwere sie mit Gewichten und versenke sie tief, ganz gleich, sie wird aufsteigen und die Oberfläche finden: und warum auch nicht? Jede Liebe ist natürlich und schön, die in der Natur eines Menschen liegt. Nur Heuchler meinen, ein Mensch sei verantwortlich für das, was er liebt, Analphabeten des Gefühls und jene selbstgerechten Neider, die in ihrer aufgebrachten Besorgnis so oft den Pfeil, der gen Himmel weist, fälschlich für jenen halten, der in die Hölle führt.« In diesen und anderen Passagen wird Randolph zum Sprachrohr für die Hauptthemen des Romans – und die Themen, die alle Werke Trumans beherrschen: die Einsamkeit, die alle heimsucht außer die Dummen und Unsensiblen, die Heiligkeit der Liebe in welcher Form auch immer, die Enttäuschung, die regelmäßig auf hohe Erwartungen folgt, und die Perversion der Unschuld.

Als Joel endlich gestattet wird, seinen Vater zu sehen, findet er nicht den gutaussehenden, schneidigen Mann vor, um den sich seine Phantasien gerankt haben, sondern einen fast sprechunfähigen Paralytiker, der um Hilfe ruft, indem er von seinem Bett aus rote Tennisbälle auf den Boden fallen läßt. Der Brief, der ihn nach Skully's Landing geholt hatte, war nicht von seinem Vater gewesen, sondern hatte in roter Tinte auf wassergrünem Papier Randolphs spinnwebartige Schrift getragen. Joel, der sich sowohl betrogen als auch in einer Falle gefangen fühlt, brennt mit Idabel durch, zieht sich vom Regen aber eine Lungenentzündung zu und wird nach Skully's Landing zurückgeschafft. Dort wird er von Randolph gesundgepflegt und erkennt am Ende, daß es kein Entrinnen gibt: Skully's Landing ist jetzt sein Zuhause, der Ort, wo er hingehört. Die sonderbare Frau mit den dicken Hängelocken war ebenfalls Randolph gewesen, der sich nostalgisch in das Kostüm hüllte, in dem er einst Pepe Alvarez auf einem Maskenball verführt hatte. Als ihm das geisterhafte Gesicht ein zweites Mal vom Fenster aus winkt, gehorcht Joel. Er hält nur kurz am Rande des Gartens inne – so die letzten Worte des Buches –, wo er »zurückschaute… auf den Knaben, den er hinter sich gelassen.«

Truman hatte zwar niemals an einem so merkwürdigen Ort wie Skully's Landing gelebt und keinen geistreichen Transvestiten wie Randolph gekannt, aber er verlieh einigen seiner Charaktere dennoch Züge wirklicher Menschen. So könnte er zum Beispiel ein Bild von sich im Alter von dreizehn Jahren betrachten, wenn er Joel als »zu hübsch, zu zart und hellhäutig« beschreibt, um ein echter Junge zu sein. Er könnte ebenfalls von sich sprechen, wenn er Joel den Familiennamen seiner Mutter, Knox, und nicht den seines Vaters, Sansom, gibt. Harper Lee diente ihm teilweise als Vorbild für die wilde und jungenhafte Idabel – sie verspottet Joel als »Heulsuse« – und die arme Callie Faulk für die ständig jammernde Miss Amy.

Diese oberflächlichen Ähnlichkeiten sind jedoch bedeutungslos verglichen mit den verborgenen Parallelen. Truman hat die Geschichte seiner Kindheit auf der untergründigen Ebene in Symbolik und Allegorie geschrieben. Joel ist sein Alter ego, sein emotionaler und geistiger »Doppelgänger«. Seine Mutter läßt ihn im Stich, indem sie stirbt; Nina ließ Truman im Stich, indem sie ihn so oft der Fürsorge von Sook und der anderen Faulk-Verwandten anvertraute. Der Invalide in Skully's Landing ist nur dem Namen nach Joels Vater; auch für Truman war Arch wenig mehr als ein Name. Joel sehnt sich verzweifelt nach Liebe – »Lieber Gott, mach, daß mich jemand liebt«, betet er –, und dasselbe galt natürlich für Truman. Joel unternimmt mehrere Versuche, ein normaler, heterosexueller Junge zu werden: Er küßt Idabel, wird aber heftig zurückgestoßen; er will eine gefährliche Sumpfschlange töten, ist aber starr vor Angst. So hatte auch Truman, als er jünger war, auf manche Weise versucht, der normale Junge zu sein, den sich seine Mutter und alle übrigen wünschten, und war damit gescheitert. Als Joel schließlich zu der sonderbaren Frau im Fenster hingeht, akzeptiert er sein Schicksal, daß er homosexuell ist, immer andere Stimmen hören und in anderen Räumen leben wird. Doch dieses Annehmen ist keine Kapitulation: Es ist eine Befreiung. »Ich bin ich«, jauchzt er. »Ich bin Joel, wir sind aus dem gleichen Holz geschnitzt.« So hatte in gewissem Sinn auch Truman triumphiert, als er Frieden mit seiner eigenen

Identität schloß. Die Schuldgefühle, die Tarnungen und die endlose Scham eines Newton waren nichts für ihn.

Fast nichts in Trumans fiktionaler Welt repräsentiert bloß, was es zu sein scheint, sondern hat stets auch eine andere, tiefere Bedeutung. Eine Glocke, die einst dazu diente, die Sklaven von den Feldern zu rufen, und die aus der Erde ausgegraben wird, signalisiert Joels Aufruf zu einem neuen Leben. Als Idabels grüngetönte Spielzeugbrille zerbricht, sind Joel und sie gezwungen, das Leben so zu sehen, wie es ist, in seinen wahren und oft unerfreulichen Farben. Ein Symbol folgt dem anderen in einem verschlungenen und wohldurchdachten Muster. So hieß Moon City zum Beispiel in Trumans erstem Entwurf Cherryseed City, und Skully's Landing war Minton's Landing. Beiden Namen fehlte die zusätzliche Dimension, um die es ihm ging; erst in seinem zweiten Entwurf verlieh er ihnen ihre angemesseneren symbolischen Namen, die Joels psychologische Reise aus dem Tag in die Nacht, aus der aktiven, irdischen Welt in die untergründige Welt der Träume unterstreichen. Indem Truman Joel aus der Helligkeit von Moon City durch dunkle Nebenstraßen nach Skully's Landing kutschiert, dringt er in sein eigenes Unbewußtes ein.

Auch die Menschen, denen Joel dort begegnet, sind symbolisch zu verstehen. Durch den Mangel an Realismus und den Rückgriff auf Symbole ist »Andere Stimmen« weniger ein realistischer als ein romantischer Roman. Ein Roman ist gewöhnlich von realistischen Charakteren mit einer Vergangenheit, einer Zukunft und einer Gegenwart bevölkert oder sollte es wenigstens sein. Der romantische Roman enthält im Gegensatz dazu unrealistische, stilisierte Figuren, die psychologische Archetypen darstellen. »Das ist der Grund, warum der romantische Roman so oft die Glut subjektiver Intensität ausstrahlt, die dem realistischen Roman fehlt«, meint der Kritiker Northrop Frye, »und warum an den Rändern ständig Gleichnishaftes einsickert.« Randolph, Jesus Fever und Joels Vater sind alle solche stilisierten und archetypischen Figuren, und das Gleichnis, das an den Rändern von Trumans Geschichte »einsickert«, ist uralt: der Sohn auf der Suche nach seinem Vater, der junge Mann auf der Suche nach seiner

Identität. Obwohl er an ein anderes Ziel, zu einer anderen Auffassung von Männlichkeit gelangt, folgt Joel Harrison Knox den Fußstapfen vieler Helden von Mythen und Legenden.
Eine so dichte und mit Symbolen befrachtete Fiktion verdankt der Poesie ebensoviel wie der Prosa. »Als eine poetische Explosion bei stark gezügelter Emotion« charakterisierte Truman selbst »Andere Stimmen«. Mit dem Überschwang eines jungen Lyrikers hat er im Sprachschatz gewühlt und aus gewöhnlichen Worten Bilder von bleibender Schönheit geschaffen. Als Joel seinen Vater zum ersten Mal besucht, läßt er »eine Menagerie von Kristallglocken« erklingen, »die auf dem Kaminsims so silberhell klangen wie das Sprudeln eines Baches«; in der unheimlichen Düsternis des Hotels Cloud »spielten Wasserschlangen, die über die Saiten glitten, Abendlieder auf dem verrottenden Klavier des Ballsaales«. Manchmal drängt Truman in seinem fast ekstatischen Umgang mit der Sprache zu viele dieser intensiven Wortbilder auf zu engem Raum zusammen, und sein Stil entgleist zu einer Art »Sumpfbarock«. Aber diese überladenen Passagen sind selten und schaden dem Werk als Ganzem kaum. Es ist das Produkt eines reifen Künstlers, der souverän über seine sehr beträchtlichen Mittel gebietet. »Andere Stimmen« überrascht und erstaunt immer wieder, wie es Träume und Nachtmahre tun.

Etwa einen Monat, nachdem Truman das Manuskript abgeschlossen hatte, begegnete er auf der Madison Avenue seiner Freundin Doris Lilly. Er »hüpfte daher wie eine Geiß im Frühling«, erzählte sie. Er hielt zwar für einige Sekunden an, um sie zu begrüßen, war jedoch zu aufgeregt, um stillzustehen. Er hopste so heftig herum, daß ihm seine Brille auf die Nasenspitze rutschte. »Sie werden ihn veröffentlichen«, schrie er. »Meinen Roman!« Dann hüpfte er weiter, »so glücklich, wie ich noch nie einen Menschen darüber glücklich gesehen habe«, fügte sie hinzu, »als sein Traum Wirklichkeit wurde.«
Als aus dem Herbst Winter wurde, schwand jedoch die Euphorie, und die Sorge trat an ihre Stelle. Selten hatte sich ein Prosaautor auf bedrucktem

Papier so nackt gezeigt. Für nur 2 Dollar und 75 Cents konnte ihm jeder Mann und jede Frau bis in die verborgensten Winkel seiner Seele folgen. Truman konnte auch nicht behaupten – wie das Schriftsteller gewöhnlich tun –, sein Held sei bloß seiner Phantasie entsprungen, denn auf der Rückseite des Schutzumschlags war ein Foto von ihm zu sehen, das genau der Beschreibung von Joel Harrison Knox entsprach. Truman, selbst kaum älter als dreizehn wirkend, liegt träge auf einer Couch und schaut mit so weitgeöffneten Augen und einem so aufreizenden Gesichtsausdruck in die Kamera, daß es scheint, als wolle er den Betrachter verführen. Das war jedenfalls die Botschaft für Newton, als er ein Jahr zuvor das Bild gesehen hatte. »In diesen Augen liegt ein Ausdruck, den ich, ach so gut, kenne«, hatte er bemerkt, »und von dem ich entschieden hoffe, daß ihn kein anderer Mensch auf dieselbe Weise kennt. Bitte versichere mir, daß Du an Notwen Nivra dachtest, als Du diesen Ausdruck annahmst!«

Es mag zwar sein, daß Truman an Notwen Nivra dachte, als er im Januar 1947 in Harold Halmas Leica starrte, aber er hatte anderes im Sinn – Publicity –, als er seine Fotos Bob Linscott zeigte, der dieses für den Umschlag auswählte. Um Publicity ging es ihm auch, als er angab, was er als Klappentext haben wollte, in dem Autoren üblicherweise ihre akademischen Leistungen anführen. Trumans Biographie war, im Gegensatz dazu, viel mehr erfunden als die im Buch enthaltene Geschichte. Er habe, so hieß es da, »für einen drittklassigen Politiker Reden geschrieben, sei auf einem Vergnügungsdampfer als Tänzer aufgetreten, habe mit der Glasmalerei von Blumen ein kleines Vermögen verdient, für eine Filmgesellschaft Drehbücher gelesen, bei der berühmten Mrs. Acey Jones Wahrsagerei gelernt, beim *New Yorker* gearbeitet und für ein Ratgeber-Magazin Anekdoten ausgewählt...«

Als er das im Herbst schrieb, hatte er es in seiner euphorischen Stimmung halb scherzhaft gemeint. Als er in den kalten und schneereichen Weihnachtsferien 1947 von Grippe und Schnupfen geplagt in Northampton saß, kamen ihm Bedenken, und die übliche Beklommenheit vor einer Veröffentlichung schlug in Panik um. Fast das ganze Land – fast die ganze Welt –

schien auf das Erscheinen des schmalen Bändchens von zweihunderteinunddreißig Seiten zu warten. Buchhändler berichteten, die ersten Bestellungen seien schon im Oktober eingegangen. Random House bereitete die (für einen ersten Roman) außergewöhnlich hohe Auflage von zehntausend Stück vor, und elf britische und drei französische Verlage hatten sich bereits von sich aus um die Auslandsrechte beworben, »eine noch nie dagewesene Situation für den Autor eines Erstlings, der noch nicht einmal auf dem Markt ist«, erklärte die *New York Herald Tribune*. Wie Newton vorausgesagt hatte, war die Veröffentlichung dieses Buches zu einem Ereignis geworden. Nun blieb für Truman nur noch die quälende Frage, wie die Leute reagieren würden, wenn sie es gelesen hatten.

Die ersten Besprechungen kamen Anfang Januar heraus und waren nicht beruhigend. »Eine üppig wuchernde Prosa, die häufig vom Weg abkommt und sich in realitätsferne Phantasien kranker Gehirne verirrt, doch auch eindrucksvoll«, schrieb *Library Journal*. »Für Bibliotheken nicht zu empfehlen.« Dann hagelte es Verrisse in der allgemeinen Presse. »Die Geschichte von Joel Knox hätte nicht erzählt zu werden brauchen, wenn der Autor nicht das Bedürfnis gehabt hätte, sie sich von der Seele zu schreiben«, meinte Carlos Baker im *New York Times Book Review*, dem einflußreichsten Organ seiner Art des Landes. – »Mr. Capote hat einen Hexentrunk zusammengebraut«, schrieb der Kritiker der *Saturday Review*. – »[Das Buch] ist unreif und sein Thema darauf angelegt, einem eine Gänsehaut zu verursachen … Die widerwärtigen Begleiterscheinungen drapieren sein homosexuelles Thema wie Bartflechten«, höhnte *Time*. – »Eine tiefe, trübe Quelle Freudscher Symbole«, fand *Newsweek*. – »Eine zweitrangige Imitation der sehr begabten zweitrangigen Schriftstellerin Carson McCullers«, urteilte Elizabeth Hardwick im *Partisan Review*.

Obwohl die vorherrschende Meinung unter den New Yorker Kritikern negativ war, fanden mehrere andere doch so viel zu loben, daß es schien, als sprächen sie von einem anderen Titel. »›Andere Stimmen, andere Räume‹ rechtfertigt die Kritiker und Leser, die Capote als Schriftsteller von außerordentlichen Gaben begrüßt haben«, schrieb Lloyd Morris im *New York Herald Tribune Book Review.* »Es ist der aufregendste Romanerstling eines jungen Amerikaners, den dieser Rezensent seit vielen Jahren gelesen hat, und er hinterläßt bei ihm die Überzeugung, daß Capotes Talent nicht nur wirklich bedeutend, sondern auch reif und wandlungsfähig ist.« Trotz einiger Einwände stimmte ihm Orville Prescott, der Kritiker der Tageszeitung *Times* im großen und ganzen zu: »Es ist unmöglich, der mächtigen Magie seiner Prosa nicht zu erliegen. Sie enthält Szenen, die in ihrer Eindringlichkeit und Suggestivkraft keinen Vergleich mit der neueren Literatur zu scheuen brauchen... Viele Erstlinge sind plausibler, ausgewogener, fundierter als ›Andere Stimmen, andere Räume‹. Aber nur wenige sind künstlerisch aufregender und ein handfesterer Beweis für das Auftreten eines neuen Schriftstellers von substantiellem Talent.«

Außerhalb von Manhattan waren die meisten Besprechungen der Bewunderung voll. Im Gegensatz zu dem, was man hätte erwarten können, lösten die »widerwärtigen Begleiterscheinungen« der Homosexualität, die den Kritiker von *Time* und einige seiner vermeintlich weltläufigen Kollegen in New York so aufgeregt hatten, in der Provinz kaum ein Wimperzucken aus. »Dieser kurze Roman ist das atemberaubendste Phänomen, das in den vergangenen zehn Jahren in der literarischen Szene eingeschlagen hat«, verkündete die *Chicago Tribune.* »Das Aufeinanderprallen der Charaktere ergibt eine Geschichte, die der Phantasie eines Faulkner hätte entspringen können«, meinte die *Dallas News.* Die *Indianapolis Times* kündigte das Erscheinen eines Meisterwerks an: »Ein Buch von außerordentlicher literarischer Virtuosität – ein Werk, das einen Großteil der übrigen erzählerischen Prosa langweilig und uninspiriert erscheinen läßt.«

Ob sie es mochten oder nicht, fast jeder Kritiker war beeindruckt von der Zündung des extravaganten und blendenden sprachlichen Feuerwerks, und viele fühlten sich genötigt, Voraussagen über die Zukunft eines einzigartigen Verfassers zu machen. »Er ist begabt, gefährlich begabt«, meinte Prescott von der *Times,* der ihn dann wie ein strenger, aber wohlmeinender Lehrer ermahnte, »lang darüber nachzudenken, wie er seine außerordentlichen Talente zu nutzen gedenkt«. James Gray, ein für Zeitungsketten schreibender Kritiker, schien so hingerissen, daß er eine fast apokalyptische Prophezeiung aussprach. Truman, bemerkte er, »scheint dazu bestimmt, einer der feurigen Engel der Zerstörung in unserem Jahrhundert zu sein«.

Die vielleicht interessantesten und in gewisser Hinsicht scharfsinnigsten Kommentare wurden niemals veröffentlicht. Einer stammte von Newton, dem »Andere Stimmen« gewidmet ist, und war an seinen Freund Granville Hicks gerichtet, der ebensoviel zu tadeln wie zu loben gefunden hatte. »Ich kann gut verstehen, daß man Vorbehalte in bezug auf Trumans Buch haben kann«, antwortete ihm Newton. »Es ist nicht so, daß ich selbst keine hätte. Aber irgendwie – und es steht jedem frei zu bemerken, ich sei vielleicht doch ein winziges bißchen parteiisch – halte ich es im Moment nicht für so schrecklich wichtig, auf den Vorbehalten zu beharren. Wo immer seine Grenzen auch liegen mögen, das Buch ist das Werk eines *Schriftstellers*; das Werk eines Jungen, der zum Dichter geboren ist, und eines Künstlers, der auf alles, was er an sich zieht, eine magische Wirkung auszuüben scheint. Von wie vielen jungen amerikanischen Schriftstellern von heute kann man denn das wirklich behaupten? Und ist das nicht der entscheidende Punkt? Es gibt so viele Handwerker, so viele *gemachte* Autoren, so viele Kommerzschreiber. Und dann kommt ein Buch daher, das, etwas prätentiös nach James ausgedrückt, ganz offensichtlich das einzig wirklich Wahre ist. Sollten wir nicht einfach für den Augenblick unseren Sternen dafür danken und unsere Vorbehalte in Klammern setzen?«
Der zweite derartiger Kommentare stammte von Trumans einstigem Mentor George Davis. Typisch für ihn, daß er gleichzeitig bösartig, clever und überaus witzig war. Truman, der das Urteil dieser »großen literarischen Figur«, wie er und Andrew ihn sarkastisch nannten, respektierte und gleichzeitig fürchtete, hatte George ein Exemplar mit Widmung geschickt und dann vergeblich auf den erwarteten Glückwunsch gewartet. Nicht lange danach trafen sie sich zum Abendessen, aber George sagte immer

noch nichts, sondern widmete seine Aufmerksamkeit während der langen Taxifahrt in ein weit vom Zentrum entferntes Restaurant in Spanish Harlem überwiegend einer Erörterung des neuesten Opernklatsches. Truman saß schweigend da, während sie durch die Fünfziger und die Sechziger Straßen fuhren. Vielleicht schaffte er es auch noch, die Siebziger hindurch den Mund zu halten, aber irgendwo um die Achtzigste Straße überkam ihn die Angst derart, daß er seinen Stolz hinunterwürgte und sagte: »George, ich habe dir doch ein Exemplar von ›Andere Stimmen‹ geschickt.«

»Ja, ich weiß. Ich habe es erhalten«, antwortete George, der den Wink jedoch ignorierte und fortfuhr, sich über die Oper zu verbreiten.

»Äh… äh… äh… hast du es gelesen?«

»O ja, ich habe es gelesen«, entgegnete George und wandte sich mit sichtlichem Genuß wieder der Oper zu. »Hast du die neue Aufnahme der Rossini-Arien von Jennie Tourell gehört, Andrew? Sie sind nicht annähernd so gut wie die von Conchita Supervia.« Schließlich konnte Truman die Spannung nicht länger ertragen. »George, du hast gesagt, du habest mein Exemplar von ›Andere Stimmen‹ erhalten und gelesen«, platzte er dazwischen, wobei er so schnell und so erregt sprach, daß die Worte ineinander verflossen und wie ein einziges klangen. »Was hältst du davon?«

»Tja«, ließ sich George endlich gedehnt vernehmen, wobei er innehielt, um die Lippen zu spitzen und seine Wangen nach innen zu saugen, wie er es gewöhnlich tat, wenn er im Begriff war, eine wichtige Erklärung abzugeben. »Wahrscheinlich *mußte* einer den schwulen ›Huckleberry Finn‹ schreiben.«

»Andere Stimmen« gelangte fast sofort in die Bestsellerliste der *New York Times* und hielt sich dort neun Wochen lang. Es wurden mehr als sechsundzwanzigtausend Exemplare davon verkauft, eine Zahl, die wenn auch nicht gerade als sensationell, so doch als äußerst gut betrachtet wurde, insbesondere wenn man bedenkt, was für ein Thema behandelt wird und daß eine konventionelle Handlung fehlt. Die Auflagenzahl war jedoch nur *ein* Maßstab seines Erfolgs. Obwohl viele andere Romane von 1948 einschließlich Norman Mailers »The Naked and the Dead« (»Die Nackten und die Toten«) und Irwin Shaws »The Young Lions« (»Die jungen Löwen«) ein Mehrfaches davon absetzten, wurde über kein anderes Buch so viel diskutiert, und keines war so umstritten. Trumans Renommee, das seit »Miriam« in literarisch interessierten Kreisen stetig gewachsen war, explodierte schlagartig. Menschen, die noch niemals eine Buchhandlung betreten hatten, kannten plötzlich den Namen und mit Sicherheit das Gesicht von Truman Capote.

In Wirklichkeit löste sein Bild auf der Rückseite wahrscheinlich mehr Kommentare aus als seine Prosa. Mehrere Zeitungen und Zeitschriften druckten es neben ihren Rezensionen ab, Random House verwendete es in Anzeigen – »Das ist Truman Capote« –, und riesige Vergrößerungen gingen an die Buchläden. Eines Abends, als Truman Andrew besuchte, ging Harold Halma spazieren und hörte ein Gespräch mit, das zwei Frauen mittleren Alters vor der Auslage einer Buchhandlung auf der Fifth Avenue führten. »Ich sage dir, er ist bloß jung«, meinte die eine. – »Und ich sage dir, wenn er nicht jung ist, dann ist er gefährlich!« antwortete die andere. Harold eilte in die Wohnung zurück, um es Truman zu erzählen, der aufstöhnte und vorgab, sich zu ärgern, aber den Wortwechsel jedem weitererzählte, der ihm zuhörte.

Es gab Leute, die verärgert, ja empört waren über seine anzügliche, verführerische Pose. Merle Miller, dessen eigener Roman »That Winter« auch soeben herausgekommen war, zog auf einer Verlagsveranstaltung über die Wahl des Fotos her. Wenn es Trumans Idee gewesen sei, sagte er, sei es beklagenswert; wenn es von seinem Verleger ausgegangen sei, skandalös. Jemand, der mit »ein Kritiker« unterschrieb, sandte eine Postkarte an Random House: »Bezüglich Ihres neuentdeckten Wunderkindes ›Truman Capote‹, sic, ist es geradezu töricht von Ihnen zu glauben, daß es dieser Einfaltspinsel zu irgend etwas bringen wird, speziell durch seine dummen Posen... Ihre Anzeige stellt diesen arglosen Narren als einen Insassen des KZ Buchenwald dar, der eben in halbverhungertem Zustand freigelassen wurde, oder als Landstreicher, der auf einem Bowery-Sessel zusammengesunken ist, nachdem er die ganze Nacht Fusel gesoffen hat.«

Andere dagegen waren amüsiert, und das Buch war kaum ausgeliefert worden, als der Kolumnist William Targ den folgenden Limerick im *Manhattan Letter* brachte:

> Some like their prose a bit doughty,
> While others want fiction that's oaty
> But only an heir
> Of Charles Baudelaire
> Would care for the work of Capote.

Wie Truman damit gerechnet hatte, daß ihm das Bild Publicity einbringen würde, zählte der Humorist Max Shulman darauf, daß eine komische Imitation dasselbe für ihn bewirken werde. Das dunkle Haar in die Stirn gekämmt, nahm er, identisch gekleidet, die gleiche Pose für das Bild auf dem Umschlag seines eigenen Buches ein, einer Anthologie mit dem Titel »Max Shulman's Large Economy Size«. »Shulman schrieb diese drei Bücher zwar im Alter von acht Jahren«, hieß es in der Biographie des Autors, »doch haben Kritiker darauf hingewiesen, daß sie durchaus Scharfsinn und Durchblick eines Neunjährigen verraten.«

Truman hatte sich Aufmerksamkeit gewünscht, nicht Verrisse und Gelächter. Er hatte nicht vorausgesehen, daß dieses Bild das Werk, für das es werben sollte, in den Schatten stellen und in gewisser Weise trivialisieren würde und das »einzig wirklich Wahre« zu etwas herabwürdigen würde, was viele als Produkt einer brillanten Werbekampagne abtaten. Als er den Schaden erkannte, den das Bild angerichtet hatte, versuchte er seine Verantwortung dafür zu leugnen, indem er erstens behauptete, daß es sich um einen ungestellten Schnappschuß Harolds handle, und zweitens, daß er nicht dabeigewesen sei, als Linscott das Foto für den Umschlag auswählte. Beides stimmte nicht. Er hatte Harold gebeten, ihn aufzunehmen, und ihm genau gesagt, wie er aussehen wollte. Und wenn es auch Linscotts Idee gewesen war, das Foto auf den Umschlag zu nehmen, stimmte Truman doch bereitwillig, wahrscheinlich sogar begeistert, zu und setzte sich damit über den klügeren Rat von Mary Louise hinweg, die ihn darauf aufmerksam gemacht hatte, daß sich das Bild nicht für die Öffentlichkeit eigne. So mußte er letztlich sich selbst die Schuld am Eklat geben, den es auslöste. Fotografien hatten ihm jedoch sonst immer genützt, und wenn ihn diese auch zur Zielscheibe des Spottes machte, so erfüllte sie doch ihren primären Zweck: Sie machte ihn nicht nur zu einer literarischen, sondern zu der öffentlichen Figur, die er immer hatte sein wollen.

Literaturseiten in allen Teilen des Landes und gelegentlich auch Klatschspalten fingen bald an, Artikel über ihn zu bringen, wobei die von ihm verfälschte Biographie oft wörtlich zitiert wurde. »Truman Capote hat die Kritiker ins Schleudern gebracht: Sie können sich nicht entscheiden, ob er ein Genie ist oder nicht«, stand in einem Blatt eines so unvorstellbaren Ortes wie Beaumont/Texas. Am 8. Februar berichtete *Times Book Review*, daß der Absatz von »Andere Stimmen« siebenhundert Exemplare täglich erreicht habe und bereits eine Capote-Legende im Entstehen sei. In den Wochen, die folgten, räumte ihm *Book Review* fast einen permanenten Platz ein, und zwar unter der Überschrift »Capote-Ecke« oder »Nachricht der Woche über Truman Capote«. Als am 29. Februar nichts Neues zu vermelden war, ersparte sie ihren erwartungsvollen Lesern eine vergebliche Suche mit dem Hinweis: »Capote-Nachrichten: diese Woche nichts Neues.« Während des ganzen Winters und Frühjahrs waren Truman und sein Buch auch unter Nichtfachleuten beliebte Gesprächsthemen. »Man kann heutzutage auf keine Party gehen, ohne daß sich die Leute über das Thema Truman Capote in zwei Lager spalten«, bemerkte eine junge New Yorkerin zu Selma Robinson, einer Reporterin des Boulevardblattes *PM*, die ein Truman-Porträt schrieb. »Manche ergreifen die eine Partei, manche die andere, und nicht unbedingt die, die sein Buch gelesen haben.« Random House hatte den berühmten Umschlag mit einer Lobeshymne seiner alten Freundin Marguerite Young geziert, und das ganze Jahr über, so erzählte sie, »konnte ich zu keiner literarischen Cocktail-Party gehen, ohne daß sich die Leute auf mich stürzten, mich anschrien und praktisch verfluchten, weil ich ›dieses Ding‹ gelobt hatte! Das Buch löste eine absolute Hysterie aus. Truman erhielt Koffer voll Briefe von Leuten aus allen Teilen der Vereinigten Staaten, die er mir jeden Abend am Telefon vorlas.«

Auf jeden Angreifer entfiel ein Verteidiger. An vielen Universitäten wurde »dieses Ding« von jungen Ästhetinnen und Ästheten hoch geschätzt, die gegen die damals herrschende nüchternere Prosa und den nüchterneren Geist rebellierten. »Sooft ich 1948 den nach Hamburgern stinkenden Rasen des Washington Square College überquerte, hielt ich Ausschau nach ›Andere Stimmen, andere Räume‹«, schrieb Cynthia Ozick. »Zu der Zeit wimmelte es dort von ziemlich beschränkten, ziemlich aggressiven Kriegsveteranen in den Dreißigern, denen die Universitäten dank der GI-Bill offenstanden. Die Handvoll junger Ästheten, die Vergil-Lektüre aus der High School noch frisch in den Ohren (*O infelix Dido!*) und dazu verdammt, in vergeblicher Suche nach Schönheit den ausgepowerten Nachkriegsmob zu durchstreifen, fanden einander durch Truman Capote… [Er] war das Banner gegen diese Misere. Mit Capote unter dem Arm über den Campus zu wandeln bedeutete dieselbe Auszeichnung und denselben Dissens gegenüber den Werten der Welt wie eine Mönchskutte.«

Wenn Schriftsteller auf ihre Laufbahn zurückblicken, erinnern sich wenige von ihnen an die guten Besprechungen. Aber die schlechten sind in ihrem Herzen eingegraben. Truman war darin keine Ausnahme. Er vergaß die guten Worte der *Chicago Tribune*, der *Indianapolis Times* und all der anderen Presseorgane, die ihn gelobt hatten, aber die abfälligen kannte er beinahe auswendig. »Mit Ausnahme jener in der *Herald Tribune* hatte mein Roman nichts als schlechte Kritiken«, meinte er. »Alle übrigen waren schrecklich. Ich kann mich an keine gute erinnern.«

Der nahezu allgemeine Beifall, mit dem seine Kurzgeschichten überhäuft worden waren, hatte ihn verwöhnt. Um so weniger war er auf ernsthafte Kritik gefaßt. Nach realistischen Maßstäben hatte er einen Triumph errungen. Aber sein Maßstab war nicht realistisch und sein Erfolg somit kleiner, als er ihn sich erträumt hatte. »Truman glaubte, ›Andere Stimmen‹ werde der größte Knüller seit ›Vom Winde verweht‹«, meinte Andrew. »Wenn das Buch ein totaler Flop gewesen wäre, hätte er es, glaube ich, nicht überlebt.« Zum Teil wegen des Aufruhrs, den das anstößige Foto auslöste, hatte sein Triumph für ihn allen Glanz verloren. »Ich war so schockiert und verletzt, daß ich mich überhaupt nicht mehr darüber freuen konnte«, sagte er. »Alles war anders, als ich mir immer vorgestellt und erhofft hatte.« Deprimiert und verwirrt, glaubte er, die Zielscheibe eines Komplotts der Demütigung und des Spottes zu sein.

Selma Robinson, die ihn Ende Januar in der Park Avenue 1060 für *PM* interviewte, mußte feststellen, wie wenig glücklich es ihn machte, »der meistdiskutierte Schriftsteller in den literarischen Kreisen New Yorks« zu sein, wie sie es formulierte. Er war nicht derselbe Mensch, den Doris Lilly einige Monate zuvor die Madison Avenue hatte entlangstürmen sehen. Wie er die Reaktion auf seinen Roman empfinde, fragte sie ihn. »Das Lächeln wich abrupt aus seinem Gesicht«, schrieb sie, »und er sah aus wie ein gekränkter, ratloser Junge: ›Ich habe sie nicht in dieser Weise erwartet. Manche Besprechungen erschienen mir so blind. Sie bezeichnen das Buch als Fantasy – als dekadent – sie behaupten, ich hätte ein Buch über Homosexualität geschrieben. Das habe ich nicht, und es war auch nicht meine Absicht. Ich muß schließlich wissen, worum es mir ging – ich habe das Buch geschrieben.‹ Einige Rezensionen (er erhob sich, um eine Handvoll zu holen) seien gar so gut wie persönliche Angriffe gewesen, was ihn überrascht habe. Er ließ sie durch die Hände gleiten, mit einem Ausdruck, der fast Angst verriet, und einen Moment lang wirkten seine Augen hilflos und verstört, blank wie die Augen eines sehr kleinen Lebewesens – eines Hasen oder eines Eichhörnchens, das hinter eine Hecke flitzt.«

Selma Robinson fragte ihn darauf, wie er selbst »Andere Stimmen« charakterisieren würde, und seine Antwort war eine Art von emotionalem Gestammel: »Es ist der helle Augenblick, der gespenstische Augenblick im Leben eines völlig verlassenen Kindes. Ein Augenblick in seinem Leben, der Augenblick, in dem es von seiner Kindheit Abschied nimmt. Ich erkenne ein bestimmtes Verhaltensmuster in Joels Sommer in Skully's Landing, obwohl ich nicht weiß, wie sein Leben verlaufen wird, wenn er erwachsen ist.«

21

Trumans natürliche Elastizität kam jedoch bald wieder zum Tragen, und sobald sich die Aufregung gelegt hatte, wandte er sich der Frage zu, die jeden jungen Romancier belastet, der einen bedeutenden Erfolg errungen hat: Was nun? Ein Buch ist für einen ernsthaften Schriftsteller eine bedeutende Investition, und durch die falsche Wahl des Stoffes oder der Handlung vergeudet er insbesondere am Anfang nicht nur seine Zeit und dämpft seinen Schwung, sondern kann auch seinen immer noch verletzlichen Ruf kaputtmachen. Dies war ein Berufsrisiko, dessen sich Truman bewußt war und das er zu vermeiden trachtete. Er hatte sich einen Namen gemacht und wußte, daß er, um ihn zu behalten, nicht nur würde arbeiten müssen, sondern an etwas würde arbeiten müssen, das richtig für ihn war. »In der Literatur langfristig Erfolg zu haben, ist das schwierigste Geschäft der Welt«, meinte er später. »Ein guter Schriftsteller zu sein und an der Spitze zu bleiben ist einer der schwierigsten Balanceakte überhaupt. Talent allein genügt nicht. Man braucht ungeheures Stehvermögen. Von all den Leuten, die zur gleichen Zeit wie ich zu veröffentlichen begannen, sind nur noch drei übrig, die irgend jemand kennt – Gore, Norman und ich. Es muß irgendeinen Faktor ›X‹ geben, irgendeine zusätzliche Dimension, die uns in Schwung gehalten hat. Wirklich erfolgreiche Menschen sind wie Vampire: Man kann sie nur töten, indem man ihr Herz durchbohrt. Der einzige, der einen wirklich starken und begabten Schriftsteller vernichten kann, ist er selbst.«

Zum Glück hatte er Zeit, über seine Zukunft nachzudenken. Ermutigt durch die Aufnahme von »Andere Stimmen« schob Random House im folgenden Winter eine Anthologie seiner Kurzgeschichten nach, die ihm das ganze Jahr 1949 über Aufmerksamkeit sichern sollte. Wenn jemand in ihn drang, was danach folgen würde, sprach er, wenn auch vage, über einen zweiten Roman, dem er den Arbeitstitel *Monday's Folly* gegeben habe. Er werde in Manhattan spielen, sagte er, und von einer Frau handeln, die zum Katalysator für vier Menschen wird, die nach Freiheit streben. Er klang jedoch nicht sehr begeistert und schien es nicht eilig zu haben, sich erneut mit einem Notizbuch und den von ihm bevorzugten weichen Bleistiften hinzusetzen. Er schien es nicht eilig zu haben, sich erneut von dem schöpferischen Fieber in Besitz nehmen zu lassen, das »Andere Stimmen« hervorgebracht hatte. Wie alle, die eine große und anstrengende Aufgabe bewältigt haben, brauchte er eine Pause und einen Tapetenwechsel, bevor er sich wieder an die Arbeit machte.

Die Aussicht, den ganzen Sommer lang auf Nantucket in einer Hängematte zu liegen und sich mit Newtons schon fast existentiellen Verstimmungen herumzuschlagen, lockte ihn nicht. Sein Wunsch nach neuen Horizonten zog ihn in eine völlig andere Richtung: Europa. Zum ersten Mal seit dem Krieg konnten jetzt gewöhnliche Amerikaner den Atlantik überqueren, und Tausende von ihnen – nicht weniger als hunderttausend, einer Schätzung zufolge – nahmen bereits Buchungen vor. Tennessee Williams und Gore Vidal waren bereits abgereist, und mehrere andere Freunde wie Gian-Carlo Menotti und Samuel Barber waren dabei zu packen. Im April wußte Truman, daß er den Herbst in Manhattan nicht ertragen würde, wenn er sich nicht in den Strom eingereiht hatte, der 1948 zur Grand Tour aufbrach. Und so kam es, daß er sich am Morgen des Freitags, des 14. Mai, nach einem fünftägigen Abschied von Newton in Northampton und mehreren späteren gefühlvollen Telefonaten in einer winzigen Kabine der Queen Elizabeth wiederfand, umgeben von neuen Lederkoffern und einer Reihe von Freunden, die ihm Lebewohl sagten. »Kümmere dich bitte um Newton!« bat er Andrew.

Sein Ruhm eilte ihm voraus. Die europäischen Ausgaben von »Andere Stimmen« ließen zwar noch Monate auf sich warten, doch waren Exemplare der amerikanischen Ausgabe sowie der Magazine, die ihn so groß herausgestellt hatten, über den Atlantik gelangt, und in England und Frankreich rissen sich viele darum, das verführerische junge Genie auf dem viktorianischen Sofa kennenzulernen. »Hier schwärmt alles von Truman Capote«, schrieb ein in London lebender junger Amerikaner einem Freund nach Hause – schon eine Woche bevor Truman die Gangway der Queen Elizabeth betrat. Gerüchten zufolge, fügte der junge Amerikaner hinzu, sei der in Paris lebende Denham Fouts, der berühmte Lustknabe von Prinzen, Lords und Millionären und eine legendäre Figur in internationalen Homosexuellenkreisen, von Trumans Bild so hingerissen gewesen, daß er ihm einen Blankoscheck geschickt habe, auf dem nur ein Wort stand: *Come*. »Jetzt wird Capote ja bald in Paris auftauchen«, sagte Waldemar Hansen, der erwähnte junge Amerikaner, zuversichtlich voraus.

Trumans erste Station war jedoch London. Eine der Früchte des Erfolgs als Bestsellerautor auskostend, quartierte er sich im Claridge's ein, von wo aus er, mit Einladungen und Empfehlungsschreiben in New York lebender Engländer ausgestattet, zu Begegnungen mit einem Großteil des englischen literarischen und gesellschaftlichen Establishments aufbrach. Er besuchte Cecil Beaton in Reddish House, dessen Landsitz in der Nähe von Salisbury, er fuhr nach Oxford zum Lunch mit dem Literaturprofessor Lord David Cecil, und er dinierte oder führte zumindest Gespräche mit allen Sternen am Literaturhimmel, von Somerset Maugham und Evelyn Waugh bis Noël Coward und Harold Nicolson, der versuchte, ihn ins Bett zu locken. Selbst die Engländer, die exzentrische Charaktere gewohnt sind, waren von ihm überrascht. »Er sah aus wie ein Kind und redete wie ein sehr differenzierter, sympathischer Erwachsener«, erinnerte sich Lord Cecil. »Er bemerkte, Evelyn Waughs ›The Loved One‹ (›Tod in Hollywood‹) sei nicht so gut, wie es scheine, da ihm jegliche Zärtlichkeit fehle«, schrieb Nicolson in sein Tagebuch. »Er sagte das so einfach, daß es mir gefiel.«

In mancher Hinsicht war er wirklich so naiv und unwissend, wie er schien.

Ein Bewohner der Fidschi-Inseln könnte kaum mit einer verschwommeneren Vorstellung von seinem Bestimmungsort in Southampton gelandet sein. So hatte man zum Beispiel freundlicherweise in Cambridge eine Begegnung mit E. M. Forster, den Truman unter den lebenden Autoren am meisten bewunderte, für ihn arrangiert. Im Glauben, sich eine zweite Fahrt ersparen zu können, hatte Truman vor, nach seinem Lunch mit Lord Cecil zu Forsters Wohnung hinüberzuschlendern. Erst als er seinen Kaffee ausgetrunken hatte, entdeckte er, daß Oxford und Cambridge nicht durch einen kleinen Spaziergang miteinander zu verbinden waren und daß er seine Verabredung mit Forster nur durch göttliche Intervention würde einhalten können, die jedoch nicht eintrat. »Ich hatte mir in den Kopf gesetzt, Oxford und Cambridge seien ein und derselbe Ort, eine Art Oxbridge«, gab er offenherzig und ohne die geringste Verlegenheit zu. »Erst, als ich nach dem Weg zu Mr. Forsters Haus fragte – erst da erfuhr ich, daß Cambridge mehr als hundert Meilen in der entgegengesetzten Richtung liegt. Ich stand nicht gerade vorteilhaft da, aber ich glaube, daß der Vorfall Mr. Forster amüsiert hat; zumindest schrieb er mir einen charmanten Brief, in dem er meinen Irrtum bedauerte.«
Weitere solcher Irrtümer wurden wahrscheinlich von Waldemar Hansen verhindert. Er und Truman waren in New York flüchtige Bekannte gewesen, und als sie sich in London trafen, bot ihm Waldemar an, ihm als Fremdenführer zu dienen. »Ich war sehr beeindruckt von ›Andere Stimmen‹ und empfing ihn mit offenen Armen«, erzählte Waldemar, der damals selbst erst fünfundzwanzig war. Waldemar war charmant im Wesen und amüsant im Gespräch, hatte ein schmales, knochiges Gesicht, geprägt durch dicke Augengläser, und war ein Dichter, der als Beatons Sekretär und Ghostwriter gearbeitet hatte. Nun war er der Geliebte von Peter Watson, einem millionenschweren Kunstmäzen. Durch Beaton und Watson kannte Waldemar praktisch jedermann und jedefrau, die es sich im Literatur- und Kunstbetrieb Londons zu kennen lohnte. Wen Truman nicht auf eigene Faust kennenlernte, dem wurde er durch Waldemar vorgestellt. »Truman interessierte sich nicht für Dinge wie den Tower von London«, berichtete er, »wir machten deshalb nicht die übliche Besichtigungstour.«

Für Truman und viele andere, die in diesem Jahr kamen, waren zwei Wochen England mehr als genug: 1948 war London eine deprimierende Stadt, grau, schäbig und niedergeschlagen. Es herrschte noch strikte Rationierung, gutes Essen aufzutreiben war praktisch unmöglich, und um Strom zu sparen, hob sich der Vorhang in den Theatern schon um 7 Uhr; um 10 Uhr abends waren die Straßen dann so gut wie ausgestorben. Der Sieg über Deutschland hatte den britischen Entbehrungen nicht das erwartete Ende gesetzt, und das ganze Land schien von einer Stimmung der Hoffnungslosigkeit und verdrossenen Erschöpfung, einer Art nationaler Apathie durchzogen.

Waldemar war eine große Hilfe für einen Arglosen im Ausland gewesen, und Truman revanchierte sich, bevor er nach Paris weiterreiste, indem er ihn beriet, wie er seine rapide zerfallende Beziehung zu Watson wieder kitten könnte. Man kann sich leicht vorstellen, wie fasziniert Trumans Augen funkelten, als er Waldemars leidvolle Geschichte hörte, die sein Interesse zweifellos weitaus mehr erregte als alles, was er im British Museum hätte sehen können, wenn es ihm eingefallen wäre, diese erlauchte Institution zu betreten. Pygmalion war die Rolle, die er am meisten genoß, und das Leben anderer Leute zu lenken, machte ihm das größte Vergnügen.

Er hörte aufmerksam zu, überlegte und teilte ihm dann seinen Rat mit: Waldemar sei zu willfährig gewesen. Watson, ein großer, schlanker, attraktiver Mann von vierzig Jahren, der sich vorübergehend im Hotel Pont Royal in Paris aufhielt, fühle sich durch ihn nicht herausgefordert. »Wenn du eine große Kurtisane sein willst«, erklärte Truman, »mußt du dich rar machen.« Aber natürlich, fügte er hinzu, könne Waldemar sich nicht aus der Distanz rar machen – er müsse Truman nach Paris begleiten, Watson gegenüber aber selbstverständlich behaupten, er sei nur gekommen, um jemandem als Cicerone zu dienen, der nur zwei Worte Französisch könne, jene *»mille tendresses«*, mit denen Truman Newtons Beispiel folgend manchmal seine Briefe schloß. »Wagen wir uns in die Höhle des Löwen!« erklärte Truman mutig. Waldemar bedurfte keiner großen Überredung, und so sandten sie denn, nachdem sie zwei der besten Sitze auf dem Schiffszug nach Paris gebucht hatten, folgendes Telegramm an Watson: »Wechseln Stimmen, wechseln Räume. Zwei tanzende Töchter eintreffen Pont Royal Sonntag abend. Vielleicht ergibt sich ein Tango mit Dir.«

Das Paris, das die beiden tanzenden Töchter empfing, hätte genausogut auf der anderen Seite des Planeten liegen können, so sehr unterschied es sich in seiner Stimmung von London. Obwohl rationierungsbedingte Knappheit auch in Frankreich Härten und Beschwernisse verursachte, herrschte eine an Taumel grenzende Hochstimmung: Der Unterdrücker war fort, und das Leben begann aufs neue. Ein paar Wochen zuvor hatte ein Befehl Hunderte von Scheinwerfern aufleuchten lassen, und die Monumente, die seit 1939 im Dunklen geblieben waren – Notre-Dame, der Triumphbogen, die Place de la Concorde – schmückten erneut die Nacht wie kostbares Kristall, das aus dem Versteck geholt wurde. Eine weitere Anordnung hatte eine Unzahl lange versiegter Brunnen wieder in Gang gesetzt. Ihre Wasserkaskaden ließen eine Melodie erklingen, die in der Dekade der Dunkelheit in Vergessenheit geraten war. Noch Monate danach zerging ihr ungewohnter Sprühregen wie Wein auf der Zunge der aufatmenden Pariser, die, glücklich allein schon, überlebt zu haben, die weiteren Segnungen des Friedens kaum fassen konnten.

Seit der Landung der GIs 1917 waren die Amerikaner, ihre Befreier, von den Franzosen nicht mehr so willkommen geheißen worden. Die Studenten tanzten zum Swing, rauchten Lucky Strikes vom Schwarzmarkt und tranken Coca-Cola. Im Le Boeuf sur le Toit, einem Treffpunkt von Künstlern und Schriftstellern seit den zwanziger Jahren, trat Robbie Campbell, ein knabenhafter, hellhäutiger Schwarzer aus New York, in Arbeitskleidern und einem Strohhut auf und sang »Nature Boy«, das damals in den USA auf der Hit-Parade war. »Nature Boy!« oder »Jeune vagabond noir!« riefen ihm Passanten zärtlich zu, wenn er durch die Straßen der Rive gauche ging. »Die Franzosen liebten damals die Welt«, meinte Campbell. »Alle waren schön, alle waren intelligent, und alle

tranken Champagner.« Für die Amerikaner war es vielleicht noch mehr als für die Franzosen eine großartige Zeit. Dank eines Wechselkurses, der sie stark begünstigte, konnten sie ebenso wie in den zwanziger Jahren in Frankreich billiger und stilvoller leben als zu Hause. Suiten im Ritz kosteten etwa 11 Dollar am Tag; gute Hotels an der Rive gauche weitaus weniger. »Es ist sehr schwer zu beschreiben, wie Paris damals war«, bemerkte Gore Vidal. »Es war eine fabelhafte, tolle Zeit für uns alle. Die Preise waren niedrig, das Essen war ausgezeichnet, es gab wenig Verkehr und keine Luftverschmutzung; das Licht war phänomenal. In meiner Erinnerung wird es immer Sommer sein, die Straßen leer, all dieses Licht und nur ein Taxi, das sich aus mittlerer Entfernung langsam nähert.«
Die paar Tage, während denen er Watson gegenüber höfliche Gleichgültigkeit heuchelte, hatte Waldemar Zeit, Truman die einzigen Sehenswürdigkeiten zu zeigen, an denen dieser interessiert war: Le Bœuf natürlich, das Café Flore, wo Jean-Paul Sartre und Simone de Beauvoir saßen und über den Existentialismus diskutierten, und La Vie en Rose, einen reinen Männerclub, wo zwei ältere ungarische Transvestiten unter einer rotierenden, mit Spiegelplättchen besetzten Kugel als Les Sisters B. sangen und tanzten. Bald hatte Waldemar jedoch keine Zeit mehr, den Fremdenführer zu spielen. Trumans Analyse von Watson war sowohl zutreffend als auch scharfsichtig gewesen. Watson war ein emotionaler Masochist, der nicht auf Zuneigung ansprach, sondern auf Ablehnung. Aus den Kulissen seine Anweisungen flüsternd, choreographierte Truman eine leidenschaftliche Versöhnung zwischen den beiden, jenen Tango, auf den er und Waldemar in ihrem Telegramm diskret angespielt hatten. »Truman hat mich sehr gut beraten«, meinte Waldemar, »ich glaube, er verlängerte meine Beziehung zu Peter um etwa ein Jahr.«
Trotz seiner Unkenntnis der Sprache brauchte Truman Waldemar kaum als Führer durch Paris, wo sein Name und sein Gesicht schon fast so bekannt waren wie in London – das Bild des hingegossenen Autors von »Andere Stimmen« war bald so bekannt wie die Mona Lisa. Das Boulevardblatt *France-Dimanche* schickte zwei Reporter, um ihn im Pont Royal

zu interviewen, und selbst Intellektuelle wie Jean Cocteau, der Meister aller Künste, waren neugierig auf ihn. Als er hörte, daß sein Freund Karl Bissinger den Auftrag hatte, am Drehort von Cocteaus neuem Film, *Les Parents Terribles*, Standfotos zu machen, bestand Truman darauf, ihn zu begleiten, trotz der Jahreszeit einen seiner langen Bronzini-Schals nachschleifend. »Man nimmt nicht seine Freunde mit, um einen berühmten Regisseur kennenzulernen«, bemerkte Bissinger, »und wenn ich etwas erfahrener gewesen wäre, hätte ich Truman nicht mitgenommen. Aber dieses Foto von ›Andere Stimmen‹ hatte den Klatsch des Jahres beherrscht, und wie sich herausstellte, war Cocteau von ihm fasziniert. Er nannte ihn ›*l'enfant*‹.« Cocteau stellte das Kind später anderen vor, die ihn, wie es in New York und London geschehen war, an wieder andere weiterreichten, so daß Truman in dem einen Monat, den er in Paris verbrachte, die ganze Palette berühmter Literaten und Künstler kennenlernte: von Colette, die zwar schon bettlägrig war, aber mit ihren katzenhaften, cajalumschatteten Augen immer noch alles mitbekam, bis zum Designer Christian Dior, dessen New Look von 1947 modebewußte Frauen in aller Welt gezwungen hatte, ihre Röcke fast bis zu den Knöcheln zu verlängern.

Truman hatte viele einflußreiche Förderer in Paris. »Vor ein paar Tagen schwärmte Mrs. Bradley bei Natalie Barney von dem neuen jungen Pariser Heros – Truman Capote«, berichtete Gertrude Steins Lebensgefährtin Alice B. Toklas Freunden in Amerika. »Gallimard lanciert seinen Roman mit ungeheurer Publicity, und da Mrs. Bradley seine Agentin ist, ist sie sehr daran interessiert, die Sensation, die er auslöst, auszuschlachten.« Jenny Bradley – ihr Familienname stammte von ihrem amerikanischen Mann, der vor dem Krieg gestorben war – war eine ältere Französin von überwältigender Ausstrahlung und viel mehr als eine Agentin. Sie pflegte mit vielen großen Schriftstellern des 20. Jahrhunderts freundschaftliche bis intime Beziehungen, eine Liste, die mit Joyce, Pound und Proust begann. (»Ach, der arme Marcel«, sagte sie. »Diese traurigen jüdischen Augen. Als Mensch fand ich ihn ein bißchen lächerlich. Es gab wenig Korrespondenz zwischen dem Menschen und seinem Werk, was übrigens oft der Fall ist.«) Sie vertrat immer noch die besten amerikanischen Autoren gegenüber französischen Verlegern und die besten französischen Schriftsteller gegenüber amerikanischen Verlagen. Jeden Samstagnachmittag bewirtete sie eine erlesene Schar von Gästen in ihrer Wohnung auf der Ile St. Louis, in einem Haus, das Kardinal Richelieu, dem bedeutendsten Minister Ludwigs des XIII., gehört hatte.

»Ich sehe Truman noch vor mir, wie er am Kamin saß«, berichtete sie. »Er erzählte Geschichten und lernte sehr interessante Leute kennen, von denen ihn manche bezaubernd fanden. Er erinnerte mich insofern ein bißchen an Ford Madox Ford, als es schwierig war, zu unterscheiden, was jeweils der Wahrheit entsprach und was nicht. Er erfand seine Geschichten, während er sie erzählte. Sie hatten nichts mit der Realität zu tun, und das gefiel mir irgendwie. Er hatte eine gewisse Naivität, die wahrscheinlich halb echt und halb vorgetäuscht war. Er besaß eine Art von Schlichtheit, die eine echte Gabe war. Er war, was wir als einen *sur-doué*, einen überbegabten Jungen bezeichnen. Er sah etwa wie sechzehn aus, und manchmal konnte er kindisch sein. Eines Tages ging er zum Beispiel auf den Flohmarkt und kam mit einem Ledergürtel zurück, der ringsherum mit Kupferlokomotiven verziert war. Eine spleenige Idee! Aber er war so stolz darauf. ›Schauen Sie sich meinen Gürtel an!‹ rief er. ›Ist er nicht schön?‹«

Durch Mrs. Bradley freundete sich Truman mit Natalie Barney an, einer von mehreren reichen und außergewöhnlichen amerikanischen Lesbierinnen, die sich um die Jahrhundertwende in Paris niedergelassen hatten. Miss Barney hatte ebenfalls viele große Dichter, Schriftsteller und Musiker des Jahrhunderts gekannt, und manche von ihnen hatten auf den Stufen des kleinen griechischen Tempels in ihrem Garten an der Rue Jacob gelesen oder musiziert. Vierzig Jahre zuvor waren ihre zahlreichen Liebesaffären noch als skandalös empfunden worden. Als Truman sie kennenlernte, war sie Anfang Siebzig, aber wundervollerweise erlebte sie immer noch Liebesgeschichten. Wer sie nicht kannte, hätte sie für eine begüterte Frau aus Dayton/Ohio halten können – da stammte sie und ihr Geld her. »Sie war

rundlich, taubenartig«, bemerkte Truman, und »sehr klein, sogar noch kleiner als ich. Sie hatte einen wunderschönen Teint, feine Gesichtszüge und schöne, kühle blaue Augen. Sie trug immer Grau – dunkelgraue Schuhe und kleine graue Kostüme mit einer Blume im Knopfloch; sogar ihr Auto war grau.
Ein oder zwei Jahre, nachdem ich sie kennenlernte, im Winter, sagte sie, sie wolle mich zum Lunch einladen und mir dann etwas zeigen, was nur wenige Menschen je gesehen hätten. Nach dem Essen fuhren wir zu einem unauffälligen Wohnhaus in der Nähe des Eiffelturms und stiegen in den vierten Stock. Ich mußte draußen warten, während sie vorausging und die Lichter einschaltete. Schließlich führte sie mich in einen großen Saal mit vielleicht hundert Bildern an den Wänden, von denen jedes mit einem Vorhang verhüllt war: Es war das Atelier ihrer Geliebten, Romaine Brooks. Wir gingen von Bild zu Bild, und sie zog den Vorhang beiseite und erklärte mir, wer die Frau darauf war – nur zwei davon waren Männer – und in welcher Beziehung diese Frau zu den Frauen auf all den anderen Bildern stand. Es war, als lese man einen phantastischen Roman. Es gab auch ein Porträt von Miss Barney, aber darauf war sie nicht vom Typ gutmütige Miss Marple, als die ich sie kannte – sie war eine wilde Bestie; die eine Hand hatte sie in die Hüfte gestemmt und in der anderen schwang sie eine Peitsche. Ich hatte nie zuvor von Romaine Brooks gehört, aber ihre Bilder waren wunderbar. Wir blieben etwa zwei Stunden dort und schauten sie an. Miss Barney hatte eine Menge Geschichten zu erzählen.«
Truman behauptete, in Paris auch selbst ein kurzes Liebesabenteuer gehabt zu haben: mit Albert Camus. »Er war ein unscheinbares Männchen«, sagte er über den späteren Nobelpreisträger, »aber trotzdem anziehend, mit sensitiven Augen und einem mitfühlenden Gesicht. Er war mein Lektor bei Gallimard, und er lud mich zum Abendessen ein. Eins führte zum anderen, und eines Nachmittags kam er in mein Zimmer, und wir gingen einfach ins Bett. Es ergab sich ganz von selbst. Ich glaube, daß er keineswegs homosexuell war. Aber es war die Zeit, als ich am besten aussah. Als er mich zum ersten Mal sah, war er irgendwie getroffen. Ich muß einen

nostalgischen Nerv in ihm berührt haben, ihn an etwas erinnert haben, was in seiner Jugend geschah.« Daß Truman Camus kannte, steht außer Zweifel; ob er mit einem so renommierten Schürzenjäger ins Bett ging, ist eine Frage, die unbeantwortet bleiben muß. Es mag eine der Geschichten sein, die er sich ausgedacht hat; trotz höhnischer Aufschreie von Freunden und Feinden kann sie aber auch wahr sein. Was Sex betrifft, gibt es nur ein Motto: Fast alles ist möglich.

Wie Waldemar vorhergesagt hatte, verlor Truman keine Zeit, Denham Fouts zu besuchen, dessen Scheck er zwar höflich retourniert hatte, dessen Einladung er aber nur zu gern annahm. Denny war einer jener Menschen, deren einziger Ehrgeiz darin besteht, andere Menschen anzuziehen, und er war ein Meister seines Faches, ohne mehr Gedanken oder Mühe darauf zu verschwenden als eine Blume aufwendet, um die Bienen anzulocken, die ihre duftenden Blüten umsummen, oder als ein tropischer Fisch für die Glotzer aufbringt, die seine Pfauenflossen durch die Glasscheibe des Aquariums bewundern: Denny war eine männliche Hure aus Jacksonville/Florida, die große Kurtisane, die Waldemar niemals war und auch nicht sein konnte. Wie es Engel der Nacht immer sind, war er eine so faszinierende Figur, daß er durch mehrere Prosawerke eine gewisse Unsterblichkeit erlangte, darunter in Isherwoods Roman »Down There on a Visit«, Vidals Kurzgeschichte »Pages from an Abandoned Journal« sowie »Unspoiled Monsters«, in der Truman seine eigene, manchmal unzutreffende Version der Fouts-Saga erzählt. »Lange bevor Denny meinen Weg kreuzte, ging ihm eine mir wohlbekannte Legende voraus«, schrieb Truman, »ein Mythos mit dem Titel: der verwöhnteste Lustknabe der Welt.«
Im Gegensatz zu vielen anderen entschied sich Denny für seine Karriere. Als er heranwuchs, betrachtete sich Jacksonville noch als Teil des erzreaktionären Südens. Seine Familie zählte zur Aristokratie der Südstaaten; sie war rechtschaffen, konservativ und intolerant gegenüber allen, die ihren verknöcherten Kodex nicht akzeptieren – zum Beispiel eine Schar von Außenseitern, zu denen auch Denny zählte, der bei jeder Gelegenheit

rebellierte und sich als Bürgerschreck gebärdete. Hätte er in England gelebt, wäre er in eine der Kolonien geschickt worden, in irgendeinen heißen Winkel Afrikas, und Berichte über seine Schandtaten hätten gelegentlich beim Abendessen die Runde gemacht. Da ihm diese Option nicht offenstand, schlug Dennys Vater den nächstbesten Weg ein: Er schickte ihn Richtung Norden und bat seinen Onkel, den Chef der Safeway-Supermarktkette, ihm in Washington einen Job zu geben.

So kam es, daß Denny 1932 oder 1933, als er erst achtzehn oder neunzehn war, sein bewegtes Leben begann. Nach wenigen Monaten vertauschte er Washington mit Manhattan, wo er einen Job als Lagerarbeiter fand und mit einem Freund eine kleine Wohnung teilte. Seine außerordentliche Schönheit bewirkte, daß er angestarrt wurde, wo immer er war. Die Natur hatte ihm »Schönheit des Haares und Schmelz der Jugend eingehaucht«, wie Vergil über Aeneas sagte, »und in seinen Augen ein Leuchten entzündet, wie die Hand eines Künstlers Elfenbein formt.« Er war grazil wie eine Hieroglyphe, hatte dunkles Haar, hellbraune Augen und ein Grübchen im Kinn und war »so ungefähr der schönste Junge, den die Leute je gesehen hatten«, sagte Jimmy Daniels, der in einem Harlemer Nachtclub sang, den Denny oft aufsuchte. »Seine Haut sah immer frisch gewaschen aus; sie schien überhaupt keine Poren zu haben, so glatt war sie.« Glenway Wescott ergänzte dieses Porträt um seine eigenen Nuancen mit der Bemerkung: »Er war absolut betörend und absurd gutaussehend – unattraktiv gutaussehend für meinen Geschmack. Das einzige, was ich an ihm mochte, war, daß er den köstlichsten Körpergeruch hatte; ich habe ihm einmal eines seiner Taschentücher geklaut.«

Solche Attribute beförderten junge Männer manchmal nach Hollywood, aber Denny, dessen verlautbarte Absicht es war, niemals zu arbeiten, wollte nicht berühmt werden; er wollte in großem Stil versorgt sein. Sein Zimmergenosse, der das wußte, bat Wescott, der sich oft in der Buchhandlung umsah, wo er arbeitete, und der sich in der Welt auszukennen schien, sich mit Denny zusammenzusetzen und ihn zu beraten. Wescott war gern dazu bereit, und Denny kam sofort zur Sache. »Also, Glenway«, sagte er,

»du weißt doch alles. Bitte, sag mir, wie man es anstellt, ausgehalten zu werden?« Wescott rang die Hände und schnalzte mit der Zunge über eine so naive und unverblümte Frage und erklärte ihm, daß man ein solches Ziel indirekt anpeilen müsse, so daß sich der ins Auge gefaßte Sugar-Daddy wie ein großzügiger Wohltäter fühle und nicht wie ein Kunde, dem die Rechnung für geleistete Dienste präsentiert wird. »Zunächst einmal mußt du das Wort ›ausgehalten‹ aus deinem Wortschatz streichen. Such dir irgendeine Ausbildung, die Geld kostet, und dann bitte jemanden um Hilfe und Beratung. Auf diese Weise wirst du viel mehr Geld bekommen, als wenn du mit der Tür ins Haus fällst.«

Der erste, der ihm diese Hilfe anbot, war ein deutscher Baron, der ihn nach Europa mitnahm, wo Denny von einem Aristokratenbett ins andere schlüpfte – Prinz Paul, der spätere König von Griechenland, war seine ranghöchste Eroberung –, und von da an bereiste er die ganze Welt. In den Briefen, die er an seine Familie nach Hause schrieb, behauptete er, in geheimen Missionen für einen mysteriösen Daddy Warbucks unterwegs zu sein, einen großen Financier mit weltumspannenden Interessen. »Er hat sich selbst erfunden«, bemerkte John B. L. Goodwin, einer seiner Freunde. »Wenn Leute nichts über seine Herkunft wußten, dachte er sich einfach etwas aus.«

Sein letzter Liebhaber vor dem Krieg war kein anderer als Peter Watson, dessen Zuneigung er in einer Maße besaß, auf das Waldemar nicht hoffen konnte. Watson, hieß es, könne nicht in einem Raum mit Denny sein, ohne eine Erektion zu bekommen. Um diese Pfirsichhaut vor der Beschädigung durch Hitlers Fliegerbomben zu bewahren, schickte ihn Watson 1940 nach Amerika zurück. Damals lernte er in Los Angeles Isherwood kennen. »Sein schönes Profil war scharf konturiert wie eine Messerschneide«, schrieb Isherwood über seine Denny-Figur in »Down There on a Visit«. »Aber meine Güte, wie verbiestert er war hinter der blendenden Fassade und dem Charme und dem Südstaatler-Tonfall!« Denny war mehr als verbiestert, er schien in einem so tiefen Abgrund von Zynismus zu leben, daß ihm die Sonne wie ein Stern am äußersten Ende des Universums erschien, den selbst die größten und stärksten Teleskope nur mit Mühe ausmachen konnten. »In seinen Augen bestand die Welt aus Huren«, behauptete sein Freund Bill Harris. »Eine erfolgreiche Hure zu sein sei das einzige, was zähle, sagte er. Und obwohl er nicht prahlte, hatte er doch das Gefühl, damit ganz gut über die Runden gekommen zu sein.«

Zweifellos war es seine Schwäche für pubertierende Jungen, was ihn veranlaßte, den jungenhaft wirkenden Autor auf dem Umschlag von »Andere Stimmen« einzuladen. Hoffnungslos opiumsüchtig, als ihm Truman seine Aufwartung machte, dämmerte Denny in einem an Schlafsucht grenzenden Zustand dahin. Manchmal verschlief er den größten Teil des Tages und verließ seine Wohnung in der vornehmen Rue du Bac nur nachts. Eine Haushälterin hielt Ordnung und führte Trotsky aus, den riesigen Köter, den er aus Kalifornien mitgebracht hatte. Obwohl Watson, der Drogen verabscheute, ihn als Geliebten aufgegeben hatte, reichte seine Zuneigung immer noch aus, daß er ihm Geld schickte und seine Miete bezahlte. Waldemar, der wußte, wie schwer es war, sich der Umgarnung durch Denny zu entziehen, warnte Truman und riet ihm, sich auf Distanz zu halten. Denny, sagte er, sei wie der schwache alte Mann, der Sindbad in »Tausendundeiner Nacht« bittet, ihn ein Stück mitzunehmen. Sindbad, dem der Alte leid tut, lädt ihn sich auf den Rücken, aber sobald der alte Mann oben ist, bleibt er da, und Sindbad wird ihn nicht mehr los.

Truman nickte, aber er hörte ihm nicht zu. Wie könnte er auf eine Gelegenheit verzichten, Denham Fouts kennenzulernen? Fasziniert von Denny, verbrachte er Stunden neben ihm im abgedunkelten Schlafzimmer liegend; er redete mit ihm, las ihm vor und hörte sich seine Geschichten an. Sex kam nicht ins Spiel; die Drogen hatten Dennys Libido zerstört. Davon abgesehen ließ er keine Schädigung durch den jahrelangen Drogenmißbrauch und seine Ausschweifungen erkennen. Er wirkte viel jünger als sein tatsächliches Alter von vierunddreißig und sah immer noch frisch gebadet und blühend aus. »Denny strahlte das genaue Gegenteil von dem aus, was er war«, meinte Truman. »Außergewöhnliche Gesundheit, Jugend und reine Unschuld. Was immer er am Abend zuvor oder am Tag zuvor oder in der Woche zuvor getan hatte, er sah immer aus, als wäre er soeben am frischesten und schönsten Morgen der Welt erwacht. Ihn einen Raum betreten zu sehen war ein Erlebnis. Er war viel mehr als gutaussehend: er war *das* berückendste Geschöpf, das ich je gesehen habe.« Oscar Wilde hatte seine Biographie geschrieben, bevor Denny zur Welt kam: Denny war Dorian Gray.

Dennys Abhängigkeit von Drogen, etwas, das Truman bisher nicht kennengelernt hatte, jagte ihm jedoch Angst ein, und er wurde seines gierigen, kindlichen Verlangens nach Aufmerksamkeit bald überdrüssig. »Selbst wenn er völlig gesund war, saß Denny oft an Kissen gelehnt im Bett wie ein kleiner Junge, der krank ist und darauf wartet, daß ihn Freunde besuchen kommen«, fand Bill Harris. »Er wollte, daß man sich ständig um ihn kümmert.« Das war eine Belastung, die Truman nicht auf sich nehmen wollte. »Denny besaß einen echten Zauber, und ich vergötterte ihn. Aber gleichzeitig hatte ich Angst vor ihm und der Drogenszene. Ich war jung, und ich hatte nicht vor, mich da hineinziehen zu lassen. Ich wollte ihn von den Drogen wegbringen, und auch er wollte von dem Leben weg, das er all diese Jahre geführt hatte. Er liebte den Westen, und er phantasierte davon, eine Tankstelle in Arizona zu kaufen, einen Schuppen mit der Aufschrift ›Letzte Tankstelle auf 50 Meilen‹. Ich sollte schreiben, und er würde den Laden schmeißen und von allen Übeln geheilt sein. Ich ließ ihn sehr dummerweise das alles ausspinnen, weil ich wußte, daß nichts davon je eintreten würde.«

Selbst Denny kann diese Phantasien nicht ernst genommen haben: der verwöhnteste Lustknabe der Welt, der zu einem grauhaarigen alten Tankwart an der Route 66 wird, während sein jüngerer Geliebter im verstaubten Hinterzimmer neben dem Cola-Automaten Bestseller schreibt. Aber mit seinem Wunsch nach Heilung schien es ihm ernst zu sein, und Truman half ihm packen, als er in eine Schweizer Drogenklinik gehen wollte. Aber Truman hätte vom Leben mit seiner Mutter wissen müssen, daß das Verlangen eines Drogensüchtigen oder Alkoholikers nach Umkehr gewöhnlich nicht lange anhält. »Unser beunruhigender Freund hat soeben angerufen«, schrieb er an Waldemar. »Die Schweizer Option scheint abgeblasen zu sein. Ich fühle mich wie ein elender Schuft, aber was kann ich jetzt noch anderes tun, als meine Hände in Unschuld zu waschen?« Das tat er denn auch: Er reiste bald darauf nach Italien ab.

Die Saga von Denham Fouts näherte sich ohnehin rasch ihrem Ende. Er ging zwar doch in die Schweizer Klinik, aber die Kur hatte keinen Erfolg. Nachdem er seine Wohnung an der Rue du Bac hatte aufgeben müssen, übersiedelte er in eine Pension in Rom, wo sich ein ihm ergebener junger Engländer um ihn kümmerte, der ebenso fasziniert von ihm war wie Truman zu Beginn. »Du darfst hier sitzen, solange du nicht anfängst zu moralisieren«, sagte Denny zu John Goodwin, der ihn in seinem neuen Quartier besuchte. »Ich habe Moralpredigten satt. Laß mich einfach meinen Weg gehen.« Sein Weg endete 1949, als er fünfunddreißig war, mit einem tödlichen Herzinfarkt; Er wurde auf dem Protestantischen Friedhof in Rom beigesetzt. »Ich kann nicht sagen, was Denny antrieb«, meinte Goodwin. »Ich kann nur sagen, wie er auf andere Menschen wirkte. Er besaß einen ungeheuren Charme, und man hatte immer das Gefühl, daß viel mehr in ihm steckte, als sichtbar war.«

22

London gefiel Truman nicht, weder damals noch später. Paris liebte er während dieses goldenen Sommers, aber niemals danach. Mit Venedig, der nächsten Station seiner Reise, verband ihn jedoch eine dauerhafte Liebesbeziehung, und er kehrte viele Male, zu allen Jahreszeiten und bei jedem Wetter, freudig dahin zurück. Er traf am 4. Juli von Paris kommend ein, bezog ein Zimmer im Albergo Pilsen und lernte an dem Abend, als er wie alle Touristen auf dem Markusplatz spazierenging, den jungen amerikanischen Schriftsteller Donald Windham kennen. Sie hatten einander auf Leos Parties gesehen, aber nie miteinander gesprochen. Als sie einander in einer fremden Stadt begegneten, entdeckten sie, daß sie viel miteinander gemein hatten, einschließlich Freunde wie Tennessee Williams. Der ebenfalls aus dem Süden, aus Georgia, stammende Donald war eben achtundzwanzig geworden und dabei, seinen ersten Roman zu beenden. Truman hoffte, nach sechs ereignisreichen Wochen in London und Paris endlich zur Ruhe zu kommen und seine Kurzgeschichte »Kindergeburtstag« abzuschließen. Ihre Tageseinteilung stimmte somit aufs glücklichste überein, und sie wurden Reisegefährten. An den Vormittagen und manchmal auch nachmittags blieben sie im Hotel, und am Abend trafen sie sich zu Drinks und aßen zusammen.

Wenn er durch die Stadt spazierenging, interessierte sich Truman natürlich nicht für Kirchen und Palazzi oder Tizians und Tintorettos in der Accademia. Wonach er auf der Suche war, das waren Orte, gewöhnlich Restaurants und Bars, wo er sich zu Hause fühlen konnte. Sobald er ein solches Lokal gefunden hatte, konnte man ihn nur selten überreden,

woanders hinzugehen. In Venedig war sein Lieblingslokal Harry's Bar, und dort nahm er fast jeden Abend sein Essen ein. »Für ihn war Venedig Harry's Bar«, erklärte Donald. Einmal überredete ihn Donald, für einen Abend auf Harry's zu verzichten und es mit einem kleinen Straßencafé in der Nähe des Markusplatzes zu versuchen. Truman stimmte zögernd zu und bestellte seinen üblichen Martini. Er nippte daran und reichte ihn dann mit einem Ich-hab's-dir-ja-gesagt-Lächeln über den Tisch. Donald kostete ihn und mußte zugeben, daß er tatsächlich merkwürdig schmeckte. »Frag den Barkeeper, woraus ein Martini besteht«, meinte Truman. Die Antwort – ein Drittel Gin, ein Drittel Wermut, ein Drittel Cognac und ein Spritzer Zitrone – war der überzeugende Beweis, daß man in Venedig nur in einem Lokal dinieren konnte, und Donald schlug denn auch nie wieder Alternativen zum verläßlichen Harry's vor.
Sosehr er es jedoch genoß, erkannte Truman doch bald, daß Venedig mit seinem ständigen Lärm und Trubel nicht die Atmosphäre bot, die er zum Schreiben brauchte, und er überredete Donald, mit ihm nach Sirmione zu fahren, einem kleinen Ort auf halber Strecke zwischen Venedig und Mailand, von dem er gehört hatte. Ihre Abreise verzögerte sich jedoch durch mehr Lärm und Trubel, als sie beide hätten ahnen können: Als sie sich am 14. Juli eben zur Abreise fertigmachten, wurde der italienische Kommunistenführer Palmiro Togliatti vor dem Parlament in Rom niedergeschossen, und Millionen italienischer Kommunisten reagierten mit Empörung. Innerhalb von Stunden waren in allen größeren Städten die Arbeiter auf den Straßen. Die kommunistischen Gewerkschaften riefen einen Generalstreik aus, und die Regierung setzte die Armee zur Aufrechterhaltung der Ordnung ein. In Venedig verrammelten erschrockene Ladenbesitzer ihre Auslagen und Türen mit eisernen Rolläden, die Restaurants blieben geschlossen, und Ausländer, insbesondere Amerikaner, wurden gewarnt, in ihren Hotels zu bleiben. Nach etwa zwei Tagen entspannte sich die Lage etwas – Togliatti erlag seinen Wunden nicht –, und Truman und Donald zwängten sich schließlich in einen überfüllten Bus und machten sich auf den Weg in ein ruhiges und friedliches Sirmione.

»Ein zauberhaftes, winziges Dorf an der Spitze einer Halbinsel, die in den Lago di Garda hineinragt, den blauesten, wehmütigsten, stillsten und schönsten aller italienischer Seen«, schrieb Truman über Sirmione. Und damals, vor den Touristeninvasionen, war es wirklich zauberhaft. Sie mußten sich seine Reize mit weniger als zwei Dutzend anderen Außenseitern teilen. Er und Donald quartierten sich in dem billigeren der beiden Hotels ein – fünf Dollar pro Tag, Vollpension –, nahmen ihr Abendessen aber in dem teureren ein. (Teuer war nicht sehr teuer im Italien von 1948; die ausgezeichneten Martinis in Harry's Bar kosteten beispielsweise ganze 25 Cents.)

Als Ort zum Arbeiten erfüllte Sirmione alle ihre Hoffnungen, und sie blieben denn auch bis zum 30. Juli, dem Tag, an dem Donald seine Italienreise fortsetzte und Truman vor seiner Rückkehr nach Amerika einen Zwischenhalt in Paris einlegte. »Verflundert«, schrieb er Donald aus dem Hotel Pont Royal. »Wären wir bloß in Sirmione geblieben! Es ist schrecklich heiß hier, und außerdem ist die Stadt ausgestorben, abgesehen von Millionen Amerikanern: der schlimmsten Sorte natürlich. Und Du machst Dir keine Vorstellung, wie meine Fahrt hierher verlief. Ich hatte nicht nur keinen Schlafwagen, sondern nicht einmal einen Sitzplatz, bis wir in der Schweiz waren... ja, ich habe die ganze Zeit gestanden, in der schlimmsten vorstellbaren Hitze. Wenigstens ist Ten [Tennessee] hier, nachdem er seine Premiere [›Die Glasmenagerie‹] in London versäumt hat; wir gingen gestern zusammen tanzen. Das Stück hat ziemlich schlechte Kritiken bekommen, und er scheint sich darüber aufzuregen, obwohl ich mir nicht vorstellen kann, warum. Guter Gott, wen kümmert es schon, was irgend jemand in England denkt?«

Er hatte hinreichend Gelegenheit, Tennessee zu trösten: Samstag, den 7. August, traten beide auf der Queen Mary die Heimreise an. Truman war nur drei Monate weggewesen, aber seine kurze Begegnung mit Europa hatte ihn tief beeindruckt. Die außergewöhnlichen Menschen, die er dort kennengelernt hatte, nisteten sich für alle Zeiten in seinem Gedächtnis ein, und einige von ihnen, wie Natalie Barney und Denham Fouts, wurden schließlich zu Gestalten in seinen Büchern. »Es war richtig, daß ich nach Europa gegangen bin«, schrieb er, »und sei es nur, weil ich dort wieder staunen lernte. Sobald man ein bestimmtes Alter erreicht und gewisse Erkenntnisse gesammelt hat, ist es sehr schwierig, noch zu staunen. Am besten kann man es als Kind; danach findet man, wenn man Glück hat, eine Brücke zur Kindheit, die man überqueren kann. Meine Europareise war so etwas. Sie war eine Brücke zur Kindheit, die über die Meere und durch die Wälder geradewegs in die frühesten Landschaften meiner Phantasie führte.«

Truman hatte Tennessee im Vorjahr bei einem von Andrew Lyndon und Harold Halma zubereiteten Abendessen kennengelernt. »Truman ging in die Küche«, erinnerte sich Andrew, »und Tennessee wandte sich mir zu und sagte in einer Stimme, die er für ein Flüstern hielt: ›Baby, ich finde deinen kleinen Freund charmant! Einfach charmant!‹ Es war eine kleine Wohnung, und Tennessee hatte eine ziemlich sonore Stimme. Ich sah, wie Truman in der Küche die Ohren nach jedem Wort spitzte und wie ihm der Kamm schwoll.« Er und Tennessee hatten sich danach mindestens noch ein paarmal getroffen, aber ihr erstes längeres Zusammensein ergab sich auf der Rückreise nach New York.

Nur schon daß Tennessee bereit war, sich zum Abendessen mit ihm zusammenzusetzen, war ein Sieg für Truman, denn ein paar von Tennessees engsten Freunden, insbesondere Carson, hatten versucht, ihn in ihren Capote-Haß-Club aufzunehmen. Carson, die durchaus zu Unrecht glaubte, Truman habe ihre Werke imitiert und ihr den Ruhm entrissen, hatte sich aus einer Freundin in eine Feindin verwandelt. Noch irrationaler war, daß sie angesichts der sexuellen Gleichungen ihm seine Beziehung zu Newton verübelte, den sie eifersüchtig als *ihren* besten Freund, und nicht den seinen, betrachtete. Der Erfolg von »Andere Stimmen« hatte ihren flammenden Zorn noch verstärkt, den sie in ihren Briefen an Tennessee ausließ. »Gestattest Du Dir nicht, diesen kleinen Jungen etwas zu streng zu beurteilen?« gab ihr Tennessee zu bedenken. »Ich bin sicher, daß Du

Gründe hast, die ich nicht kenne. Für mich ist er ein Opportunist, ein Karrierist und ein Schriftsteller aus zweiter Hand, dessen kleine Füße sich die Siebenmeilenstiefel von Carson McCullers anzuziehen versuchten und der darüber nur absurd ins Stolpern geraten ist. Aber er ist sicher kein Schurke. Sein Gesichtchen, wie es Cecil Beaton vor dem Hintergrund weißer Rosen fotografiert hat, ist von einem Ausdruck pränataler Trauer geprägt, als wäre er noch im Mutterschoß und argwöhnte schon, wie kalt die Welt außerhalb der vaginalen Portale ist.«

Truman und Tennessee verbrachten den größten Teil der Überfahrt zusammen und »amüsierten sich köstlich«, wie Tennessee in seinen Memoiren schreibt. »Damals war Truman in etwa die beste Gesellschaft, die man sich wünschen konnte. Er war noch nicht bösartig geworden. Besser gesagt, noch nicht *hoffnungslos* bösartig. Aber er war voll Phantasie und Übermut. Oft schlichen wir uns durch die Korridore der ersten Klasse und sammelten die Schuhe der Gentlemen ein, die vor den Kabinen zum Putzen standen – wir mischten sie alle durcheinander und stellten sie an den falschen Türen wieder ab.« Kaum hätten sie das offene Meer erreicht, erzählte er weiter, als ein beleibter und trinkfreudiger Bischof der Episkopalkirche auch schon angefangen habe, Truman unfromm funkelnde Blicke zuzuwerfen. Wo immer sie hingingen, folgte ihnen der unerwünschte Bischof. Als sich der lüsterne Seelenhirte erdreistete, ungebeten an ihrem Tisch Platz zu nehmen, beschloß Truman, ihn zu verscheuchen. »Wissen Sie«, sagte er, die Hand des Bischofs anstarrend, »ich habe mir immer einen Bischofsring gewünscht.«

»Ein Bischofsring steht nur einem Bischof zu«, klärte ihn der Bischof auf.

»Na, ich weiß nicht«, entgegnete Truman. »Mir ist die Idee gekommen, daß ich vielleicht bei einem Pfandleiher einen finden könnte, verstehen Sie, einen, der von einem exkommunizierten Bischof versetzt wurde.«

Daraufhin blieben sie für den Rest der Reise unbehelligt.

Als die *Queen Mary* am Donnerstag, den 12. August, in New York anlegte, wurde Truman und Tennessee bewußt, daß man sie in ihrem eigenen Land nicht vergessen hatte. Die Fernsehnachrichten an diesem Abend ignorierten Passagiere wie Clark Gable, Spencer Tracy und Charles Boyer und zeigten statt dessen, wie sie beide von Bord gingen und wieder Heimatboden betraten, Heimkehrende, die etwas zu sagen und Geschichten zu erzählen haben würden.

Der Mensch, dem Truman als erstes seine Geschichten erzählen wollte, war Newton. Vom Dock in die Park Avenue 1060 zurückeilend, rief er ihn an, um ihn auf einen überraschenden Wochenendgast vorzubereiten. Newton, der ihn erst eine Woche später zurückerwartete, war tatsächlich überrascht und dämpfte sofort seine überschäumende Euphorie. Er habe bereits Pläne gemacht, sagte Newton, das Wochenende mit seinen alten Freunden David und Helen Lilienthal auf Martha's Vineyard zuzubringen. Nach seinen Abenteuern und Triumphen in Europa hatte Truman mit einer weitaus begeisterteren Begrüßung gerechnet, und er schien »sehr niedergeschlagen«, wie es Newton in seinem Tagebuch formulierte, daß dieser seine Pläne nicht ändern wollte. Nachdem Truman erkannt hatte, daß der Fehler überwiegend bei ihm lag, daß er schließlich den Tag seiner Ankunft hätte telegraphieren sollen, meldete er sich einige Stunden später in besserer Stimmung erneut bei ihm, und sie setzten ihr freudiges, wenn auch verzögertes Wiedersehen für den folgenden Mittwoch, den 18. August, fest.

Truman hätte zweifellos telegraphieren sollen – wer andere überrascht, dem wird oft selbst eine unerfreuliche Überraschung zuteil –, aber seine gewöhnlich untrügliche Intuition hatte ihn doch nicht getäuscht, als er eine Kälte in Newtons Stimme bemerkte, die Newton wahrscheinlich selbst nicht bewußt war. Newton hatte ihn aus gutem Grund nicht freudiger begrüßt. Er war nicht erfreut über seine Rückkehr, jedenfalls nicht zu diesem frühen Zeitpunkt. Ambivalent wie stets, hatte er es bedauert, so versicherte er jedenfalls seinem Tagebuch, Truman im Mai abreisen zu sehen, und er hatte sich Sorgen gemacht, als er nicht sofort von ihm hörte. Gleichzeitig hatte er aber auch seine wiedergefundene Freiheit genossen und bedauerte nun, sie erneut zu verlieren. Er und Howard hatten sich auf

Trumans ursprünglichen Reiseplan verlassen, demzufolge er Anfang September nach Hause gekommen wäre, und ihre eigene frohe Wiedervereinigung für die zweite Hälfte August geplant. Aber nachdem Newton am 2. August gehört hatte, daß Truman Europa eine Woche früher als geplant verlassen könnte, bereitete er Howard darauf vor, daß er vielleicht absagen müsse. »Natürlich werde ich mich freuen, ihn wiederzusehen«, schrieb ihm Newton ohne die geringste Überzeugung, »aber unter uns gesagt und mit vielen Selbstvorwürfen, ich fürchte auch ein bißchen die Wiederkehr einiger Probleme, mit denen ich in den letzten zwei Jahren konfrontiert war. Der arme Junge! Ich liebe ihn bis zum Tod, aber so leid es mir tut, dieses längere Intervall hat mir, fürchte ich, endgültig klargemacht, wie unfähig ich jetzt bin, in dieser sehr intensiven und aufgeladenen Atmosphäre, die er so rührend und liebenswürdig um sich herum verbreitet, atmen und meine Lungen füllen zu können.« Vier Tage später fügte er ein tristes Postskriptum hinzu: Seine Befürchtungen hätten sich bestätigt; Truman werde an dem Wochenende zurückkommen, an dem sie sich hätten treffen wollen.

Zweifellos hatte sich viel von seinem Verdruß, seiner Enttäuschung, ja sogar Verärgerung über das Telefon mitgeteilt und bei Truman ein vertrautes Gefühl der Ablehnung hervorgerufen. Als Truman schließlich mit Geschenken aus Europa beladen in Northampton eintraf, war er kleinlaut und nüchtern. Doch Newton war im persönlichen Kontakt herzlicher, als er am Telefon gewesen war, und Trumans Stimmung besserte sich schon am nächsten Tag, und er hörte Newton aufmerksam zu, als ihm dieser die neuesten Passagen seiner Melville-Biographie vorlas. Am Freitag versank Truman erneut in Depression. Newton wußte den Grund nicht, aber es gab einen: Als Newton am Morgen die Wohnung verlassen hatte, hatte Truman das Tagebuch geöffnet, das Newton so getreulich führte, und er war zutiefst schockiert und verletzt von den deutlichen Eintragungen auf den entsprechenden Seiten.

Schon lange zuvor hatte er herausgefunden, wie die verschlossene Schreibtischlade, in der Newton sein Tagebuch aufbewahrte, unauffällig zu öffnen war. Seit damals war es bei jedem seiner Besuche Pflichtlektüre für ihn gewesen. Was er dort zu lesen bekam, hatte ihn oft verärgert. Bei den wenigen Anlässen, wo sich Newton mit anderen sexuell eingelassen hatte, war das Datum mit einem forschen »X« markiert. Manchmal fanden sich auch unschmeichelhafte Bemerkungen über Truman. »Oftmals fragte er sich, ob meine Intelligenz ebenso groß sei wie mein Talent«, erinnerte sich Truman. »Es ist schrecklich zu wissen, daß jemand so über einen denkt, wie Newton über mich dachte, ohne darüber sprechen zu können.«

Aber an diesem Morgen stand ihm ein zusätzlicher Schock bevor. Während er die Seiten wendete, erfaßte er rasch eine äußerst unerfreuliche Tatsache: Newton und Andrew hatten während seiner ganzen Abwesenheit insgeheim ein Verhältnis miteinander gehabt, faktisch vom Tag nach seiner Abreise bis zum Tag seiner Rückkehr. Vielleicht las er auch einige der belastenden Briefe, die Newton versteckt hatte. »Du und Dein Andrew«, bemerkte Howard in einem davon. »Ich bin natürlich furchtbar neidisch.« Oder einen von Andrew selbst: »Mein liebster Newton, das letzte Wochenende mit Dir war vollkommen. Natürlich hat es nicht lange genug gedauert, aber Quantität kann auch kaum ein Maßstab der Vollkommenheit sein, nicht wahr? Und von der Vollkommenheit kann man logischerweise nicht erwarten, daß sie dauert. Du bist ein Engel, und es ist wundervoll, mit dir zusammenzusein.« Als Truman Andrew gebeten hatte, sich um Newton zu kümmern, hatte er nicht geahnt, daß sein Wunsch mit dieser bodenlosen Buchstäblichkeit erfüllt werden würde.

Die Entdeckung stürzte Truman in ein heikles Dilemma. Er hatte von ihrem Betrug durch eine eigene skrupellose Handlung erfahren, und wenn er Newton der Untreue bezichtigte, würde er ihm erklären müssen, wie er sie herausgefunden hatte. »Ich konnte nichts sagen, ohne ihm zu offenbaren, daß ich sein Tagebuch gelesen hatte – und daß ich keine Mühe gescheut hatte, um zu diesem Zweck seinen Schreibtisch zu öffnen.« Mit zusammengebissenen Zähnen erkannte er, daß er ihn damit erst konfrontieren konnte, sobald er nach Manhattan zurückgekehrt war und Andrew ein Geständnis entlockt hatte. Truman mußte deshalb in den nächsten Tagen, in die auch die Feier von Newtons achtundvierzigstem Geburtstag fiel, die selbstverschuldete Tortur eines Menschen ertragen, der durch unerlaubtes Herumschnüffeln etwas Schreckliches herausgefunden hat. Er mußte den Mund halten, obwohl er innerlich kochte. »Es war eine unbeschreibliche Qual, nach der Lektüre dieses Tagebuchs lächelnd dazusitzen und mit ihm zu reden, in dem Bewußtsein, daß alles, was er sagte, gelogen war«, bemerkte er. Als er am 25. August wegfuhr, war Newton wahrscheinlich ebenso froh wie Truman über seine Abreise. »T. C. morgens unruhig, bekümmert und niedergeschlagen abgereist. Natürlich bedrückend, das zu sehen«, schrieb Newton später in sein vielgelesenes Tagebuch.

Es störte Truman nicht, oder jedenfalls nicht sehr, zu wissen, daß ein paar andere die Freuden von Newtons Bett genossen hatten. Wie hätte er sich beschweren können, da doch auch er gelegentlich vom Pfad der Treue abgewichen war? Auf seiner Kalifornienreise im Vorjahr hatte er zum Beispiel eine Nacht mit Errol Flynn verbracht. »Wenn es nicht Errol Flynn gewesen wäre, würde ich mich nicht daran erinnern. Wir waren beide betrunken – es war das erste Mal, daß ich je einen Kater hatte – und er brauchte unheimlich lang, um zum Orgasmus zu kommen. Ich hatte keinen.« Er hatte auch ein kurzes Abenteuer mit John Garfield gehabt, der von Zeit zu Zeit bei Leos Parties aufkreuzte. »Er war einer der nettesten Menschen, die ich je gekannt habe. Meine Mutter sah ihn bloß einmal und versuchte sofort, ihn in ihr Bett zu locken.« Die Liste seiner Sexualpartner war jedoch offenbar nicht viel länger, und weil er keine emotionale Bindung eingegangen war, hatte er nicht das Gefühl, Newton betrogen zu haben. »Mit jemandem eine Woche oder auch zwei oder drei Wochen zusammenzusein, ist für mich noch kein Liebesverhältnis«, erklärte er. »An einem Verhältnis muß man emotional beteiligt sein, und das war bei mir nicht der Fall.« Newtons Liaison mit Andrew unterschied sich von allem, was Truman selbst getan hatte. Nach Trumans Definition war es eine richtige Liebesbeziehung und noch schlimmer, weil es sich dabei um seinen besten Freund handelte. Er hielt sich für von Newton betrogen und von Andrew verraten. Und das sagte er Andrew auch ins Gesicht, als er an dem brütend heißen Augustnachmittag aus Northampton zurückkam.

»Komm herüber, Andrew. Ich möchte mit dir reden«, befahl er mit gepreßter und unheilvoll klingender Stimme. »Bringe Harold nicht mit. Ich möchte dich allein sprechen.« Andrew, dem er als einzigem erzählt hatte, daß er Newtons Tagebücher las, hatte einen solchen Anruf schon erwartet. Von dem Tag an, an dem er sich mit Newton eingelassen hatte, war ihm bewußt gewesen, daß Truman am ersten Wochenende in Northampton an diese versperrte Schublade eilen und sofort alles erfahren würde. Er hatte auch schon erraten, was Truman jetzt zu ihm sagen würde, als er seinem Ruf folgend in der Park Avenue eintraf.

»Sich vorzustellen, daß du, mein engster Freund, der mir am meisten bedeutet, mir dies antun würde! Und zwar bei der erstbesten Gelegenheit! Wie konntest du nur?«

»Das reinste Rührstück!« gab Andrew ungerührt zurück. »Truman, du suchst doch bloß nach einem Vorwand, um Newton loszuwerden! Du wußtest, daß das geschehen würde. Du hast mich da hineingezogen. Du hast alles eingefädelt.«

»Hm«, antwortete Truman, nachdem er ihn mehrere Minuten lang – so wenigstens kam es ihm vor – eindringlich gemustert hatte. »Du hast recht. Aber du bräuchtest deswegen noch lange nicht so verdammt selbstgerecht zu sein!«

Aber Andrew hatte nicht recht. Truman hatte nichts eingefädelt – jedenfalls nicht auf einer bewußten Ebene –, und er stimmte ihm jetzt nur aus verletztem Stolz zu. Es tat ihm weniger weh, wenn Andrew glaubte, er habe es darauf angelegt, Newton loszuwerden, als Newton lege es darauf an, sich seiner zu entledigen, was der Wahrheit näherkam. Vielleicht schwieg er auch so lange, weil Andrew etwas aussprach, was er sich selbst schon seit vielen Monaten halb eingestanden hatte: daß sich seine Beziehung zu Newton rapide dem Ende näherte.

Mittlerweile gab er seinem Leben in Manhattan mit den etwa 20000 Dollar, die er durch »Andere Stimmen« verdient hatte – die ersten nennenswerten eigenen Einnahmen –, einen größeren Zuschnitt: Er zog aus der Park Avenue 1060, wo Nina wieder Schwierigkeiten zu machen begann, aus und in eine kleine eigene Wohnung Ecke Second Avenue und 58. Straße, die er mit Babyfotos von sich und seinen Freunden schmückte. Der Erfolg blieb ihm treu. »Shut A Final Door« (»Schließ die Tür«), die Geschichte, die in *The Atlantic Monthly* erschien, nachdem Mary Louise sie für *Harper's Bazaar* abgelehnt hatte, errang bei den alljährlichen O. Henry Awards den ersten Preis, was ihm Genugtuung bereitete, da er sich bestätigt fühlte. Die mit dem Preis verbundenen 300 Dollar Cash in der Faust, ging er sofort hin und bestellte bei Knize einen Maßanzug für um 400 Dollar – »Nur um Dir zu zeigen, wie nahe ich dem Wahnsinn bin«, schrieb er scherzhaft an Donald Windham. Aus seiner Sicht lohnte sich jedoch jeder Penny; wenige Menschen zogen so großes Vergnügen aus teuren Einkäufen wie Truman, und er wies denn auch gern auf die Ärmel hin, die man im Gegensatz zu billigeren Anzügen tatsächlich aufknöpfen konnte, um sie hochzukrempeln. »Schau her, diese Knöpfe kann man tatsächlich auf- und zuknöpfen!« sagte er mehr als einmal zu Phoebe Pierce.

Gelegentlich hatte er Gäste in seiner neuen Wohnung, wobei er den im Mai abgebrochenen Kontakt zu alten Freunden wie Phoebe und Andrew wiederaufnahm, den er für weitgehend schuldlos an den Ereignissen in Northampton hielt. An einem Abend wurden Andrew und er von der New Yorker Polizei absurderweise für Komplizen bei einem Verbrechen gehalten. Nach einem Abendessen im Plaza beschlossen sie, Tennessee zu besuchen, der in der Nähe, in einem Haus an der 58. Straße wohnte. Aber Tennessee war nicht zu Hause. »Wie rücksichtslos von ihm!« beklagte sich Truman. »Er hätte hoffen können, daß wir kommen würden.« Truman ließ sich von Andrew hochstemmen und durch die Oberlichte schieben, so daß er die Tür von innen öffnen konnte. »Wir gehen einfach hinein und spielen Victrola-Platten, bis er zurückkommt«, meinte Truman.

Von ihnen unbemerkt hatte ihr erfolgreicher Einbruch jedoch die Aufmerksamkeit zweier Zivilstreifen und einer Polizistin erregt, die zufällig vorbeikamen, und diese Hüter der öffentlichen Ordnung traten plötzlich wie auf ein Stichwort in Erscheinung. »Wessen Haus ist das?« fragte einer von ihnen. »Es gehört Tennessee Williams«, antwortete Truman. »Und ich«, fügte er bedeutungsschwer hinzu, »bin Truman Capote.« Wie aus einem Munde schallte es zurück: »Wer?« Wütend setzte sich Truman hin, und sie warteten alle auf Tennessee. Vorübergehend trat eine Krise ein, als Andrew in einem Haufen Sakkos nach seinen Zigaretten fummelte und statt dessen die Pistole eines der Kriminalbeamten herauszog. »Das schien sie etwas aus der Fassung zu bringen!« erinnerte sich Andrew. »Wir hielten sie in Schach. Aber ich beeilte mich das Ding so schnell wie möglich wieder loszuwerden.« Nach etwa einer Stunde erlaubte man Andrew schließlich, Tennessees Agentin Audrey Wood anzurufen, die versprach, ihren Mann vorbeizuschicken, der die Angelegenheit in Ordnung bringen würde. »Sag Audrey, sie soll ihm auch ein Exemplar von ›Andere Stimmen‹ mitgeben«, rief Truman, als Andrew ihre Nummer wählte. »Ich möchte diesen Leuten beweisen, daß ich ein Schriftsteller bin.«

Bevor der Mann von Audrey Wood erschien, trudelte Tennessee in Begleitung von Gore Vidal ein, dessen unwillkommene Gegenwart die perfekte Schlußpointe dieser kleinen Farce bildete. Tennessee und Gore fanden die Szene höchst amüsant, und Tennessee beschloß, die Verwirrung noch weiterzuspinnen. »Sie sind in Ihre Wohnung eingebrochen – bestehen Sie auf einer Anzeige?« fragte ihn einer der Beamten. »Also jedenfalls waren sie nicht da, als ich wegging, soviel weiß ich«, antwortete Tennessee, der unentschlossen schien. »Hör zu, Tennessee«, beschwor ihn Truman, »laß dir nichts dergleichen einfallen!« Es hatte jedoch nie eine wirkliche Gefahr bestanden. In seine Trickkiste greifend, hatte Truman mit Imitationen einiger ihrer berühmten Freunde das Herz der Häscher gewonnen. Andrew hatte erwähnt, daß Truman am nächsten Abend bei ihm zum Essen eingeladen sei. Als sie gingen, sagte die Polizistin, von dem unterhaltenden Abend offensichtlich beeindruckt, zu Truman: »Ich bedauere, daß ich morgen abend nicht auch eingeladen bin. Ich würde zu gern Ihre Imitation von mir sehen.«

Trumans Leben in Manhattan verlief in ähnlichen Bahnen wie vor seiner Europareise. Er verzieh Newton und nahm seine zweiwöchentlichen Besuche in Northampton wieder auf, wo sie sich nach ihrer täglichen Arbeit gegenseitig »Little Dorrit« von Dickens vorlasen. Doch unter der eingespielten Routine war ein leises, aber beunruhigendes Knistern im Gebälk zu hören, wie es manchmal einem Erdbeben vorausgeht. Es war ein quälender Herbst. Obwohl beide nach einem Ausweg aus einer nicht länger tragfähigen Beziehung suchten, war keiner bereit, es zuzugeben, nicht einmal sich selbst gegenüber. In der Tat war es so, daß sie sich trotz allem, was sie voneinander trennte, immer noch liebten.

Truman unternahm offenbar einen letzten, erfolglosen Versuch, die unvermeidliche Trennung abzuwenden, indem er seinen alten Wunsch nach einem ständigen Zusammenleben erneuerte. Aber ein ständiger Gefährte hätte ihm Newton nie sein können, und das sagte er auch. In seinem Tagebuch vermerkte er, daß er mit dem kleinen T. schwierige Zeiten durchmache: »Unser peinigendes, unlösbares Problem.« Zwei Wochen später verzeichnete er Trumans Reaktion auf seine Weigerung: »Heute mittag mit Truman telefoniert. Er schien abwesend und seltsam teilnahmslos – für ihn.« Es war eine fast genaue Wiederholung – mit umgekehrten Vorzeichen – ihres Gesprächs nach Trumans Rückkehr aus Europa, aber jetzt war es Newton, der eine telefonische Abfuhr erhielt – eine Erfahrung, die ihm ebensowenig gefiel wie Truman. »Schlaflosigkeit & Angst«, schrieb er am nächsten Morgen. »Heftige Angst« am Tag danach. »Den ganzen Tag sehr unruhig« etwas später. Truman sagte es zwar nicht, aber er hatte sich in einen anderen verliebt.

Es war vorbei zwischen ihnen, aber sie fuhren noch mehrere Wochen lang fort, sich zu sehen, und feierten in Northampton ihre dritte Weihnacht zusammen. Nachdem Truman die Neuigkeit schon gegenüber seinen Freunden in New York hatte durchsickern lassen, gestand er ihm Anfang

Februar 1949 endlich, daß er einen neuen Geliebten habe, was Newton bereits vermutet und akzeptiert hatte. »Traurig, aber auch zärtlich und ohne Bitterkeit«, lautete seine Tagebucheintragung. Truman bemerkte, daß Newton sogar irgendwie erleichtert scheine. »Ich glaube, er war einer sehr intensiven Beziehung zu irgend jemand einfach nicht gewachsen. Er war eine Art Wochenendbesucher, könnte man sagen. Die Woche wollte er seinen eigenen Beschäftigungen widmen.«

Rückblickend betrachtet, hätte das Ende nicht viel länger hinausgezögert werden können. Truman war nicht mehr das Wunderkind, das, in vieler Hinsicht noch ungeformt, unfertig und unsicher, in Yaddo hereingeplatzt war. Er war jetzt ein anerkannter Schriftsteller mit einem noch kleinen, aber wachsenden internationalen Renommee, und er war sich seiner selbst viel sicherer, sowohl als Mann, der er jetzt war, wie auch als Künstler, der er ebenso unbestreitbar war. Er war nicht mehr das »liebe Kind«, das er während jener verzauberten Wochen im Juni 1946 gewesen war, jemand, den Newton gönnerhaft behandeln konnte, und sei es noch so zartfühlend und liebevoll. Es ist unvorstellbar, daß Truman die alte Routine noch viel länger hätte fortsetzen können, nachdem er Europa kennengelernt und vom Apfel des Ruhms gekostet hatte, die ermüdende zweiwöchentliche Bahnfahrt nach Northampton, gefolgt von einem gelegentlichen Kinobesuch am Samstagabend und dem NBC-Symphoniekonzert im Radio am Sonntagnachmittag. Wenn es Newton schwergefallen war, in der exaltierten Atmosphäre zu atmen, von der Truman umgeben war, so hatte sich auch Truman in der klaustrophobischen, nach Mottenkugeln riechenden Atmosphäre, die Newton umgab, zunehmend erstickt gefühlt. Dennoch blieben sie liebevolle Freunde, und am 14. Juni 1949, drei Jahre nach ihrer ersten Begegnung, notierte Newton: »Heute jährt sich ein großer Tag des Jahres 1946. Viel an den kleinen T. gedacht.«

Newtons Melville-Biographie wurde 1951 mit dem *National Book Award* ausgezeichnet, was sein ohnehin schon großes Ansehen als Kritiker weiter festigte. Aber sein Leben erhielt deshalb keinen größeren Zuschnitt und wurde auch nicht glücklicher. Ein Großteil seiner sexuellen Vergnügungen verlagerte sich jetzt in die Phantasie: Er begann heimlich, homosexuelle Erotika – Geschichten, Nacktfotos und pornographische Darstellungen – zu sammeln und zu tauschen. Wenige Jahre später konnte man weitaus freizügigere Fotos und Filme per Post bestellen oder im ganzen Land in einschlägigen Buchläden kaufen. Aber im Massachusetts von damals war der Besitz solcher Dinge verboten und gefährlich. Im September 1960 drang die Polizei aufgrund von Informationen, die sie bei einer Razzia bei einem Porno-Verleger erhalten hatte, in sein behütetes Refugium in Northampton ein und stieß auf eine Sammlung von über tausend Bettgeschichten und Sex-Fotos. Newton, der Fluchen und vulgäre Sprache verabscheute und sich mündlich und schriftlich immer mit eleganter Präzision äußerte, wurde verhaftet und angeklagt, »in Sprache und Verhalten ein unsittlicher und laszivér Mensch« zu sein. Seine schlimmsten Befürchtungen waren damit wahr geworden: Er wurde als Homosexueller entlarvt und öffentlich gedemütigt. Die Zeitungen in Boston und New York berichteten in Schlagzeilen über seine Schande. »Tag der Lawine«, war alles, was er in seinem Tagebuch vermerkte – der Rest des Jahres blieb leer. Er erlitt einen Nervenzusammenbruch und durfte in das State Hospital von Northampton, den »Klapskäfig«, wie es die Studentinnen von Smith nannten, überstellt werden.

Zu seiner Überraschung waren seine Freunde und Bekannten, darunter Lillian Hellman und Van Wyck Brooks, weder schockiert noch angewidert von dem, was er getan hatte, sondern standen zu ihm, sammelten Geld für ihn und setzten sich für ihn ein. »Alle Deine Freunde sind auf Deiner Seite, dessen kannst Du sicher sein«, schrieb ihm Truman, der damals in Europa lebte. »Und unter diesen setz mich bitte nicht an die letzte Stelle; abgesehen von meiner Zuneigung, die Du bereits besitzt, bin ich *gern* bereit, Dir mit Geld unter die Arme zu greifen, falls es nötig sein sollte. Dies ist eine harte Erfahrung und muß mit Härte durchgestanden werden: ein kühler Kopf, ein guter Anwalt.« Obwohl er zu dieser Zeit selbst knapp bei Kasse war, wiederholte Truman einige Wochen später in zartfühlender und in recht entwaffnender Weise sein Angebot finanzieller Hilfe. »Wenn Du Geld brauchst, dann sag es mir *bitte*; ich habe einiges, wirklich, und es würde mir keineswegs schwerfallen.« Obwohl Newton nie wieder am Smith College unterrichten durfte, wurde ihm ein kleines jährliches Salär ausgesetzt und sein Name weiterhin im Vorlesungsverzeichnis geführt.

Was ihn vor dem Gefängnis bewahrte – er erhielt ein Jahr auf Bewährung –, waren jedoch weder seine Freunde noch die College-Leitung. Es war, so traurig das ist, seine eigene Feigheit. Er wurde zum Informanten und verriet der Polizei die Namen von mindestens fünfzehn anderen Porno-Sammlern, darunter zwei jüngeren Kollegen, die zu jeweils einem Jahr Gefängnis verurteilt wurden. »Er ist in Panik geraten und hat gepetzt, der arme Teufel«, sagte Lillian Hellman. »Es muß ein Alptraum für ihn gewesen sein.«

Dennoch überlebte er, und ein paar Monate später schien er glücklicher zu sein, als er es seit Jahren gewesen war. Er strahlte eine Gelassenheit aus, wie er sie vielleicht nie zuvor gekannt hatte. Das Schlimmste war geschehen. Endlich, im Alter von sechzig Jahren, hatte er nichts mehr zu verbergen, bedurfte er keiner Tarnung mehr. In einem Brief an seinen Freund Daniel Aaron schrieb er: »Ich kann Dir aus eigener Erfahrung sagen, daß man dem Tod näher als dem Leben von der Folterbank herunterkommen – und die erlesensten Freuden des Lebens noch vor sich haben kann.« Er hatte ein weiteres Buch, eine Biographie von Longfellow, fast fertiggestellt, als das Schicksal erneut zuschlug und er an Krebs erkrankte. Truman telefonierte noch kurz vor seinem Tod im März 1963 mit ihm. »Er wußte, daß er sterben würde, und er sagte etwas vom Großartigsten, was ich je von irgend jemandem gehört habe: ›Es macht nichts. Wenigstens bin ich endlich erwachsen geworden.‹ Ich wußte genau, was er meinte. Wie die meisten Menschen, war er sein ganzes Leben lang das Opfer unreifer Impulse gewesen. Jetzt, da er es mit einem gewaltigen Gegner zu tun hatte, wußte er, was es heißt, erwachsen zu sein.«

23

Der Mann, der Newtons Platz in Trumans Gefühlswelt einnahm, war in fast jeder Hinsicht Newtons Gegenteil. Er hieß Jack Dunphy, war vierunddreißig, vital und gutaussehend, einsdreiundsiebzig groß, mit sich lichtendem rötlichem Haar, einer Hautfarbe so frisch wie ein Herbstapfel, blauen Augen und dem sehnigen, athletischen Körper des Tänzers, der er gewesen war, bevor er 1944 in den Krieg gezogen war – er hatte einen der Cowboys in »Oklahoma!« gespielt. Sein Ehrgeiz war jedoch, Schriftsteller zu sein, und sein einziger Roman, »John Fury«, eine schnörkellose und diszipliniert geschriebene Geschichte über arme Irländer in Philadelphia, war von den Rezensenten sehr gelobt worden. Trotz dieser Leistungen sahen viele New Yorker in ihm hauptsächlich den Mann und später den Exmann von Joan McCracken, einem der strahlendsten jungen Musical-Stars am Broadway. Truman wußte bezeichnenderweise schon vor der ersten Begegnung alles über ihn. »Ich war unheimlich in ihn verknallt, ohne ihn je gesehen zu haben«, gestand er.

Jack war gerade bei Leo, als Truman eines Abends im Herbst 1948 anrief. Leo, der von Trumans Interesse wußte, sagte sofort: »Jack Dunphy ist hier!« Zehn Minuten später kam Truman bei ihm zur Tür herein. »Er sah süß, bezaubernd aus«, erzählte Jack. »Er trug eine Mütze, und seine Haut war frisch und klar. Er zeigte sich von seiner allerbesten Seite. Wir saßen nebeneinander auf der Couch und redeten über Züge. Ich war von dem Wunsch besessen, irgendwo hinzufahren.« Ein oder zwei Tage später lud Truman ihn zu einer Party ein, die er Mitte Dezember in der Park Avenue

1060 geben wollte. Jack nahm an, schlug aber vor, daß sie einander doch schon vorher treffen könnten. Truman willigte nur zu gern ein. Sie aßen in Trumans neuer Wohnung an der Second Avenue zu Abend und gingen dann, als hätten sie es verabredet, miteinander ins Bett. »Ich machte die Avancen«, sagte Jack, »aber natürlich hatte mich Truman völlig am Bändel.«

Und das stimmte natürlich. »Ich habe eine Theorie«, meinte Truman, »nämlich daß man, wenn man sich etwas heftig genug wünscht, es auch bekommt, was immer es ist. Man muß es wirklich wollen und sich vierundzwanzig Stunden am Tag darauf konzentrieren, aber wenn man das tut, dann wird man es kriegen. Ich habe nie erlebt, daß das nicht funktioniert hätte. Als ich Jack dann tatsächlich kennenlernte, dachte ich: Das ist genau die Art von Mensch, die ich wirklich, wirklich mag. Wie kommt es, daß andere Menschen so jemanden kennenlernen und ich nicht? Warum kann ich das nicht auch? So beschloß ich, ihn auf die eine oder andere Weise – und ich wußte noch nicht wie – herumzukriegen. Ich war eisern und felsenfest dazu entschlossen.«

Die Party in der Park Avenue spielte eine Schlüsselrolle in seiner Kampagne. Obwohl es sich vordergründig um ein Fest zu Andrews dreißigsten Geburtstag handelte, war ihr eigentlicher Zweck fast mit Sicherheit, Jack vor Augen zu führen, wie viele berühmte Leute Truman kannte. Das gelang ihm auch. »Guter Gott! Wer war da nicht?« rief Andrew aus. »Auden, George Davis, sogar der Marquis von Milford-Haven, der im Vorjahr Trauzeuge von Königin Elizabeth und Prinz Philip gewesen war. Es war so voll, daß man sich nicht rühren konnte. Beatrice Lillie hatte versprochen zu singen – das sollte ihr Geburtstagsgeschenk für mich sein –, aber es war einfach kein Platz vorhanden. Als ich ihr vorgestellt wurde, war sie in Trumans Schlafzimmer und sagte bloß ›Happy Birthday!‹« Es ist zweifelhaft, ob Jack, der solche Feten nicht gewohnt war, einen günstigen Eindruck erhielt. Und es ist noch zweifelhafter, ob er überhaupt mitbekam, wer all diese berühmten Leute waren. Er verkroch sich in der Küche, was Nina, die ihn nie zuvor gesehen hatte, zu der Frage veranlaßte, ob ihm schlecht sei. Truman eskortierte ihn fürsorglich ins Eßzimmer, um ihn einigen guten Freunden vorzuführen, als fürchtete er, daß ihn zu viele neugierige Blicke veranlassen könnten, davonzulaufen – was leicht hätte geschehen können. »Truman sagte zu mir, er wolle mir jemanden vorstellen«, erzählte Mary Louise. »Er ging durch die Schwingtür in die Küche und kam mit Jack zurück, der dort drin gelauert hatte und nervös wirkte. Jack sagte nichts außer ›Hallo‹ und verzog sich dann sofort wieder in die Küche. Er sah wundervoll aus, und Truman war so stolz und aufgeregt, daß klar war, daß das Mr. Right für ihn war.«

Jack war weniger scheu als ungesellig, und er hatte mehr als die übliche Abneigung gegen Gedränge. »Alle Partys sind schlecht, für mein Empfinden«, sagte er. »Ich mache mir nichts aus Geselligkeit, und zwar aus einem einzigen Grund: Man hat nichts davon.« Er war jedoch nicht leicht einzuschüchtern, und als Truman sich für ihn entschied, hatte er sich für jemanden entschieden, dessen Wille so stark war wie sein eigener, jemanden, der genauso große Hindernisse überwunden hatte wie er, um Schriftsteller zu werden.

Jack war als ältestes von sechs Kindern in der Gemeinde St. Monica, einem hauptsächlich von armen Iren bewohnten Stadtviertel von Philadelphia, aufgewachsen. Das Leben dort war vielleicht noch starreren und engstirnigeren Regeln unterworfen, als dies in Monroeville der Fall gewesen war. Die Bewohner der unscheinbaren kleinen Reihenhäuser betrachteten sich als Mitglieder eines Clans und straften jeden mit hochmütiger Verachtung, der in die größere Welt hinausstrebte. Besonderes Mißtrauen brachten sie einem Jungen wie Jack entgegen, der sich im Radio gern Opern anhörte und lieber las, als sich für Baseball und Football zu interessieren. Seine Verwandten waren schockiert über seinen Wunsch zu schreiben. »Mein Gott! Man könnte glauben, ich handelte mit Pornos, so wie sie sich aufführten«, klagte er. Im Gegensatz zu Truman und Newton war er jedoch kein Softie: Er teilte mehr aus, als er einsteckte. Er war zwölf oder dreizehn, als ihn ein Nachbarjunge hänselte, weil er auf der Veranda ein Buch las. »Komm herunter und spiel mit uns, Mary!« rief der Junge. »He, Mary!« Jack warf sein Buch beiseite, sprang über das Geländer, stürzte sich auf ihn und schmetterte seinen Schädel immer wieder auf den Gehsteig. »Er war furchtbar jähzornig«, meinte seine Schwester Olive. »Es war, als sage er zu dem Jungen: ›Es ist mir egal, ob ich dich umbringe.‹ Die Mütter kamen herausgerannt, als sie den Jungen schreien hörten, und es gab eine Menge Gerede. Aber Jack wurde nie wieder belästigt.«

Sein Vater James arbeitete als Setzer bei einer Zeitung. Er floh nach Baltimore, als Jack zur Welt kam. Jacks Mutter Kate, die noch nicht im Besitz eines Trauscheins war, spürte ihn auf und setzte ihn moralisch unter Druck, nach Philadelphia zurückzukehren, indem sie ihm den Säugling überantwortete. Er tat widerwillig seine Pflicht, aber ohne der Mutter oder dem Kind je zu verzeihen. »Ich glaube, Dad hat mich wirklich gehaßt«, meinte Jack. »Wir waren erbitterte Feinde, Feinde bis aufs Blut. Das einzige Mal, daß wir uns nah waren, war, als meine Mutter schwanger wurde. Trumans Verhältnis zu seinem Vater war ambivalent. Ich wußte, wo ich mit meinem stand. Er las selbst Bücher – er hatte immer etwas vor seinem Gesicht –, aber meine warf er in den Hinterhof.« Wenn sie sich in die Haare gerieten, was häufig geschah, beendete sein Vater den Streit gewöhnlich mit den Worten: »Bitte red nicht so geschwollen daher. Vergiß nicht, daß du dir auf der Rückfahrt von Baltimore im Zug die Hosen vollgeschissen hast.« Jack war die Hauptzielscheibe seines Vaters, doch entgingen auch die anderen Kinder – zwei Jungen und drei Mädchen – nicht ganz seinen Aggressionen. Als sein Lieblingssohn Carl während des Zweiten Weltkrieges bei Anzio getötet wurde, fuhr James Dunphy seinen Sohn Bob an: »Warum konntest du nicht an seiner Stelle sterben?«

Er war ein modisch gekleideter Stutzer, der sich jede Woche die Haare schneiden und sich maniküren ließ, und er forderte viel und gab wenig. »Jetzt bring mich zum Lachen!« befahl er dem Radio, wenn er sich hinsetzte, um seine Lieblingssendungen zu hören. Er fühlte sich seiner Frau überlegen, die kaum lesen konnte und ihren Tee aus der Untertasse trank, nachdem sie ihn abgekühlt hatte, und die so oft schwanger war, daß er ihr den Spitznamen Olan gab – nach einer chinesischen Bäuerin in Pearl

Bucks Roman »Die gute Erde«. Kate hatte tatsächlich die Geduld einer chinesischen Bäuerin. Obwohl er oft wochenlang nicht nach Hause kam, sondern sich bei anderen Frauen herumtrieb, kam niemals ein Wort über der Klage ihre Lippen. »Hier kommt Vater!« rief sie jedes Mal erfreut, wenn sie ihn dann endlich in die Gladstone Street einbiegen sah. Sie vergötterte Jack. Vielleicht weil er ihr Erstgeborener war, vielleicht auch weil ihn sein Vater so sehr haßte. Als er noch klein war, stand er abends hinter ihr und bürstete ihr langes Haar. Nachdem die anderen Kinder zu Bett gegangen waren, teilten sich die beiden oft eine Schüssel Eiscreme, ein besonderer Leckerbissen in einem armen Haushalt. Sein Name war der einzige, den sie auf ihrem Sterbebett rief. »Das wenige Gute in mir, was ich an Freundlichkeit und Höflichkeit habe, führe ich auf sie zurück«, schrieb er. »Der neinsagende Teil von mir stammt von ihm; der *protest*antische Teil.« Wie es bei Vätern und Söhnen oft der Fall ist, wurde Jack seinem verhaßten Vater schließlich ähnlicher, als er wahrscheinlich wußte. Er sagte fast immer, was er dachte, ohne Rücksicht auf die Gesetze des Taktes und der Konvention, und es war unmöglich, seine plötzlichen Wutausbrüche vorauszusagen, die ohne Warnung eintraten wie Tornados, die an einem wolkenlosen Sommertag über die Prärie rasen. »Man weiß nie, wie Jack auf irgend etwas reagieren wird«, bemerkte Truman später. »Man sagt zum Beispiel: ›Ich finde die Bohnen bei Horn & Hardart besser als bei Schrafft‹ und ist plötzlich in einen fürchterlichen Streit mit ihm verwickelt.«

»Armut ist viel mehr als eine Lebensform«, schrieb Jack später. »Sie gräbt sich viel tiefer ein als bloß in die Haut. Sie ist keine Tätowierung, die mit der Zeit verblaßt. Und auch kein Brandmal, das man vergessen kann, wenn man es nicht vor Augen hat. Die Armut, wenn du sie gekannt hast, das bist *du.*« So war es, und so blieb es für ihn. Er, der von der Schule abgegangen war, um in Fabriken seinen Unterhalt zu verdienen, blickte mit verzehrendem Neid auf die jungen Männer, die die Universität von Pennsylvania besuchten. Immer wieder gefeuert – »Ich konnte Büros und einen ewig gleichen Trott nicht ertragen« –, besuchte er schließlich eine Schule für professionelle Tänzer. Er hegte eine irische Liebe zu Tanz und Bewegung und hatte viele Stunden damit zugebracht, im Keller neben der Kohlenkiste Schritte zu üben. Zu seiner Überraschung entdeckte er, daß er überleben konnte, indem er seine Füße rührte. »Ich hatte im Grunde kein Talent«, gab er zu, »ich war gerade gut genug für den Job.«

Er heiratete seine Studienkollegin Joan McCracken, und sie zogen nach New York, wo sie sich nach kurzer Zeit trennen mußten, als er eine kleine Rolle in George Balanchines Ensemble erhielt, das für acht Monate auf Südamerikatournee ging. Er hatte immer Schriftsteller werden wollen, und auf dieser Reise begann er an »John Fury« zu arbeiten. »Ich hätte nicht damit angefangen, wenn ich nicht so einsam gewesen wäre. Wenn ich schrieb, war ich nicht mehr einsam. Ich sonderte mich vom Rest der Truppe ab. Alle übrigen gingen abends aus und vögelten herum. Ich ging in mein Zimmer, arbeitete, wichste und ging schlafen.«

All die Fähigkeiten, die ihm als Tänzer und Entertainer fehlen mochten, besaß Joan im Übermaß. Beide erhielten kleine Rollen in »Oklahoma!«. Seine blieben klein; ihre expandierten – ja explodierten. »Als sie zum Vortanzen kam, war sie sehr arm; sie trug einen mit Kaninchenfell besetzten Mantel«, erinnerte sich Agnes De Mille, deren innovative Choreographie dieses Musical zu einem Markstein am Broadway machte. »Ich bestand darauf, daß sie engagiert wurde, und schuf für sie die Rolle des Mädchens, das ständig hinfällt, was ein großer Gag wurde. Sie war eine fabelhafte Komikerin und eine hervorragende Technikerin. Sie hatte kurze, stämmige Beine, aber sie setzte sie brillant ein. Sie war schön und hatte ein liebes, kleines, herzförmiges Gesicht; wenn sie auf die Bühne kam und lächelte, schmolz das Publikum – man hätte es mit einem Stück Brot auftunken können. Sie war unwiderstehlich. Ihre Persönlichkeit war die eines Stars.«

Im Gegensatz zu ihr mied Jack das Scheinwerferlicht. Wenn Agnes De Mille etwas kreierte, was die Aufmerksamkeit auch auf ihn gelenkt hätte, lehnte er ab. »Ich bin nicht interessiert«, sagte er. »Gib es einem von den Kollegen.« Sein Ehrgeiz, das machte er klar, lag anderswo. Als er im folgenden Jahr einrückte, beherrschte Joan seine Gedanken; wie viele andere Soldaten wünschte er sich nichts anderes, als zu seiner Frau nach Hause zurückzukehren. »Ich war wie eine Sonnenblume«, sagte er, »und Joan war meine Sonne. Ich habe mich sexuell überhaupt nicht betätigt. Ich habe nicht einmal onaniert.« Sie war nicht so keusch, und als Jack 1946 aus Europa zurückkehrte, spürte er sofort, daß sie von Schuldgefühlen geplagt wurde. Er erriet, was geschehen war, und versuchte, sie zu beruhigen. »Hab keine Angst«, sagte er. Sie waren in ihren zweiten Flitterwochen in der Karibik, als sie das Telegramm erhielt, das ihre Ehe beendete: der französische Komponist, mit dem sie ein Verhältnis gehabt hatte, war bei einem Flugzeugabsturz verletzt worden und bat sie, an sein Krankenbett zu kommen. Sie kam nun nicht mehr darum herum, ihm alles zu erzählen, und flog nach New York zurück. »Ich hätte ihr verziehen«, sagte Jack. »Sie war wie eine Insel, auf die ich mein ganzes Leben lang gewartet hatte. Aber sie wurde von dieser kleinen jüdischen Schwuchtel, die aus einem Flugzeug gefallen war, gewissermaßen erpreßt, indem er ihr Schuldgefühle machte. Als sie mich verließ, hat es mich innerlich zerrissen, und ein Teil von mir ist gestorben.« Seinen Angehörigen, die sie liebten, sagte er nur: »Sie ist mit einem Juden durchgebrannt.«

Joan, die unter der Trennung genauso litt wie er, kam mit ihrem Erfolg ebensowenig zurecht wie mit ihrem Leben. Sie heiratete Bob Fosse, der ebenfalls als Tänzer und Regisseur berühmt wurde, ließ sich aber ein zweites Mal scheiden. Sie nahm die falschen Rollen an – schwerblütige dramatische Rollen –, und ihre Karriere versandete. »Hollywood riß sich um sie; sie hätte ein großer Star werden können«, sagte Agnes De Mille. »Aber sie verirrte sich in Rollen mit verstiegenem Kunstanspruch.« Obwohl es schien, als wollte sie Jack wiederhaben, scheute er davor zurück. »Ich hatte sie immer noch gern«, sagte er, »aber ich wäre nie wieder mit ihr ins Bett gegangen. Sie hat sich selbst zerstört. Sie raste auf den Abgrund zu.« Sie blieben trotzdem gute Freunde, und als sie 1961 an einem Herzleiden starb, hinterließ sie ihm 3000 Dollar. »Ich sah mir ihr Gesicht im Sarg an«, sagte Agnes De Mille, »und es war immer noch schön, schien immer noch

Licht auszustrahlen. Ich dachte an einige Zeilen von John Webster: ›Bedeckt ihr Gesicht; es blendet mich; sie ist jung gestorben.‹«

»Ich wäre nie homosexuell geworden, wenn Joan bei mir geblieben wäre«, behauptete Jack, und das ist wahrscheinlich die Wahrheit. Er hatte zwar auch schon vorher homoerotische Phantasien gehabt, und er bewegte sich in Tänzer- und Theaterkreisen überwiegend unter Homosexuellen, aber seine sexuellen Erfahrungen, die mit fünfzehn oder sechzehn mit einer Lehrerin begonnen hatten, hatten sich bisher ausschließlich auf Frauen beschränkt. Er war ein Mann, der nicht auf gemäßigte oder besser angemessene Weise reagieren konnte, und als Joan ihn hinterging, wandte er sich gegen das gesamte weibliche Geschlecht. »Frauen waren mir plötzlich sehr widerwärtig, und ich beschloß, nur noch mit Männern ins Bett zu gehen. Ich hatte auch schon zuvor für manche Männer geschwärmt, aber es wäre mir nie eingefallen, mich ihnen zu nähern. Ich wußte, daß die Honigtöpfe da waren, aber ich wußte nicht, daß man sie öffnen konnte.« Nun erinnerte er sich an die Avancen, die ihm ein Kriegskamerad gemacht hatte, und er bestieg einen Bus nach Florida, wo dieser lebte, um herauszufinden, ob das Angebot noch galt. Das war nicht der Fall: sein Freund hatte jetzt ganz zivile Gedanken an Ehe und Kinder. Jack ließ sich jedoch nicht abschrecken. Die Honigtöpfe warteten wie üblich in New York auf ihn, und obwohl er sich ungeschickt anstellte und Blut schwitzte, lernte er bald, sie zu öffnen. »Als ich mich Männern zuwandte, war das zunächst sehr schwierig«, erklärte er. »Ich mußte wirklich daran arbeiten. Männer haben so harte Beine.« Er arbeitete immer noch daran – er war erst mit zwei Männern im Bett gewesen –, als Truman durch Leos Tür trat und ihm zeigte, wie leicht das alles war.

»Ich habe mein ganzes Leben lang nach dem vollkommenen Jungen gesucht«, gestand Jack lange danach, und Trumans Jugend und sein überschäumendes Temperament gefielen ihm wie so vielen anderen. Aber Jack war nicht so in Truman verliebt wie Truman in ihn – und Truman wußte das. Truman hatte jedoch sein Leben damit zugebracht zu lernen, wie man anderen gefällt, und diese Jahre des Trainings brachten ihm jetzt ein, was er sich wünschte. Sich rasch auf Jacks Wünsche einstellend, bot er ihm eine kostenlose Europareise an. »Ich reise unheimlich gern«, sagte Jack, »und als er zu mir sagte: ›Fahren wir nach Europa!‹, war die Sache für mich klar.« Sie warteten, bis Trumans Anthologie von acht Kurzgeschichten unter dem Titel »Baum der Nacht« Anfang 1949 herauskam. Am 26. Februar 1949, drei Monate, nachdem sie einander bei Leo kennengelernt hatten, fuhren sie mit der *Queen Mary* nach Frankreich. »Ich hab ihn endlich rumgekriegt!« jubelte Truman. »Vollständig, total und absolut.«

24

Ihr Plan sah vor, die Sonne, das heißt Sizilien, anzupeilen, wo sie ein paar Monate arbeiten wollten. Nach einer stürmischen Überfahrt, auf der sie sich beide erkälteten und ihre Laune entsprechend war, machten sie kurz in Paris Station und fuhren dann nach Venedig und Rom weiter, wo sie mit Tennessee Williams und seinem neuen Geliebten Frank Merlo zusammentrafen, um mit ihnen einen Ausflug nach Ischia zu machen.

Truman und Tennessee verband eine Freundschaft, in der es häufig Streit gab, und in Neapel gerieten sie sich nicht einmal, sondern gleich zweimal in die Haare. Den ersten, relativ geringfügigen Krach gab es, als sie sich in ihrem Hotel einquartierten. Truman, der zum Aberglauben neigte, sah sich seine Zimmernummer an und entdeckte zu seinem Entsetzen, daß die Ziffern, wenn man sie addierte, dreizehn ergaben, was bekanntlich Unheil ankündigt. Tennessee, der nicht weniger abergläubisch war, willigte zunächst in einen Tausch ein, verlangte aber sofort seinen Schlüssel zurück, als er den Grund erfuhr. »Das machst du nicht mit mir!« erklärte er. »Verzieh dich wieder in das andere Zimmer!«

Der zweite Streit war ernster. Beim Abendessen vor der Abreise nach Ischia erzählte Truman eine Geschichte, die er für lustig hielt: Margo Jones, die Regisseurin von Tennessees neuestem Stück »Summer and Smoke«, habe auf der Probe die Schauspieler zusammengerufen und als makabre Aufmunterung erklärt: »Das ist das Stück eines sterbenden Mannes. Wir müssen alle unser Bestes geben.« Tennessee, dessen übertriebene Hypochondrie sie zu der fatalen Bemerkung veranlaßt hatte, kannte diese

Geschichte noch nicht und fand sie durchaus nicht amüsant. Er wurde, wie er selbst sagte, fast hysterisch vor Kränkung und Wut – der Vesuv hätte nicht mit größerer Wucht ausbrechen können. »Er hob plötzlich den ganzen Tisch hoch und stürzte ihn um, direkt auf mich«, erinnerte sich Truman. »Dann rannte er aus dem Raum und verschwand. Frankie regte sich schrecklich auf, und aus irgendeinem Grund war auch Jack verärgert, daß ich die Geschichte erzählt hatte. Nun, ich hatte es sicher nicht aus Bosheit getan. Mir war nicht klar gewesen, daß ich Tennessee damit tödlich treffen würde. Er behauptete jeden zweiten Tag, er sterbe. Es war seine Lieblingsmasche, um Mitgefühl einzuheimsen. ›Du weißt es nicht, mein Lieber‹, sagte er immer, ›aber ich bin ein sterbender Mann!‹«
Während Tennessee immer noch eingeschnappt war, fuhren Truman und Jack am nächsten Tag nach Ischia. Frankie und Tennessee folgten einen Tag später, aber Tennessee hatte nicht vergessen. »Ich glaube, Du beurteilst Truman etwas zu nachsichtig, wenn Du ihn als ein Kind bezeichnest«, schrieb er an Donald Windham. »Er hat eher etwas von einer scheinheilig-tückischen alten Dame.« Er gab jedoch zu, daß sein Wutausbruch zum Teil durch seinen eifersüchtigen Verdacht bedingt gewesen war, Frankie könnte die Gesellschaft Trumans seiner eigenen vorziehen, was zeitweilig gestimmt haben mag. »Frankie war ein toller Typ«, sagte Truman, »sehr intelligent, etwas ganz Besonderes. Er war der beste Typ, mit dem sich Tennessee je eingelassen hat.« Doch Truman behielt ironischerweise Frankie ebenfalls genau im Auge, überzeugt, daß er sich zu Jack hingezogen fühle. »Frankie war sehr in Jack verknallt – es gab eine Menge Leute, die sehr in Jack verknallt waren. Deshalb sagte ich zu ihm: ›Probier's doch, Frankie, und wenn es paßt, nimm's.‹ Gleichzeitig sagte ich zu Jack: ›Laß bloß die Finger davon!‹ Ich habe ihn nicht allen anderen weggeschnappt, um ihn an Frankie zu verlieren!« Frankies kindliche Offenheit und Integrität gefiel den meisten Menschen. Als Jack Warner, der Tennessee in seinem privaten Eßzimmer in den Studios der Warner Brothers bewirtete, ihn einmal fragte, was er beruflich tue, sah ihm Frankie gelassen ins Gesicht und antwortete: »Ich schlafe mit Mr. Williams.«

Sobald sie sich in einer Pension im winzigen Badeort Forio einquartiert hatten, vergaßen Truman und Jack Sizilien. Ischias achtzehn Quadratmeilen von Meer und Sonne umspülten vulkanischen Felsgesteins hatten alles, wonach sie suchten. »Was für ein seltsamer und seltsam verzauberter Ort dies ist: eine *encantada* im Mittelmeer«, schrieb Truman an Bob Linscott. »Es ist eine sehr primitive Insel vor der Küste von Neapel, bewohnt überwiegend von Winzern, Schafhirten, W.H. Auden und der Familie Mussolini.« In einem Brief an Cecil Beaton, mit dem er sich bei seinem Englandaufenthalt angefreundet hatte, bemerkte er: »Es ist wirklich sehr schön und fremdartig. Wir haben fast eine ganze Etage mit Blick auf das Meer für uns, die Sonne ist hart wie Diamanten, und alles ist erfüllt vom Duft von Glyzinen und Zitronen.« Auden, der in der Nähe ein Haus gemietet hatte, pries Ischias Reize in Versen:

> O… my thanks are for you,
> Ischia, to whom a fair wind has
> brought me rejoicing with dear friends
> from soiled productive cities. How well you correct
> our injured eyes, how gently you train us to see
> things and men in perspective
> underneath your uniform light.

Aber er beschränkte seinen Jubel auf die Poesie, und seine stachlige und tyrannische Art gewann ihm auf Ischia nicht viele Freunde. »Was für ein Langweiler Auden war!« klagte Truman. »Er hatte keinen Funken Humor oder Witz. Er bestand nur aus Intellekt. Ich gab eine Party auf der Dachterrasse unserer Pension. Ich schmückte sie mit Lampions. Es kamen etwa fünfzig Leute, darunter die schönsten Fischer der Insel. Alle unterhielten sich gut. Alle mit Ausnahme von Wystan, der nicht tanzte und mit niemandem redete, sondern ganz allein in einer Ecke saß und so verdrießlich dreinsah, wie er konnte. Das ist mein Bild von Auden: Er sitzt allein in einer Ecke und läßt die Kinnlade hängen.« Auden und sein Gefährte

Chester Kallman waren auf ihre Art freundlich zu Truman und Jack, aber aus mysteriösen und unerklärlichen Gründen legten sie es darauf an, Tennessee und Frankie zu brüskieren. »Was Wystan an Chester fand, der einer der übelsten Typen war, die mir je untergekommen sind, werde ich nie begreifen«, fügte Truman hinzu. »Auden war bereits ziemlich bekannt als Dichter, aber so wie Chester sich aufführte, hätte man meinen können, daß in Wirklichkeit er der Wichtige sei. Chester war äußerst unhöflich zu Tennessee und Frankie und lud die beiden demonstrativ nicht ein. Tennessee war sehr gekränkt.«

Truman und Jack waren jedoch nach Ischia gekommen, um zu arbeiten, nicht um auf Dächern zu tanzen oder mit ihren Nachbarn zu streiten, und das taten sie auch. Ihre Pension namens Lustro hatte zwar kein Fließendwasser, bot jedoch für bloß 200 Dollar im Monat zwei angenehme Räume, Frühstück und zwei aus fünf Gängen bestehende Hauptmahlzeiten einschließlich eines guten Inselweins zum Hinunterspülen. Trumans Routine war vertraut: Vormittags Arbeit, gewöhnlich im Bett; Mittagessen und Schwimmen; weitere Arbeit am Nachmittag und ein Abend in Gesellschaft, wenn sich eine finden ließ. Wenn nicht, las er; er entdeckte verspätet die erlesenen Freuden Jane Austens. Seine Arbeitszeit wurde hauptsächlich von seinem zweiten Roman, »Summer Crossing« in Anspruch genommen, dem Buch über ein Society-Girl von Manhattan, das er beiseite gelegt hatte, um »Andere Stimmen« zu schreiben. »Ich bin guter Hoffnung, was ›Summer Crossing‹ betrifft«, schrieb Truman an Linscott am 1. April, »und ich fühle mich voll Energie und gerechtfertigt, das Buch zu schreiben, aber es macht mich die ganze Zeit nervös, was wahrscheinlich ein gutes Zeichen ist, und ich habe keine Lust, darüber zu sprechen, ein weiteres gutes Zeichen.«

Linscott, der klug und erfahren genug war, um die Sorge wahrzunehmen, die durch das Unterholz von Optimismus lugte – Nervosität ist dem Schreiben niemals förderlich –, antwortete mit entsprechend beruhigenden und ermutigenden Worten. »Ich freue mich sehr, daß ›Summer Crossing‹ so gut vorankommt. Ich habe seit dem Tag in Deiner Wohnung, als Du die Geschichte vorgestellt hast, immer wieder darüber nachgedacht – und zwar jedes Mal mit Zufriedenheit in bezug auf das Thema und dem Wunsch, sie zu lesen.« Vielleicht dank dieser Ermutigung schrieb Truman zügig weiter, und Anfang Mai freute er sich, melden zu können, daß er das erste Drittel abgeschlossen habe: »Das ist doch ein beachtliches Tempo, findest Du nicht? Wenn ich den ersten Entwurf fertigstellen kann, bevor ich nach Hause zurückkehre, werde ich das Manuskript wahrscheinlich bis zum Jahresende ausgefeilt haben, was bedeutet, daß Du es im folgenden Juni herausbringen könntest – vorausgesetzt, es sagt Dir zu. Aber wir werden sehen, was geschieht –, es ist bisher das Schwierigste, was ich je zu machen versuchte.«

»Dummes Huhn, das ich bin, halte ich mich für sehr glücklich – also bin ich es vielleicht auch«, schrieb Truman einige Tage nach der Ankunft an Cecil, und Ischia blieb denn auch ein glücklicher Ort für ihn. Der größte Zauber war freilich weder die Sonne noch das Wasser, weder Auden noch die Familie Mussolini, es war Jack. »Truman hielt ihn praktisch jede Minute umklammert wie eine Boa«, bemerkte Tennessee giftig zu Donald, »außer, wenn er mit unsichtbaren kleinen Bleistiftkritzeleien in einem Notizheft beschäftigt war, bei denen es sich angeblich um seinen neuen Roman handelte.« Truman hatte von Anfang an gewußt, daß er Jack liebte; jetzt glaubte er, daß Jack anfange, auch ihn zu lieben. Einer der Gründe, warum er es so eilig hatte, die Europareise mit ihm zu machen, war seine Furcht, daß sich Jack wieder mit Joan versöhnen könnte. Das schien jetzt unwahrscheinlich. Ihre gemeinsam verbrachten Wochen in der Pensione di Lustro hatten Joan in den Hintergrund gedrängt und Truman das Gefühl gegeben, daß seine eigene Position gesichert sei. »Ich widme mich meiner Arbeit mit ziemlicher Konzentration«, schrieb er an Cecil. »Das macht mich zufrieden, und das tut auch Jack, der sich als ein wirklich außergewöhnlicher Mensch erwiesen hat – von einer Wahrnehmungsfähigkeit, der man zu selten, und einer Stärke, der man fast nie begegnet.«

Im Juni begannen die Reize von Ischia für sie und viele andere nachzulassen; wie auf ein geheimes Signal schien die halbe Insel gleichzeitig das Lager abzubrechen. In einem Brief an Carson beschrieb Tennessee die

Ankunft der Ischia-Clique in Rom. »Truman und Auden und Chester Kallman und verschiedene andere Angehörige der boshaften Schwesternschar hatten sich mehrere Monate lang auf der kleinen Insel Ischia zusammengedrängt, aber plötzlich entstand eine Unruhe unter ihnen, und sie setzten sich alle gleichzeitig ab. Truman und seine Buhlschaft machten letzte Woche ein paar Tage hier Station, Auden und Chester ebenfalls zur selben Zeit. Es gab ein großes Gedränge in den Hallen des Hotels Inghilterra, ein Geschnatter und Geflatter wie von Gänsen, und Gerüchte besagten, daß die Insel Ischia wieder im Meer versunken ist.«

Ein kurioses Paar aus Tanger, eine Gräfin unbestimmter Nationalität und ihr amerikanischer Freund, war eines Tages auf Ischia aufgekreuzt. Sie reisten in einem übermütigen und ausgeflippten Stil – begleitet von einer dänischen Dogge, einem Afghanen, zwei Dackeln, zwei Chihuahuas und einem kleinen Köter namens Mr. Brown –, und Truman, den die vertrauten Gesichter der Insel zu langweilen begannen, schienen sie den Glanz und das Geheimnis der Kasbah mitzubringen. Tanger, das auch auf der Route mehrerer seiner Freunde, darunter Cecil sowie Paul und Jane Bowles, lag, präsentierte sich plötzlich als idealer Nachfolger von Ischia, als ein preisgünstiger Ort, wo man den Sommer und Herbst über arbeiten und sich entspannen konnte. So kam es, daß Jack und er nach einem kurzen Besuch in Paris und einer langen, staubigen Zugfahrt nach Spanien die Straße von Gibraltar überquerten und am 2. Juli in Tanger anlegten.
Doch schon bevor sie Tangers Boden betraten, war diese »zerlumpte Stadt«, wie Truman sie nennen sollte, eine Enttäuschung. Gore Vidal, der nicht zu den Freunden zählte, die Truman zu sehen erwartete, und der genau wußte, wie sehr seine Anwesenheit Truman verärgern würde, war mit dem Flugzeug aus Paris gekommen und bereitete eine kleine Überraschung vor. »Komm zum Dock mit mir«, forderte er Paul Bowles auf. »Beobachte sein Gesicht, wenn er mich sieht.« Als sich das Schiff aus Spanien dem Pier näherte, erblickte Truman zuerst Bowles, der groß war und aus der Menge herausragte. Über das ganze Gesicht lächelnd und mit

dem unvermeidlichen Bronzini-Schal wedelnd, lehnte er sich über die Reling. Dann erblickte er Gore, der ihn selbstgefällig angrinste, und wie in einer Slapstick-Szene verschwanden plötzlich sowohl Trumans Lächeln als auch er selbst. »Sein Gesicht fiel zusammen wie ein Soufflé im Eiswürfelfach«, sagte Bowles, »und er verschwand mehrere Sekunden lang hinter dem oberen Rand der Reling. Als er sich wieder aufrichtete, lächelte und winkte er nicht mehr.« Sein komischer Ausdruck des Entsetzens entsprach voll und ganz Gores Hoffnungen; Gore blieb nur lange genug, um Truman glauben zu machen, daß sein ganzer Sommer ruiniert sein werde, und reiste dann triumphierend ab.

Eine dauerhaftere Irritation war das Hotel El Farhar. »Reimt sich mit Horror«, meinte Tennessee, der es von früher kannte; »eine kolossale Aussicht: auf jede denkbare Unbequemlichkeit!« Es lag auf einem Hügel, den die Einheimischen *the Mountain* nennen, etwa zwanzig Minuten vom Stadtzentrum entfernt, und bestand aus einem viktorianischen Haus und mehreren ramponierten Bungalows. Von einem davon ergriffen Truman und Jack lustlos Besitz. Zwar dürfte es auch im Januar, als Tennessee dort war, schlecht gewesen sein, aber im Juli war es noch schlechter und am allerschlimmsten in der Gluthitze des August: Die Bungalows mit ihren Wellblechdächern hätten genausogut als Öfen benutzt werden können, so effizient stauten sie die Hitze der nordafrikanischen Sonne. »Ganz egal, wie heiß es in New York war«, klagte Truman Linscott im August, »hier war es genau doppelt so heiß.« Was ihre Qual noch vergrößerte, war, daß sich, dem Geräuschpegel nach zu urteilen, ein ganzes Regiment britischer Soldaten auf Urlaub von ihrer Garnison in Gibraltar in einem Nachbarhaus einquartiert hatten, wo man sie von acht Uhr früh bis zehn Uhr abends schwatzen, singen und lärmend zechen hörte. Kurz, das Farhar war kein erfreulicher Ort, um zu arbeiten und sich zu entspannen. Cecil Beaton, der im August eintraf und im komfortablen Stadthaus eines reichen Freundes wohnte, bemitleidete sie in seinem Tagebuch: »Das Hotel ist höllisch heiß und völlig unattraktiv, aber Truman kann es sich nicht leisten umzuziehen, und er hat die Gabe, aus einer üblen Situation das Beste zu machen.«

Das einzige, was das Leben dort überhaupt erträglich machte, war die Anwesenheit von Jane und Paul Bowles, eines der interessantesten Paare in der amerikanischen Literaturgeschichte. Die Tatsache, daß sie eine Ehe ohne Sex führten, verminderte keinesfalls ihre offenkundige gegenseitige Zuneigung. Er war sowohl Komponist wie Schriftsteller; sie schrieb Romane und Theaterstücke, und ihr halluzinatorischer, surrealistischer Stil hatte ihr bereits eine kleine, aber fanatische Anhängerschaft gesichert. Einer ihrer Anführer war Tennessee, der sie zum bedeutendsten Prosaautor ausrief, den die Vereinigten Staaten je hervorgebracht hätten. »Man wird dies vielleicht für eine ausgefallene Ansicht halten«, räumte er in seinen Memoiren ein, »aber ich muß dabei bleiben.« So weit ging Truman nicht, doch auch er räumte ihr einen Spitzenplatz auf seiner eigenen Liste bevorzugter amerikanischer Autorinnen gleich hinter Willa Cather und Edith Wharton ein. »Jane Bowles war mit niemandem zu vergleichen«, sagte er. »Sie hatte eine merkwürdige Art zu denken, sowohl in ihren Schriften wie im persönlichen Umgang.«

Der Grund dafür war vielleicht, daß sie im philosophischen, wenn nicht im klinischen Sinn verrückt war, von so grotesken Obsessionen getrieben, daß sogar sie sich darüber amüsieren konnte. Wie eine von Dämonen besessene Figur aus einem ihrer Bücher hatte sie eine bizarre Vorliebe für eine abnorm große, völlig unattraktive Bäuerin mit einem leichten Schnurrbart entwickelt, die unter ihrer Berber-Robe Bluejeans und braune Golfschuhe trug. In diesem Sommer ging Jane jeden Tag zum Getreidemarkt, wo diese Frau einen Stand hatte, um ihr Geschenke zu bringen und unterwürfig um sie zu buhlen. Sie war immer rechtzeitig zum Abendessen zurück, bei dem sie unter lautem Gelächter schilderte, wie ihre Belagerung verlaufen war. Aber sie fand Truman genauso unterhaltend wie er sie. »Alles hat sich verändert, seit Truman Capote gekommen ist«, schrieb sie einer Freundin.

Das beste Bild des damaligen Tanger, das Feeling des Ortes, nicht die faktische Beschreibung, vermitteln nicht Geschichtsbücher oder Reiseführer, sondern Hollywood-Filme wie »Tangier« und »Casablanca«. Für die dort lebenden Ausländer hatte der Alltag tatsächlich die melodramatische

Atmosphäre eines raffiniert gemachten Unterhaltungsfilms: eine erregende Mischung aus Romantik, Dekadenz und Gefahr. Der Schmuggel war ein bedeutsames Gewerbe, und Vermögen wurden innerhalb von Stunden verdient – und fast ebenso schnell ausgegeben. Französische Couturiers flogen Mannequins aus Paris ein, um ihre neuesten Kollektionen vorzuführen, die neuesten amerikanischen Autos verstopften die engen Straßen, und in den Straßencafés um den Kleinen Markt konnte man von Drogen bis zu nackter Haut fast alles kaufen und verkaufen.

Neben dieser Stadt von hektischer und manchmal unheimlicher Geschäftigkeit gab es ein älteres, trägeres Tanger, wo die Tage »weniger beachtet als Luftblasen in einem Wasserfall« vorüberglitten, wie Truman es formulierte. Wie zuvor arbeiteten Jack und er gewöhnlich am Vormittag, schwammen am Nachmittag und waren nach dem Dinner im El Farhar auf einer der vielen Partys, die in diesem Sommer in Tanger gegeben wurden, das, obwohl es niemand wußte, den Gipfel seiner kurzen und unnatürlichen Prosperität erreicht hatte.

Das vergnüglichste derartige Ereignis war eine Mitternachts-Strandparty, die Cecil zu Jacks fünfunddreißigstem Geburtstag in den am Meer gelegenen Höhlen des Herkules gab. Eine der Grotten war mit Blumen, Lampions und bunten Wandbehängen geschmückt, in einer anderen spielten unsichtbar arabische Musiker; und im Meer gekühlter Champagner diente dazu, die Marshmallows hinunterzuspülen, die Cecils genußsüchtige Boy-Scouts am offenen Feuer geröstet hatten. Das einzige, was Cecil nicht fertigbrachte, war, die Skorpione fernzuhalten, von denen es auf den Felsen wimmelte. Truman behauptete, er fürchte sich schrecklich, und weigerte sich, den Abhang hinunterzusteigen. Es mußten marokkanische Bauern herbeigerufen werden, die ihn wie Nero zu den Lustbarkeiten hinuntertrugen.

Trotz dieses pubertären Gehabes waren sowohl Cecil als auch Paul Bowles von der ernsthaften Seite seines Charakters beeindruckt, von einer bisher unvermuteten Spannweite und Klarheit seiner Ambitionen. »Eines Tages weihte uns Truman in seine literarischen Pläne für die nächsten zwei Jahrzehnte ein«, erzählte Paul. »Er ging dabei derart auf Einzelheiten ein, daß ich natürlich alles als Phantasterei abtat. Es schien mir unmöglich, daß irgend jemand so weit im voraus ›wissen‹ konnte, was er schreiben würde. Die Werke, die er uns 1949 schilderte, erschienen jedoch in den folgenden Jahren tatsächlich nacheinander. Sie waren schon damals alle in seinem Kopf vorhanden wie kleine Krokodile, die darauf warten, ausgebrütet zu werden.«

Das Krokodil, das in diesem Sommer ausgebrütet wurde, war immer noch »Summer Crossing«. Truman arbeitete ausdauernd, und am 30. August konnte er Linscott informieren, daß zwei Drittel des ersten Entwurfs standen. »Einiges davon gefällt mir, anderes nicht, wie immer. Ich glaube, es werden insgesamt etwa 80 000 Wörter, eigentlich mehr, als ich erwartet habe – aber es hat sich auch in einen ganz anderen, unendlich viel komplexeren Roman verwandelt, als mir ursprünglich vorschwebte. Das Ganze in die endgültige Fassung zu bringen wird eine gewaltige Anstrengung erfordern.« Zwei Wochen später bestätigte er: »Wenn alles gutgeht, wirst Du etwa um Neujahr herum ein Buch zu lesen bekommen.« Tanger hatte er inzwischen gründlich satt; er fügte klagend hinzu: »Ist schon Herbst in New York? Um diese Zeit habe ich die Stadt am liebsten. Ich sehne mich danach, dort zu sein.«

Ende September, nach fast drei Monaten in der »zerlumpten Stadt«, reisten Jack und er schließlich mit einem schönen weißen Pekinesenhündchen – es hieß Manchester – auf dem Arm ab, das Jane Bowles ihnen geschenkt hatte. Begleitet von Cecil, durchquerten sie das Mittelmeer in Richtung Marseille. Das war zwar nicht New York, aber nach Tanger erschien es Truman trotzdem ungeheuer attraktiv. »Marseille ist wenigstens eine richtige Stadt«, sagte er, »und die Geschäfte sind richtige Geschäfte.«

Während Cecil nordwärts eilte, genossen Truman und Jack noch die Provence und trafen in der ersten Oktoberwoche in Paris ein. Ihre Mittel waren geringer als bei ihrem ersten Besuch im März, und sie zogen deshalb nach wenigen Tagen im Pont Royal in das benachbarte preiswertere und entspanntere Hotel de l'Université um. Jane, die vorübergehend ihre

Verfolgung der schnurrbärtigen Berberin aufgegeben hatte, folgte ihnen wenige Wochen später nach, und der verlotterte Charme des Lebens im El Farhar feierte in Saint-Germaine-des-Prés fröhliche Urständ.
Da Frank Price, der Pariser Lektor von Doubleday, über das einzige private Telefon im Hotel verfügte, kam Truman, noch im Schlafanzug oder Bademantel, jeden Morgen zu ihm hereingetappt, um Anrufe zu machen, ihn nach der Zeit zu fragen – er trug niemals eine Uhr – und sein Aussehen im Spiegel zu überprüfen. Er erinnerte Judith Jones, die Sekretärin von Price, jeweils an einen verschlafenen kleinen Jungen, wenn er ihnen sprudelnd und vor Lachen prustend die angeblich höchst verruchten Geschehnisse des vergangenen Abends schilderte. Eine französische Reporterin, die ihn damals interviewte, beschrieb ihn folgendermaßen: »Bis zur Zerbrechlichkeit klein und fein, ein literarischer Seraph mit Schlafzimmerblick, in Schale für die Rue Jacob: die unvermeidlichen Blue Jeans, die heute das Wahrzeichen der Intellektuellen von der anderen Seite des Atlantiks sind, ein graues Tweedsakko über einem tonfarbenen Pullover, ein himbeerroter Schal, der seine Blässe akzentuiert. Widerspenstige blonde Locken bedecken oder vielmehr enthüllen die Stirn eines Denkers.« Der Autor, der den amerikanischen Lesern weisgemacht hatte, daß er auf einem Vergnügungsdampfer als Tänzer aufgetreten sei, konnte der Versuchung nicht widerstehen, seiner Biographie für die Franzosen einen weiteren erfundenen Schnörkel anzufügen: Seine Vorfahren seien Spanier, behauptete er, und er entstamme einer Weberfamilie von Louisana.
Im März war der Aufenthalt in Paris so kurz gewesen, daß Truman nur wenig Zeit gehabt hatte, alte Bekanntschaften zu erneuern. Jetzt machte er seine Runden, nahm Jack und Jane Bowles Freitag nachmittags zu Natalie Barney mit und machte unter anderem auch Jenny Bradley und Alice B. Toklas seine Aufwartung. Er war auch ein häufiger Gast im Haus von Marie-Laure de Noailles, einer der glänzendsten Gastgeberinnen von Paris; eine Frau, die es genoß, ihren Kreis um begabte Neuankömmlinge wie Truman zu erweitern. »Den ganzen Tag verbrachte Truman in unserem billigen kleinen Hotel«, berichtete Price, der sein Kommen und Gehen fast

mit Entsetzen verfolgte. »Am Abend kam er dann herein und sagte: ›Also, ich gehe zum Abendessen mit Marie-Laure. Wie sehe ich aus?‹ Und zog los. Er kannte *alle* in Paris! Er war ein junger literarischer Löwe, der überall eingeladen wurde.«

Denham Fouts war tot, und Tennessee, Gore, Waldemar Hansen und die meisten anderen Amerikaner, mit denen er 1948 Umgang gehabt hatte, waren fort. Aber eine neue Welle war eingetroffen, darunter Ned Rorem, der am Anfang seiner Karriere als Komponist stand, und James Baldwin, der als Schriftsteller seinen Weg zu machen suchte. Baldwin arbeitete gleichzeitig an zwei Romanen, dem autobiographischen »Gehe hin und verkünde es vom Berge« und »Giovannis Zimmer«. »Eines möchte ich mit Sicherheit nicht, nämlich, daß es ein Problemroman wird«, sagte er allen Ernstes in bezug auf letzteren. »Jimmy«, antwortete Truman liebenswürdig, »dein Roman handelt von einem homosexuellen Neger, der in einen Juden verliebt ist. Würdest du das nicht als Problem bezeichnen?« Baldwin war »niedergeschmettert«, wie Price berichtete. »Trumans Bemerkung veränderte Baldwins Leben. Er kehrte sofort zu ›Gehe hin und verkünde es vom Berge‹ zurück; das Buch bekam fabelhafte Kritiken und begründete seine Karriere.«

Seit John Malcolm Brinnin Truman zum letzten Mal gesehen hatte, war er Leiter des Poetry Centers des Verbandes Jüdischer Junger Männer in der 92. Straße in Manhattan geworden, wo er die Aufgabe hatte, Lesungen von Dichtern und Schriftstellern zu veranstalten. Truman hatte sich Monate zuvor bereit erklärt, dort aus seinen Werken zu lesen, aber als der Termin, der 8. Dezember, näher rückte, schien er der Sache nicht mehr sicher zu sein. Er hatte in Paris keine großen Fortschritte mit »Summer Crossing« gemacht und dachte, wie gewöhnlich mit Jacks Zustimmung, daran, die Rückkehr nach Amerika hinauszuschieben und nach Sizilien zu fahren, wo er glaubte, ungestört arbeiten zu können. Doch hatte er andererseits auch das Reisen satt, hatte es »satt, der europäischen Szene Glanz zu verleihen«, wie er Brinnin gegenüber scherzte. Er zögerte so lange, daß er, um rechtzeitig für die Lesung einzutreffen, schließlich fliegen mußte, und überließ es Jack, eine Woche später mit dem Gepäck auf der *Queen Mary* zurückzukehren. Brinnin, der ihn in New York am Flughafen abholte, beobachtete, wie er aus der *Constellation* der Air France ausstieg: »Als die Rampe angedockt hatte und die Tür aufgerissen wurde, trat er barhäuptig und einen kleinen Hund [Manchester] unter den linken Arm geklemmt heraus. Als ich ihm zuwinkte, bemerkte er mich und winkte zurück, dann hob er die Pfote des Hundes und winkte damit in meine Richtung, bevor er in der Zollabteilung verschwand.«

Am Tag der Lesung war er jedoch in gedrückter Stimmung und wurde von Nervosität gequält. Brinnin gab ihm einen beruhigenden Brandy, half ihm in seinen schwarzen Samtanzug, geleitete ihn durch die dichtgedrängte Menge in der Vorhalle der Y. M. H. A. und auf das Podium. Als Truman auf einer Art Barhocker Platz genommen hatte und sich an einem Exemplar von »Baum der Nacht« festhaltend wartete, die Lesung zu beginnen, bekam Brinnin selbst einen Bammel. Plötzlich fragte er sich, wie dieses überwiegend konservative Publikum auf den kurios wirkenden Knirps und seine »Robbenbabystimme« reagieren werde. Seine Frage wurde bald beantwortet. Als Truman zu lesen aufhörte, brach tosender Beifall los, durchsetzt von lauten Bravo!- und Zugabe!-Rufen, wie man sie gewöhnlich nur in Opernhäusern hört. »Mit tiefen Verbeugungen«, schrieb Brinnin, »und beidhändig Küßchen werfend kehrte er immer wieder zurück und ging erst dann mit einem kleinen Hüpfer endgültig ab, als der Inspizient die Lichter blinken ließ.« New York hatte ihn wieder zu Hause willkommen geheißen.

25

»New York«, hatte Truman zu einem französischen Reporter gesagt, sei »die anregendste von allen Städten der Welt. Es ist, als wohne man in einer Glühbirne.« Und in den Wochen nach seiner Rückkehr leuchtete New York besonders hell. Seine Abwesenheit hatte die Erinnerung an ihn nicht abgeschwächt; sie hatte ihn mehr denn je zu einem Gegenstand der Neugier gemacht. Sein Name tauchte in Klatschspalten und Cartoons auf – sogar in einem Kreuzworträtsel –, und niemand schien von den Anekdoten über ihn genug zu bekommen. In einem Artikel über jüngere Künstler und Schriftsteller schilderte das Magazin *Flair* amüsiert das Aufsehen, das er zwei Jahre nach dem Erscheinen von »Andere Stimmen« erregte. »Die prachtvollsten Legenden rankten sich natürlich um Mr. Truman Capote. Es wird berichtet, daß er auf einer Atlantiküberquerung auf der *Queen Mary* die Hochzeitssuite buchte; daß er in Italien für den Sohn des Ministerpräsidenten gehalten wurde und in der Rolle eines amerikanischen Goodwill-Botschafters der Kommunistischen Partei mächtig das Wasser abgrub; daß er nach einer Reise durch Spanien im Kostüm eines Stierkämpfers in Nordafrika landete« (und so weiter in dieser Tonart).

Ohne eine Sekunde zu zögern, nahm Truman das Leben wieder auf, das er im Februar abgebrochen hatte. Zwei Tage nach seinem Triumph bei der Y. M. H. A. fuhr er nach Northampton, um Newton zu sehen. »Truman, das Äffchen, trifft zur gewohnten Zeit am Nachmittag ein«, schrieb Newton in sein Tagebuch. »Armes Kind! Er hat gerade jetzt etwas unerträglich Rührendes an sich.« Truman kam noch einmal, im Januar und im März, und warf weitere heimliche Blicke in das verräterische Tagebuch. »Viel an Morton gedacht«, hatte Newton am Ende einer Eintragung geschrieben, und Truman empfand dabei erneut einen Stich von Eifersucht, wie von einer alten Kriegswunde. Er fragte Brinnin, ob er wisse, wer Morton sei – der wußte es nicht, und so wurde der Satz zu einem vielzitierten Scherz zwischen ihnen. Die Glut seiner Gefühle für Newton war nicht ausgekühlt – bei allen drei Besuchen hatten Newton und er Sex miteinander –, aber mit Ausnahme dieser paar Stunden war er damit zufrieden, daß der mysteriöse Morton seinen Platz in Newtons Bett wie auch in seinen Gedanken einnahm.

Jack, nicht Newton beschäftigte Truman jetzt, und Truman wollte dieser Beziehung eine Dauerhaftigkeit verleihen, die zumindest in Jacks Bewußtsein noch nicht »offiziell« besiegelt war. Der einzige Weg, dies zu tun, war, es einfach zu tun, und so quartierte sich Truman denn unaufgefordert in Jacks Mietwohnung in einem Haus ohne Fahrstuhl an der 76. Straße East ein, in einer so primitiven Behausung, daß nicht einmal ein Bad vorhanden war. Die Badewanne stand in der Küche, die Toilette war auf dem Gang und mußte mit dem Nachbarn geteilt werden. Truman übersah diese Unannehmlichkeiten. Er trug seine Möbel selbst mehrere Stockwerke hoch und lud seine Freunde einschließlich Charlie und Oona Chaplin bald darauf ein, sich ebenfalls dieses anstrengenden Aufstiegs zu unterziehen. Manchester, der kleine Pekinese, wurde an Jacks Familie weitergeschenkt – Jack weigerte sich, mit einem Hund Gassi zu gehen, der wie eine Puderquaste aussah – und fand in Jacks Vater einen liebevollen Beschützer. Wenn James Dunphy von einem in der Stadt verbrachten Abend zurückkehrte, wies er den Taxifahrer stolz darauf hin: »Sehen Sie diesen Hund? Der stammt aus Afrika!« Als Ersatz dafür schenkte Truman Jack einen Kerry Blue, eine Rasse, die für ihr kämpferisches Temperament bekannt ist.

Leo hatte immer noch seinen Jour fixe am Sonntagabend, und Truman kreuzte jeweils auf, um alte Freunde wiederzusehen, und versuchte auch, eine neue Bekanntschaft zu machen: William Faulkner. Damals wie heute überragte Faulkners Riesenbegabung andere Schriftsteller der Südstaaten, so daß sie allesamt manchmal das Gefühl hatten, ihm gegenüber nur gerade Randerscheinungen zu sein. »Allein schon die Gegenwart von Faulkner in unserer Mitte ist ausschlaggebend dafür, was sich der [Südstaaten]-Autor gestatten oder nicht gestatten kann«, bemerkte Flannery O'Connor einmal. »Niemand möchte schließlich mit Maulesel und Karre auf den Gleisen steckenbleiben, über die der *Dixie Limited* herandonnert.« Obwohl Truman ihn bereits kennengelernt hatte – Faulkner war ebenfalls Autor von Random House und ein guter Freund von Bennett Cerf und Bob Linscott –, gesellte er sich rasch zu dem Schwarm von Leuten, die sich eingefunden hatten, als Faulkner Leo einen Überraschungsbesuch abstattete.

Da Ruth Ford, die ihn mitgebracht hatte, wußte, wie sehr ein solches Aufsehen Faulkner gegen den Strich ging, zupfte sie ihn bald am Ärmel. »Wir müssen jetzt gehen«, erklärte sie. – »Ich will auch gehen! Ich will mitkommen!« rief Truman und sprang einfach in ihr Taxi. Faulkner war einer der wenigen, die seinem Charme nicht erlagen. »Truman hörte nicht auf zu reden, während Faulkner gar nichts sagte«, erinnerte sich Ruth Ford. »Je mehr Truman redete, um so unruhiger wurde Faulkner – was Truman veranlaßte, noch schneller zu reden. In der wahrscheinlich zutreffenden Annahme, daß Faulkner kein Bewunderer von Ernest Hemingway sei, verbreitete sich Truman genüßlich über die vielen Schwächen in Hemingways neuestem Roman »Über den Fluß und in die Wälder«. Faulkner war zwar selbst gelegentlich nicht abgeneigt, Hemingway zu kritisieren, doch gestand er dieses Recht Truman nicht zu. Schließlich brach er sein Schweigen lange genug, um zu sagen: »Junger Mann, ich habe dieses neue Buch nicht gelesen. Aber obwohl es vielleicht nicht das Beste ist, was Hemingway je geschrieben hat, weiß ich, daß es sorgfältig gemacht sein wird und Qualität hat.« Diese Ohrfeige brannte wahrscheinlich noch auf Trumans Haut, als er mehrere Monate später, nachdem Faulkner in Stockholm den Nobelpreis für Literatur entgegengenommen hatte, an Bill Goyen schrieb: »Ich freue mich, daß Faulkner den Nobelpreis erhalten hat

– aber ich bin alles andere als erfreut über seine Kurzgeschichten. Mit drei Ausnahmen scheinen sie mir unfertig, unlesbar, nichts als Talmi. Hast Du gelesen, daß er in Schweden als Beruf Farmer angegeben hat? Vielleicht hat er damit gar nicht so unrecht.«

Truman hatte seine wahrscheinlich letzte Begegnung mit dem *Dixie Limited* Mitte der fünfziger Jahre, als Faulkners Affäre mit Jean Stein, der Tochter des Hollywood-Filmmoguls Jules Stein, zu Ende ging. »Ich wußte es nicht, aber Faulkner hatte einen Lolita-Komplex – er war ein Humbert Humbert. Jean begriff das augenblicklich und machte sich zurecht, daß sie aussah wie vierzehn. Faulkner verliebte sich Hals über Kopf in sie und wollte sich von seiner Frau scheiden lassen, um sie heiraten zu können. Aber ihre Eltern sagten, sie würden nie wieder mit ihr reden, wenn sie das tue, und sie mußte den Kontakt zu ihm abbrechen. Das teilte sie ihm eines Tages beim Mittagessen im Algonquin mit. Als ich an diesem Abend bei Random House vorbeischaute – ich hatte einen Schlüssel und ging manchmal hin –, hörte ich ein schreckliches Schluchzen aus dem kleinen Raum, den man ihm gegeben hatte. Der Raum war dunkel, und er lag sturzbetrunken auf der Couch; eine Flasche Bourbon stand auf dem Boden. ›Es ist aus‹, sagte er immer wieder. ›Es ist zu Ende. Es ist Schluß.‹ Ich setzte mich neben ihn und nahm seine Hand und sagte: ›Ich bin's bloß, Truman.‹ Ich blieb ein paar Stunden bei ihm, bis er einschlief. Er ging zu seiner Frau nach Mississippi zurück, und Jean heiratete Bill van den Heuvel. Faulkner starb ein paar Jahre später, im Grunde an gebrochenem Herzen.«

Truman war zwar nicht in der Lage, Linscott das Manuskript von »Summer Crossing« zu übergeben, wie er es von Tanger aus versprochen hatte, doch brachte er ihm dafür die Teile für ein anderes Buch: alle Reiseberichte, insgesamt neun, die er seit »Notes on N. O.« von 1946 geschrieben hatte. Er ging daran, sie für eine Veröffentlichung im September vorzubereiten. Aufgrund seiner langjährigen Zusammenarbeit mit Modezeitschriften, bei denen das Äußere so wichtig ist, schenkte er der Aufmachung seiner Bücher – wie der Farbe des Schutzumschlags und des Layouts – größere

Beachtung als die meisten anderen Autoren. Für dieses, sein drittes Buch – er gab ihm den Titel »Local Color« (»Lokalkolorit«) –, traf er alle diese wichtigen Entscheidungen selbst. Es fehlte nur, daß er das Buch selbst setzte. »Vielleicht erscheint es merkwürdig, daß jemand so großen Wert auf die äußere Erscheinung eines Buches legt«, schrieb er später an Linscott. »Aber so ist es nun einmal, ich kann nicht anders.« Weit davon entfernt, es merkwürdig zu finden, war Linscott ungeheuer beeindruckt. »Siehst du, Bill, du würdest das nie tun«, bemerkte er fröhlich zu Goyen, vielleicht von dem boshaften Wunsch getrieben, Goyens Neid auf Truman anzustacheln. »Du hättest niemals genügend Chuzpe zu sagen, was du dir in bezug auf dein Buch wirklich wünschst. Truman hört auf niemand anderen als auf sich selbst, und er weiß genau, was er will. Und wir tun es.«

Was sein eigenes Leben betraf, so wußte Truman jedoch nicht immer genau, was er wollte: In Europa hatte er sich nach New York gesehnt; jetzt, in New York, sehnte er sich danach, wieder in Europa zu sein. Er entdeckte bald, daß das Innere einer Glühbirne zwar ein aufregender Ort zum Leben ist, aber kein ruhiger und produktiver Platz zum Arbeiten. Außerdem war Manhattan teuer; fast täglich in den Klatschspalten zu sein, hatte ihm ja nicht einmal zu einer Wohnung mit einer eigenen Toilette verholfen. Seine Niedergeschlagenheit wurde noch dadurch verstärkt, daß er sich eine Lungenentzündung zuzog, die ihn zu einem mehrtägigen Krankenhausaufenthalt zwang. Das sonnige Sizilien lockte erneut. Anfang April 1950 folgten er und Jack schließlich seinem Ruf und schifften sich auf einem norwegischen Frachter ein, der nach Italien unterwegs war.

Nach einer dreiwöchigen Seereise und einer langen Zugfahrt von Palermo aus erreichten sie endlich ihren Bestimmungsort Taormina, ein malerisches Städtchen in den Hügeln unweit des Ätna, das Fremde seit den Zeiten Euklids gastlich aufgenommen hat: die eine Seite beherrscht von einem alten griechischen Amphitheater, die andere von den Ruinen einer mittelalterlichen Burg, dazwischen die Piazza mit der Barockkirche, dem Brunnen und schattenspendenden Oleanderbäumen. Vor dem Zweiten Weltkrieg waren die Bars und Cafés von deutschen und englischen Touristen bevölkert gewesen, doch 1950 konnten die meisten von ihnen wegen der Devisenbeschränkungen nicht mehr ins Ausland fahren. Neben den Einheimischen waren deshalb nur einige wenige Globetrotter dort, um die postkartenreife Szene zu genießen.

Auf dieser Piazza vernahm Donald Windham, der versprochen hatte, sie abzuholen, am Morgen des 3. Mai schließlich Trumans vertrauten schrillen Schrei: Truman und Jack sowie Kelly, ihr Kerry-Blue-Terrier, waren endlich mit mehrtägiger Verspätung angekommen. Donald traf sich mit ihnen am Abend zum Essen, und am nächsten Tag half er ihnen bei der Suche nach einer Unterkunft. Die an einem Hang klebende und nur zu Fuß über einen felsigen Ziegenpfad erreichbare Villa Fontana Vecchia schien zu einem erschwinglichen Preis alles zu bieten, was sie sich wünschten. Literarische Produktivität versprach sie nachgerade zu garantieren, hatte doch D. H. Lawrence in den zwanziger Jahren dort zwei seiner kreativsten Jahre verbracht. »Wir hatten das Glück, so hoffe ich zumindest, eine gute Unterkunft zu finden«, berichtete Truman an Linscott. »Es handelt sich um die zwei obersten Geschosse einer kleine Villa, die etwa zwanzig Minuten zu Fuß von Taormina entfernt liegt und sehr abgeschieden ist, aber viel Platz und eine wunderbare Aussicht bietet. Wir zahlen 50 Dollar im Monat, was zumindest nach italienischen Maßstäben ziemlich viel ist, aber es gefällt mir ungeheuer.«

Das oberste Stockwerk umfaßte zwei Schlafzimmer und ein Bad. Wohnzimmer, Eßzimmer und Küche befanden sich im Geschoß darunter; ein teilweise freistehender Turm enthielt ein kleines Gästezimmer. Das Erdgeschoß wurde vom Besitzer bewohnt. Raum war zwar reichlich vorhanden, aber die Fontana Vecchia war alles andere als luxuriös. Es gab kein Telefon und keinen Kühlschrank. Dem zweiflammigen Herd schien immer zur Essenszeit der Brennstoff auszugehen. Das heiße Wasser kam aus einem mit Holz geheizten Speicher, und die einzige Raumheizung waren offene

Kamine. Das fiel zwar im Mai nicht ins Gewicht, erwies sich aber im Winter als sehr unangenehm: Der war zwar kurz, aber so kalt, daß Truman beim Schreiben manchmal Handschuhe trug. Cecil, der die Gastfreundschaft vermögender Leute gewohnt war, bezeichnete das Haus als steinernen Schuppen, und er hatte nicht ganz unrecht. »Mit jedem anderen als Truman wären die Unbequemlichkeiten unerträglich gewesen«, klagte er. »Aber auch so waren der tägliche Marsch zum Einkaufen in die Stadt und das Zurückschleppen der schweren Taschen in der Gluthitze eine rechte Qual. Mein Schlafzimmer verfügte über keine Möbel außer einer Pritsche zum Schlafen, und das Bad benutzte man am besten überhaupt nicht.«

Der Ausblick aus den riesigen Fenstern und von den großen Terrassen war jedoch wirklich so wunderbar, wie Truman gesagt hatte, ein mehr als reichlicher Lohn für den Anmarsch über den steilen und steinigen Pfad: Man blickte auf ein mit Oliven- und Mandelbäumen bestandenes Tal hinab, hinter dem sich das Ionische Meer erstreckte; in der Ferne zeichnete sich verschwommen wie eine Fata Morgana das italienische Festland ab. »Es ist, als lebe man in einem Flugzeug oder einem Schiff, das von einer Woge hochgehoben wird«, bemerkte Truman. »Man hat ein erhebendes Gefühl, sooft man aus dem Fenster schaut oder die Terrasse betritt; das Gefühl, wie die weißen, kreisenden Tauben zwischen den Bergen und über dem Meer zu schweben.«

Die achtzehn- oder neunzehnjährige Graziella erhielt sieben Dollar im Monat, um sauberzumachen und das Mittagessen zu kochen, gewöhnlich Minestrone, und die neuen Mieter kehrten glücklich zur produktiven Tageseinteilung von Ischia und Tanger zurück: vormittags Arbeit, dann Mittagessen und Schwimmen und oft weitere Arbeit am Nachmittag. Gegen Abend ging Truman nach Taormina, um Fleisch für das Abendessen zu kaufen. Die unterernährten Knirpse, die am Rande der Stadt in Höhlen lebten, schrien ihm regelmäßig nach, wenn er vorüberging. Er lernte gerade genug Italienisch, um zu antworten, daß er sie in den Suppentopf stecken werde, wenn sie nicht den Mund hielten. Dieser Austausch von Beschimpfungen wurde ebenso zu einem Teil seiner

täglichen Gepflogenheiten wie die Besuche im Postamt, um nach Briefen zu fragen, im *Tabacchi*, um Zeitungen und Zeitschriften zu kaufen, und in der Americana Bar, um einen Martini zu trinken.
Die Neuankömmlinge wurden bald mit der spezifisch sizilianischen Mentalität bekannt. Graziella kam oft mit Schrammen und Beulen und einmal sogar mit einer aufgeschlagenen Lippe zur Arbeit, Folgen der Prügel, die sie von ihrem Bruder bezog, der nicht wollte, daß sie allein ausging. Als sich Truman über diese Brutalität schockiert zeigte, gab sie ihm höflich zu verstehen, er solle sich da gefälligst nicht einmischen. »Er sieht gut aus und hat viele Freunde«, sagte sie. »Nur zu mir ist er brutal.« Gegen Ende des Sommers ging die Angst vor einem Werwolf um. Jemand behauptete, von einem vierfüßigen Menschen angefallen worden zu sein. »Du glaubst doch nicht an Werwölfe, oder?« fragte Truman den Jungen, der ihnen Eis lieferte. »O doch«, antwortete der Junge ernsthaft. »Früher hat es viele Werwölfe in Taormina gegeben. Jetzt gibt es nur noch zwei oder drei.« Im Herbst brach der Ätna aus, ein furchterregender Anblick, und Truman gesellte sich zu den Schaulustigen, die Essen und Wein in Körbe packten und so nahe, wie sie sich trauten, an den feurigen Flüssen picknickten. Nur eine Gruppe von Gaffern kam zu Schaden. Sie wurden von Bauern verprügelt, deren Häuser die Lava verschlungen hatte und die wütend waren, daß die Nachbarn aus ihrer Tragödie eine Vergnügen machten.

Der Martini war nicht das einzige, was Truman in der Americana Bar suchte: Sie war der Treffpunkt und das Zentrum allen Klatsches für die kleine Ausländerkolonie von Taormina. André Gide war – im letzten Jahr seines langen Lebens – unter anderen dort, als Truman und Jack eintrafen. Er schwelgte in der Sonne und genoß die Gesellschaft der willfährigen Jungen, die er dafür bezahlte, daß sie ihn in seinem Hotelzimmer besuchten. Eugene O'Neill kreuzte später auf – »ein nervöser, kleiner Mann, ziemlich verloren und einsam, aber durchaus sympathisch«, so beschrieb Truman einem Freund den großen Dramatiker –, ebenso Jean Cocteau, Christian Dior, Emlyn Williams, Orson Welles, Gayelord Hauser und ein

M. G. M.-Filmteam, das den Unterhaltungsfilm »The Light Touch« drehte, mit Stewart Granger und Pier Angeli. Richard Brooks, der Regisseur, ließ Truman auf seine Bitte hin in einer Straßenszene mitspielen. »Ich kann mir vorstellen, was Tennessee für ein Gesicht machen wird, wenn er das sieht!« jubelte Truman. Aber seine Schauspielerkarriere wurde abrupt gestoppt. Als sich der Produzent in Hollywood die Arbeitskopie anschaute, entdeckte er Trumans Gesicht und verlangte, daß es entfernt werde. »Ist das nicht Truman Capote?« fragte er Brooks. »Du kannst ihn nicht verwenden! Schneid ihn raus!«

Monatelang wurden die Stammgäste der Americana von den Fortsetzungen des Rührstücks um Bobby Pratt-Barlow in Atem gehalten, einem vermögenden Engländer, der seit Jahrzehnten in Taormina lebte und auf dem Weg zu seinem Haus auf den Höhen manchmal hereinschaute, um Truman und Jack zu besuchen. »Er hatte eine Vorliebe für hübsche Jungen, und er erzog sie zu sehr guten und kompetenten Dienstboten«, berichtete Truman. »Wenn er wieder einmal einen neuen suchte, wetteiferten die in den Hügeln um Taormina lebenden Familien miteinander; jede wollte ihm einen Sohn zur Adoption anbieten. Eines Tages kam ein reicher Texaner in die Ortschaft, kaufte ein großes Haus, baute sich einen Swimmingpool und fuhr in einem großen Schlitten umher. Bobby hatte damals gerade den dreizehnjährigen Beppe, den er von allen, die er je gehabt hatte, am meisten liebte. Sobald ihn der Texaner sah, schnappte er ihn Bobby weg – der Kleine konnte dem Swimmingpool und dem Auto einfach nicht widerstehen. Danach herrschte in der Stadt ein offener Kriegszustand! Die Leute waren empört, daß der Junge Bobby im Stich gelassen hatte, und sie praktizierten allen möglichen Voodoo-Zauber, um den Amerikaner umzubringen. Aber nichts funktionierte. Der Junge blieb bei ihm und feierte schließlich in seinem Haus Hochzeit.«

Aber die einzigen Dramen, die Truman wirklich interessierten, waren die, an denen seine Freunde und Feinde in New York beteiligt waren. Er schreibe Briefe nur, um selbst welche zu bekommen, bemerkte er spitz zu einem im Rückstand befindlichen Korrespondenzpartner, und der Besuch des Postamts sei der aufregendste Moment seines Tages. »So ein prallvoller Brief«, schnurrte er gegenüber Pearl Kazin, nachdem er eine ihrer an Tatsachen reichen Episteln erhalten hatte. »Du bist der einzige Mensch, der die Art von Briefen schreibt, die ich wirklich mag.« Die Cerfs wurden dagegen gerügt, weil sie nicht häufig genug schrieben. »Zahlreich sind die Abende, an denen ich zum Postamt hinuntergetrottet bin, nur um mit leeren Händen zurückzukehren«, klagte er, »und mir dachte, eine schöne Bande ist das, wirbelt von einem fröhlichen Ereignis zum anderen, ohne einen Gedanken auf den armen Truman zu verschwenden: weit weg auf einem windumtosten Hügel, mit nichts als dem Meeresrauschen, um ihn aufzuheitern. Ach, Kinner, es kann schon mächtig einsam werden hier draußen.«

Selbst Pearls Neuigkeiten waren schal geworden, wenn sie endlich in Taormina eintrafen. Frustriert vom Mangel an taufrischem Klatsch, wärmte Truman alten Tratsch wieder auf und verwertete ihn auf neue Weise in einem Gesellschaftsspiel, seiner eigenen Version von Monopoly, das er mit fast jedem spielte, der den Ziegenpfad erklomm. »Es ist so lehrreich«, brüstete er sich gegenüber den Cerfs, »und man kann nach Herzenslust Leute verleumden, alles im Interesse von *le sport*. Es heißt IDC, abgekürzt für International Daisy Chain. Man bildet eine Kette von Namen, die durch die Tatsache miteinander verbunden sind, daß der oder die Betreffende eine Affäre mit der jeweils zuvor erwähnten Person hatte. Es kommt natürlich darauf an, die Kette so lang und so bunt gemischt wie möglich zu machen. Die folgende reicht zum Beispiel von Peggy Guggenheim bis König Farouk: Peggy Guggenheim – Lawrence Vail – Jeanne Connolly – Cyril Connolly – Dorothy Walworth – König Farouk. Kapiert? Peggy Guggenheim hatte eine Affäre mit L. Vail, der eine mit J. Connolly hatte usw. Hier ein weiteres und viel schwierigeres, um nicht zu sagen raffinierteres Beispiel: von Henry James bis Ida Lupino. Das geht so: Henry James – Hugh Walpole – Harold Nicolson – Hon. David Herbert – John C. Wilson – Noël Coward – Louis Hayward – Ida Lupino. Mag sein, daß vielleicht das auf dem Papier ziemlich langweilig klingt, aber ich kann Euch *versichern*, daß Ihr nach ein paar Drinks und in Gesellschaft geeigneter Mitspieler staunen werdet.« Später fügte er hinzu: »P. S. Fast hätte ich mein Lieblings-IDC vergessen: Von Cab Calloway bis Hitler. Cab Calloway – Marquesa Casamaury – Carol Reed – Vanity Mitford – Hitler. Ihr solltet das einmal mit Moss und Kitty [Hart] spielen; sicher sind die unschlagbar. Wenn Ihr gute IDC's zustande bringt, schickt sie mir *bitte* mit.«

Seine Freunde zu sehen war aber noch besser, als mit ihnen zu korrespondieren, und so begann er Einladungen zu verschicken, kaum daß er die Koffer ausgepackt hatte. »Es ist fabelhaft ruhig und hübsch und *billig*, und wir würden uns unheimlich freuen, wenn Du herkämst. Warum tust Du das nicht, Bill?« bettelte er William Goyen. Dieselbe Bitte erging an Cecil, der zu Trumans Befremden vorhatte, seine Ferien in Frankreich statt in Italien zu verbringen. »Aber warum fährst Du in die Bretagne?« löcherte er ihn. »Du mußt unbedingt hier Urlaub machen!« Ähnlich wurde Pearl Kazin umworben. »Pearl, Lämmchen«, schrieb er im Juni. »*La vie Taormina est la vie en rose* – außer natürlich, daß es hier keine Pearl gibt.« Und später: »Liebes, *warum* gehst Du nach Südfrankreich, warum nicht *Italien*! Soviel wärmer, freundlicher, billiger. Oder hierher, nach Sizilien. Komm hier herunter, bevor Du etwas entscheidest, und besuche uns!«
Goyen ignorierte seine Bitten, aber Cecil und Pearl ließen sich verführen; Cecil blieb im August zwei Wochen, Pearl im Herbst und Winter volle drei Monate. »Truman war einer der nettesten Menschen, die ich je gekannt habe, übertrieben großzügig«, berichtete sie. »Mir ging das Geld aus, und er sagte: ›Ich werde dich erhalten.‹ Und das war sein voller Ernst.« Kaum hatte sie jedoch ihre Koffer abgestellt, bequemte sich die millionenschwere Kunstsammlerin Peggy Guggenheim aus ihrem Palazzo in Venedig zu ihnen herab. »Truman hatte in seiner unglaublichen Großzügigkeit einfach den Köder ausgeworfen und sie nach Sizilien gebeten«, erinnerte sich Pearl. »Ich zog aus dem Turm aus und schlief im Wohnzimmer, aber sie fand es einfach absolut unverzeihlich, daß noch eine andere Frau im Haus war. Sie bestand darauf, daß wir sie alle auf ihrem *giro* – so nennen die Sizilianer

eine Autofahrt – um die Insel begleiten. Also brausten wir für fünf oder sechs Tage los.
Es war in mancher Hinsicht eine gräßliche Fahrt. Peggy flirtete mit Jack, was den überhaupt nicht interessierte, und da sie bei ihm abblitzte, mit dem Fahrer, den sie andererseits in bezug auf die Kilometerzahl, für die sie ihn entlohnen sollte, zu beschummeln suchte. Er war etwa fünfunddreißig, und Peggy war zweiundfünfzig. Ich erinnere mich an ihr Alter, weil Truman heimlich einen Blick in ihren Paß warf und dann zu mir rannte und sagte: ›Rate mal, wie alt sie ist!‹ Damals kam zweiundfünfzig uns beiden furchtbar alt vor. Die Fahrt endete mit einem entsetzlichen Wutausbruch von Jack in der Hotelhalle in Palermo. Er brüllte sie an und putzte sie in einer Weise herunter, wie es ihr wahrscheinlich in ihrem Leben noch nie passiert war. Er war auch über Truman verärgert, denn er schätzte die pauschalen Einladungen, die Truman nach allen Richtungen austeilte, überhaupt nicht. Die Rückfahrt nach Taormina fand in einem recht eisigen Schweigen statt.«

Eine Einladung, gegen die Jack nichts einwenden konnte, war jene an Trumans Mutter. Sie und Joe machten ihre erste Europareise nach dem Krieg und trafen Anfang September in Sizilien ein. Nina hatte einen speziellen Grund, einen Abstecher nach Sizilien zu machen, doch Truman wußte das nicht. Bevor sie aus New York abgereist war, hatte sie Phoebe Pierce erzählt, worum es ihr ging. »Sie rief mich an und fragte mich, ob ich mit ihr mittagessen könnte«, berichtete Phoebe. »Sie war völlig nüchtern und kehrte die ›Südstaatenschönheit‹ weniger heraus als je zuvor. Sie sagte zu mir, daß sie mich immer gehaßt habe, aber daß es ihr leid tue, wenn sie unfreundlich zu mir gewesen sei. ›Es war unrecht von mir; ich weiß doch, daß du Truman liebtest‹, sagte sie, ›und ich weiß nicht, warum ich dich haßte.‹ Irgendwie fühlte ich mich, nachdem sie sich entschuldigt hatte, schlechter als zuvor: das war die Ambivalenz, die Nina stets verbreitete. Dann sagte sie zu mir: ›Ich fahre nach Europa, um Truman zu besuchen. Ich möchte unsere Beziehung in Ordnung bringen. Ich glaube, ich habe mich nicht sehr gut benommen.‹«

In Taormina benahm sie sich gut – doch war es natürlich zu spät, um die Beziehung in Ordnung zu bringen. Sie war trocken und trank nichts als endlose Tassen Kaffee, wie bereits seit vielen Monaten, und sie behandelte Jack, den sie verabscheute, mit erlesener Höflichkeit. Jack war ebenso höflich zu ihr, obwohl er sie mindestens ebenso widerwärtig fand. »Sie war nichts als ein Hillbilly aus dem Süden, eine ehrgeizige Aufsteigerin, deren größter Wunsch es war, im Gesellschaftsverzeichnis von New York zu stehen«, erklärte er. »Sie haßte die Tatsache, daß sie einen begabten Sohn hatte, und sie haßte Truman die ganze Zeit, davon bin ich überzeugt. Und er haßte sie, der arme kleine Junge! Er stammte aus einem Sumpf.« Wenn Nina und Jack noch viel länger beisammen gewesen wären, hätte es eine Explosion geben können – sie waren beide zündfertige Bomben mit kurzer Lunte –, und Truman und Joe müssen erleichtert gewesen sein, als die beiden nach drei oder vier Tagen getrennte Wege gingen: Jack besuchte einen Freund in der Nähe von Neapel, und Nina machte sich mit Truman und Joe auf, um die Reize von Venedig auf sich wirken zu lassen.
»Lokalkolorit« kam heraus, während Truman in Venedig war, und bevor Nina und Joe nach Amerika zurückkehrten, gaben sie im Dachgarten des Danieli, das damals wie heute eines der besten Hotels in der Stadt war, eine Party für ihn. Einige Wochen später erreichten ihn die überwiegend positiven Besprechungen in Sizilien. »Zumindest haben die großen brusttrommelnden Supermänner weniger Gift und Galle gespuckt als üblich«, schrieb er an Linscott. »Der Himmel sei vor, daß sie mich je in ihr Herz schließen; wenn diese Zeit kommt, werde ich am besten in Pension gehen.« Ende des Monats feierte er auch einen weiteren Geburtstag: Er war jetzt zu alt, um je wieder als Kind bezeichnet zu werden. »Lieber Gott, ich bin sechsundzwanzig«, klagte er Mary Louise wahrscheinlich nur halb scherzhaft. »Ich wollte doch immer fünfundzwanzig bleiben.«

Ein weiterer Besucher in Taormina war Robert Horan, den Truman im Capricorn, dem Haus von Menotti und Barber in Mount Kisco, häufig gesehen hatte. Horans Beziehung zu den beiden Komponisten war im

Zustand rapiden Zerfalls, und sein Platz in der Zuneigung Gian-Carlos war von Thomas Schippers eingenommen worden, einem auffallend schönen Neunzehnjährigen, der zum Golden Boy der amerikanischen Komponisten werden sollte. Horan konnte es nicht verkraften, daß es mit ihm so bergab ging, und er war »die meiste Zeit betrunken, in einer Art Nebel, kurz vor dem Zusammenbruch«, wie er selbst sagte. Der Zusammenbruch kam schließlich im Dezember. Er wurde schwer krank und teilte dem Hoteldirektor sardonisch lachend mit, daß er versucht habe, sich umzubringen. Der Arzt glaubte ihm ebenso wie Truman und die meisten anderen. Mehrere Tage lang war Truman Pfleger, Tröster und Organisator. Er wandte seine ganze Überzeugungskraft auf, um andere Ärzte herbeizurufen, die nichts mit einem Suizidversuch zu tun haben wollten, und die Polizei fernzuhalten, die sich um so mehr dafür interessierte. Außerstande zu arbeiten und von Jack angegriffen, der ihn beschwor, die Finger von diesem »verdammten schwarzen Iren« zu lassen, wie er Horan nannte, sandte Truman schließlich ein verzweifeltes Telegramm an Gian-Carlo, der in Mailand war, und bat ihn, seinen jungen Freund abzuholen. Als Gian-Carlo antwortete, er könne seine Proben an der Scala nicht unterbrechen, verfrachtete Truman Horan in einen Zug und lieferte ihn dem Maestro persönlich ab.

»Der Rest der Geschichte ist einfach zu trostlos«, berichtete Truman einige Tage später William Goyen. »Als wir in dem Hotel in Mailand eintrafen, war G-C nicht da. Er war auf einer Probe. Ich hätte ihn umbringen können. Aber Bob tat das Seine dazu, um die Situation zu dramatisieren. Als G-C endlich erschien, wurde Bob unheimlich ausfallend gegen ihn – er stellte ihn als ein Monster an Ehrgeiz und Dummheit hin. Und G-C tänzelte herum und tat, als sei alles ein Scherz. Und dann kam der wirklich ekelhafte Hammer. G-C kam in mein Zimmer, sein Gesicht so weiß wie Nivea. Es sprudelte nur so aus ihm heraus: Bob ruiniere sein Leben, er habe 2000 Dollar im Monat ausgegeben, seit er in Europa sei, und Bobs Verschwendungssucht verschlinge sein ganzes Geld – aber all das spiele noch nicht einmal eine Rolle, solange er nur nicht mit ihm ins Bett gehen müsse, denn in den letzten Jahren habe ihn B gezwungen, mit ihm zu schlafen, und danach habe er, G-C, sich jedes Mal übergeben müssen. Er sagte auch, daß er furchtbar verliebt in einen anderen sei – irgendeinen amerikanischen Jungen – und daß er schreckliche Angst habe, daß B es erfahren könnte.« Von beiden angewidert, kehrte Truman am nächsten Morgen nach Sizilien zurück. »Habe ein schreckliches Erlebnis durchgemacht«, schrieb er an Linscott. »Als Folge davon fühle ich mich sehr, sehr erschöpft.«

In den ersten Wochen des Jahres 1951 starb Jacks Vater. Jack entschied, daß es zu teuer und zu aufwendig sei, zur Beerdigung nach Hause zurückzukehren, aber er erwies ihm seine eigene Art von Reverenz. Sein Vater sei ein so reinlichkeitsliebender Mann gewesen, sagte er zu Truman und Pearl, daß der größte Tribut, den er der Erinnerung an ihn zollen könne, sei, ein Bad zu nehmen – es war nicht ihr gewohnter Badetag. Er machte unter dem Wasserspeicher Feuer, und als er sich abgetrocknet hatte, benutzten Truman und Pearl den Rest des kostbaren heißen Wassers, um selbst auch zu baden. »Es kommen immer wieder kleine Dinge hoch, schmerzhafte Erinnerungen«, schrieb Jack an seine Schwester Gloria. An erster Stelle stand wohl sein Bedauern, daß sein Vater, mit dem er in den letzten Jahren eine Art Waffenruhe gepflegt hatte, nicht mehr erlebte, daß er einen Bestseller schrieb, was er sich doch so sehr von seinem Sohn gewünscht hatte.

26

»Summer Crossing« abzuschließen werde eine gewaltige Anstrengung erfordern, hatte Truman Linscott gewarnt, und am Ende war ihm entweder die Anstrengung zu groß, oder es fehlte ihm die Motivation dazu. Dazu kam, daß er auch keine Ermutigung von Linscott erhielt, der vom ersten Entwurf nicht beeindruckt gewesen war. Es sei ein Roman, den jeder gute Schriftsteller hätte schreiben können, meinte Linscott; er vermisse Trumans persönliche Handschrift. Auch Jack war nicht begeistert davon; er fand ihn »dünn« – ein Adjektiv, das jedem Schriftsteller Schauder über den Rücken jagt. Widerstrebend kam Truman zu demselben Schluß. »Ich habe das Manuskript vielleicht zwei- oder dreimal gelesen, und eines Tages wurde mir klar, daß es mir nicht wirklich gefällt. Ich finde zwar, daß es gut geschrieben ist und auch zweifellos Stil hat, aber ich mag es im Grunde nicht. Und deshalb habe ich es zerrissen.«

Trotz der nüchternen Analyse über die Gestaltung seiner Karriere hatte Truman dennoch den falschen Stoff gewählt, und das hatte ihn mindestens ein Jahr gekostet. Er mußte einen anderen Stoff finden, und zwar schnell. Als er auf der Terrasse der Fontana Vecchia in Taormina saß, kehrten seine Gedanken nach Hause zurück, nach Alabama und zu einem Thema, das ihn nie im Stich gelassen hat: seine Kindheit. Wenn »Andere Stimmen« ein Versuch gewesen war, Dämonen auszutreiben, war sein neuer Roman »The Grassharp« (»Die Grasharfe«) ein Versuch, die bittersüßen Geister der Erinnerung und Nostalgie zu beschwören. »Das waren die wunderbaren Jahre«, sagt sein Held, Collin Fenwick, über seine Jugend in einer Kleinstadt, die sehr an Monroeville erinnert. Wenn Joel Knox eine Hälfte von Trumans Charakter repräsentiert, dann verkörpert Collin die andere Hälfte. »Die Grasharfe« ist die helle Kehrseite von »Andere Stimmen«, und Collin verkörpert die sonnige, glückliche Seite von Truman Capote.

»Es ist sehr wirklich für mich, wirklicher als alles, was ich bisher geschrieben habe und wahrscheinlich je schreiben werde«, so beschrieb er Linscott das neue Buch. »So befriedigend es in diesem Sinne ist, fixiert es mich andererseits in einem schmerzhaften Gefühlszustand: Immer wieder brechen Erinnerungen mir das Herz, und ich weine – es ist sehr merkwürdig, ich habe offenbar keine Kontrolle über mich und mein Verhalten. Aber meine Vision ist klar, und wenn ich nur die Hälfte davon zu Papier bringen kann, wird es ein schönes Buch werden.« Tatsächlich weist »Die Grasharfe« ebensoviel Parallelen zu seinem Leben auf wie »Andere Stimmen«. Sook ist das Vorbild für seine Heldin Dolly Talbo, die aus geheimen Ingredienzien, die sie im Wald sammelt, eine Arznei gegen Wassersucht herstellt und verkauft. Callie und Jennie verschmelzen in der Figur von Dollys Schwester Verena, der reichsten und bösartigsten Frau im Städtchen. Anna Stabler, die Schwarze, die Sook bei der Arbeit half, ist Dollys beste Freundin Catherine Creek. Truman ist natürlich Collin, der Junge, der nach dem Tod seiner Mutter von seinen unverheirateten Kusinen aufgezogen wird.

Die Handlung spitzt sich zu, als Verena, die sich von Dollys Arznei große Profite verspricht, ihr das Rezept zu entlocken sucht, um sie in großem Stil zu vermarkten. Dolly weigert sich; sie brennt mit Catherine und Collin durch, und die drei suchen in einem Baumhaus im Wald Zuflucht. Bald gesellen sich zwei andere Freigeister zu ihnen, Riley Henderson, ein größerer Junge, zu dem Collin bewundernd aufblickt, und der pensionierte Richter Cool, der an Dolly Gefallen findet. Verena zitiert die Hüter des Gesetzes und der Ordnung herbei, um die Aufrührer von ihrem Baum zu scheuchen, aber diese lassen nicht mit sich handeln. Ihr Rettungsfloß im Laub führt jeden von ihnen auf eine Reise der Selbstentdeckung. Richter Cool wird zu Trumans Sprachrohr, wie es Randolph in »Andere Stimmen«

war, und seine Botschaft ist weitgehend dieselbe: Wie die Liebe sich auch äußern mag, sie ist immer heilig. »Ein Blatt, eine Handvoll Samen – damit beginne und lerne ein wenig, was es heißt, zu lieben«, sagt der Richter. »Erst einmal ein Blatt, einen Regenschauer, und dann jemanden, der das empfängt, was das Blatt dich gelehrt hat, was der Regenschauer reifen ließ. Kein einfacher Vorgang, versteh mich recht; es kann die Zeit eines ganzen Lebens hingehen, es hat die meine gebraucht, und dennoch, ich kann es noch immer nicht meistern. Ich weiß nur, wie wahr das ist: daß Liebe eine Kette von Liebe ist wie Natur eine Kette von Leben.«
Schließlich kommen die »fünf Narren in einem Baum«, wie der Richter sie nennt, wieder auf den Boden herunter und schließen jetzt, da sie erfahren haben, wer sie sind, ihre Kompromisse mit der Gesellschaft. Dolly lehnt den Heiratsantrag des Richters ab und kehrt zu einer sehr geläuterten Verena zurück. Collin wird Rechtsanwalt. Er kehrt der Welt nicht den Rücken, wie es Joel tat; er wird ein Teil von ihr, Truman selbst, wenn auch auf seine eigene Weise und zu seinen eigenen Bedingungen.

Genau wie Truman gehofft hatte, erwies sich Taormina als ein idealer Ort zum Schreiben. Mit Ausnahme gelegentlicher Störungen wie seine Verstrikkung in das Robert-Horan-Melodrama verliefen seine Tage geruhsam. Selbst wenn Besucher da waren und er zuviel getrunken hatte oder zu lange aufgeblieben war, stapfte er verbissen jeden Morgen in sein Zimmer hinauf, um zu arbeiten. »Ich hoffe, dieses Buch wird wenigstens halbwegs all die Opfer wert sein, die ich ihm bringe – wie nach Hause zu kommen und mit den Menschen zusammenzusein, die ich liebe«, murrte er gegenüber Mary Louise. »Wenn ich auf unsere gemeinsamen Jahre zurückblicke, dann betrachte ich dies als die heroische Zeit«, bemerkte Jack später über die ersten Jahre ihrer Beziehung. »Wir führten ein geordnetes, fast spartanisches Leben. Wunderbarerweise konnten wir uns gut gegen die reisenden Schwuchteln und die schlimmsten Neurotiker abschirmen. Es war eine soldatische Form von Existenz, aber wir wußten sie sehr zu genießen, weil wir uns beide vor nichts fürchteten. Das ist der zentrale Punkt: Wir kannten keine Furcht.«

In diesem soldatischen Geist begann Truman etwa am 1. Juni 1950 »Die Grasharfe« und vollendete sie fast genau ein Jahr später, am 27. Mai 1951. Kurz bevor er im September 1950 mit Nina und Joe nach Venedig fuhr, schickte er zwei Kapitel an Random House. In Venedig erhielt er Linscotts erste Reaktion per Telegramm: »WUNDERBAR WUNDERBAR WUNDERBAR.« Eine köstlichere Musik kann ein Schriftsteller nicht vernehmen, und ein paar Tage später fügte Linscott noch mehr hinzu: »Diese zwei Kapitel haben eine Vollkommenheit, die einfach erstaunlich ist. Ich lese sie immer wieder und genieße jedes Wort.« Linscott beschränkte sich jedoch nicht auf Beifall, er konnte auch streng sein. Als er hörte, daß Truman daran denke, im Frühling nach New York zurückzukehren, verbot er ihm geradezu, Sizilien zu verlassen, bevor er sein Buch vollendet habe. »Es gibt Gerüchte, daß Du im März zurückzukehren gedenkst«, schrieb er ihm im Januar 1951. »Ich hoffe, das bedeutet mit dem abgeschlossenen Manuskript; es wäre zu schade, so ideale Arbeitsbedingungen aufzugeben, bevor die Arbeit getan ist.«

Truman hielt denn auch pflichtgetreu auf seinem windumtosten Hügel durch – wahrscheinlich hätte er das auch ohne diese Ermahnung getan –, und bevor der April zu Ende war, hatte Linscott alles außer den letzten fünfzehn Prozent des Buches. »Ich bin von jedem Wort des Romans begeistert, das Du bis jetzt geschrieben hast«, schrieb er ihm. »Ich habe gestern abend alles vom Anfang bis zum gegenwärtigen Ende gelesen und mußte alle paar Absätze innehalten, um mich vor Freude selbst zu umarmen. Wenn das letzte Kapitel so gut ist wie die vorangegangenen, wird es ein echtes Meisterwerk sein.«

Diese abschließende Bemerkung muß Truman nachdenklich gestimmt haben, denn es war genau dieser letzte Teil, der ihm die größten Sorgen machte, ja ihn noch mehr quälte als die letzten Seiten von »Andere Stimmen«. Sein Problem: Wie konnte er seine fünf Freigeister, nachdem er sie auf den Baum gejagt hatte, von dort wieder herunterholen, ohne daß der Schluß zu einer Antiklimax verkam? Wie konnte er Dolly den Heiratsantrag von Richter Cool ablehnen und zu Verena zurückkehren lassen, was sie seinem Gefühl nach tun mußte, um ihrem Charakter treu zu bleiben? Diese Probleme, sagte er, türmten sich so einschüchternd vor ihm auf wie der Mount Everest oder der Kilimandscharo. Mary Louise gestand er: »Sehr viel hängt vom letzten Kapitel ab – unglücklicherweise bin ich diesbezüglich sehr verkrampft. Ich fühle mich, als hätte ich die Nase unter Wasser: Wenn ich fertig bin, werde ich tief Luft holen und vor Freude Purzelbäume schlagen.«

Mit der »Angst des Sklaven«, wie er es nannte, gelangte er ans Ende, und am 4. Juni 1951 ging der mit so hohen Erwartungen befrachtete letzte Teil per Luftpost nach New York. »Ach, Bob, ich hoffe wirklich, daß Dir das Buch gefällt«, schrieb er. »Bitte gib mir sofort Bescheid.« Aber er war nicht in der Stimmung, Purzelbäume zu schlagen oder auch nur eine Gigue zu tanzen, wie er es beim Zuklappen des Schreibhefts von »Andere Stimmen« getan hatte. »Ich bin zwar erleichtert, daß es vorbei ist, aber auch traurig«, erklärte er Donald Windham. »Jetzt, da die Spannung nachläßt, fühle ich mich, als bestehe mein Kopf aus Biskuits.« Jack hatte seinen Roman ebenfalls beendet, und am 10. Juni, dreizehn Monate, nachdem sie zum ersten Mal den steinigen Ziegenpfad hochgestiegen waren, sagten sie der Villa Fontana Vecchia, wo sie so gut gearbeitet hatten, Lebwohl. Ihre Freunde begleiteten sie zum Zug, und nach viertägigem Aufenthalt in Rom fuhren sie nach Venedig weiter, wo Truman in der freundlichen Atmosphäre von Harry's Bar gespannt Linscotts Urteilsspruch erwartete.
Als Linscott nicht so prompt antwortete, wie er das gewöhnlich tat, stupste ihn Truman, nervös und außerstande, die Spannung länger zu ertragen. »Bis zu diesem Augenblick habe ich von Dir nichts über mein Kapitel usw. gehört – aber wahrscheinlich kommt morgen oder übermorgen etwas von Dir«, schrieb ihm Truman am 19. Juni hoffnungsvoll. Eine Woche später erfuhr er die Ursache der Verzögerung; sie war schlimmer, als er gefürchtet hatte: Linscott gefiel der Schluß nicht, und das galt auch für alle übrigen bei Random House. »Du bist sicher empört – und zu Recht –, daß ich nicht telegraphiert habe«, antwortete Linscott verspätet. »Wie Du vielleicht

erraten hast, ist der Grund dafür, daß ich mit dem letzten Kapitel nicht ganz glücklich bin, wahrscheinlich, weil die erste Hälfte so absolut göttlich ist, daß ich auf eine Fortsetzung des Wunders hoffte. Jedenfalls wollte ich warten, bis Bennet und Bob Haas Gelegenheit hatten, es zu lesen, in der – wie sich herausstellte, vergeblichen – Hoffnung, daß ihre große Begeisterung meine kleine Skepsis aufwiegen würde. Verstehst Du, nicht daß es als Geschichte nicht gut und stilistisch nicht großartig wäre. Es ist auch keine spezifische Kritik zu üben; wir hatten bloß alle ein leichtes Gefühl der Enttäuschung; daß die Geschichte etwas abfällt, das Ende zu schnell kommt und die Fülle an Glanzlichtern fehlt, die uns bis dahin so entzückt hatte.«

Eine ähnliche Reaktion, aber mit detaillierterer Kritik, kam von Bennett. »Unserer Meinung nach ist das Buch absolut vollkommen bis zu dem Punkt, an dem Dolly und ihre Freunde aus dem Baumhaus herunterklettern und nach Hause zurückkehren. Von diesem Punkt an konnte ich mich des Gefühls nicht erwehren, Du seiest der Geschichte ein bißchen überdrüssig geworden und habest Dich beeilt, sie auf viel geringerem Raum abzuschließen, als Du ursprünglich vorhattest. Daß Dolly den Richter so prompt in dem Augenblick fallenläßt, in dem Verena Anzeichen zeigt, daß sie sie wieder zu Hause haben möchte, mag nach Deinem Empfinden notwendig sein, aber es wird bei vielen Lesern sicherlich ein Gefühl der Frustration auslösen. Schließlich haben wir Verena bis dahin als den Feind betrachtet, und sie jetzt plötzlich zu bemitleiden und zu erleben, daß sie Dolly wieder nach Hause locken kann, wenn auch zu veränderten Bedingungen, hat mich nicht befriedigt. Das letzte Kapitel, in dem Du die Geschichte abrundest, erschien mir besonders wie eine Zusammenfassung. Ich wünsche mir, daß dieser Teil des Buches etwas ausgebaut werden könnte, insbesondere, da die Gesamtlänge jetzt wenig mehr als einer Novelle entspricht. Es wird schwierig sein, die Geschichte als einen vollständigen Roman zu verkaufen.« Falls Truman anderer Meinung sei und ihre Vorschläge nicht aufgreifen wolle, fügte Bennett hinzu, werde Random House die Zweifel schlucken und den Roman genau so veröffentlichen, wie er geschrieben wurde. »Wir werden beten, daß die Kritiker in der zweiten Hälfte nicht dasselbe Gefühl vager Enttäuschung beschleicht, das uns überkam.«

Obwohl Truman gewisse Vorbehalte in bezug auf den Schluß erwartet haben mochte, war er doch auf einen derartigen Verriß nicht gefaßt. »Ich kann nicht ertragen, daß Ihr alle mein Buch für mißraten haltet«, schrieb er an Linscott. »Ich bin niedergeschmettert von der überwältigenden Dreieinigkeit der Meinung. Vielleicht habt Ihr recht in bezug auf das letzte Kapitel. Dennoch sehe ich nicht, was hätte anders gemacht werden können. Ihr sagt, die Geschichte falle ab... genau das habe ich beabsichtigt. Das Verlassen des Baumhauses ist natürlich der Höhepunkt des Buches. Aber welchen Sinn hätte das Buch als Ganzes, wäre das letzte Kapitel nicht genau in dieser Stimmung geschrieben worden? Die Bestimmung jeder Figur ist von Anfang an vorbereitet. Ich empfinde das Ende als sehr ergreifend und richtig. Aber natürlich bin ich im Augenblick zu nahe dran, um es wirklich beurteilen zu können.«

Leider hatten die Lektoren von Random House recht. Der Schluß der »Grasharfe« ist enttäuschend; es fehlt ihm die Fülle an Glanzlichtern, wie es Linscott so elegant formuliert hatte, all des Vorhergegangenen. Es war auch richtig von Linscott, keine spezifische Kritik anzubringen, wie es Bennett tat. Das Problem mit dem Schluß ist nicht, daß er zu kurz ist oder daß sich Dolly mit dem Richter hätte zusammentun sollen – wenn auch eines oder sogar beides zutreffen mag. Es ist vielmehr, daß Truman keine überzeugende Auflösung gefunden hat, nachdem er uns in den Bann seiner Phantasie geschlagen hat. »Genau das ist der Test, ob ein Schriftsteller die natürliche Gestalt seiner Geschichte erahnt hat oder nicht«, sollte Truman später sagen. »Kann man sie sich nach der Lektüre anders vorstellen, oder bringt sie die eigene Einbildungskraft zum Schweigen und erscheint einem absolut und endgültig?« »Andere Stimmen« besteht den Test; »Die Grasharfe« nicht. »Andere Stimmen« erscheint vollständig, endgültig und, am eigenen Anspruch gemessen, wahrhaftig. »Die Grasharfe« wirkt bohrend unvollständig, weniger endgültig und weniger wahrhaftig.

Sie wolle ihre Beziehung zu Truman in Ordnung bringen, sagte Nina Capote und reiste 1950 mit Joe Capote nach Sizilien, wo Truman damals lebte, um den Versuch zu unternehmen, alles Unrecht der vergangenen sechsundzwanzig Jahre an ihm wiedergutzumachen: Die drei Capotes mit Trumans Freund Donald Windham auf einem Ausflug nach Venedig.

Fotografen fanden Truman unwiderstehlich. Cecil Beaton knipste ihn 1948 auf seiner ersten Englandreise vor blühenden Rosen (oben), was Tennessee Williams zur Bemerkung veranlaßte, sein Gesicht verrate »eine pränatale Trauer, als wäre er noch im Mutterschoß und argwöhnte bereits, wie kalt die Welt außerhalb der vaginalen Portale ist«. Henri Cartier-Bresson erwischte ihn 1946 in New Orleans mit einem verführerischen Ausdruck (rechts oben), während Karl Bissinger ihn in einer besinnlichen, nachdenklichen Stimmung festhielt (rechts unten).

Theaterbesessen, wandelte Truman seinen kurzen Roman »Die Grasharfe« in ein Theaterstück um. Aber auch mit Hilfe so erfahrener Theaterleute wie (im Uhrzeigersinn) dem Komponisten Virgil Thomson, dem Regisseur Robert Lewis, dem Produzenten Saint Subber und dem Bühnenbildner Cecil Beaton gelang ihm am Broadway kein durchschlagender Erfolg. Das mag zum Teil an Beatons riesigem Bühnen-Baum gelegen haben, der Trumans zarte und eindringliche Handlung erdrückte.

Ein ungleicheres Paar kann man sich kaum vorstellen, und dennoch paßten Truman und Jack Dunphy zusammen wie Teile eines Puzzles. »Wir hatten stets Spaß miteinander«, erklärte Jack. »Das ist etwas sehr Seltenes.«

»Schach dem Teufel« sollte ein unkonventioneller Filmkrimi wie »Die Spur des Falken« werden, aber als Truman sich einmischte, braute er eine Handlung voll kurioser Einfälle und ausgeflippter Dialoge zusammen. Die Dreharbeiten hätten »unheimlich viel Spaß« gemacht, meinte Regisseur John Huston (hier in der Sänfte), hauptsächlich den Mitwirkenden, darunter Humphrey Bogart, Gina Lollobrigida und Peter Lorre (unten links).

Niemand fühlte sich in den Nachtclubs mehr zu Hause als Truman, der hier 1955 im Blue Angel mit Gloria Vanderbilt und Pearl Bailey, dem Star seiner zweiten Broadway-Produktion, dem reizvollen, aber wenig erfolgreichen »Blumenhaus«, das Glas erhebt.

Vermummt »wie ein kleines Häschen«, wie ein Mitreisender bemerkte, traf Truman 1955 mit dem Ensemble von »Porgy und Bess« in der Sowjetunion ein. Die Russen, die einen wie ihn wohl noch nie gesehen hatten, starrten ihn an und kicherten. »Lacht nur, ihr Langweiler«, spottete er. »Aber worüber werdet ihr nächste Woche lachen, wenn ich nicht mehr da bin?«

Truman nannte Marilyn Monroe (hier 1954 als seine Tanzpartnerin im El Morocco) »ein wunderschönes Kind«.

Obwohl das Werk Mängel aufweist, kann es aber keinesfalls als mißraten betrachtet werden. Es enthält mehrere Szenen von brillanter Komik, bleibende Wärme, Poesie und Charme sowie einige von Trumans stilistisch gelungensten Passagen. Seine Prosa ist hier disziplinierter als in »Andere Stimmen«, und sie ist dennoch so reich und lebendig, daß Linscott wahrscheinlich nicht übertrieb, als er bemerkte, er habe beim Lesen immer wieder innehalten müssen, um sich vor Freude selbst zu umarmen.

»Flauberts Einstellung zum Schreiben, sein Hang zum Perfektionismus, ist das, was ich für mich anstrebe«, bemerkte Truman, und wie er an den Stoff heranging, war wie die Art seines französischen Vorbilds fast teleologisch zu nennen: Er wußte von Anfang an, wo sich seine Figuren hinentwickeln würden und was sie tun würden, wenn sie ihr Ziel erreichten. Er konnte nicht nachvollziehen, daß manche Schriftsteller, die er bewunderte – zum Beispiel Dickens – Impulsen nachgaben, ihrer Feder freien Lauf ließen und ihren Charakteren gestatten konnten, eigene, oft überraschende Wege zu gehen. Sein Temperament war derart, daß er die Kontrolle behalten mußte, und Flauberts Ausspruch galt auch für ihn: »Wir müssen uns vor jenem fieberhaften Zustand hüten, den man als Inspiration bezeichnet und der oft eher eine Frage der Nerven als der Muskeln ist. Alles sollte kühl und überlegt getan werden.«
Wie er arbeitete, stand in merklichem Gegensatz zum Bild, das er vermittelte, und zu der scheinbaren Spontaneität seiner Schreibweise. Wenn sich Truman morgens mit Papier und Bleistift hinsetzte, war er nicht der leichtlebig wirkende junge Mann, den die Sizilianer am späten Nachmittag, einen absurd langen Schal hinter sich herschleifend und mit quäkender Stimme seinen Freunden über den Platz hinweg etwas zurufend, zur Americana Bar eilen sahen. In diesen Vormittagsstunden war er so berechnend wie ein Buchhalter, der Belege überprüft. Er grübelte endlos über grundlegende Dinge wie Struktur und Ordnung nach; er konnte Stunden mit der Überarbeitung eines einzelnen Absatzes verbringen, wie ein Diamantenschleifer, der einen schlichten und unscheinbaren Stein in ein

glitzerndes Juwel verwandelt. Und mit einigen Ausnahmen feilte er ständig und zwanghaft an bereits fertigen Texten. »Wenn ich bloß ein Schriftsteller wäre, der schreiben kann, statt bloß umschreiben«, klagte er Donald Windham. Wenn er einen Fehler machte, wie es beim Schluß der »Grasharfe« geschah, beruhte dieser auf einem Fehlurteil und war kein Flüchtigkeitsfehler bedingt durch Nachlässigkeit oder mangelnde Aufmerksamkeit. Dieses enorme Engagement für seine Arbeit machte ihn noch dünnhäutiger als viele andere Autoren. Seine Kritiker schienen nicht bloß ein paar Seiten anzugreifen, sondern seine ganze Urteilsfähigkeit. Paradoxerweise machte es ihn aber auch widerstandsfähiger. Wenn er mit etwas fertig war, war er überzeugt, daß es so gut war, wie es nur sein konnte, und wenige konnten dann sein Selbstvertrauen erschüttern. Nachdem er seinen Roman erneut von Anfang bis Ende gelesen hatte, fühlte er sich denn auch nicht länger von der Ablehnung seiner Freunde in Manhattan getroffen. Er war zufrieden damit – mit allem –, und so nahm er Bennett beim Wort und telegraphierte: HABE FAHNEN GELESEN UND BEVORZUGE VERÖFFENTLICHUNG IN VORLIEGENDER FORM. Bennett gab mit liebenswürdigem Anstand nach. »Wenn es jetzt in der Fassung ist, die Du beibehalten möchtest, soll mir das recht sein«, antwortete er, und in dieser Fassung wurde »Die Grasharfe« am 1. Oktober 1951 der Öffentlichkeit denn auch präsentiert.

Bennetts Großzügigkeit wurde gewissermaßen belohnt: Die Rezensenten stimmten nicht mit ihm und Linscott überein, und »Die Grasharfe« wurde überwiegend und zum Teil übertrieben gelobt. Trumans zweiter Roman, schrieb die *New York Herald Tribune*, zeige, daß »einer der besten jungen amerikanischen Schriftsteller gereifter und abgeklärter« sei. Orville Prescott konstatierte in der *New York Times* eine »enorme Verbesserung« gegenüber »Andere Stimmen«. »Innerhalb des schmalen Rahmens dieses Werks ist Truman Capote ein Meisterstück leidenschaftlicher Schlichtheit und unmittelbarer, intuitiver Beobachtung geglückt«, schrieb Richard Hayes in *The Commonweal*. Mit fast hörbarer Erleichterung lobten mehrere Kritiker, daß das Thema Homosexualität fehle, das sie an »Andere Stimmen« so gestört hatte. Bennett hatte auch unrecht mit seiner Vermutung, daß die Leser einen so kurzen Roman (er hatte nur hunderteinundachtzig Seiten) nicht kaufen würden. Es wurden insgesamt dreizehntausenfünfhundert Exemplare verkauft, fast doppelt so viele wie von »Baum der Nacht« und das Dreifache von »Lokalkolorit«. »Alle Bücher sind heute viel zu lang«, teilte Truman gut gelaunt einem Interviewer mit. »Meine Theorie ist, daß ein Buch einem Samenkorn gleicht, das man einpflanzt und das der Leser selbst zum Blühen bringen soll.«

27

»Sag mir, Darling, weißt du etwas über einen jungen Mann namens Saint Subber?« hatte Truman im Mai Cecil gefragt. »Er hatte etwas mit der Produktion von ›Kiss Me Kate‹ und so zu tun. Was hat er für einen Ruf – beruflich, meine ich. Weil er mir einen verrückten Vorschlag gemacht hat: Er bot mir Optionsgeld an – für den Fall, daß ich je ein Stück schreiben *sollte*. Es ist ziemlich meschugge. Ich bin nur deshalb in Versuchung, weil ich im Moment Geld brauche. Sollte ich?« Saint Subber hatte nicht bloß etwas zu tun mit »Kiss Me Kate«, einem Cole-Porter-Musical, das mehr als zweieinhalb Jahre lang am Broadway lief, er hatte es produziert, und er war nach Taormina gekommen, um Truman zu überreden, sein Baumhaus auf eine Bühne zu verpflanzen – kurz, aus der »Grasharfe« ein Theaterstück zu machen.

Hätte Truman auf seinen eigenen hochnäsigen Rat gehört, hätte er sofort nein gesagt. Seine Abneigung gegen derartige Bearbeitungen hatte er erst zwei Jahre zuvor in der Rezension einer Tanzinterpretation von Faulkners »As I Lay Dying« entschieden zum Ausdruck gebracht. »Das Transponieren einer Kunstform in eine andere erscheint mir als ein schändliches und irgendwie vulgäres Unternehmen«, hatte er streng geurteilt. »Den Naturgesetzen zufolge müssen diese Inzuchtexperimente Kretins hervorbringen. Warum kann ein Roman nicht einfach ein Roman und ein Gedicht ein Gedicht sein?« Aber damals hatte er über die Adaption des Werkes eines anderen Schriftstellers gesprochen. Nun, da *er* zu einer Umarbeitung aufgefordert wurde, erschien ihm so etwas nicht länger schändlich oder vulgär. Er liebte den Geruch von Schminke, seit er in der vierten Klasse Little Eva gespielt hatte, und wie viele andere Schriftsteller beneidete er die Theaterleute um ihre Kameradschaft. Abgesehen von allem übrigen war er aber wirklich knapp bei Kasse – »blanker als Annie die Waise«, wie er es formulierte –, und ein Broadway-Hit war eine Geldquelle, die alle finanziellen Probleme lösen würde. Schließlich hatte Carson ihren schmalen Roman »The Member of the Wedding« (»Frankie«) an der Theaterkasse in Dollar verwandeln können, und warum sollte ihm dasselbe nicht mit der »Grasharfe« gelingen?

In den Wochen nach Saint Subbers Abreise hatte er reichlich Zeit, diese Frage zu beantworten. Nach der venezianischen Idylle traten Jack und er Ende Juli, wiederum auf einem langsamen norwegischen Frachter, die Heimreise an. Mitte August, wenige Tage nach ihrer Ankunft in New York, fuhr er nach Cape Cod, um den Rest des Sommers mit Newton zu verbringen – alte Gewohnheiten sind schwer auszurotten. Zweifellos besprach er Saints Vorschlag mit Newton, und als er einen Vertrag erhielt, war sein Entschluß gefaßt. Er unterschrieb ihn – und setzte sich dann hin, um die ihm unvertraute Kunst zu meistern, Dialoge für die Bühne zu schreiben. Weniger als drei Monate nach seinem, wie er glaubte, endgültigen Abschied von ihnen befaßte er sich also aufs neue mit seinen »fünf Narren in einem Baum«.

Saint wollte schon im Februar 1952 mit den Proben beginnen, was Truman nicht viel Zeit ließ, um ein zweistündiges Stück zu schreiben, obwohl er das Konzept – den Roman selbst – bereits vor sich liegen hatte. Als er mit Schreiben anfing, wurde ihm außerdem bewußt, daß er eine größere Aufgabe vor sich hatte, als er gedacht hatte: Es waren grundlegende Veränderungen nötig, damit »Die Grasharfe« auf die Bühne gebracht werden konnte. So entdeckte er zum Beispiel, daß er Collin im Buch nicht scharf genug umrissen hatte, als daß er eine überzeugende Bühnenfigur ergeben würde, und verschmolz ihn deshalb mit dem charakterlich reicheren und robusteren Riley Henderson, den er als Figur ganz herausnahm. Der Einfachheit halber verzichtete er auch auf die Wanderpredigerin

Schwester Ida und ihre fünfzehn Kinder, die viel zur Komik des Romans beitragen. An ihrer Stelle gab er einer neuen humoristischen Figur im zweiten Akt einen kurzen Auftritt, einer Kosmetikvertreterin, die er Miss Baby Love Dallas nannte.

Als er fertig war, folgte der erste Akt ziemlich genau dem ursprünglichen Handlungsablauf, doch der zweite war ganz anders und schloß in einer viel glücklicheren und optimistischeren Stimmung: die Kritik von Bennett und Bob Linscott hatten Resultate gezeitigt, die sie sich nicht hätten vorstellen können. »Irgendwie tut es mir gut, unter Termindruck zu arbeiten«, sagte er zu einer Interviewerin. »Es ist aufregend zu wissen, daß man etwas in einer bestimmten Frist fertig haben muß. Es ist ganz anders, als wenn man Monate Zeit zum Schreiben hat.« Das atemlose Tempo forderte jedoch seinen Preis: Im November mußte sich Truman mit einer Mischung aus Grippe und Erschöpfung ins Krankenhaus begeben. Aber er hielt seine Frist ein; Anfang Januar 1952, weniger als fünf Monate, nachdem er begonnen hatte, übergab er Saint zwei ausgefeilte Akte. »Ich habe so konzentriert und unter solchem Druck gearbeitet«, sagte er, als er fertig war, »daß ich mich wie in einer dauernden Agonie fühle.«

Seine Erschöpfung war körperlicher, nicht emotionaler Art, wie sie es in den letzten Wochen seiner Arbeit an der Romanfassung gewesen war; so überarbeitet und gehetzt Truman war, hatte er doch Spaß an dieser Arbeit.

Alle Leute, die er kannte, redeten über ihn, sein Name tauchte mit erfreulicher Häufigkeit in den Klatschspalten und Zeitschriften auf, und ganz Manhattan schien Schlange zu stehen, um Karten für das erste Stück seines liebsten Wunderkindes zu kaufen. Frech war ein Wort, das er auf sich selbst anwandte, und frech war er tatsächlich. »Also«, sagte er zu einem Reporter, der ihn um eine Selbstbeschreibung bat, »ich bin etwa so groß wie eine Schrotflinte – und genauso laut.« Wie ein Reisender, der von einem Vorposten der Zivilisation zurückkehrt, wo er gezwungen war, sich von Dosenfutter zu ernähren, schwelgte er nun im saftigen Tratsch und Klatsch, der für ihn die einheimische Küche der Wolkenkratzerinsel repräsentierte. »Ist es nicht phantastisch, daß George Davis heiratet?!!!« schrieb er Cecil in heiterer Empörung über die neueste und vielleicht merkwürdigste Episode in der Chronik dieses außergewöhnlichen Mannes. »Und ausgerechnet Lotte Lenya. Ich habe immer geglaubt, mich in der Welt auszukennen, aber das ist der absolute Gipfel – und so geschmacklos, findest Du nicht auch?«

Er war vielleicht nicht ganz so laut wie eine Schrotflinte, aber in den Machenschaften, die jeder großen Theaterproduktion vorausgehen, mischte er vernehmlich mit, viel mehr als bei unerfahrenen Bühnenautoren üblich. Er verfügte, daß »Die Grasharfe« eine »hochkarätige Produktion« werden müsse, und er bestand darauf, daß hochkarätige Leute engagiert würden. Der eher schüchterne und verbindliche Saint behandelte ihn mit einer gewissen Ehrfurcht und ließ ihm, genau wie Linscott, freie Hand. Klar, daß der Regisseur über Phantasie und Durchblick verfügen mußte, und Truman wollte deshalb Peter Brook, der, obwohl erst sechsundzwanzig, dem britischen Theater und der Opernwelt bereits ein erstaunliches Spektrum an Erfindungsgabe bewiesen hatte. Er wollte weiter, daß Cecil die Bühne schaffen, Virgil Thomson die Musik komponieren und Alice Pearce, eine Nachtclubkomikerin, Miss Baby Love Dallas spielen sollte. Saint stimmte in allen vier Punkten zu, und sie waren sich beide einig, daß die Gish-Sisters Lillian und Dorothy ideal als Dolly und Verena sein würden.
Cecil, Thomson, Pearce und die Gish-Sisters sagten zu, aber Brook lehnte ab, und mit seiner Absage löste sich ein wichtiger Teil von Trumans ausgetüfteltem Plan in Luft auf. Der an seiner Stelle engagierte Robert Lewis brachte zwar viel Broadway-Erfahrung mit und hatte erst kürzlich das Lerner-Loewe-Musical »Brigadoon«, ein anderes Stück mit phantastischem Einschlag, zum Erfolg geführt. Aber Lewis wollte die Gish-Sisters nicht, und Saint glaubte der Empfehlung eines erfahrenen Regisseurs eher als der eines unerfahrenen Dramatikers und strich sie aus der Besetzungsliste. Die zentrale Rolle der Dolly wurde statt dessen an die bewährte Mildred Natwick vergeben, der Part der Verena an die weniger bekannte Ruth Nelson.

Truman ließ sich seine Enttäuschung nicht anmerken und versuchte sich einzureden, daß Lewis nach Brook die beste Wahl für den Regisseur sei. »Unter uns gesagt, er hat eine gewisse Grobheit«, schrieb er Cecil, »aber wenn man ihm Grenzen setzt, bin ich völlig sicher, daß er der richtige Regisseur für uns ist – er versteht das Stück wirklich, hat eine sehr reale Sensitivität und auch einen starken Wirklichkeitssinn – der, wie Du bemerkt hast, so notwendig für ein Stück wie dieses ist.« Eine gewisse Grobheit war Lewis tatsächlich eigen – er schockierte Truman etwa durch die Mitteilung, daß er sein Stück besser kenne –, aber er verstand auch sein Handwerk. Zweihundert Gäste, die zur Generalprobe eingeladen wurden, bevor das Stück auf Tournee ging, waren bezaubert und heulten laut Virgil Thomson »am Ende Rotz und Wasser«, wie es von ihnen erwartet wurde. Saint fühlte sich so ermutigt, daß er die New Yorker Premiere um eine Woche vorverlegte, um die Frist vom 31. März für die Pulitzer-Preis-Nominierung einzuhalten.

Wenigen Besuchern liefen jemals wieder die Augen über. Das erste Anzeichen, daß etwas schieflief, kam bei der Voraufführung in Boston, als Cecils Bühnenbilder – Dollys Küche und der Baum – enthüllt wurden. Ohne Rücksicht auf die Kosten hatte Cecil in den Antiquitätenläden der Madison Avenue verschwenderisch eingekauft und Dollys Küche mit allem vollgestopft, was eine alte Jungfer seiner Meinung nach haben könnte, einschließlich viktorianischen Polstermöbeln und roten Samtvorhängen für die Fenster; Escoffier hätte nicht besser ausgestattet sein können. »Schätzchen, ich weiß nicht«, sagte Alice Pearce zu Andrew Lyndon, dem Truman einen Job als Assistent von Lewis verschafft hatte. »Haben Küchen im Süden so ausgesehen?« Cecils Baum war noch imposanter: acht Meter hoch und bis zu elf Meter breit. Es hätte sich eher um eine riesige Sequoia als um den bescheidenen, in Alabama heimischen Seifenbaum handeln können, so vollständig dominierte er die Bühne des alten Colonial Theater. Im Vergleich damit, meinte ein Journalist staunend, kämen ihm alle Bühnenbäume, die er je gesehen habe, wie Unterholz vor. Lewis sah gerade darin das Problem. »Cecil, es ist doch kein Stück über

einen Baum«, bemerkte er ätzend, aber Cecil warf ihm als Antwort nur einen hochmütigen Blick zu. Lewis hielt auch nicht viel von Trumans neuer Schöpfung Miss Baby Love Dallas. Ihre komische Einlage, meinte er, mache die Stimmung des Stückes kaputt. »Ich sag dir was«, beschwichtigte ihn Truman, »das braucht ein Publikum. Wenn es in Boston nicht funktioniert, dann ändere ich es. Deshalb gehen wir schließlich auf Tournee, oder?«
Bedauerlicherweise erbrachten die Probeaufführungen in Boston, die am 13. März begannen, keine klaren Signale, was ankam und was nicht. Die lokalen Kritiker waren geteilter Meinung. »Ein anrührendes und bewegendes Drama«, schrieb der eine, »dünn, verschwommen und nicht überzeugend«, meinte der andere. *Variety*, das Showbusiness-Wochenblatt, wagte die unheilvolle Prognose, daß »der Klang der ›Grasharfe‹ ohne eine ziemlich gründliche Überarbeitung am Broadway wahrscheinlich nicht lange zu hören sein wird«. Aber es gab keine Überarbeitung. Wieder in New York, traf Truman vor der offiziellen Premiere seinen alten Freund Paul Bigelow. Wie sich sein Stück mache, fragte ihn Bigelow. Fabelhaft, antwortete Truman; es brauche nichts geändert zu werden. »Ich war verblüfft«, erinnerte sich Bigelow, »weil ich an die rauhe Arbeit im Theaterbetrieb des Broadway gewöhnt war. Und da kommt ein Stückeschreiber in die Stadt zurück und sagt, es brauche nichts geändert zu werden! Ich erinnere mich, daß ich auf dem Rückweg in mein Büro dachte: Ich wette, dieses Stück wird ein Flop.«

Am Tag der Premiere, am 27. März 1952, saßen Truman und Andrew in einer Bar in der Nähe des Martin Beck Theater und wühlten in einem großen Stapel von Glückwunschtelegrammen. »Alle guten Wünsche für heute abend von Deinen Bewunderern«, schrieben Lynn und Alfred – die Lunts. – »Alles Gute für Deinen großen und strahlenden Erfolg heute abend und liebe Grüße«, fügten Vivian und Larry hinzu – die Oliviers. – »Wir denken alle an Dich und beten für Deinen Erfolg heute abend. In Liebe, Daddy« – Arch. Etwa eine halbe Stunde vor Spielbeginn gingen sie zum Theater zurück. »Na so was, da muß irgendwas los sein«, sagte Truman in gespielter Überraschung, als sie die festlich gewandete Menge erblickten, die sich auf der 45. Straße anzusammeln begann. »Schauen wir mal, was sich da zusammenbraut.« Da ihm Lewis verboten hatte, sich hinter der Bühne blicken zu lassen – die Anwesenheit des Autors mache die Schauspieler nervös, behauptete er –, gesellte er sich zu Saint auf der anderen Straßenseite, von wo aus die beiden den Reigen von Prominenten aus ihren Limousinen steigen sahen. Unter die festliche Schar hatten sich auch Jack und Newton gemischt, die einander nicht begegneten, sowie Joe und Nina, die in einem langen Abendkleid und Nerz schön aussah.

Als sich der Vorhang gesenkt hatte, eilte Linscott zu einer Telefonzelle, um William Goyen mitzuteilen, was all die wichtigen Leute gedacht hatten. »Also, das wird nicht klappen«, erklärte er. »Ich bin durch das Foyer gegangen und habe gehört, was die Leute sagen: ›Es trägt nicht‹ und ›Die Figuren sind nicht wirklich glaubhaft‹. Ich fürchte, Truman wird viel Kummer haben.« Truman und Newton warteten im Apartment am Bigman Place, wo sich Newton einquartiert hatte, nervös auf die Rezensionen. Die *Times* war die erste und wichtigste Zeitung, die gebracht wurde, und ihr Kritiker Brooks Atkinson widersprach allem, was Linscott gehört hatte, und zauberte ein Lächeln auf die Gesichter der beiden. »Aus guten Impulsen und sensitiver Wahrnehmung hat Truman Capote ein schönes Stück gemacht«, schrieb er.

Aber die anderen Zeitungen, die nur zu rasch danach eintrafen, verscheuchten das glückliche Lächeln wieder. Mehrere andere Kritiker attestierten dem Stück zwar ebenfalls Verdienste – und seinem Verfasser Talent –, aber keiner teilte Atkinsons Begeisterung. »Die ›Grasharfe‹ zu sehen ist, wie wenn man in einem alten Buch auf eine Handvoll gepreßter Blumen stößt«, schrieb Walter Kerr in der *Herald Tribune*. »Die Blumen haben hübsche Formen angenommen, aber sie sind mausetot.« Der Kritiker der *Times* kann zwar manchmal ein Stück kaputtmachen, aber er kann keines retten; Trumans erinnerungsträchtiges kleines Drama erlebte denn auch nur sechsunddreißig Aufführungen.

Jede verlorene Schlacht wird von den besiegten Generälen in der Erinnerung erneut durchfochten, und jeder der Beteiligten hatte eine eigene Erklärung für das Scheitern der »Grasharfe«. Thomson gab Cecils überdimensionierten Bühnenrequisiten die Schuld, Lewis sowohl dem Bühnenbild, insbesondere »dem verdammten Baum«, als auch dem in seinen Augen störenden Auftritt von Miss Baby Love Dallas. Saint warf Lewis vor, daß er die Gish-Sisters nicht einsetzte, und sich selbst, daß er nicht darauf bestanden hatte. »Ich habe Truman nicht gut gedient, als ich sie mir ausreden ließ«, seufzte er. »Ich glaube, wenn sie mitgespielt hätten, wäre das Stück ein Erfolg geworden.« Truman stürzte sich ebenfalls auf Lewis. Dieser habe, so meinte er, sein Werk letztlich nicht verstanden. Vor allem aber machte er sich selbst Vorwürfe. »Offen gesagt, ich glaube nicht, daß es ein sehr gutes Stück war«, gestand er später. Aber es fand leidenschaftliche Bewunderer, die ihm darin nicht zustimmten: Die Abschiedsvorstellung am 26. April im Martin Beck Theater war ausverkauft, und das Publikum schrie, tobte und jubelte.

28

Zwei Wochen, bevor »Die Grasharfe« vom Spielplan abgesetzt wurde, ging Truman hinter die Bühne, um sich von den Schauspielern zu verabschieden. Stunden später befanden sich Jack, Kelly und er wieder auf einem Schiff nach Europa. Zuerst machten sie einen Abstecher nach Paris, wo sie einen winzigen roten Renault kauften, mit dem sie nach Italien und schließlich wieder in den Süden, nach Sizilien, fuhren. »Wir sind wieder in Taormina gelandet«, schrieb Truman an Pearl Kazin, »und Du kannst mir glauben, daß ich ungeheuer froh bin, wieder hier zu sein.« Leider war die Fontana Vecchia inzwischen weitervermietet, aber sie wurden die einzigen Bewohner eines gerade fertiggestellten Hotels, das erst im Winter offiziell eröffnet werden sollte. »Es gibt zwei lange, gespenstische Korridore – mehr als zwanzig Zimmer und, wie mir scheint, Hunderte & Hunderte von Türen, die alle nachts versperrt und verriegelt werden *müssen*«, teilte Jack Mary Louise mit. »Wir möchten, daß Du kommst – wir haben ein Zimmer und ein Bad – genaugenommen, viele – sie scheinen hauptsächlich auf Dich zu warten.« Truman zeichnete charakteristischerweise ein etwas zu großartiges Bild des Spukschlosses. »Wir konnten Fontana nicht kriegen«, berichtete er Donald Windham, »deshalb haben wir ein *ganzes Hotel* gemietet – zweiundzwanzig Zimmer und sechs Bäder, alles supermodern.«

Graziella trat wieder in ihre Dienste, und sie setzten ihr Leben fort, wo sie es im Jahr zuvor abgebrochen hatten. Das Hotel lag ebenso wie die Fontana Vecchia hoch auf einem Hügel über der Stadt, aber mit dem Auto war es jetzt leichter, an den Strand zu gelangen. Sie mieteten sich ein Boot für den

Sommer und lernten, mit Taucherbrille und Schnorchel unter Wasser zu schwimmen. Der bisher nur aus Kelly bestehende Privatzoo wurde um Lola, einen schwarzen Vogel, erweitert – ob Krähe oder Rabe, das wußte niemand so genau –, der es liebte, kleine Dinge wie Schlüssel und Füllfedern zu verstecken. »Lola vergöttert Jack – aus mir macht sie sich weniger«, schrieb Truman Jacks Schwester Gloria. »Wahrscheinlich, weil ich sie zu erziehen versuche. Bloß, *wie* erzieht man einen Vogel?« Alte Freundschaften wurden aufgefrischt, und bald war er in den neuesten Klatsch der Piazza eingeweiht. »Alles scheint weitgehend unverändert«, schrieb er Donald, »außer, daß es mehr Cafés und mehr Touristen gibt und Carlo Panarello einen Nachtclub eröffnet hat. Der Panther schleicht nicht mehr am Strand entlang. Er hat sich in einen großen Skandal verstrickt, indem er einen von Gayelord Hausers Gästen zu erpressen versucht hat, und die Polizei hat ihm geraten, sich von Taormina fernzuhalten.«

Wenn er in New York gefragt wurde, was er als nächstes vorhabe, hatte Truman jeweils geantwortet, daß er Kurzgeschichten, einen neuen Roman und weitere Stücke schreiben wolle – kurz, so ziemlich alles, aber nichts Bestimmtes. »Wenn mich etwas davon packt, dann mache ich das als erstes«, teilte er in einem Interview mit. Tatsächlich hatte ihn bereits etwas gepackt, wenn es ihm selbst auch nicht bewußt war. Die Schauspieler am Martin Beck Theater, die die Symptome kannten, behaupteten, er sei dem Theater verfallen. Trotz des Mißerfolgs der »Grasharfe« wollte er ein weiteres Stück schreiben. Saint Subber, der die Hoffnung auf ihn nicht aufgegeben hatte, fand »House of Flowers« (»Das Blumenhaus«), seine amüsante, anrührende Geschichte über ein Bordell in Haiti, habe das Zeug zu einem Musical, und trat erneut wegen einer Bearbeitung an ihn heran. Diesmal zögerte Truman nicht. Er sagte sofort zu.
Saint hoffte, schon im Herbst 1952 mit den Vorarbeiten für die Produktion beginnen zu können, aber Truman, der noch von der monatelangen Fron an der »Grasharfe« verausgabt war, wollte sich keinen weiteren pausenlosen Schreibmarathon aufhalsen. Er arbeitete zwar ziemlich konzentriert

und hatte Anfang September die Hälfte des ersten Entwurfs fertig, doch setzte er sich nicht unter Druck, zu einem schnellen Ende zu kommen. Er wollte die literarische Prosa nicht ganz aufgeben und fand genügend freie Stunden, um eine Kurzgeschichte und mindestens vierzig Seiten eines Romans zu schreiben. Wenn er nach Weihnachten zurückkehre, so kündigte er Linscott an, rechne er damit, nicht nur das Stück fertig zu haben, sondern auch hundert Seiten des Romans. Das war übertrieben optimistisch. Er fand es bald verwirrend, sich gleichzeitig auf zwei große Projekte zu konzentrieren, und so wurde der Roman einstweilen beiseite gelegt. »Manchmal wünsche ich mir, ich hätte nicht diesen Drang, für das Theater zu schreiben«, klagte er Jacks Schwester. »Das Leben war so viel einfacher, als ich bloß Geschichten schrieb.«

Und auch so viel ruhiger. An das hektische Tempo des Broadway gewöhnt, erwartete »*the mad Saint*«, wie ihn Truman nannte, ein viel ausschließlicheres Engagement von ihm und nervte ihn mit telegraphischen Anfragen bezüglich seiner Fortschritte. Zu Trumans Ärger drohte er sogar, nach Taormina zu kommen, damit sie sich persönlich unterhalten könnten. »Gestern ist ein *zwei Seiten* langes Telegramm von Saint gekommen«, stöhnte er gegenüber Cecil im Juli. »Er möchte unbedingt herkommen und scheint zu glauben, daß er dazu ein Visum von mir benötigt. Quatsch! Aber ich möchte ihn einfach nicht sehen, bis ich genügend gearbeitet habe, um mich weniger verletzlich zu fühlen.« Noch mehr nervte Truman die Wahrscheinlichkeit, daß Saint seinen Begleiter Robbie Campbell mitbringen könnte, den jungen Schwarzen, der 1948 im Le Bœuf sur la Toit mit dem Song »Nature Boy« soviel Aufmerksamkeit erregt hatte. »Ich fürchte, daß er [Saint] gegen Ende des Monats hier aufkreuzen wird, und ich rate Dir dringend, in Pelham Place Nr. 8 Sturmfenster anzubringen«, warnte er Cecil im August. »Um meinetwillen bete ich zu Gott, daß er das schwarze Baby nicht mitbringt. Denn *davon* möchte ich mich nicht noch einmal, nein, bestimmt nie wieder, anöden lassen.« Das war nicht nötig. Saint blieb zu Hause, und auch Campbell zeigte sein hübsches Gesicht nicht.

Mitte September stopften Truman und Jack ihre Habe in den kleinen

Renault. Während der Kelly aus dem Fenster heraus kampflustig Ziegen und Esel ankläffte und die prächtige Lola gebieterisch auf der Schulter des einen oder anderen hockte, verabschiedeten sie sich endgültig von Taormina, dessen Reiz für sie mehr, als ihnen bewußt gewesen war, vom Charme der Fontana Vecchia abhing. Gemächlich nordwärts kurvend, picknickten sie in den kalabrischen Bergen, sonnten sich an den entlegenen Stränden von Cap Palinuro und schliefen, von der Brandung in den Schlaf gelullt, in den Ruinen des imposanten Paestum, bevor sie sich in der Via Margutta in Rom in einer Drei-Zimmer-Dachterrassenwohnung niederließen.

»Wir haben beschlossen, den Winter hier in Rom zu verbringen, und ich habe eine schöne Wohnung gefunden, das muß ich wirklich sagen, im Grunde ein Traum«, schrieb Truman an Cecil. »Wir haben eine erstklassige Köchin! *Alles* ist so anders als in Taormina – ich glaube, das ist das erste Mal in meinem Leben, daß ich so lebe, wie ich es mir eigentlich wünsche – zu dumm nur, daß ich es mir nicht leisten kann.« Mary Louise, die immer noch bei *Harper's Bazaar* war, bekam eine ganz ähnliche bittersüße Geschichte zu hören: »[Unsere Wohnung] ist sehr sonnig und reizvoll, und ich wäre ein sehr glücklicher Junge, wenn sie nicht so furchtbar teuer und ich demnächst pleite wäre. Wenn Du von jemandem hörst, der einen Artikel über Rom brauchen kann (oder Gartenbau, Haarmoden, Berühmte Leute), schick ihn zu mir.« Obwohl er erst seit ein paar Tagen in Rom war, hatte er es bereits fertiggebracht, gemeinsame Bekannte vor den Kopf zu stoßen oder von ihnen geschnitten zu werden. Mit amüsanter Bosheit, aber wahrscheinlich zutreffend, fügte er hinzu: »Es sind, weiß der Himmel, genügend alte Bekannte hier – ich werde mich nur noch dicht verschleiert auf die Straße wagen. Sister (die berühmte Carson McCullers, erinnerst Du Dich an *die*?) und Mr. Sister kann man häufig durch die Via Veneto *torkeln* sehen, wo sie jetzt zu den etablierten Mitgliedern der Filmclique zählen (sie schreibt einen Film für David Selznick); aber Sister und Mr. Sister sind natürlich zu bedeutend und gewöhnlich zu beschickert, um meine bescheidene Gegenwart zu bemerken. Die Kuh (die nicht so berühmte Marguerite Young) ist immer noch hier, aber leicht zu meiden, wenn man einen Bogen um die Hotelhalle des Inghilterra macht, wo sie den ganzen Tag über einer Tasse Kaffee brütet.«

Carsons Filmauftrag war zuerst Truman angeboten worden – das teilte er jedenfalls im November Cecil mit –, aber er hatte es sich so lange überlegt, daß Selznick aufgab. »Jetzt tut es mir doch ein bißchen leid«, gestand er, »wenn auch nur, weil das meiner finanziellen Misere ein Ende gesetzt hätte, die immer bedrohlicher wird. Aber es wäre unaufrichtig von mir gewesen, den Auftrag anzunehmen, denn die Geschichte, die sie skizzierten, reizte mich überhaupt nicht, und außerdem *muß* ich *unbedingt* mit meiner eigenen Arbeit vorankommen.« Literaten, insbesondere solche mit geplündertem Bankkonto, sollten sich jedoch nicht von solch unbedachten Gelöbnissen künstlerischer Reinheit die Hände binden lassen, insbesondere, wenn man ihnen eine große Summe für geringe Mühe bietet. Bevor der Monat herum war, ließ Truman vorübergehend doch seine eigene Arbeit im Stich und nahm den Job, von dem Carson soeben gefeuert worden war. Wieder in einen hektischen Lohnschreiber verwandelt, steckte er ständig mit Selznick zusammen, dem Produzenten von »King Kong, Rebecca« und dem größten aller Hollywood-Spektakel, »Vom Winde verweht«. »Capote wird eines Tages reich sein«, schrieb Jack scherzend an Mary Louise, »wir sollten also alle die Freundschaft mit ihm pflegen.«
Der Film hatte den Titel »Stazione Termini« und war das Ergebnis einer unnatürlichen Zusammenarbeit zwischen Selznick, der seiner Frau Jennifer Jones eine Hauptrolle in einer prestigeträchtigen europäischen Produktion verschaffen wollte, und Vittorio De Sica, einer der Leitfiguren der italienischen Filmrenaissance nach dem Krieg. Jennifer Jones sollte eine amerikanische Hausfrau auf Besuch in Rom spielen, Montgomery Clift ihren italienischen Liebhaber, und die Geschichte ihres Ehebruchs sollte in der De Sica eigenen Schlichtheit im neuen Bahnhof von Rom – daher der Titel – gedreht werden. Aber das Projekt war von Anfang an zum Scheitern verurteilt. Kaum hatten die Dreharbeiten begonnen, war klar, daß sich Selznick nur eingebildet hatte, daß er die Ungeschminktheit des italieni-

schen Neorealismus übernehmen wolle. Was er in Wirklichkeit wollte, war die Art von Hollywood-Glätte, für die er berühmt war. Er überwachte zwanghaft jedes Detail, wie es seine Gewohnheit war, und verschliß auf seiner Suche nach einem in seinen Augen brauchbaren Script mehrere Drehbuchautoren.

Seinen neuesten Drehbuchautor feuerte er nicht – »David hat ihn heiß geliebt«, sagte Jones –, und Truman arbeitete in furiosem Tempo. Manchmal lief er in irgendeinen Raum des Bahnhofs, um die Dialoge zu schreiben, auf die die Schauspieler bereits in einem anderen warteten. Doch letzten Endes blieb sein Beitrag gering, und er konnte weder das Verdienst an dem Film in Anspruch nehmen, der ein Jahr später in den amerikanischen Kinos anlief, noch konnte man ihm die Schuld daran geben. Verdienst wie Schuld lagen beim Produzenten. In New York klebte Selznick einen schmalzigen Song von Patti Page dran und kürzte das von De Sica gedrehte Material um fast ein Drittel auf außergewöhnlich kurze 63 Minuten. Selbst in dieser stark gekürzten Fassung war »Indiscretion of an American Wife«, wie er den Film umbenannt hatte, ein Reinfall. »Mies«, urteilte Truman mit einem Wort, und sowohl das Publikum wie auch die Kritiker stimmten ihm zu. »›Indiscretion‹ ist für die begabten Leute, die den Film machten, tatsächlich eine Indiskretion«, schrieb ein Rezensent und gab damit einen offenbar allgemeinen Eindruck wieder.

Truman kannte Montgomery Clift, einen der beiden Stars des Films, schon von New York her, aber erst in Rom in der hermetisch abgeriegelten Welt des Drehorts kamen sie einander wirklich nahe. »Monty war wirklich begabt«, bemerkte Truman. »Er nahm nur eine Sache wirklich ernst, und das war die Schauspielerei. Er war eine Ausnahme für meine Theorie, daß ein Filmstar unwissend sein muß, um gut zu sein. Man muß intelligent sein, um sich auf der Bühne zu behaupten, aber ein Filmschauspieler ist bloß Medium des Autors, des Regisseurs und aller übrigen, die zu einem Film beitragen. Er muß auf das reagieren, was sie tun. Wenn er zu intelligent ist, leistet er ihnen Widerstand, und dann ist er nicht gut. Brando hat es als

Filmstar nie wirklich geschafft – er hat immer Widerstand geleistet. Die Garbo hatte dagegen nie einen Gedanken im Kopf, und sie war fabelhaft! Sie war das vollkommene Instrument für den Autor und den Regisseur. Monty war intelligent *und* gut, aber das war, weil er auch sehr ausgebufft war. Er wußte genau, was er tat. Ich fragte ihn einmal, warum er in Filmen spielen wolle, warum er nicht etwas Interessanteres mache. Er sah mich an und sagte: ›Du verstehst nicht. Das ist mein Leben! Das ist das, was ich kann.‹ Er war ein Künstler mit allen Empfindlichkeiten und Mängeln eines Künstlers.

Aber in den letzten acht Jahren ging es in seinem Leben drunter und drüber, und wenn er high war, war er absolut unmöglich. Es gibt einen Vorfall, der mir aus der Zeit meiner Freundschaft mit ihm am stärksten in Erinnerung geblieben ist. Es geschah irgendwann in den fünfziger Jahren, einige Tage vor Weihnachten. Er rief mich am Vormittag an und lud mich zum Mittagessen ein. ›Ich kann nicht‹, sagte ich, ›weil ich noch keine Weihnachtseinkäufe gemacht habe.‹ Er sagte: ›Hör zu, ich habe auch noch nichts gekauft. Wenn du mich zum Einkaufen mitnimmst, zahle ich dir das Mittagessen.‹ Ich holte ihn also von seinem Haus ab, und wir gingen zur Colony. Er schien völlig normal und sehr gut gelaunt, und wir lachten und unterhielten uns gut. Niemand hätte charmanter sein können. Auf der Straße blieben die Leute stehen und drehten sich nach uns um – sie erkannten ihn, mich oder uns beide. Es war ein kalter, blauer Tag, und die ganze Sache war irgendwie locker und spritzig.

Nach dem Essen gingen wir in einen italienischen Laden, der schöne, teure Pullover führte. Beim Mittagessen hatte er bloß einen Drink genommen – einen Drink! Aber er muß sich auf der Toilette einen Schuß verpaßt oder Pillen genommen haben, denn plötzlich flippte er völlig aus, wie ein Irrer. Er zeigte auf die Theke, wo alle Pullover gestapelt waren, und zählte: ›Eins, zwei, drei, vier, fünf… sechzehn. Wieviel macht das zusammen?‹ Der Verkäufer sagte es ihm, und Monty raffte *alle* Pullover zu einem riesigen Bündel zusammen – es waren so viele, daß sie ihm aus den Armen fielen – und schaffte es irgendwie, die Tür zu öffnen. Es hatte inzwischen zu regnen begonnen – ja es goß –, aber er ging hinaus und warf sie alle in den Rinnstein. Als er zurückkam, sagte der Verkäufer bloß: ›Und an welche Adresse darf ich die Rechnung schicken, Mr. Clift?‹ Ich habe nie im Leben einen so coolen Typ wie diesen Verkäufer gesehen. Monty antwortete ihm nicht, aber ich gab ihm seine Adresse und bestand darauf, daß er die Rechnung unterschrieb.

›Monty, du mußt jetzt nach Hause gehen‹, sagte ich, als wir draußen waren. ›Ich gehe nirgendwohin!‹ antwortete er, und wir begannen uns auf der Straße zu streiten. Ich schubste ihn auf den hinteren Sitz eines Taxis, aber er stieg aus, ging um das Heck herum und stieg vorne ein und versuchte den Fahrer vom Lenkrad zu drängen. Der Fahrer sagte, wir sollten aussteigen, oder er werde die Polizei rufen. ›Um Gottes willen, tun Sie bloß das nicht!‹ sagte ich. ›Dieser Mann ist sehr krank. Fahren Sie uns zu dieser Adresse, und ich gebe Ihnen ein großes Trinkgeld. Bitte!‹ Das tat er denn auch, durch den ganzen Weihnachtsverkehr, während ich Monty festhielt, der herumbrüllte und schrie. Es war ein Alptraum. Als wir bei seinem Haus ankamen, gelang es seinem schwarzen Butler, ihn hineinzuschaffen, und er rief seinen Arzt, der ihm eine Spritze gab. Nach diesem Erlebnis hatte unsere Beziehung einen Knacks. Ich mochte ihn immer noch sehr, aber ich war immer auf der Hut vor ihm. Irgendwann war der Punkt erreicht, an dem man Angst hatte, ihn zu sehen, ganz egal, wie sehr man ihn mochte.

In den sechziger Jahren – es muß 1964 gewesen sein – lebte er mit einem Typ zusammen, der ihn hinten und vorn bestahl, ihn regelrecht ausplünderte. Damals war er schon so von Drogen und Alkohol ruiniert, daß er nicht mehr wußte, was er tat; er war wie ein Gefangener in seinem eigenen Haus. Ich besuchte ihn und bemühte mich, ihm klarzumachen, was geschah und daß er da raus müsse. Ich sagte zu ihm, ich würde alles tun, ich würde ihn da rausholen und eine Wohnmöglichkeit für ihn finden. Er sagte, es sei alles egal, er sei ohnehin in sechs Monaten tot. Ich rief Elizabeth Taylor an, die ihn geliebt hatte, und sie sagte, sie werde sich im Regency Hotel, wo sie wohnte, um ihn kümmern. Ich ging also wieder zu seinem Haus zurück, packte seinen Koffer und brachte ihn ins Regency. Dort blieb er drei Tage, dann kehrte er wieder nach Hause zurück. ›Ich kann nicht in einem Hotel leben‹, sagte er zu mir. ›Ich muß zu Hause sein.‹ Er starb etwa zwei Jahre später.«

Einige Wochen nachdem Truman die Arbeit an dem Selznick-Film beendet hatte, saßen Humphrey Bogart und John Huston, der Regisseur einiger der besten Filme Bogarts, darunter »The Maltese Falcon« (»Die Spur des Falken«) und »African Queen«, in George's American Bar in Rom, tranken doppelte Martinis und redeten in düsterer Stimmung über ihre Probleme. Sie waren nach Italien gekommen, um einen Roman namens »Beat the Devil« (»Schach dem Teufel«) zu verfilmen, einen unkonventionellen Krimi, der eine gewisse Ähnlichkeit mit dem berühmten Malteser Falken hatte. Sie hatten eine Besetzung zusammen, der neben Bogart Jennifer Jones, Peter Lorre, Robert Morley und Gina Lollobrigida, der neue italienische Star, angehörten. Sie hatten auch einen malerischen Drehort gefunden, nämlich das Städtchen Ravello, hoch über der Küste von Amalfi südlich von Neapel, und sie hatten für die Finanzierung gesorgt; Bogart hatte selbst den größten Teil dazu beigetragen. Was sie jedoch nicht hatten, war ein Drehbuch: Beide waren mit dem Script unzufrieden, das zwei professionelle Drehbuchautoren abgeliefert hatten. »Ich konnte es nicht lesen«, sagte Bogart. – »Ich auch nicht«, gestand Huston. »Ein Schmarren, nicht?«

Als Selznick von ihrem Dilemma hörte, sagte er, er wisse genau den richtigen Autor für sie – und durch einen glücklichen Zufall befinde sich der Mann, an den er denke, bereits in Rom. »Ich rate Dir dringend, Capote hinzuzuziehen, und sei es nur für zwei oder drei Wochen«, schrieb er Huston. »Er ist meiner Meinung nach eines der frischesten, *originellsten* und aufregendsten Schreibtalente unserer Zeit – was er durch diese Figuren sagen würde und wie er es sie sagen ließe, wäre so völlig anders als alles, was bisher aus Kinolautsprechern zu hören war, daß Du etwas völlig Neues hättest – so glaube ich zumindest. Außerdem kenne ich Dich sehr gut, und außer Capote wüßte ich nur sehr wenige Schriftsteller, deren Werk von der Art ist, die Dir mit *Sicherheit* gefallen würde. Er kann auch sehr zügig arbeiten, aber *nur*, wenn man ihn täglich tritt. Dann bringt er *zumindest* eine brauchbare Szene am Tag zustande, nötigenfalls mehr, und in Zusammenarbeit mit Dir sicher mehr. Es ist auch angenehm, mit ihm zu arbeiten, man muß ihn einfach nur übers Knie legen wie einen süßen, aber ungezogenen kleinen Jungen, wenn er zu quengeln beginnt.«

Wahrscheinlich mehr aus Verzweiflung als aus innerem Antrieb nahmen Huston und Bogart Selznicks Rat an, und an einem frostigen Tag Anfang Februar 1953 traf der süße, aber ungezogene kleine Junge in einem fast knöchellangen Mantel und mit flatterndem, lavendelfarbenem Schal in Ravello ein. »Niemand war auf den Auftritt dieser unglaublichen Figur vorbereitet«, berichtete John Berry Ryan, ein reicher junger New Yorker, der als einer von Hustons Assistenten arbeitete. In einem Brief an seine Frau Lauren Bacall beschrieb Bogart seine eigene Reaktion auf diese unglaubliche Figur: »Zuerst hält man ihn nicht für möglich, so seltsam ist er, und dann möchte man ihn am liebsten den ganzen Tag mit sich herumtragen.«

Truman schrieb tatsächlich mindestens eine brauchbare Szene täglich – ohne daß man ihn treten oder übers Knie legen mußte –, aber es gelang ihm niemals, mehr als ein oder zwei Tage Vorsprung vor den Dreharbeiten zu erlangen. Gewöhnlich schrieb er den größten Teil der Nacht hindurch und testete Dialoge und Ideen an Huston (der zwar als Koautor genannt ist, aber fast sicher mit dem eigentlichen Drehbuch wenig zu tun hatte). Kurz vor dem Mittagessen schlenderte er dann mit dem Script des nächsten Tages unter dem Arm an den jeweiligen Drehort. »Er schrieb es Seite für Seite und las es uns allen jeden Morgen Seite für Seite vor«, erzählte Robert Morley. »Er schien nie sehr viel an einem Tag zu schaffen, aber da wir auch nicht sehr viel drehten, machte es nichts.«

Es gab nur zwei Unterbrechungen dieser gedrängten Tageseinteilung. Die eine trat ein, als Truman nach Rom zurückkehren mußte. »Truman mußte zu seinem Raben zurück«, teilte der Produktionsleiter Morley mit. »Der Vogel weigerte sich, mit ihm am Telefon zu sprechen, und könnte ernsthaft krank sein. Andererseits könnte es auch sein, daß er bloß schmollt, wie

Truman sagte.« In Wirklichkeit war der Vogel – Lola, natürlich – inzwischen von der Terrasse der Wohnung an der Via Margutta davongeflogen und wurde nie wieder gesehen. Die andere Unterbrechung war ernsterer Art. Truman wachte eines Morgens mit einer geschwollenen Backe auf. Er hatte einen gefährlich vereiterten Weisheitszahn und mußte eilig nach Neapel in ein Krankenhaus gebracht werden. »Ich schwöre, sein Gesicht war auf die doppelte Größe angeschwollen«, meinte Huston, »aber an dem Abend trafen zehn oder zwölf Seiten Drehbuch ein, die er im Krankenhaus geschrieben hatte! Er war ein zäher Bursche.«

Etwas völlig Neues hatte Selznick versprochen, und etwas völlig Neues lieferte Truman auch. Bevor irgend jemand merkte, was geschah, war der unkonventionelle Krimi, den Bogart und Huston zu machen glaubten, verschwunden und eine auf Trumans eigenem Mist gewachsene Gaunerkomödie an seine Stelle getreten: eine Geschichte mit Haarnadelkurven und wilden Rutschpartien, unberechenbaren Charakteren und flippigen Dialogen, die an die Screwball Comedies der dreißiger Jahre erinnerte. Morley ist der Boß eines Quartetts unfähiger Ganoven, die auf dem Weg nach Afrika sind, um sich in den Besitz von Schürfrechten an Uranminen zu bringen. Bogart ist ihr widerwilliger Komplize, Gina Lollobrigida seine italienische Frau, und Jennifer Jones, die eine Figur spielt, an der ihrem Schöpfer besonders viel zu liegen schien, ist eine Lügnerin von Rabelaisscher Gerissenheit, jemand, der mit Bogarts Worten, »die Phantasie und nicht das Gedächtnis strapaziert«. Alle werden nach Ravello verschlagen, wo sie auf die Reparatur des Frachters warten müssen, der sie über das Mittelmeer bringen soll.

»Als ich anfing, kannten nur John und ich die Geschichte, und ich habe den Verdacht, daß sie auch John nicht ganz klar war«, berichtete Truman. Und es ist sogar zweifelhaft, ob selbst Truman völlig durchblickte. Er wußte vielleicht, wo er hinwollte, jedoch nicht, wie er dort hingelangen sollte. Die Handlung steuerte mal in diese, mal in jene Richtung, und die Figuren waren mal wichtig, mal nicht, oder sie veränderten ihre Persönlichkeit, ein Vorgehen, das einer methodischen Schauspielerin wie Jennifer Jones gegen

den Strich gegangen sein dürfte. »Ich wollte immer wissen, was aus meiner Figur werden würde, ob sie tot umfallen oder ins Meer springen oder eins über die Rübe kriegen würde. Anfang, Mitte und Ende, damit war ich aufgewachsen, deshalb nervte es mich manchmal ein bißchen, von einem Tag zum anderen nicht zu wissen, was sie tun oder nicht tun würde.«
Für das Theater zu schreiben war Truman nicht leichtgefallen. Drehbuchschreiben dagegen lag ihm, eröffnete es ihm doch dieselben Möglichkeiten wie die Prosa, nämlich ohne die Beschränkungen einer Guckkastenbühne Bilder zu entwerfen. Man brauchte ihm nicht beizubringen, wie man Filmszenen schreibt, er wußte es. Das Pickwick-Kino in Greenwich war sein Klassenzimmer gewesen, mehrere hundert Hollywood-Filme seine Lehrer, und in den stundenlangen Brandygelagen mit Phoebe Pierce, in denen sie neue Dialoge ersonnen hatten, hatte er seine Hausaufgaben gemacht. Nun, da er allen Ernstes daranging, ein Drehbuch zu schreiben, packte er alles hinein, was ihm komisch erschien, von Gina Lollobrigidas drolligen Wortverdrehungen bis zu seinen filmischen Lieblingsklischees, die er, wie ein Kritiker bemerken sollte, in kaum wahrnehmbare ironische Anführungszeichen setzte. »Es war völlig klar«, meinte John Berry Ryan, »daß er einen Film zu seiner eigenen Belustigung machte. Ich hatte stets vor, mich einmal mit ihm irgendwo hinzusetzen und ihn zu fragen: ›Truman, war unser Eindruck richtig? War tatsächlich alles ein Spiel für dich?‹«

Durch eine geheimnisvolle Alchimie überträgt sich die Stimmung am Drehort oft auf die Kinoleinwand. Einer der Gründe, warum »Schach dem Teufel« soviel Spaß macht, ist, daß die Crew »beim Drehen so unheimlich viel Spaß hatte«, wie sich Huston erinnerte. Zehn Wochen lang war Ravello Schauplatz einer riesigen Fete. Huston war der gutmütige und freundliche Gastgeber, Jennifer Jones und Bogart waren die Ehrengäste, und Truman war natürlich Droll, der Entertainer. »Es geschahen Dinge, die nur bei einem John-Huston-Film, der im Winter in einem italienischen Nest gedreht wird, geschehen konnten, wo es keine Heizung, keinen Strom und

nichts zu essen und zu trinken gab, außer was herbeigeschafft wurde«, sagte Ryan. »Jeden Abend fand eine große Pokerrunde mit Huston, Bogart und David Selznick statt. Jennifer wurde von einer großen italienischen Lesbierin verfolgt, die ihrerseits von einer kleinen, drallen italienischen Lesbierin verfolgt wurde. David versuchte, alle in die Flucht zu schlagen, während Truman alles noch anheizte, das sagenhafte Tohuwabohu, bei dem er so gern mitmischte.«
Bogart gab ihm den Spitznamen »Caposy« und neckte ihn mit Vorliebe, bis ihm Truman eines Tages zeigte, daß er ebensogut austeilen wie einstecken konnte. »Wir waren in der Halle des Hotels Palumbo«, erinnerte er sich, »und Bogie spielte Armdrücken mit der Crew. Er gewann ständig. Ich sah bloß zu, aber dann rief er mir zu: ›Willst du's auch probieren?‹ Ich sagte okay. Wir haben es in der Schule dauernd gespielt. Wir legten unsere Arme aneinander, und ich drückte seinen Arm sofort nach unten. Ich habe noch nie einen so kummervollen Ausdruck im Gesicht eines Menschen gesehen. ›Wärst du bereit, es noch einmal zu tun?‹ fragte er mich. – ›Ja, für fünfzig Dollar‹, antwortete ich. Er legte die fünfzig Dollar auf den Tisch, und wir taten es ein zweites Mal. Bäng machte sein Arm wieder.
›Ich versteh's nicht. Wie hast du das gemacht?‹ fragte er mich. – ›Es ist bloß ein Trick‹, sagte ich. Als wir aufstanden, nahm er mich in die Zange. Er meinte es freundschaftlich, aber da war auch eine frustrierte Bosheit in der Art und Weise, wie er es tat. ›Hör auf, Bogie!‹ sagte ich. Aber er drückte weiter. ›Laß den Quatsch!‹ sagte ich, schlang meinen Fuß um sein Bein und stieß zu. Bums! Er fiel hin und brach sich den Ellbogen, was eine große Katastrophe war, weil es bedeutete, daß zwei oder drei Drehtage verlorengingen. Aber ich glaube, daß uns dieser Vorfall mehr als alles übrige zu sehr guten Freunden machte. Danach kam er nicht mehr auf die Idee, sich mit mir anzulegen. Ich mochte Bogie wirklich gern. Er war einer jener Menschen, die ich für alle Zeiten ins Herz schloß.«

Es sprach sich herum, daß es in Ravello so lustig zuging, und so kamen denn auch andere Filmleute wie Orson Welles und Ingrid Bergman vorbei, um guten Tag zu sagen. Aber die Besucherin, deren mit der größten Zuneigung gedacht wurde, hatte nichts mit dem Showbusiness zu tun. Es war Trumans alte Freundin, die resolute Carmel Snow von *Harper's Bazaar*, die für ein Wochenende kam und sich so gut unterhielt, daß sie eine ganze Woche blieb. Wie es ihre Art war, schaute sie nicht schweigend zu. Die Garderobe der Frauen sei unzumutbar, verkündete sie und rief aus Paris ihre Neuentdeckung Hubert de Givenchy herbei, der neue Kostüme entwerfen sollte. Als das erledigt war, brach sie auf und marschierte mit weißbehandschuhter Hand winkend durch die Halle des Palumbo.

»Aber Schätzchen, was ist denn los? Sind wir nicht schick genug für dich?« fragte Bogart.

»Mein lieber Mann, verglichen mit euch spielt sich mein Leben in einem Bleibergwerk ab«, sagte sie, als sie in ihr Auto stieg. »Nein, es ist bloß, daß für mich jetzt wieder der Ernst des Lebens beginnt.«

»Vergiß nicht, daß ich dich mag, Schätzchen«, sagte er und lehnte sich ins hintere Fenster. »Du bist eine sehr schneidige Type.«

Mrs. Snow, die vom französischen Präsidenten in die Ehrenlegion aufgenommen worden war, betrachtete ihn einen Augenblick lang abwägend. Dann antwortete sie, vielleicht in der Erkenntnis, daß ihr eben eine Huldigung zuteil geworden war, die fast ebensoviel bedeutete: »Bin ich das? Hm, du bist es auch. *Bye-bye, tough boy.*«

»*Bye-bye, tough girl.*« Damit fuhr sie los.

Im April übersiedelte das Filmteam nach England, um in den Shepperton Studios Innenaufnahmen zu drehen. Diesmal kam auch Jack mit, der nie in Ravello gewesen war, und ließ es sich drei oder vier Wochen lang im Claridge's gutgehen, wobei alle Kosten von der Produktion übernommen wurden. Als Zeichen der Zuneigung des Teams schenkte der Mitproduzent Jack Clayton Truman einen jungen Hund, eine englische Bulldogge. Zum Dank für so viel Gastfreundschaft gab Truman eine Dinnerparty. »Sie endete mit einem Boxkampf zwischen John Huston und Humphrey Bogart«, schrieb Jack an seine Schwester Gloria. »Aber offenbar führen die sich immer so auf. Alle an dem Film Beteiligten waren nett zu Truman.

Aber es ist wahrscheinlich nett, mit ihm zu arbeiten, und sei es nur, weil er nicht so übergeschnappt ist wie sie.«

Huston mögen Zweifel an der Richtigkeit dieser Erkenntnis geplagt haben. Als er sich hinsetzte und den Film zu schneiden begann, den Truman und er gemacht hatten, muß er ihm immer ausgeflippter vorgekommen sein. Statt ihn mit den üblichen Vorschußlorbeeren zu bedenken, warnte er die Kritiker, nicht zuviel davon zu erwarten. »Es ist ein kleiner, bescheidener Film in unserer Ära großer Produktionen«, sagte er. »Trivialer geht es nicht.«

Doch viele Kritiker waren von dem Film entzückt. *The New Yorker* fand ihn »unerhört unterhaltsam«, und *Time* sprach von einem »Screwball-Klassiker«. Das Publikum stimmte jedoch Huston zu; der Film spielte niemals Gewinn ein. »Wenn man diesen Film nicht sieht, versäumt man offen gestanden nicht viel«, erklärte ein Kinobesitzer in Michigan, der eine Zeitungsanzeige bezahlte, um sich bei seinen Kunden dafür zu entschuldigen, daß er den Film zeigte. Selbst Trumans teuerste Freunde mochten ihn nicht. Jack verstand ihn nicht, und Newton ging nach einer halben Stunde hinaus. Ein Hollywood-Witzbold erklärte, wann immer man ins Kino komme, habe man das Gefühl, man sei in der Mitte hereingekommen.

Dennoch hat der Film in Kinos, die Reprisen zeigen, überlebt und wird wahrscheinlich noch lange Zeit sein Publikum unterhalten. Charles Champlin, der Kritiker der *Los Angeles Times*, äußerte sich 1975 mit der Begeisterung eines *aficionados*: »So grotesk und absurd die Umstände seiner Entstehung auch sein mögen, erweist sich ›Schach dem Teufel‹ nach wie vor als eine temporeiche und disziplinierte Komödie mit einem Erfindungsreichtum, den ich auch jetzt noch, nachdem ich ihn fünfzehn- oder zwanzigmal gesehen habe, erstaunlich finde.« Huston mag prophetischer gewesen sein, als ihm bewußt war, als er zu Jennifer Jones, die einen Oscar für »Das Lied von Bernadette« gewonnen hatte, sagte: »Schätzchen, das ist der Film, mit dem du in Erinnerung bleiben wirst.«

29

Für Truman und Jack war der Sommer immer gleichbedeutend mit dem Meer gewesen. Im Frühling 1953 ließen sie sich in Portofino nieder, einem Fischerdorf südlich von Genua, das die Trendsetter anzog. »Zum Glück«, meinte Noël Coward, der zu diesen zählte, »machen sich die Amerikaner nicht viel draus, weil kein Sandstrand vorhanden ist und man nichts unternehmen kann.« Aber die beiden Amerikaner, die mit zwei kläffenden Hunden in einem roten Renault eintrudelten, widerlegten seine snobistische These; sie waren ebenso bezaubert wie er und fanden vielleicht zuviel zu tun. Sie hatten die oberste Etage eines Hauses am Hafen gemietet und sonnten sich, schwammen, schnorchelten und arbeiteten. Jack schrieb einen Roman um; Truman war damit beschäftigt, die Bühnenfassung von »Das Blumenhaus« fertigzustellen, und nach langer Pause versuchte er auch wieder, Kurzgeschichten zu schreiben.

»Ich *muß* jetzt Kurzgeschichten schreiben«, erklärte er Linscott, dessen väterliche Präsenz in den Monaten des Filmfiebers stark in Vergessenheit geraten war. »Zum Teil, weil sie mich interessieren, und, vielleicht noch wichtiger, ich dringe in neue Stilbereiche vor und erschließe mir andere Milieus und Stoffe – erst, wenn sich dies in meinem Bewußtsein gefestigt hat, kann ich im Grunde einen Roman schreiben. Ich *habe* einen Roman in petto – aber ich möchte mein Ziel probehalber zuerst mit einer Kurzgeschichte anvisieren.« Ein paar Wochen später fügte er klagend hinzu: »Ich wünsche mir so sehr, jetzt mit Dir reden zu können, Bob – über meine Arbeit. Ich habe so viele Pläne und Ideen – vielleicht könntest Du mir helfen, sie zu ordnen. Ich brauche Rat – soviel steht fest. Ich könnte Dir wahrscheinlich alles *schreiben* – aber ich würde fünfzig Seiten brauchen. Ich komme jedoch Mitte Oktober nach New York – dann mußt Du mir wirklich einige Zeit gönnen. Ich freue mich weitaus mehr darauf, Dich zu sehen, als alle anderen!«

Nie zuvor hatte er so verwirrt geklungen und so unsicher, welche Richtung sein Schreiben nehmen sollte. Zwischen den Zeilen dieser dunklen und nachdenklich stimmenden Briefe lesend, erriet Linscott wahrscheinlich zutreffend, daß er eigentlich sagen wollte, er könne sich nicht entscheiden, ob er zu seiner ersten Liebe, der Prosa, zurückkehren oder seinen Flirt mit der Bühne und dem Film fortsetzen solle. Er war offensichtlich in Versuchung, letzteres zu tun, und er hatte gute Aussichten auf eine lukrative Karriere als Drehbuchautor. Es war ihm bereits der Auftrag für ein weiteres Drehbuch angeboten worden, eine Adaption von Richard Hughes' Roman »A High Wind in Jamaica«. Die Gefahr, ihn an Hollywood und den Broadway zu verlieren, alarmierte seinen alten Lektor, der, ohne den Oktober abzuwarten, prompt seine eigene Meinung kundtat und in wenigen Worten auf den Punkt brachte, was er bei einem aus zwei Martinis und drei Gängen bestehenden Lunch wesentlich weitschweifiger gesagt hätte: »Natürlich würde ich Dir raten, bei der Prosa zu bleiben; aus offenkundiger Voreingenommenheit. Im übrigen habe ich den Verdacht, daß eine so sensible und suggestive Begabung wie Deine in den gedruckten Medien eher zur Geltung kommt als im Theater, wo gröbere Effekte vielleicht unerläßlich sind und wo Du den Interpreten ausgeliefert bist.«

Truman antwortete nicht, aber sein Verhalten zeugt von seiner Ambivalenz: Er versuchte ohne Erfolg, sein Stück fertigzustellen und daneben auch Prosa zu schreiben. Er zählte nicht zu den Autoren, die ihre Aufmerksamkeit mühelos von einem Projekt zum anderen pendeln lassen können. Er war zum Beispiel nicht imstande, sich morgens mit seinem Stück hinzusetzen und es dann wegzulegen, um sich am Nachmittag ganz der Prosa zu widmen. Wenn er sich für etwas engagierte, nahm es seine ganze Einbildungskraft in Anspruch, und »Das Blumenhaus«, für das er sowohl einen

Vertrag als auch eine Frist hatte, verschlang wie von selbst den größten Teil seiner Zeit und Energie. Erst als es abgeschlossen war, wandte er sich ernsthaft den Geschichten zu, die er so gern schreiben wollte. »Ich habe die letzten zwei Monate mit zombieartiger Konzentration gearbeitet (nachdem ich den größten Teil des Sommers vergeudet hatte) und mir alles übrige aus dem Sinn geschlagen«, schrieb er Newton im Oktober. »Mein Stück ›Das Blumenhaus‹ habe ich fertiggestellt (wenn ein Stück denn jemals ›fertig‹ ist) und arbeite jetzt an einigen neuen Geschichten – was für ein Vergnügen, zur Rationalität und dem ›Raum‹ gewöhnlicher Prosa zurückzukehren.«

Wenn er den Großteil des Sommers vergeudet hatte, hatte er wenigstens eine gute Ausrede dafür: Ein Pulk von Freunden und Prominenz war fast gleichzeitig über das kleine Fischerdorf hereingebrochen. Einige, wie Noël Coward und John Gielgud, wohnten bei Rex Harrison und seiner Frau Lilli Palmer, die ein Haus in den Hügeln hatten. Andere, wie Tennessee Williams, Frankie Merlo und Paul Bowles, waren bloß auf der Durchreise. Einige, wie Cecil Beaton, Saint Subber und John Malcolm Brinnin, kamen Trumans wegen. Aus welchen Gründen sie auch da sein mochten, Truman konnte dem Vergnügen ihrer Gesellschaft nicht widerstehen. Er traf sich mit allen. Er konnte sich nicht wie in Taormina beklagen, daß er nichts als das Rauschen der Brandung hörte. In Portofino waren das Gebrabbel von Stimmen, Kaskaden von Gelächter und das Raunen von Klatsch zu hören. Truman war in seinem Element.

Jack dagegen war nicht in seinem Element. Nie zuvor in den fast fünf Jahren ihres Zusammenlebens hatten sich ihre unterschiedlichen Einstellungen zur Welt so scharf voneinander abgehoben. Es schien, als hätten nie zwei ungleichere Seelen zueinandergefunden: Öl und Wasser, Royalist und Jakobiner, Truman und Jack. Die Diskrepanzen zwischen ihnen hätten einen dicken Katalog füllen können. Truman suchte Beachtung, Jack mied sie. Truman liebte Gesellschaft, Jack genoß die Einsamkeit. Truman wollte die Welt bezaubern, Jack schien sich einen Spaß daraus zu machen, Leute vor den Kopf zu stoßen. »Man begibt sich auf Glatteis, wenn man Jack zu einer Dinnerparty einlädt«, sagte Mary Louise einmal, »weil man nie weiß, wann er sich plötzlich mit einem der Gäste anlegen, ihn in die Pfanne hauen und hinausstürmen wird.«

Jacks Freunde tauschten untereinander Anekdoten über seine stürmischen Abgänge aus. Der klassische Fall trug sich 1949 zu, als Truman und er bei Freunden in einem außerhalb von Paris gelegenen Haus übernachteten. Nach dem Frühstück ging Jack hinaus, um Luft zu schnappen, so nahm man wenigstens an. Als er nicht wiederkam, begannen Truman und der Gastgeber sich Sorgen zu machen. Sie befürchteten sogar, er könnte im Garten in einen stillgelegten Brunnen gefallen sein. Der Gastgeber organisierte eine Suche, aber sosehr man auch die Umgebung durchkämmte, Jack war nicht zu finden. Erst als Truman, dem vor Angst schlecht war, die Tür des Hotelzimmers in Paris öffnete, bekam er ihn wieder zu Gesicht. Er war bereits seit Stunden da: Er hatte das Haus verlassen und war schnurstracks die etlichen Kilometer in die Stadt zurückmarschiert.

Von Anfang an hatte er klargemacht, daß er Trumans Freunde mit wenigen Ausnahmen wie Mary Louise nicht mochte oder sie gar nicht erst kennenlernen wollte. Er hielt sie alle für »Babys«. Wenige kamen ihm je nahe genug, um ihn wirklich kennenzulernen, und diese wenigen betrachteten sich als auserwählt. Alle übrigen waren gewöhnlich äußerst neugierig auf ihn. »Ich wollte ihn immer kennenlernen, weil er mir attraktiv und geheimnisvoll erschien, aber ich hatte nie eine Chance«, meinte Glenway Wescott mit einem bedauernden Seufzer.

Truman war hinreichend gewarnt, aber erst mit der Zeit erkannte er, wie hoffnungslos ungesellig und einsiedlerisch Jack war. In Portofino schmollte er zum Beispiel wie ein Kind, als Truman Greta Garbo in ihre Wohnung einlud. Ihr Name war damals schon fast ein Synonym für Menschenscheu, aber verglichen mit ihm war sie so leutselig wie ein Rotarier. »Unlängst sahen wir Greta Garbo mit einigen Freunden in einem Restaurant sitzen«, schrieb Jack seiner Schwester. »Ich erkannte sie nicht und fand sie nicht sympathisch, als mich Truman auf sie aufmerksam machte. Sie war den entsetzlichen Zeitungsfotos zu ähnlich. Truman lud sie später in unsere Wohnung ein, aber ich hatte keine Lust dabeizusein. Er erzählte mir, sie habe mit den Hunden gespielt und über Nackenschmerzen geklagt.«

Dieser Vorfall war geradezu symbolisch für viele andere im Laufe der Jahre: Truman unterhielt sich lachend mit einer der schönsten, begehrtesten Frauen der Welt in ihrer gemeinsamen Wohnung; Jack schmollte inzwischen draußen und ging am Strand spazieren, bis sie fort war. Dennoch bemühte sich Truman mehrere Jahre lang trotz vieler Peinlichkeiten und unzähliger ähnlicher Abfuhren, Jack wenigstens zu einer Spur von Geselligkeit zu bekehren. »Ich bin lang mit dem Kopf gegen diese Mauer angerannt«, sagte Truman. »Schließlich ging ich einfach meine eigenen Wege. Die Alternative wäre für mich gewesen, eine Art Einsiedler zu werden. Aber das war gegen meine Natur. Ich gehe gern aus.« Das Schema seiner Beziehung zu Newton wiederholte sich. Sowohl Jack wie er ließen sich auf andere, flüchtige Sexualpartner ein; Truman gelegentlich, Jack häufig. Jacks Libido war so übersteigert, daß er einmal in einer Szene, die man nur als Farce bezeichnen kann, dem Komponisten Ned Rorem um einen Tisch herum nachlief und erst innehielt, als dieser ihn beschämend daran erinnerte, wie sehr Truman ihn vergötterte.

Es gab jedoch auch einen Unterschied zwischen Trumans Beziehung zu Newton und seiner Beziehung zu Jack, und der war grundlegend. Newton hatte klargemacht, daß Truman ein Besucher in Northampton war und nicht einmal immer ein willkommener Besucher. Mit Jack teilte er eine Bleibe, selbst wenn es nur eine Hotelsuite in Portofino war. Obwohl sich ihre Wege oft trennten, lebten sie auch weiterhin zusammen, sie waren immer noch ein Liebespaar und schliefen nach wie vor miteinander. Nach ihren eigenen Maßstäben blieben sie einander auch treu. »Ich hatte keine anderen Beziehungen«, versicherte Jack. »Ich ging bloß mit Leuten ins Bett. Damals glaubte ich, ich müßte mit jedem ins Bett gehen. Die homosexuelle Welt war völlig neu für mich.«

Das Leben mit einem berühmten Menschen, insbesondere mit einem, der so nach Aufmerksamkeit hungert wie Truman, kann jedes durchschnittliche Ego zerbrechen. Das Leben mit Tennessee hatte den armen Frankie Merlo bereits seiner Identität beraubt, und Jack war der Meinung, daß seine innere Gebrochenheit den Krebs bei ihm auslöste, an dem er zugrunde ging. Jacks eigene Position war noch gefährdeter. Frankie war kein Dramatiker, man verglich ihn nicht mit Tennessee. Aber Jack war Schriftsteller. Und ob es ihm gefiel oder nicht, er war Trumans Rivale, wie alle Schriftsteller Rivalen sind. Sein Ehrgeiz war ebenso groß wie der von Truman, seine Anstrengungen waren ebenso groß, seine Ansprüche ebenso hoch, und sein Vertrauen in seine Fähigkeiten war genauso grenzenlos. Es muß ihn deshalb erbittert haben, daß sein Ruhm unvergleichlich geringer war. Die harte Wahrheit war, daß er zwar talentiert, aber nicht wirklich begabt war. Sein Werk hatte nicht die Resonanz von Trumans Werken, und er besaß auch nicht Trumans unfehlbares Ohr für die Musik eines Satzes. Die meisten Zeitgenossen sahen in ihm nicht den Schriftsteller, sondern Truman Capotes Geliebten, und daran sollte sich nie etwas ändern.

Unter solchen Umständen das innere Gleichgewicht zu wahren, hätte eine ausgeglichenere und gelassenere Veranlagung erfordert, als Jack besaß. Er kämpfte erbittert und manchmal irrational darum, seine Unabhängigkeit zu proklamieren. So frustrierend Jacks Ungeselligkeit für Truman war, war sie doch mehr als ein Webfehler in seiner Persönlichkeit. Sie war die Mauer, die ihn beschützte. Sie war sein krudes, aber wirksames Mittel, sich selbst zu behaupten und zu signalisieren, daß er, obwohl er in Trumans Schatten stand, geistig unabhängig war. »Ich hätte mich selbst aufgegeben, wenn ich alles getan hätte, was Truman von mir wollte. Und Truman hätte mich gehaßt, weil ich kein eigener Mensch mehr gewesen wäre. Ich hätte mich selbst entmannt, wenn ich nur nach seiner Pfeife getanzt hätte. Ich entfloh all diesem gesellschaftlichen Leben. Ich setzte nie einen Fuß auf irgend jemandes Jacht, obwohl ich eingeladen wurde. Ich glaube, ich wäre entweder Alkoholiker oder ein verdammter Arschkriecher geworden, wenn ich es getan hätte. Frankie Merlo starb, weil er in Tennessees Scheinwerferlicht sich selbst verlorenging. Er wurde krank vom Ruhm. Ich hatte nie, nie den Wunsch, berühmt zu sein. Ich wollte Schriftsteller sein.«

Auf jede ihm mögliche Weise schuf sich Jack eine eigene Welt, so fern von der Trumans, wie es ihm nur möglich war. Er hatte einen eigenen Kreis von Freunden, die Truman nur gelegentlich sah. Er hielt eine enge Bindung an seine Familie aufrecht, und jedem, der bereit war, ihm zuzuhören, verkündete er einen anderen und für seine Begriffe reineren Wertekanon. Er hätte Jesuit werden sollen, sagte er später, und hatte damit nicht ganz unrecht. Es gab keine Ambivalenzen oder Grautöne in der Welt, die er für sich geschaffen hatte, es gab nur Absolutes – Schwarz und Weiß. Wie sein Vater, der nicht genug Geld hatte, um sich ein Auto zu leisten, und sich hämisch über Autobesitzer ausließ – »Benzinstinker« nannte er sie –, verachtete er die Statussymbole, mit denen sich erfolgreichere Schriftsteller schmücken. Er pflegte die Unwissenheit eines Kindes, was die finanziellen Details ihrer Haushaltführung betraf, als könnte er, indem er nichts über die Lebenskosten wußte, der Einsicht entrinnen, daß es Truman war, der die Rechnungen bezahlte.

Eine Partnerschaft, die so ausgetüftelt in der Balance gehalten wurde, war für beide belastend, und so gab es denn auch häufig Streit. Doch so gegensätzlich sie schienen und sosehr sie sich auch zankten, eine Art Wunder der Geometrie ließ sie zueinanderpassen wie Teile eines Bilderpuzzles. Von außen gesehen erschien ihre Beziehung unmöglich. Aber auf ihre eigene, vertrackte Weise funktionierte sie. »Unser Leben verlief nicht so wie das der meisten anderen Menschen«, meinte Jack, »dennoch hatten wir mit langen Pausen ein durchaus erfreuliches Leben. Wir genossen die Gesellschaft des anderen und hatten immer Spaß miteinander. Das ist etwas sehr Seltenes. Was auch geschehen mochte in all den Jahren, Truman kam immer wieder nach Hause zurück, und ich war immer da.«

Jack hatte recht mit der Annahme, daß Truman einen Sklaven oder Schmeichler nicht um sich geduldet hätte. Instinktiv hatte Truman gewußt, was er tat, als er an jenem Herbstabend 1948 zu Leo geeilt war. Seine untrügliche Fähigkeit, zur richtigen Zeit den richtigen Menschen zu finden, hatte ihn einmal mehr veranlaßt, die richtige Wahl zu treffen. So irritierend und in vieler Hinsicht egoistisch und egozentrisch Jack war, war er dennoch ein Mann von absoluter Integrität, ein kantiger Fels in trügerischem Gewässer. »Er ist der einzige Mensch, dem ich hundertprozentig vertraue«, sagte Truman. »Er bedeutet mir alles. Er ist nicht mein Schatten, er ist nicht mein Alter ego. Er ist der einzige Mensch, den ich bis zu meinem Tod lieben werde.«

Jack war sein Geliebter, aber sein bester Freund, der ihn für viele von Jacks Mängeln entschädigte, war damals Cecil Beaton. Auf den ersten Blick waren er und Truman ebenfalls ein höchst ungleiches Paar, so verschieden, wie zwei Männer überhaupt nur sein können. Cecil war zwanzig Jahre älter als Truman, groß, schlank und silberhaarig, die Personifizierung gehobener englischer Lebensart, der *arbiter elegantiarum* Londons seit den dreißiger Jahren, als er zum bevorzugten Porträtfotografen der Reichen und Prominenten auf beiden Seiten des Atlantiks geworden war. Hinter seinen kalten blauen Augen verbarg sich eine seltene visuelle Phantasie. Er war auch als Kostümdesigner und Bühnenbildner von Opern, Filmen und Theaterstükken gefragt, darunter natürlich der »Grasharfe«. Seine Kleidung, seine Manieren waren so makellos, und er hatte eine so snobistische Haltung, wie sie nur jemand haben kann, der aus der Mittelschicht aufgestiegen ist. »Cecils perfekte Manieren beginnen zu strahlen wie die Gesten eines Heiligen auf sakralen Bildern«, schrieb Jack, der hörbar ächzte, sooft ihn Truman zu einem Besuch einlud. »Ein außergewöhnlicher Mann, aber ich fühle mich nicht wohl *avec lui*.«
Truman fühlte sich dagegen in seiner Gesellschaft sehr wohl, und die Dinge, die sie trennten, wie Alter und Akzent, waren unbedeutend verglichen mit jenen, die sie verbanden. Beide schätzten Stil über alles, beide waren früh erfolgreich gewesen, und beide liebten Klatsch und Unterhaltung. »Es ist vielleicht das zweitgrößte Verbrechen der Welt, sich zu langweilen; das größte ist, andere zu langweilen«, lautete in Übereinstim-

mung mit Oscar Wilde eine von Cecils Maximen. Cecil wie Truman hatten immer den Wunsch gehabt, an den Tafeln der Reichen zu speisen und an Bord ihrer Jachten zu segeln, und sie taten es oft. Cecil machte Truman mit der besseren internationalen Gesellschaft bekannt, und Truman stellte Cecil den wenigen reichen Amerikanern vor, die er nicht bereits kannte. »Sie betrachteten sich als Kleinstadtjungen«, bemerkte ein gemeinsamer Freund. »Sie waren Außenseiter, die sich über das Establishment lustig machten. Sie liebten es, durchs Schlüsselloch zu gucken. Sie waren wie ungezogene kleine Jungen, die ins Schlafzimmer ihrer Eltern gucken.«

Sie waren in der Tat so gern zusammen, daß manche Leute eine sexuelle Beziehung dahinter vermuteten, was nicht der Fall war. Was sie verband, war eine Freundschaft des Geistes und der Seele, nicht des Fleisches. In gewissem Sinn sah Truman zu Cecil als einem Mentor auf. »Ich respektiere Dich und vertraue Dir fast mehr als jedem anderen und liebe Dich entsprechend, und das bedeutet, ungeheuer«, schrieb ihm Truman 1952. »Ich bewundere Dich als Mann wie fast keinen anderen«, fügte er einige Jahre später hinzu. Cecil erwiderte seine Zuneigung. Sein reserviertes, fast frostiges Wesen wurde von Trumans Begeisterungsfähigkeit erwärmt. »Wir sind jetzt die besten Freunde«, bemerkte Cecil im August 1953 in seinem Tagebuch. »Ich fühle mich immer angeregt & glücklich in seiner Gesellschaft & wünsche mir nichts mehr, als weiterhin mit ihm zusammenzusein.«

In Portofino führten sie sich auf wie zwei Schuljungen in den Sommerferien. John Gielgud, der vor Cecil eintraf, war vom Anblick entsetzt, den Truman bot. »Er hatte sehr lange Zehennägel, schmutzige Shorts, zwei gräßliche Hunde und diese dünne Quäkstimme.« Gielgud erwartete, daß Cecil »ihn ein bißchen säubern werde. Aber das tat er nicht. Kurz darauf schaute ich aus dem Fenster und sah sie zusammen in einem Boot. Truman sah noch genauso aus, in seinen schmutzigen knappen Shorts, und Cecil, der einen sehr hellen Teint hatte, war rot wie ein Hummer. Er trug einen großen, breitkrempigen Hut mit zwei hinten herunterhängenden Bändern, an denen schon Trumans Hunde gekaut hatten.« Cecil schien das nicht zu stören. Tom Sawyer und Huckleberry Finn hätten sich in einem Floß auf dem Mississippi nicht besser unterhalten können als diese beiden stilbewußten Männer, die da vor Portofino im kobaltblauen Wasser planschten. Während sie schwammen und in der Sonne lagen, redeten sie miteinander – und redeten und redeten. »Wir diskutierten über unsere Überzeugungen und Zweifel, wir klatschten, disputierten und unterhielten uns ernsthaft, scherzend und frivol«, schrieb Cecil. »Wir amüsierten uns königlich über unsere gegenseitigen Enthüllungen.«

Truman war, so fand Cecil, erwachsen geworden. Er hatte sich aus dem »schwankenden kleinen Rohr im Wind«, als das er ihn 1948 kennengelernt hatte, in einen Mann von erstaunlicher Kraft und Vitalität verwandelt. »Irgendwie habe ich Angst, dieses Phänomen könnte zu außergewöhnlich sein, um von Dauer zu sein«, vertraute er seinem Tagebuch an, »und er könnte wie Bebe [Berard, ein französischer Künstler, der Ende der vierziger Jahre starb] kein hohes Alter erreichen. Es ist etwas fast erschreckend Gewalttätiges in der Art und Weise, wie er so viel in so wenig Lebenszeit hineinstopft. Er schläft so tief und genießt den Schlaf so sinnlich, und er reagiert so vehement auf alles im Leben, sobald er seinen schläfrigen, verschlafenen Zustand beim Aufwachen überwunden hat. Er kann so überrascht sein, so voll Staunen. Er ist sich der Köstlichkeit seltener & teurer Dinge ebenso bewußt wie der einfachen Dinge. Es macht mir ein bißchen angst, daß jemand, der so intensiv, so warmherzig, so großzügig lebt, mehr in eine kurze Spanne hineinzupressen scheint, als die meisten Menschen in einem langen Leben fähig sind, zu genießen oder zu erleben.«

Gegen Ende Oktober verließen Truman und Jack Portofino. Sie verbrachten mehrere Tage in der Schweiz, wo sie mit Oona und Charlie Chaplin zusammenkamen, und fuhren dann nach Paris weiter, ihrem letzten Zwischenhalt, bevor sie im Januar 1954 auf der *Queen Mary* nach Hause zurückkehren sollten. Diese Wochen in Paris waren für beide enttäuschend. »Ich arbeite, aber nicht gut«, schrieb Jack an Mary Louise in einem uncharakteristischen, an Verzweiflung grenzenden Ton. »Alles erscheint mir ziemlich hoffnungslos – ich spreche von meiner eigenen Arbeit –, und als Mensch werde ich täglich unerfreulicher. Zwei oder drei Drinks, und ich bin voll Bitterkeit und Groll – zum größten Teil weniger gegen andere und deren Leistungen als gegen mich selbst und meinen Mangel daran.« Saint Subber war im August, als Cecil dort war, in Portofino aufgetaucht und hatte Truman solche Schuldgefühle eingejagt, daß er nicht konzentrierter am »Blumenhaus« gearbeitet hatte, daß Truman sich sofort nach Saints Abreise hinsetzte und das Stück vollendete. Aber in Paris las er noch einmal, was er geschrieben hatte, und erkannte, daß er die zweite Hälfte würde umschreiben müssen, »vom Bug bis zum Heck«, wie er Newton mitteilte. Die Aussicht auf lange, mit Umschreiben ausgefüllte Tage und Nächte in New York machte ihn niedergeschlagen. »Paris ist kalt und fahl, nicht sehr aufmunternd«, fügte er hinzu. »Aber der Gedanke an N.Y. schreckt mich so sehr, daß ich lieber in den Tuilerien heiße Maroni verkaufen würde, als eine Minute früher als nötig abzureisen.« An John Malcolm Brinnin schrieb er: »Nichts scheint bei mir mehr richtig zu laufen – ich fühle mich in einen Knäuel unlösbarer Probleme literarischer und anderer Art verstrickt.«

Jack und er waren nicht die einzigen, die verzweifelt waren: Im November erhielt Truman einen Anruf von Carson McCullers' Ehemann Reeves. »Hier ist dein Freund vom anderen Ufer des Styx«, sagte Reeves – ein Anflug von schwarzem Humor, den Truman erst ein paar Tage später voll zu würdigen wußte. Carson habe sich geweigert, Reeves weiter Geld vorzuschießen, und sei ärgerlich nach Amerika abgereist. Truman lud Reeves für den Abend ins Hotel zum Essen ein. Reeves kam nicht. Es geschah offensichtlich an diesem Abend, daß er sich mit einer Überdosis von Drogen nach reichlichem Alkoholkonsum das Leben nahm. »Carson hat ihn sehr, sehr schlecht behandelt«, meinte Truman später. »Er hatte abgesehen von ihr keine Probleme. Er hätte eine Tankstelle in Georgia führen sollen und wäre völlig zufrieden gewesen.« Auf Carsons Veranlassung wurde Reeves' Asche in Frankreich beigesetzt statt in Georgia, wie seine Familie es wünschte. Truman, sehr erschüttert, war einer der wenigen, die Anfang Dezember an seinem Begräbnis teilnahmen. »Meine Jugend ist vorbei«, klagte er einem anderen Trauergast. Es war eine prophetischere Bemerkung, als er ahnte. Wenige Tage nach Neujahr rief Joe Capote aus Manhattan mit weiteren schlechten Nachrichten an. Nach einer durchzechten Nacht hatte Nina ebenfalls eine Flasche voll Barbiturate – Seconal – geschluckt und lag im Koma. Bald darauf folgte ein zweiter Anruf mit der Mitteilung, sie sei tot. Truman überließ es Jack, per Schiff mit den Hunden zurückzukehren, und flog nach New York.

30

Mehrere Jahre lang hatte Nina es geschafft, sich zusammenzunehmen, und nichts Stärkeres als Kaffee angerührt. Dann, Ende 1952, schlug das Schicksal zu, und das Fundament ihres Lebens brach plötzlich unter ihr zusammen. Joe verlor die Stellung und den größten Teil seines Geldes, was ihrer komfortablen Lebensweise ein abruptes Ende setzte. Sie war wieder dort, wo sie mit Arch angefangen hatte, und mußte jeden Dollar umdrehen, als ob er der letzte wäre, den sie je sehen würde. Mit Joes Job waren sowohl ihre Selbstachtung wie auch ihre mühsam errungene Ausnüchterung dahin. Sie begann wieder zu trinken, mehr als je zuvor.

Die Wolken hatten sich schon lange Zeit verdichtet. Sie und Joe hatten jahrelang mehr ausgegeben, als er als Finanzchef seiner an der Wall Street vertretenen Textilmaklerfirma verdient hatte. Der Luxus, von dem sie abhängig geworden waren, stammte aus den Profiten einer anderen Textilfirma, die er insgeheim mit Ninas Schwager James Rudisill, dem Mann ihrer Schwester Tiny, besaß. Im Laufe der Jahre machte diese Firma, die Rudisill Textile Company, mehr als 550 000 Dollar Jahresumsatz mit Joes Wall-Street-Arbeitgebern Taylor, Pinkham und Company, deren übrige leitende Angestellte nichts von Joes Beteiligung wußten. Dieses Arrangement hätte unentdeckt bleiben können, wenn Joe nicht auch begonnen hätte, an der höchst unberechenbaren Textilbörse zu spekulieren. Bei diesem Unternehmen hatte er weniger Glück. Er machte große Verluste, die er durch Entnahmen aus Rücklagen von Taylor und Pinkham deckte. Als Taylor und Pinkham 1952 in den Besitz des riesigen J.P.

Stevens-Konzerns übergingen, flogen die Unterschlagungen auf: An die hunderttausend Dollar fehlten in den Büchern. Joe wurde entlassen, und die Staatsanwaltschaft von Manhattan setzte eine Untersuchung an.

Um dem Gefängnis zu entgehen, mußte er zurückzahlen, was er entnommen hatte. Mit dem wenigen Kapital, das ihm geblieben war, beteiligte er sich an dem Unternehmen eines kubanischen Zwirnfabrikanten. »Wir kommen entweder pleite zurück oder sehr reich«, sagte Nina kurz vor ihrer Abreise nach Havanna zu Andrew. Sie kehrten bald nach New York zurück – noch ärmer als vor der Abreise. Der beste Job, den Joe finden konnte, war eine Stelle als Buchhalter mit mageren 75 Dollar pro Woche. Wenn Truman nicht gewesen wäre, der ihnen einen Großteil des Geldes schickte, das er beim Film verdient hatte, hätten er und Nina in eine Wohnung mit nur kaltem Wasser in der Bronx ziehen müssen. »Alles wäre prima, wenn nicht die schreckliche und ständige Sorge um meine Eltern wäre – aber ich möchte Dich damit nicht belasten«, schrieb Truman im Juni 1953 an Mary Louise. Im Oktober erklärte er Newton: »Merkwürdig, irgendwie denke ich ständig über Geld nach; das habe ich früher nie getan. Aber was mit Nina und Joe geschehen ist, war ein solcher Schock für mich, und es geht weiter und weiter – und ich muß ständig weiter bezahlen, weil ich nicht weiß, was ich sonst tun sollte.«

Solange Nina Geld besaß, hatte sie den Schein wahren können, sie sei eine Frau aus den besseren Kreisen der Park Avenue. Als das Geld weg war, brach diese Fassade zusammen. In den Wochen vor ihrem Tod mied sie die meisten ihrer alten Freunde; sie war zu deprimiert und beschämt, um ihre Gesellschaft genießen zu können. »Ruf sie an«, drängte Joe Andrew. »Sie freut sich immer, mit dir zu reden.« Aber das letzte Mal, als Andrew sie sah – sie ging eine Straße entlang –, hatte er den deutlichen Eindruck, daß sie weder ihn noch sonst jemanden zu sehen wünschte. Eleanor Friede, die im Plaza mit ihr zu Mittag aß, war entsetzt, wie außer sich und geistesabwesend sie wirkte, als sei sie einem Nervenzusammenbruch nahe. Die hübsche Nina sah plötzlich entsetzlich aus. Sie war zu mager, und ihr Haar, das immer so geschickt gefärbt gewesen war, daß Eleanor sie für naturblond gehalten hatte, ließ sowohl die dunkleren Wurzeln wie auch Spuren von Grau erkennen – der Friseur war ein Luxus, den sie sich nicht länger leisten konnte.

Wenige Tage vor Neujahr kam ihr Bruder Seabon, dessen Frau in einem Krankenhaus in Manhattan operiert worden war, in die Park Avenue, um dort zu übernachten. Nina war bereits betrunken, als er eintraf, und als Joe zu Bett ging, saßen Bruder und Schwester noch ein oder zwei Stunden trinkend beisammen, bis Seabon ebenfalls gute Nacht sagte und sich in Trumans Zimmer zurückzog. Nina war nicht in Schlafstimmung; sie weckte Joe auf, warf ihm ein weiteres Mal seine Untreue vor und schrie ihm ins Gesicht, sie habe einen Privatdetektiv geheuert, der ihn beschatten werde, was sie Seabon zufolge tatsächlich getan hatte. Joe flüchtete mit Seabon in Trumans Zimmer, aber ihr Zorn verfolgte ihn auch dorthin. Da es unmöglich war, ihr in der Wohnung zu entgehen, zogen sich beide Männer an und verließen um etwa zwei Uhr nachts die Wohnung. »Raus mit euch, alle beide!« brüllte sie. »Verschwindet!« Seabon fuhr Joe ins West Side Y. M. C. A., das beste Hotel, das Joe sich leisten konnte, fuhr dann nach Queens weiter, wo er arbeitete, und legte sich in seinem Büro auf eine Couch.

Niemand kann wissen, was durch Ninas alkoholgetrübten Sinn ging, als sie fort waren, aber die Zukunft hätte ihr kaum düsterer und hoffnungsloser vorkommen können. Wie schon früher einmal, schluckte sie eine tödliche Dosis Seconal. Im letzten Moment scheint sie es sich jedoch wieder anders überlegt zu haben. Als Joe sie am nächsten Morgen fand, war der Telefonhörer abgenommen, was darauf hindeutet, daß sie versucht hat, Hilfe herbeizurufen, und die Fenster standen offen, als habe sie gehofft, daß die kalte Dezemberluft sie davor bewahren könnte, das Bewußtsein zu verlieren. Das war nicht der Fall; sie lag bewußtlos am Boden, als Joe am nächsten Tag die Tür aufsperrte. Er schaffte sie ins Knickerbocker-Hospital, wo sie mehrere Tage lang dahindämmerte. Sie starb am Montag morgen, den 4. Januar 1954, wenige Tage vor ihrem neunundvierzigsten Geburtstag. Am Abend bat Joe Andrew, ihm beim Abendessen in einem

Restaurant in der Nähe der Wohnung Gesellschaft zu leisten. »Hör nicht auf zu reden«, befahl ihm Joe. »Rede über irgend etwas, irgendein Thema, das dir einfällt. Denk nicht drüber nach, ob es mich interessieren könnte oder nicht. Rede bloß, damit ich nicht zusammenbreche.«

Truman hatte seine Mutter kurz vor Weihnachten angerufen. Dann kamen in rascher Folge die Anrufe von Joe. Truman flog am nächsten Tag von Paris nach New York. Jack schilderte Gloria seine traurige Abreise: »Als das Mädchen hereinkam, um das Bett zu machen, war er im Schlafzimmer, und ich war hier draußen an meinem Tisch. Sie fragte ihn, wer nach Amerika fahre – welcher von uns beiden –, und er sagte: ›Ich – ich fahre.‹ Er klang so klein – so kummervoll. Er schien von ihr zu erwarten, daß sie durch einen bloßen Blick auf ihn alles *wissen* müsse. Ich begleitete ihn zum Flughafenbus – er war der einzige Fahrgast – alle anderen Passagiere waren selbst hinausgefahren, vermutlich in ihren eigenen Autos. Der Fahrer sagte: ›Schauen Sie, Mr. C., Sie haben einen Bus für sich allein.‹ Truman hielt seinen Hund im Arm. Er sah erst den Fahrer und dann mich an, und dann sagte er etwas, um freundlich zu dem Fahrer zu sein, was er nie gesagt hätte, wenn er nicht so deprimiert gewesen wäre: ›Das ist, weil alle anderen Passagiere so reich sind‹, sagte er – er machte einen Witz. Dann fuhr er in dem großen, blauen Bus weg. Es begann zu schneien. Es klingt wie erfunden, aber es schneite wirklich – der Wind nahm zu – und es war eiskalt.«

Saint Subber holte Truman in New York am Flughafen ab und fuhr ihn in die Park Avenue 1060, wo er sofort nach hinten in sein Zimmer ging, um sich hinzulegen. »Truman ist hinten«, sagte Saint, als Andrew einige Minuten später eintraf. »Du bist der einzige Mensch, den er sehen möchte. Geh hinein.« Er habe geweint, sagte Andrew, und er sei so müde gewesen – Transatlantikflüge dauerten in den Zeiten, als es den Düsenantrieb noch nicht gab, über fünfzehn Stunden –, daß er sich nicht einmal die Mühe gemacht habe, den Mantel auszuziehen. »Sie hätte es nicht tun brauchen«, sagte er zu Andrew. »Sie hätte nicht sterben müssen. Ich habe doch Geld.«

Andrew legte sich neben ihn und hielt ihn in den Armen, wie er es so oft zuvor getan hatte.

Die Beisetzung fand am Donnerstag, den 7. Januar, bei Frank Campbell's in der Madison Avenue/Ecke 81. Straße, dem bekanntesten Bestatter von Manhattan, statt. Zwei von Ninas Schwestern, Tiny und Mary Ida, kamen zum Begräbnis nach New York, aber Kusine Jennie, die, inzwischen achtzig, die letzte Überlebende des Hauses an der Alabama Avenue war, blieb in Monroeville – wie es hieß, verärgert, weil Ninas Leiche nicht zum Begräbnis nach Hause überführt wurde. Aber es gab gar kein Begräbnis; zur Bestürzung ihrer baptistischen Verwandten, die nicht für Feuerbestattung waren, wurden Ninas sterbliche Überreste eingeäschert und die Asche in der Krypta eines Krematoriums in Westchester County beigesetzt.

Mit Ausnahme von Joe, der seit Ninas Tod so pausenlos getrunken hatte, daß er kaum gehen konnte, wirkten alle gefaßt, und die Zeremonie wurde so rasch und geräuschlos, ohne äußere Zeichen der Trauer vollzogen, daß Leo Lerman fast schockiert war. »Ich bin Jude«, sagte er zu Andrew. »Laufen christliche Begräbnisse immer so ab?« Danach gingen einige Teilnehmer zu Fuß in die Park Avenue zurück, wo in gedämpfter Stimmung ein Leichenmahl stattfand. Dorothy Kilgallen, eine der bekanntesten Klatschkolumnistinnen der Hearst-Kette, machte Mary Ida wütend, als sie sofort um einen Drink bat. »Nach einem Begräbnis bittet man nicht um einen Drink«, zischte Mary Ida. »Obwohl ich aus der Provinz komme, weiß ich, daß das keine guten Manieren sind. In meinen Augen jedenfalls nicht!« Jennifer Jones schloß sie dagegen ins Herz, weil diese selbstgemachte Plätzchen mitbrachte. »Ich war so erstaunt, daß ein Filmstar Plätzchen bäckt!« Während alle versammelt waren, rief ein Reporter der *New York Times* an und fragte, ob die Verstorbene Truman Capotes Mutter sei. »Leg auf!« befahl Joe, und der Hörer wurde wieder auf die Gabel gelegt.

Obwohl die meisten Leute Bescheid wußten, wurde Außenseitern mitgeteilt, Nina sei an Lungenentzündung gestorben. »Eines Tages werde ich die Wahrheit schon herausfinden«, sagte sich Harper Lee, und das gelang ihr auch. Viele Jahre lang sprach Truman kaum darüber, wie seine Mutter gestorben war. Er erwähnte es bloß einmal gegenüber Phoebe Pierce, und auch das nur, nachdem sich Phoebes Mutter ebenfalls das Leben genommen hatte. Doch wie bei allen Kindern einschließlich Phoebe, die Vater oder Mutter durch Selbstmord verloren haben, hörte der Gedanke an ihr Ende nie auf, ihn zu bedrücken. »Ich glaube, Truman hat nie ein Wort über Nina geschrieben«, meinte Phoebe. »Ich sehe nichts von ihr in irgendeiner seiner Gestalten. Aber ich weiß, daß es auch mich fast das Leben kostete, als sich meine Mutter umbrachte. Man kann so etwas Meilen tief vergraben, Meilen und Meilen und Meilen tief, aber es bleibt eine zentrale Erfahrung des Lebens.« Lyn White, Ninas beste Freundin, zählte zu denen, die von Anfang an in das Geheimnis der Familie eingeweiht waren. »Weißt du, Lyn, meine Mutter hat dich mehr geliebt als alle anderen, außer Papa und mich«, sagte Truman zu ihr. »Aber das hier ist alles so schäbig.« Lyn White konnte eine scharfe Antwort nur mit Mühe unterdrücken. »Ich fand es nicht schäbig«, sagte sie schließlich. »Für mich war es eine Tragödie.«

Arch erschien mehrere Tage später und schnüffelte herum, offenbar, um festzustellen, ob ein Vermögen vorhanden war, von dem er etwas hätte abkriegen können. Das war natürlich nicht der Fall, und Truman sagte ihm das auch verärgert. »Es ist nichts für dich da«, sagte er. »Du bist nicht mein Vater, Joe ist mein Vater. Er hat für mich gesorgt.« Es war eine brutale, aber zutreffende Feststellung einer Tatsache. Seit Nina Truman 1933 in den Norden mitgenommen hatte, hatte Truman wenig von Arch gesehen, der wieder geheiratet hatte, dann verwitwet war und erneut heiratete. Den Sommer 1941 und 1942 hatte Truman teilweise mit ihm in Mississippi und Louisiana verbracht. Sie kamen gut miteinander aus, aber seinem Charakter treu geblieben, enttäuschte Arch ihn mit einem Versprechen, das er nicht zu halten beabsichtigte. Er schenkte Truman ein weißes Cadillac-Cabrio, das er ihm eine Woche später wieder wegnahm. »Er hat sich immer durch die große und leere Geste ausgezeichnet«, war Trumans bitterer Kommentar. »Er hat nie etwas für mich getan.« Als er zwei Jahre später in New Orleans lebte und finanziell zu kämpfen hatte, während er an »Andere

Stimmen« arbeitete, zählte Arch nicht zu denen, an die er sich um Hilfe wandte.

Aber was auch immer Truman von Arch hielt, er war sein Vater, sein nächster Blutsverwandter, jetzt, da seine Mutter tot war. Nach den anfänglichen barschen Worten wurde er weich und führte Arch zum Abendessen ins Colony aus und – der Apfel fällt nicht weit vom Stamm – prahlte dort mit der Schilderung seiner Eroberung Europas, die, als der Dessertwagen herbeigerollt wurde, zu etwas kaum weniger Imposantem gediehen sein dürfte als die Invasion der Alliierten. Arch glaubte ihm jedes Wort. Wie alle phantasievollen Schwindler wußte er die Geschichten anderer phantasievoller Schwindler zu schätzen. »Er erzählte mir, er sei mit Prinzessin Margaret ausgegangen und habe mit Königin Elizabeth zu Abend gegessen«, erinnerte sich Arch. »Ich schaute ihn an und sagte: ›Willst du behaupten, daß du, wenn ich heute nach London fliegen und im Hotel Dorchester absteigen würde, Prinzessin Margaret einfach anrufen könntest?‹ Er sah mich an, als halte er mich für verrückt! ›Mensch, ich kann sie auch von hier aus anrufen‹, sagte er. ›Möchtest du mit ihr reden?‹ Und er meinte es wirklich ernst!« Truman war Prinzessin Margaret tatsächlich vorgestellt worden, aber natürlich waren sie nicht miteinander ausgegangen, und das Abendessen mit der Queen hatte ausschließlich in seiner Phantasie stattgefunden.

In den Wochen nach Ninas Tod ging Joe stets in einem Zustand alkoholisierter Benommenheit einher. Um ihn aufzumuntern, nahm ihn Truman auf Partys und in Nachtclubs mit; mehrere Wochen lang sah man sie selten getrennt. Seine Bemühungen waren vergebens. Unter der Last des Unglücks, das ihn befallen hatte, verhielt sich Joe immer irrationaler: Er ließ große Rechnungen auf Trumans Konto verbuchen, fälschte Schecks in seinem Namen und verspielte die eingelösten Summen. »Truman hat große Probleme mit Joe – der *andeutet*, daß er in der Bredouille ist«, schrieb Jack an Gloria. »Ich glaube, er gibt sein ganzes Geld aus, sobald er es in die Hand bekommt, wie ein kleiner Junge. Fährt mit irgendeinem Flittchen nach Atlantic City (es mußte Hotel Marlborough-Blenheim sein), mietet Autos usw. Während der Woche ist er verzweifelt genug, um einen Mord zu begehen, glaube ich.«

Der Staatsanwalt schloß die Untersuchung von Joes Machenschaften bei Taylor und Pinkham schließlich ab, und am 21. Dezember wurde er in verschiedenen Fällen der Urkundenfälschung und des schweren Diebstahls angeklagt. Am 5. Januar 1955, ein Jahr und einen Tag nach Ninas Tod, bekannte er sich schuldig, und am 30. März wurde er nach Singsing eingeliefert, wo er am 14. Mai 1956 wieder freikam.

Truman besuchte ihn dort mehrmals und gab ihm Geld, und er unterstützte ihn auch nach der Entlassung. Er betrachtete Joe als seinen Vater, und er tat seine Pflicht als Sohn und vielleicht noch ein bißchen mehr. Ende der sechziger Jahre beklagte sich Truman jedoch über lästige Anrufe von Joes neuester Ehefrau, die an der Wahnvorstellung litt, sie werde von der Mafia und dem FBI verfolgt. Joe reagierte sauer, und danach redeten sie nicht mehr miteinander. Joe schlug sich ohne ihn durch; er lebte bis zu seinem Tod 1982 im Alter von zweiundachtzig Jahren an der Armutsgrenze. »Manchmal muß man eine kleine Lobotomie vornehmen und Leute aus dem Bewußtsein eliminieren, oder sie ziehen einen nach unten«, bemerkte Truman erklärend. »Meinen Vater habe ich vor langer Zeit eliminiert. Er hat nie etwas für mich getan, und ich war nicht für ihn verantwortlich. Schließlich habe ich auch Joe eliminiert. Ich habe ihm viel Geld gegeben und ihn nach dem Tod meiner Mutter durch zwei Ehen begleitet. Aber nach eineinhalb Jahren mit seiner jetzigen, verrückten Frau habe ich ›genug!‹ gesagt. Viele Leute haben versucht, mich auszunehmen – und einigen ist es gelungen –, aber ich habe den Punkt erreicht, wo ich, wenn man sie im East River mit einem Zettel um den Hals finden würde, auf dem steht: ›Truman Capote ist schuld daran‹, sagen würde: ›Ich war nicht für sie verantwortlich.‹«

31

Nicht lange nach Ninas Begräbnis wandte sich Truman erneut dem »Blumenhaus« zu, das inzwischen auf dem Weg zum Broadway war. Harold Arlen, Komponist so populärer Klassiker wie »Stormy Weather« und »Over the Rainbow«, war im November engagiert worden, um die Musik zu schreiben und an den Songtexten mitzuarbeiten – Truman gestand, nichts darüber zu wissen, wie man einen Song aufbaut. Sie begannen sofort mit der Arbeit und tauschten Ideen per Post und Telefon über den Atlantik aus, und als Truman nach New York zurückkehrte, hatten sie den Titelsong fertig. Im Februar gab es einen Rückschlag, als Arlen mit einer Magenblutung ins Krankenhaus mußte. Aber noch bevor der Infusionsschlauch aus seinem Arm entfernt wurde, lud er Truman in sein Zimmer ein, wo er die Rhythmen mit einem Löffel auf ein Essenstablett klopfte. Als sie anfingen, zusammen den Refrain zu singen, geboten die Schwestern Einhalt.

Obwohl der Altersunterschied zwischen ihnen fast zwanzig Jahre betrug, verband die beiden bald echte Zuneigung. Jeden Tag, wenn Truman Arlen im Krankenhaus besuchte, sah er automatisch die Briefe und Telegramme durch, die sich seit dem Vortag auf dem Nachttisch angesammelt hatten. Das war eine engere Zusammenarbeit, als Arlen vorgeschwebt hatte, und er fing an, sie unter Büchern und in Laden zu verstecken. Das nutzte ihm gar nichts. Ohne die geringste Verlegenheit suchte Truman danach. »Dads, wo ist die Post?« fragte er ihn. Einmal schmuggelte Arlen eine eigene Botschaft in den Stapel hinein: »Schämst Du Dich gar nicht, Du kleiner Lümmel?«

Der kleine Lümmel ließ sich jedoch nicht einschüchtern. Er fühlte sich in Arlens Wohnzimmer an der Park Avenue bald genauso zu Hause und rekelte sich, mit Turnschuhen und Jeans bekleidet, auf der Couch oder neben dem Klavier, während Arlen seine neuesten Melodien erprobte. »Wir haben täglich drei Stunden gearbeitet«, erzählte Arlen. »Er benutzte einen kleinen Notizblock und ich einen großen. Ich fand, daß er ein hübsches Talent zum Reimen habe, aber eine Anleitung brauchte, was Songs betrifft. Das ist eine ganz spezielle Kunst.«
Peter Brook war Trumans erste Wahl als Regisseur für die Inszenierung der »Grasharfe« gewesen, und Truman war überzeugt, daß sein Stück ein Erfolg geworden wäre, wenn Brook zugesagt hätte. Wie viele andere hielt er Brook nach wie vor für das bedeutendste Bühnengenie, und er war entschlossen, alles Nötige zu tun, um ihn als Regisseur für »Das Blumenhaus« zu gewinnen. Im Juni war Arlen wieder flugtauglich, und so flogen sie zusammen nach London, wo sie dem besagten, ungestümen jungen Mann die Geschichte nahebrachten und ihre Songs vorsangen, der daraufhin einwilligte, sein erstes Broadway-Musical zu inszenieren.

Truman verdankte die ursprüngliche Geschichte einer Reise, die er im Winter 1948 nach Haiti unternommen hatte. In Ermangelung anderen Nachtlebens verbrachte er viele Abende auf den Veranden der Bordelle an der Bizonton Road. Er ließ Bier für die Mädchen kommen, die ihm den örtlichen Klatsch erzählten, während sie sich Kühlung zufächelten und auf Kunden warteten. Als Frucht dieser Abende entstand »Das Blumenhaus«, eine seiner reizendsten Kurzgeschichten, die Erzählung von Ottilie, einer hübschen, jungen Prostituierten aus den Bergen, die die strahlenden Lichter und die weltgewandten Männer von Port-au-Prince für die echte Liebe des hübschen Royal, eines Jungen vom Land, aufgibt. Als sie von Royals böser, des Zaubers mächtiger Großmutter schikaniert wird, beweist Ottilie, daß sie nicht so harmlos ist, wie sie scheint, denn sie kehrt die Hexereien der Alten gegen diese selbst. Die Alte ist darüber so schockiert und betrübt, daß sie ihnen zur Freude tot umfällt.

Diese Geschichte hatte Truman in Portofino dramatisiert. Aber jedes Stück ist erst am Abend der Premiere wirklich fertig, und als er sich mit Saint, Arlen und schließlich Brook zusammensetzte, war bald klar, daß, was Truman für einen brauchbaren Text gehalten hatte, bloß ein erster Entwurf war. »Brook ist eine sehr schöpferische Kraft, und er versteht wunderbar zu streichen«, sagte er einige Monate später zu einem Interviewer. »Und es waren eine Menge Striche nötig. Ich schreibe in der Regel nicht zuviel, aber in diesem Fall hatte ich ein komplettes Stück plus ein komplettes Musical geschrieben. Wenn wir den ganzen ursprünglichen Text behalten hätten, wäre man von acht Uhr abends bis zwei Uhr nachts im Theater gewesen.« Im Laufe der Wochen wurden die Handlung umgemodelt, die Figuren verändert und der Text fast bis zur Unkenntlichkeit umgeschrieben.

Die Liebesgeschichte zwischen den beiden jungen Leuten rückte an die zweite Stelle gegenüber einem Handlungsstrang, der in der ursprünglichen Geschichte nicht einmal andeutungsweise vorhanden ist: die Rivalität zwischen zwei konkurrierenden Puffmüttern. Die böse Großmutter verschwand ganz, und Ottilie verwandelte sich aus einer Prostituierten in eine keusche Jungfrau – die sich zufällig in einem Bordell einquartiert hat. Sogar das Blumenhaus veränderte seinen Standort. In Trumans Geschichte war es Royals mit Glyzinen bewachsenes Haus auf den Höhen gewesen; am Broadway sollte es Madame Fleurs Bordell sein, wo Ottilie wohnt und wo jedes Mädchen nach einer Blume benannt ist: Tulpe, Gladiole, Stiefmütterchen, Veilchen.

Truman hatte wiederum eine hochkarätige Produktion gefordert, und er bekam sie auch. Pearl Bailey übernahm den Part der Madame Fleur, Juanita Hall, die in »South Pacific« die Bloody Mary gespielt hatte, war Madame Tango, die Rivalin der Sünde, und Diahann Carroll spielte Ottilie. George Balanchine, der derzeit größte Choreograph der Welt, hatte ein Ensemble zur Verfügung, dem Alvin Ailey und Geoffrey Holder angehörten. Unbezahlt, aber nicht unsichtbar wirkte Arlens Freundin Marlene Dietrich mit. Sie schaffte Kaffee und Kuchen herbei, half bei den Kostümen – ja, sie massierte sogar Pearl Baileys brennende Füße. Am ersten Probentag erschien Truman mit echten Blüten für sein Blumenhaus: rote Rosen, die er feierlich an die Frauen des Ensembles verteilte. »Hier eine kleine Rose für dich, Pearl, Schätzchen«, sagte er, »und eine für dich, Juanita, Liebling…«

Selten wurde für eine Show so viel Talent verschwendet wie auf »Das Blumenhaus«. Zwei Tage lang schauten Balanchines Tänzer zum Beispiel mit gebührendem Respekt zu, während der Meister sorgfältig und engagiert einen Schritt erarbeitete, den er für neu hielt. »Als er damit fertig war, war es ein Mambo!« sagte Holder, sich an seine Enttäuschung erinnernd. »Er hätte bloß ›Mambo‹ zu sagen brauchen, und wir wären gesprungen!« Balanchine, der gestand, daß er den Auftrag nur angenommen habe, weil er das Geld brauche, erkannte, daß er am falschen Platz war, und schied mit Anstand aus.

Brook war erst neunundzwanzig, als er engagiert wurde, doch er verstand so viel von Shakespeare wie jeder andere lebende Regisseur. Aber ein Broadway-Musical, insbesondere eines, das im schwarzen Milieu spielt, überstieg seine Vorstellungskraft. »Sag mir, wie geht man mit ihnen um?« war eine seiner ersten Fragen an die Inspizientin Lucia Victor.

»Wen meinst du mit ›ihnen‹?« fragte sie zurück.

»Die Schwarzen«, antwortete er. »Ich weiß einfach nicht, wie man mit ihnen umgeht.«

Er wußte es wirklich nicht. So ließ er zum Beispiel Pearl Bailey völlig hängen. Sie hatte den größten Teil ihrer Karriere in Nachtclubs gesungen und wußte, daß sie bei dieser, ihrer ersten, Hauptrolle am Broadway Unterstützung brauchte. »Was mache ich falsch? Wie ist diese Madame Fleur?« flehte sie immer wieder. Brooks Antwort war immer dieselbe: »Was du machst, ist genau richtig. Sei einfach du selbst.« Zwei Tage vor Abschluß der Proben und der Abreise nach Philadelphia, wo sie am 24. November 1954 mit den Probevorstellungen in der »Provinz« begannen, richtete sie einen letzten Appell an ihn. »Peter, ich bin verzweifelt, und du hast mir nicht geholfen«, flehte sie. »Sag mir, was ich falsch mache. Wenn du es nicht tust, werde ich mich nicht lächerlich machen. Ich werde das einzige spielen, was ich spielen kann, und das ist Pearl Bailey. Und dann geht deine Show den Bach runter.«

Brook mag nach einer der ersten Vorstellungen vor Publikum erkannt haben, was sie meinte. Er rief anschließend das Ensemble zusammen und vergeudete keine Zeit damit, die Darsteller zu becircen oder zu beschwatzen. »Bevor ich London verließ, sagte jemand zu mir, alle Schwarzen seien ein faules, unfähiges Pack, und ich würde große Mühe haben, mit euch zu arbeiten«, erklärte er. »Wenn ihr euch nicht ab sofort zusammenreißt, was auf die Beine stellt und anfangt, euer Bestes zu geben, sollte man euch, wenn es nach mir ginge, auf die Inseln zurückschicken oder von wo auch immer ihr hergekommen seid!« Es kam beinahe zu einem Aufstand, und nicht lange nach dieser Standpauke à la Simon Legree marschierte Pearl Bailey aus dem Theater, sich in ihre Würde wickelnd wie in einen großen Pelzmantel. »Als Pearl ging, wurde Peter wahnsinnig wütend«, berichtete eine Produktionsassistentin. »Er ließ seine Wut an den Tänzerinnen aus und zwang sie, sieben Stunden ohne Pause zu arbeiten. Dieses Verhalten veranlaßte die Schauspielergewerkschaft, die Bestimmung durchzusetzen, daß nach fünf Stunden Probe eineinhalb Stunden Pause eingehalten werden müssen.«

Pearl forderte – und wahrhaftig »nicht sanft«, wie Arlen es formulierte –, Brook müsse nicht nur das Theater, sondern auch Philadelphia verlassen. Der erste Wunsch wurde ihr gewährt; Bühnenschreiner wurden angewiesen, die Tür für ihn zu verrammeln. Sie konnte ihn jedoch nicht aus der Stadt verbannen. Er sah sich die Aufführungen an und schlug Truman, Arlen oder Herb Ross, dem jungen Choreographen, der Balanchines Stelle eingenommen hatte, Änderungen vor. »Peters Ego war so geartet, daß er überzeugt war, alles ein bißchen besser zu können als jeder andere«, meinte D. D. Ryan, eine der Produktionsassistentinnen. »Er glaubte, er könne ein bißchen besser zeichnen als der Bühnenbildner Oliver Messel; er hielt sich für einen besseren Musiker als Harold, und er glaubte, die Schwächen in Trumans Script ausmerzen und ausbügeln zu können. Truman ließ ihm freie Hand, bis nichts mehr übrig war als ein unvollständiges Puzzle, das nie wieder zusammengesetzt werden konnte.«

Ein Bestandteil von Trumans Ego war der naive, aber unerschütterliche Glaube, daß, wer auch immer für ihn handelte, der Beste seines Faches sei, ob Arzt, Zahnarzt, Anwalt oder Regisseur. Er hatte auf Brook bestanden, und Berge an Beweisen konnten ihn nicht überzeugen, daß er sich geirrt hatte. Hätte ein Lektor an seiner Prosa herumgefummelt, hätte er ihm auf die Finger geklopft. Zu seinen Fähigkeiten als Dramatiker hatte er kein vergleichbares Zutrauen. Als Brook, der Fachmann, Änderungen verlangte, fügte er sich denn auch bereitwillig. Während des Aufenthalts in Philadelphia verließ er kaum je sein Hotelzimmer. Wie bei den Dreharbeiten von »Schach dem Teufel« schrieb er die halbe Nacht hindurch, damit die jeweils neue Version am nächsten Morgen für die Probe fertig war. »Wenn er schließlich erschien«, erzählte Holder, »war er blaß wie ein Tuch.« Ein starker Produzent, ein Jed Harris oder eine Irene Selznick, hätte Brook zügeln, Bailey besänftigen und den Autor schützen können. Aber Saint war kein starker Produzent, und Brook tat, was er wollte.
Die meisten, die »Das Blumenhaus« in Philadelphia sahen, fanden es gut. Aber statt besser zu werden, wie das von einer Produktion während des Probelaufs in der Provinz erwartet wird, wurde diese schlechter; jede Änderung schwächte das Stück. »Der erste Akt war sehr gut«, meinte Arlen, »aber wir hatten keinen zweiten Akt. Es gelang uns nie, das Stück stärker zu machen, sosehr wir uns auch abplagten.« Bei der Premiere in New York am 30. Dezember befanden sich Arlen und Marlene Dietrich im Publikum. Walter Winchell saß vier Reihen vor ihnen, und am Ende des ersten Akts drehte er sich zu ihnen um und signalisierte Zustimmung: »Ich hoffe, er kommt nach der Pause nicht darauf zurück«, flüsterte Arlen der Dietrich zu. Winchell kam darauf zurück, ebenso die anderen Kritiker, die mit wenigen Ausnahmen Arlens Musik und Messels Bühnenbilder lobten und Trumans Script verrissen. »Mr. Capote ist die Inspiration zu rasch ausgegangen«, schrieb Walter Kerr in der *Herald Tribune*. Der Rezensent von *Variety*

schrieb vielleicht den treffendsten Nachruf: »Es ist eine jener Produktionen, bei denen alles schiefgelaufen zu sein scheint.«

Am Morgen nach der Premiere erschien Truman wie gewohnt in Turnschuhen und Jeans im Theater, um dringend benötigten Trost zu spenden. »Ich weiß nicht, was eigentlich los ist«, klagte er. »Alle haben gute Kritiken bekommen und ich schlechte, und ich versuche alle aufzumuntern.« Er verstand nie, was danebengegangen war, und gab schließlich und fortan der armen Pearl die Schuld, die Wort gehalten und Madame Fleur gespielt hatte, als wäre sie eine Nachtclub-Sängerin. »Ich bat Saint, sie zu feuern«, sagte er. »Wenn er es getan hätte, wäre das Stück eines der denkwürdigsten Ereignisse gewesen, die je am Broadway gelaufen sind. Aber sie allein hat die Show mit ihrer Paranoia, ihrer Egozentrik und ihrem verrückten Verhalten kaputtgemacht.«

Immerhin hielt sich »Das Blumenhaus« fast fünf Monate lang und wurde erst am 22. Mai 1955 nach einhundertfünfundsechzig Vorstellungen abgesetzt. Ebenso wie »Die Grasharfe« hatte es begeisterte Bewunderer. Die letzte Vorstellung war ausverkauft und entwickelte sich zu einer »schönen Leich', die das vollgepackte Haus bis spät in die Nacht in ihren Bann schlug«, wie es die *Daily News* formulierte. Am Ende saßen Pearl Bailey und Juanita Hall an der Rampe und warfen Rosen ins Publikum. Juanita Hall rannen Tränen über die Wangen, als sie fragte: »Wo seid ihr bloß alle letzte Woche gewesen?« Als die Zuschauer schließlich gingen, verlagerte sich die Party ins El Morocco. Trumans Koffer waren bereits gepackt; er fuhr anschließend zum Flughafen, um einen zweimonatigen Urlaub in Europa anzutreten.

DRITTER TEIL

32

Truman war zwar von seinen zwei Mißerfolgen im Theater enttäuscht, doch sah es nicht aus, als ließe er sich dadurch mundtot machen. Als Dramatiker mochte er erledigt sein, aber als Schriftsteller war er immer noch gefragt. Tatsächlich hatte er selten selbstsicherer, optimistischer und aufgeräumter gewirkt als in den Wochen und Monaten nach der Absetzung von »Das Blumenhaus«. Er hatte in den Kreisen von Showbusiness und High Society viele neue Freundschaften geschlossen – unter den Paradiesvögeln, wie Jack sie nannte –, und überall um ihn herum öffneten sich jetzt Türen für ihn. Er öffnete sie alle eine nach der anderen und mit atemloser Ungeduld. Sein Leben schien zu explodieren, so rasant vollzog sich alles, und dabei hatte er die Dinge noch nie so fest und so selbstbewußt im Griff gehabt.

Die meisten seiner neuen Freunde waren – wie so viele seiner alten – Frauen; seine Verbindung zum anderen Geschlecht war zu schönstem Einvernehmen erblüht. Als er im Tagebuch eines Romantikers des 19. Jahrhunderts auf eine herrlich passende Eintragung stieß, zitierte er sie in einem *Harper's Bazaar*-Artikel, um seiner eigenen überschwenglichen Bewunderung von Frauen, schönen Frauen, Ausdruck zu verleihen: »Saß auf der Steinmauer und beobachtete eine Schar von Schwänen, eine würdevolle Armada, die lässig den Windungen des Kanals folgten und mit der Dämmerung verschmolzen. Ihr Gefieder schwebte über das Wasser davon wie der wippende Saum schneeweißer Ballkleider. Ich fühlte mich an schöne Frauen erinnert, ich dachte an Mlle. de V. und empfand einen köstlichen Schauer, ein Frösteln, als hätte ich ein Gedicht oder edle Musik vernommen. Eine schöne Frau von bezaubernder Eleganz beeindruckt uns wie ein Kunstwerk und heitert den Himmel unserer Seele auf. Ist das etwa trivial? Ich glaube nicht.«

Truman glaubte es ebenfalls nicht. Kein Casanova hat hübsche Frauen je glühender bewundert oder war selbst so glühend von ihnen bewundert worden. Er schmeichelte ihnen, tröstete sie und versuchte ihre Geschicke zu lenken. Wenn sie mit ihren Problemen zu ihm kamen, konnten sie sich darauf verlassen, daß er die richtigen Fragen stellen und die richtigen Antworten geben würde. »Das ist doch prima«, sagte er dann etwa, oder: »O, das ist nicht gut für dich, Schätzchen. Das solltest du nicht tun.« Pygmalion war seine Lieblingsrolle, und jede Frau, die einem Rat von ihm folgte, betrachtete er ungeachtet ihres Alters oder ihrer gesellschaftlichen Stellung als eine Protegée, als ein Kunstwerk, das zur Vollendung nur seines Wortes oder seiner Hand bedurfte. Frauen entzückten ihn, und er bereitete ihnen auf jede Weise Vergnügen, mit einer Ausnahme – dem physischen Liebesakt.

Seine Fähigkeit, sie zu formen und zu beeinflussen, war jedoch auch eine Form von sexueller Macht und wahrscheinlich nicht die schwächste Spielart davon. Eine Frau mochte mit anderen Männern ins Bett gehen, aber sie hörte auf Truman. »Er sagte mir immer was, wie ich mich anziehen soll, zum Beispiel«, erzählte Carol Marcus. »Er hatte ein hervorragendes Urteil in diesen Dingen, und zwar nicht auf herablassende, oberflächliche oder tuntige Art – er wußte wirklich, was richtig war. Er dachte darüber nach und bekam ein Gespür dafür, was jemand sein oder wie er erscheinen wollte, und dann half er einem, es zu erreichen. Es war seine Art, einem nahezukommen. Er war der beste Freund, den es je gab, jemand, der einen umgurrte und einem sagte, daß man wundervoll sei. Was ist denn Liebe? Sie ist ein Spiegel, der einem sagt, daß man ein vollkommener Mensch ist.« Wenn alles übrige versagte, wandte er die unwiderstehlichste aller Künste des Verführers an: Er erniedrigte sich selbst und bettelte um Liebe. »Wir waren einmal in Kopenhagen«, erinnerte sich Slim Keith, eine seiner neuen bezaubernden Freundinnen, die damals mit dem Broadway-Produzenten Leland Hayward verheiratet war. »Als wir eines Abends ins Hotel zurückkehrten, sagte er: ›Laß uns noch reden.‹ Ich sagte, ich sei so müde, daß ich gleich zu Bett gehen würde, und das tat ich auch.

›Ich werde meine Big Mama zu Bett bringen, ich liebe sie so sehr‹, sagte er.

›Ich liebe dich auch, Truman‹, sagte ich.

›Nein, das tust du nicht‹, sagte er.

›Ja, doch‹, antwortete ich.

›Nein, niemand liebt mich. Hast du eine Ahnung, was es heißt, ich zu sein? Ich bin ein Zwerg...‹, und er zählte all die Dinge auf, die seiner Meinung nach mit ihm nicht stimmten. Es war der herzzerreißendste kleine Monolog, den ich je gehört habe. Er testete mich, um zu sehen, ob ich ihn wirklich gern hatte.«

Sie hatte ihn natürlich gern, und ihre Gesellschaft und die Gesellschaft attraktiver Frauen wie sie trug dazu bei, den Himmel seiner Seele aufzuheitern – und das war ganz sicher nicht trivial. Er suchte ihre Nähe und wurde zum liebevollen Spiegel einer ganzen neuen Schar solch bemerkenswerter Frauen. Er tanzte mit Marilyn Monroe im El Morocco, er konspirierte mit Elizabeth Taylor, um Montgomery Clift zu retten, er redete ganze Nächte lang mit Jacqueline Kennedy, und er wurde zum bevorzugten Vertrauten der illustersten seiner Armada von Schwänen, der *Grandes Dames* der Gesellschaft, deren Namen allein die Oberkellner zu beiden Seiten des Atlantiks zu tiefen Bücklingen veranlaßten.

John Huston stellte ihn Marilyn Monroe in einer frühen Phase ihrer Karriere vor, und sie schlossen eine enge, wenn auch nur kurz dauernde Freundschaft. »Wenn Du diese Zeilen erhältst, wird Marilyn M. bereits mit Arthur Miller verheiratet sein«, berichtete er Cecil im Juni 1956. »Habe sie vor einigen Tagen gesehen, beide wirkten durchströmt von einer sexuellen Glut; kann mich des Gefühls nicht erwehren, daß diese kleine Episode den Titel trägt: ›Der Tod eines Dramatikers‹.« Später sah er sie für die Rolle der Holly Golightly in der Filmfassung von »Frühstück bei Tiffany« vor, aber

Hollywood, das andere Pläne mit Trumans Heldin hatte, entschied sich statt dessen für Audrey Hepburn. »Marilyn wäre absolut großartig gewesen«, behauptete er hartnäckig. »Sie wollte die Rolle auch spielen, so sehr, daß sie zwei ganze Szenen allein einstudierte und mir vorspielte. Sie war phantastisch, aber Paramount hat mich in jeder nur vorstellbaren Weise hintergangen und Audrey bestimmt. Audrey ist eine alte Freundin und einer meiner liebsten Menschen, aber sie war einfach ungeeignet für die Rolle.«

Er sah Marilyn zum letzten Mal wenige Wochen vor ihrem Tod im Jahr 1962. »Sie hatte noch nie besser ausgesehen. Sie hatte für den Film, den sie mit George Cukor machen wollte [›Something's Got to Give‹], stark abgenommen, und es lag eine neue Reife um ihre Augen. Sie kicherte nicht mehr soviel. Wenn sie am Leben geblieben wäre und auf ihre Figur geachtet hätte, würde sie, glaube ich, noch heute fabelhaft aussehen. Die Kennedys haben sie nicht umgebracht, wie manche Leute glauben. Sie hat Selbstmord begangen. Aber sie haben eine ihrer besten Freundinnen bestochen, damit sie über die Beziehung der Kennedys zu Marilyn den Mund hielt. Diese Freundin kannte alle Leichen im Keller, und nach Marilyns Tod schickten sie sie auf eine einjährige Kreuzfahrt um die ganze Welt. Ein ganzes Jahr lang wußte niemand, wo sie war.«

Elizabeth Taylor mochte er wegen ihres deftigen Humors, wegen ihres »hektischen Charmes«, wie er es nannte, und ihrer lebhaften Intelligenz, die ihn immer wieder überraschte. »Sie ist eine sehr ungewöhnliche Frau, wirklich klug. Sie entdeckte ständig unbekannte Romane von bekannten Autoren, und sie schenkte mir recht interessante, merkwürdige Bücher. Sie war die erste, die mir je ein Buch von P. G. Wodehouse zu lesen gab, zum Beispiel. Ich habe sie mit drei oder vier Ehemännern erlebt. Mike Todd war der einzige, der wirklich mit ihr umgehen konnte. Er liebte sie, aber er konnte auch zu ihr sagen: ›Du kannst mich mal!‹ Nicht lange nach ihrer Hochzeit besuchte ich sie in Connecticut, wo sie ein Haus hatten. Es war ein schöner Tag im Frühsommer, und sie lagen zusammen im Gras, und etwa zehn junge Hunde kletterten auf ihnen herum – Elizabeth liebt Tiere. Es war meine Vorstellung von vollkommener Liebe.

Aus irgendeinem Grund mochte Todd den öden kleinen Eddie Fisher; er war eine Art Sohn oder jüngerer Bruder für ihn. Als Todd beim Flugzeugabsturz starb, kamen Fisher und Elizabeth ganz natürlich zusammen. Sie hat ihn nie wirklich geliebt. Ich wohnte zufällig im Hotel Dorchester in London, als sie auf die Dreharbeiten von Cleopatra wartete, und wir rissen ständig schlechte Witze über ihn. Wir nannten ihn den *Bus Boy*. Er war so langweilig! Aber er hat mir auch leid getan. Er war so in sie verliebt, und sie war so verletzend zu ihm. Ich glaube, ich habe nie ein verletzenderes Verhalten erlebt, als wie sie mit ihm umging.

Es war die Zeit, als sie so schwer krank wurde, daß sie fast starb. Sie hatte einen Luftröhrenschnitt, und das Loch in ihrer Luftröhre war mit einem Korken verschlossen. Ich brachte ihr immer Champagner mit, den sie eigentlich nicht hätte trinken sollen und den wir unter ihrem Krankenhausbett versteckten. Eines Abends verließen Fisher und ich zur gleichen Zeit ihr Zimmer, und er sagte zu mir: ›Ich fürchte, wir werden unser Mädchen verlieren.‹ Er hatte keine Ahnung! Ich fragte ihn, ob er mit mir abendessen wolle, und am nächsten Tag sagte sie zu mir: ›Du wirst es nicht glauben, Liebling, aber *Bus Boy* dachte, du wolltest ihn anmachen!‹ Und in dem Augenblick spielte sie mir einen Streich; sie zog den Korken aus ihrem Hals und verspritzte im ganzen Zimmer Champagner. [»Ich dachte, Truman falle in Ohnmacht!« erinnerte sie sich amüsiert. »Er wurde grün und verkroch sich förmlich in seinen Schaffellmantel.«]

Ich verbrachte auch mehrere Tage und Abende mit ihr und Richard Burton. Damals blieben sie nächtelang auf und tranken Champagner. Ihre Beziehung beruhte ausschließlich auf Spannung. Sie hatten furchtbare, aber gleichzeitig auch irgendwie verliebte Kräche. Sie haben sich wirklich gegenseitig provoziert, und ich hatte immer das Gefühl, daß sie es absichtlich taten, um sich nachher im Bett um so leidenschaftlicher versöhnen zu können. Sie war ihm treu, aber er war ihr nie treu. Er flirtete mit allen und verabredete sich praktisch in ihrer Gegenwart mit Kellnerinnen. Sie ließ sich unheimlich viel von ihm gefallen. Er war schrecklich indiskret. ›Ach, ich werde einfach zu alt für ihn‹, sagte sie oft. ›Wir könnten vollkommen glücklich sein, solange mir seine Weibergeschichten nichts ausmachen würden. Aber ich kann sie einfach nicht ertragen.‹ Er war von Geld besessen. Ich erinnere mich nicht, je ein Gespräch mit ihm geführt zu haben, das sich nicht mindestens zur Hälfte um Geld drehte. Das war die Karriere, die er sich wünschte – Geld, Geld und nochmals Geld. Er heiratete sie, weil er ein berühmter Star werden wollte. Sie liebte ihn, aber er liebte sie nicht.«

Jacqueline Kennedy lernte er ebenfalls Mitte der fünfziger Jahre kennen, als Frau eines attraktiven, aber noch relativ unbekannten Senators aus Massachusetts. »Ich habe oft mit ihnen zu Abend gegessen, als sie und Jack diese schreckliche alte Wohnung an der Park Avenue auf der Höhe der 86. Straße hatten. Aber meistens war Jack verreist, und sie und ich aßen allein zu Abend oder gingen ins Theater. Wir saßen bis vier oder fünf Uhr morgens beisammen und redeten. Sie war reizend, eifrig, intelligent, nicht ganz selbstsicher und verletzt – kränkte sich, verletzt, weil sie wußte, daß er diese anderen Weiber bumste. Sie sagte das nie, aber ich hatte Andeutungen darüber gehört. Was ich nicht verstehe, ist, warum alle Leute die Kennedys für so sexy hielten. Ich verstehe eine Menge von Schwänzen – ich habe sehr viele gesehen –, und wenn man alle Kennedys zusammen nimmt, kommt man nicht auf einen einzigen guten. Ich habe Jack oft gesehen, als ich bei Loel und Gloria Guinness in Palm Beach zu Besuch war. Ich hatte ein kleines Gästehaus mit eigenem Privatstrand zur Verfügung, und er kam manchmal herunter, um nackt schwimmen zu können. Er hatte absolut nichts! Bobby war genauso; ich weiß nicht, woher er all diese Kinder hatte. Und Teddy kann man ganz vergessen.

Ich mochte Jack, und ich mochte auch viele Dinge an Bobby. Aber ich hätte ihn nicht als Präsidenten haben wollen. Er war zu rachsüchtig. Teddy ist verrückt. Er ist gefährlich. Er ist ein unberechenbarer irischer Trunkenbold, der zu furchtbaren Wutausbrüchen neigt. Jeder andere wäre mir lieber als Präsident.«

Truman war während der Kennedy-Administration mehrmals zu Gast im

Weißen Haus. Andrew war anwesend, als er seine erste Einladung erhielt, einen Telefonanruf von Jackie, die ihn zur nach ihren Worten besten Party einlud, die sie seit Jacks Amtseinführung gegeben hatte. »Madame Queen Kennedy redete und erzählte ihm über den Abend und die Musik, die sie hören würden«, erinnerte sich Andrew, »und plötzlich unterbrach Truman sie mit dem Ausruf: ›Aber, Jackie! Ist das nicht eine Oper?‹, in einem geradezu jammervollen Tonfall! Sie hatte ihm erzählt, daß unter anderem etwas aus der ›Zauberflöte‹ auf dem Programm stehe. Aber sie versicherte ihm rasch, daß es nicht zu lange dauern werde und daß sie, nachdem alle anderen gegangen seien, in die Privatwohnung hinaufgehen würden.«

Jack Kennedy fand Truman fast ebenso unterhaltend wie seine Frau und rief ihn gelegentlich selbst an. Er brüstete sich gern mit den Detektivgaben der Telefonistinnen im Weißen Haus, die dafür berühmt waren, jedermann überall aufzustöbern. Ohne ihnen Trumans Geheimnummer zu geben, stellte er sie auf die Probe, indem er sie bat, Truman anzurufen. Es gelang ihnen fast immer, ihn aufzuspüren, einmal in Palm Springs, wo er einen Freund besuchte, der ebenfalls eine Geheimnummer hatte.

Als Jackies Sohn Patrick bei der Geburt starb, sandte Truman den Eltern Blumen und einen siebenzeiligen Beileidsbrief. »Ich denke oft darüber nach, welche Macht ein großer Schriftsteller hat«, antwortete Jackie. »Alles, was Du schreibst, berührt die Menschen. Es ist ein egoistischer Gedanke – aber wenn alles, was Du in Deinem ganzen Leben geschrieben hast, bloß als Vorübung diente, um diese sieben Zeilen zu schreiben, die außer mir – und Jack – niemand zu Gesicht bekommen hat, bin ich froh, daß Du Schriftsteller geworden bist.« Am ersten Jahrestag der Ermordung Kennedys schenkte er ihr eine Rose aus Porzellan. Offensichtlich gerührt schrieb sie ihm: »Lieber Truman, ich danke Dir, daß Du in Zeiten, die schwierig für mich sind, immer mit so schönen Dingen an mich denkst.« Nach dem Mordanschlag auf Bobby Kennedy im Juni 1968 schrieb er ihr erneut. Sie antwortete: »All die Zeiten der Sorglosigkeit, als wir einander kennenlernten, Zeiten, die so lange zurückliegen – und die fühllosen Briefe, die wir jetzt schreiben –«

Sie blieben noch ein oder zwei Jahre befreundet, bis er den Fehler machte, mit der Intimität ihres Verhältnisses zu prahlen. Es sei so intim, sagte er, daß sie ihn in ihr Schlafzimmer gebeten habe, während sie sich anzog, um abends auszugehen. Diese Indiskretion kam ihr zu Ohren, und es genügte, daß sie ihn fallenließ, wie sie es mit vielen anderen Menschen in ihrem Leben getan hat. Wenn sie einander danach begegneten, was zwangsläufig geschah, redeten sie miteinander, als ob nichts Besonderes vorgefallen wäre. Aber sie waren keine Freunde mehr.

»Jeder Mensch hat einen Mythos«, hat Yeats gesagt, »der, wenn wir ihn nur kennten, all seine Handlungen und Gedanken für uns entschlüsseln würde.« Trumans Mythos läßt sich besser als durch Worte durch ein Bild ausdrücken: die junge Nina, die in das muffige alte Haus an der Alabama Avenue hereinwirbelt, ihn mit schimmernden Seidenkleidern blendet und mit dem Duft ihres Parfums schwindlig macht und nach ein oder zwei Tagen wieder wegfährt, während er in einer roten Staubwolke hustend zurückbleibt, einsamer und verlassener, als wenn sie nie gekommen wäre. In seinen Kinderaugen war sie der Inbegriff von Weltgewandtheit – da machte es nichts, daß sie nach den Maßstäben der Park Avenue oder des Lake Shore Drive immer noch ein Mädchen aus der Provinz war, daß ihre Kleider nicht wirklich schick waren und ihr Parfum gewöhnlich und billig roch. Für ihn hatte sie Stil, und seine Erinnerungen an ihre Besuche wirkten prägend auf sein ganzes Leben.
Er war überzeugt vom Diktum: »Dein Stil, das bist du.« Stil war für ihn nicht bloß eine glänzende, schimmernde Oberfläche, sondern ein platonisches Ideal, eine Weltanschauung und eine Lebensform. All die außergewöhnlichen Frauen und die meisten Männer, die er bewunderte, hatten mehr oder weniger Stil in diesem Sinn. Mit Geld war er zwar nicht zu kaufen, aber wirklicher Stil, der große Stil, den Truman als Höchstes schätzte, konnte dennoch nicht gedeihen, wenn er nicht täglich aus einer reichhaltigen Quelle bei einer soliden Bank bewässert wurde. »Als ich jung war«, gestand er, »wollte ich reich sein, ungeheuer reich. Meine Mutter

heiratete nach der Scheidung von meinem Vater einen wohlhabenden Mann, aber das war die Wohlhabenheit der oberen Mittelschicht, und die ist schlimmer als Armut. Die Wohlhabenden der Mittelschicht haben keinen Geschmack. Man muß entweder sehr reich oder sehr arm sein. Es gibt *absolut* keinen Geschmack dazwischen. Ich habe einige gute Schulen besucht, aber ich haßte die wohlhabenden Jungen. Sie hatten keinen Geschmack. Ich habe immer reiche Leute gekannt, aber ich war mir *so* bewußt, selbst nicht wirklich reich zu sein.«

In Wirklichkeit war er weniger von Geld besessen als von vielen Menschen, die es hatten. Mit wenigen Ausnahmen interessierte er sich nicht für den alten Geldadel, die Ahnenkult treibenden Aristokraten von Boston oder Philadelphia. Und er war natürlich gelangweilt von den vulgären Reichen, Einkaufszentrumsmagnaten aus Ohio und Ölbaronen aus Texas oder Oklahoma. Es waren die anderen Reichen, die ihn faszinierten, vorwiegend New Yorker, aber auch Europäer, Macht- und Erfolgsmenschen, die ebenso wie er selbst den Unterschied kannten zwischen Dingen, die Stil hatten, und solchen, die bloß teuer waren.

Zu diesen wenigen Auserwählten – den stilbewußten Reichen – blickte er auf wie die Griechen zu ihren Göttern, mit einer Mischung aus Ehrfurcht und Neid. Er glaubte, daß Geld nicht nur ihre Lebensart erweitere, sondern sie auch von den gewöhnlichen Verhaltensregeln – oder überhaupt allen Regeln – dispensiere. »Er erklärte mir, man heirate nicht auf dieselbe Weise wie ein normales Mädchen, wenn man ein sehr, sehr reiches Mädchen sei«, berichtete Carol Marcus. »Man heirate so, wie andere in fremde Länder fahren: Man bleibt dort, bis man es satt hat. Dann wechselt man den Ort.« Ebenso wie Arch betrachtete er die Reichen als die Gesalbten des Himmels, die einzig wirklich freien Menschen auf der Erde. »Die Freiheit, dem Leben eine ästhetische Qualität zu verleihen, ist eine zusätzliche Dimension«, erklärte er, »wie die Fähigkeit zu fliegen, wo andere zu Fuß gehen. Es ist wundervoll, Gemälde zu schätzen, aber warum sie nicht *besitzen*? Warum nicht ein ganzes ästhetisches *Ambiente* schaffen? Selbst ein lebendes Kunstwerk sein?« Obwohl er nie so viel Bargeld hatte, um sich selbst Flügel zu kaufen – übrigens auch nicht viele teure Gemälde –, war er entschlossen, sich zumindest eine Gastmitgliedschaft in der erlauchten Gesellschaft derjenigen zu verschaffen, die es konnten.

Sein Freund Oliver Smith verglich ihn nicht ganz ohne Ernst mit einem Kater, der sich einmal in seinem Garten in Brooklyn Heights herumtrieb. »Er war ein streunender Kater, der in der Nachbarschaft herumstrich und fraß, wann immer er konnte. Er war mager – sehr, sehr mager –, und er stand oft auf der Veranda und sah sehnsüchtig in die Küche. Er war entschlossen, ins Haus zu gelangen, aber ich wollte ihn nicht haben. Ich hatte bereits vier Katzen, und das reichte mir. Nun, schließlich gaben wir ihm auf der Veranda zu essen, ließen ihn aber immer noch nicht herein. Eines Tages schaffte er es, in die Küche vorzudringen, und heute ist er natürlich der King im ganzen Haus. Er ist riesig! Er kann nicht genug zu fressen kriegen. Trumans Verlangen nach einer luxuriösen Umgebung hatte etwas von der Art dieses Katers.«

Auf der ganzen Welt gab es keinen glanzvolleren Kreis als die privilegierten Frauen, die Truman jetzt beim Vornamen nannte. Was ihn zu diesen eleganten Schwänen hinzog, war nicht bloß ihre Schönheit, ihr Vermögen und ihr Stil – ihm waren viele Frauen unsympathisch, die alle drei Dinge hatten. Was seine Phantasie fesselte, was seine Favoritinnen in seinen Augen so faszinierend machte, war eine im Grunde literarische Qualität: Sie hatten alle Geschichten zu erzählen. Wenige von ihnen waren in ihren Reichtum oder ihre Stellung hineingeboren worden. Sie waren nicht immer souverän auf silbernen Gewässern dahingeglitten. Sie hatten es darauf angelegt, hatten gekämpft und intrigiert, um dort hinzugelangen, wo sie waren. Sie hatten sich selbst erschaffen, wie er es getan hatte. Jede war eine Künstlerin, »deren einzige Schöpfung ihr leichtverderbliches Selbst war«, wie er sagte.

Er inthronisierte vielleicht ein Dutzend Frauen – nicht mehr – in seinem Pantheon von Klasse und Schönheit. Unter ihnen war zum Beispiel Gloria Guinness, eine gebürtige Mexikanerin, die es nach Jahren der Armut und

Entbehrung geschafft hatte, strahlende Gattin von Loel Guinness, einem Mitglied einer großen britischen Bankiersfamilie, zu werden. Da war Barbara Paley, in Trumans Augen wundervoll und unübertroffen. Wie ihre beiden Schwestern war sie darauf getrimmt worden, eine reiche Partie zu machen, und hatte ihr Ziel erreicht, als sie die Frau des Begründers von CBS wurde. Da war C. Z. Guest, die sich gegen die Bostoner Nobelgesellschaft auflehnte, in die sie hineingeboren worden war, als Revuegirl arbeitete und Diego Rivera nackt Modell stand – das Bild, das er von ihr malte, hing eine Zeitlang über der Bar des Hotels Reforma in Mexico City – und, als ihre Auflehnung erlahmte, Winston Guest, den Nutznießer uralter Treuhandvermögen, heiratete und ihr Leben fortan Partys und Pferden widmete.

Da war Slim Hayward (später Slim Keith), die sich in Kopenhagen Trumans herzzerreißenden kleinen Monolog angehört hatte. Slim war als Nancy Gross in Salinas/Kalifornien zur Welt gekommen. Ihre schlanke Gestalt – daher ihr Spitzname – und ihre ausgeprägt amerikanische Schönheit hatten Carmel Snow so beeindruckt, daß sie ihr in den vierziger Jahren in fast jeder Nummer von *Harper's Bazaar* einen besonderen Platz einräumte. Für ihren ersten Mann Howard Hawks war sie Vorbild für seine Filmheldinnen einschließlich Lauren Bacall, und Leland Hayward war von ihrem Witz und ihrem sprühenden Temperament so bezaubert, daß er sich von Margaret Sullavan scheiden ließ, um ihr zweiter Mann zu werden. Da war Pamela Churchill, Winstons Exschwiegertochter, deren magnetischer Charme Hayward schließlich von Slim weglockte, und da war Marella Agnelli, die Frau des Fiat-Bosses Gianni, mit Trumans Worten »der europäische Schwan *numero uno*«.

Ihre Lebensgeschichten hatten etwas Romanhaftes, und dies galt auch für seine eigene, und die Rolle, die er spielte, ist den Lesern klassischer französischer Literatur wohlvertraut: die des jungen Außenseiters, der mit nichts weiter als Charme und kraft seiner Persönlichkeit die vornehmste Gesellschaft der großen Metropole erobert. Dies hatten Julien Sorel in Stendhals »Rot und Schwarz«, Lucien Chardon in Balzacs »Verlorenen

Illusionen« und Prousts Erzähler Marcel in »Auf der Suche nach der verlorenen Zeit« getan. Und dies tat Truman in seinem Leben. Seines Erachtens war keine bessere Kombination aus Zuneigung, an Anbetung grenzender Verehrung der lieblichen Schwäne, in deren entrückter Armada er jetzt paddelte, und Beruf vorstellbar. Er war sich bewußt, daß jede von ihnen das Zeug dazu hatte, zu einer denkwürdigen Gestalt in einem großen literarischen Werk zu werden.

Höchstwahrscheinlich war es in dieser Periode euphorisierender Eroberungen Mitte und Ende der fünfziger Jahre, daß er sich als der amerikanische Proust zu sehen begann, als ein Schriftsteller, der eines Tages für die amerikanischen Reichen der Moderne dasselbe leisten würde, was Proust für die französische Aristokratie der Belle Epoque geleistet hatte. In gewisser Weise, sagte er, betrachte er Proust als seinen Mentor. Proust habe nicht seinen Schreibstil beeinflußt – Flaubert werde da immer sein Vorbild sein –, aber er habe ihm ein persönliches Beispiel gegeben: »Er kam mir«, so gestand Truman, »stets als eine Art geheimer Freund vor.«

Zum Glück für Truman genossen die vergötterten Schwäne seine Gesellschaft ebensosehr wie er die ihre. Die Liebe zu Tratsch und Klatsch beherrschte sie ebensosehr wie ihn, und solange sie sich selbst davon verschont glaubten – was sie naiverweise taten –, lachten sie, wenn er die anderen Mitglieder ihres Kreises durch den Kakao zog, und sie amüsierten sich königlich über sein beträchtliches Talent, Unfrieden zu stiften: die Kehrseite seines Pygmalion-Komplexes.

Ruhe langweilte ihn. Er hatte eine Vorliebe für Turbulenzen. Wenn keine vorhanden waren, brach er sie selbst vom Zaun, trat dann sozusagen einen Schritt zurück und beobachtete das Ergebnis. »Es war fast ein intellektuelles Solitaire, was er spielte«, meinte Slim. »Er griff irgend etwas aus der Luft, ein absolutes Hirngespinst, zum Beispiel: ›Hast du gewußt, daß X den Y verlassen will?‹ Ich sagte darauf: ›Ach Truman, ich bitte dich! Das ist lächerlich!‹ Dann begann ich darüber nachzudenken und fragte mich, ob es wirklich so lächerlich sei. Und gewöhnlich wurde tatsächlich was aus seiner

Spekulation. Ob durch einen Willensakt seinerseits oder nicht, weiß ich nicht. Auf jeden Fall konnte er eine Menge Unheil anrichten.«

Im Laufe der Jahre trugen seine Tratschereien, ob sie nun auf Fakten beruhten oder nicht, dazu bei, eine ganze Reihe von Freundschaften und Ehen zu zerbrechen, darunter, wie sich später herausstellte, Slims eigene. »Ich kann jedes Paar in New York auseinanderbringen, wenn ich will«, brüstete Truman sich ihr gegenüber. Manche seiner alten Freunde, die es früher sympathisch gefunden hatten, wenn er Shakespeares Droll spielte, entdeckten jetzt Bosheit in seinen schwatzhaften Erzählungen. Einer von ihnen war Newton, der nach zweijähriger Trennung im Frühjahr 1954 mit ihm im Plaza zu Mittag aß. Trumans Stimmung scheine sich in der Zwischenzeit grundlegend verschlechtert zu haben, fand Newton, den ihre Begegnung so unangenehm berührt hatte, daß er seinen Aufenthalt in Manhattan vorzeitig abbrach und eilends in die Geborgenheit von Northampton zurückflüchtete. An diesem Abend vertraute er seine Gedanken über Truman wieder einmal seinem Tagebuch an. »Eine bedrückende Begegnung«, schrieb er, »sie war angefüllt mit Klatsch, Bosheit und soviel Herzlosigkeit.«

Wenn Truman gerade nicht damit beschäftigt war, Geschichten über andere zu erzählen, erzählte er welche über sich. Er erzählte den neuen Freundinnen von seiner Kindheit, von der gütigen Sook und den exzentrischen Faulk-Kusinen, sogar von seinem Sexualleben. »Eine Freundin von mir war einmal bei Leuten zum Abendessen eingeladen, die eben ein Wochenende mit Truman verbracht hatten«, erzählte Glenway Wescott. »Es waren durchaus aufgeklärte Leute, aber sie redeten immer noch mit betretenen Gesichtern darüber. Sie sagten, so etwas hätten sie noch nie erlebt. Sie hatten ihn gefragt, wie seine Homosexualität begonnen habe, und er hatte ihnen daraufhin von seinem ersten Orgasmus, seinen ersten sexuellen Erfahrungen in der Kindheit, seinem ersten älteren Freund und so weiter erzählt. Ich fand das hinreißend komisch. Was er entdeckt hatte, war, daß der Neugier der Gesellschaftszicken keine Grenzen gesetzt sind.«

Er hatte auch entdeckt, daß die Damen der Gesellschaft – und die

Herren –, so übersättigt sie von all den Vergnügungen waren, die man für Geld kaufen konnte, nach Unterhaltung lechzten. Und wer konnte ihnen bessere Unterhaltung verschaffen, wer hatte mehr Übung darin als Truman? »Es war damals immer eine Freude, in seiner Gesellschaft zu sein«, erinnert sich Eleanor Lambert, eine enge Freundin von Gloria Guinness. »Alles an ihm machte Spaß. Er war wie ein frühreifes Kind, so drollig und komisch. Er verstand es, die Leute in ihre Kindheit zurückzuversetzen. Gloria und er lachten die ganze Zeit. Einmal waren wir zu dritt im Hotel Fontainebleau in Miami Beach, das als Gipfel des Geschmacks galt. Hinter der Bar war eine riesige Glaswand. Es war die Wand des Schwimmbeckens, und während man an der Bar saß, konnte man sehen, was die Leute unter Wasser taten. Sie schwammen vorüber, und ohne daß sie es wußten, konnten wir sehen, daß sie ins Wasser pißten! Es war einfach gräßlich; ich wollte gehen. Aber Truman und Gloria fanden es unheimlich lustig. Ich konnte sie nicht loseisen.«

Von den Frauen animiert, folgten die Männer nach. Selbst die, die seine Bücher nicht gelesen hatten, begriffen, daß sich mehr als ein Spaßvogel hinter Trumans aufmerksamen blauen Augen verbarg. »Er war eine unwahrscheinlich quecksilbrige, bunte, facettenreiche Persönlichkeit, wie eine große, verspiegelte Kugel, die im Licht aufblitzt«, meinte Slim. »Aber diese glitzernde Kugel barg einen wirklich außergewöhnlichen Geist. Truman war einer der drei oder vier brillantesten Menschen, die ich im Leben kennengelernt habe. Seine Brillanz begeisterte mich ungeheuer! Mit ihm in einem guten Restaurant zu Mittag zu essen, war das größte Vergnügen, das man haben konnte! Aber am allerschönsten war es, nach dem Abendessen mit ihm allein dazusitzen und ihn einfach loslegen zu lassen. Er war ein heißgeliebter Freund.«

Es war eine kleine Welt, die die stilbewußten Reichen damals bevölkerten. Slims Hochzeit mit Leland Hayward fand zum Beispiel im Garten des Paley-Landsitzes auf Long Island statt. Die Paleys und die Guinnesses waren die besten Freunde. Und nahezu alle hatten auf der Jacht entweder von Guinness oder von Agnelli die eine oder andere griechische Ruine besucht. Mit Truman befreundet zu sein und ihn als Gast zu haben, war damals *in.* »Sobald er zu diesen Kreisen der Gesellschaft einmal Zutritt hatte, wurde er sehr rasch weitergereicht«, erzählte Oliver Smith. »Die Reichen finden stets das, was sie amüsiert; das war schon immer so.«

Truman war ein häufiger Gast in ihren Häusern, er hatte eine Einzelkabine auf ihren Jachten, und er war ein privilegierter Passagier in ihren Privatflugzeugen. Er hatte seinen reservierten Platz am Kaminfeuer, und er war da und hörte zu, wenn nach dem Abendessen der Brandy serviert wurde, wenn die Stimmen gesenkt, die Herzen geöffnet und Geheimnisse ausgeplaudert wurden. Vor ihm entfalteten sich genügend Handlungen für hundert Romane: Lebensgeschichten von Revuetänzerinnen, die große Damen wurden, von Lustknaben, die herzogliche Residenzen im Schatten der Kathedrale Notre-Dame erbten, Geschichten von vertuschten Morden in der besseren Gesellschaft und von Paarungen aller Art auf der luxuriösen Glätte von Porthault-Bettwäsche. Er hielt Augen und Ohren offen und speicherte alles in seinem Hinterkopf. Nichts entging ihm.

Doch von all den außergewöhnlichen Geschichten, die ihm ins Ohr geflüstert wurden, war keine bemerkenswerter als die des lächerlich kleinwüchsigen Schriftstellers mit der Kinderstimme aus Monroeville/Alabama, der es ganz aus eigener Kraft zum Gipfel des goldenen Olymps geschafft hatte.

33

Truman bewunderte alle seine Schwäne, aber derjenige, dem sein Herz und seine Seele gehörten, war in mancher Hinsicht der prächtigste von allen. »Der schöne Liebling!« hatte der Vater sie als Kind in Boston genannt, und solange sie lebte, galt Barbara Paley – oder Babe, wie sie gewöhnlich genannt wurde – allgemein als das. »Ihre Schönheit ist so groß, daß jedes Mal das erste Mal ist, sooft ich sie auch sehe«, staunte Billy Baldwin, der bevorzugte Innenarchitekt der besseren Gesellschaft.

Ihr Vater, Harvey Cushing, war einer der renommiertesten amerikanischen Ärzte des Jahrhunderts, ein Mann von enormem Ehrgeiz und ebensoviel Energie. Er verwandelte die Gehirnchirurgie aus eigener Kraft von einer obskuren und zweifelhaften Kunst in eine exakte Wissenschaft und schrieb in seiner freien Zeit eine zweibändige, mit dem Pulitzerpreis ausgezeichnete Biographie über Sir William Osler, einen anderen berühmten Arzt. Babes Mutter war nicht weniger ehrgeizig; sie nutzte ihr Talent und ihre Energie, um aus ihren drei Töchtern die Art von Frauen zu formen, die imstande sein würden, die reichsten und fähigsten Männer in Amerika zu angeln.

Und genau das taten »die drei märchenhaften Cushing-Schwestern«, wie die Klatschkolumnistinnen sie nannten – jede zweimal. Minnie heiratete Vincent Astor, dessen Familie einen großen Teil von New York besaß, und ließ sich dann wegen James Fosburgh, Künstler und Mitglied einer alten Manhattan-Familie, von ihm scheiden. Betsey heiratete James Roosevelt, den Sohn von F. D. R., und setzte dann auf John Hay Whitney, der ebenso flott und gutaussehend wie reich war. Babe war in erster Ehe mit Stanley

Mortimer jr. verheiratet, mit dem sie zwei Kinder hatte. Als vorbildliches Mitglied der amerikanischen Aristokratie hatte er St. Mark's und Harvard absolviert, war der Enkel eines der Gründer von Standard Oil und ein Nachkomme von John Jay, dem ersten Vorsitzenden des Obersten Gerichtshofs der Vereinigten Staaten. Nach diesen Maßstäben war Babes zweite Ehe mit William Paley, mit dem sie zwei weitere Kinder hatte, eine Art Abstieg. Paley war zwar reich, aber er war kein amerikanischer Aristokrat. Er war der Sohn eines jüdischen Immigranten aus Rußland, der sein Vermögen in der Zigarrenmanufaktur gemacht hatte.

Das störte jedoch Babe nicht, deren »Makellosigkeit und ungeheure Souveränität« – wieder Billy Baldwins Worte – sie über gewöhnliche Gefühle erhob. Alle, die sie kannten, empfanden ihren Charakter als ebenso fehlerlos wie ihre Schönheit. Sie hatte feingeschnittene Gesichtszüge, dunkles Haar, wundervoll geformte braune Augen und eine große, schlanke Gestalt, die jedes Kleid, das sie trug, elegant erscheinen ließ. Sie hatte nicht nur einen Dauerplatz auf der Liste der bestgekleideten Frauen der Welt, sondern beeinflußte Modetrends, sooft sie das Haus verließ. Was immer sie trug oder tat, war sofort *in*. Als sie anfing, Hosenanzüge zu tragen, wurden diese schlagartig akzeptabel; als sie es in vorgerücktem Alter ablehnte, ihr grau werdendes Haar zu färben, warfen die eleganten Frauen in ganz Amerika ihre Haarfärbemittel weg.

Ihr einziger offensichtlicher Makel war, daß sie vielleicht zu makellos war, um wirklich zu sein, daß sie mehr einer Göttin als einem irdischen Geschöpf ähnlich war. Wie Truman in einem seiner Notizhefte bemerkte: »Mrs. P. hatte nur einen Fehler: Sie war vollkommen. Davon abgesehen war sie vollkommen.« Sosehr sie es auch versuchte, sie konnte nicht anders, als die meisten Menschen, darunter ihre eigenen Kinder, diskret auf Abstand zu halten. »Sie war herzlich, aber sie war nicht zärtlich«, sagte eine ihrer engsten Freundinnen. »Sie berührte kaum jemanden. Sie hob zum Beispiel ihre Kinder nie hoch und hielt sie nie im Arm, und sie litten unter diesem Mangel.« Sie war in Wahrheit nicht so selbstsicher, wie sie schien, und auch nicht ganz so untadelig. Obwohl sie stets behauptete, ihr Ruf als

Trendsetterin der Eleganz sei ihr lästig, oder diese Tatsache als Scherz abtat, bedeutete sie ihr mehr, als sie je zugeben wollte, und sie war insgeheim oft neidisch auf Gloria Guinness, ihre gute Freundin und Hauptrivalin als Modezarin. Gloria, so erinnerte sie Truman mehr als einmal, habe ihre Karriere als Animierdame eines Nachtclubs in Mexico City begonnen.

Truman fand schließlich heraus, daß die schöne Babe schließlich auch nur ein Mensch war und einsam auf dem Piedestal, auf das sie ihr Aussehen und ihre Erziehung gestellt hatten. Vielleicht brauchte sie mehr als jede der anderen Angebeteten einen Freund wie ihn – jemanden, mit dem sie sich entspannen konnte und der seinerseits bereit war, ihr immer wieder zu sagen, was für ein vollkommener Mensch sie sei. »Sie hatte eine eisige Fassade«, sagte er, »aber sobald man hinter diese harte und glatte Oberfläche vordrang, war sie sehr warmherzig und sehr jung.«

Truman lernte die Paleys im Januar 1955, kurz nach der Premiere von »Das Blumenhaus« kennen, als David und Jennifer Selznick auf ein langes Wochenende bei den Paleys in Round Hill/Jamaica eingeladen waren. »Habt ihr was dagegen, daß wir Truman mitbringen?« fragte David Bill Paley. – »Nein, natürlich nicht«, antwortete Paley. »Wir würden uns geehrt fühlen.« Und so bestieg Truman an einem kalten Morgen Paleys Privatflugzeug und wurde dem Traumpaar Bill und Babe vorgestellt. Obwohl Bill ein verdutztes Gesicht machte, als er ihn mit dem unvermeidlichen Schal um den Hals das Flugzeug betreten sah, sagte er nichts, bis sie in der Luft waren. Dann wandte er sich an David. »Weißt du, als du Truman sagtest, habe ich angenommen, daß du Harry Truman meinst. Wer aber ist *das*?«

»Das ist Truman Capote, unser großer amerikanischer Schriftsteller«, antwortete David.

Solche Mißverständnisse ändern oft des Schicksals Lauf. Truman und Babe waren inzwischen bereits in ein Gespräch vertieft, und damit begann eine Freundschaft, die mehr als zwanzig Jahre dauern sollte, eine Bindung, die viel von der Leidenschaft, aber nichts von den Komplikationen einer sexuellen Verstrickung aufwies. »Babe schaute ihn an und Truman schaute sie an, und sie verliebten sich sofort ineinander«, meinte Jennifer. »Ich war ein bißchen eifersüchtig, weil ich bis dahin seine beste Freundin gewesen war – wir haben einander wirklich sehr gern gehabt. Aber als wir in Jamaica eintrafen, war nicht nur Babe absolut entzückt von ihm, sondern auch Bill. Sie haben Truman fast adoptiert. Die drei wurden unzertrennlich.«

Wo immer die Paleys von da an hingingen, folgte ihnen Truman oft. Er war ein häufiger Gast in ihrem Haus in Jamaica und später in einem Sommerhaus in Lyford Kay auf den Bahamas. Er verbrachte Wochenenden auf Kiluna Farm, ihrem 85-Acre-Landsitz mit Blick auf die Bucht von Long Island, er war mit ihnen zu Gast auf den Jachten anderer Leute, und er machte mit ihnen Urlaub in Europa. Die drei bereisten praktisch die ganze Welt zusammen und »taten alles mögliche miteinander. Ich mochte sie unheimlich, weil sie intelligent und attraktiv waren und in jeder Hinsicht durchblickten. Wir waren ein flottes Trio. Ich war im Grunde ihr bester Freund, der beste Freund, den sie je hatten.«

Das traf zweifellos auf Babe zu, die ihn vermutlich mehr unter ihre schützenden Fittiche nahm als ihre eigenen Kinder. »Sein Gesicht ist sehr schön«, sagte sie, »besonders seine Augen, wenn er gerade die Brille abgenommen hat. Sie sehen so verletzlich aus.« Bill äußerte sich weniger überschwenglich, aber auch er genoß sichtlich Trumans Gesellschaft. Als Ausnahme von Trumans Beobachtung, daß reiche Leute geizig sind, war Bill äußerst großzügig und kam auf den meisten Reisen für Truman auf, ja einmal bot er ihm sogar an, ein Haus für ihn zu kaufen, ein Angebot, das Truman klugerweise dankend ablehnte. Am großzügigsten aber erwies sich Bill darin, daß er Truman seine Frau überließ und ihm gestattete, ihnen auf ihren Reisen und in ihren Häusern Gesellschaft zu leisten. »Er hat Babe Truman auf einem silbernen Tablett überreicht«, meinte Jack Dunphy, der beide Paleys kannte und mochte. »Nicht die Familie Cushing in Boston hat sie zu dem gemacht, was sie war. Es war Bill. Sie wäre nichts gewesen, wenn sie ihn nicht geheiratet hätte, und Truman hätte sich nicht viel um sie gekümmert. Ob er es zugab oder nicht, er fühlte sich hauptsächlich von Geld und Macht angezogen.«

Wenn Newton Trumans Harvard war, dann war Babe sein Yale. Zusammen mit ihrer Schwester Minnie Fosburgh, die ihn ebenfalls sehr mochte, weihte sie ihn in die Sitten und Gebräuche der kultivierten Reichen ein. »Er hatte eine Leidenschaft dafür, sich mit Qualität zu identifizieren«, meinte Oliver Smith. »Er interessierte sich brennend dafür, wie man sich in Gesellschaft benimmt, und Mrs. Paley und Mrs. Fosburgh brachten es ihm bei. Sie zeigten ihm, wie man ein Haus einrichtet und schmückt und all die anderen Dinge, die das Resultat intelligent verwendeten großen Reichtums sind.« Truman gab das bereitwillig zu. »Babe hat mir viel beigebracht«, sagte er. »Was man aus einem Zimmer machen kann, zum Beispiel. Sie zeigte mir, wie man einen Raum ausstattet, indem man Dinge zusammenwürfelt, teure mit billigen aus dem Kaufhaus. Sie zeigte mir, daß ein Zimmer Spaß machen und eine persönliche Note haben kann, und so habe ich mich seither immer eingerichtet. Ich habe sie auch viele Dinge gelehrt, etwa wie man liest und denkt.«

Wie viele Frauen ihrer Klasse und Generation hatte Babe genau wie er ihre Ausbildung mit dem Abitur beendet, und die Welt der Bücher war im großen und ganzen unbekanntes Terrain für sie. Er unterwies sie in den Dingen, in denen Newton ihn unterwiesen hatte, und hatte in ihr eine genauso eifrige Schülerin, die es aufregend fand, mit Flaubert, Henry James, Willa Cather, Edith Wharton und natürlich Proust bekannt gemacht zu werden. »[Truman hat] mir neue Horizonte erschlossen«, bemerkte sie. »Er brachte mich dazu, Proust zu lesen, das ganze Ding.«

Für Truman repräsentierte Babe das Nonplusultra an Stil. Sie war der Prototyp, in jeder Hinsicht so, wie er sich seine Mutter einst erträumt hatte. »Ich war wahnsinnig in sie verliebt«, gestand er. »Ich fand sie einfach absolut phantastisch! Sie war eine der zwei oder drei großen Obsessionen meines Lebens. Sie war der einzige Mensch in meinem ganzen Leben, an dem ich einfach alles mochte. Für mich ist sie eine der drei schönsten Frauen der

Welt; die anderen beiden sind Gloria Guinness und die Garbo. Aber Babe war für mich die Schönste. Sie war die schönste Frau des 20. Jahrhunderts, und mit der einzigen Ausnahme von Gloria, die darin etwa gleichauf mit ihr lag, war sie auch die eleganteste Frau, die ich je gekannt habe. Als ich sie zum ersten Mal sah, war mir, als hätte ich nie etwas Vollkommeneres gesehen: ihre Haltung, wie sie den Kopf hielt, wie sie sich bewegte.
Sie war der wichtigste Mensch in meinem Leben, und ich war der wichtigste Mensch in ihrem. Ich war ihr einziger wirklicher Freund, die einzige echte Beziehung, die sie hatte. Wir waren wie ein Liebespaar; sie liebte mich, und ich liebte sie. Der einzige Mensch, in den ich je wahrhaft verliebt war, war sie. Sie scherzte einmal, ihr Analytiker habe gesagt, sie liebe mich mehr als alle übrigen Menschen, mehr als Bill oder ihre Kinder, und er finde, sie sollte ein Verhältnis mit mir haben. Es war einer jener Scherze, die im Grunde kein Scherz sind. Er hatte recht. Wir waren vollkommen aufeinander eingespielt. Wir hatten ein ungeschriebenes Gesetz: Wenn ich vermutete, daß sie sich aus irgendeinem Grund schlecht fühlte, dann schickte ich ihr, egal, welche Jahreszeit es war, Maiglöckchen, ohne Worte. Und sie tat dasselbe für mich. Sie erzählte mir einmal, sie habe ihre Grabstätte auf Long Island gekauft, und da sei auch Platz für mich, weil sie mich neben ihr bestattet haben wolle.
Ich war ihr Resonanzboden und der einzige Mensch, der sie wirklich kannte. Sie war das eigentliche Rätsel in einem Rätsel. Sie war eine wunderbare Frau, aber sie hatte auch einen kalten, grausamen Zug, den niemand außer mir kannte. Als sich Slim von Leland Hayward scheiden ließ und Lord Keith heiratete, der zwar reich war – aber nicht sehr, sehr reich –, sagte Babe: ›Slim hat es nie ganz geschafft, nicht wahr?‹ Selbst ich, der glaubte, alle Winkel ihrer Seele zu kennen, war überrascht, und zwar aus zwei Gründen. Der erste war, daß es überraschend war, Babe darüber reden zu hören, daß es jemand ›schafft‹. Der zweite war, daß Slim eine ihrer allerbesten und ergebensten Freundinnen war. Aber ihre Worte trafen mit tödlicher Präzision zu hundert Prozent ins Schwarze. Slim schaffte es wirklich nie ganz in dem kleinen Kreis, in dem sie sich bewegten.«

In Stilfragen war auch Bill Paley unfehlbar. Sein Geschmack war so sicher wie der seiner Frau, und er war ein noch größerer Perfektionist. Als CBS ihre neue Zentrale an der Sixth Avenue errichtete, überwachte er beispielsweise jede Kleinigkeit in der Bauplanung bis hinunter zur Form der Türgriffe. Als er in der 53. Straße East den kleinen Park schuf, der seinen Namen trägt, prägte er dem kleinsten Detail seinen Stempel auf, die Hotdogs eingeschlossen, die am Kiosk verkauft werden sollten. Unzufrieden mit den Dutzenden Arten von Würstchen, die er probierte, ließ er sich welche nach eigenem Rezept anfertigen – und bestimmte dann, wie sie gekocht werden sollten.

Bill war, seit er erwachsen war, gewöhnt, daß man ihm gehorchte und daß er genau das erhielt, was er wollte und wann er es wollte. Er konnte seinen Charme so schnell abschalten, wie er ihn anschaltete. Mitarbeiter, die sich für seine Freunde hielten, wurden regelmäßig eines anderen belehrt. »Ich glaube, daß der Umgang mit mir nicht besonders leicht ist«, schrieb er in seinen Memoiren. »Ich habe den Eindruck, daß ich sehr wenige Vertraute habe, obwohl ich eine Unmenge Bekanntschaften im Leben gemacht habe, von denen sich viele als meine Freunde bezeichnen und die auch ich als Freunde betrachte. Außer bei diesen wenigen gefällt mir die Vorstellung nicht, von anderen abhängig zu sein. Ich fühle mich dabei nicht sicher.«

Mit Truman jedoch fühlte er sich sicher, und er saß manchmal an dessen Bett zu langen Gesprächen, wie sie ein liebevoller Vater mit seinem verhätschelten Sohn führen könnte. »Er hat mir ausgezeichnete Ratschläge gegeben«, bemerkte Truman. Wenn es der Anlaß erforderte, konnte Bill auch die Rolle des strengen Vaters einnehmen. Einmal, so erinnerte sich Christopher Isherwood, hatten Isherwood und sein Freund Don Bachardy zusammen mit Truman und Bill einen Flug von Los Angeles nach New York gebucht. Am Abend der Abreise verschwand der Flughafen im dichten Nebel. In die Düsternis hinausblickend, erklärte Truman, er habe die Vorahnung einer Katastrophe, und führte mehrere Beispiele all der schrecklichen Dinge an, die sich ereignet hatten, als er bei früheren Anlässen ähnliche Gefühle gehabt hatte.

»Obwohl Bill Truman und die Welt zur Genüge kannte, war ihm dieses Gerede doch ein kleines bißchen unbehaglich«, erzählte Isherwood. »Es ging ihm unter die Haut, und er sagte in einem Ton, der gleichzeitig bestimmt und väterlich war, im Ton, in dem ein Oberst mit einem seiner Untergebenen reden könnte: ›Truman, wenn du heute abend nicht mit uns fliegst und uns etwas zustößt, wirst du es dir nie verzeihen. Also kommst du mit!‹ Truman fügte sich, und nach stundenlanger Verzögerung rollten wir schließlich über die Startrampe und hoben in den Nebel hinein ab. Plötzlich kam er, obwohl noch niemand seinen Sitz verlassen sollte, aus der ersten Klasse, wo Bill und er saßen, durch den Gang gelaufen, warf sich uns auf den Schoß, umhalste uns und sagte: ›Haben meine Häschen Angst?‹ Es war, glaube ich, die einzige wirklich liebenswürdige Geste, die ich je von ihm erlebt habe.«

Freunde blieben sie, Truman und Bill, aber im Lauf der Monate und Jahre wurde ihre Beziehung entschieden komplizierter. Truman mochte Bill, er bewunderte und respektierte ihn, aber aufgrund seiner Liebe zu Babe konnte er auch eifersüchtig und ablehnend sein, von all den Gefühlen heimgesucht, die mit dem Ödipuskomplex verknüpft sind. Bill konnte seinerseits großzügig und nachsichtig sein, aber Truman fand, daß er auch schäbig und gemein sein könne. »Jeder, der Bill kennenlernt, glaubt, er sei Mr. Cool, und nichts könne ihn je aus der Fassung bringen«, meinte Truman. »So ist er in Wirklichkeit nicht. In Wirklichkeit ist er trotz all seiner Erfolge ein schwer gestörter Mann mit einem enormen Minderwertigkeitskomplex. Er kann sehr jähzornig sein, was niemand weiß, und Babe hatte Angst vor ihm.

In dem großen Haus, das sie auf Long Island bewohnten, gab es einen Kindertrakt. Babe ließ jedes Wochenende einen Rabbi zu ihren zwei Paley-Kindern kommen, während ihre beiden Mortimer-Kinder in eine Sonntagsschule der Episkopal-Kirche geschickt wurden. Bill wußte nichts davon. Das Komische an ihm war, daß er der unjüdischste Jude war, den ich je gesehen habe. Wenn man nicht wußte, daß er Jude war, hätte man es nie erraten. Am Wochenende schlief er gewöhnlich lang, bis etwa elf, und der Rabbi kam um neun und ging um zehn Uhr wieder. Das lief etwa drei Jahre lang so ab. Eines Tages stand Bill früher auf, weil er Golf spielen wollte, und ging in den Kindertrakt hinüber, wo der Rabbi gerade den Gottesdienst abhielt. Wenn Bill ein Zimmer betritt, erfaßt er die Situation auf den ersten Blick, und er ließ sich keine Sekunde lang anmerken, daß er überrascht war, den Rabbi dort zu sehen. Er setzte sich sogar hin und unterhielt sich mehrere Minuten lang mit ihm, bevor er wieder ging. *Dann* eilte er in den anderen Trakt hinüber. Ich saß am Fußende von Babes Bett mit einem Frühstückstablett auf dem Schoß, als er die Treppe heraufgestürmt kam. Ich habe nie jemanden so wütend gesehen! ›Was zum Teufel fällt dir ein, einen Rabbi in dieses Haus zu holen?‹ herrschte er sie an.*

Er ist der eifersüchtigste Mensch, den ich je im Leben kennengelernt habe – und das will viel bedeuten. Einmal waren wir in Venedig und gingen mit einem italienischen Grafen und seiner Frau zum Abendessen. Der Graf entstammte einer der ältesten venezianischen Familien und war sehr gutaussehend und sehr reich. Seine Frau und er hatten etwa sieben Kinder, aber er war hundertprozentig schwul: eine Situation, wie es sie nur in Italien geben kann. Er tanzte den ganzen Abend lang mit Babe auf der Terrasse, und dann gingen sie, Bill und ich zu unserem Hotel zurück. Ich merkte, daß Bill fuchsteufelswild war, und als wir oben waren, sagte er zu Babe: ›Du hast ja eine schöne Show abgezogen heute abend. Ich glaube, du hast viereinhalb Stunden pausenlos getanzt, während ich da am Tisch saß.‹

›Ach, Bill, sei nicht so langweilig‹, sagte sie. ›Ich mag ihn. Er ist nett, er ist charmant, und er ist ein guter Tänzer. Ich tanze gern und du nicht. Es hat Spaß gemacht. Ich habe mich gut unterhalten.‹

›Zwischen euch beiden ist doch etwas‹, sagte Bill.

›Es ist nichts zwischen ihnen‹, sagte ich – und jetzt ging er auf mich los.

›Was zum Teufel weißt du denn darüber?‹ fragte er mich.

* Paley leugnete, daß die Besuche des Rabbis hinter seinem Rücken arrangiert worden seien; er behauptete im Gegenteil, daß er sie über das Jüdisch-Theologische Seminar selbst veranlaßt habe.

›Nun, was zum Teufel ich darüber weiß, ist, daß er schwul ist und daß er alle Affären, die er hat, mit Männern hat.‹
›Das stimmt, Bill‹, sagte Babe. ›Was Truman sagt, ist wahr.‹
›Ich kenne genügend Typen, die so tun, als wären sie schwul‹, donnerte Bill, ›und dabei bumsen sie alle verheirateten Frauen von hier bis Maine. Das ist doch bloß Show. Ich glaube nicht, daß er wirklich homosexuell ist!‹
›Also, ich kann dir schriftlich geben, daß er es ist‹, sagte ich, ›und ich kenne ihn schon viel länger als du.‹
Als wir so weit waren, fing er an, mit Möbeln um sich zu werfen, und Babe und ich sperrten uns in einem der Schlafzimmer ein. Er versuchte, die Tür aufzubrechen, und wir verbarrikadierten uns mit allen möglichen Möbelstücken. Und er war nicht etwa betrunken! Er tobte bloß vor Wut! Er ist ein sehr gewalttätiger Mensch. Babe und ich blieben ziemlich ruhig. Irgendwie fanden wir das Ganze sogar erheiternd. Wir waren in Sicherheit, und wir wußten, daß nichts allzu Schreckliches geschehen würde. So warteten wir einfach im Schlafzimmer, bis er sich ausgetobt hatte. Ich glaube, wir sind während dieser unglaublichen Szene sogar eingeschlafen.*
Von allen Männern, die ich kenne, hat Bill den besten Geschmack. Ich glaube, er erkannte, daß Babe alle anderen Frauen in den Schatten stellte, und heiratete sie, weil sie so schick war. Ich glaube nicht, daß er es aus Liebe tat und auch nicht wegen ihrer gesellschaftlichen Stellung – obwohl ihm die sicher gelegen kam. Für ihn war sie die ideale Frau, in jeder Hinsicht vollkommen. Aber was er sich eigentlich wünschte, war Marilyn Monroe, ein sinnliches Weib. Ich versuchte, Babe einzureden, daß er sie liebe, aber sie glaubte mir nie. Sie meinte, Liebe und Sex müßten Hand in Hand gehen.
Ihre Beziehung zu ihm war eine Haßliebe: sie liebte, liebte, liebte ihn und haßte, haßte, haßte ihn. Ich habe nie jemanden kennengelernt, der so todunglücklich war wie sie. Zweimal habe ich sie gerettet, als sie sich umbringen wollte. Einmal schluckte sie Tabletten, und das andere Mal

* Paley leugnete, daß diese Episode je stattfand.

schnitt sie sich die Pulsadern auf. Einmal war sie im Begriff, ihn zu verlassen, und ich bat sie, sich hinzusetzen, und sagte zu ihr: ›Schau her, du hast kein Geld, und du hast vier Kinder. Denk an sie. Bill hat dich eingekauft. Er hat dich besetzt wie eine Filmrolle. Du bist ein vollkommener Typ für ihn. Betrachte es als einen Job, Mrs. William S. Paley zu sein, als den besten Job der Welt. Akzeptiere ihn und sei glücklich damit.‹ Sie weinte und sagte: ›Ich muß darüber nachdenken. Laß mich jetzt ausruhen.‹ Sie legte sich hin und schlief zwei Stunden. Als sie aufwachte, gab sie sich einen Ruck und sagte: ›Du hast recht.‹ Und damit war der Fall erledigt.
Sie hatte ein Verhältnis mit einem inzwischen verstorbenen Mann, der amerikanischer Botschafter in einem osteuropäischen Land war. Sie lud mich einmal in ein Restaurant auf der West Side zum Mittagessen mit ihm ein. Ihre Liebesaffäre dauerte ein paar Monate, aber sie machte Schluß, weil sie Angst hatte, daß Bill draufkommen könnte. Sie hatte alles: Schönheit, Schick und so viel Geld, wie man sich nur wünschen kann. Aber als sie es bekam, entdeckte sie, daß es nicht das war, was sie wollte. Ich betrachte ihr Leben als eine Tragödie, obwohl mir niemand auf der Welt zustimmen würde.«

Bill mag die schöne Babe schlecht behandelt haben, doch Truman war nicht besser. Er mißbrauchte ihr Vertrauen, indem er dem Sexualleben der Paleys oder, wie er sagte, dessen Nichtvorhandensein einen Spitzenplatz unter seinen mittäglichen Klatschgeschichten einräumte. Vielleicht glaubte er – die für ihn günstigste Auslegung –, seine Enthüllung werde Bill in den Augen seiner Freunde irgendwie entwerten und Babe Mitgefühl sichern. Oder vielleicht – der wahrscheinlichere Fall – war er einfach ein so unverbesserliches Klatschmaul, daß er der Versuchung nicht widerstehen konnte, eine pikante Geschichte zu erzählen, wobei er natürlich keinen Zweifel daran ließ, daß er der einzige sei, dem sie das peinliche Geheimnis anvertraut habe. So oder so, er machte sich an ihr schuldig, ob sie es wußte oder nicht.

Was auch immer sein Motiv war – der Ruf, dem er mit seiner Geschwätzigkeit am meisten schadete, war weder der von Babe noch der von Bill, sondern sein eigener. »Babe hat einen Fehler gemacht, als sie ihm vertraute«, meinte eine ihrer Freundinnen. »Mein Mann und ich trafen Truman Anfang der sechziger Jahre einmal zum Mittagessen, kurz nachdem er einige Zeit mit Babe verbracht hatte. Er erzählte uns, daß Bill nicht mehr mit ihr schlafen wolle und daß sie das sehr bedrücke. Wir waren beide entsetzt über seine Indiskretion, und mein Mann wollte, daß ich es ihr sage. Aber das habe ich einfach nicht fertiggebracht. Ich konnte sie nicht über Truman aufklären, und ich wollte sie nicht demütigen, indem ich ihr sagte, daß er die intimsten Details ihres Lebens im ganzen Land ausposaunte. Er tratschte ja nicht nur gegenüber einigen wenigen, die ihr am nächsten standen. Er erzählte es jedem.«

Das ist jedoch noch nicht das letzte Wort über Truman und die Paleys. Die meisten engen Beziehungen zwischen intelligenten und eigenwilligen Menschen sind Schwankungen ausgesetzt; die Zeichen stehen mal auf heiß und mal auf kalt, mal auf Sonne und mal auf Sturm. Und das galt auch für diese Verbindung, eine der ungewöhnlichsten überhaupt. Truman war Freund, Vertrauter und Kind der Paleys. Er teilte alles mit ihnen, was es in ihrer Ehe an Gutem und Schlechtem gab. Sie verließen sich auf ihn, so wie er sich auf sie. Er liebte Babe, und er empfand mehr Sympathie als Antipathie für Bill. Durch Regen und Sonnenschein überdauerte das sagenhafte kleine Trio mehr als zwanzig Jahre, und alle die es erlebten, konnten darüber nur staunen.

Eines der frühen Fotos, das am Swimming-pool der Paleys in Jamaica gemacht wurde, gibt Aufschluß über das Fundament dieses merkwürdigen Bündnisses. Bill, der robuste Tycoon Mitte Fünfzig, ist in Sporthemd und Shorts und strahlt so viel Zuversicht aus wie die Sonne selbst. Babe, nicht mehr als vierzig oder einundvierzig, makellos und souverän, lächelt strahlend. Truman, in kurzer weißer Hose, mit nacktem Oberkörper und einer flotten gestreiften Mütze, hält einen Apfel hoch und grinst spitzbübisch, als hätte ihn die Kamera soeben mitten in einem Schabernack ertappt, den er fortsetzen wird, sobald der Verschluß klickt.

Keine drei Menschen hätten glücklicher zusammen aussehen können. An diesem wolkenlosen, sonnensatten Nachmittag hätte ein Satz von Proust auch für sie gelten können: »Gierig nach Glück, wünschte ich mir in solchen Augenblicken vom Leben nichts weiter, als daß es aus einer Reihe froher Nachmittage bestehen möge.«

34

Im Frühjahr 1955, als »Das Blumenhaus« noch lief, traf Truman Vorkehrungen, um mit Jack den Sommer wieder am Meer verbringen zu können. Als er von einem abgelegenen Bungalow auf Fire Island hörte, rief er den Besitzer an. »Zu wievielt seid ihr?« fragte ihn der Mann. »Wir wären bloß zu zweit«, antwortete Truman. Der Besitzer war skeptisch. »Es ist etwas einsam für zwei Mädchen hier draußen«, meinte er und provozierte einen Aufschrei der Empörung am anderen Ende. »Hier spricht Truman Capote!« Bald wurde man handelseinig, und Truman konnte mit einigen seiner schnieken neuen Freunde nach Europa abreisen. Von Venedig – was für Truman natürlich Harry's Bar bedeutete – schrieb Angelo, der Ober, ein paar rührende Zeilen an Jack. »Lieber Mr. Jack«, schrieb er, »wir vermissen Sie und wünschten, Sie wären hier bei unserem geliebten Mr. Truman.«
Als Truman am 6. Juli bei Mr. Jack und den beiden Hunden auf Fire Island eintraf, war er ausgeruht und freute sich darauf, wieder mit Schreiben zu beginnen. Alle seine vergeudeten Anstrengungen im Theater hatten zumindest ein positives Ergebnis gezeitigt: Er wußte jetzt, welche Richtung seine Karriere einzuschlagen hatte. Bob Linscott hatte von Anfang an recht gehabt. Trumans Talent kam auf bedrucktem Papier am besten zur Geltung. Nicht länger abtrünnig, opferte er erneut am Altar der Prosa. »Ich habe Wort gehalten und bin jetzt wieder ernsthaft an der Arbeit«, schrieb er seinem alten Lektor, »und ich hoffe, daß ich Dir im September etwas Interessantes zu zeigen habe.«
Das »Interessante« war der Kurzroman, dem er bereits den Titel »Breakfast

at Tiffany's« (»Frühstück bei Tiffany«) gegeben hatte. Bevor er sich darein vertiefen konnte, wurde seine Aufmerksamkeit jedoch aufs neue abgelenkt, diesmal nicht vom Theater, sondern von einer Form der Prosa, die ihn seit langem gereizt hatte: dem Journalismus. Er hatte sich seit Jahren gewünscht, seine diesbezüglichen Fähigkeiten zu erproben, und jetzt bot ihm Harold Arlen eine fast unwiderstehliche Gelegenheit. Arlens Freund Robert Breen war Leiter der Everyman Opera, eines Ensembles, das George Gershwins Oper »Porgy and Bess« in der ganzen Welt aufgeführt hatte. Zu Weihnachten, sagte Arlen, plane Breens überwiegend schwarze Truppe ihre bisher kühnste Expedition. Unter Ausnutzung eines Tauwetters im Kalten Krieg habe sie vor, die *Stars and Stripes* ins Zentrum des gegnerischen Lagers zu tragen und als erstes amerikanisches Ensemble seit der Russischen Revolution in der Sowjetunion aufzutreten. Truman solle mitfahren, meinte der Komponist, und einen Bericht über das Abenteuer der Truppe schreiben. Truman erklärte sich bereit; »Frühstück bei Tiffany« würde warten müssen.

The New Yorker, der die Geschichte, die er mitbrachte, veröffentlichen wollte, kam für seine Kosten auf, Babe Paley schenkte ihm eine Winterausrüstung von Abercrombie & Fitch, und als Schutz gegen den eisigen Wind kaufte er sich einen gelben Kaschmir-Schal, der drei- oder viermal so breit wie sein üblicher war. Von unten bis oben eingemummt, »sah er aus wie ein kleines Häschen«, bemerkte ein Mitglied von Breens Truppe. So angetan, passierte er am 19. Dezember 1955 die Grenze von West-Berlin in den Ostteil der Stadt. Dort bestieg er mit mehr als neunzig anderen aufgeregten Amerikanern den Blauen Expreß, der sie in das froststarre Herz Rußlands bringen sollte: zuerst nach Leningrad, wo »Porgy« am zweiten Weihnachtsfeiertag Premiere haben sollte, dann nach Moskau, wo die Vorstellungen am 10. Januar 1956 beginnen sollten.

Breen, seine Frau Wilva und die meisten anderen Mitglieder der winterfesten Truppe betrachteten die Tournee als ein historisches Ereignis, durch das sich der Eiserne Vorhang für einen weiteren sowjetisch-amerikanischen

Kulturaustausch öffnen werde. Die Russen schienen ihre Hoffnungen zu teilen. »Ihr Besuch ist ein Fortschritt auf dem Marsch zum Frieden«, verkündete der Hauptgastgeber, ein Vertreter des Kulturministeriums. »Wenn die Kanonen sprechen, schweigen die Musen; wenn die Kanonen schweigen, sprechen die Musen.«

Aber Truman war nicht daran interessiert, einen Bericht über ein historisches Ereignis zu schreiben. Genau genommen war er von seinem Naturell her für ein so gewichtiges Unternehmen wahrscheinlich ungeeignet. Fast sofort, wahrscheinlich noch bevor der Blaue Expreß den Ostberliner Bahnhof verlassen hatte, erkannte er, daß Breens historisches Vorhaben auch Material enthielt, das seinen komödiantischen Talenten in idealer Weise entgegenkam. In einem späteren Kommentar erklärte er, daß er »The Muses Are Heard« (»Die Musen sprechen. Mit Porgy und Bess in Rußland«), wie er seine Chronik nannte, als einen kurzen humoristischen Roman konzipiert habe. »Ich wollte, daß es sehr russisch wird, nicht in dem Sinne, daß es an russische Literatur, sondern vielmehr, daß es an ein *objet* aus der Zarenzeit erinnern sollte, an ein Werk Fabergés, sagen wir eine seiner Spieldosen, aus denen irgendeine glockenhelle, präzise, schalkhafte Melodie erklang.«

Mit dieser schalkhaften Einstellung beobachtete er seine Mitreisenden, die in froher Stimmung und unverklemmt waren und denen, wie kaum anders zu erwarten, mehr am persönlichen Erfolg gelegen war als an der Verbesserung der Ost-West-Beziehungen. Truman belegte ein Abteil mit Earl Bruce Jackson und Helen Thigpen, die in Moskau heiraten wollten. »Das wird Schlagzeilen machen«, prophezeite Jackson, der sich vor der Abreise aus Deutschland einen speziellen Hochzeitsanzug, einen braunen Frack mit champagnerfarbenen Satinaufschlägen, gekauft hatte. »Das erste schwarze Brautpaar aus Amerika, das in Moskau heiratet. Das ist was für die Titelseite. Fürs Fernsehen.«

Als nächstes warf Truman sein Auge auf die Breens, die mit übertriebenem Ernst an ihre Rolle als Kulturbotschafter herangingen, und auf Leonard Lyons, den Kolumnisten der *New York Post*, der in einer unbewußten

Parodie des Reporters vom alten Schlag Headlines witterte, wo immer er hinsah. Obwohl im Zug gravierender Platzmangel herrschte, hatte es Lyons geschafft, ein Abteil für sich allein zu ergattern, indem er seine vorgesehenen Reisegefährten einfach vor die Tür setzte. »Ich kann nicht schreiben, wenn da so viele Typen herumsitzen«, behauptete er. Nach Lyons richtete Truman seinen Blick auf Mrs. Ira Gershwin, die Frau des Mitautors von »Porgy and Bess«, die er als kokette Aufsteigerin betrachtete, die ihre Rede wahllos mit Koseworten wie »Liebling« und »Schätzchen« würzte und die niemals, auch nicht zum Frühstück, ohne ihre Brillanten erschien.
Schließlich wandte er sich mit weitaus größerer Sympathie Breens Sekretärin Nancy Ryan zu, die sich ebenfalls in seinem Abteil niedergelassen hatte. Die große, blonde Nancy, die drei Jahre zuvor ihre Ausbildung in Radcliffe abgeschlossen hatte, war die ideale Capote-Frau, klug, impulsiv und etwas überspannt. Durch einen merkwürdigen Zufall besaß sie auch viel Ähnliches mit Holly Golightly, der Heldin von »Frühstück bei Tiffany«. Im übrigen war sie fast so attraktiv wie ihre Mutter, Mrs. Rhinelander Stewart, eine der legendären Schönheiten von Manhattans Jet-set. Als Nancy als Teenager »Andere Stimmen« gelesen hatte, hatte sie ihrer Mutter das umstrittene Bild des Autors auf dem Umschlag gezeigt. »Dem traue ich allerhand Schandtaten zu«, hatte die eindrucksvolle Lady dazu erklärt. Der besorgte Lyons, der Truman dabei ertappte, wie er alle übrigen beobachtete, hatte denselben Eindruck. Er nahm Nancy beiseite und fragte sie: »Führt Truman ernsthaft etwas Böses im Schilde?«
Truman selbst ist ebenfalls unter den Protagonisten von »Die Musen sprechen«, das er wie alle seine heiteren humoristischen Werke in der ersten Person geschrieben hat. Er bringt sich so weit ein, daß er anmerkt, er sei auf sowjetischen Straßen angestarrt worden, aber gleichzeitig erweckt er beim Leser den Eindruck, daß jedem Amerikaner dieselbe Aufmerksamkeit zuteil geworden wäre. Von allen Rezensenten des Buches erkannte nur der englische Kritiker Kenneth Tynan, der Truman kannte, daß die Russen wohl nicht jeden Amerikaner gleichermaßen anstarrten, sondern einen ganz besonders. »Ich halte es nur für fair, darauf hinzuweisen«, schrieb

Tynan im Londoner *Observer*, »daß seine etwas ungewöhnliche Erscheinung – klein, koboldhaft und außerordentlich temperamentvoll – in seiner Heimat oft ähnliches Aufsehen erregt.«
Wenn Truman nicht seine gelbe Stola trug, schleifte er den feuerroten Schal, den ihm Lenore Gershwin geschenkt hatte, hinter sich her oder zog ihn sich über den Kopf wie eine Babuschka. Mindestens einmal kicherten Fußgänger, als er vorüberging. »Lacht nur, ihr Langweiler«, antwortete er. »Aber worüber werdet ihr nächste Woche lachen, wenn ich nicht mehr da bin?« Eines Tages unterhielt sich Breen mit seinen russischen Gastgebern in der Halle des Leningrader Hotels Astoria, wo das Ensemble untergebracht war, da erschien Truman auf der opernhaft imposanten Marmortreppe. Die Konversation brach mitten im Satz ab. Gebannt verfolgten die Russen, wie er würdevoll die Treppe herunterkam. Ohne sich anmerken zu lassen, daß er sich auch nur beobachtet, geschweige denn, daß er sich im Mittelpunkt des Interesses wußte, schritt Truman majestätisch an ihnen vorüber und durch die Drehtür hinaus. Als sie eben dachten, er sei verschwunden, erschien er plötzlich wieder mit der Drehtür, vollführte einen Fußtritt in ihre Richtung und entschwand endgültig. Nach diesem bemerkenswerten Abgang herrschte langes Schweigen, das schließlich vom leicht mürrischen Mann aus dem Kulturministerium gebrochen wurde: »Solche haben wirr in der Sowjetunion auch, aber wirr verstecken sie.«

Nicht alle lachten über Truman oder starrten ihn an. Obwohl keines seiner Werke ins Russische übersetzt worden war, hatten einige Leute manche davon heimlich gelesen, und sie begrüßten ihn jetzt mit klammheimlicher Begeisterung. Sein glühendster Fan, ein Englischprofessor an der Universität von Leningrad – *Boris the Bunny* nannte ihn Truman –, lud ihn zu einer Zecherei ein. An dem Abend fand Nancy die beiden hingestreckt in Trumans Hotelzimmer vor, das durch ein gemeinsames Bad mit dem ihren verbunden war. »Fand sie sternhagelvoll in seinem Zimmer, beide etwas ramponiert«, schrieb sie in ihr Tagebuch. »Unzusammenhängende Erzählungen über Wodka, Kaviar, ›das absolut *himmlischste* Restaurant‹. Am

Morgen danach kroch T. in mein Bett und wurde von mir mit Alka-Seltzer gelabt. Fühlte sich den ganzen Tag entsetzlich.« In einem Bericht an Newton schilderte Truman Boris als »witzig, charmant und amüsant: Eigenschaften, die beim Sowjetmenschen seltener als Platin sind.«

In Moskau sprach er vor dem sowjetischen Schriftstellerverband und erklärte, sein primäres Anliegen als Schriftsteller sei nicht der Inhalt, sondern der Stil. In der Sowjetunion, antwortete der Verbandsvorsitzende, erwarte man umgekehrte Prioritäten. »Wir sind der Ansicht, daß jedes Gedicht und jedes Lied ein Geschoß und ein Banner sein sollte«, erklärte er. – »Das hat mir *wirklich* die Sprache verschlagen«, gestand Truman den Reportern bei seiner Rückkehr nach New York.

Er wurde auch von den Söhnen und Töchtern prominenter Mitglieder der sowjetischen Nomenklatura in Beschlag genommen. »Sein Kontaktmann war ein junger Mensch namens Victor«, erzählte Nancy. »Truman bezeichnete ihn sehr frivol als seinen ›Moskauer Beau‹. Er war ein reicher, gutaussehender Faulenzer, der eines Abends im Theater auf ihn zukam und sich ihm in perfektem Englisch vorstellte. Am nächsten Nachmittag erhielt Truman einen geheimnisvollen Anruf, in dem er angewiesen wurde, um halb vier Uhr auf seinem Zimmer zu sein. Er wurde dort abgeholt – ich kochte vor Neid, weil man mich nicht einlud – und in eine elegante Villa in südländischem Stil gebracht, wo der russische Jet-set zahlreich vertreten war. Es stellte sich heraus, daß Truman für diese jungen Leute eine Art große literarische Figur war. Sie nahmen ihn in ihre Datschas mit, wo er sah, daß sie alle den *New Yorker* abonniert hatten und ein sehr westlich ausgerichtetes Leben führten. ›Nur in einer Kultur mit Geschmack laufen die Hosen nach unten schmal zu‹, meinte Victor, der westlich auszusehen versuchte, es aber nicht ganz schaffte. Einer seiner Freunde sagte über die gewöhnlichen Russen: ›Die Ärmlinge sind so fad.‹ Eine köstliche Formulierung! ›Die Ärmlinge sind so fad.‹«

Truman blieb auch Zeit, seiner lebenslangen Leidenschaft für »stinkende, schmierige Lokale«, wie Lyons sagte, zu frönen. Er organisierte eine Kneipentour mit Lyons, Nancy und Priscilla Johnson, einer Russisch sprechenden Jahrgangskollegin von Nancy in Radcliffe, die für sie dolmetschte. »Wir löcherten sie ständig, dem Taxifahrer klarzumachen, daß wir eine echte Spelunke wollten, keine Touristenbar«, erzählte Nancy. »Schließlich kamen wir an einem Lokal vorbei, und Truman sagte: ›Das ist das Richtige.‹ Gerade, als er das sagte, öffnete sich die Tür, und eine riesige Rausschmeißerin warf einen Betrunkenen auf die Straße. Da gingen wir dann rein.«

Im Leben jedes Schriftstellers, selbst eines, der sich so oft und so lauthals wie Truman über die Pein beklagt, Worte zu Papier bringen zu müssen, gibt es ein Buch, das sich wie von selbst zu schreiben scheint, einen magischen Augenblick, in dem ihm die Tinte so flüssig aus der Feder strömt wie Old Man River. Für Truman war dieses Buch »Die Musen sprechen«, und der magische Augenblick begann, als sich der Blaue Expreß auf seine gemächliche Fahrt durch die Ebenen Osteuropas machte. Rückblickend sagte er: »›Die Musen sprechen‹ ist das einzige Werk von mir, von dem ich ehrlich sagen kann, daß es mir Spaß gemacht hat, es zu schreiben, eine Tätigkeit, die ich nur selten mit Vergnügen assoziiere.«

Was Trumans Aufgabe so leichtmachte und ihm solches Vergnügen bereitete, war der Tonfall des Buches, der seinen mittäglichen Konversationsstil in Bestform spiegelt – genau beobachtend, schwatzhaft, bissig und immer unterhaltsam. Die Breens hofften, er werde sich auf höhere Dinge konzentrieren, doch er interessierte sich mehr für die niedrigen. Er liebte es, Leute zu belauschen, und er hielt fest, was sie wirklich sagten, nicht, was sie der Geschichte weismachen wollten, gesagt zu haben. Dieser Stil der Reportage – der »Neue Journalismus«, wie man ihn ein Jahrzehnt später nannte – ist inzwischen allgemein üblich, aber damals war er neu und ungewöhnlich. Truman war nicht der erste, der damit experimentierte. Genau genommen wurde er durch das Beispiel von Lillian Ross dazu ermutigt, wenn nicht überhaupt veranlaßt, die diese Art zu schreiben in zwei früheren, hochgelobten Aufsätzen im *New Yorker* erstmals angewandt hatte: in einem Porträt von Hemingway und in ihrer Reportage über die Entstehung von John Hustons Film »The Red Badge of Courage« (»Die rote

Tapferkeitsmedaille«). Aber Truman ging einen Schritt weiter. Ihrer Kompetenz als Journalistin fügte er die Qualitäten des Romanciers hinzu, der den gesammelten Fakten Form und Struktur verleiht.

Wie viele spätere Vertreter des »Neuen Journalismus« nahm er sich um der Lesbarkeit des Textes willen beträchtliche Freiheiten heraus. Manchmal veränderte er die Reihenfolge von Ereignissen, und gelegentlich verschmolz er voneinander unabhängige Episoden. In einem Fall erfand er sogar eine ganze Szene – eine köstliche Begebenheit im Bahnhof von Brest-Litowsk – und dichtete einige Figuren hinzu oder vereinigte mehrere Personen zu einer Gestalt. »Er hat die Dinge etwas umgestellt«, meinte Nancy Ryan. »Aber er hat den Kern der Wahrheit und den Geist der Dinge nie verfälscht.«

Obwohl ihm manche, mit denen er durch die Steppen Rußlands reiste, seine Schilderungen verübelten, hatte keiner von ihnen etwas vorzuweisen, was Nancys Behauptung in Frage gestellt hätte. Lyons, der sich am tiefsten getroffen fühlte, verwandte eine Kolumne darauf, einige der dümmlichen Kommentare zu dementieren, die ihm zugeschrieben worden waren. Nach den hanebüchenen Berichten zu urteilen, die Lyons nach Hause schickte, wurde er jedoch im großen und ganzen wahrscheinlich doch richtig zitiert. Aus Rache suchte er Truman am, wie er meinte, empfindlichsten Punkt zu treffen, indem er seine Kolumne dazu benutzte, Gore Vidal mit schmeichelhafter Publicity zu verwöhnen. Truman ignorierte die vielen lobenden Äußerungen über seinen Lieblingsfeind, bis Lyons eines Tages erwähnte, der bemerkenswerte Gore habe sechzehn Bücher geschrieben – »und er ist noch keine dreißig«. Da griff Truman zum Telefon, um ihn zu korrigieren. »Er ist ZWEIunddreißig!« kreischte er.

»Die Musen sprechen«, ein relativ kurzes Werk, erschien im Oktober 1956 in zwei Nummern des *New Yorker*. Random House veröffentlichte die gebundene Ausgabe am Jahresende. Die Kritiker waren ausnahmsweise fast einstimmig in ihrem Lob und betrachteten die Reiseerzählung wie Truman als amüsante Spielerei, »boshaft, witzig und einfach große Klasse«, wie ein Rezensent schrieb.

Nachdem Truman Ende Februar 1956 nach New York zurückgekehrt war, begab er sich wieder nach Europa, wo er mehrere Wochen lang in Peggy Guggenheims venezianischem Palazzo an »Die Musen sprechen« arbeitete. »Er legt großen Wert auf seine Linie und hat auch mich zu einer Diät bewogen«, erzählte sie. »Jeden Abend nahm er mich in Harry's Bar mit und veranlaßte mich, Fisch zu essen.« Anfang Mai war er wieder in Manhattan, und Mitte Juni verlegten Jack und er ihren Haushalt wieder ans Meer, diesmal nach Stonington, eine kleine Hafenstadt in Connecticut. »Du wärest begeistert«, schrieb er Cecil. »Die wunderschönsten Bäume und alten Häuser. Wir haben ein riesiges, ganz lustiges Haus mit wundervollem Ausblick.«

Jack und er brauchten jedoch nicht lange, um festzustellen, daß sie nicht davon begeistert waren. Es gab keinen Strand zum Schwimmen, die meisten Nachbarn waren ältere Leute, und der rauflustige Kelly war ständig in Händel mit den anderen Hunden des Ortes verstrickt, von denen einer sich so in Trumans Hände verbiß, daß er sie bandagieren mußte. In der ansonsten friedlichen Umgebung gerieten sich auch Jack und er in die Haare; es war ein halb ernsthafter, halb komischer Zwist, bei dem zur Abwechslung Truman der Aggressor war.

»Es war der größte Krach, den wir je hatten«, erinnerte er sich, »es ging um Medaglia d'Oro-Kaffee! Jack hatte eine Leidenschaft für Medaglia d'Oro-Kaffee, aber in Stonington gab es keinen Medaglia d'Oro-Kaffee. Eines Tages wollte ich Besorgungen in Providence/Rhode Island machen, das nicht weit entfernt ist, und er sagte: ›Komm mir ja nicht ohne Medaglia d'Oro-Kaffee zurück!‹

›Klar‹, antwortete ich, denn ich dachte: ›Die werden in Providence ja wohl Medaglia d'Oro-Kaffee haben.‹ Ich fragte in sieben oder acht Geschäften danach, aber sie hatten nicht nur keinen Medaglia d'Oro-Kaffee, sondern sie hatten überhaupt noch nie von Medaglia d'Oro-Kaffee gehört! Natürlich war Jacks erste Frage nach meiner Rückkehr: ›Wo ist mein Medaglia d'Oro-Kaffee?‹

›Tut mir leid‹, sagte ich, ›aber sie hatten keinen. Ich bin in verschiedenen Läden gewesen.‹

›Du bist in keinem einzigen gewesen‹, sagte er. ›Du hast es vergessen! Es ist dir egal!‹ Es gibt bestimmte Dinge, die in jeder langjährigen Beziehung geschehen, Spannungen, die sich anstauen. Mir platzt nicht sehr oft der Kragen, aber wenn es geschieht, dann heißt es den Kopf einziehen! Als er das sagte, sah ich rot. Ich habe das Haus systematisch durchgekämmt und mit allem um mich geschmissen, was mir unterkam. Ihm wurde unheimlich, weil er mich noch nie so gesehen hatte.« Bald wurde ein Friedensvertrag unterzeichnet, und für den Rest des Sommers trank Jack gewöhnlichen Kaffee.

Einer der Widersprüche in Trumans Persönlichkeit war, daß er, obwohl er Luxus so sehr liebte wie ein römischer Kaiser, gewöhnlich ohne zu nörgeln oder zu klagen so einfach lebte wie ein Trappist. In den fast acht Jahren ihres Zusammenlebens waren Jack und er umhergezogen wie Zigeuner, ohne in New York oder Europa eine dauerhafte Adresse zu haben. Fast alle ihre Domizile einschließlich der Fontana Vecchia waren extrem spartanisch gewesen, manche sogar primitiv. In der gegenwärtigen Wohnung in Manhattan – zwei Etagen in einem vermodernden Reihenhaus an der 65. Straße East – fehlte beispielsweise eine so wesentliche Einrichtung wie die Zentralheizung.

Als sein zweiunddreißigster Geburtstag nahte, wünschte sich Truman eine Wohnung, die zumindest eine Grundausstattung an Komfort aufzuweisen hatte, vier Wände, die er sein eigen nennen und so ausstatten konnte, wie Babe es ihm beigebracht hatte. Er wollte nicht nur Gast sein, sondern auch selbst Gäste haben können. Es war wahrscheinlich kein Zufall, daß sich Holly Golightly – »Frühstück bei Tiffany« beschäftigte ihn immer noch sehr – in ähnlicher Weise nach Dauerhaftigkeit und Stabilität sehnte. »Ein Teil seiner Persönlichkeit war auf der Suche nach einem Zuhause«, meinte Oliver Smith. »Wo, weiß ich nicht.«

Die unmittelbare und naheliegende Lösung bot Olivers Haus in Brooklyn Heights. Das vor dem Bürgerkrieg erbaute Haus war so geräumig wie ein kleines Hotel – es hatte fast zwanzig Zimmer – und verfügte über ein

Souterrain, das Oliver gerade zu einer Wohnung ausbauen ließ. Mitte Mai lud er Truman und Jack zum Abendessen und einer Besichtigung ein. Was sie sahen, entzückte sie. Die Souterrain-Wohnung, die Oliver vermieten wollte, bestand aus einem großen Wohnzimmer, einem Salon, einer kleinen Küche und zwei Schlafzimmern, von deren einem sich Fenster und Tür zum Garten hin öffneten, wo eine riesige Glyzine voll duftender, blauvioletter Blüten hing. »Ich würde gern hier wohnen, wenn ich dieses Zimmer haben könnte«, erklärte Jack, und sein Wunsch wurde ihm gewährt. »Wir sind sehr begeistert«, schrieb er Mary Louise. »Truman möchte ›ein schönes Heim‹ daraus machen.«

Überglücklich über die Aussicht, endlich eine dauerhafte Bleibe zu haben, verbrachte Truman einen Großteil des Sommers damit, Connecticut nach Krimskrams und Möbeln zu durchstöbern, die er dann im Hinterhof in Stonington aufpolierte. »In einem Antiquitätenladen sah er eine Lampe, die er haben wollte«, berichtete Jack seiner Schwester Gloria. »Die Frau sagte, sie könne sie nicht verkaufen – sie gehöre ihr nicht einmal – sie verwende sie nur, weil sie den Laden aufputze. Daraufhin begann eine große Korrespondenz zwischen Truman und der *eigentlichen* Besitzerin. Na, jedenfalls hat Truman die Lampe bekommen. Zum Geburtstag hat er mir ein altes Messingbett für elf Dollar gekauft – und ist jetzt dabei, es auf Hochglanz zu bringen!«

Im Laufe der Zeit wurde aus Olivers *Basement* wirklich ein schönes Heim. Truman fragte Billy Baldwin um Rat. Statt die Dunkelheit der Wohnung durch helle Farben zu überwinden, machte Baldwin sie zu einem Vorzug: Er wählte eine dunkelgrüne Tapete, die in Kombination mit heller Beleuchtung und glänzenden Accessoires – Lackschatullen, eine Fabergé-Dose und zwei goldgerahmte Spiegel in Form von Schmetterlingen – eine Stimmung von ewiger Weihnacht, von Winter am offenen Kamin hervorrief. Oliver war bereit, für besondere Anlässe sein eigenes Eßzimmer zur Verfügung zu stellen. Babe und ihre Schwester Minnie kamen oft zu Besuch, ebenso Jackie Kennedy und ihre Schwester Lee Radziwill. Als Oliver sagte, er möchte Jackie kennenlernen, arrangierte Truman ein

Mittagessen in Olivers Eßzimmer. Erst später erfuhr Oliver, daß Truman ihr erzählt oder zumindest deutlich hatte durchblicken lassen, das ganze Haus gehöre ihm. »Sie lachte darüber«, meinte Oliver, »denn mitten im Mittagessen begriff sie plötzlich, daß es nicht sein Haus war. Wahrscheinlich habe ich mich benommen, als ob es meines sei.«

Im Gegensatz zum übrigen Brooklyn – und übrigens auch zum größten Teil Manhattans – hatten die Heights die entspannte und weite Atmosphäre des New Yorks des 19. Jahrhunderts bewahrt. Truman freundete sich mit den Ladenbesitzern an, machte Spaziergänge über die nahegelegene Promenade mit dem atemberaubenden Ausblick auf die Wall Street und den Hafen und begutachtete die Schiffe, die unten vor Anker lagen. So weitgereist er war, er blickte im New Yorker Subway-System immer noch nicht ganz durch. Wenn er den Fluß nach Manhattan überquerte, geschah es fast immer per Taxi. Und so weit er auch streunte, er war immer froh, wieder in das hellgelbe Haus an der Willow Street Nr. 70 zurückzukehren. »Zu Hause! Und froh, es zu sein«, schloß er eine Schilderung seines Lebens dort. »Ich liebe Brooklyn Heights«, sagte er zu einer Journalistin. »Es ist der einzige Ort, wo man in New York wohnen kann.«

35

Der Erfolg von »Die Musen sprechen« machte Truman Lust, sich weiter journalistisch zu betätigen, und etwas mehr als ein Jahr, nachdem er den Blauen Expreß bestiegen hatte, startete er zu einer neuen Reise, in der Hoffnung, den russischen Triumph wiederholen zu können. Zwar war sein Ziel diesmal der Ferne Osten, doch ging es um ein ähnliches Thema: Erneut versuchte ein amerikanisches Ensemble die Tür zu einer fremden Kultur zu öffnen. Die Filmgesellschaft Warner Brothers hatte vor, in Kioto, der alten kaiserlichen Hauptstadt Japans, mit den Dreharbeiten zu einer Großproduktion mit dem Titel »Sayonara« zu beginnen. Der im Koreakrieg spielende Film sollte vom kulturellen Zusammenprall von Orient und Okzident handeln. Die Hauptrolle, einen schneidigen amerikanischen Jagdflieger, sollte der große Weltstar Marlon Brando spielen.

Sobald Truman vom Warner-Projekt hörte, wurde ihm klar, daß der im Drehbuch abgehandelte kulturelle Gegensatz wohl nicht halb so unterhaltend sein würde wie jener zwischen Hollywood und Nippon, oder zwischen dem Regisseur Joshua Logan und dem Temperamentbündel und Einzelgänger Brando. Ihm schwebte wieder ein heiterer Roman vor – eine Art japanische Lackschatulle in leuchtendem Rot vielleicht –, und ohne die Willow Street zu verlassen, konnte er sich unzählige Möglichkeiten für seine Art von trockener Satire vorstellen. Obwohl die Filmemacher weder mit Zeit noch mit Geld geizten, um zu gewährleisten, daß »Sayonara« ein zutreffendes Bild von Japan und seinen Menschen zeichnete, fanden sie zum Beispiel nichts dabei, die Rolle von Brandos japanischer Geliebter

Audrey Hepburn anzubieten und den Mexikaner Ricardo Montalban den Part eines berühmten Kabuki-Tänzers spielen zu lassen. Audrey Hepburn lehnte mit der Begründung ab, das Publikum würde sie auslachen, und so wurde an ihrer Stelle eine Amerikanerin japanischer Abstammung engagiert. *The New Yorker*, der auf eine Fortsetzung der russischen Abenteuer hoffte, gab seinen Segen, Cecil Beaton erklärte sich bereit, Truman Gesellschaft zu leisten, und so brachen die beiden am 27. Dezember 1956 ins Land der aufgehenden Sonne auf.

Fast von Anfang an liefen die Dinge schief. Bei der ersten Zwischenlandung in San Francisco klemmte Truman den Kopf in einer Aufzugstüre des St. Francis-Hotels ein. Er bekam ihn unbeschädigt wieder frei, dafür war in Honolulu, der zweiten Station, drei Tage lang sein Gepäck nicht aufzutreiben. Kurz bevor Cecil und er nach Tokio abfliegen wollten, fiel ihnen ein, daß sie versäumt hatten, sich um japanische Visa zu kümmern, ohne die sie nur drei Tage im Land bleiben durften. Damit sie länger bleiben konnten, würden sie nach Hongkong fliegen, sich dort Visa besorgen und dann zurückkehren müssen. Als sie in Tokio eintrafen, rief Truman Logan in Kioto an und erhielt die bisher schlechteste Nachricht: Logan wollte überhaupt nicht, daß er über den Film schrieb, und hatte vor, ihm den Zugang zum Drehort zu verweigern. »Oberheuchler!« zischte Truman zu Cecil, als er den Hörer auflegte.

Es lag offenbar ein Mißverständnis vor, aber wer schuld daran war, ist nicht klar. Die Logans wußten, daß Truman kommen würde. Nedda Logan, die die Produktion ihres Mannes genau verfolgte, hatte ihn Ende November sogar zum Mittagessen eingeladen, um ihm Hintergrundinformationen zu geben. Aber Josh Logan wollte keinen Besucher mit so großen Lauschern am Drehort und gab sich über »Die Musen sprechen« empört. »Menschen werden darin behandelt wie Insekten, die man zertritt«, schrieb er in seinen Memoiren. »Und wir hätten für Truman ein noch saftigeres Fressen abgegeben. Das hanebüchene Hollywood fällt in Japan ein, noch dazu mit dem großen Schwerenöter Marlon Brando. Ich wußte aus seinen Gesprächen auf vielen Partys, daß er Brando auf dem Kieker hatte und sein gewaltiges Image kaputtmachen wollte. Sowohl Bill [der Produzent William Goetz] als auch ich riefen den *New Yorker* an und legten entschieden Protest ein. Wir schrieben auch Briefe durch unsere Anwälte. Aber bei all unseren Protesten hatte ich das ekelhafte Gefühl, daß, was immer sich der kleine Truman wünschte, der kleine Truman auch bekommen würde.«

Logan erhob seine Proteste allerdings erst Ende Dezember, und es kann sein, daß Truman und Cecil zu dem Zeitpunkt bereits unterwegs waren, daß man beim *New Yorker* im üblichen Feiertagstrubel versäumt hatte, die schlechte Nachricht weiterzugeben, oder daß es Truman wußte, aber angesichts seines freundschaftlichen Mittagessens mit Nedda glaubte, er könne ihren Mann umstimmen. Wie dem auch sei: Nachdem er schon so weit gereist war und dem *New Yorker* eine Geschichte versprochen hatte, war er entschlossener denn je, seine Geschichte auch zu kriegen. Wie immer beeindruckt von »seinem Mut & seinen unglaublichen kämpferischen Fähigkeiten«, schrieb Cecil in sein Tagebuch: »Seine Selbstsicherheit sitzt tief. Sein Gehirn hat doppelte Lebensgröße. Sein Gedächtnis ist unfehlbar. Seine Neugier grenzenlos. Ein fremdes Land schüchtert ihn nicht im mindesten ein. Wenige Augenblicke nach unserer Ankunft hier rotierten bereits die Telefonistinnen für ihn. Neue Freunde waren automatisch zu alten Freunden geworden. (Die Vorstadien der Freundschaft existieren für ihn nicht.) Scheinbar ohne zu sehen, findet er sich in den labyrinthartigen Korridoren des Hotels, findet sich in der Stadt zurecht & weiß, wo die Martinis am besten sind.«

In den zweiundsiebzig Stunden zwischen Ankunft und Abflug sah Truman eine Menge von Tokio, betrank sich mit Sake und lernte den Romancier und Dramatiker Yukio Mishima kennen, der ihn als Bruder im Geiste willkommen hieß. Truman und er hatten tatsächlich viel miteinander gemein. Beide waren fast gleich alt, beide waren homosexuell, und beide waren früh berühmt geworden. Am 6. Januar 1957 lud Mishima Cecil und Truman zu einer Kabuki-Darbietung ein und ging dann mit ihnen in die Garderobe, um sie mit dem Hauptdarsteller bekannt zu machen. Am folgenden Abend waren sie in einem Restaurant seine Gäste, und anschließend führte er sie durch ein Bordellviertel.

Was wie eine natürliche Freundschaft aussah, entwickelte sich jedoch nicht viel weiter. Mishima kam im Sommer 1957 in die Vereinigten Staaten und beklagte sich später, Truman habe seine Gastfreundschaft nicht erwidert. Truman wies diesen Vorwurf zurück. »Ich *war* nett zu ihm«, behauptete er. »Er sagte, er wolle einen großen weißen Schwanz lutschen. (Ich weiß nicht, warum die Leute immer glauben, ich könne sie verkuppeln. Ich bin eigentlich nicht als Zuhälter tätig – wenn ich auch tatsächlich eine Menge Leute kenne.) Ich habe einen Freund von mir angerufen, und der ist mit Mishima ausgegangen. Aber Mishima hat sich nie gemeldet, um mir zu danken, und er hat den Jungen nie bezahlt.«
In den siebziger Jahren, einige Jahre nach Mishimas öffentlich begangenem Harakiri, erschien eine Biographie über Mishima, die Truman sehr verstörte. Mishima sagte darin voraus, daß Truman sich ebenfalls umbringen werde. »So etwas zu lesen macht einem wirklich eine Gänsehaut, wenn man spätabends im Bett liegt«, bemerkte Truman. »Ich weiß nicht, warum er das sagte. Wir haben nie über Selbstmord gesprochen, und ich hatte jedenfalls keine Ahnung, daß *er* sich das Leben nehmen würde. Er erschien mir als der letzte, der so etwas tun würde.«

Die Visaprobleme hatten eine Umstellung ihrer Reiseroute zur Folge. Statt sofort nach Tokio zurückzukehren, verbrachten Truman und Cecil zwei Wochen in Hongkong, Thailand und Kambodscha, die ursprünglich als letzte Stationen ihrer Reise vorgesehen waren. Es gefiel ihnen nicht dort. Tokio war Truman wie »ein häßliches orientalisches Toledo« vorgekommen, während ihn in Bangkok die Hitze fertigmachte – selbst die Hunde seien zu fertig, um zu bellen, bemerkte er. Er und Cecil wurden von der Bangkoker Gesellschaft – reichen Thais und freiwilligen westlichen Exilanten – zwar freundlich aufgenommen, aber er war trotzdem heilfroh, als er die Stadt wieder verlassen konnte. »Jesus sei Dank, daß ich hier nicht lebe«, notierte er in seinem Tagebuch. In den gespenstischen Ruinen von Angkor Vat ärgerte sich Cecil über eine Gruppe amerikanischer Touristen. »Absolute Schweine«, nannte er sie. »Zum Kotzen!« fügte er hinzu, als ihn ihre lärmende Zecherei bis spät in die Nacht hinein wach hielt.

Außer Angkor Vat riß nur Kioto, wo die beiden am 23. Januar endlich eintrafen, sie zu echter Begeisterung hin. »Eine berückende Stadt mit breiten Boulevards und schmalen Gassen, Einkaufsarkaden und angeblich zweihundert (ich glaube mehr) Bars – wo auf jeden Gast ein Mädchen wartet«, schrieb Truman. »Kioto kommt dem Bild, das ich von Japan hatte, am nächsten.« Zu seinem Pech widersetzten sich Logan und seine »Sayonara«-Crew weiterhin seinem Vorhaben, über sie zu schreiben. Widerstrebend und ohne irgend jemandem außer Cecil davon zu erzählen – seine Rache sollte darin bestehen, alle übrigen im unklaren zu lassen –, gab er das Projekt auf. Artikel kann man zwar auch ohne Hilfe der Betroffenen schreiben, aber das galt nicht für diesen bestimmten. Truman benötigte eine günstige Position, von der aus er sehen und hören konnte, was vor sich ging, und die wollte man ihm sichtlich vorenthalten.

Während er in den nächsten paar Tagen durch die engen Gassen spazierte, ergriff ein neuer Plan von ihm Besitz. »Bin von einer Idee für einen Thriller gefesselt«, schrieb er. Nachdem er alles Sehenswerte gesehen hatte, das er sehen wollte, verließ er drei Tage lang kaum sein Hotel, während er einen fünfseitigen Entwurf für eine Ost-West-Spionagegeschichte niederschrieb. Sie sollte den Titel »Monkeys and Old Stone« tragen und in Kioto, Hongkong und Angkor Vat spielen, mit anderen Worten, an fast all den Orten, die er soeben besucht hatte. »Es ist faszinierend zu beobachten, wie sein Geist beim Schöpfungsakt arbeitet«, bemerkte der stets bewundernde Cecil in seinem Tagebuch. »Er weiß so viel über eine so große Zahl von Themen, daß seine Möglichkeiten ungeheuer sind.« Truman war tatsächlich so gepackt, daß er beschloß, eine weitere Woche in Kioto zu bleiben, um sich mit der Atmosphäre dieser japanischsten aller japanischen Städte vollsaugen zu können.

In diesen Tagen der ersten Februarwoche wendete sich sein Schicksal jedoch plötzlich, und seine Reportage »Sayonara« erhielt doch noch eine Chance. Logan hatte ihn zwar daran hindern können, die Entstehung des Films zu verfolgen, aber er konnte ihn nicht daran hindern, mit seinem Star zu sprechen, den Truman aus New York kannte. »Paß auf, daß du nicht mit

Truman allein bist«, hatte Logan Brando gewarnt. »Er hat's auf dich abgesehen.« Aber Brando, der Interviews und Interviewer verabscheute – »Meine Seele ist mein Privateigentum« –, lud Truman dennoch zum Abendessen in seine Hotelsuite ein, einfach aus Höflichkeit. »Er wußte nicht, daß ich ein ganzes Porträt über ihn schreiben würde«, schmunzelte Truman. »Wie hätte er es wissen können? Ich wußte es ja selbst nicht.« Aber wie viele andere verschlossene Menschen konnte Brando, sobald er angefangen hatte zu reden, nicht mehr aufhören. »Was für ein Erlebnis«, schrieb Truman danach in sein Tagebuch. »Und wie gern er redet – und was für ein *Wortschatz*: Er klingt wie ein ›gebildeter Neger‹ – bestrebt, all die langen Worte vorzuführen, die er gelernt hat. Er redete pausenlos von sieben Uhr fünfzehn abends bis zwölf Uhr dreißig nachts.« Truman erkannte rasch, daß er auf Öl gestoßen war. Er hütete sich nicht nur, diese Springquelle zu verstopfen, sondern tat sein Bestes, sie weitersprudeln zu lassen, indem er durch eigene Geständnisse seinem Gegenüber Geständnisse entlockte, wie er es so oft zuvor getan hatte.

»Das Geheimnis der Kunst, jemanden zu interviewen – und es ist eine Kunst –, besteht darin, den anderen im Glauben zu wiegen, *er* interviewt *dich*«, erklärte er später. »Du erzählst von dir und spinnst ihn langsam in dein Netz ein, bis er dir alles erzählt. So ist mir auch Marlon in die Falle gegangen.« Mit Bedauern und Selbstvorwurf bestätigte Brando später, daß genau das geschehen sei. »Das kleine Aas hat mir die halbe Nacht lang von all seinen Problemen erzählt«, sagte er zu einer Freundin. »Ich fand, das mindeste, was ich tun könne, sei, ihm einige von meinen zu erzählen.«

Kein Thema wurde ausgeklammert. Ein gemeinsamer Freund hatte sich gebrüstet, Brando sei mit ihm ins Bett gegangen. »Ich fragte Marlon danach, und er gab es zu. Er sagte, er sei mit vielen anderen Männern ins Bett gegangen, aber er halte sich nicht für homosexuell. Er sagte, sie fänden ihn alle so anziehend. ›Ich dachte einfach, ich tue ihnen einen Gefallen‹, sagte er.« Da Truman wußte, daß Brandos Mutter Alkoholikerin gewesen war, beschrieb er seine eigenen Probleme mit Nina. Dieses Geständnis veranlaßte Brando, ihm in allen Einzelheiten die Qual zu schildern, seine eigene Mutter vor seinen Augen wie Porzellan zerbrechen zu sehen, bis »ich eines Tages einfach über sie hinwegsteigen konnte, als sie vor mir auf dem Boden lag, und nichts dabei empfand; es war mir einfach wurscht.« In seinem Tagebuch fügte Truman sein eigenes, bitteres Postskriptum hinzu: »Wie gut ich das verstehe.«

Brando genoß die gegenseitige Beichte – das erzählte er am nächsten Tag seinem Maskenbildner –, aber bald lernte er, was die meisten Freunde Trumans bereits wußten: Truman konnte kein Geheimnis für sich behalten. »Monkeys and Old Stone« wurde beiseite gelegt, um nie wieder in die Hand genommen zu werden, und Truman ließ sich von der Euphorie fortreißen, einen Knüller gelandet zu haben und Josh Logan die lange Nase zeigen zu können. »Du hast absolut unrecht gehabt, als du sagtest, Marlon sei nicht gesprächig«, triumphierte er Logan gegenüber. »Er war gar nicht mehr zu bremsen.« Zweifellos erzählte er auch anderen von Brandos Redseligkeit. Es wurde dem Star schließlich hinterbracht, und dieser reagierte in der verspäteten Erkenntnis, verladen worden zu sein, am 16. Mai:

»Hier ist, selbstverständlich, das unvermeidliche Schreiben«, begann Brando seinen Brief, den er offenbar selbst verfaßt und getippt hatte. Er ist voll von Rechtschreibfehlern, merkwürdiger Wortwahl und einmaligen grammatikalischen Konstruktionen. Die Eitelkeit allein habe ihn zu dem Glauben verleitet, daß sie in Kioto persönliche Vertraulichkeiten ausgetauscht hätten, schrieb Brando, aber seine »unaussprechliche Torheit« sei ihm jetzt klargeworden. »Es ist in der Tat ein unangenehmes Gefühl, die Schlingen seiner Eingeweide aufgespannt und zum allgemeinen Ergötzen als Faschingsgirlanden drapiert zu sehen, aber vielleicht wird es die Leute ja unterhalten… Abschließend möchte ich bloß sagen, daß es mir in gewisser Weise leid tut, daß Du Deine Pläne für die vollständige Travestie, die Dir vorschwebte, nicht ausführen konntest, weil mir vollends klargeworden ist, daß nur wenige so gut wie Du geeignet sind, ein satirisches Sittenbild zu schreiben.«

Trumans Brando-Profil mit dem Titel »The Duke in His Domain«

erschien im folgenden November im *New Yorker* und erregte genausoviel Aufsehen, wie sich Truman erhofft hatte. Eine »Vivisektion«, nannte es Dorothy Kilgallen; Walter Winchell meinte, es sei »die Art von Bekenntnis, die sich gewöhnlich auf die Couch eines Analytikers beschränkt.« Sie hatten beide recht. Wort für Wort wiederholte Truman einen Großteil dessen, was Brando zu ihm gesagt hatte: über seine Unfähigkeit, jemanden zu lieben oder jemandem zu vertrauen, seine Verachtung für die Schauspielerei, die Narben, die der Alkoholismus seiner Mutter bei ihm hinterlassen hatte. Es war die öffentliche Enthüllung dieser letzten Erinnerung, die Brando offenbar am meisten empörte. Seine Seele wäre nicht schlimmer an die Öffentlichkeit gezerrt worden, wenn man sie bei Madame Tussaud ausgestellt hätte.

»Ich bring ihn um!« rief er Logan zu.

»Es ist zu spät, Marlon«, bemerkte Logan, der sich ein Ich-hab's-dir-ja-gesagt nicht verkneifen konnte. »Du hättest ihn umbringen sollen, bevor du ihn zum Abendessen einludst.«

Trotz der Pein, die dieses Porträt verursachte, ist »The Duke in His Domain« eine bemerkenswerte journalistische Leistung und zeigt Truman auf dem Gipfel seines Raffinements. Wenige Tage vor der Veröffentlichung gratulierte ihm William Shawn dazu: »Ich danke dir für dieses Werk – oder, um es offen zu sagen, Meisterwerk.«

Am 8. Februar, also wenige Tage nach dem Abend mit Brando, flogen Truman und Cecil von Japan nach Honolulu, wo Cecil seine Abneigung gegen alles Amerikanische lange genug überwand, um zwei Matrosen aufzugabeln. Es war ein Fehler, was Truman ihm klarzumachen versuchte. Um Mitternacht rief Cecil Truman in großer Not im Hotelzimmer an: Die Matrosen versuchten ihn auszurauben. Truman eilte ihm zu Hilfe, und seine Ankunft verscheuchte sie. »Cecil hat beiden zweimal einen geblasen, und dann hat er etwas unglaublich Dummes getan«, bemerkte er. »Als sie gehen wollten, sagte einer von ihnen zu ihm: ›Gibst du uns nicht was dafür?‹ ›Solche Typen seid ihr also!‹ antwortete Cecil, und das machte sie wütend.

Sie fingen an, seine ganze Fotoausrüstung zusammenzusuchen und in Taschen zu verstauen. In diesem Augenblick rief er mich an. Ich rannte die Treppe hinauf, ohne auch nur nachzudenken, und sie rannten hinunter und stießen mich zur Seite.« Obwohl sie mit einer Kamera und seiner Uhr entkamen, war Cecil unbußfertig. »Es gefiel ihm so gut«, erinnerte sich Truman, »daß er sagte, er würde es noch einmal tun.« Die beiden Weggefährten trennten sich zwei Tage später, als Cecil nach San Francisco und dann nach New York zurückflog. Truman blieb noch einige Tage in der Sonne von Honolulu und folgte ihm dann. Auf seinem Zwischenhalt in San Francisco ereignete sich noch etwas Bemerkenswertes, ein bittersüßes Rendezvous mit einer Stimme aus der Vergangenheit, aus der Zeit seiner Jugend und der heimlichen Fahrten, die Phoebe und er von Greenwich nach Manhattan unternommen hatten: »Ging in ein kleines Lokal, um Billie Holiday zu sehen«, schrieb er in sein Tagebuch. »Sie war sternhagelvoll mit Gin (oder was anderem), und ihre Stimme ist im Eimer. So traurig.«

36

Im Sommer 1957 mieteten Truman und Jack gemeinsam mit Oliver Smith ein riesiges viktorianisches Strandhaus im kleinen Ort Bridgehampton auf Long Island, in der Mitte zwischen den vornehmeren Kurorten Southampton und East Hampton. Das auf Pfeilern errichtete Haus hieß Sailaway, und wenn die Flut kam und sich die Wellen darunter kräuselten, sah es tatsächlich aus, als segle es davon. Sie arbeiteten konzentriert in diesem Haus in der Brandung: Oliver war mit verschiedenen Bühnendekorationen beschäftigt, Jack, der sich mit Trumans Theaterfieber angesteckt hatte, versuchte, ein Stück zusammenzubringen, und Truman kehrte zu »Frühstück bei Tiffany« zurück.

Noch während Truman an den Abenteuern von Holly Golightly arbeitete, wälzte er jedoch bereits Pläne für ein neues journalistisches Projekt: eine Reportage über die verwöhnten, privilegierten und gründlich verwestlichten jungen Leute, die er in Moskau kennengelernt hatte. Niemand hatte je über sie geschrieben – wenige westliche Reporter wußten wahrscheinlich überhaupt von ihrer Existenz –, doch er, der kein Russisch sprach und sehr wenig über die Sowjetunion wußte, sah sich dazu in der Lage.

»Im Westen schienen alle so phantastisch naiv in bezug auf Rußland zu sein«, sagte er, »als ob sich das Land von jedem anderen unterscheide. Im Grunde ist das gar nicht der Fall, denn die menschliche Natur ist überall dieselbe. Die Leute, die ich kannte, waren nicht viel jünger als ich. Sie waren sehr auf Draht, blickten durch; sie hatten sogar ihren eigenen Club im Hotel National, mitten auf dem Roten Platz. Ich faßte den Plan, eine Reportage über dieses andere Moskau zu schreiben, dieses ganz andere Land, in dem sie lebten.« Es war eine Gelegenheit, die er sich nicht entgehen lassen konnte. Er wandte sich erneut an Mr. Shawn, und dieser gab ihm den Segen des *New Yorker* und einen Scheck für seine Spesen. Kurz nach Neujahr 1958 vermummte sich Truman wieder und begab sich auf seine zweite Reise ins eisige Moskau.

Diesmal reiste er stilvoll. Slim begleitete ihn, und auf der Fahrt gesellten sich vorübergehend Cary Grant, der in London einen Film drehte, und Sam Spiegel zu ihnen, der Produzent von Film-Epen wie »Dr. Schiwago« und »Die Brücke über den Kwai«. »Da Truman schon einmal dort gewesen war, kannte er nicht nur das Terrain, sondern auch manche Leute«, erzählte Slim. »Er hatte ein wunderbares Auge für alles, wie ein Kind, das im Gras liegt und einen ganzen Dschungel darin sieht.« In Moskau verbrachte er einen Großteil seiner Zeit allein. Als er die Informationen gesammelt hatte, die er benötigte, fuhren Slim und er nach Leningrad und dann nach Dänemark weiter, wo er sie mit einem seiner literarischen Abgötter bekannt machte, der Baronin Karen Blixen alias Isak Dinesen, als die fast alle sie kannten.

Isak Dinesen hatte zwar viele Bewunderer, aber Truman zählte zu den ergebensten. »Out of Africa« (»Afrika, dunkel lockende Welt«), die Erinnerungen an ihr Leben als Besitzerin einer Kaffeeplantage im Hochland von Kenia, betrachtete er als eines der schönsten Bücher des Jahrhunderts. Irgendwann, vielleicht anläßlich seiner ersten Rußlandreise, hatte er die kränkelnde Baronin in Rungstedlund, ihrem Haus an der Ostsee, besucht, und sie hatten einander bezaubert: zwei exotische Geschöpfe aus verschiedenen Welten und Generationen, beide self-made. »Ich bin in Wirklichkeit dreitausend Jahre alt und habe schon mit Sokrates gespeist«, sagte sie einmal, wahrscheinlich nur halb scherzhaft.

Als er sie kennenlernte, war sie Anfang Siebzig, sah aber, von jahrelanger Krankheit ausgezehrt, viel älter aus. »›Ich sehne mich so nach Dunkelheit‹, sagte sie zu mir. ›Weißt du, ich bin die letzten zwei Jahre nur am Leben geblieben, weil ich den Nobelpreis bekommen möchte.‹ Das zu hören hat mich ziemlich ernüchtert, denn sie war eine so fabelhafte, großartige Frau und eine große Künstlerin. Wenn ich jemals irgendwen gekannt habe, der über solchen Unsinn erhaben war, dann war es Isak Dinesen. Aber sie wollte den Preis wirklich.« Als er sie mit Slim besuchte, bewirtete sie die beiden mit einem Abendessen und stellte ihnen viele Fragen: Sie plante ihre erste Amerikareise und wollte alles wissen.

Sie war der letzte Mensch, den er hätte verletzen wollen, aber völlig unbeabsichtigt unterlief es ihm noch im gleichen Jahr durch die Veröffentlichung von »Observations«, einem Buch mit fotografischen Porträts von Richard Avedon, zu dem er die Begleittexte schrieb. Das kurze Porträt von ihr war schmeichelhaft gemeint, und für die meisten Leser muß es auch so geklungen haben. »Die Zeit hat sie auf ihre Essenz reduziert, wie Weintrauben zu Rosinen und Rosen zu Öl werden können«, schrieb er. »Schon auf den ersten Blick beeindruckt sie selbst jemanden, der ihr Dossier nicht kennt, als *la vraie chose*, als echt. Ein Gesicht, so reich an Facetten, deren Prismen einen stolzen Glanz von Intelligenz und wissender Einfühlung, sprich Weisheit, spiegeln, kann kein Zufallsprodukt sein; ebensowenig gelangen solche Augen mit geschwärzten Lidern, tiefliegend wie samtige Tiere, die sich in eine Höhle verkrochen haben, in den Besitz gewöhnlicher Frauen.«

Leider ging er dann von den Augen zu den Lippen über und schrieb, »ein schiefes Lächeln mit ziemlich paralytischem Umriß« verziehe sie. Diese Beschreibung in Verbindung mit Avedons Fotografien, von denen eine nur ihre geäderten und knorrigen Hände zeigte, verletzte sie. Sie schrieb Truman und beklagte sich über seine Lieblosigkeit und mangelnde Großzügigkeit. Sie dachte sogar daran, ihre Zusage zurückzuziehen, das Vorwort zur dänischen Ausgabe von »Frühstück bei Tiffany« zu schreiben, kam aber zur Einsicht, daß es garstig und rachsüchtig wäre, ihr Versprechen zu brechen. »Doch der ungalanten Weise wegen, in der er mich behandelt hat, habe ich es mit Bitterkeit im Herzen geschrieben«, bemerkte sie.

Doch sie war, wie er selbst gesagt hatte, wirklich keine gewöhnliche Frau, und als Cecil kurz vor ihrem Tod 1962 die Wallfahrt nach Rungstedlund unternahm, hatte sie Truman bereits verziehen. »Er ist ein netter Mensch und ein guter Schriftsteller, und er wird ständig noch besser«, sagte sie zu Cecil. »Seine letzten Bücher sind die besten. Sagen Sie ihm, daß mein Groll verflogen ist und daß ich ein Vorwort für sein letztes Buch [›Frühstück bei Tiffany‹], das ins Dänische übersetzt wurde, geschrieben habe. Ich betrachte ihn als Freund, und ich habe ihn gern. Überbringen Sie ihm meine guten Wünsche.«

»Frühstück bei Tiffany« hatte mehr Zeit beansprucht, als Truman erwartet hatte, hauptsächlich bedingt durch die andauernde Schwierigkeit, ein befriedigendes Ende zu finden. »Ich habe mehrere Fassungen gelesen und miterlebt, wie er sich abquälte«, berichtete Phillis Cerf, die ähnliche Kalamitäten bei »Andere Stimmen« und »Die Grasharfe« erlebt hatte. »Ich glaube, das Problem bestand häufig darin, daß er über das Ende nicht nachgedacht hatte, doch er schwor, ich hätte unrecht und wüßte nicht, wovon ich redete – und damit hat er ja wahrscheinlich recht.« Aber im Frühjahr 1958 beendete er das Manuskript doch. Einer Zusage entsprechend, die er Carmel Snow gegeben hatte, sollte *Harper's Bazaar* die Geschichte im Sommer veröffentlichen, bevor Random House sie als Buch herausbrachte.
Zwischen seiner Zusage und der Veröffentlichung war Carmel Snow jedoch von der Hearst Corporation ausgebootet worden und ihre Nichte Nancy White an ihre Stelle getreten. Mrs. Snow hatte über die redaktionelle Integrität gewacht, sie war die Äbtissin des Klosters gewesen, und solange sie da war, hatten die Männer aus dem Büro des Verlegers selten den Nerv gehabt, die Literatur, die sie veröffentlichte, in Frage zu stellen. Jetzt taten sie es. Sie erhoben Einwände gegen Trumans gelegentliche Benutzung unflätiger Worte und den lockeren Lebensstil seiner Heldin: Holly Golightly war nicht gerade eine Nutte, aber sie verdiente ihren Unterhalt eben doch mit Sex.

»Ich habe die Listen mit Einwendungen entweder vom Büro des Verlegers oder von den Hearst-Büros am anderen Ende der Stadt erhalten«, erinnerte sich Alice Morris, die Mary Louise Aswells Platz als Literaturredakteurin eingenommen hatte. »Die lasen, wie sie nie zuvor gelesen hatten, Wort für Wort. Ich sagte wiederholt zu Nancy: ›Das ist halt eine etwas liederliche Gesellschaft, über die Truman spricht. Es ist nichts Häßliches oder Pornographisches daran. Er hat diese Worte nur dort benutzt, wo sie absolut am Platz sind, niemals bloß um des Effekts willen. Tiffany wird das Buch eines Tages in seiner Auslage ausstellen.‹ Schließlich faßte ich alle Einwände zusammen und zeigte Truman die Liste.

›Ich ändere kein Wort‹, entgegnete er. Aber schließlich erklärte er sich doch dazu bereit. Ich glaube, er ließ sich zum Teil deshalb umstimmen, weil ich ihm die Layouts zeigte. Wir hatten etwa sechs Seiten mit schönen, stimmungsvollen Fotos. Als alle Änderungen ausgeführt waren und wir uns gerade anschickten, die ganze Sache in die Druckerei zu geben, rief mich Nancy in ihr Büro und sagte: ›Soeben hat mich Dick Deems [ein Hearst-Mitarbeiter] angerufen; wir werden ›Frühstück bei Tiffany‹ nicht bringen können.‹« Ohne großes Federlesen hatte *Harper's Bazaar* seine lange und glanzvolle Ära mit Veröffentlichungen wertvoller Literatur beendet. Obwohl Truman seine Geschichte an *Esquire* verkaufen konnte, hat er dem neuen Snow-losen *Bazaar* nie verziehen. »Ich bin nicht verärgert, ich bin außer mir – das ist etwas ganz anderes«, sagte er zu einer Journalistin. »Bei *denen* noch einmal veröffentlichen? Ich würde ihnen nicht vors Haus spucken.«

Die schlechte Nachricht vom *Bazaar* war eingetroffen, als Jack und Truman gerade für einen Sommer in Griechenland packten, aber am 28. Mai 1958 legten sie trotzdem wie vorgesehen auf der Vulcania ab. Trumans Freund Irving Drutman war etwa eine Woche später Zeuge ihrer Ankunft im Hotel Grand Bretagne in Athen. »Das Grand Bretagne war das Ritz von Athen, sehr snobistisch«, erzählte Drutman. »Sie kamen mit ungefähr siebzehn Gepäckstücken in die Hotelhalle: Koffern, unförmigen Paketen,

Rucksäcken und zu Bündeln geschnürten Halstüchern. Jack hielt zwei grimmig aussehende Hunde an der Leine. Der Empfangschef warf einen Blick zuerst auf sie, dann auf die Hunde und sagte, es sei nichts für sie gebucht.

›Natürlich haben wir gebucht‹, sagte Truman. ›Wir haben die Bestätigung.‹

›Es tut mir leid, wir haben nichts gebucht‹, wiederholte der Angestellte. Truman begann mit ihm zu streiten und sagte, er werde den Besitzer des Hotels rufen, er kenne ihn. Der Empfangschef hatte derlei Behauptungen natürlich schon öfter gehört, aber ich bin fast sicher, daß Truman den Besitzer wirklich kannte. Truman schlug einen großen Krach, und schließlich gab man ihnen ein Zimmer, dessen Mobiliar die Hunde in den paar Tagen ihres Aufenthaltes ziemlich zugrunde richteten.«

Truman mochte Athen nicht – Ruinen, so bedeutend sie auch sein mochten, hatten nie einen Reiz für ihn gehabt –, aber Jack und er verliebten sich sofort in Paros, die ägäische Insel, auf der sie die nächsten dreieinhalb Monate verbrachten. »Ich habe Dir von vielen Orten geschrieben«, schwärmte Truman gegenüber Newton, »aber nie zuvor aus dem Himmel. Bin entzückt von dieser Insel, ziehe sie allen Orten vor, an denen ich je gewohnt habe.« An Cecil schrieb er: »Einfach zauberhaft. Nichts als Sonne, Meer und heitere Ruhe. Kaum Touristen. Die Ortschaft ist blendend weiß – mit blauen Innenhöfen, von Winden überwucherten Mauern und von Weinlauben überdachten Terrassen: wie eine saubere, kühle Kasbah. Es ist übrigens wirklich *kühl*; manchmal sogar kalt – wir schlafen unter einer Decke. Das Essen ist halbwegs ordentlich, die Weine köstlich. Wir wohnen in einem sehr sauberen und angenehmen Hotel. Nebenan ist eine kleine Villa, auf die wir unser Auge geworfen haben. Aber es macht mir nichts aus, wenn wir sie nicht bekommen – weil wir ein so ruhiges, hübsches Appartement mit einer ins Meer hinausragenden Terrasse und einer Treppe haben, die zu einem hübschen kleinen Strand hinunterführt.«

Während Jack ein neues Stück begann – sein vorheriges, »Light a Penny Candle«, war kurz vor ihrer Abreise *Off Broadway* abgesetzt worden –, arbeitete Truman an seiner Moskauer Reportage. Er sann auch über das

Proustsche Werk nach, das ihm vorschwebte, seit er in die Zirkel der Reichen und Mächtigen Aufnahme gefunden hatte. »Ein großer Roman, mein *magnum opus*«, beschrieb er es Bennett Cerf. »Ein Buch, über das ich nicht viel reden darf, um meine ›Modelle‹ nicht zu alarmieren, und von dem ich glaube, daß es Dich wirklich aufregen wird, wenn ich es Dir skizziere (nur darfst Du es keiner Menschenseele gegenüber erwähnen). Der Roman heißt ›Answered Prayers‹ (›Erhörte Gebete‹), und wenn alles gutgeht, wird er, glaube ich, auch meine erhören.« Als Modelle, wie er es nannte, sollten ihm seine reichen Freunde dienen. Der Titel war einem Ausspruch entnommen, den er der heiligen Teresa de Jesús zuschrieb: Es werden mehr Tränen über erhörte Gebete vergossen als über nicht erhörte.*Es war eine Binsenwahrheit, die er schon oft bestätigt gefunden hatte: Menschen, die ihre höchsten Ziele erreichen, sind selten glücklich. Fast immer kommt irgend etwas dazwischen, was die Träume in Alpträume verwandelt.

»›Erhörte Gebete‹, ein Roman«, schrieb er im Juli in sein Tagebuch. »Anne Woodward, C-Z, Rosie, die Herzogin, Elsa, Elsie Woodward, Thelma (Leukämie) und David (Leukämie).« Aus dieser kurzen Notiz geht hervor, daß die Hauptfigur Anne Woodward sein sollte, die Protagonistin »der Erschießung des Jahrhunderts«, wie es *Life* nannte. Anne Woodward, ehemalige Revuetänzerin und Tochter eines Straßenbahnschaffners aus Detroit, hatte im Herbst 1955 ihren reichen, blaublütigen Mann erschossen und behauptet, sie habe ihn für einen Einbrecher gehalten. Wenige glaubten ihr, aber ihre Schwiegermutter Elsie Woodward, eine sehr beliebte Persönlichkeit der New Yorker Gesellschaft, stand um ihrer zwei Enkel willen zu ihr. Die Folge war, daß die unwahrscheinliche Aussage der jungen Witwe als Tatsache akzeptiert und keine Anklage gegen sie erhoben wurde. Die alte Mrs. Woodward zählte ebenfalls zu denen, die er in seinem Tagebuch erwähnte, desgleichen C.Z.

* Dieser spanischen Heiligen sind fälschlicherweise viele Aphorismen zugeschrieben worden, und dieser ist offenbar einer davon. Sie hat jedoch ähnliche Gedanken geäußert, und Truman nahm wahrscheinlich an, eine Paraphrase sei ein Zitat.

Guest; die Herzogin von Windsor, Elsa Maxwell und zwei Erbinnen aus New York und Southampton: Rosie Chisholm und Thelma Foy.
Ihr trauriges Schicksal schien seine pessimistische These zu bestätigen. Bill Woodward, der mit dem Geld und einer gesellschaftlichen Stellung geboren wurde, von denen die meisten Menschen nur träumen können, hatte bekommen, was er sich wünschte – die verführerische Anne –, und zwölf Jahre später jagte sie ihm aus einer Doppelflinte zwei Ladungen englischer Schrotkugeln Nr. 7 in den Kopf. Anne hatte den Namen und das Vermögen bekommen, die sie sich wünschte, aber die Schüsse hatten sie zu einem Paria, einem gesellschaftlichen Outcast gemacht. Und so weiter, die Liste hinunter. Die Gebete all dieser Leute waren erhört worden, aber alle wären aus dem einen oder anderen Grund glücklicher gewesen, wenn ihre Bitten unerfüllt geblieben wären. In ihren unglücklichen Geschichten entdeckte Truman ein Handlungsgerüst, auf dem er sein eigenes *magnum opus* errichten konnte.
Aber große Romane erfordern Zeit und Konzentration, und seine stets prekäre finanzielle Situation gewährleistete keines von beidem. »Ich sagte, ich sei glücklich«, schrieb er an Newton. »Das bin ich auch; außer in bezug auf meine Arbeit. Einfach, weil ich nicht in der Lage bin, zu arbeiten, woran ich will. Ich bin in der schrecklichen Tretmühle, Artikel schreiben zu müssen, die Dollars einbringen: wegen meiner Steuerschwierigkeiten, dem Problem Joe Capote (der abgesehen von *allem* übrigen jetzt eine kranke Frau geheiratet hat, die sich auf *meine* Kosten in einem Krankenhaus befindet, und wahrscheinlich auch, weil ich selbst früher so viel verschwendet habe. Inzwischen ist ein Roman da, etwas von großen und ernsthaften Dimensionen, der mich verfolgt wie ein Wirbelwind: *Aber!* Wie habe ich mich bloß in diese Sackgasse hineinmanövriert?«

Paros zumindest bezauberte ihn auch weiterhin, und er redete sogar mit Jack darüber, ein kleines Bauernhaus zu kaufen, in das sie jedes Jahr zurückkehren könnten. »Die Nächte sind jetzt so mondhell, daß man ein Schiff in zwanzig Meilen Entfernung sehen kann«, schrieb er an Newton und vermittelte mit diesem einen Satz viel vom Wunderbaren dieses Ortes. Das einzige, was er zu kritisieren hatte, waren die einheimischen Kinder, die er zu den »unerträglichsten Bälgern der Welt« zählte. In den meisten Ländern, die er bereist hatte, war er immer sehr gut mit Englisch allein durchgekommen: Das Wort Martini klingt überall in der Welt gleich. Aber die Rangen von Paros, schrieb er einem Freund, hätten ihn gezwungen, sein Vokabular zu vergrößern. »Habe nur fünf Worte Griechisch gelernt, und zwar um sagen zu können: ›Halt den Mund, Dicke‹ und ›Halt den Mund, Dicker.‹«

Jack hatte ein Erlebnis, das ihn lehrte, die Rangen mit der gleichen Verachtung zu strafen. Eines frühen Morgens im August sah er zwei Jungen mit einem Kätzchen spielen, das einer der beiden plötzlich ins Meer schleuderte. Jack lief barfuß über den steinigen Strand, sprang ins Wasser und schwamm hin, um es zu retten. »Als ich es erreichte«, schrieb Jack an seine Schwester Gloria, »kletterte das stumm leidende Geschöpf in die Mulde meiner rechten Hand und erhob seine Stimme zu einer Folge von gequälten *Miaus*, die mir endlos vorkam. Ich schwamm ans Ufer und fluchte den Jungen jetzt wütend an, weil mir einfiel, daß er gesagt hatte, die Katze sei schwimmen gegangen. Ich mußte ihn mit Wasser anspritzen, damit er endlich aus meinen Augen verschwand, aber seine freche Mördervisage, seine totale Unfähigkeit, meine Anteilnahme zu verstehen, sehe ich immer noch vor mir – ebenso wie das Kätzchen. Ich wickelte es in meine Shorts: das blutige Gesichtchen, ein Bein halb ausgerenkt, mehr Flöhe als Haare, mehr Schrammen, Bisse und Beulen, als ein Mensch überleben könnte, und dennoch lebte dieses Geschöpf! Plötzlich begann ich über all die Grausamkeit der Welt – und meine eigene – zu weinen. Ich habe das Kätzchen Diotima genannt, nach der Frau, die Sokrates alles über die Liebe lehrte.«

Jack und Truman kauften kein Bauernhaus, und das war wahrscheinlich auch richtig so. Sosehr Truman Paros gefiel, zeigte er doch bereits Anzeichen von Unruhe, als sie Anfang Oktober abreisten: Er fragte Doris Lilly nach Manhattan-Klatsch, und er wartete ungeduldig auf das wöchentliche Schiff, das die neuesten Zeitschriften brachte. In Athen hatte er eine pornographische Fassung von »Robinson Crusoe« gekauft, in der sich Crusoe und Freitag auf Praktiken einlassen, die Daniel Defoe nicht beschrieben, ja sich vielleicht nicht einmal vorgestellt hatte. »Das ganze Konzept eröffnet bisher ungeahnte pornographische Möglichkeiten«, bemerkte er zu Newton und trat begeistert für die einschlägige Bearbeitung anderer großer literarischer Werke ein: Zum Beispiel könnte man in »Stolz und Vorurteil« Mr. Darcy mit Mr. Bingley verkuppeln und in »Onkel Toms Hütte« aus Topsy, Little Eva, Simon Legree und Onkel Tom einen flotten Vierer bilden. »Und Du kannst *mir* nicht erzählen«, schloß er, »Tom Sawyer habe nicht mit Huckleberry gepennt!«

Eine Woche, bevor sie aus Paros abreisten, feierte Truman seinen Geburtstag. Als er sein Gesicht an diesem Morgen im Spiegel studierte, stellte er traurig fest, daß eine Veränderung eingetreten war: Er wirkte nicht mehr zehn Jahre jünger, als er eigentlich war. »Mein Geburtstag«, notierte er im Tagebuch. »Vierunddreißig – und man sieht es mir beinahe an; Krähenfüße um die Augen.«

37

Als er Ende Oktober 1958 in New York eintraf, lag »Frühstück bei Tiffany« in den Buchhandlungen aus, und Holly Golightly hatte ihren Platz im literarischen Olymp Amerikas bereits eingenommen. Von all seinen Charakteren, sagte Truman später, sei ihm Holly am liebsten, und es ist leicht einzusehen, warum. Sie lebt die Capote-Philosophie, über die Randolph in »Andere Stimmen« und Richter Cool in »Die Grasharfe« nur sprechen. Ihr ganzes Leben ist Ausdruck von Freiheit und Toleranz gegenüber menschlichen Verfehlungen, ihren eigenen wie auch denen aller anderen. Die einzige Sünde, die sie gelten läßt, ist Heuchelei. In einer früheren Fassung hatte ihr Truman den merkwürdig unpassenden Namen Connie Gustafson gegeben. Später besann er sich eines Besseren und nannte sie Holiday Golightly, ein Name, der ihr Wesen genau versinnbildlicht. Sie ist eine Frau, die aus dem Leben eine Ferienzeit [holiday] macht, durch die sie leichten Schrittes geht [go lightly].

Fast jede der etwas überspannten jungen Frauen, die Truman kannte und bewunderte, hatte ihm für Hollys Porträt gesessen: Carol Marcus, Doris Lilly, Phoebe Pierce, Oona Chaplin und Gloria Vanderbilt. In vieler Hinsicht gleicht sie auch der jungen Nina Capote, wie sie ihm aus dem verengten Blickwinkel der Kindheit erschienen sein mochte. Sowohl Nina als auch Holly wuchsen im ländlichen Süden auf und sehnten sich nach dem Glanz und Glitter New Yorks, und beide änderten ihre Hillbilly-Namen, Lillie Mae und Lulamae, in Namen um, die sie für mondäner hielten. Aber die größte seelische, wenn auch nicht körperliche Ähnlichkeit hat Holly mit ihrem Schöpfer. Sie teilt nicht nur seine Einstellung zum Leben, sondern auch seine Ängste und Befürchtungen – »das rote Grausen« nennt sie es. »Sie fürchten sich und schwitzen wie in der Hölle, aber Sie wissen nicht, wovor Sie sich fürchten«, sagt sie zur Erklärung. Das beste Mittel dagegen ist für sie, ein Taxi zu nehmen und zu Tiffany zu fahren, denn »in dem herrlichen Geruch nach Silber und Krokodilledertaschen« könne einem nichts Böses zustoßen. Sie träumt davon, in diesem beruhigenden Ambiente zu frühstücken. Ihr Wunsch – der Trumans Geschichte den Titel gab – stammt noch woanders her. Truman hatte einmal eine Anekdote gehört, die er bis zum Zeitpunkt, da er sie verwenden konnte, in Erinnerung behielt. Während des Zweiten Weltkriegs nahm ein Mann in mittleren Jahren an einem Samstagabend einen Marinesoldaten nach Hause mit. In den kräftigen Armen des Soldaten fühlte er sich so wohl, daß er ihm seine Dankbarkeit zeigen wollte, aber da es Sonntag war, als sie aufwachten, und die Geschäfte geschlossen waren, konnte er ihm nur ein schönes Frühstück anbieten.

»Wo möchtest du hingehen?« fragte er ihn. »Such dir den vornehmsten, teuersten Laden in der Stadt aus.«

Der Soldat, der kein Einheimischer war, hatte nur von einem einzigen vornehmen und teuren Laden in New York gehört, und so antwortete er: »Frühstücken wir doch bei Tiffany.«

Mit der Veröffentlichung setzte das ein, was Truman als Holly Golightly Sweepstakes bezeichnete: Die Hälfte der Frauen, die er kannte, und auch einige, die er nicht kannte, behaupteten, Vorbild für seine leicht überdrehte Heldin zu sein. Kurz nach dem Erscheinen erhielt Andrew einen Anruf von Doris Lilly. »Hast du Trumans neues Buch gelesen?« fragte sie ihn aufgeregt.

»Ja, warum?« antwortete Andrew, der wußte, worauf sie hinauswollte, aber sich unwissend stellte. »Truman hat mir ein Exemplar geschickt, und es hat mir sehr gut gefallen.«

»Das bin ich! Ich! Ich!« schrie sie, außerstande, das Spiel noch länger mitzumachen. Als Andrew ihre Worte Truman gegenüber wiederholte, antwortete dieser: »Liebling, sag ihr-ihr-ihr von mir-mir-mir, sie sei es. Aber auch Carol Marcus und Oona Chaplin.«

Zu seinem Unglück beteiligte sich auch eine Frau aus Manhattan, die zufällig den Namen Golightly trug, an den Sweepstakes. Bonnie Golightly warf Truman vor, er habe ihre Intimsphäre verletzt und sie verleumdet, und sie verklagte ihn auf 800 000 Dollar.

Sie kam aber nicht sehr weit damit. »Es ist lächerlich von ihr zu behaupten, sie sei meine Holly«, erklärte Truman. »Soviel ich weiß, ist sie eine gereifte, fast vierzigjährige Frau. Das ist ja, als würde Joan Crawford behaupten, sie sei Lolita.«

Die meisten Kritiker reagierten freundlich auf seine Holly und »Frühstück bei Tiffany«. Das erfreulichste Lob stammte jedoch von einem Kollegen, der gewöhnlich genauso aggressiv war wie Gore Vidal. »Truman Capote kenne ich nicht gut, aber ich mag ihn«, schrieb Norman Mailer. »Er ist so bissig wie eine Großtante, aber auf seine Art ist er ein draufgängerischer kleiner Bursche, und er ist der vollkommenste Schriftsteller meiner Generation. Er schreibt die besten Sätze, Wort für Wort, Takt für Takt. Ich hätte keine zwei Worte in ›Frühstück bei Tiffany‹ geändert, das ein kleiner Klassiker werden wird.«*Im Vorfrühling 1959 begab sich Truman erneut nach Rußland, um nochmals für seine Moskauer Reportage zu recherchieren. Nach seiner Rückkehr gingen Jack und er den Sommer über nach Clarks Island, eine kleine Insel vor der Küste von Massachusetts. Ihr Haus

* Mailer hatte guten Grund, Truman einen draufgängerischen kleinen Burschen zu nennen. Als er diese Einschätzung schrieb, schmerzte ihn noch die Erinnerung an ein Fernsehduell mit Truman im Winter 1959, bei dem er den kürzeren gezogen hatte. Sie waren mit Dorothy Parker in David Susskinds Sendung *Open End* zusammengekommen, um über Schriftsteller und Literatur zu sprechen. Unter anderem setzten sie sich auch mit der Beat-Generation auseinander. Mailer verteidigte sie. Truman griff sie an. »Keiner dieser Leute hat etwas Interessantes zu sagen«, erklärte Truman, »und keiner von ihnen kann schreiben, nicht einmal Mr. [Jack] Kerouac… [das] ist überhaupt kein Schreiben – das ist Tippen.« Diese Formulierung sollte dem armen Kerouac bis an sein Lebensende anhängen. Niemand erinnert sich an Mailers Antwort. Truman hatte instinktiv erkannt, daß sich die TV-Zuschauer nicht an Argumente erinnern, sondern an eine amüsante und griffige Wendung, die sie am nächsten Morgen gegenüber ihren Freunden zitieren können.

hatte zwar weder Telefon noch elektrischen Strom – die Beleuchtung bestand aus Kerosinlampen –, aber er schrieb Cecil, es sei »wunderbar, groß, sauber, hell und luftig, umgeben von schönen, baumbestandenen Rasenflächen, die sich zum Strand hinunterschwingen – in vieler Hinsicht die beste Bleibe, die wir je hatten. Wundervoll zum Arbeiten.«

Er arbeitete jedoch nicht viel. Nach seinen Briefen zu urteilen, war er sogar an diesem abgelegenen Fleck der Erde vom größten Gesellschaftsdrama seit der Tötung Woodwards in Bann geschlagen: Leland Hayward hatte Slim wegen Pamela Churchill verlassen. »Deine Mitteilung über Leland und Pam C. hat mir *geplättet*«, schrieb er Cecil, der ihm davon berichtet hatte. »Ich hatte nichts darüber gehört! Babe, die in Biarritz ist, hat es in ihrem letzten Brief, der allerdings schon vor mehreren Wochen hier eingetroffen ist, nicht erwähnt. Gegen Ende Mai, kurz bevor ich hierher kam, habe ich Leland und Mrs. C. beim Tête-à-Tête in einem Restaurant gesehen – ich frotzelte und sagte zu ihnen, ich würde Slim davon schreiben (die bereits nach Europa gefahren war, wohin ihr Leland eine Woche später folgen sollte, was er jedoch nie tat). Übrigens habe ich Slim in meiner üblichen Unverfrorenheit *tatsächlich* geschrieben und sie gefragt, ob sie wisse, daß sich ihr Mann mit der berüchtigten Mrs. C. herumtreibe. Du liebes bißchen! Bist Du sicher, daß es stimmt? Hat er Slim wirklich verlassen? Bitte schreib mir, was Du weißt. Ich mag Slim sehr; ich wundere mich, daß sie mir nicht geschrieben hat; ich muß sofort herausfinden, wo sie ist.«

Cecils Neuigkeit stimmte tatsächlich. Bennett Cerf berichtete Truman, in New York ergriffen die Leute Partei – für Slim oder Pamela –, als handelte es sich um ein Baseballturnier. Im August besuchte Truman die Paleys auf ihrem Landsitz in New Hampshire und erstattete dann Cecil Bericht. »Es gab viel Gerede über das ›Thema Nummer eins‹ – den Hayward-Churchill-Fandango. Ich habe einen langen Brief von Slim bekommen, sehr rührend, voll Bedauern, aber auch sehr vernünftig. Leland scheint sie *nie* um eine Scheidung gebeten zu haben, doch Mrs. C. erzählt allen, sie werde im November Mrs. H. sein. Das Ganze hat eine ›Situation‹ unter den Cushing-

Girls heraufbeschworen: Babe und Minnie haben ›diesem Biest‹ ewige Feindschaft geschworen, während Schwester Betsey Mrs. C.s größte Parteigängerin ist (so dankbar ist sie, daß die Gefahr für ihr eigenes glückliches Heim abgewendet ist).

Tout New York ist in zwei feindliche Lager gespalten – die Slimianer, angeführt von Mrs. Paley mit Jerome Robbins und Mainbocher [dem führenden amerikanischen Couturier der vierziger und fünfziger Jahre] als stellvertretende Kommandeure, haben bereits Mrs. [Arthur] Hornblow füsilieren lassen, weil ein Abendessen für Leland und Mrs. C. gab – was tatsächlich merkwürdig ist, wenn man bedenkt, daß sie eine so enge Freundin von Slim gewesen ist. Ohne Zweifel wird Mrs. C. im kommenden Kräftemessen obsiegen. Es versteht sich von selbst, daß ich ein Slimianer bis zum Tod sein werde.« Mrs. C. siegte tatsächlich und wurde am 4. Mai 1960 die neue Mrs. Leland Hayward. Kurz danach schickte Slim Truman ein Telegramm. »Ich möchte wissen«, bemerkte sie darin verbittert, »ob sie ihm ein Bändchen dran gebunden hat.«

Truman blieb Slimianer. Etwa ein Jahr später rief er Slim an und bat sie um Hilfe. »Was für ein Problem oder Unglück könnte Pamela zustoßen?« wollte er wissen.

»Ich weiß nicht, warum?« erwiderte Slim, die sich wahrscheinlich die Frage auch schon gestellt hatte.

»Nun, ich habe an Gloria Guinness gekabelt: ›Ist es nicht schrecklich, was Pam passiert ist?‹ Nun wird sie mir sicher zurückkabeln: ›Wovon sprichst Du?‹ Deshalb muß ich mir jetzt schnell etwas ausdenken. Aber was könnte es sein? Sie kann nicht schwanger sein.«

»Nein, schwanger kann sie nicht sein. Wir wissen definitiv, daß sie nicht schwanger sein kann. Ich weiß nicht, was es sein könnte, aber ich werde mir etwas einfallen lassen.«

Slim hielt Wort. Bald traf ihr Telegramm mit der Lösung ein: »Wie wär's mit Klatschen [clap] – wie als Applaus?«*

* *Clap* kann ebenso »klatschen« bedeuten wie »Tripper«. (A. d. Ü.)

Als Truman vierzig Seiten seiner Moskau-Reportage fertig hatte, ging er mit einem peinlichen Geständnis zu William Shawn: Er könne sie nicht abschließen. Wenn er es täte, sagte er, und die prowestlichen Ansichten seiner Gesprächspartner bloßlegen würde, würde man diese vielleicht nach Sibirien oder sogar vor ein Erschießungskommando schicken. Er bot an, seinen Vorschuß zurückzuzahlen, aber Mr. Shawn winkte großzügig ab; er möge ihn für sein nächstes Projekt für den *New Yorker* verbuchen.

Obwohl Truman immer noch über »Erhörte Gebete« sprach, hatte er sich in Wirklichkeit der Tatsachenliteratur zugewandt. »Ich mag das Gefühl, daß etwas unabhängig von mir und um mich herum geschieht und ich nichts dagegen tun kann«, erklärte er einer Journalistin. »Ich möchte, daß die Wahrheit die wirkliche Wahrheit ist, so daß ich sie nicht ändern kann.« Er sei zu unruhig gewesen, um sich auf erzählende Prosa einzulassen, erklärte er später dem inzwischen bejahrten Glenway Wescott. »Ich konnte mich nicht hinsetzen und schreiben«, sagte er. »Es war, als stünde im Nebenzimmer eine Bonbonniere, der ich nicht widerstehen konnte. Die Bonbons waren, daß ich über Fakten statt über Fiktionen schreiben wollte. Es gab so viele Dinge, die ich recherchieren, so viele Dinge, über die ich etwas herausfinden konnte. Plötzlich wurden die Zeitungen voll Leben für mich, und mir wurde klar, daß ich mit der Belletristik in eine Sackgasse geraten war.«

In dieser Stimmung schlug er am Montag, den 16. November 1959, die *New York Times* auf. Dort stieß er in der Mitte von Seite 39 auf eine fast versteckte einspaltige Meldung mit der Überschrift: *Reicher Farmer und drei Angehörige ermordet.* Der Bericht kam aus Holcomb/Kansas, war vom 15. November und begann: »Ein reicher Weizenfarmer, seine Frau und ihre zwei halbwüchsigen Kinder wurden heute erschossen in ihrem Haus aufgefunden. Sie waren gefesselt und geknebelt und dann aus kürzester Entfernung durch Schüsse aus einem Jagdgewehr getötet worden.«

38

Wenn Schriftsteller beschreiben, wie ein erfolgreiches Werk entstanden ist, sagen sie oft, sie seien zufällig auf die Idee gestoßen, und erwecken dadurch den Eindruck, es handle sich dabei um eine reine Glückssache, so wie man eine Hundertdollarnote auf dem Gehsteig findet. Die Wahrheit ist gewöhnlich anders, wie Henry James bemerkte: »Seine Entdeckungen sind, wie die des Navigators, des Chemikers und des Biologen, kaum mehr als aufmerksame Beobachtungen. Er *stößt auf* das interessante Faktum, so wie Kolumbus auf die Insel San Salvador stieß, weil er in die richtige Richtung gesegelt war.«

So geschah es denn auch, daß Truman, der sich seit mehreren Jahren in die richtige Richtung bewegt hatte, in dieser kurzen Meldung über einen brutalen Mordfall im fernen Kansas auf sein San Salvador stieß: Er hatte danach oder nach etwas sehr ähnlichem gesucht. Vier Menschen waren aus keinem ersichtlichen Grund getötet worden: Herbert Clutter, seine Frau Bonnie Clutter und zwei ihrer vier Kinder, Nancy, sechzehn, und Kenyon, fünfzehn. Als Truman die dürren Sätze las und nochmals las, erkannte er, daß ein Verbrechen von so erschreckenden Ausmaßen ein Stoff war, der seine Vorstellung in der Tat überstieg, eine Wahrheit, die er nicht verändern konnte. Selbst der Tatort, ein Teil des Landes, der ihm so fremd war wie die Steppen Rußlands, übte eine perverse Anziehung auf ihn aus. »Alles würde den Reiz des Neuen haben«, so versuchte er später seine damaligen Überlegungen in Worte zu fassen. »Die Menschen, ihre Art zu sprechen und ihre Einstellung, die Landschaft, deren Horizont, das Wetter. All dies, so schien mir, konnte mein Auge und mein Ohr nur schärfen.« Schließlich sagte er sich: »Warum nicht *dieses* Verbrechen? Der Fall Clutter. Warum packe ich mich nicht einfach zusammen und fahre nach Kansas und schaue, was weiter geschieht?«

Als er beim *New Yorker* aufkreuzte und Mr. Shawn den Zeitungsausschnitt zeigte, war die Identität des Mörders oder der Mörder noch unbekannt und würde vielleicht nie geklärt werden. Aber darum gehe es nicht, wie er Shawn klarmachte, zumindest ihm nicht. Was Trumans Neugier anfachte, waren nicht die Morde, sondern deren Wirkung auf die kleine und abgelegene Gemeinde. »Nach seinem ursprünglichen Konzept hätten die Morde ein ungelöstes Rätsel bleiben können«, bemerkte Shawn, der einmal mehr seine begeisterte Zustimmung gab. »Er wollte eine Reportage über die Kleinstadt und die Familie schreiben – wie sie gelebt hatten. Ich fand, daß dies einen umfangreichen und wunderbaren Text ergeben könnte.«

Truman lud Andrew Lyndon ein, ihn zu begleiten, aber Andrew war anderweitig beschäftigt. Dann wandte er sich an Nelle Harper Lee. Nelle, deren eigenes Buch »Wer die Nachtigall stört« fertig, aber noch nicht veröffentlicht war, sagte sofort zu. »Er meinte, es handle sich um eine unerhört komplizierte Sache, die zwei Personen erfordere«, erklärte sie. »Das Verbrechen faszinierte ihn, und mich faszinieren Verbrechen genauso – ich brannte wirklich darauf mitzufahren. Es war ein Ruf aus der Tiefe, der bei mir eine starke Resonanz auslöste.« Jack, der die beiden Amateurdetektive einigermaßen amüsiert dabei beobachtete, wie sie nervös ihre Pläne schmiedeten, schrieb an seine Schwester: »Hast Du vom Mord an der Familie Clutter in Kansas gelesen? Truman fährt da hin, um eine Reportage darüber zu schreiben. Der Mord ist *unaufgeklärt*!! Er nimmt Nelle Harper Lee, eine Freundin aus der Kinderzeit, mit, die für ihn weiblichen Freitag oder Della Street (Perry Masons Assistentin) spielen soll. Ich hoffe, er riskiert nichts. Ich habe ihm gesagt, *curiosity killed the cat*, und er schaute erschrocken drein – bis ich hinzufügte, *satisfaction brought it back.*«

Truman sicherte sich auch die Unterstützung von Bennett Cerf. Zu Recht nahm er an, daß dieser in jedem Bundesstaat Bekannte in günstiger

Stellung habe. »Ich kenne keine Menschenseele in ganz Kansas«, klagte er Bennett. »Du mußt mich dort mit einigen Leuten bekannt machen.« Durch Zufall hatte Bennett kurz zuvor an der Kansas State University in Manhattan/Kansas einen Vortrag gehalten und sich mit Rektor James McCain angefreundet. Durch einen weiteren Zufall war McCain mit der ermordeten Familie Clutter bekannt gewesen, ebenso mit fast allen übrigen Bewohnern von Finney County. Er versprach Bennett, er werde Truman alle nötigen Türen öffnen, wenn dieser sich dafür bereit erkläre, vorher vor den Anglisten der Universität einen Vortrag zu halten. »Ich sage gleich jetzt in Trumans Namen zu«, antwortete Bennett. »Fabelhaft!«

So abgesichert bestieg Truman mit Nelle an seiner Seite und einer Kiste voll Proviant im Gepäck einen Zug Richtung Mittelwesten. »Er befürchtete, es gebe da draußen nichts zu essen«, meinte Nelle. Nach einem Tag und einer Nacht in Manhattan/Kansas, wo die Anglisten der State University eine Party für sie gaben, mieteten sie einen Chevrolet und fuhren die restlichen zweihundertsiebzig Meilen nach Garden City, der Kreishauptstadt von Finney County. Sie trafen in der Abenddämmerung ein, auf den Tag genau einen Monat, nachdem Truman auf einer der hinteren Seiten der *Times* auf seinen interessanten Stoff gestoßen war. Aber wenn er damals gewußt hätte, was die Zukunft für ihn bereithielt, so sagte er später, hätte er nie angehalten. »Ich wäre so schnell wie möglich getürmt. Wie eine Fledermaus aus der Hölle.«

Wenn die Leute von *Middle America* oder dem amerikanischen Herzland sprechen, meinen sie Garden City oder einen diesem sehr ähnlichen Ort. Diese Kleinstadt erhebt sich am westlichen Rand des Bundesstaates, nur sechsundsechzig Meilen von der Grenze nach Colorado entfernt auf der von Dürre bedrohten Hochebene, wo der Kontinent zum steilen Massiv der Rocky Mountains hin anzusteigen beginnt. 11811 Bew., hieß es in einer Broschüre der Santa Fé Railroad, deren Züge auf ihrer täglichen Fahrt zwischen Chicago und der Westküste das Städtchen passierten. »Größtes Bewässerungsgebiet des Mittelwestens mit unbegrenzten Grundwasserreserven. Größtes bekanntes Erdgasvorkommen der Welt. Zuckerrübenfabrik. Größter Zoo von Kansas, größte Büffelherde im Mittelwesten.« Obwohl sich der Prospekt darüber nicht ausließ, war Garden City im Dezember 1959 auch wohlhabend, überwiegend dank Weizen und Erdgas, und stramm republikanisch, eine Kleinstadt von Abstinenzlern und frommen Christen, die jeden Sonntagmorgen zweiundzwanzig Kirchen füllten.

Viel mehr gab es darüber nicht zu sagen. Im Gegensatz zum sechsundvierzig Meilen östlich gelegenen Dodge City, von wo aus Bat Masterson und Wyatt Earp einen Trupp Banditen nach Boot Hill – das echte Boot Hill – entsandt hatten, blickte Garden City auf eine farblose und relativ geruhsame Existenz zurück. Die schrecklichen Ereignisse im nahe gelegenen Dorf Holcomb, nur sechs Meilen westlich an der U. S. Route 50, waren deshalb noch schockierender, als sie es vielleicht an vielen anderen Orten gewesen wären. Wie Truman vorhergesagt hatte, löste der Mord an den Clutters eine Epidemie der Angst aus. Raub schien nicht das Motiv zu sein, und die besondere Brutalität der Tötungsart – Herb Clutter war die Kehle durchgeschnitten worden, bevor er erschossen worden war – veranlaßte die meisten Leute zu der Annahme, die Morde seien von einem rachsüchtigen Psychopathen verübt worden, jemandem aus der Nachbarschaft, der ja durchaus auch andere Opfer im Auge haben könnte. Man ließ die Lichter die ganze Nacht brennen, Türen, die nie abgesperrt worden waren, wurden verrammelt, und geladene Handfeuerwaffen lagen griffbereit neben den Betten.

In diese von Furcht und Mißtrauen verdüsterte Atmosphäre platzten Truman und Nelle herein. Einige wenige mögen Trumans Namen erkannt haben, denn die Stadtbücherei von Garden City besaß zwei seiner Bücher, nämlich »Andere Stimmen« und »Frühstück bei Tiffany«. Aber niemand in dieser Gegend hatte jemals jemanden gesehen, der auch nur entfernte Ähnlichkeit mit Truman hatte. In ihren Augen, meinte Nelle, »hätte er geradewegs vom Mond kommen können«. Er wurde denn auch unweigerlich mit Hohn und Spott empfangen. Auf die Frage, was er von Truman gehalten habe, sprach ein Bewohner später höchstwahrscheinlich für die Mehrheit, als er in gedehntem Ton antwortete: »Also ... das möchte ich

Ihnen wirklich lieber nicht sagen.« Es wurden Witze über Trumans Macken und Größe gerissen. »Meiner Seel! Sieht er nicht aus wie ein kleiner alter Kampfhahn?« bemerkte ein Farmer so laut, daß es alle Umstehenden hören konnten. Auf Weihnachtspartys waren Imitationen seiner Stimme so oft zu hören wie »Jingle bells«. Manche Leute waren offen feindselig; einige argwöhnten sogar, ein so seltsam aussehender Mann könnte durchaus der Mörder sein, der zurückkehrte, um das Aufsehen zu genießen, das er erregt hatte. Truman sah ganz bestimmt nicht wie ein Reporter aus, und es nützte ihm nichts, wenn er erklärte, er sei im Auftrag des *New Yorker* hier – die Zeitschrift hatte in Moskau mehr Leser als in Finney County.

Darüber hinaus ließ ihn seine Fähigkeit, Leute für sich einzunehmen, die schon viele andere, gewaltige Hindernisse überwunden hatte, vorübergehend im Stich. Bald nach ihrer Ankunft begaben sich Nelle und er in das Büro von Alvin Dewey, der für das Morddezernat von Kansas die Untersuchung leitete. Er benötige ein langes Interview, sagte Truman zu Dewey. Telefone läuteten, andere Kriminalbeamte warteten darauf, Bericht zu erstatten, und Dewey, ein großer, gutaussehender Mann von siebenundfünfzig, war von den Namen, die Truman fallenließ, überhaupt nicht beeindruckt. Er schlug seine Bitte um ein Interview rundweg ab. Truman habe sich seine Informationen wie alle anderen Reporter bei den täglichen Pressekonferenzen zu beschaffen, erklärte er. »Aber ich bin kein Journalist«, wandte Truman ein, »ich muß ein tieferschürfendes Gespräch mit Ihnen führen. Was ich schreibe, wird Monate in Anspruch nehmen. Ich bin hier, um eine ganz spezielle Art von Reportage über die Familie bis hin zu und einschließlich ihrer Ermordung zu schreiben. Es ist mir im Grunde gleichgültig, ob der Fall je aufgeklärt wird oder nicht.«

»Er hätte von mir aus den ganzen Tag reden können, bloß das hätte er nicht sagen dürfen«, erinnerte sich Dewey. »Den Fall aufzuklären war mir nämlich im Gegensatz dazu verdammt wichtig.« Truman konnte im Grunde froh sein, daß ihn der Kommissar, der bei der fast rund um die Uhr betriebenen Spurensuche acht Kilo abgenommen hatte, nicht hinauswarf. Schließlich war er nicht nur amtlich mit der Lösung des Falles betraut, sondern die Clutters waren zudem mit seiner Familie befreundet gewesen und gehörten ebenso wie er der Vereinigten Methodistenkirche von Garden City an; sie waren allseits bewunderte und beliebte Mitglieder der Gemeinde gewesen. Immer wieder hatte Dewey, in der Hoffnung, einen bisher übersehenen Anhaltspunkt zu finden, die Fotos der Leichen betrachtet. Immer und immer wieder hatte er nichts als Horror gesehen. »Nancys Stirn, wo das Geschoß ausgetreten war, erinnerte mich an einen zackigen Gebirgskamm«, sagte er.

In Anbetracht dieser Umstände war seine Reaktion auf Trumans schnoddrige Bemerkung überraschend nachsichtig. »Ich möchte Ihren Presseausweis sehen, Mr. Capote«, war alles, was er sagte. Truman gab kleinlaut zu, daß er keinen hatte, und bot ihm statt dessen seinen Paß an. Dewey war nicht daran interessiert und wies ihn erneut auf den Zeitpunkt seiner Pressekonferenzen hin. Truman gab schließlich auf. Am nächsten Morgen nahmen Nelle und er ihre Plätze unter den anderen Reportern ein.

James McCains Briefe und Anrufe öffneten ihnen zwar einige wichtige Türen, aber Nelles Hilfe erwies sich während dieser schwierigen ersten Tage als wertvoller. Ihre Wurzeln waren immer noch in Monroeville, und sie wußte, wie Farmer und Kleinstädter denken und reden. Sie war die Art von Frau, die die Bewohner von Finney County gewöhnt waren; wo Truman schockierte, besänftigte sie. »Nelle kam in die Küche, und fünf Minuten später hatte ich das Gefühl, sie seit langem zu kennen«, bemerkte Dolores Hope, eine Kolumnistin des *Garden City Telegram*.

Kein einziges Mal sah man Truman oder Nelle Notizen machen: Es war Trumans Überzeugung, daß der Anblick eines Notizbuchs oder, noch schlimmer, eines Tonbandgeräts die Offenheit hemme. Nur in scheinbar beiläufigen Gesprächen seien die Leute bereit, sich zu offenbaren, behauptete er. Wenn sie keine Feder und keinen Bleistift auf ein Papier kritzeln sähen, könnten sie auch nicht glauben, daß ihre Worte festgehalten würden. »Man hatte überhaupt nicht den Eindruck, von ihm interviewt zu werden«, sagte Wilma Kidwell, die Mutter von Nancy Clutters bester Freundin Susan. »Er verstand es, einen auf Themen zu bringen, ohne daß man es merkte.« Erst wenn Nelle und Truman ins Hotel Warren zurückkehrten, trennten sie sich und brachten zu Papier, was sie erfahren hatten. Beide schrieben jeweils eine eigene Fassung der Interviews des Tages nieder. Bei Drinks und beim Abendessen verglichen sie dann ihre Notizen. »Zusammengenommen«, erklärte Nelle, »ergab sich ein vollständiges Bild.« Ihre Methode war zeitraubend, aber produktiv. Wo ihr kombiniertes Gedächtnis versagt hatte, was manchmal der Fall war, gingen sie noch einmal hin und stellten ihre Fragen ein kleines bißchen anders. Gelegentlich kam es vor, daß sie an einem Tag dreimal mit einem Gesprächspartner redeten.

Die Farmer, die das ebene und unwirtliche Land pflügten, arbeiteten nicht härter als die beiden, die sie aufsuchten, um mit ihnen zu reden. »Es war immer bitterkalt, wirklich unglaublich kalt in der Prärie«, bemerkte Truman. »Wir pflegten zu irgendeinem Farmhaus oder zu einer Ranch hinauszufahren, um die Leute dort zu interviewen, und fast regelmäßig lief dort ein Fernseher. Sie schienen die Dinger vierundzwanzig Stunden am Tag laufen zu lassen. Sie saßen dann da – ohne uns je anzusehen! Ihre Blicke blieben eisern auf den Bildschirm geheftet, selbst wenn bloß ein Pausenbild oder eine Werbung zu sehen war. Wenn der Fernseher einmal nicht lief, wenn der Bildschirm gerade nicht flimmerte, bekamen sie den Tatterich. Ich vermute, das Fernsehen ist zu einem Bestandteil ihres Nervensystems geworden.«

Nirgendwo hatte er sich je zuvor so fehl am Platze gefühlt. Die Leute in Kansas sprachen die gleiche Sprache, zahlten ihre Rechnungen in derselben Währung und gelobten der gleichen Flagge Treue, und doch schienen sie völlig anders zu sein. Wenn sie den Eindruck hatten, er sei vom Mond heruntergekommen, fragte er sich wahrscheinlich, ob es ihn dorthin verschlagen habe. Ein CARE-Paket von Babe Paley, eine Dose mit köstlichem Kaviar, erinnerte ihn daran, wie weit er von seinen Freunden und all den Dingen entfernt war, die er liebte. In einem besonders trostlosen Augenblick sagte er verzweifelt zu Nelle, er denke daran, aufzugeben und nach Hause zu fahren. »Ich habe keinen Draht zu diesen Leuten«, klagte er. »Ich finde keinen Zugang zu ihnen.« Sie machte ihm Mut. »Laß nicht locker«, sagte sie. »Du wirst diesen Ort schon knacken.«

Und es gelang ihm tatsächlich, passenderweise am ersten Weihnachtsfeiertag. Dolores Hope hatte zu ihrem Mann Clifford, einem der führenden Anwälte der Stadt, gesagt, sie sollten ihr Festessen mit jemandem teilen, dem kein anderes Haus offenstehe. Auf die Besucher aus New York traf dies zu, und sie wurden deshalb von den Hopes zu Ente und zweimal gebackenen Kartoffeln eingeladen. »Truman beherrschte natürlich das Gespräch«, erinnerte sich Mrs. Hope. »Sobald man sich an die hohe Stimme gewöhnt hatte, dachte man aber eigentlich nicht mehr daran. Es war nicht gerade, was man in Garden City alle Tage zu hören bekommt. Was er sagte, war wie aus einer anderen Welt, und es war faszinierend für uns. Es war ein richtig erfreulicher Tag. Leute riefen mich an und fragten mich, ob ich ihn wirklich zum Essen eingeladen hätte. Ich sagte ja, und dann kamen die Dinge für ihn ins Rollen. Es wurde geradezu *in*, ihn einzuladen. Er war eine Attraktion, und davon wollte keiner ausgeschlossen sein.«

Die Telefonzentrale des Hotels Warren begann zu surren, als ihn die besseren Familien der Stadt mit Einladungen eindeckten. Statt seine Stimme zu imitieren, lauschte man jetzt dem Original und war größtenteils auch durchaus angetan von dem, was man zu hören bekam. Selbst Alvin Dewey, der bei einer dieser Partys zugegen war, wurde weich, als seine Frau Marie, die in New Orleans geboren und aufgewachsen war, herausfand, daß auch Truman aus dieser Stadt stammte. Schon am nächsten oder übernächsten Abend waren Truman und Nelle zu Gast bei den Deweys und taten sich an Hafergrütze, Okra, roten Bohnen und Reis gütlich, einer Zusammenstellung, die nur wenige der auf Steaks und Kartoffeln eingeschworenen Mittelwestler richtig zu würdigen wußten. Innerhalb einer Woche wurden die Deweys so gute Freunde der beiden, daß Truman es wagte, Alvin den Spitznamen Foxy zu geben. »Foxy, du erzählst mir nicht alles!« sagte er des öfteren, ihm vorwurfsvoll mit dem Finger drohend. Nelle und er waren am Abend des 30. Dezember 1959 bei den Deweys, als Alvin den Anruf erhielt, den er sich so inbrünstig erhofft hatte. Im Mordfall Clutter waren zwei Verdächtige in Las Vegas verhaftet worden. Hocherfreut machte Alvin Pläne, sie abzuholen. Truman fragte ihn, ob er mitkommen könne. »Diesmal nicht, Sportsfreund«, antwortete Alvin.

Aber Truman und Nelle befanden sich in der Menge, die eine Woche später vor dem Gerichtsgebäude von Finney County vor Kälte schnatterte, als Alvin und seine Kollegen mit ihrer Handschellen tragenden Beute Dick Hickock und Perry Smith zurückkehrten. Alle Theorien über die Morde waren falsch gewesen. Die zwei Mörder – beide hatten bereits gestanden – stammten nicht aus der Gegend, sondern waren ehemalige Insassen der Strafanstalt von Kansas. Ihr Motiv war ursprünglich doch Raub gewesen. Sie hatten den falschen Tip erhalten, Herb Clutter bewahre in einem Bürosafe große Summen an Bargeld auf, und sie hatten ihre Tat mit peinlicher Sorgfalt geplant. Die Morde waren auch nicht spontan begangen worden. Von vornherein – kaltblütig – hatten sie beschlossen, alle Zeugen zu töten.

Ihre Verhaftung schuf grundlegend neue Voraussetzungen für Trumans Vorhaben. Als Alvin die gute Nachricht aus Las Vegas vernahm, hatten Truman und Nelle ihre Recherchen für die relativ kurze Reportage, die ihnen ursprünglich vorgeschwebt hatte – die Reaktion einer Kleinstadt auf ein gräßliches Verbrechen –, schon beinahe abgeschlossen. Nun, da die Männer, die das Verbrechen begangen hatten, im vierten Stock des Gerichtshauses hinter Gittern waren, wuchs seine Geschichte jedoch weit über die ursprüngliche Konzeption hinaus. Er hatte erst die Hälfte seiner Reportage fertig, und diese Hälfte war wertlos, wenn es ihm nicht gelang, das Leben der Mörder so genau und minuziös zu rekonstruieren wie das ihrer Opfer.

Als die Mörder in Garden City von der Anklage vernommen wurden, konnte Truman sie zum ersten Mal näher in Augenschein nehmen. Hickock war achtundzwanzig, blond und knapp überdurchschnittlich groß, einsfünfundsiebzig. Ein Autounfall hatte sein Gesicht entstellt. Seine

Augen saßen unterschiedlich hoch, und sein Kopf sah aus, als wäre er, wie Truman es formulierte, »wie ein Apfel in Hälften geschnitten und dann etwas verschoben zusammengesetzt worden«. Abgesehen von seinem Äußeren wirkte er in keiner Weise außergewöhnlich oder interessant – bloß »ein kleiner Ganove«, wie Alvin sagte. Seine Eltern waren arme, aber ehrliche Leute. Er war auf ihrer kleinen Farm im Osten von Kansas aufgewachsen. Statt daß er das College besuchen konnte, wie er gehofft hatte, war er Automechaniker geworden, einer, der sich jeden Dollar hart erarbeiten mußte. Seine zwei Ehen hatten mit der Scheidung geendet. Er war ein Angeber, von Neid auf all jene verzehrt, die es leichter hatten, und er war bösartig geworden: Eine seiner Zerstreuungen bestand darin, mit dem Auto Hunde zu überfahren. Er war jedoch sehr gesprächsbereit und besaß ein außerordentlich präzises Gedächtnis, was sich für den Biographen seines kurzen und schäbigen Lebens als äußerst wertvoll erweisen sollte.

Mit Ausnahme des Blutes an den Händen war Perry Smith Dicks genaues Gegenteil. Von der Mutter, einer Cherokee-Indianerin, hatte Perry die schwarzen Haare und die traurigen, verhangenen Augen; die koboldhaften Züge verdankte er dem irischen Vater. »Das Gesicht eines Wechselbalgs« nannte es Truman, womit er meinte, daß Perry seinen Ausdruck willkürlich verändern und abwechselnd sanft oder wild, verletzlich oder gefährlich wirken konnte. Auch er war in einen fast tödlichen Unfall verwickelt gewesen. Sein Motorrad war ins Schleudern geraten. Seine Beine waren dadurch so deformiert und verkürzt worden, daß er nur zwei Fingerbreit größer war als Truman.

Perrys Eltern waren Rodeo-Artisten gewesen – »Tex & Flo« hatten sie ihre Nummer genannt –, mit denen es infolge der harten Zeiten und Flos Schwäche für Alkohol und andere Männer bergab ging. Flo wurde zu einer verwahrlosten, hoffnungslosen Trinkerin, und Tex ging in die Wildnis von Alaska, um dort als Trapper und Ölsucher einen kargen Unterhalt zu verdienen. Nach Flos Tod – sie erstickte an ihrem eigenen Erbrochenen – wurden ihre vier Kinder auf verschiedene Waisenhäuser und Pflegeheime verteilt. Perry erging es dabei am schlechtesten. Daß er das Bett näßte, machte ihn zur Zielscheibe von Verachtung und Mißhandlung. Nonnen schlugen auf ihn ein; ein Aufseher rieb seinen Penis mit einer brennenden Salbe ein, und ein anderer drückte ihn in eine mit Eiswasser gefüllte Wanne, eine Quälerei, von der Perry eine Lungenentzündung bekam. In einem immer wiederkehrenden Traum stieß ein Papagei, »größer als Jesus«, vom Himmel herab und rettete ihn vor seinen Peinigern, indem er ihnen die Augen aushackte und ihn ins Paradies trug. Aber kein derartiger Wundervogel erschien, und so brannte er durch, um mit seinem Vater in der Wildnis zu leben, bis er alt genug war, um in die Handelsmarine einzutreten. Danach war sein Leben, wie Truman bemerken sollte, »ein mühseliges und einsames Dahinstolpern von einer Fata Morgana zur nächsten« gewesen. Mit gutem Grund überzeugt, die Welt habe ihm keine faire Chance gegeben, schwelgte Perry in Selbstmitleid. »Ach«, rief er aus, »was für ein Mensch hätte ich sein können!«

Doch gab er nie die Hoffnung auf, dieser Mensch doch noch zu werden. Er verschlang Ratgeber und Selbsthilfebücher, fertigte Wortlisten an, um sein Vokabular zu erweitern, und hegte pubertäre Phantasien, in Mexiko Gold zu finden: Den Film »Der Schatz der Sierra Madre« hatte er achtmal gesehen. Im Gegensatz zu Dick betrachtete er sich als gutmütig und rücksichtsvoll, und nach seiner eigenen widersprüchlichen Logik war er das auch. Besorgt, daß es Herb Clutter auf dem kalten Kellerboden unbequem sein könnte, hatte er zum Beispiel den gefesselten Mann fürsorglich auf eine Matratze gehoben – und ihn dann ebenso ungerührt abgeschlachtet, wie er es mit einem Schwein getan haben könnte. »Ich hielt ihn für einen sehr netten Menschen«, sagte Perry. »Freundlich. Dafür hielt ich ihn, bis zu dem Augenblick, in dem ich ihm die Kehle durchschnitt.«

Dieses Kaleidoskop widersprüchlicher Emotionen faszinierte Truman und alle, die seine Erzählung lesen sollten. Norman Mailer ging so weit, Perry als eine der großen Gestalten der amerikanischen Literatur zu bezeichnen. Es liegt eine erschütternde Ironie darin, daß der verkorkste kleine Mensch, der nach Bildung hungerte, ständig Dicks Grammatik korrigierte und seine Rede unbeholfen mit großen Worten würzte, eine Art von Unsterblichkeit als literarischer Unhold erlangt hat. Aber da steht er nun, ein geborener Jago wie Roger Chillingworth in Hawthornes »Der scharlachrote Buchstabe«, Claggart in Melvilles »Billy Bud« und Flem Snopes in Faulkners Yoknapatawpha-Saga.

Als sich Perry vor dem Richter hinsetzte, um vernommen zu werden, stieß Truman Nelle an. »Schau doch, seine Füße berühren nicht einmal den Boden!« Nelle antwortete nicht, aber sie dachte bei sich: »Oh, oh! Das ist der Anfang einer großen Liebesgeschichte.« In Wirklichkeit war die Beziehung zwischen den beiden viel komplizierter als eine Liebesgeschichte: Einer »sah den anderen an und erblickte oder glaubte zumindest, er erblicke den Menschen, der aus ihm hätte werden können«.

Daß beide kleingewachsen waren, war nur eine von vielen beunruhigenden Ähnlichkeiten. Beide hatten zudem unter einer trunksüchtigen Mutter, einem abwesenden Vater und Pflegeheimstätten zu leiden gehabt. In den Waisenhäusern, in die man Perry gesteckt hatte, war er gehänselt worden, weil er ein Halbblut war und das Bett näßte – Truman war verspottet worden, weil er so mädchenhaft wirkte. Ein Psychiater hätte über *beide* sprechen können, als er über Perry sagte: »Er scheint ohne Anleitung und ohne Liebe aufgewachsen zu sein.« Beide hatten sich schließlich der Kunst zugewandt, um zu kompensieren, was ihnen vorenthalten worden war. Perry war überzeugt, daß er es mit ein bißchen Ermutigung als Maler, Sänger oder Liedermacher hätte schaffen können.

In Joel Knox, dem dreizehnjährigen Helden von »Andere Stimmen«, hatte Truman sein erdichtetes Alter ego entworfen. In Perry, so kann man ohne Übertreibung vermuten, erkannte er seinen Schatten, seine dunkle Seite, die Verkörperung seiner angestauten Aggressionen und Verletzungen. Wenn er in dessen unglückliche Augen schaute, blickte er in einen qualvollen Bezirk seines eigenen Unbewußten und erweckte die Alpträume und Ängste wieder zum Leben, die in frühen Geschichten wie »Miriam« und »Ohne Ziel« Form und Gestalt angenommen hatten. Perry kehrte seinerseits die Medaille um und sah in Truman den erfolgreichen Künstler, der er hätte sein können. »Er betrachtete Truman als eine verwandte Seele«, meinte Donald Cullivan, ein Kamerad Perrys aus der Zeit bei der Marine, der ihn im Gefängnis besuchte. »Er meinte, Truman sei auch herumgestoßen worden, und er fand, Truman habe Schneid.«

Ebenso wie die anständigen Leute von Garden City, hatte auch Perry nie jemanden wie Truman kennengelernt. Er war von ihm fasziniert und stellte ihm endlose Fragen. »Als ich ihn schon etwa zwei Jahre kannte, wollte er von mir wissen, ob ich homosexuell sei«, erzählte Truman, »was mir einfach lächerlich erschien – es hätte ihm nach all der Zeit längst klar sein müssen. Er war in diesem Bereich sehr zurückhaltend, und ich weiß nicht, was er dachte. Ich glaube, irgendwo im Hinterkopf hatte er angenommen, daß ich mit Harper Lee zusammenlebte. Er war einer von denen, die glauben, man könne nicht homosexuell sein, wenn man mit einer Frau zusammenlebt, und nicht heterosexuell, wenn man mit einem Mann zusammenlebt. Alles muß schwarz oder weiß sein. Er wollte wissen, mit wem ich zusammenlebte und ob ich wechselnde Partner hätte, und ich redete sehr offen mit ihm.«

Sie hatten von Anfang an eine wirre, unbehagliche, aber gleichbleibend intensive Beziehung. Obwohl Truman wußte, daß er auf Perrys Vertrauen und seinen guten Willen angewiesen war, konnte er sich nicht verkneifen, gegen Perrys Tendenz zu weinerlichem Selbstmitleid zu protestieren. Als Perry den unglücklichen Umständen seiner Kindheit Schuld an allem gab, was er getan hatte, warf Truman unwirsch ein: »Ich hatte eine der schlimmsten Kindheiten der Welt und bin doch ein ganz anständiger, gesetzestreuer Bürger geworden.« Perry antwortete mit einem Achselzukken.

Perry war kaum weniger von Truman abhängig. Er hörte ihm zu und gab ihm Bücher, Zeitschriften und kleine Geldbeträge – Dinge, die für einen Menschen hinter Gittern wertvoller sind als der ganze Schatz der Sierra Madre. Dennoch war Perry oft schlecht gelaunt und rasch beleidigt. »Er war mißtrauisch wie viele Häftlinge und unsicher, ob ihn Truman nicht bloß ausnutzte«, meinte Cullivan. »Er schwafelte endlos daher.« Bei einem

Gespräch ließ er seine Gewichthebermuskeln spielen und wies Truman darauf hin, daß er ihn in einer Minute umbringen könnte, noch bevor ihm ein Wärter zu Hilfe kommen könnte. »Manchmal habe ich gute Lust, es zu tun«, sagte er. »Es wäre mir ein Vergnügen. Was habe ich schon zu verlieren?«

Perry war zutiefst gekränkt über die Widmung, die Truman in ein Exemplar von »Frühstück bei Tiffany« schrieb, das er ihm schenkte. »Für Perry von Truman mit guten Wünschen« hatte Truman in seiner kleinen und unverwechselbaren Schrift gekritzelt. Perry war empört und fand diese wenigen Worte kalt und gefühllos. »Ist das alles?!« war er explodiert, als ihm Truman das Buch überreichte. Auf der gegenüberliegenden Seite schrieb er später in den schöngeformten Schriftzügen, die er aus einem Buch über Kalligraphie gelernt hatte: »Capote, du kleines Miststück! Ich wollte dich damals beschimpfen, ich war so sauer. Es ist noch nicht zu spet [sic] – ›du kleiner Pisspott!‹«

Bis Mitte Januar 1960 hatte Truman Stunden sowohl mit Dick als auch mit Perry zugebracht. Er hatte das Gefühl, alles getan zu haben, was er für den Augenblick in Kansas tun konnte. In einem dichten Schneesturm bestiegen Nelle und er einen Schlafwagen der Santa Fe Railroad für die Heimreise. »Eine außergewöhnliche Erfahrung, in vieler Hinsicht das Interessanteste, was mir je zugestoßen ist«, schrieb er Cecil ein paar Tage später aus Brooklyn Heights. Glenway Wescott, der ihn auf einer Party in Manhattan traf, fragte ihn, wie er in der einsamen Prärie aufgenommen worden sei, wie die bodenständigen Farmer in Kansas auf eine so exotische Spezies wie Truman Capote reagiert hätten. »Anfangs war es schwierig«, antwortete Truman. »Aber jetzt bin ich praktisch der Bürgermeister!«

39

Das war nicht einmal stark übertrieben. Als Truman und Nelle im März zum Prozeß von Dick und Perry nach Garden City zurückkehrten, war Truman bereits so angesehen, daß man um seine Anwesenheit bei Partys und Abendessen wetteiferte. Im Grunde war ihm die Eroberung von Kansas sogar mehr als ein bißchen zu Kopf gestiegen, wie sich Dick Avedon erinnerte, der mitgekommen war, um zu fotografieren. Der Farmer, der Truman mit einem kleinen Kampfhahn verglichen hatte, hatte nicht ganz falsch gelegen. Avedon war dabei, als Truman eines Morgens ins Büro des Sheriffs stolzierte und auf Roy Church, einen der KBI-Agenten, zuging, der gerade Bericht erstatten wollte. »Sie sehen mir nicht wie so 'n harter Brocken aus«, höhnte er.

Church antwortete, indem er breitbeinig ein paar Schritte auf die Wand zu machte, ausholte und seine Faust mit voller Wucht gegen den Beton schmetterte. »O Gott!« dachte Avedon. »Was sollen wir bloß tun? Jetzt ist's passiert. Truman ist einen Schritt zu weit gegangen.« Aber dem war nicht so. Er hatte zwar eine Zeitlang gebraucht, aber er hatte gelernt, wie er mit den hartgesottenen Typen aus Kansas umgehen mußte. Er hob die Hände über den Kopf, hopste von einer Seite zur anderen und rief mit übertrieben breitem Südstaatlerakzent ein ums andere Mal: »Well, ich bin außer mir! Ich bin außer mir! Ich bin außer mir!« In das Gelächter einstimmend, entspannte Church seine noch geballte Faust. »Es war einer der brillantesten, physisch einfallreichsten und verwegensten Auftritte, die ich je im Leben gesehen habe«, sagte Avedon. »Truman hätte in den Dschungeln von Vietnam überlebt. Er gewann dieses Duell genauso, wie er die Stadt für sich gewonnen hatte.«

Der Prozeß begann am Dienstag morgen, dem 22. März, unter dem Vorsitz von Richter Roland Tate. Es bestand nie ein Zweifel an der Schuld der Angeklagten. Abgesehen von ihren Geständnissen verfügte die Staatsanwaltschaft über handfeste Beweise, darunter die Stiefel, deren Abdrücke den im Clutter-Haus gefundenen entsprachen, das Messer, mit dem Herb Clutters Kehle durchschnitten worden war, und das Jagdgewehr, mit dem er und seine Familie getötet worden waren. Es ging also nicht um Schuld oder Unschuld, sondern um Leben oder Tod. Am 29. März beantworteten die Geschworenen diese Frage nach nur vierzigminütiger Beratung: Beide seien schuldig und sollten hingerichtet werden. Als sie hinausgeführt wurden, sagte Perry kichernd zu Dick: »Keine Hasenfüße, diese Geschworenen!« Das war auch Richter Tate nicht, der wenige Tage später sein Urteil verkündete. Die Hinrichtung wurde auf Freitag, den 13. Mai 1960, festgesetzt: Dick und Perry sollten in der Strafanstalt von Kansas in Lansing gehängt werden.

Das war eine Szene, die Truman nicht miterleben wollte. Kurz nach dem Ende des Prozesses fuhren Nelle und er nach Hause zurück. Er war sich jedoch im klaren darüber, daß er nicht in New York zwischen Mittagessen mit Slim und Wochenenden mit den Paleys schreiben konnte. »Geselligkeit ist der Feind der Kunst«, erklärte er einer Journalistin. »Wenn ich arbeite, muß ich mich deshalb von anderen Menschen zurückziehen. Ich bin wie ein Boxer im Training, ich muß alle Elemente außer der Arbeit völlig aus meinem Leben verbannen.« Zwei Wochen nachdem er nach New York zurückgekehrt war, schifften sich Jack und er nach Europa ein, wo er bleiben wollte, bis sein Buch fertig war. Er schätzte den Zeitaufwand auf etwa ein Jahr.

Als sie Ende April in Le Havre eintrafen, besorgten sie sich ein Auto und fuhren südwärts nach Spanien, wo sie im Fischerdorf Palamós an der Costa Brava zwischen Barcelona und der französischen Grenze ein Haus gemietet hatten. Obwohl Truman Koffer voll Notizen mitgebracht hatte, setzte er seine Reportertätigkeit per Post fort und bombardierte seine Freunde in Garden City mit weiteren Fragen sowie der Bitte, ihn auf dem laufenden zu halten. Es dauerte auch nicht lange, bis die ersten Bulletins eintrafen. Das Oberste Gericht von Kansas hatte Perry und Dick einen Aufschub der Hinrichtung gewährt, damit ihre Bitte um einen neuen Prozeß geprüft werden konnte. Aber Perry, der nicht viel Hoffnung hatte, beschloß, dem Henker zuvorzukommen, indem er sich zu Tode hungerte. »Du kannst ja auf den Strick warten, aber nicht ich«, meinte er zu Dick, der in einer benachbarten Zelle untergebracht war. Nachdem er sechs Wochen lang weder gegessen noch getrunken hatte, begann er zu halluzinieren und glaubte, in ständiger Verbindung mit Gott zu stehen. »Es ist wirklich zu gräßlich«, schrieb Truman an Donald Cullivan. »Sie halten ihn nur am Leben, um ihn aufzuhängen.«

Seit dem Novembertag, an dem Truman vom Mordfall Clutter erfahren hatte, war er ständig so beschäftigt gewesen, daß er nie dazu gekommen war, sich zurückzulehnen und Bilanz zu ziehen. In Palamós hatte er Zeit dazu, und seine Gedanken waren ernüchternd. Bei den meisten anderen Projekten hatte er jeweils eine ziemlich genaue Vorstellung gehabt, wie lange er brauchen und wie das Resultat aussehen würde. Seine Mordgeschichte hatte jedoch fast von Anfang an ihren eigenen unabhängigen und unvorhersagbaren Verlauf genommen. Jetzt war wieder eine neue Wendung eingetreten. Niemand konnte sagen, wie lange das Berufungsverfahren dauern und was mit Perry geschehen würde. Es war keine Ende abzusehen.

Als Truman in seinem Haus am Abhang saß und auf die sanften Wellen des Mittelmeers hinausschaute, begriff er auch, wahrscheinlich zum ersten Mal, das volle Ausmaß seines Vorhabens. »In Cold Blood« (»Kaltblütig«), wie er sein Buch betitelt hatte, war nicht bloß die Chronik eines grausamen Verbrechens. Es war die Geschichte einer braven und anständigen Familie, von Mächten verfolgt und vernichtet, von denen sie nichts wußte und über die sie keine Kontrolle hatte. Es war ein Thema mit Anklängen an eine griechische Tragödie, eine Geschichte, aus der Äschylus oder Sophokles vielleicht ein Drama über Bestimmung und Schicksal gemacht hätten.

Dasselbe Schicksal, davon war Truman überzeugt, hatte ihn nach Kansas verschlagen und ihm Gelegenheit gegeben, ein Werk von einzigartiger Wucht und Größe zu schreiben. Er fühlte eine heilige Verantwortung gegenüber dem Stoff, sich selbst und der, wie er zu Cecil sagte, von ihm verehrten Kunst, ein Buch zu schaffen, das anders sei als jedes andere, das je geschrieben wurde. Wenn »Erhörte Gebete« eines Tages als sein Gegenstück zu »Auf der Suche nach der verlorenen Zeit« gelten würde, dann war »Kaltblütig« sein »Madame Bovary«. »[Es] könnte ein weiteres Jahr oder noch länger dauern«, erklärte er Newton. »Das ist mir egal – es muß vollkommen werden, denn mir liegt ungeheuer viel daran; ich stecke alles hinein, was ich habe, und ich glaube, daß es, wenn ich sehr geduldig bin, eine Art Meisterwerk werden könnte. Ich habe weiß Gott wundervolles Material und Unmengen davon – über viertausend Seiten getippte Notizen. Manchmal, wenn ich daran denke, wie gut es werden *könnte*, verschlägt es mir fast den Atem. Nun, das Ganze war die interessanteste Erfahrung meines Lebens, ja sie hat tatsächlich mein Leben verändert und auch meine Einstellung zu fast allem – es ist ein Großes Werk, glaube mir, und selbst wenn ich scheitere, wird mir etwas gelungen sein.«

Was sich zwischen diesen Zeilen verbarg, war die Furcht, das Schicksal könnte ihm eine zu große Aufgabe anvertraut haben. Die Vorstellung, wie gut »Kaltblütig« werden könnte, machte ihm gleichzeitig bewußt, wie hoch er sich diesmal sein Ziel gesteckt hatte – um wieviel höher als je zuvor. Niemand wußte seine große Begabung mehr zu schätzen als er selbst: Er war der Meinung, kein anderer Amerikaner seiner Generation besitze ein so untrügliches Ohr für die Musik und den Rhythmus der englischen Sprache, und niemand anders schreibe mit so viel Stilsicherheit und Anmut. Aber die Wahrheit war, daß er diese Stilsicherheit bis dahin nur über kleine Strecken erprobt hatte. »Andere Stimmen«, ein ohne Zweifel kurzer Roman, war sein längster Prosatext.

Das Kansas-Buch würde dagegen nicht nur lang werden, sondern auch kompliziert. Er würde eine verwirrende Fülle von Charakteren, Fakten, juristischen Erklärungen und psychologischen Studien miteinander verweben müssen. Das erforderte Fähigkeiten, die er nie zuvor bewiesen hatte und von denen er nicht sicher war – nicht sicher sein konnte –, daß er sie besaß. Er war wie ein Komponist von Streichquartetten, der sich bange fragt, ob er das Zeug zu einer Symphonie habe. Er schickte sich an, den Parnaß selbst zu erklimmen, und er konnte nicht anders als mit Furcht und Zittern an die vor ihm liegende Aufgabe herangehen.

Dennoch stürzte er sich schließlich kopfüber hinein. Im Juni flog er nach London, um mit einem Psychiater zu sprechen, der ihm die psychische Konstitution der zwei Mörder aufdröseln half. Er verweilte jedoch nicht lange, sondern kehrte umgehend wieder zu den Bleistiften und Notizblöcken in Palamós zurück. Im Oktober hatte er fast ein Viertel des Textes fertig. »Ob es die Mühe lohnt, bleibt abzuwarten!« schrieb er gereizt an Mary Louise Aswell. »Ich glaube, daß es ›gut‹ wird – aber es wird mehr als das sein müssen, um alles zu rechtfertigen, WAS ICH DURCHGEMACHT HABE.«

Donald Windham gegenüber äußerte er die Sorge, daß er mehr schreiben könnte, als der *New Yorker* verkraften könne. »Hätte nie gedacht, daß von allen Schriftstellern ausgerechnet ich je ein Längenproblem haben würde«, bemerkte er, »aber es ist nun mal sehr dicht geschrieben und kann wirklich nicht gekürzt werden (ich habe es versucht). Nun, wenn ich mich mit Shawn nicht einigen kann (und ich kann mir vorstellen, daß sie zögern werden, diesem Projekt vier ganze Nummern zu widmen – insbesondere da es keine ›angenehme‹ Lektüre ist und nicht sehr ›unterhaltend‹ im üblichen Sinn dieses Wortes), werde ich nur bedauern, daß ich über 8000 Dollar für Recherchen aufgewendet habe, die ich nicht hereinbringen werde. Aber ich werde trotzdem an dem Buch weiterarbeiten. Es klingt wahrscheinlich anmaßend, aber ich verspüre eine große Verpflichtung, es zu schreiben, obwohl mich das Material zunehmend fix und fertig macht, ja in einen Zustand des Horrors versetzt – ich habe so schreckliche Träume jede Nacht. Ich begreife jetzt nicht mehr, wie ich je so gefühllos und ›objektiv‹ sein konnte, wie ich es am Anfang war.«

Der beißende Präriewind war ihm über den Atlantik gefolgt und heulte ihm in den milden spanischen Nächten in den Ohren. »Ich bin emotional leider nur zu verstrickt in den Stoff«, gestand er Newton. »Gott, ich wünschte, ich hätte es hinter mir.«

Natürlich gab es auch ein paar Vergnügungen an der mediterranen Küste. Im Juni wechselten Jack und er die Adresse und zogen in ein nobleres Haus am Meer um, wo sie von einer Köchin, zwei Dienstmädchen und einem Gärtner betreut wurden. »Ich werde es mir dreimal überlegen, bevor ich mir noch einmal eine solche Verantwortung auflade«, grummelte er gegenüber Donald Windham. Von Zeit zu Zeit legte ein Boot vor der Küste an, und prominente Freunde wie Noël Coward und Loel und Gloria Guinness machten ihm ihre Aufwartung. »Ab und zu kommen Freunde von Truman auf einer Jacht vorbei«, schrieb ein erstaunlich umgänglicher Jack, »und so bin ich gezwungen, mit Leuten zusammenzutreffen, die ich normalerweise nicht einmal *sehen* würde. Aber es juckt mich im Grunde nicht mehr. Wenn ich eingeladen werde, gehe ich meistens mit. Das ist wirklich nicht viel verlangt. Wahrscheinlich habe ich das alles viel zu ernst genommen. Inzwischen weiß ich, daß diese Leute wie Kolibris sind, die da und dort an Blumen naschen, die sie im Grunde gar nicht wirklich wahrnehmen. Das einzige, was sie wollen, ist, daß man sich gut benimmt. Und dann ist die Sache – jedenfalls was mich betrifft – aus den Augen, aus dem Sinn.«

Truman gegenüber war Jack nicht immer so nachsichtig. Cecil, der sie im Mai besuchte und von ihrer paradoxen, widerspruchsvollen Beziehung immer fasziniert war, beschrieb dies in seinem Tagebuch so: »Es war manchmal richtig peinlich zu hören, wie Jack T. herunterputzte wegen seiner Herzoginnen & seines Interesses an reichen Leuten & weil die Mrs. Paleys ihn für ein Genie hielten. Jack schlägt mit irischer Eloquenz & amerikanischer Brutalität zu. Manchmal muß es T. sehr verletzen. Aber er hat seine Lektion auch schon gelernt. Er weiß, wann es keinen Sinn hat, mit Jack zu streiten, wann er ihm seinen eigenen Willen lassen muß. Er

weiß, wann Jack recht hat, & akzeptiert die gesunde Kritik, aber wenn Jack unfair ist, dann zankt er sich erbittert & furchtlos mit ihm.
Es ist interessant, daß sich diese beiden gefunden haben und daß ihnen die Tatsache bewußt ist, daß jeder dem anderen etwas Wesentliches gibt, das sonst in seinem Leben fehlen würde. Diesmal habe ich einen echten Eindruck von beiden bekommen, & es war sehr rührend zu sehen, daß sie trotz des Geplänkels & der scharfen Angriffe von Jack zusammenhalten wie Pech und Schwefel, wenn es hart auf hart geht. Jack hatte von seiner Schwester Gloria einen verzweifelten Brief erhalten. Sie war mit einer Hepatitis (Gelbsucht) im Krankenhaus, & zwei Tage später hatte ihre Schwester bereits ihren Lieblingshund, einen Pekinesen, & einen weiteren Hund einschläfern lassen. T. regte sich so auf darüber, daß er zitterte: ›Wir müssen Gloria eine Fahrkarte schicken, damit sie herkommt & bei uns lebt, & wir müssen Gloria für immer zu uns nehmen.‹«
Jack fuhr gern Schi, und Truman mochte kaltes Wetter, deshalb vertauschten sie Ende Oktober die Küste mit den Bergen. Sie fuhren mit dem Auto nach Verbier, einen Schweizer Schiort, wo Patrick, der Sohn von Loel Guinness, eine kleine Wohnung für sie gemietet hatte. Es war kalt und finster, und es regnete, als sie ankamen, und ihr Auto blieb im Straßenmatsch stecken. Der erste Abend stand unter einem so ungünstigen Stern, daß Jack vor dem Erwachen am nächsten Morgen direkt Angst hatte. Er befürchtete, daß sie an einem Ort festsitzen könnten, den sie verabscheuten. Aber als sie aufwachten, schien die Sonne, die dünne Luft roch köstlich, und die Wohnung war genauso, wie sie sie sich erhofft hatten. »Es kommt mir vor, als lebten wir an der Wand einer moosgrünen Schüssel, deren scharf gezackter oberer Rand mit Schnee bedeckt ist«, schrieb Jack an Gloria. »Ich fragte, wo man hier Schi fahre. Die Antwort lautete – überall.«
Die Wohnung war über die Weihnachtsfeiertage leider schon vermietet, und so verbrachten sie drei Wochen in München, wo ihre Bulldogge Bunky fast ohne vorherige Anzeichen starb. Freud, der erst spät im Leben die Gesellschaft von Hunden schätzenlernte, hat bemerkt, die Gefühle von Herrchen und Frauchen für den Hund seien die gleichen wie die von Eltern

für ihre Kinder, mit einem Unterschied – es gebe keine Ambivalenz, kein Element von Feindseligkeit. Genauso empfanden Truman und Jack gegenüber Bunky, den sie seit der Entstehung von »Schach dem Teufel« bei sich gehabt hatten. »Letzte Woche stellte sich heraus, daß Bunky Leukämie hatte, und gestern starb er in meinen Armen«, schrieb Truman an Donald Windham. »Du weißt, wie sehr ich ihn geliebt habe; er war wie mein Kind. Ich habe geweint, bis ich keine Tränen mehr hatte.«

Als sie wieder in Verbier waren, legte Truman »Kaltblütig« für einige Wochen zur Seite, um eine Filmfassung einer anderen düsteren Geschichte zu schreiben [»The Turn of the Screw« von Henry James]. Es war eine von Trumans Lieblingsgeschichten, ein psychologischer Thriller über eine englische Gouvernante, die glaubt, mit zwei Gespenstern um die Seelen der ihr anvertrauten Kinder zu ringen. Als der Regisseur Jack Clayton, der an »Schach dem Teufel« mit ihm zusammengearbeitet hatte, Truman ersuchte, eine Neufassung des Drehbuchs zu schreiben, konnte dieser nicht ablehnen. »Er brachte es in unglaublich kurzer Zeit zustande«, erinnerte sich Clayton, »den größten Teil innerhalb von acht Wochen, mit nur kleinen Retuschen danach.«

Der Film, der den Titel »The Innocents« (»Das Schloß des Schreckens«) erhielt und in dem Deborah Kerr und Michael Redgrave die Hauptrollen spielten, beruhte auf einem Drehbuch, das Truman für das beste hielt, das er je geschrieben hatte, und das er sogar noch höher schätzte als »Schach dem Teufel«. »Ich dachte, es würde ein Kinderspiel sein, weil ich ›The Turn of the Screw‹ so schätze«, sagte er. »Aber als ich mich hineinvertiefte, merkte ich, wie kunstvoll Henry James war. Er erzielte alles durch Anspielungen und auf Umwegen. Ich machte nur einen Fehler. Als die Gouvernante ganz zum Schluß den Geist von Miss Jessel an ihrem Schreibtisch sitzen sieht, ließ ich eine Träne auf die Tischplatte fallen. Bis dahin war nicht klar gewesen, ob die Geister wirklich oder nur in der Einbildung der Gouvernante vorhanden sind. Aber die Träne war real, und das verdarb alles.« Wenige Kritiker stimmten ihm zu. »Ein schön gedrechselter Film«, meinte der Rezensent der *New York Herald Tribune*,

»eine der raffiniertesten Spukgeschichten, die wir seit langem im Kino gesehen haben.«

Nach der Kälte und dem Nieselregen eines Londoner Winters kam ihnen Verbier schöner vor denn je. »Ach, wie herrlich ist es hier!« rief Truman aus, als er im Februar 1961 zurückkehrte. »Diese *Sonne*, dieser *Himmel*, die Stille, die *Luft*. Es gefällt mir wirklich.« Tatsächlich gefiel es ihm so gut, daß er einen Teil des Geldes, das er mit dem Drehbuch verdient hatte, für den Kauf einer Zweizimmer-Eigentumswohnung verwendete. Nach dem Umherziehen von einer Mietwohnung in die andere genossen Jack und er das Gefühl, eine dauerhafte Bleibe gefunden zu haben. »Heute stand ich hinter der kleinen Kirche mit den Männern beisammen – Bauern«, schrieb Jack seiner Schwester. »Es tat mir richtig wohl. Die merkwürdigsten Leute gehen zur Kirche, Reiche und Arme, Dumme und Kluge. Der Priester war ein großer Mensch mit einem langen, grauen Bart. Ich muß eine Meile oder so laufen zur Kirche, die einen *Hahn* auf der Turmspitze hat. Das gefällt mir.«

Ihre Art zu leben änderte sich während der nächsten zwei Jahre kaum: Frühjahr und Sommer in Palamós; Herbst und Winter in Verbier. Truman arbeitete an »Kaltblütig«, Jack harrte bei seinen Stücken aus. Kelly, der Kerry Blue Terrier, den sie seit 1950 gehabt hatten, starb ebenfalls, was erneut Schmerz auslöste. Obwohl Truman sich geschworen hatte, nie wieder die Qualen der Liebe und des Verlusts durchzumachen, kaufte er im Juli 1961 wieder eine Bulldogge: Als er für abschließende Arbeiten am Drehbuch zu »Schloß des Schreckens« in London war, hörte er bei Harrods ein vertraut klingendes Bellen. »Ist hier eine Tierhandlung?« fragte er und wurde durch einen Korridor in einen Raum geführt, in dem sich ein Ara, ein Papagei, eine Eule, ein Foxterrier und, wie er Cecil schrieb, »das süßeste knuddlige kleine Bulldoggenjunge, das Du Dir vorstellen kannst«, befanden. Er ging zur Verkäuferin hinüber und erklärte: »Ich habe diese Bulldogge gekauft.«

»Nein, die ist schon bestellt«, antwortete sie. »Dieser Hund ist nicht zu verkaufen. Wir können Ihnen einen anderen bestellen.«

»Nein«, sagte Truman. »Dieser Hund gehört mir. Ich möchte *diesen* Hund kaufen. Da ist mein Scheckbuch.«

»Sie können diesen Hund nicht kaufen«, beharrte sie. »Außerdem kostet er 55 Pfund!«

»Gute Frau, ich bin von Spanien hierhergefahren und wurde geradewegs zu diesem Hund geführt. Es ist mein Schicksal, diesen Hund zu besitzen.« Nach einer Intervention an höherer Stelle nahm das Schicksal seinen Lauf. Als Truman nach Palamós zurückkehrte, hatte er den jungen Hund – er wurde Charlie genannt – dabei. »Charlie J. Fatburger ist (wie Diana V. [Vreeland] *kreischen* würde) gött-lich«, schrieb er an Cecil diesen Herbst.

Im Januar 1962 kehrte Truman in die Vereinigten Staaten zurück, um mit Perrys Schwester zu sprechen, deren Stellungnahme für ein Verständnis der Persönlichkeit ihres Bruders wesentlich war, und um Perry und Dick im Todestrakt zu besuchen – »eine außerordentliche und schreckliche Erfahrung«, schrieb er an Cecil. Während seines Aufenthalts in New York gab Babe Paley eine große Willkommensparty für ihn. Aber der Anblick von hundert ihm zugewandten berühmten Gesichtern, der ihn noch vor kurzer Zeit elektrisiert hätte, ließ ihn jetzt beinahe kalt. Von Verbier aus beschrieb er Cecil seine Gefühle: »Irgendwie kamen sie, kam es, das Ganze mir geradezu unwirklich vor, weit weg. Das einzige, was mir wirklich vorkam, war Kansas und die Menschen dort: wahrscheinlich wegen meiner Arbeit. Im Grunde ist es ziemlich beunruhigend – der Grad, in dem ich von dem Buch besessen bin. Ich denke an fast nichts anderes. Das Merkwürdige aber ist, daß ich es hasse, daran zu arbeiten; ich meine das *Schreiben* als solches. Ich möchte bloß darüber nachdenken. Oder vielmehr – ich *möchte* nicht, sondern kann es nicht lassen. Manchmal versinke ich in tranceartige Zustände, die vier oder fünf Stunden dauern. Ich rechne, daß ich noch achtzehn Monate brauchen werde. Bis dahin bin ich wahrscheinlich endgültig ausgerastet.«

Nach zwei Sommern in Spanien planten Jack und er, den Sommer 1962 auf Korsika zu verbringen. Innerhalb von Stunden erkannten sie, daß sie einen

Fehler gemacht hatten. Die anderen Touristen waren laut und aufdringlich, und Jack beobachtete angewidert eine Gruppe, die lärmend zu einer Wildschweinjagd aufbrach. »Natürlich kehrten sie am nächsten Morgen ins Hotel zurück, ohne miteinander zu reden«, erzählte er schadenfroh, »und ohne auch nur eine Wildschweinlosung mitgebracht zu haben.« Truman, der ihren Aufenthalt als Alptraum schilderte, fügte hinzu, die Korsen »verbinden die übelsten Eigenschaften der Franzosen und der Italiener – *huch.*« Sie eilten wieder nach Palamós zurück, und zwar in das beste Haus, das sie bisher gehabt hatten, mit einem Privatstrand, einem großen Garten und einem Bungalow am Meer. Jackie Kennedys Schwester Lee Radziwill kam Mitte Juli, ihr folgten die Paleys. Als die Paleys abreisten, traf Gloria Vanderbilt ein, begleitet, wie Truman Cecil informierte, »von einer Hofdame in der Gestalt von Tammy Grimes – die Augenbrauen aus *Nerz* und einen Bikini aus *Leder* trägt«.

Gloria, die eben im Begriff war, wieder einmal den Ehemann zu wechseln, hatte ihre künftige Nummer vier, einen ehemaligen Redakteur und Schriftsteller namens Wyatt Cooper, aufgefordert, in den Briefen, die er ihr nach Palamós schrieb, diskret zu sein. Truman, meinte sie, werde sie mit Sicherheit vor ihr öffnen und lesen. Was sie Wyatt anscheinend nicht verriet, war, daß sie ihre neue Beziehung vor Truman geheimhalten wollte, während sie ihm gleichzeitig von einer ganz anderen Romanze erzählte. »Also, Gloria war hier und ist wieder weg, und es war ein ›wirklich netter‹ Besuch«, schrieb Truman an Marie und Alvin Dewey und fügte mit der Erregung eines Reporters, der im Besitz eines exklusiven Knüllers ist, hinzu: »Es *gibt* übrigens einen neuen Mann in ihrem Leben. Es soll ein großes Geheimnis bleiben, aber ich erzähle es Euch, weil ich es jemandem erzählen *muß*, so phantastisch ist es: Nelson Rockefeller. Der Himmel weiß, was daraus werden wird – es wäre sicher eine Art Elefantenhochzeit, wenn die beiden heiraten würden.« Es wurde nichts daraus, Gloria heiratete Cooper, mit dem sie zwei Söhne hatte.

Truman und Cooper wurden später gute Freunde, und 1972 arbeiteten sie am TV-Häftlingsdrama »The Glass House« zusammen. Trumans Beziehung zu Gloria, die schon in ihrer Jugendzeit brüchig gewesen war, wurde dagegen zunehmend schlechter. »Sie war ein fieses kleines Biest«, sagte er. »Sie log bei ihrem Vormundschaftsprozeß in bezug auf ihre Mutter, und sie war bis kurz vor ihrem Tod schrecklich zu ihr. Sie hatte einen Vaterkomplex. Ihr erster Mann, Pat DiCicco, war ein hemdsärmeliger Typ, der sie richtig verprügelte. Sie wurde ihn schließlich los und heiratete Leopold Stokowski, der eher eine Art Großvater oder Urgroßvater als ein Vater für sie war. Ich machte sie mit Sidney Lumet bekannt, und sie heiratete ihn nur, weil sie glaubte, er werde sie zu einem Filmstar machen. Aber die einzige Rolle, die sie je erhielt, war die einer Krankenschwester in irgendeiner Fernsehshow. Als sie merkte, daß er keinen Star aus ihr machen würde, ließ sie ihn rasch fallen.

Warum sie Wyatt heiratete, ist mir ein Rätsel. Er hatte nun gewiß nichts von einem Vater an sich, und doch, so erzählte er mir, schrie sie, wenn sie miteinander schliefen, immer wieder ›Vati! Vati! Vati!‹ Er begann sie mit der Zeit zu hassen und lebte in ständiger Angst, sie könnte ihn verlassen und die beiden Jungen mitnehmen, an denen er sehr hing. Er rief mich ständig an und fragte mich, was er tun solle. Ich glaube, daß diese Angst zu seinem Tod beigetragen hat. Übrigens habe ich, kurz bevor er [1978] starb, mit ihm zu Mittag gegessen. Er wirkte gesund, aber er redete ständig über die Jungen. ›Wenn ich nur noch zehn Jahre leben könnte‹, sagte er, ›dann wäre alles in Ordnung. Aber Gloria ist einfach nicht genügend verantwortungsvoll, um sie aufzuziehen.‹«

Anfang Oktober waren Truman und Jack wieder in Verbier, wo Truman mit seinem Buch »das Bett hütete – mit dem ich jetzt in das *vierte* Jahr gehe. Kann sein, daß sich eines Tages alles gelohnt haben wird: Ich habe jedoch meine Zweifel.« Im November unterbrach er seine Arbeit lange genug für einen Lunch mit einem Mitglied des Königshauses in London. Der Lunch zu Ehren der Königinmutter wurde von Cecil gegeben, der in seinem Tagebuch prahlte, dies sei »ein weiterer Meilenstein – vielleicht der größte – in meinem gesellschaftlichen Aufstieg«. Außer Truman hatten bloß drei andere Personen Einladungen in sein Haus am Pelham Place erhalten: Frederick Ashton, der Chefchoreograph des Königlichen Balletts, seine Frau June Ashton und Edith Sitwell, die Dichterin mit den mittelalterlichen Manieren, die sich wortreich entschuldigte, weil sie sich nicht aus dem Rollstuhl erheben konnte, um vor dem königlichen Gast einen Hofknicks zu machen. »Ach! Königliche Hoheit, ich schäme mich so, daß ich nicht aufstehen kann, um Sie zu begrüßen«, jammerte sie.

Die Konversation war lebhaft und energiegeladen. Truman erzählte der Königinmutter den neuesten Klatsch über die Familie Whitney – Jock Whitney, der Schwager Babe Paleys, war kürzlich als Botschafter in England in den Ruhestand getreten –, und er sprach über das Buch, an dem er schrieb. Als das Dessert kam, waren alle »Hemmungen wie weggeblasen«, bemerkte Cecil. »T kreischte vor Lachen & jauchzte laut vor Freude, als der Sommerpudding aufgetragen wurde.« Truman hatte eine weitere Eroberung gemacht. Nachdem Cecil den Ehrengast zum Wagen begleitet hatte, ließ die Königliche Hoheit das Fenster herunter und erklärte, sie finde »Mr. Capote ganz wunderbar, so intelligent, so klug, so witzig«.

»Ja, er ist ein Genie, Königliche Hoheit«, antwortete Cecil feierlich.

40

Anfang 1963 war »Kaltblütig« zu drei Vierteln fertig. »Ich stehe täglich um 3 oder 4 Uhr früh auf, um zu arbeiten – es ist jetzt 4«, schrieb Truman an Cecil im Februar. »Aber *gestern* habe ich den dritten Teil *abgeschlossen*! Ich habe noch nie im Leben so hart gearbeitet. Aber jetzt ist das fertig, und ich weiß, daß Du es wirklich aufregend finden wirst. Es ist so geworden, wie ich es mir erhofft habe – und das ist eine ganze Menge. Aber ich bin erschöpft; so angespannt wie neun neugestimmte Klaviere.«

Wie er sich geschworen hatte, war er in Europa geblieben, fern von den Ablenkungen Manhattans, um sich auf seine Arbeit konzentrieren zu können. Er konnte jedoch nicht viel mehr tun, bis er ein Ende hatte, bis Perry und Dick entweder gehängt worden waren oder mildere Urteile erhalten hatten. Weder die eine noch die andere Möglichkeit schien bevorzustehen. Nach fast drei Jahren im Todestrakt jonglierten die beiden immer noch mit Berufungen und Revisionen zwischen der Justiz des Bundes und des Staates Kansas hin und her. Den Deweys gestand Truman nicht zum ersten Mal seinen Kummer und seine Frustration: »Werden H + S [Hickock und Smith] glücklich und zufrieden ein hohes Alter erreichen? – Oder werden sie einer Menge Leute die Freude machen zu baumeln? Die Antwort auf diese und andere spannende Fragen erfahren Sie morgen in der beliebtesten Rundfunksendung ›Justiz im Westen‹, gesponsert von der Zeitlupen-Zuckerrübensirup-Gesellschaft, einem Produkt aus Kansas.«

Es war jetzt nicht mehr nötig, daß er sich isolierte. Sie konnten nach Hause fahren. Anfang März kehrten Jack und Truman nach fast dreijähriger

Abwesenheit nach Amerika zurück und ergriffen wieder von ihrer Wohnung im Souterrain von Oliver Smiths Haus in Brooklyn Heights Besitz. Für Truman war die Rückkehr nach New York wie eine Rückkehr in die Welt. »Ich führe das reinste Klosterleben«, hatte er in Europa geklagt. »Überhaupt keine Neuigkeiten.« Jetzt warf er die Mönchskutte ab – *»ich brauche eine Erholung von meinem Buch«*, erklärte er nachdrücklich –, entspannte sich und gönnte sich Vergnügungen. Er schlüpfte in alte Gewohnheiten so mühelos, wie er wieder von seinem alten Stammtisch hinten im Colony Besitz ergriff. Er aß mit seinen Lieblingsschwänen zu Mittag, verbrachte Wochenenden mit Babe und Bill Paley auf Kiluna Farm und besuchte die Kennedys im Weißen Haus. Als Zeichen seiner Befreiung kaufte er einen Sportwagen, der eines seiner stolzesten Besitztümer werden sollte: einen silberblauen Jaguar. »Es ist ein Fabergé auf Rädern«, prahlte er. »Ich bin in die Jaguar-Vertretung hineingesegelt und habe gesagt: ›Ich nehme ihn.‹«

Er war rechtzeitig nach Hause zurückgekehrt, um ein paar letzte Worte mit Newton wechseln zu können, der Ende März an Bauchspeicheldrüsenkrebs starb. Paradoxerweise schienen die Verhaftung und der Skandal wegen der pornographischen Bilder Newton eher gestärkt zu haben. Er hatte nicht nur seine Selbstachtung wiedergewonnen, sondern auch eine stoische Gelassenheit erlangt, die er nie zuvor besessen hatte. Aus einer Weisheit heraus, die er durch Qualen erworben hatte, sagte er: »Leiden ist zweifellos das Leitmotiv des Lebens, wenn auch sicher nicht sein eigentlicher Sinn, und wir unterscheiden uns hauptsächlich durch unsere Fähigkeit, es zu ertragen – oder uns davon abzulenken.«

Manche anderen Freunde von Truman konnten weder das eine noch das andere. Montgomery Clift war seit langem in die Unterwelt von Trunk- und Drogensucht abgeglitten. Jetzt gesellte sich auch Cole Porter zu ihm, dessen lebhafter Geist dem Alter, der Desillusionierung und den unablässigen Schmerzen erlagen, die von einem lange zurückliegenden Reitunfall herrührten. Als Truman ihn in den fünfziger Jahren kennengelernt hatte, war Porter ein Symbol der urbanen Welt gewesen, die er so verehrte. Sein

Adlerhorst im 33. Stock des Waldorf Tower, von Billy Baldwin liebevoll ausgestattet, war eine wolkengekrönte Zitadelle von Eleganz und Luxus gewesen. Das strahlende Grinsen, das dieses Nobelquartier einst erleuchtet hatte, schwand jedoch mit dem Jahrzehnt dahin. Gäste, die sich früher um eine Einladung zum Dinner gerissen hatten, kamen jetzt nur noch aus Loyalität.

»Cole hatte eine wunderbare Sekretärin, die eine Liste von Gästen führte, die regelmäßig kamen – es war schwierig, Leute zu einem Besuch dort zu bewegen«, erinnerte sich Truman. »Ich ging etwa alle sechs Wochen hin. Auf das Abendessen freute ich mich jeweils wie auf die Guillotine. Cole war zwar, als er älter war, nicht völlig weggetreten, aber er war auch nicht ganz zurechnungsfähig. Er war zwar immer makellos gekleidet – und ich meine wirklich makellos –, und das Essen war ausgezeichnet. Er trank vor dem Essen einen doppelten Martini, und danach sagte er den ganzen Abend lang kein Wort mehr. Er saß bloß da, redete nicht und aß nicht, und ich sprach mit mir selbst. Nach einer Weile gewöhnte ich mich daran, und dann machte es mir nicht mehr soviel aus. Schließlich schaltete ich sogar das Fernsehen ein, während wir aßen. Genau um halb elf kam sein Butler herein und sagte: ›Es ist Zeit für Sie, ins Bett zu gehen, Mr. Porter‹, und ich verabschiedete mich.

Cole war natürlich nicht immer so gewesen. Als ich ihn kennenlernte, war er sehr komisch und witzig gewesen. Er pflegte sein Sexualleben sehr detailliert zu beschreiben – ich glaube, das hat ihn erregt. In »Erhörte Gebete« verwendete ich eine Geschichte von ihm, wie er einen Kellermeister ins Bett locken wollte.* Cole fand das amüsant, und immer wenn ich den Mann jetzt sehe – er arbeitet in einem der teuersten Restaurants in

* Eine von Trumans Figuren erzählt, wie der Musiker den Kellermeister auf seine Wohnzimmercouch lockte, indem er behauptete, Ratschläge hinsichtlich der Lagerung seines Weines zu benötigen. Immer wenn sich Porter eine Freiheit herausnahm, ihn etwa ins Bein zu kneifen, nannte der Sommelier ganz kühl den Preis für eine derartige Zudringlichkeit. Als die Avancen kühner wurden, stieg auch die Rechnung entsprechend. Als sie auf 2000 Dollar stand, stellte ihm Porter wütend einen Scheck aus und sagte, einen seiner berühmtesten Songs zitierend: »*Miss Otis regrets she's unable to lunch today.* Und jetzt raus mit Ihnen!«

Manhattan als Ober –, lächle ich bloß, weil ich seine Vergangenheit kenne. Aber Cole erzählte noch eine andere Geschichte, und die verwendete ich nicht, weil sie ziemlich degoutant klang – und ich mochte Cole. Sie betraf seine lange Liaison mit dem Schauspieler Jack Cassidy. Cassidy sagte oft zu ihm: ›Willst du den Schwanz? Dann komm und hol ihn dir!‹ Dann stellte er sich in einiger Entfernung hin, so daß Cole, dessen Beine seit seinem schrecklichen Reitunfall gelähmt waren, zu ihm hinkriechen mußte. Immer wenn Cole in Cassidys Nähe kam, trat dieser weiter zurück. Das ging etwa eine halbe oder dreiviertel Stunde lang so, bevor Cassidy endlich aufhörte und Cole an sich ran ließ.«

Doch auch während Truman mit Cole dinierte, mit Babe lunchte oder Jackie Kennedys Mozart-Abend im Weißen Haus aussaß, dachte er an sein Buch und redete gewöhnlich auch darüber. »Wenn ich es mir bloß für eine Weile aus der Seele, dem Herzen und dem Kopf schlagen könnte!« klagte er. Aber das konnte er nicht – und er wollte es auch nicht. »Kaltblütig« war zu einem Teil seines Lebens geworden: Er konnte es zwar beiseite legen, aber er konnte es nicht vergessen. »Mit der Zeit ergriff es von ihm Besitz«, meinte Phillis Cerf. »Gefühlsmäßig war er dem schließlich nicht mehr gewachsen. Er war von den beiden Jungen besessen, und er war von der Stadt [Garden City] besessen.«

Bei einer Dinnerparty von Diana Vreeland sprach er eines Abends kurz über das, woran er gerade schrieb, und als er die faszinierten Gesichter um sich herum sah, sprach er weiter. Er schilderte Holcomb und Garden City, die Leute, die dort lebten, die Clutters, die Mörder – alles. »Er sprach so, wie er schrieb«, erinnerte sich D. D. Ryan, eine alte Freundin aus den Tagen des »Blumenhauses«. »Er schrieb, aber mündlich. In seinem Kopf hatte alles schon Gestalt angenommen. Das ging zwei Stunden lang so, vielleicht sogar drei oder vier. Niemand sagte ein Wort. Niemand rührte sich die ganze Zeit. Es war die größte erzählerische Leistung, die ich je erlebt habe.«

Die magnetische Anziehung von Kansas lockte Truman bald wieder westwärts. Mitte April startete er in seinem Fabergé auf Rädern und machte zunächst einen Abstecher nach Monroeville, um seine noch übriggebliebenen Verwandten zu besuchen – Jennie, die letzte der Faulk-Kusinen, war 1958 gestorben – und um Nelle Harper Lee abzuholen, die wieder mit von der Partie war. Auf dem Weg lag auch Shreveport/ Louisiana, wo Arch jetzt lebte. »Hm, soll ich?« fragte Truman. – »Warum nicht?« antwortete Nelle, und sie kicherten beide. Von einem Motel aus, in dem sie sich einquartiert hatten, rief Truman seinen Vater an, den er seit Ninas Tod neun Jahre zuvor nicht mehr gesehen hatte. »Meine Frau Blanche hatte ihn nie kennengelernt«, bemerkte Arch. »Sie hat ihn in den achtzehn Jahren unserer Ehe nie zu Gesicht bekommen; und es war ein zauberhafter Besuch.«

Wir werden nie erfahren, welcher der beiden begnadeten Flunkerer, Vater oder Sohn, in den gemeinsam verbrachten Stunden mehr Lügen auftischte, aber die Palme gebührt wahrscheinlich Truman. Die Lobesworte der Königinmutter, die jedem den Kopf verdreht hätten, klangen ihm immer noch im Ohr wie die Glocken von Big Ben. In den Monaten seit November hatte sich Cecils Lunch in einen königlichen Tribut für Truman verwandelt. Nach seiner Schilderung hatte er nicht in Cecils Haus stattgefunden, sondern im Buckingham Palace – sogar Cecils sorgfältig gewählte Speisenfolge änderte er –, und die Königin, nicht ihre Mutter, war Gastgeberin gewesen. (»Ich war letzte Woche in London, und die Königin lud mich zum Mittagessen ein«, hatte er seiner Großmutter geschrieben. »Sie war sehr klug und charmant und sehr hübsch!«) Diese Version der Geschichte wurde auch Cecil hinterbracht, der sich verständlicherweise darüber ärgerte.

Arch ließ Truman stolz neben seinem neuen Auto in der Zufahrt der Persons stehend fotografieren. Da sein Sinn für Werbegags ungebrochen war, ließ er von dem Foto Postkarten drucken, die er an Freunde und Kunden verschickte. Der Text darunter lautete: »Truman Capote, der geliebte einzige Sohn von Arch Persons, Inhaber der Dixie Scale Co., vor seinem neuen 1963er Jaguar Special während eines kürzlichen Besuches bei seinem Vater in Shreveport/Louisiana. Der Autor von ›Frühstück bei

Tiffany‹, ›Andere Stimmen, andere Räume‹, ›Die Grasharfe‹, ›Das Blumenhaus‹ und vielen anderen berühmten Büchern wird zu den drei führenden Schriftstellern der Nation gerechnet. Er war vor kurzem Gast im Weißen Haus und im Buckingham Palace.«

Trumans wichtigstes Ziel in Kansas war die vierzig Minuten mit dem Auto vom Zentrum von Kansas City entfernte staatliche Strafanstalt. Das 1864 erbaute Gefängnis glich einer turmbewehrten englischen Burg; sein grimmiger Zweck wurde durch nichts getarnt. Innerhalb der Mauern, im zweiten Stock eines kleinen, zweigeschossigen Gebäudes befand sich der Todestrakt, zwölf Zellen von jeweils 2,10 mal 3 Meter, die nichts als ein schmales Bett, eine Kloschüssel und ein Waschbecken enthielten. Eine vierundzwanzig Stunden am Tag brennende schwache Glühbirne verbreitete ein ewiges Zwielicht. Die Außenwelt war durch einen schmalen Fensterschlitz zu sehen, der mit Eisenstäben verrammelt und einem schwarzen Drahtgitter versehen war. Die Insassen wurden nur einmal wöchentlich herausgelassen, um sich drei Minuten lang zu duschen und die Kleider zu wechseln. Wenn die Temperaturen in der Zelle im Sommer manchmal 45 Grad erreichten, ekelte ihr eigener Geruch sie an. Den Häftlingen waren zwar Zeitungen, Zeitschriften und Bücher gestattet, nicht jedoch Radios oder Fernsehgeräte. Perry und Dick konnten von ihren benachbarten Zellen aus miteinander reden – nicht, daß sie einander viel zu sagen hatten –, aber sie mußten bei den Gesprächen vorsichtig sein, da sie von den Wärtern und anderen Gefangenen mitgehört werden konnten.
Truman hatte die beiden dort bereits zweimal besucht. Aber um »Kaltblütig« zu beenden, dessen letzter Teil hauptsächlich die Geschichte ihres Lebens in den winzigen Zellen war, brauchte er regelmäßigen Kontakt. Dieses Recht zu erlangen war keine leichte Aufgabe. Gewöhnlich wurde nur Verwandten und Anwälten das Privileg regelmäßiger Besuche und der Korrespondenz mit den Verurteilten gewährt. Da die Gefängnisverwaltung sich geweigert habe, mit ihm zu kooperieren, habe er schließlich in seiner Verzweiflung den Weg der Bestechung gewählt, sagte er, und eine einfluß-

reiche politische Figur dafür geschmiert, daß sie die richtigen Drähte für ihn zog. »Wenn ich nicht bekommen hätte, was ich wollte, hätte ich alles aufgeben müssen. Ich mußte Zugang zu den beiden Jungen erhalten. Ich setzte also alles auf eine Karte und ersuchte um ein Gespräch mit der grauen Eminenz, einem Mann von großem Ansehen und Renommee in diesem Staat. ›Ich gebe Ihnen zehntausend Dollar, wenn Sie das arrangieren können‹, sagte ich zu ihm. Ich wußte nicht, ob er das Geld annehmen würde oder nicht. Er hätte ja auch sagen können: ›Zum Teufel mit Ihnen! Jetzt werden Sie erst recht nie in dieses Gefängnis kommen!‹ Aber ich nehme an, daß ihm mein Angebot sehr verlockend vorkam; er nickte bloß.«

Wie auch immer der Deal zustande kam, Truman wurde jedenfalls gestattet, Perry und Dick fast nach Belieben zu besuchen und ab Juni 1963 auch mit ihnen zu korrespondieren. Ihre Briefe an ihn gehen in die Hunderte – seine an sie wurden leider vernichtet –, und sie dokumentieren eindringlicher, als es jeder Film und jedes Stück könnte, die endlose Trostlosigkeit der Hölle, die der Todestrakt war. Abgesehen von den unaufhörlichen juristischen Schlachten wurde Truman zum Brennpunkt ihres Lebens, zum Hauptkontakt mit dem, was Dick als »die freie Welt« bezeichnete.

Trumans Korrespondenz begann mit Perry, der ihn sofort um »Webster's New World Dictionary« bat, ein Nachschlagewerk, das mit dem Synonym-Wörterbuch, das folgte, für ihn zur Quelle der hochgestochenen Worte wurde, die er so gern benutzte – wenn auch oft falsch. Für Perry war ein Brief eine Epistel, Gesundheit hieß Salubrität, und dick war korpulent. An dem Sprachvirtuosen Truman faszinierte ihn einfach alles. »Amigo mio, ich habe eine Vielzahl von Fragen, die ich Dir stellen möchte«, schrieb er an ihn, »und viele diverse Themen, die ich zu erörtern begehre.« Er ermahnte Truman ständig zur Vorsicht und schloß seine Briefe häufig mit Bemerkungen wie: »Laß beim Autofahren doppelte Vorsicht walten. Viele Verrückte sind unterwegs.«

Ein Foto von Truman mit seiner Harrods-Bulldogge rührte ihn fast zu Tränen. »Ich habe Dein Bild mit Charlie eben vor mir liegen. Da steckt eine Menge Zuneigung drin. Dieses halbe Lächeln ist ansteckend und bringt mich selbst immer zum Lächeln, wenn ich zufällig einen Blick darauf werfe. Ich glaube nicht, daß ich je einen freundlicheren und zufriedeneren Ausdruck gesehen habe – es scheint eine ähnliche Wirkung zu haben wie ein Analgetikum, und es wäre nutzlos, mich zu bitten, es zurückzugeben. (Lächeln.) Ein kleines Gedicht kommt mir in den Sinn – gestatte mir bitte, es hier einzufügen – es hilft Dir vielleicht, mich zu verstehen. Ich muß es zu Papier bringen, bevor es mir entschwindet.

Weit hinter den fernen Hügeln
Der klagende Gesang von Webervögeln
Widerhallt in Fels und Kluft
's ist so ein klagender Schrei.
Ruft die Spottdrossel so oft
Um sich selbst zu verulken
Oder ist sie in Wahrheit
Bloß ein melancholischer Vogel
Wie ich?«

Perrys Komplimente waren überschwenglicher als die der Königinmutter: »Ich mag talentierte Persönlichkeiten äußerst gern, und ich finde, daß Du ein sehr scharfsinniger homo sapien [sic] bist.« Truman war Vater, Mentor, vielleicht sogar Liebesersatz für ihn.

Perry versuchte kaum, seine Eifersucht darüber zu verbergen, daß Dick ebenfalls Episteln von einem derart »scharfsinnigen homo sapien« erhielt. Er wies Truman des öfteren darauf hin, daß *er* ihn um Werke von echtem literarischen Wert bitte – Freud, Thoreau und Santayana unter anderem –, Dick dagegen um die Reißer von Harold Robbins. »Diese Art von Literatur bewirkt nur die weitere Degeneration des Geistes derer, die bereits degeneriert & pervertiert sind«, versicherte Perry wütend. Dick gegenüber höhnte er: »Wenn du intelligent genug wärst, würdest du erkennen, daß [Truman] doppelt soviel von mir hält wie dir [sic].«

Seine Briefe von Truman hielt Perry geheim, aber er erwartete von Dick –

»Ricardo« nannte er ihn –, daß er ihn seine lesen lasse. Als Dick einmal ablehnte, schmollte Perry längere Zeit. »P. ist wieder einmal ›eingeschnappt‹, weil ich ihn Deine Briefe nicht lesen lasse!« berichtete Dick. »Immer wenn er hörte, daß Du mir geschrieben hast, wollte er es lesen. Um ihn nicht zu kränken, habe ich es ihm erlaubt. Schließlich bekam ich seine Unverschämtheit satt und lehnte es ab. Es ist ein Zeichen von Ignoranz, mangelnden Manieren und schlechter Kinderstube, um das Privileg zu bitten, die Post anderer Leute zu lesen – insbesondere ihre persönliche Post. *Ich* hätte nie den Nerv, um Einblick in P's Post zu bitten. Wahrscheinlich müßte ich P's Fehler aber übersehen, weil er ja nun wirklich ziemlich ungebildet und dumm *ist*. Er hat einen sehr niedrigen I. Q., und viele Dinge sind für ihn schwierig zu verstehen.«

Dicks Briefe entsprachen eher dem, was man von jemandem in seiner Situation erwarten würde. Sie waren am Anfang in ziemlich guter Stimmung geschrieben – er habe eine Bettgenossin wie Holly Golightly gehabt, scherzte er – und wurden zunehmend düsterer. »Zweiundvierzig Monate ohne körperliche Bewegung, Radio, Filme, ohne Sonnenschein und ohne Möglichkeit der manuellen Beschäftigung ist eine stetige Belastung des menschlichen Nervensystems«, schrieb er im September 1963. »Dazu die psychische Belastung, mit dem Todesurteil konfrontiert zu sein; dann hast du einen Mann – bzw. Männer – vor Dir, der allmählich zu einem Tier wird oder nur noch dahinvegetiert.« Er bedauerte, so sagte er zumindest, daß die Clutters ermordet worden waren, behauptete aber, nach Trumans Meinung wahrscheinlich zutreffend, Perry habe alle tödlichen Schüsse abgegeben. »Ich bezweifle, daß die Hölle mich haben will«, erklärte er einmal; »ich fühle mich niedriger als Walfischkot, und *der* liegt auf dem Meeresboden«, an anderer Stelle. Im April 1964 verzeichnete er den vierten Jahrestag seiner Ankunft im Todestrakt: »Manchmal kommt es mir nicht wie vier, sondern wie *vierzig* Jahre vor.«
Nach all den Jahren ohne Sonne und körperliche Bewegung begannen die Gefangenen 14746 (Dick) und 14747 (Perry) an Alterskrankheiten zu leiden.

Perry klagte über quälende Schmerzen und gelegentliche Lähmungserscheinungen in den Schultern und erörterte mögliche Heilmittel mit Truman, der an den ähnlichen Symptomen einer Schleimbeutelentzündung litt. In der einen oder anderen der vielen Zeitschriften, die Truman ihm schickte, darunter *Science Newsletter* und *Nature & Science*, hatte Perry ein Mittel für alles außer sein Leiden entdeckt. Gleichzeitig begann sich Dicks Sehvermögen zu verschlechtern, und er litt unter Ohnmachtsanfällen. Was ihn ironischerweise am meisten zu bedrücken schien, war die Möglichkeit, daß er kahl werden könnte. »Mein Haaransatz auf der Stirn ist um volle zweieinhalb Zentimeter zurückgegangen«, bemerkte er im September 1964. »Ich mache mir fast verzweifelte Sorgen darüber. Ich möchte auf keinen Fall glatzköpfig werden; ich bin so schon häßlich genug. Auch hat *niemand* in meiner Familie je eine Glatze gehabt. Wenn Du irgendwelche Ratschläge hast, dann teile sie bitte in Deinem nächsten Brief mit.« Truman, dessen Haar sich im gleichen Tempo lichtete, konnte ihm auch nicht helfen.

Perry und Dick fragten und sorgten sich auch, welche Rolle sie in Trumans Buch spielten. Eine Befürchtung war ganz praktischer Art. Ihre Berufungen fußten auf der Behauptung, daß die Clutter-Morde nicht geplant gewesen seien, und sie fürchteten, Truman könnte die Sache anders darstellen – was er auch tat. Eine andere war gewissermaßen ästhetischer Art. Sie wollten nicht als psychopathische Mörder in Erinnerung bleiben. »Meine Sorge ist, ob die Info, die Du gesammelt hast, zutreffend und korrekt sind und nicht vom jeweiligen Lieferanten aus eigennützigen Motiven zu seinen oder ihren Zwecken verdreht werden«, schrieb Perry in einem Brief. »Welche Absicht verfolgt dieses Buch?« fragte er in einem anderen. Truman strich um den heißen Brei herum und gab bis zum Tag der Hinrichtung vor, er sei erst halb fertig und werde das Buch vielleicht nie abschließen.

Als sie den Titel herausfanden – der als Tatsache hinstellte, daß sie die Morde geplant hatten –, log Truman und versuchte ihnen weiszumachen, sie seien falsch informiert. Aber sie wußten die Wahrheit, und Perry teilte ihm das auch empört mit: »Ich habe gehört, daß das Buch nach unserer

Hinrichtung in Druck gehen und verkauft werden soll. Und dieses Buch trägt den Titel ›KALTBLÜTIG‹. Wer schummelt hier? Einer bestimmt, soviel ist klar. Offen gestanden, ›Kaltblütig‹ ist allein für das Gewissen ein Schock.« Truman setzte seine Schummelei fort, und Perry schrieb an Donald Cullivan mit einem traurigen Seufzer: »Manchmal weiß man nicht, was man glauben soll.« Dick war nicht weniger besorgt: Er schrieb an Truman, jede Andeutung eines Vorsatzes »beunruhigt mich aufs äußerste, denn wie ich Dir wiederholt mitgeteilt habe, hat es zu *keiner* Zeit eine Diskussion darüber gegeben, den Clutters etwas anzutun«. In einem neunseitigen Brief schob Dick die ganze Schuld auf Perry.

Während 1963 und dann 1964 vorübergingen, schmolzen ihre Hoffnungen dahin, zuerst langsam, dann immer schneller, wie Badewasser, das wirbelnd im Abfluß verschwindet. Sie erlebten mit, wie ein anderer Häftling, dessen letztes Revisionsgesuch verworfen worden war, zur Fahrt auf der »Großen Schaukel« abgeführt wurde. Perry schilderte nüchtern, was danach geschah. »Nachdem wir das Aufklappen der Falltüre gehört hatten, dauerte es ziemlich lange [de facto achtzehn Minuten], bis er heruntergenommen, auf eine Tragbahre gelegt & in einem Leichenwagen abtransportiert wurde.« Mit seiner üblichen Gründlichkeit schlug Perry die medizinische Definition des Todes durch Erhängen nach und schickte sie an Truman: »Tod durch Erhängen tritt durch Ersticken ein, da die Atmung durch das Zusammenpressen des Kehlkopfes verhindert wird; durch Gehirnschlag infolge von Blutstauung in den Venen und verhindertem Abfluß des Blutes aus dem Kopf; durch Bruch der Halswirbel...«

Dick begann zu klagen, er könne nachts nicht schlafen, und Perry schrieb seltener. Im Februar 1965 gestand er, er sei »in letzter Zeit ziemlich depressiv & seelisch gebrochen«. Seine früher so klare Handschrift war zu einem Kritzeln geworden. »Mein Lieber Freund«, schrieb er, »was für ein Paar sind wir? Ja, was für ein Paar arme elendigliche Kreaturen sind wir!« Irritierend unklar blieb, wer die andere Hälfte seines Paares war, Truman oder Dick. Am 27. Januar 1965 wurde ein neues Datum für die Hinrichtung, und zwar der 18. Februar, festgesetzt. »Also, das Fett ist im Feuer!« meinte

Dick. Das war nur um weniges verfrüht. Sie erhielten einen weiteren Aufschub – ihren fünften –, dann wurde ein neuer Tag festgelegt, und Perry schrieb an Truman: »Der 14. April ist also der Tag, an dem sich die Falltür öffnen wird – falls es Dir nicht avisiert wurde.«

Truman im Jahre 1948.

»Big Mama« nannte Truman Slim Hayward (später Slim Keith), die ihn 1958 auf seiner zweiten Rußlandreise begleitete und ihn zu der Zeit für den besten Gefährten der Welt hielt.

1957 reisten Truman und Cecil Beaton nach Japan, wo Truman eine Reportage über die Dreharbeiten von »Sayonara« schreiben wollte. Der besorgte Produzent hielt ihn dann allerdings von den Drehorten fern, aber Truman schaffte es dennoch, ein äußerst intimes Interview mit Marlon Brando zu führen, der nach der Lektüre ausrief, er bringe ihn um.

»Wir waren ein sagenhaftes kleines Trio«, sagte Truman über seine Beziehung zu Babe und Bill Paley. Mehr als zwanzig Jahre lang reiste er mit ihnen in der Welt herum, verbrachte die Wochenenden auf ihrem Landgut auf Long Island und unterhielt sie in ihrer Villa in Round Hill/Jamaica. Diese Bilder wurden Mitte der fünfziger Jahre aufgenommen, als die lange und fast legendäre Freundschaft begann.

In den fünfziger und sechziger Jahren öffnete sich für Truman der Olymp – die Welt der internationalen Superreichen. Marella Agnelli, die Frau eines der bedeutendsten italienischen Industriellen, lud ihn zu Segeltörns ein, Gloria Guinness (oben), Babe Paleys Rivalin um die Ehre, die eleganteste Frau der Welt zu sein, bemutterte ihn. Charlie und Oona Chaplin empfingen Jack und ihn wiederholt als Gäste in ihrem Chalet in der Schweiz.

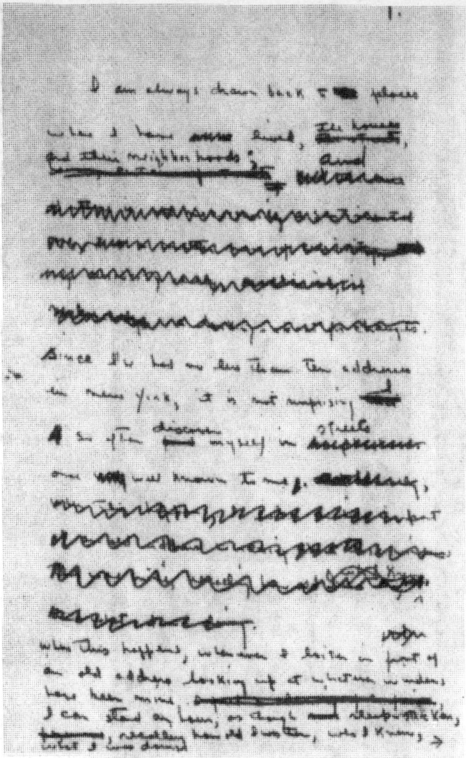

»Es zieht mich stets dorthin zurück, wo ich einmal gelebt habe«, beginnt »Frühstück bei Tiffany«, dessen erste Manuskriptseite hier abgebildet ist. In der stark geänderten Filmfassung, die Truman entschieden ablehnte, spielte Audrey Hepburn (zwischen Truman und ihrem Mann Mel Ferrer) die Hauptfigur Holly Golightly (rechts).

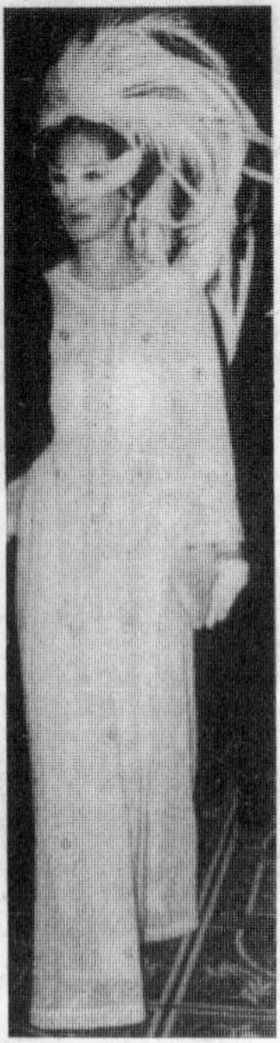

Nach »Kaltblütig« hatte Truman das Gefühl, selbst in Einzelhaft gewesen zu sein. Im November 1966 gab er das vielleicht aufsehenerregendste Fest der Neuzeit, seinen Maskenball in Manhattans Plaza Hotel. Das Gästebuch lese sich wie »eine internationale Liste für die Guillotine«, scherzte Leo Lerman, und er hatte nicht unrecht. Truman führt seinen Ehrengast Kay Graham aufs Parkett (oben Mitte); Bill Paley strahlt zwischen Gloria Guinness und seiner Frau Babe (unten); über der Stirn von Prinzessin Luciana Pignatelli baumelt ein sechzigkarätiger Diamant (rechts oben); Marella Agnelli zelebriert einen königlichen Auftritt im Ballsaal (links oben).

»Capotes Ball des Jahrzehnts stellt alles in den Schatten«, lautete die Schlagzeile einer Zeitung, und niemand widersprach. Lauren Bacall küßt Truman auf die kahlwerdende Stirn, während D.D. Ryan amüsiert in die Kamera blickt (oben). Billy Baldwin, der bevorzugte Innenarchitekt der Snobiety, erscheint in einer goldenen Einhorn-Maske (rechts). Tallulah Bankhead, die um eine Einladung gebettelt hatte, posiert glücklich für die Fotografen (unten).

Die Ermordung von vier Mitgliedern der Familie Clutter führte Truman Ende 1959 nach Kansas. Die gesellige Harper Lee (rechts unten), seine Freundin aus den Tagen in Monroeville, begleitete ihn, um ihm bei den Recherchen zu helfen, und Alvin Dewey (rechts oben), der Polizeikommissar, der die Fahndung leitete, unterstützte ihn bei seiner Arbeit.

Sie hatten Kansas durchquert, um die Clutters zu töten – kaltblütig, wie Truman später behauptete –, und waren dann geflohen. Aber wenige Wochen später wurden Dick Hickock und der feixende Perry Smith (hinter ihm Alvin Dewey) in Las Vegas festgenommen und nach Kansas zurückgebracht. Während ihres fast fünfeinhalbjährigen Gefängnisaufenthalts wurde Truman zur wichtigsten Verbindung mit der »freien Welt«, wie Dick es nannte. Truman schickte Perry Bücher u. Zeitschriften und Dick Zeichen- u. Malutensilien.

41

Über zwei Jahre lang verharrte Trumans literarisches Leben in der Schwebe, in einer Art Scheintod. Er konnte sein Buch nicht abschließen, solange er kein Ende hatte, aber er konnte es auch nicht beiseite legen und zu etwas anderem übergehen. Wenn seine Kraft auch nicht mehr davon aufgezehrt wurde, daß er Worte zu Papier bringen mußte, bestand seine Arbeit doch aus Dutzenden von unerquicklichen Pflichtübungen, nicht zuletzt dem Verfassen von zwei Briefen pro Woche, dem Maximum, das Perry und Dick zu erhalten erlaubt war. »Das Buch zu schreiben war nicht so schwierig, wie die ganze Zeit damit zu leben«, bemerkte Truman. »Dieses ganze verfluchte Zeug, Tag für Tag für Tag. Es war eine *einzige* Qual, so beängstigend, so zermürbend, so aufreibend und so… traurig.«

Seine große Frustration wurde durch die Gewißheit verschlimmert, daß er den Bestseller vor sich liegen hatte – nur dreißig oder vierzig Seiten fehlten –, der sein Leben unwiderruflich verändern, ihn reich machen und einbringen würde, was er mehr begehrte als alles übrige: anerkannt zu werden als einer der bedeutendsten Schriftsteller in Amerika – ja der ganzen Welt. Zu dem Zeitpunkt war diese Aussicht eine Tatsache für ihn, keine bloße Annahme. Der Erfolg von »Kaltblütig« war so vorhersehbar wie die Bewegungen der Planeten. Alle Leute, die die ersten drei Viertel gelesen hatten – und das waren viele –, beteuerten, daß sie davon fasziniert waren. In der Verlagsszene wußten alle über das neue Buch Bescheid, darüber hinaus viele andere Leute in allen Teilen des Landes. Für Zeitungsketten schreibende Kolumnisten erwähnten es häufig; 1962 veröffentlichte *Newsweek* sogar einen Bericht, ergänzt durch ein Bild des Autors, über das »ausschließlich auf Tatsachen beruhende Buch, an dem er seit über zwei Jahren arbeitet«.

Solche Publicity hätte man niemals kaufen können, insbesondere nicht für ein Buch, das noch nicht fertig war. »Kaltblütig« bannte alle, die das Manuskript kannten, wie ein Zauberstab. Sowohl bei Random House wie beim *New Yorker*, wo alle Exemplare im Büro von Mr. Shawn unter Verschluß gehalten wurden, herrschte eine erwartungsvolle Erregung, die Erregung, die dem sicheren Erfolg vorausgeht. Aber nichts – überhaupt nichts – konnte geschehen, solange die Gerichte nicht über das Schicksal der beiden Clutter-Mörder entschieden hatten.

Truman blieb deshalb nichts anderes übrig, als abzuwarten und, so gut er konnte, ein halbwegs normales Leben zu führen. Als er aus dem Mittelwesten zurückkehrte, zogen Jack und er 1963 wieder nach Long Island in dasselbe Strandhaus in Bridgehampton, das sie sechs Jahre zuvor mit Oliver Smith geteilt hatten. »Das Haus ist himmlisch, und ich arbeite an meiner *endlosen* Aufgabe«, schrieb Truman an Cecil im Juli. »Aber ich bin sehr rastlos – all das Herumwarten auf das Ende in Kansas. Es ist zum Verrücktwerden.« Zwei Monate später fügte er hinzu: »Ich bin in einem geradezu furchtbaren Zustand von Anspannung und Nervosität. Perry und Dick haben vor dem Bundesgericht einen Antrag auf einen *Neuen Prozeß* gestellt: Sollten sie ihn (einen neuen Prozeß) bekommen, werde ich irgendwie völlig zusammenklappen.« Zwar wurde ihnen kein neuer Prozeß zugestanden, doch gingen die Berufungen weiter. Im November unternahm Truman, immer noch angespannt und nervös, eine weitere Reise nach Kansas.

Zuerst fuhr er nach Kalifornien, um Cecil zu besuchen, der dort Ausstattung und Kostüme für die Filmfassung von »My Fair Lady« entwarf. Sie trafen sich in San Francisco, und Cecil konnte es kaum erwarten, Truman mit seinem neuen, dreißigjährigen Geliebten bekannt zu machen, der alles verkörperte, was sich Cecil je gewünscht hatte. Er war groß, blond und sportlich; er hatte einem der amerikanischen Teams bei den Olympischen

Spielen von 1956 in Melbourne angehört. Als Kunsthistoriker, der in Berkeley forschte und lehrte, war er auch weitaus gebildeter als Cecil; er hatte sowohl in Harvard als auch in Princeton studiert, wo sein Zimmergenosse sein Geliebter gewesen und wo Bauchrubbeln so verbreitet war, daß es als »First Year Princeton« bezeichnet wurde. Durch ein Wunder war dieser attraktive, hundertfünfzigprozentige Amerikaner von Cecil so bezaubert wie Cecil von ihm. Zu Cecils Genugtuung billigte Truman diese Mai-bis-Dezember-Romanze aus ganzem Herzen und versicherte Cecil, sein Athlet sei »überaus liebenswert und intelligent, [wisse] ihn zu schätzen und [habe] ihn sehr gern, eine wichtige Bereicherung deines Lebens«. Über das indirekte Lob strahlend, fügte Cecil dieser Bemerkung in seinem Tagebuch hinzu: »Sehr stolz auf den Mann meiner Wahl, der mir heute noch bezaubernder gay & intelligenter denn je erschien.«

Falls Truman etwas von der Anspannung spüren ließ, von der er in seinen Briefen gesprochen hatte, bemerkte es Cecil nicht. Er war nicht nur von seiner Liebesgeschichte in Anspruch genommen, sondern auch von einer Dauerfehde mit George Cukor, dem Regisseur von »My Fair Lady«. In den folgenden Tagen in Los Angeles war Cecil erneut von Trumans Fähigkeit beeindruckt, die Dinge sofort in die Hand zu nehmen. »Er war im Studio hier völlig zu Hause«, bemerkte Cecil. »Er wurde von Heuchler Cukor überschwenglich empfangen & von Rex [Harrison] ins Vertrauen gezogen, der sagt, er arbeite gern mit Audrey [Hepburn] zusammen, da sie so diszipliniert sei, aber sie besitze kein Feuer. Liz Taylor dagegen weist bei all ihrer Zügellosigkeit gerade diese Eigenschaft auf.«

Nach seinem Urlaub in Kalifornien fuhr Truman pflichtbewußt nach Kansas weiter, wo er in Garden City Freunde besuchte und in Lansing ungefähr je eineinhalb Stunden mit Perry und Dick verbrachte. »Ich hatte Dir soviel zu sagen & mit Dir zu besprechen und sowenig Zeit, um es loszuwerden«, beklagte sich Perry einige Tage danach. »Mir war, als hätten wir einander kaum begrüßt, ein paar kurze Worte gewechselt, und schon befand ich mich wieder hier in meinem Purgatorium und fühlte mich, als sei ich um etwas betrogen worden, und ein bißchen verwirrt und enttäuscht.«

Truman assoziierte Verbier mit harter Arbeit und Einsamkeit. Im Dezember 1963 ließ er Jack allein hinfahren, während er mit dem Auto nach Florida aufbrach, um reiche Freunde zu besuchen: die Gardner Cowleses in Miami Beach – Cowles war Inhaber des Magazins *Look* – und die Guinnesses in Palm Beach. Er nahm Donald Windham zu den Cowleses mit, wo er telefonisch die Mitteilung erhielt, einer weiteren Berufung von Perry und Dick sei stattgegeben worden. Donald war Zeuge von Trumans daraus resultierender Niedergeschlagenheit und plötzlicher Nervosität: Seine Wange begann zu zucken, er zwinkerte zwanghaft und schnellte mit der Zunge wie eine Schlange vor und zurück. »Ich habe mich so furchtbar deprimiert – fast verbittert gefühlt«, gestand Truman den Deweys. »Es ist doch einfach nicht mehr zu fassen. Mein Gott! Warum lassen sie sie nicht einfach laufen und vergessen das Ganze … Nun ja, man kann nichts machen – außer versuchen, ein weiteres Jahr dieser völlig absurden und unnötigen Quälerei durchzustehen.«

Jack stand ihm aus der Ferne bei. »Mach weiter mit Deiner Arbeit, Du hast ein literarisches Wunder vollbracht«, versicherte er ihm. »Das mußt Du Dir tagein, tagaus im Wachen und im Schlafen vor Augen halten – Deine Geschichte.« Aber Trumans Rastlosigkeit ließ seine Phantasie in ein Dutzend verschiedene Richtungen schweifen. So spielte er mit dem Gedanken, in Westchester in der Nähe der Cerfs ein Haus zu kaufen. Aber er gab diese Idee rasch auf, als ihm Jack zurückschrieb: »Nein, ich möchte wenigstens in Fahrraddistanz zum Wasser sein. Salzwasser!« Dann erklärte Truman, er wolle den Sommer wieder in Spanien verbringen. Jack legte ein zweites Veto ein und riet ihm, in Amerika, nahe an seiner Geschichte zu bleiben. Am Ende mieteten sie wieder ein Haus auf Long Island, wo Truman schließlich ein Fleckchen amerikanischen Bodens, ein kleines Haus in Sagaponack östlich von Bridgehampton kaufte.

Das Haus war keine hundert Meter vom Meer entfernt, hatte unten ein Wohnzimmer mit hoher Decke und ein winziges Schlafzimmer, und über eine Wendeltreppe erreichte man im Obergeschoß zwei oder drei weitere kaninchenstallähnliche Schlafräume. Jack verabscheute das Haus auf den ersten Blick. Er war, vermutlich zu Recht, überzeugt, daß sie beide auf so engem Raum bald einmal ausrasten würden. Er sagte nichts, aber Truman brauchte ihn zweifellos nur anzuschauen: Nicht lange danach kaufte Truman auch das Haus daneben. Er werde im ersten Haus wohnen, sagte er, und Jack könne das zweite für sich haben.

Damit hatten sie das ideale Arrangement gefunden: Sie waren in Rufweite voneinander, aber sie konnten einander durch die Bäume und Sträucher hindurch nicht sehen. Trumans Haus war genau das Richtige für ihn. Er entfernte im Obergeschoß Zwischenwände und verlieh ihm dadurch mehr Geräumigkeit. Jacks Haus war ebenfalls genau das Richtige für ihn, ein altmodisches Lebkuchenhäuschen mit einem großen Raum unten und einem weiteren oben. Er freute sich in der Tat so sehr darüber, daß er Truman demütig – eine ungewöhnliche Geste für ihn – darum bat, das Haus auf seinen Namen eintragen zu lassen: Er war neunundvierzig und sehnte sich, da er endlich auf eigenem Grund und Boden stand, nach der Sicherheit eines wirklichen Besitztums. »Ich habe Truman nie um irgend etwas gebeten«, bemerkte er. »Ich habe ihn nie um Gefälligkeiten ersucht. Aber ich habe ihn um mein Haus gebeten, und er übergab mir die Urkunden für beide Häuser in einer Botanisiertrommel. Er sagte, es mache zuviel Mühe, die Häuser getrennt zu beurkunden, deshalb sollten beide auf meinen Namen lauten. Mir ist nie in meinem Leben jemand begegnet, der etwas ähnlich Großzügiges tat.«

Im Oktober 1964 fuhr Truman erneut nach Kansas, diesmal in Begleitung von Sandy Campbell – dem Geliebten von Donald Windham. Sandy war Dokumentarist beim *New Yorker* und auf Trumans Bitte hin beauftragt worden, die Fakten in »Kaltblütig« zu überprüfen. Die beiden flogen zuerst nach Denver, wo Truman eine Party für einige Freunde aus Garden City gab, insbesondere die Deweys und Mary Louise Aswell, die in den fünfziger Jahren von *Harper's Bazaar* weggegangen war, um in New Mexico ein neues Leben zu beginnen. Die Deweys, notierte Sandy in seinem Tagebuch, seien fast wie Eltern zu Truman gewesen: Er habe Alvin Pappi genannt, und Alvin habe ihm den Spitznamen Coach gegeben. Von Denver fuhren sie mit dem Auto ostwärts nach Garden City, wo Sandy Einzelheiten wie Daten und Entfernungen überprüfte. Sandy sagte später, er habe mit vielen Autoren des *New Yorker* zusammengearbeitet, darunter A.J. Liebling, Richard Rovere und Lillian Ross, aber Truman sei der präziseste gewesen. Die Meinung, auf die es Truman am meisten ankam, war jedoch die von Mary Louise, und er wartete unruhig auf ihr Urteil über die ersten drei Viertel seines Buches. Ihre Reaktion stellte ihn sehr zufrieden: »Daß Dir mein Buch wirklich gefallen hat, war so rührend und eine solche *Belohnung.* Irgendwie habe ich mich davor gefürchtet, daß Du es liest – denn ich wußte, daß Du nicht (erfolgreich) hättest lügen können, wenn ich mir selbst in die Tasche gelogen und einen entscheidenden Fehler (in bezug auf die Einschätzung der künstlerischen Möglichkeiten der Reportage) gemacht hätte.«

Kurz vor Weihnachten hatte Truman wieder eine Lesung im Poetry Center des Y.M.H.A. an der 92. Straße in Manhattan. Im Programm war eine Lesung aus »Frühstück bei Tiffany« angekündigt. Aber manche Zuhörer erwarteten insgeheim, Truman werde sie statt dessen mit »Kaltblütig« überraschen, und trafen mit mehr als dem üblichen Interesse ein, wie Filmfans, die auf die Preview eines lange angekündigten Films hoffen. Sie wurden nicht enttäuscht. Die Journalistin, die *Newsweek* hingeschickt hatte, schrieb, die Wirkung, die Truman erzielt habe, sei ähnlich der »eines Erzählers früherer Zeiten [gewesen], der die Zuhörer mit seiner Stimme und seinen Worten in Bann schlug und einen die Dinge hören, sehen, fühlen und *spüren* ließ. Was er gestaltete, war eine ganze Landschaft und die dem Schicksal ausgelieferten Menschen darin.«

Perrys und Dicks zahlreiche Revisionsanträge stürzten Truman nicht nur in Depressionen und Angstzustände. Sie stellten ihn auch vor ein unlösbares moralisches Dilemma. Er wünschte sich inbrünstig, daß sein Buch erscheinen konnte. Aber die Veröffentlichung bedeutete fast mit Sicherheit den peinvollen Tod zweier Männer, die ihn als ihren Freund und Wohltäter betrachteten, zweier Männer, denen er geholfen hatte, die er beraten und, was Perry betraf, unterrichtet hatte. »Es ging nicht darum, ob ich Dick und Perry *mochte*«, setzte er einer Interviewerin sorgfältig auseinander. »Das ist, als würde man sagen: ›Magst du dich selbst?‹ Was zählte, war, daß ich sie *kannte*, so gut, wie ich mich selbst kenne.«

Trumans ganze Zukunft wartete auf ihren Gang zur Großen Schaukel, und seine Bemerkungen gegenüber Freunden, denen er seine wahren Gefühle verriet, klangen wie ein grimmiger Kontrapunkt zu den beschwichtigenden Trostworten, die er für Perry und Dick hatte. Perry war natürlich unglücklich, als es der Oberste Gerichtshof im Januar 1965 ablehnte, ihre letzte Appellation anzuhören. Aber wo Perry eine schwarze Wolke sah, erblickte Truman einen Sonnenstrahl. »Wie Du vielleicht gehört hast«, schrieb er an Mary Louise, »hat das Oberste Gericht die Revisionsanträge abgelehnt (und zwar, verdammt, zum *dritten* Mal!), so daß jetzt vielleicht doch bald etwas Entscheidendes geschieht. Ich bin so oft enttäuscht worden, daß ich kaum zu hoffen wage. Aber halte mir den Daumen.« Gegenüber Cecil fügte er hinzu: »Ich schreibe an den letzten Seiten meines Buches – ich *muß* es loswerden, egal, was geschieht. Es ist mir inzwischen fast völlig wurscht, *was* geschieht. Sonst werde ich wirklich bald verrückt – und das ist keine leere Floskel. Ach, zum Teufel damit! Ich sollte nicht so trübsinnigen Stuß von mir geben – nicht einmal gegenüber jemandem, der mir so nahesteht wie Du.«

In Verbier, wo er die weitere Entwicklung abwartete, beschloß er, für die auf Februar angesetzte Hinrichtung nicht nach Amerika zurückzukehren. Er vereinbarte mit Sandy Campbell, daß dieser ihm den Bericht im *Kansas City Star* Wort für Wort telegrafieren würde. »Ich hoffe, es klingt nicht verrückt«, schrieb er an Sandy, »aber so, wie ich die Geschichte aufgezogen habe, werde ich das Ms. innerhalb von Stunden nach Erhalt des Telegramms abschließen können. Halte mir *alle* verfügbaren Daumen et cetera.« Im letzten Augenblick wurde die Hinrichtung erneut verschoben. Außer sich auf Informationen wartend, rief er einen der Verteidiger in den USA an, und dieser versetzte ihn mit der Bemerkung in Wut, daß Perry und Dick nicht nur dem Strang entgehen, sondern vielleicht sogar freikommen könnten. »Und ich dachte: ja, und ich hoffe, du bist der erste, den sie umlegen, du Scheißkerl«, schrieb er den Deweys, die seine Enttäuschung teilten. »Aber laut sagte ich: ›Ist das Ihre Vorstellung von Gerechtigkeit – daß man sie, nachdem sie vier Menschen umgebracht haben, auf die Straße lassen sollte?‹«

Der Optimismus des Anwalts war unbegründet; die Hinrichtung wurde schließlich auf die frühen Morgenstunden des 14. April festgesetzt. Diesmal konnte Truman nicht fernbleiben – Perry und Dick hatten ihn gebeten, bei ihnen zu sein –, und er kehrte nach Amerika zurück. In Begleitung von Joseph Fox, jetzt an Stelle von Bob Linscott sein Lektor bei Random House, traf Truman ein oder zwei Tage davor in Kansas City ein. »Er war unglaublich nervös und außerstande, länger als zwei oder drei Minuten mit jemandem zu sprechen«, erinnerte sich Fox. »Beim Gedanken an das, was bevorstand, liefen ihm Tränen über die Wangen. Alvin kam mit ein paar anderen Kriminalbeamten zu Besuch, und Truman lief in unserer Suite im Hotel Muehlebach rastlos auf und ab. Abends gingen wir ins Kino oder in Stripshows und Transvestitenshows – Kansas City ist eines der sechs oder sieben größten Transvestitenzentren in den USA.«

Aus irgendeinem Grund glaubten Perry und Dick, Truman könne ihnen helfen, einen weiteren Aufschub der Hinrichtung zu erlangen, und sie versuchten verzweifelt, ihn zu erreichen. Perry rief zwei- oder dreimal im Hotel an, und ein Aufseher versuchte es in ihrem Namen sieben oder acht weitere Male. Aber ein neuerlicher Aufschub war das letzte, was Truman wollte. Statt dies zu sagen, ließ er Fox die Gespräche entgegennehmen und Ausreden für ihn erfinden. Zuletzt telegrafierte Perry an das Muehlebach: ERHOFFE UND ERWARTE DEINEN BESUCH. MÖCHTE DIR MEINE HABE ÜBERGEBEN. BITTE BESTÄTIGE UMGEHEND TELEGRAFISCH, WANN DU HIER SEIN WIRST. Truman telegrafierte zurück: LIEBER PERRY. NICHT MÖGLICH, DICH HEUTE ZU BESUCHEN. NICHT GESTATTET. IMMER DEIN FREUND. TRUMAN.

Perry wußte natürlich, daß er log – daß es ihm gestattet gewesen wäre, sie zu besuchen. Abends um elf Uhr fünfundvierzig, eineinviertel Stunden, bevor ihm die Schlinge um den Hals gelegt wurde, setzte er sich hin und schrieb einen Brief an Truman und Nelle. »Schade, daß es Truman nicht möglich war, vor der Krawatten-Party auf ein, zwei Worte hier ins Gefängnis zu kommen. Aus welchem Grund er auch nicht hat kommen mögen, möchte ich doch, daß Du weißt, daß ich Euch dafür nicht verurteilen kann & verstehe. Nicht viel Zeit übrig, aber möchte Euch beiden sagen, daß ich aufrichtig dankbar für Eure Freundschaft in all den Jahren und für alles übrige war. Ich bin nicht sehr gut, was das betrifft – aber Ihr sollt dennoch beide wissen, daß ich Euch sehr liebgewonnen habe. Aber nutzet die Zeit. Adios Amigos. Alles Gute, stets der Eure, Perry.«

Bei starkem Regen fuhren Truman und Joe zum Gefängnis, wo Truman Gelegenheit hatte, zu beiden ein paar letzte Worte zu sagen. Dick wurde als erster gehängt. »Ich möchte nur sagen, daß ich niemandem böse bin«, sagte er. »Ihr Leute befördert mich in eine bessere Welt, als es diese je war.« Weniger als eine halbe Stunde später war er tot. Kurz nach ein Uhr früh wurde Perry in die Lagerhalle geführt, wo der Galgen errichtet worden war. »Ich finde es unmenschlich, Leute auf diese Weise umzubringen«, sagte er. »Ich halte nichts von der Todesstrafe, weder moralisch noch juristisch. Vielleicht hätte ich etwas beitragen können, etwas...« Er verstummte und fügte leiser hinzu: »Es wäre sinnlos, für meine Tat um Verzeihung zu bitten. Auch unangebracht. Aber ich tue es dennoch. Ich bitte um Verzeihung.« Die Schlinge wurde ihm um den Hals gelegt, die Augen wurden von einer schwarzen Maske verhüllt, und um ein Uhr neunzehn wurde auch er für tot erklärt.

Weinend rief Truman später Jack an, um ihm die schreckliche Szene zu schildern, die er miterlebt hatte. Jack blieb ungerührt. »Sie sind tot, Truman«, sagte er. »Du lebst.«

42

Nun war das Warten also endlich vorbei. Truman flog nach New York zurück. Auf dem ganzen Flug hielt er die Hand von Joe Fox fest umklammert, und in seinem Gepäck hatte er das vierzigseitige Vermächtnis von Perry, worin dieser seine Gedanken über das Leben und den Tod niedergeschrieben hatte. »De Rebus Incognitis« (»Über unbekannte Dinge«) hatte Perry es betitelt, und es endete mit einer Erkenntnis, die ihn vielleicht tröstete, vielleicht auch nicht, als ihm die Schlinge um den Hals gelegt wurde: »Wüßten wir nicht, daß wir sterben müssen, so wären wir Kinder; indem wir es wissen, erhalten wir Gelegenheit, seelisch zu reifen. Das Leben ist nur der Vater der Weisheit; der Tod ist die Mutter.«

Die Lektüre solch unerwarteter Worte aus dem Grab verlängerte nur noch Trumans Depression. In den paar Tagen danach gab es viele weitere tränenreiche Anrufe bei Freunden und Verwandten. »Perry und Dick wurden letzten Dienstag hingerichtet«, schrieb er an Donald Cullivan. »Ich war dort. Ich blieb bis zum Ende bei Perry. Er war ruhig und sehr tapfer. Es war eine schreckliche Erfahrung, und ich werde nie darüber hinwegkommen. Eines Tages werde ich versuchen, Dir davon zu erzählen. Aber im Augenblick bin ich noch zu angeschlagen. Im Laufe der Jahre ist mir Perry sehr nahegekommen. Und auch Dick.« Als wollte er seine Schuldgefühle beschwichtigen, daß er sich bis zur Stunde ihrer Hinrichtung geweigert hatte, mit ihnen zu reden, fügte er hinzu: »*Alles Mögliche wurde unternommen, um sie zu retten.*« Tage später ließ er zum Preis von je 70 Dollar und 50 Cents schlichte Granitplatten für die beiden Gräber anfertigen, die in einem Friedhof in der Nähe des Gefängnisses nebeneinander ausgehoben wurden:

RICHARD EUGENE	PERRY EDWARD
HICKOCK	SMITH
6. Juni 1931	27. Oktober 1928
14. April 1965	14. April 1965

Mitte Juni hatte Truman auch die Seiten fertig, auf denen die letzte Nacht beschrieben wurde, als der auf das Dach der Lagerhalle prasselnde Regen »nicht unähnlich dem Rat-a-tat-tat von Paradetrommeln« geklungen hatte. »Kaltblütig« war abgeschlossen. »Dem Himmel sei Dank!« rief er Cecil gegenüber aus. »Aber es ist unglaublich, nach all diesen Jahren und Jahren der Anspannung und des Alterns plötzlich (vergleichsweise) frei zu sein. Im Augenblick empfinde ich nur Trauer. Gleichzeitig Dankbarkeit. Nie wieder!«

Alles, was Truman sich vorgenommen hatte, erreichte er auch. Er hatte etwas aufs Spiel gesetzt und gewonnen. Oberflächlich besehen, ist »Kaltblütig« eine Mordgeschichte von beklemmender Spannung und Lebenskraft. Auf einer tieferen Ebene ist es, was er immer für wahrscheinlich gehalten hatte, ein Großes Werk – in der Tat ein Meisterwerk, das er mit der düsteren Kraft einer griechischen Tragödie erfüllt hat. Mit sicherem, ja unbeirrbarem Selbstvertrauen schildert er schon im ersten Absatz seinen Schauplatz:

»Das Städtchen Holcomb liegt auf der Weizenhochebene von West-Kansas, eine weite einsame Gegend, die selbst für die übrigen Leute von Kansas ›hinter dem Mond‹ liegt. Das Land, gut hundert Kilometer östlich der Grenze von Colorado, hat mit seinen harten blauen Himmeln und seiner klaren Winterluft eine Atmosphäre, als wäre man schon im Fernen Westen, nicht mehr im Mittelwesten. Die Bewohner haben den hellen, nasalen Akzent von Präriefarmern in der Stimme, und die Männer, viele von ihnen, tragen enge Grenzerhosen, breitkrempige Stetson-Hüte und spitze Stiefel mit hohen Absätzen. Das Land ist so flach, daß man nach allen Seiten unheimlich weite Ausblicke hat. Pferde, Rinderherden, eine Gruppe von weißen Getreidesilos, schlank und anmutig wie griechische Tempel, sieht man schon lange, bevor man herankommt.«

Truman nutzt Techniken, die er als Drehbuchautor gelernt hatte, und präsentiert seine Hauptfiguren in kurzen, filmgerechten Szenen: die Clutters, die im Schatten der würdevollen Getreideaufzüge arglos ihres Schicksals harren, und ihre Mörder, die quer durch Kansas zu ihnen unterwegs sind, Nemesis in einem schwarzen Chevrolet. Die in Holcomb ihren friedlichen Tätigkeiten nachgehen, repräsentieren das eine Amerika – wohlhabend, gesichert und etwas sehr selbstzufrieden. Herb Clutter hat viele gute Eigenschaften, aber er ist auch starrsinnig und anmaßend. Er macht klar, daß er jeden Mitarbeiter feuert, der dabei erwischt wird, wie er »Alkohol hortet«, und er verbietet Nancy, auch nur daran zu denken, sie könnte ihren Freund heiraten, dessen einziges Vergehen es ist, katholisch zu sein. Über die Prärie rast das andere Amerika auf sie zu – arm, wurzellos und beladen. »Seelen auf der Flucht« nannte Randolph solche Menschen prophetisch in »Andere Stimmen«; Neid und Selbstmitleid sind ihr einziges Erbe, Gewalt ist ihr einziges Handwerk. Zusammen bilden Täter und Opfer einen Mikrokosmos von Amerika – Licht und Dunkel, Gut und Böse.

Truman hatte seit langem behauptet, die Schilderung der Wirklichkeit könne ebenso kunstreich und ebenso spannend sein wie etwas Ausgedachtes. Daß dies seiner Meinung nach nicht der Fall sei – warum Beschreibungen wirklicher Ereignisse im allgemeinen als geringer eingestuft wurden als erdichtete Texte –, liege daran, daß sie gewöhnlich von Journalisten geschrieben würden, die nicht in der Lage seien, sie wirklich auszuschöpfen. Nur ein Autor, der »die Erzähltechniken vollständig beherrsche«, könne die Beschreibung der Wirklichkeit in den Status von Kunst emporheben. »Der Journalismus«, erklärte er, »bewegt sich immer entlang einer Horizontalen, er erzählt eine Geschichte linear, während die Literatur – gute Literatur – vertikal vorgeht und uns immer tiefer in die Charaktere und Ereignisse hineinführt. Durch Behandlung eines wirklichen Ereignisses mit literarischen Techniken (etwas, das ein Journalist nicht zustande bringt, wenn er nicht *gelernt* hat, gute Belletristik zu schreiben) ist es möglich, diese Art von Synthese zu erzielen.« Da sich gute Belletristen gewöhnlich für eine Reportertätigkeit zu schade gewesen seien und die meisten Reporter nicht gelernt hätten, gute Literatur zu schreiben, sei die Synthese nicht zustande gekommen, und das Potential, das in der Beschreibung wirklicher Ereignisse, im Dokumentarischen, Authentischen liege, sei nie ausgeschöpft worden. Das sei Marmor, der auf einen Bildhauer, eine Palette, die auf einen Maler warte. Er sei der erste, der zeige, was mit diesem vernachlässigten Material alles möglich sei, behauptete er, und »Kaltblütig« verkörpere ein neues literarisches Genre, den dokumentarischen Roman.

Er wollte damit sagen, er habe das Buch so geschrieben, wie er einen Roman geschrieben hätte, aber statt die Charaktere und Situationen aus seiner Phantasie zu beziehen, habe er sie der Wirklichkeit entnommen. Perry und Dick, Herb Clutter und Alvin Dewey waren ebenso Gestalten der Wirklichkeit wie George Washington und Abraham Lincoln. Er hätte ihre Charaktere um seiner Geschichte willen ebensowenig verändern können, wie er einen Schnurrbart unter Washingtons Nase anbringen oder Lincolns Bart hätte abrasieren können. Ihm waren durch den Stacheldraht der Tatsachen klare Grenzen gezogen. Doch innerhalb dieser Grenzen sah er weitaus mehr Spielraum, als andere Autoren je entdeckt hatten, er erkannte die Freiheit, bestimmte Ereignisse um des dramatischen Effekts willen nebeneinanderzustellen, lange Gespräche zu rekonstruieren, ja sogar in die Köpfe seiner Gestalten hineinzuschauen und mitzuteilen, was sie bewegte. »Ein Autor muß in seinem Buch wie Gott im Universum sein, überall präsent und nirgends sichtbar«, meinte Flaubert. Und so ist im Kosmos von »Kaltblütig« Trumans Präsenz in jedem Satz spürbar.

Alle Themen, Bilder und Leitmotive, die sich durch seine Romane und Kurzgeschichten ziehen, greift er wieder auf, eines nach dem andern: die Einsamkeit, den Tod der Unschuld und die Gefahr, die in jedem Schatten lauert. Auf höchst eindrucksvolle Art und Weise stellt seine Chronik wirklicher Ereignisse den Höhepunkt seines literarischen Schaffens dar, die logische Fortsetzung all dessen, was er zuvor geschrieben hatte. Aus einer Unzahl von Fakten wählte er nur diejenigen aus, die ihn interessierten. Oder, mit seinen Worten: »Ich ließ eine Eiche entstehen und reduzierte sie auf ein Samenkorn.« Ein anderer Schriftsteller hätte das Schwergewicht vielleicht auf die dörfliche Heimeligkeit von Holcomb und die Wärme und Gutmütigkeit seiner Bewohner gelegt. Truman dagegen greift ein Motiv aus seiner Romanwelt auf und arbeitet die Einsamkeit des Ortes heraus. Obwohl das eine in einer trockenen Ebene liegt und das andere von Sümpfen umgeben ist, wirkt sein Holcomb sehr ähnlich wie Noon City in »Andere Stimmen« – einsam ist das Adjektiv, das er beiden Orten zuweist. Finney County wird zum Capote-Land, und die Menschen in seiner Geschichte werden zu Capote-Gestalten.

»Kaltblütig« mag wie ein Roman geschrieben sein, aber das Buch ist bis ins kleinste Detail korrekt – »ausschließlich auf Tatsachen beruhend«, wie sich Truman öffentlich rühmte. Es hat zwar keine Fußnoten, doch konnte er für jede Bemerkung und jeden zitierten Gedanken eine Quelle benennen. »Man beschäftigt sich nicht fast sechs Jahre mit einem Buch, bei dem es um dokumentarische Genauigkeit geht, und läßt sich dann zu kleineren Entstellungen hinreißen«, bemerkte er.

Durch solch selbstbewußte Statements herausgefordert, begaben sich verschiedene Reporter nach Garden City und machten Jagd auf Fehler, die ihn zwingen sollten, seine Worte zu widerrufen. Ein Reporter von der *Kansas City Times* glaubte, einen gefunden zu haben, als er mit Myrtle Clare sprach, einer der farbigsten Nebenfiguren des Buches. Sie war in ein schickes lila Kostüm gekleidet und glich keinesfalls der unscheinbaren Frau, als die Truman sie geschildert hatte. Aber sie versicherte dem Reporter, sie habe damals wirklich so unvorteilhaft ausgesehen; sie habe bei der Post gearbeitet, als die Clutters ermordet wurden, und alte Kleider getragen, weil sie 30-Kilo-Säcke zu schleppen hatte. Wenn manche Leute mit Trumans Bericht nicht einverstanden seien, meinte sie, so deshalb, weil er Holcomb als »heruntergekommenen Ort von Hinterwäldlern beschrieben hat, aber so ist es nun mal, und wenn der Schuh paßt, muß man ihn eben anziehen, finde ich jedenfalls«. Es konnte natürlich nicht ausbleiben, daß einige Unkorrektheiten festgestellt wurden. Zum Beispiel wurde Nancys Pferd Babe nach den Morden an einen Ortsansässigen verkauft, nicht an einen mennonitischen Farmer von außerhalb, wie Truman geschrieben hatte. Aber letzten Endes konnte Truman keiner von denen, die seiner Spur folgten, gewichtige Irrtümer nachweisen.

Was die Zeitungsdetektive nicht wußten – Alvin und Marie Dewey hüteten sich, ihm zu widersprechen –, ist, daß sich Truman dennoch ein paar kleine Erfindungen und zumindest eine größere geleistet hat, und diese schadet dem Buch leider. Wie üblich tat Truman sich mit dem Ende schwer und litt so sehr unter dieser Unentschlossenheit, daß er einen Schreibkrampf bekam und gezwungen war, an einer Schreibmaschine weiterzuarbeiten. Sollte er mit den Hinrichtungen enden? Oder sollte er mit einer froheren Szene schließen? Er entschied sich für das letztere. Aber da ihm die Ereignisse keine frohe Szene beschert hatten, war er gezwungen, eine zu erfinden: eine zufällige Begegnung zwischen Alvin Dewey und Nancy Clutters bester Freundin Susan Kidwell im baumbestandenen, vom Frühling erfüllten Friedhof von Garden City, einer grünen Oase im dürren Land. Dort sind die Clutters begraben und ebenso Richter Tate, der ihre Mörder verurteilte. Susan erzählt, sie beende eben das College, das Nancy und sie gemeinsam hatten besuchen wollen, Nancys Freund hat vor kurzem geheiratet, und Alvins älterer Sohn, der in der Mordnacht noch ein Kind war, bereitet sich inzwischen selbst auf das College vor. Die Botschaft ist klar: Das Leben geht weiter, auch inmitten des Todes.

Dieses Ende ist fast eine Kopie vom Ende der »Grasharfe«, bei dem es auf dem Friedhof zu einer ähnlichen Wiederbegegnung zwischen Richter Coole und dem jungen Collin Fenwick kommt. Aber was in der »Grasharfe«, die ja eine Art phantastische Geschichte ist, funktioniert, überzeugt in einem Buch von kompromißlosem Realismus wie »Kaltblütig« weniger.

Diese nostalgische Begegnung sei sentimental und grenze an Kitsch, stellten einige ansonsten begeisterte Kritiker bei allem Respekt fest. »Ich hätte wahrscheinlich auf diesen letzten Teil verzichten können, der sozusagen die Ruhe wiederherstellt«, gab Truman zu. »Ich wurde sehr dafür kritisiert. Die Leute fanden, ich hätte mit der Hinrichtung, dieser schrecklichen letzten Szene, enden sollen. Aber ich fand, ich müßte in den Ort zurückkehren, um den Kreis zu schließen und einen friedlichen Schluß zu haben.«

»Kaltblütig« ist zwar ein bemerkenswertes Buch, aber es repräsentiert keine neue Kunstform. Wie das Bild auf dem Umschlag von »Andere Stimmen«, verwischte Trumans diesbezüglicher Anspruch seine Leistung, statt sie hervorzuheben. Tatsächlich ergibt der von ihm geprägte Begriff »Tatsachenroman« keinen Sinn. Ein Roman ist nach der gängigen Definition eine erfundene Prosaerzählung von beträchtlicher Länge: Ein dokumentarischer Bericht ist kein Roman, und ein Roman ist keine Dokumentation. Ebensowenig war Truman der erste, der Tatsachen mit literarischen Mitteln aufbereitete. Literaturhistoriker könnten hier auf Beispiele bereits aus dem 17. Jahrhundert verweisen, und es gibt auch neuere, darunter John Herseys »Hiroshima«, Rebecca Wests »The Meaning of Treason«, die Reportagen von Lillian Ross für den *New Yorker* oder Cornelius Ryans »Der längste Tag«. Sowohl im Journalismus wie in der Geschichtsschreibung herrschte der Trend, mit Hilfe von Details und Anekdoten wahre Geschichten zu erzählen, also nicht nur zu berichten, was die einzelnen Personen taten, sondern auch, was sie an dem Tag, an dem sie es taten, zum Frühstück aßen. »Feldmarschall Rommel strich sorgfältig etwas Honig auf ein Butterbrot«, schrieb Ryan zum Beispiel, als er schilderte, was der deutsche Truppenführer kurz vor der Landung der Alliierten tat.

Dennoch war Trumans Anspruch auch irgendwie berechtigt, obwohl es vielleicht besser gewesen wäre, er hätte jemand anderen an seiner Stelle dieses Plädoyer halten lassen. Er hatte wirklich etwas Neuartiges, vielleicht sogar Einzigartiges geschrieben. »Kaltblütig« repräsentierte zwar kein neues Genre, aber vielen Lesern kam es so vor. Andere hatten vor Truman literarische Techniken benutzt, aber niemand hatte ein dokumentarisches Buch geschrieben, das sich wie ein Roman lesen ließ. Er war der erste Romancier von Rang, der Zeit, Begabung und Ruf für eine so umfangreiche Reportage aufs Spiel setzte. Für viele seiner Zeitgenossen war »Kaltblütig« die Vorhut, die ein neues Terrain erschloß. In den kommenden Jahren setzte, dem Beispiel folgend, eine Art literarischer Run auf die Wirklichkeit ein, und die Tagesnachrichten wurden nach weiterem fesselndem Material durchkämmt. Viele Titel, die seit damals den Sprung auf die Bestsellerlisten geschafft haben, von Norman Mailers »Heere aus der Nacht« bis zu Bob Woodwards »Geheimcode VEIL« wären wahrscheinlich nicht oder zumindest nicht so geschrieben worden, wenn Truman nicht im Herbst 1959 auf seine interessante Meldung gestoßen wäre.

Im Laufe seiner langen Geschichte hat der *New Yorker* viele wichtige und einflußreiche Texte veröffentlicht, aber nie zuvor oder seither hat er einen gedruckt, der so ungeduldig erwartet wurde wie »Kaltblütig«. Die Neugier, die sich fünf Jahre lang aufgestaut hatte, sollte endlich befriedigt werden. Wie immer bot das Titelblatt des Magazins keine Andeutung auf den Inhalt. Die Leser mußten wissen, wann und wo sie zu suchen hatten. »Kaltblütig« war nicht einmal im kargen Inhaltsverzeichnis angegeben. Aber die Leute fanden, was sie suchten: der Verkauf der vier Nummern an den Zeitungsständen brach den Rekord des Magazins. Nach Präzedenzfällen suchend, besannen sich manche bis auf die Zeit von Dickens zurück, als die Goldgräber in Kalifornien um das Lagerfeuer saßen und sich die letzten Kapitel von »The Old Curiosity Shop« anhörten und als die Menschenmenge, die an einem Pier in Manhattan auf ein Schiff aus England wartete, dieses mit dem Ruf begrüßte: »Ist die kleine Nell tot?«
Am schwierigsten war das Magazin ironischerweise vielleicht dort zu bekommen, wo das Interesse am größten war: in Finney County/Kansas. Bei der ersten Nummer war es der schlafmützigen Vertriebsabteilung des *New Yorker* nicht eingefallen, mehr als die üblichen fünf Exemplare hinzuschicken. »Die haben im Allerheiligsten in New York offenbar keinen

Gedanken daran verschwendet«, bemerkte der *Dodge City Globe*, der in einem Leitartikel das herablassende Verhalten der Großstadtfatzkes kritisierte. Noch schlimmer, selbst diese wenigen Exemplare gingen unterwegs verloren. »Die Drugstores berichten, daß sie von Kunden bestürmt werden, die das Magazin verlangen«, berichtete das Blatt *Garden City Telegram*. »Die Leser des ersten Teils äußern sich begeistert über Capotes Text. Ein einheimischer Leser, der sich ein Exemplar beschaffen konnte, als er letzte Woche geschäftlich in Kansas City war, berichtet, daß er die Geschichte zu lesen begann und sie ›nicht aus der Hand legen konnte, bis ich es ausgelesen hatte‹.«

»Konnte es nicht aus der Hand legen, bis ich es ausgelesen hatte«, ist Musik in den Ohren jedes Autors, und diese Melodie bekam Truman in den folgenden Wochen endlos zu hören, von Freunden ebenso wie von Fremden, die oft etwas verlegen hinzufügten, es sei das erste Mal, daß sie sich gedrängt fühlten, einen Fan-Brief zu schreiben. »Meine Frau las jeden *New Yorker*, sobald er eintraf; sie riß ihn dem Briefträger jeweils aus der Hand«, schrieb ein lutheranischer Pfarrer aus Fresno/Kalifornien. »Jetzt werden wir alle Nummern noch einmal lesen. Beim ersten Mal haben wir sie zu rasch verschlungen, glub-glub!« Eine Frau aus Massachusetts bemerkte, sie sei froh, daß alles vorbei sei, »damit normalerweise vernünftige Leute wieder zu einer normalerweise vernünftigen Zeit ins Bett gehen können, statt am Tag, an dem der *New Yorker* eintrifft, langsam und bis spät in die Nacht hinein zu lesen. Ich bin froh, daß es mir gelungen ist, der Versuchung zu widerstehen, nach New York zu fliegen, um die Hefte zwei Tage früher in die Hand zu kriegen.«

Den Autor oder die Fakten bereits zu kennen, tat der Spannung keinen Abbruch. »Es ist phantastisch«, meinte Harold Nye, einer der Kriminalbeamten, die an dem Fall gearbeitet hatten. »Erst jetzt weiß ich die Gründlichkeit wirklich zu schätzen, die Sie für diese kleine Mordszene in Kansas aufgewandt haben. Die Geschichte hat mich so in ihren Bann geschlagen, daß ich sie nicht weglegen konnte, um zu essen. Am Ende des ersten Teils sagte ich zu meiner Frau: ›Bei Gott, der alte Junge hat wirklich einen

Knüller geschrieben.‹« Leo Lerman mäkelte, es sei »enervierend, eine Woche zu warten. Ich habe die Leute im Bus nie zuvor so gefesselt von ihrer Lektüre gesehen wie vom *New Yorker.*« Catherine Wood, Trumans Lehrerin aus der Greenwich High School, erzählte, es gebe zu Hause ein Gerangel um jedes Heft: »*Wer kriegt's als erster?* Das ist die große Frage, da die zweite Folge heute herauskommt. Ich habe mich gezwungen, ein paar Minuten innezuhalten, um Dir ein paar Zeilen zu schreiben. Mir erscheint es als eine vollkommene Leistung. Ich glaube, ich habe nie zuvor eine so *visuelle* Schilderung gelesen. Ich sehe die Gegend und die Menschen vor mir, und ich höre sie reden.« Einige Wochen später, nach der Lektüre des vierten Teils, fügte sie hinzu: »Ich nehme an, Du wirst Nachahmer haben. Dazu kann ich nur sagen: Sie sollen es nur versuchen! Ich bin ungeheuer stolz auf Dich.«

Die Lobeshymnen rissen nicht ab. »Ich hätte nie geglaubt, daß ein so wilder, unfaßbarer Stoff gebürstet und gestriegelt werden kann, daß er so schöne Funken schlägt und solche Zärtlichkeit auslöst«, bemerkte der Dichter James Merrill. Anita Loos kam zum Schluß, Truman habe »eine homerische Dichtung, so schreckenerregend wie das furchtbare Zeitalter, in dem wir leben« geschrieben. Noël Coward, der gestand, »in einem Zustand fiebernder Bewunderung« zu sein, erklärte ausführlich den Grund dafür: »Bevor einer der Klugscheißer Gelegenheit hat, sich dazu zu äußern, möchte *ich* Dir sagen, daß Du nach meiner – nicht sonderlich bescheidenen – Meinung ein Meisterwerk geschrieben hast. Die Spannung ist fast unerträglich & Dein Mitgefühl unendlich rührend. Es ist keine Figur vorhanden, die sich nicht zu einem vollständigen und wahrhaftigen Bild rundet. Ich, der ich Form und Stil in der Literatur liebe, konnte nirgends ein Moment zu starker oder zu schwacher Betonung entdecken. Es ist ein langes Buch ohne einen Augenblick der Langeweile oder eine schlampige Formulierung. Es hat mich nicht losgelassen, seit ich es aus der Hand gelegt habe, und es bleibt mir gar nichts anderes übrig, als es mir wieder vorzunehmen. Ich bin weit davon entfernt, mich für die Überschwenglichkeit dieses Briefes zu entschuldigen. Lob von Schriftstellerkollegen ist immer befriedigend, und dieses, glaube mir, kommt von Herzen.«

Als im Januar 1966 die Buchausgabe herauskam, wurde die moderne Medienmaschinerie – Zeitungen, Zeitschriften, Funk und Fernsehen – zu einer riesigen Band, die nur einen Schlager spielte: Truman Capote. Er war Gegenstand von zwölf Artikeln in überregionalen Zeitschriften, zwei halbstündigen Fernsehsendungen und einer noch nie dagewesenen Anzahl von Radiosendungen und Zeitungsartikeln. Sein Gesicht blickte einem von den Titelblättern von *Newsweek, Saturday Review, Book Week* und *New York Times Book Review* entgegen, wo man ihm das längste Interview in ihrer Geschichte widmete. *Life* brachte achtzehn Seiten, den umfangreichsten Bericht, den das Magazin je einem Schriftsteller eingeräumt hatte, und warb für seinen gewaltigen Aufmacher mit elektronischen Anzeigetafeln am Times Square, die unablässig die Worte *In Cold Blood* aufleuchten ließen. »Nie zuvor hat sich eine solche Flut von Worten und Bildern über ein Buch ergossen«, bemerkte ein etwas benommen klingender Reporter der *New York Times*. Die Flut wäre noch größer gewesen, wenn Truman nicht viele Interviews abgelehnt hätte, darunter ein Angebot, als erster Schriftsteller in der Fernsehsendung *Meet the Press* zu erscheinen, die in der Regel Politiker und Regierungsvertreter favorisierte.

Durch einen merkwürdigen Zufall wurde sogar eine blutige Auseinandersetzung im Club »21« zu einem Teil der Kampagne. Der Filmregisseur Otto Preminger beschuldigte Irving (»Swifty«) Lazar, der die Filmrechte von »Kaltblütig« verwaltete, er habe sein Versprechen gebrochen, ihm das Buch für eine Verfilmung mit Frank Sinatra in der Hauptrolle zu verkaufen. (Es wurde nie geklärt, welche Rolle Sinatra hätte spielen sollen.) Verletzende Worte wurden gewechselt, und Lazar beendete den Streit unvermittelt, indem er Preminger ein Wasserglas auf dem kahlen Schädel zerschmetterte. Manche hegten den Verdacht, »L'Affaire ›21‹«, wie eine Zeitung das Vorkommnis nannte, sei ein pfiffiger Gag gewesen, um in die Schlagzeilen zu kommen, wenigstens bis sie Bilder des mißhandelten Schädels sahen, der mit einer Naht von fünfzig Stichen zusammengeflickt werden mußte.

Der »Kaltblütig«-Expreß donnerte unaufhaltsam über die Gleise. Jean Ennis, die Pressechefin von Random House, gab leichten Herzens zu, daß sie nur eine Trittbrettfahrerin auf dem Capote-Zug sei. »Ich würde gern die Verantwortung für die riesige Publicity übernehmen, aber ich kann nicht«, meinte sie. »Was geschehen ist, ist geschehen.« Wie hätte sie etwas anderes sagen können, da ihr doch sogar einer der erbittertsten Konkurrenten von Random House zu Hilfe gekommen war? »Ich bin total begeistert vom neuen Capote«, hatte Kenneth McCormick, der Cheflektor von Doubleday, erklärt. »Sein neues Buch hat das gesamte Verlagswesen aufgewertet. Er glaubt daran, daß Fakten interessanter sind als Fiktionen, und er hat es bewiesen.« Truman tat sein Bestes, um die Lokomotive am Laufen zu halten. »Ein Junge muß sein Buch verhökern«, scherzte er. Die Hintergrundgeschichte des Buches wurde schließlich so bekannt wie das Buch selbst. Er erzählte die Geschichte seiner nahezu sechsjährigen Tortur so oft, daß sie fast zu einem Bestandteil der nationalen Mythologie wurde, wie der Kirschbaum, den Washington gefällt hat.

Amerikaner erwarten nicht, daß sich seriöse Bücher gut verkaufen. Wenn es geschieht, wie im Fall von »Kaltblütig«, dann hat dies Nachrichtenwert. Schon vor der Veröffentlichung hatte New American Library die Taschenbuchrechte um den noch nie dagewesenen Preis von einer halben Million Dollar gekauft (wovon ein Drittel an Random House ging), Columbia Pictures die Rekordsumme einer weiteren halben Million für die Filmrechte gezahlt, und ausländische Verlage und Nebenrechte garantierten nahezu eine weitere Million. »Eine neue Art von Buch bringt Truman Capote 2 Millionen Dollar ein«, lautete eine Schlagzeile in der *New York Times*, die ausrechnete, daß er pro Wort vierzehn Dollar und achtzig Cents einnehmen werde. Trumans entrüstete Antwort löste weiteres Kopfschütteln aus: »Wenn man das über einen Zeitraum von sechs Jahren verteilt und die Steuern in Rechnung stellt, nimmt jeder kleine Börsenmakler mindestens soviel ein.«

Wenn einem Buch, einem Theaterstück oder einem Film so viel Lob und Übertreibungen vorausgehen, werden die Kritiker manchmal kopfscheu und setzen ihre Ehre darein, sich als unabhängig zu erweisen, indem sie etwas daran auszusetzen finden. Das war bei »Kaltblütig« nicht der Fall: Die meisten Rezensionen entsprachen allem, was sich Truman erhoffen konnte. Die Eierköpfe beiderlei Geschlechts waren genauso begeistert wie alle übrigen. »›Kaltblütig‹ ist ein Meisterwerk«, verkündete Conrad Knikkerbocker in der *New York Times Book Review*, »ein quälender, furchtbarer, besessener Beweis, daß unsere mit Katastrophen überfütterte Zeit noch zu einer Tragödie fähig ist. Es gibt zwei Truman Capote. Der eine ist der raffinierte Charmeur mit dem Hang zum Feingesponnenen und Exquisiten von ›Die Grasharfe‹ und Holly Golightly. Der andere, dunkler und stärker, ist der Entdecker des Todes. Er hat sich weit von den dunstigen, moosbehangenen Landschaften seiner Jugend entfernt. Er grübelt jetzt mit dem Ernst und der Strenge eines Griechen oder eines Elisabethaners.«

Er habe »diese amerikanische Tragödie so tiefschürfend und detailliert ausgeleuchtet, daß man glauben könnte, er habe Einblick in die Bücher des Engels erhalten, der die guten und bösen Taten des Menschen aufzeichnet«, schrieb Maurice Dolbier in der *New York Herald Tribune*. In einer Kritik für *Harper's* beschrieb ihn Rebecca West, die selbst einige außerordentliche Tatsachenberichte verfaßt hatte, als eine »geniale Ameise«, die auf den Spuren ihrer Geschichte über die Landschaft von Kansas gekrabbelt sei. »Nichts als Segen kann Mr. Capotes von tiefem Ernst und Respekt erfüllten Buch entströmen«, schrieb sie. In der *New York Review of Books* wischte F. W. Dupee wie die meisten seiner Kollegen den Begriff »Tatsachenroman« lässig beiseite – »diesem Anspruch ist nur ein ungläubiges Schmunzeln entgegenzusetzen« –, fuhr jedoch fort: »Welchem Genre es auch angehört, ›Kaltblütig‹ ist bewundernswert; so quälend es ist, so ist seine Grundstimmung letzten Endes doch nachdenklicher Art.«

Einer von denen, die den dahinsausenden Zug zum Entgleisen bringen wollten, war Stanley Kauffmann, der an der Lektüre keinen Gefallen gefunden hatte und sich über die Begeisterung der vielen anderen ärgerte.

»Es ist ein lächerliches Fehlurteil und herabwürdigend für uns alle, dieses Buch als Literatur zu bezeichnen«, erklärte er in *The New Republic.* »Sind wir so bankrott, so gierig nach Neuem, daß, bloß weil ein berühmter Autor einen verlängerten Zeitschriftenkrimi produziert, das Resultat automatisch in den Rang ernsthafter Literatur erhoben wird, so wie Andy Warhol, indem er eine Suppendose malte, diese angeblich zu einer Kunstform erhob?« Aber seine Philippika wurde ihrerseits von mehreren Lesern angegriffen, deren Zuschriften, überwiegend zugunsten von Truman, in der folgenden Nummer fünf Spalten einnahmen. »Stanley Kauffmann hat selbst ein neues Genre kreiert«, beklagte sich ein Korrespondent, »die Nicht-Rezension [Non-Review] des Tatsachenromans [Non-Fiction Novel].«
In England reagierten die meisten Kritiker ebenfalls mit warmem Lob, als das Buch im März dort erschien. Für Truman wurde die freundliche Atmosphäre jedoch durch einen scharfen und ziemlich billigen persönlichen Angriff seitens seines alten Freundes Kenneth Tynan im *Observer* ruiniert, der unter anderem behauptete, Truman hätte Perry und Dick wahrscheinlich vor dem Galgen retten können, wenn er Zeit und Geld aufgewendet hätte, um zu beweisen, daß sie nicht zurechnungsfähig waren. »Zum ersten Mal«, schrieb Tynan, »hat sich ein einflußreicher Schriftsteller der ersten Garnitur in einer Position privilegierter Intimität mit Kriminellen befunden, denen die Todesstrafe drohte, und er hat – meines Erachtens – weniger getan, als möglich gewesen wäre, um sie zu retten... Kaltblütig erscheint mir vor allem die Art dessen, der das Buch geschrieben hat.«
Tynans Behauptung beruhte auf einer ungenauen Lektüre des Buches und falschen Annahmen in bezug auf die rechtliche Situation in Kansas, die es gar nicht ermöglicht hätte, auf Unzurechnungsfähigkeit zu plädieren, wie er vorschlug. Truman klärte ihn darüber in einer ausführlichen Antwort auf, in deren Verlauf er ihm vorwarf, »die Moral eines Pavians und den Schneid eines Schmetterlings« zu haben. Damit hatte Truman gewonnen, aber Tynans Vorwurf schmerzte ihn mehr, als es sonst vielleicht der Fall gewesen wäre, weil er einen bloßliegenden Nerv traf. Truman hätte Perry und Dick zwar auch nicht retten können, wenn er eine Million oder zehn Millionen

Dollar aufgewendet hätte, aber Tynan hatte recht mit der Behauptung, daß Truman sie gar nicht retten wollte.

Tynans vielzitierter Angriff sorgte, gefolgt von Trumans vielzitiertem Gegenangriff, für weitere Publicity, und der »Kaltblütig«-Expreß sauste weiter. Jimmy Breslin, der pfiffige Kolumnist der *Herald Tribune*, riet seinen Lesern, alles zu ignorieren, was darüber gesagt werde, und das Buch selbst zu kaufen. »Das Wichtige daran ist, daß es sich für eine ganze Weile auf die Art von gedruckten Texten auswirken könnte, die Sie zu lesen bekommen werden. Dieser Capote tritt mit prallem, objektivem, schrecklichem Realismus auf den Plan. Und plötzlich wollen Sie gar nichts anderes mehr lesen.«

43

Das Jahr 1966 war sein Jahr, und ein neuer oder fast neuer Truman hieß es willkommen. »Ich habe mich vom Jungen mit den Stirnfransen getrennt«, erklärte er. »Er ist weg, einfach weg. Ich mochte diesen Jungen. Es erforderte einen Akt des Willens, denn es ist mir leichtgefallen, dieser Mensch zu sein – er war exotisch und fremdartig und exzentrisch. Mir gefiel die Vorstellung von diesem Menschen, aber ich mußte ihn loswerden.« Er war nicht mehr der relativ junge Mann von fünfunddreißig, als der er zum ersten Mal nach Kansas gefahren war. Er war jetzt einundvierzig, ein Mann von Reife und Ruhm, einer der bekanntesten Schriftsteller in Amerika.

Geldquellen hatten zu sprudeln begonnen, zuerst in kleinen Rinnsalen, dann in einem stetigen Fluß, und zwar schon Monate, bevor »Kaltblütig« erschienen war. Während des größten Teils der Zeit, in der Truman recherchiert und geschrieben hatte, hatten Jack und er anständig, aber nicht üppig gelebt, hauptsächlich vom Verkauf der Filmrechte von »Frühstück bei Tiffany« an die Paramount (65 000 Dollar), von seinen Vorschüssen vom *New Yorker* und dem Honorar für das Drehbuch von »Schloß des Schreckens«. Zusammengenommen und durch die über fünf Jahre seiner Mühen geteilt, ergab das allerdings kein großes jährliches Einkommen. Der Erwerb der Eigentumswohnung in Verbier und der Häuser in Sagaponack war ihm nicht leichtgefallen. Der Jaguar war sein einziger echter Luxus gewesen – und einer, den er sich wirklich kaum leisten konnte.

Jetzt verfügte er zum ersten Mal im Leben über Wahlmöglichkeiten, die allein das Geld bietet. Er war zwar nicht reich – ein Teil der zwei Millionen Dollar, die die Zeitungen erwähnt hatten, wurde von den Honoraren für Agenten und Anwälte verschlungen, und auch die Steuern machten eine Menge aus –, aber er verfügte doch über beachtliche Einkünfte und begann einige der kostspieligen Annehmlichkeiten des Lebens zu genießen. So tauschte er seinen Jaguar gegen ein neueres Modell, ein sportliches Cabrio, ein und kaufte einen Ford Falcon Combi für Jack, der ein geräumiges Auto brauchte, um die Bulldogge Charlie und die Katze Diotima zu befördern. Auch fand er, Brooklyn Heights sei nicht mehr der einzige Ort, wo man in New York leben könne. Er kaufte eine Zwei-Schlafzimmer-Eigentumswohnung an »der besten neuen Adresse« in Manhattan, wie es eine Mode-Kolumnistin nannte, an der United Nations Plaza, Ecke First Avenue und 49. Straße, unmittelbar am East River und neben dem UNO-Gebäude. Viele der anderen Mieter waren Unternehmensleiter, und die Eingangshalle glich der eines luxuriösen modernen Hotels – gedämpft, vornehm und etwas einschüchternd. Aber vornehmer Luxus war genau das, was sich der gereifte Truman Capote wünschte, und das Preisschild von 62 000 Dollar, was 1965 als hoch galt, schreckte ihn nicht. »Er wollte mittendrin sein«, bemerkte Oliver Smith. »Damals galt das U.N. Plaza als todschick, *das* Wohnviertel in Manhattan.«

Seine Wohnung im 22. Stock war so hell, wie Olivers Souterrain dunkel gewesen war, und gab den Blick auf die Stadt Richtung Süden frei, ein Panorama, das sich bis zum Ende von Manhattan und darüber hinaus erstreckte. Mit Hilfe von Evie Backer, die schon Wohnungen mancher Freunde ausgestattet hatte, plünderte Truman die Antiquitätenläden der Third Avenue, um sein neues Heim zu möblieren. Aus Brooklyn brachte er seine Sammlung von Briefbeschwerern mit, darunter die Weiße Rose, die ihm Colette 1948 geschenkt hatte, und seine Menagerie von ausgestopften Vögeln, Säugetieren und Reptilien. Sein Porträt, das James Fosburgh, der Mann von Minnie und Schwager von Babe Paley, einige Jahre zuvor gemalt hatte, hängte er über ein Sofa im Wohnzimmer. Mit einer Ausnahme wurden alle Räume mit eleganter Zurückhaltung eingerichtet. Die Ausnahme war die als Eßzimmer dienende Bibliothek, in der Schattierungen satter Rottöne vorherrschten. Diesen Raum zu betreten, schrieb er in *House Beautiful*, sei, »als versinke man in heißen Himbeeren – eine Empfindung, die *Ihnen* vielleicht nichts gibt, die mir aber durchaus Spaß macht«. Neben seinem Studio in Sagaponack war sein Adlerhorst im U.N. Plaza 870 der Ort, an dem er sich am wohlsten fühlte, und er bereute nie, dort hingezogen zu sein. »Ich habe einmal im obersten Stock des Hotels Excelsior in Neapel mit Blick über die ganze Bucht gewohnt«, schrieb er. »Man konnte den Bogen sehen, den die Küste beschreibt, und die Fährschiffe, die nach Capri und zurück fahren. Die Aussicht aus meiner Wohnung erinnert mich daran. Sie begeistert mich zu jeder Zeit. Sie gefällt mir, wenn die Sonne alles zum Funkeln bringt. Sie gefällt mir im Nebel, wenn alles geheimnisvoll wirkt. Sie gefällt mir in der Dämmerung, und sie gefällt mir nachts, wenn die grünen Lichter auf den Brücken wie Smaragdketten aussehen.«

Kurz nach Erscheinen von »Kaltblütig« folgte er Jack im Februar 1966 nach Verbier. Im März flog er nach London, um für die britische Ausgabe werben zu helfen, und im April war er wieder in Amerika. Gefolgt von einem Kamerateam der Nachrichtenredaktion von NBC, die eine Reportage mit dem Titel »Capote kehrt nach Kansas zurück« vorbereitete, hielt er an der Universität von Kansas in Lawrence eine Lesung vor schätzungsweise dreitausendfünfhundert Studenten. Die Studentenzeitung begrüßte ihn als »Löwen der amerikanischen Literatur«. Dann fuhr er nach Garden City weiter – es war sein erster Besuch seit der Veröffentlichung seines Buches –, etwas nervös, wie es schien, weil er nicht sicher war, wie man ihn empfangen würde. Seine Sorge war unbegründet. Die städtische Bibliothek stellte gut sichtbar ein gerahmtes Foto von ihm auf und gab einen Empfang, bei dem fünfhundert Fans mit Büchern in der Hand erschienen, die er signieren sollte. »Garden City empfängt Capote mit offenen Armen«, lautete am nächsten Tag die Schlagzeile im *Wichita Eagle*.
Manhattan war nicht weniger freundlich, als er einige Tage später eine Lesung im Rathaus hielt. Seine reichen Freunde genossen vorher ein

Abendessen im kleinen Kreis und entstiegen dann in der Auffahrt einer Flottille von Limousinen. »Seine helle und etwas nasale Stimme schlug die Zuhörer in ihren Bann«, schrieb die *New York Times*. »Dem oberflächlichen Betrachter«, fügte *Newsday* hinzu, »mag Truman Capote als ein schmächtiger, kahl werdender Mann erscheinen. Aber gestern abend wuchs er vor einem gespannt lauschenden Auditorium der gesellschaftlich prominentesten Leser New Yorks wahrhaft über sich hinaus.« Wie üblich fand »Eine Weihnachtserinnerung« die stärkste Resonanz. Manche Zuhörer hatten Tränen in den Augen, als sie ihn nachher umarmten. »Es war ein sehr bewegender Augenblick für mich«, bemerkte Babe.

»Kaltblütig« hatte Truman als Autorität auf dem Gebiet des Strafvollzugs etabliert. In den folgenden paar Jahren wurde er oft aufgefordert, sich darüber zu äußern. Er lehnte die Todesstrafe ab – er bezeichnete sie als »institutionalisierten Sadismus« – und trat für Reformen im Strafvollzug ein, die größeres Gewicht auf die Rehabilitation legen sollten. Seine Ansichten waren jedoch im allgemeinen konservativ, und er teilte die in den sechziger Jahren moderne Auffassung, Verbrecher seien Opfer der Gesellschaft, nicht. Staatsanwälte im ganzen Land zogen das Beispiel von Perry und Dick, die erst nach geschickten Kreuzverhören durch Alvin Dewey und seine Mitarbeiter gestanden hatten, zur Unterstützung ihres Widerstands gegen die Miranda-Entscheidung des Obersten Gerichtshofs heran, die die Verwertung von Geständnissen vor Gericht drastisch einschränkte. In einer Stellungnahme vor einem Unterausschuß des Senats griff Truman im Juli diese Entscheidung mit dem Hinweis an, sie lege der Polizei ja geradezu Handschellen an. »Manche Leute wollen einfach nicht akzeptieren, daß es so etwas wie Mordlust wirklich gibt«, erklärte er den Senatoren, »daß es Menschen gibt, die einen Menschen ebenso bedenkenlos töten, wie sie einen ungedeckten Scheck ausstellen würden, und daß sie die gleiche Befriedigung daraus ziehen wie ich vielleicht aus der Vollendung eines Romans oder Sie, wenn einer Ihrer Gesetzentwürfe gebilligt wird.«

Eine Woche später war er in Frankreich, auf dem Weg nach Portugal mit Lee Radziwill, dann fuhr er nach Jugoslawien, um mit den Agnellis die dalmatinische Küste entlangzusegeln. »Habe seit Gott weiß wie lang keinen echten Urlaub mehr gemacht«, schrieb er an Cecil, »deshalb nehme ich mir den ganzen August frei.« In Paris teilte er einer Journalistin stolz mit, »Kaltblütig« sei nicht das einzige Buch von Capote, das 1966 erscheinen werde. Das vor zehn Jahren erstmals veröffentlichte Werk »Eine Weihnachtserinnerung« werde in einer bibliophilen Sonderausgabe in den Buchhandel kommen. »Von ernst zu nehmenden Schriftstellern erwartet man zwar, daß sie kein Geld verdienen, aber ich sage, zum Teufel damit. Mein nächstes Buch wird ›Eine Weihnachtserinnerung‹ heißen. Es ist fünfundvierzig Seiten lang und wird fünf Dollar kosten und jeden Cent davon wert sein. Wie gefällt Ihnen das für den Anfang?«

Alexander hätte nach der Schlacht am Issus, Napoleon nach Austerlitz nicht von sich überzeugter sein können, als es Truman nach »Kaltblütig« war. Was er anfaßte, wurde zu Gold, und er freute sich schon auf seinen nächsten Triumph: eine Party, die das Jahr so beenden würde, wie es begonnen hatte – die Augen aller auf ihn gerichtet.

Die Idee hatte er im Juni, und sie fesselte sofort seine Phantasie. Nichts, fand er, könnte den neuen, erwachsenen Truman besser symbolisieren. Mit einem solchen Abend würde er sich nicht nur bei seinen Paradiesvogel-Freunden für all die Jahre bedanken können, in denen er ihr Gast gewesen war, sondern sich auch einen Wunsch erfüllen, den er fast sein ganzes Leben lang gehegt hatte. »Ich glaube, es war etwas, was sich ein kleiner Junge aus New Orleans immer erträumt hatte«, meinte Slim. »Er wollte die größte und weiß Gott beste Party geben, von der die Leute je gehört hatten. Er wollte erleben, daß sich Prominente aller Welt, bedeutende Persönlichkeiten aus allen Lebensbereichen, darum rissen, auf einer Party zu erscheinen, die von einem komisch aussehenden, exzentrischen kleinen Mann – ihm selbst – gegeben wurde.«

Wenn Truman sich etwas in den Kopf setzte, ließ er nicht mehr locker. Bis zu seiner Abreise nach Europa Ende Juli saß er fast jeden Nachmittag neben Eleanor Friedes Swimming-pool in Bridgehampton und notierte sich Ideen. Er plante nicht bloß eine Party, er kreierte eine. Sie würde mit seinem Namen verbunden sein, und seine Präsenz würde in jedem Detail spürbar werden, genau wie in »Kaltblütig« und jedem anderen seiner Bücher. Nach und nach nahmen seine Vorstellungen Gestalt an. Das Datum sollte Montag, der 28. November 1966 sein, der Schauplatz das Hotel Plaza, das seiner Meinung nach den einzigen schönen Ballsaal aufzuweisen hatte, den es in New York noch gab. Um ein Element des Phantastischen hineinzubringen, entschied er sich für einen Maskenball, wie sie in Märchenbüchern vorkommen. Bis zur Demaskierung um Mitternacht würden die Gäste einander nicht erkennen – so stellte er es sich zumindest vor – und wie Fremde einander begegnen, miteinander tanzen und sich vielleicht ineinander verlieben. Sich selbst sah er als den Zauberer Prospero, der die Lustbarkeiten arrangiert hatte.

Im Gegensatz zu anderen legendären Feten, die in New York stattfanden und bei denen Champagner aus den Hähnen floß, lebende Schwäne auf künstlichen Seen schwammen oder vergoldete Bäume mit goldenen Früchten behangen waren, sollte sein Fest ein Vorbild an gutem Geschmack und von raffinierter Schlichtheit sein. Von der Ascot-Szene in »My Fair Lady« angeregt, die Cecil mit Kleidung in Schwarz und Weiß gestaltet hatte, beschloß er, seine Party *Black-and-White-Ball* zu nennen und seinen Gästen – den Figuren in seinem eigenen Stück – zur Bedingung zu machen, daß sie keine andere Farbe tragen dürften. Besorgt, daß das vielfarbige Gefunkel von Rubinen, Saphiren und Smaragden sein strenges Konzept zunichte machen könnte, erwog er, am unteren Rand der Einladung »Nur Diamanten« hinzuschreiben, ließ aber davon ab, als Eleanor, eine seiner ältesten Freundinnen, erklärte, wenn er darauf bestehe, könne sie nicht kommen. »Truman, ich habe keine Diamanten mehr«, gestand sie. »Meine Diademe sind alle versetzt worden.«

Die meisten Gastgeber großer Bälle gestatten ihren Gästen, Begleiter ihrer Wahl mitzubringen. Truman nicht. Er wollte die absolute Kontrolle haben. Niemand durfte die Schwelle überschreiten, den oder die er nicht kannte und mochte, und wenn er jemandem eine Einladung schickte, galt sie für die namentlich darin Genannten und niemanden sonst. Wenn er den Ehepartner eines Freundes oder einer Freundin nicht mochte, strich er beide. Von Alleinstehenden wurde erwartet, daß sie allein kamen. »Du darfst niemanden mitbringen!« erklärte er Eleanor, die als Witwe heftig protestierte. »Es werden hundert alleinstehende Männer da sein. Ich werde dafür sorgen. Du wirst begeistert sein.«

»Ach, Truman!« antwortete sie. »Du kannst deine hundert alleinstehenden Männer behalten! Ich werde mich nicht aufdonnern und eine verdammte Maske aufsetzen und dann allein ins Plaza gehen! Ich werde einfach nicht kommen. Und glaub mir, Truman, daß es nicht nur mir so geht. Ich bin sicher, die Hälfte der alleinstehenden Frauen auf deiner Liste werden auch nicht kommen.« Er fürchtete, daß sie recht haben könnte, und überlegte sich die Sache noch einmal. Am folgenden Nachmittag kehrte er mit der Lösung zurück. Er würde vor dem Ball Abendessen im kleinen Kreis arrangieren, und die Gäste würden in Gruppen kommen. Keine Frau müßte die Demütigung erdulden, allein aufkreuzen zu müssen.

Das Geheimnis eines erfolgreichen Festes ist bekanntlich nicht üppiges Essen, teure Weine oder extravagante Dekorationen, sondern die richtige Mischung anregender Gäste. Niemand hatte einen so breitgefächerten Bekanntenkreis wie Truman, und während er sich an Eleanors Pool rekelte, stimmte er Namen so sorgfältig aufeinander ab, wie er sonst Substantive und Adjektive miteinander kombinierte. Marianne Moore und Marella Agnelli, Henry Ford und Henry Fonda, Sargent Shriver und John Sargent, Andy Warhol und Mrs. Rheinlander Stewart, Frank Sinatra und Walter Lippmann, Irving Berlin und Isaiah Berlin. »Ich weiß nicht, ob ich die Johnsons einladen soll oder nicht«, sagte er in verdrossenem Ton. »Es ist so *lästig*, wenn man den Geheimdienst dahaben muß und all das. Nein, ich möchte nicht, daß der Präsident kommt. Ich glaube, ich werde bloß seine Tochter Lynda Bird einladen.« Das tat er denn auch, zusammen mit den Töchtern von Teddy Roosevelt (Alice Roosevelt Longworth) und Harry Truman (Margaret Truman Daniel). Er notierte auch die Namen von mehreren Prinzen und Prinzessinnen, zwei Herzögen und einer Herzogin, zwei Marquis, zwei Marquisen, zwei Grafen, einer Gräfin und einer Vicomtesse, einem Earl, einem Maharadscha und einer Maharani, drei Baronen und zwei Baronessen und zwei Lords und einer Lady.

Leo Lerman witzelte, »das Gästebuch [erinnerte] an eine internationale Liste für die Guillotine«. In ähnlichen Bahnen denkend, spekulierte der Choreograph Jerome Robbins, ob Truman wohl ein Verzeichnis derer angelegt habe, die von den Radikalen der sechziger Jahre, den Roten Garden, als erste erschossen werden sollten. O nein, winkte John Kenneth Galbraith daraufhin ab, nicht solange die Liste *ihn* einschließe. Andere unkten, Truman wolle sie wohl für eine folgenschwere Ankündigung etwa des Weltuntergangs versammeln. Aber nicht alle auf der Liste von mehr als fünfhundert Namen waren reich und berühmt. Es gab viele, die Schickeria-Experten nicht identifizieren konnten – befreundete Farmer aus Sagaponack, Bekannte aus Garden City und natürlich Jack und Jacks Freunde und Verwandte.

Selten hatte sich Truman so gut unterhalten wie in jenen Stunden in Bridgehampton. Viele, deren Namen er in seinem Schulheft notierte, waren in der Lage, große Unternehmen zu kaufen und zu verkaufen, sie konnten Millionen die Mode diktieren, und sie brauchten nur mit den Fingern zu schnippen, und schon sprangen Scharen von Speichelleckern auf und eilten zu ihren Diensten. Doch das war nicht die Art von Macht, die er sich wünschte.

Die Macht, die er begehrte, hielt er an diesen sonnengetränkten Nachmittagen in seiner Hand: Er konnte ihre Namen auf seine Einladungsliste setzen, und er konnte sie genauso leicht wieder ausstreichen.

Ein Geniestreich war die Wahl von Katharine Graham, dem Oberhaupt der Familie, die sowohl im Besitz von *Newsweek* wie auch *Washington Post* war, zu seinem Ehrengast. Babe hatte Kay und Truman Anfang der sechziger Jahre miteinander bekannt gemacht, und Kay war sofort eine seiner Favoritinnen geworden. Kay Graham war weder so schön noch so schick wie Trumans Schwäne – die Washingtoner Ladies frönten damals einem geradezu perversen Stolz auf nachlässige Kleidung –, und sie war scheu und besaß wenig Selbstvertrauen. Nach dem Selbstmord ihres dynamischen Mannes, der sie laufend mit anderen Frauen betrogen hatte, hatte sie 1963 die Herrschaft über das Familienimperium übernehmen müssen, und sie bewegte sich auf diesem Parkett immer noch vorsichtig, Schritt für Schritt. Obwohl schon Ende Vierzig, war sie, kurz gesagt, ein idealer Werkstoff für Trumans eifrige Bildhauerhände: reich, mächtig und noch beeinflußbar. Als ihr eigener Anwalt, der ebenfalls eine Wohnung im U.N. Plaza besaß, ihr vorschlug, sich ebenfalls dort einzukaufen, sagte sie nein; als Truman ihr dasselbe empfahl, sagte sie ja. »Also, meine Liebe«, hatte er ihr eröffnet, »ich finde, du solltest eine Wohnung in New York haben, und wenn du dich nicht darum kümmern kannst, werde ich es tun!«

Sehr zögernd war sie auch seiner Aufforderung gefolgt, ihn im Sommer 1965 auf eine Tour mit der Agnelli-Jacht zu begleiten. Mit ihm an der Seite erwies sich ihre Befürchtung, sie könnte langweilig erscheinen, als grundlos, und Marella und sie freundeten sich an. Während sie die türkische Küste entlang kreuzten, hatte sie Gelegenheit, vor allen anderen die Fahnen von »Kaltblütig« zu lesen. »Truman hat mir nicht alle auf einmal gegeben. Er ließ mich jeweils bloß einen Teil lesen, und dann sprachen wir darüber. Es war wunderbar, wie ein Schulunterricht, und er erzählte mir alles über die darin vorkommenden Personen, über Kansas und über seine Motive für diese Arbeit. Bevor wir zu Ende waren, hatte ich das Gefühl, alle diese Menschen persönlich zu kennen.« Nicht lange nach ihrer Rückkehr gab sie im November in ihrem Haus in Georgetown eine Tanzparty für ihn und die Deweys.

»Glaube ja nicht, daß du je etwas vor mir verbergen kannst!« sagte er einmal zu ihr. »Ich würde immer dahinterkommen.« Sie lachte, aber er bekam tatsächlich eine Seite von ihr zu sehen, die sie wenigen anderen zeigte. »Sie ist ein sehr, sehr warmherziger Mensch«, meinte er. »Und sehr realistisch. Sie hat mir einmal erzählt, daß siebzig Prozent der Männer, die in ihr Büro kommen, ob es sich nun um Senatoren oder Journalisten handle, die für sie arbeiten, auf die eine oder andere Weise durchblicken lassen, daß sie mit ihr ins Bett gehen möchten. ›Sie wollen bloß sagen können, daß sie eine Konzernchefin gebumst haben‹, bemerkte sie und setzte hinzu, sie würde sich nie auf ein Verhältnis mit jemandem einlassen, der entweder für sie tätig sei oder irgendwie von ihrer Zeitung beeinflußt wäre.

›Kay‹, antwortete ich, ›das schließt jeden Mann im Lande aus, vielleicht mit Ausnahme irgendwelcher Cowboys in Wyoming.‹

›Nun‹, gab sie zurück, ›vielleicht lerne ich ja eines Tages einen Cowboy aus Wyoming kennen.‹«

Er mochte sie und wollte sich für ihre Gastfreundschaft gegenüber den Deweys revanchieren. Aber er hatte zweifellos auch andere Gründe, sie zu seinem Ehrengast zu wählen. Mehr als Babe, Marella oder einer der anderen Schwäne würde sie Aufmerksamkeit erregen. Sie war vielleicht die mächtigste Frau im Lande, dabei aber außerhalb von Washington immer noch weitgehend unbekannt. Sie ins Scheinwerferlicht zu rücken war auch die Krönung seiner Pygmalion-Rolle. Es war wie ein symbolischer Schritt heraus aus dem Schatten ihres verstorbenen Mannes: Sie würde damit vor der Welt ihre Eigenständigkeit beweisen.

Kay machte gerade auf Cape Cod Urlaub, als Truman sie anrief, um ihr seine Pläne mitzuteilen. »Meine Liebe, ich hab soeben entschieden, du seist deprimiert, und etwas Aufheiterung täte dir gut, deshalb werde ich eine Party für dich geben.«

»Was meinst du damit?« fragte sie. »Ich bin nicht deprimiert. Mir geht's gut.«

»Da bin ich nicht so sicher, Schätzchen. Wie dem auch sei, ich werde die Sache sehr groß aufziehen. Ich wollte schon immer eine Party im Ballsaal des Plaza geben, und sie wird dir zu Ehren stattfinden.«

Sie dankte ihm, dachte aber nicht weiter darüber nach. »Aber als die Sache in Fahrt kam«, erzählte sie, »konnte ich es einfach nicht glauben. Ich war sprachlos über das, was sich da abzeichnete.«

Die handschriftlichen Einladungen wurden dann Anfang Oktober verschickt.

Zu Ehren von Mrs. Katharine Graham
bittet
Mr. Truman Capote
um das Vergnügen Ihrer Gesellschaft
bei einem Ball in Schwarz und Weiß
am Montag, den 28. November,
um 22.00 Uhr
Großer Ballsaal, Hotel Plaza

RSVP	KLEIDUNG
Miss Elizabeth Davis	Herren: Smoking, schwarze Maske
Park Avenue 46	Damen: schwarzes oder weißes
New York	Kleid, weiße Maske, Fächer

Was danach geschah, kann man am zutreffendsten als chemische Reaktion bezeichnen. Für sich allein hätte jede Ingredienz, die Truman in seine Retorte füllte – die handverlesene Gästeliste, die strikte Kleidervorschrift, die Faszination eines Maskenballs –, wirkungslos bleiben können. Zusammengemixt, blubberten und brodelten, siedeten und wallten sie, und ganz New York wußte, daß etwas Besonderes im Anzug war. »Ich habe nie erlebt, daß Frauen soviel ernsthafte Mühe in ihre Aufmachung investieren«, meinte Halston, der viele der Masken anfertigte.

Als sich die Sache herumgesprochen hatte, lief die Inszenierung genauso ab, wie Truman gehofft hatte: Alle, die ihm je etwas bedeutet hatten oder die er beeindrucken wollte, von den Aristokraten der Fifth Avenue bis zu den Intellektuellen der West Side, wünschten sich, teilnehmen zu können. Aus irgendeinem Grund hatte er eine alte Freundin, die Schauspielerin Ina Claire, übergangen, sie telegraphierte aus San Francisco mit der Bitte um eine Einladung. Nein, antwortete er. Dasselbe sagte er zu Tallulah Bankhead, aber als sie fortfuhr, zu betteln, und ihm erklärte, wie wichtig es für sie sei, gab er nach. Ein Bekannter erzählte ihm, seine Frau heule sich jeden Abend in den Schlaf, weil sie beide nicht auf der Liste seien. Gerührt log

Truman und sagte, ihre Einladung müsse verlorengegangen sein, und er werde ihnen eine neue schicken. Seiner Tante Marie (Tiny) Rudisill schickte er keine, und dafür grollte sie ihm lebenslänglich. »Mir ist, als wäre ich unter einen Schwarm von Piranhas geraten«, stöhnte er und scherzte, er mache sich so viele Feinde, daß er seine Party unter das Motto »Bösblütig« hätte stellen können.

»Die Leute führten sich auf!« erinnerte sich Diana Trilling. »Eine Frau, die in Europa lebte, war zornentbrannt, weil sie nicht eingeladen wurde. Es gab ein Riesentheater! Ich habe noch nie erlebt, daß sich jemand so wortreich darüber beschwerte, nicht zu einer Party eingeladen zu sein! Sie war so fürchterlich, so absurd beleidigt, daß Leo Lerman zu intervenieren suchte. Zu mir sagte mein Schneider, ein schrecklich netter Mann, den ich sehr mochte: ›Wäre es Ihnen nicht irgendwie möglich, mir eine Einladung zu verschaffen? Es ist das einzige Fest der ganzen Welt, auf das ich wirklich gern gehen würde.‹ Er war so verzweifelt, daß ich ihm meine geben wollte.« Aber sie hätte es nicht tun können, selbst wenn Truman es ihr erlaubt hätte: Ihr Mann Lionel, der strahlendste Stern des literarischen Kollegiums von Columbia, war ebenfalls erpicht auf die Teilnahme.

Als Carson McCullers, die nicht unter den Auserwählten war, in ihrem Haus in Nyack von der Sache hörte, regte sie sich sehr darüber auf. Sie hatte sich über den Erfolg von »Kaltblütig« zutiefst geärgert, und die Aussicht auf einen zweiten Capote-Triumph quälte sie so, daß sie über eine eigene Party zu reden begann, eine größere und in jeder Hinsicht bessere. »Ich werde Jacqueline Kennedy einladen«, sagte sie zu ihrem Cousin Jordan Massee.

»Kennst du Jacqueline Kennedy?« fragte Massee.

»Nein, aber sie wird kommen. Ich werde dafür sorgen, daß sie kommt. Und wenn sie kommt, dann kannst du sicher sein, daß alle anderen auch kommen.« Krank und gebrechlich, wie sie war – sie starb weniger als ein Jahr später –, veranstaltete Carson keinen Ball. Im folgenden März ließ sie sich in einem Krankenwagen ins Plaza bringen, wo sie ihren fünfzigsten Geburtstag feierte, und ein stetiger Strom von Bewunderern machte ihr in ihrer Suite die Aufwartung.

Truman begnügte sich nicht damit, die Gestaltung seines eigenen Festes zu diktieren. Er arrangierte auch die Abendessen vor dem Ball und wies den Gastgebern die Gäste zu wie ein General, der seine Regimenter in Stellung bringt. »Er *befahl* seinen Freunden, vorher Dinnerpartys zu geben«, erzählte Glenway Wescott, »und er teilte mir unmißverständlich mit, wen ich einzuladen hatte.« Truman änderte die Gästelisten auch wieder, jonglierte Namen von einer Gruppe zur anderen. Die Haywards erhielten ein Showbusiness-Kontingent mit Claudette Colbert, Frank Sinatra und seiner neuen Frau Mia Farrow, den Paleys wurden die Deweys, die Agnellis und Cecil zugeteilt, der aus England herbeigeeilt war, um zu sehen, was aus seinem Design für »My Fair Lady« geworden war, Kay und Joe Meehan – er war eine führende Figur der Wall Street – wurden einige Schickimicki-Freunde zugewiesen, darunter Elsie Woodward, die Mutter des bedauernswerten Bill, dessen gewaltsamer Tod 1955 den erwähnten Skandal verursacht hatte, und Glenway bekam so erlauchte geriatrische Fälle anvertraut wie Thornton Wilder, Katherine Ann Porter, Virgil Thompson, Anita Loos und Janet Flanner, die Paris-Korrespondentin des *New Yorker* seit den zwanziger Jahren. In ihrer freudigen Erregung über die Einladung vergaß Katherine Ann, daß ihr Truman seit dem gemeinsamen Sommer in Yaddo herzlich unsympathisch war. Den »Pickel auf dem Gesicht der amerikanischen Literatur« hatte sie ihn genannt. Jetzt flötete sie Glenway zu: »Oh, ich mag Truman. Ich habe ihn immer gemocht.«

Ein paar angespannte Wochen lang sah es jedoch ganz so aus, als würde Glenways *Rich Amella* (Kalbsragout) den Ofen nie verlassen. Wilder teilte mit, er sei am 28. November in Berlin, und Katherine Ann wurde von verschiedenen Beschwerden daran gehindert, ihr Haus in Washington zu verlassen. Janet Flanner, die sich schon darauf vorbereitete, mit dem ersten langen Kleid, das sie sich seit fast dreißig Jahren gekauft hatte, aus Paris einzufliegen, war pikiert, weil Natalia Murray, ihre beste Freundin und New Yorker Gastgeberin, keine Einladung erhalten hatte. Janet ersuchte Glenway, Truman »ein paar erpresserische Zeilen« des Inhalts zu schreiben, sie werde ebenfalls wegbleiben, wenn Natalia Murray nicht komme.

»Es ist unvorstellbar für mich, ohne sie hinzugehen und frohen Herzens zu tanzen«, schrieb Janet Flanner – »im Grunde tanze ich ohnehin überhaupt nicht mehr.« Glenway tat wie befohlen und konnte ihr bald erleichtert berichten, daß sie ihr langes Kleid und ihre Flugkarte behalten könne. »Flötend wie Blakes Teufelchen in den Wolken«, schrieb er ihr, habe Truman geschworen, Natalias Einladung müsse irgendwie abhanden gekommen sein. »Er klang ganz unschuldig«, bemerkte Glenway, »aber wie auch immer, wir haben unser Ziel erreicht und werden die Wahrheit nie erfahren. Mein Grundprinzip in bezug auf Truman ist, daß man ihn nicht ebensosehr zu mögen braucht, wie man ihn bewundert.«

Andere designierte Gastgeber erlebten mit Sicherheit ähnliche Szenen voll Komik und Konfusion. »Die sonst so blasierte Gesellschaft in dieser Stadt flattert und schnattert wie eine Schar Gänse über das nicht ganz private Fest, das der Autor Truman Capote am Montag abend hier für fünfhundert Gäste geben wird«, schrieb eine Reporterin der *Washington Post* wenige Tage vor dem großen Abend. »Der magische Name Capote – unsterblich seit seinem kürzlich erschienenen dokumentarischen Bestseller ›Kaltblütig‹ –, verbunden mit einer Gästeliste, die wie ein *Who's Who* der Welt klingt, hat seine Party zu einem gesellschaftlichen ›Ereignis‹ von geschichtemachenden Proportionen gesteigert. Die New Yorker Zeitungen bezeichnen sie abwechselnd als die Party des Jahres, des Jahrzehnts oder des Jahrhunderts.«

Tatsächlich schien fast jeder in allen fünf Stadtteilen etwas vom Geflatter über seinem Kopf mitzukriegen. Als Herb Caen, ein Kolumnist des *San Francisco Chronicle*, am Kennedy Airport eintraf, bemerkte ein Taxifahrer den Federschmuck, den seine Frau auf dem Kopf trug, und meinte: »He, Sie fahren wohl zu Trumans Party, ha?« Gäste kamen aus allen Teilen Amerikas – allein elf aus Kansas – sowie aus Europa, Asien und Südamerika.

»Die Damen haben mich fertiggemacht«, stöhnte Halston, der sechs Wochen lang damit beschäftigt war, die Masken zu entwerfen, für die er bis zu 600 Dollar verlangte. Eine Frau sei achtmal zu ihm gekommen, erzählte er, und habe jedesmal eine Stunde lang ihre Maske anpassen lassen. »Ich glaube, ich habe den Verstand verloren; es ist einfach zuviel«, fügte sein Rivale Adolfo hinzu. Am 28. erreichte der Taumel Kenneth's, den Elite-Friseur von Manhattan. Als Kay Graham am Nachmittag dort eintraf, ging sie in den zweiten Stock, wo die gewöhnlichen Kunden hingeschickt wurden, und nicht in den dritten, wo sich die Schickeria traf. »Aber ich kannte Kenneth nicht, ich kannte niemanden«, erzählte sie. »Ich war eigentlich selten zum Friseur gegangen. Ich hatte mich nie geschminkt. Ich wußte kaum, wie man das macht! Wir *führten* kein solches Leben in Washington. Während ich noch auf der Treppe war, geschah etwas herrlich Komisches, wie bei Aschenbrödel.

›Ach, Mrs. Graham‹, sagte eine der Friseusen. ›Wir rotieren hier alle wegen dieses Schwarz-Weiß-Balls! Haben Sie davon gehört?‹

›Sie werden es nicht glauben, aber ich bin der Ehrengast.‹

›Tatsächlich? Und wer frisiert Sie?‹

›Ich weiß es nicht. Das wollte ich ja eben feststellen.‹

›Kenneth muß es machen‹, meinte sie. Und so ging ich zu Kenneth selbst. Aber ich mußte warten, während Marisa Berenson auf dem ganzen Kopf Löckchen frisiert bekam. Ich kam und ging als letzte.«

Viele dieser teuren Frisuren lösten sich wenige Stunden später in einem kalten November-Regen auf – Truman hatte alles organisiert außer dem Wetter. Als die Caens das Hotel Regency verließen, um ihr Abendessen einzunehmen, flüsterte ihnen der Cheftürsteher zu: »Meine Güte, diese Stadt ist voller Angeber! Wissen Sie, daß sich hier Leute in schwarzen und weißen Kleidern herumtreiben, die gar nicht zu Truman gehen? Huuu-iiii!« Bei Eleanor Friede, wo sanfte Background-Musik aus dem Radio erklang, unterbrach ein Nachrichtensprecher das Gedudel mit der Meldung, daß sich vor dem Plaza bereits eine Menschenmenge ansammle, um die Ankunft der Gäste mitzukriegen. Eleanors Gruppe, hauptsächlich Herausgeber und Verleger, war amüsiert, aber sie machten sich doch keine Vorstellung davon, *wie* fasziniert die Zaungäste von einem Ereignis waren, das schließlich nichts weiter als ein Ball zu sein schien. Truman und Kay Graham nahmen ihren Aperitif bei den Paleys und fuhren dann zum Plaza, um in der Suite, die er für diesen Zweck gemietet hatte, zu zweit zu essen. Aber sie waren spät dran, sie kamen erst um zehn nach neun und hatten deshalb nur noch Zeit, sich ein paar Bissen Kaviar schmecken zu lassen, bevor sie ihre Plätze an der Tür zum Ballsaal neben einem Mann im Frack einnahmen, der die Aufgabe hatte, ihnen jeden Gast namentlich anzukündigen.

Fernsehkameras waren in der Halle aufgebaut, und fast zweihundert Fotografen und Reporter rissen sich um gute Plätze und traten dabei auf die empfindlichen Zehen sämtlicher Modekolumnistinnen von New York. Sicherheitsbeamte waren in der Küche postiert, um ungeladene Gäste fernzuhalten, und Kriminalbeamte in Smoking und schwarzer Maske warteten darauf, sich unter die Gäste zu mischen und nach Taschendieben Ausschau zu halten. Ein Dutzend Geheimagenten kümmerte sich um die Sicherheit von Lynda Bird Johnson. Ob es Truman gefiel oder nicht, er war gezwungen, die lästigen Sicherheitsbeamten zu dulden. Vier Bars waren installiert worden, um vierhundertfünfzig Flaschen Taittinger Champagner auszuschenken, und Küchenchefs bereiteten ein schlichtes Mitternachtsbuffet vor: Hühnerhaschee, Spaghetti Bolognese, Rühreier, Würstchen, Kuchen und Kaffee. (Die Fete kam Truman übrigens relativ billig zu stehen: etwa 16 000 Dollar, die er zum Teil von der Steuer abziehen konnte.)

Um Viertel nach zehn war der Ballsaal noch so gut wie leer. Die Zuschauer begannen zu grummeln, es seien ja mehr Reporter und Fotografen anwesend als Gäste. Fast schien es, als könnte sich Pamela Haywards Befürchtung bewahrheiten, »die Party könnte bei aller Publicity ein Flop werden«. Aber das war natürlich doch unmöglich. Um halb elf begannen maskierte Gesichter aus dem Regen aufzutauchen. »Ihre Namen, bitte«, ertönte der Mann in Frack und weißer Krawatte, der sich dann Truman und Kay zuwandte und ankündigte: »Der Maharadscha und die Maharani von Dschaipur.«

Die Masken bedeckten nicht bei vielen wirklich das Gesicht, aber trotz Trumans romantischer Vorstellung sollten sie das eigentlich auch nicht. Marella Agnelli und Rose Kennedy befestigten sie wie viele andere Damen an einem kunstvollen Kopfschmuck aus Federn. Andere trugen Pelz um die Augen. Candice Bergens Maske wurde von riesigen Hasenohren überragt, Frank Sinatra trug einen Katzenschnurrbart. Mrs. John Converse, die Witwe von Gary Cooper, erschien in schwarzem Samt, aus dem ein Gardenienbäumchen mit echten Blüten wuchs. Billy Baldwin hatte gegen Trumans Vorschrift verstoßen, die für Männer Schwarz verlangte, und einen Edelmetallschmied von Tiffany beauftragt, ihm einen Kopfputz mit einem goldenen Einhorn zu machen. »Oh, Billy, das ist phantastisch!« rief Truman aus. Prinzessin Luciana Pignatelli mogelte ebenfalls, indem sie sich die Maske aufs Gesicht malte. Sie entschädigte jedoch dafür, indem sie an ihrem gefiederten Kopfschmuck einen sechzigkarätigen Diamanten anbrachte, der über ihrer hübschen Nase auf und ab tanzte wie ein Köder an der Angelschnur.

Es klang nach Tiefstapelei, als der Gastgeber selbst stolz bekanntgab, er habe für seine simple Halloween-Maske nur 39 Cents bezahlt. Als Alice Roosevelt Longworth das hörte, gestand sie mit noch größerer Genugtuung, ihre Maske habe nur 35 Cents gekostet. Doch was immer die Masken gekostet hatten, sie wurden lange vor Mitternacht abgenommen. »Sie juckt, und ich sehe nichts«, klagte Alfred Gwynne Vanderbilt.

Um elf Uhr wurde der Historiker Arthur Schlesinger jr. gefragt, ob die Party gut sei. »Es ist noch zu früh, um voraussagen zu können, wie sie sich entwickelt«, antwortete er klugerweise. »Geschichte wird nach Mitternacht gemacht.« So war es auch, und die meisten Anwesenden erzählten später davon wie von einem besonders schönen Weihnachtsfest in der Kindheit. Es gab keine spektakulären Szenen, aber Dutzende, die im Gedächtnis haften blieben: Lauren Bacall und Jerome Robbins legten eine der besten Tanznummern seit *Top Hat* aufs Parkett, die Töchter von drei Präsidenten tauschten Anekdoten über das Weiße Haus aus; und Kay Graham tanzte mit einem der Portiers des U.N. Plaza, der ihr für den schönsten Abend seines Lebens dankte. »Es war immer glanzvoll«, urteilte der Broadway-Produzent David Merrick, der gewöhnlich nicht dazu neigte, die Produktionen anderer Leute zu loben. »Es gab nie einen Stillstand und nie einen langweiligen Augenblick.« Selbst Jack, der sich gesträubt hatte zu kommen, unterhielt sich gut. »Es war *vraiment formidable*«, schrieb er an Mary Louise Aswell, die es vorgezogen hatte, zu Hause in New Mexico zu bleiben. *»Extra!«*

Die Party machte im ganzen Land Schlagzeilen. »Enorme Prachtentfaltung auf Capotes Ball des Jahrzehnts«, schrieb der *Houston Chronicle*. »Capotes großer Rummel erfüllte die Erwartungen«, fügte die *Fort Lauderdale News* hinzu. Manche Nichteingeladene murrten, ähnliche Lustbarkeiten hätten auch den Untergang des Römischen Reiches begleitet. Pete Hamill schrieb in der *New York Post* eine empörte Kolumne, in der er seines Erachtens alberne Bemerkungen der Festgäste schrecklichen Szenen des Vietnamkriegs gegenüberstellte. Ein Soldat in einem Ausbildungslager der Armee protestierte in einem Brief an *Time* dagegen, daß man von ihm erwarte, »diese fette, lethargische, nutzlose Intelligenzija zu schützen«, worauf ein anderer Briefschreiber, der erklärte, sieben Jahre aktiv Armeedienst geleistet zu haben, erwiderte: »Truman Capote hat also auf den Putz gehauen. Na und? Müssen wir denn jedesmal all die abgedroschenen Vergleiche zwischen dem Römischen Reich und den Vereinigten Staaten lesen, wenn jemand eine [Party] gibt?«

Truman selbst hörte wenige Klagen. Eine eher indirekte stammte von Gloria Guinness, die sagte, sie habe einen furchtbaren Fehler gemacht. Sie habe ihren Schwanenhals nicht mit einem, sondern mit zwei schweren Halsbändern geschmückt, das eine aus Rubinen, das andere aus Diamanten, und sei vom Gewicht völlig erschöpft. Sie werde wohl den ganzen nächsten Tag im Bett verbringen müssen, um wieder zu Kräften zu kommen. Eine andere stammte von einer Schauspielerin, die einen gutaussehenden Fremden für die Nacht mit nach Hause genommen hatte. Sie hatte gedacht, er sei auch ein Gast, und erst als sie am Morgen aufwachte, zu ihrer Bestürzung entdeckt, daß er ein Kriminalbeamter im Smoking war.

»Na und?« fragte Truman. »Was ist dagegen einzuwenden? Du hast doch Spaß mit ihm gehabt, oder etwa nicht?«

»Ja«, gab sie zu. »Hab ich.«

»Na also, worüber beklagst du dich dann?«

In der New Yorker Börse wurde Joe Meehans von Bekannten umringt, die ihn über den Ball ausquetschten. Ein paar Tage später schrieb Russell Baker, der Humorist der *New York Times*: »Die Soziologen streiten immer noch darüber, ob es die wichtigste Party des 20. Jahrhunderts war.« Baker selbst war der Meinung, daß »Schriftstellern sicher nun sofort der Kamm schwellen wird, jetzt, da einer ihrer Kollegen die frühere Rolle von Mrs. Astor als gesellschaftlicher Schiedsrichter übernommen hat«. Diana Trilling, selbst eine Amateursoziologin, erklärte das Fest zu einem »sehr komplexen gesellschaftlichen Ereignis im Leben dieses Landes«.

Alle, die sich mit solchen Dingen befaßten, waren sich einig, daß etwas Wichtiges geschehen war – was genau, konnte jedoch niemand sagen. Das Museum der Stadt New York sammelte Masken und Souvenirs, die neben Memorabilien anderer gesellschaftlicher Ereignisse in der Geschichte der Stadt – etwa von George Washingtons erstem Inaugurationsball und einer Gala zu Ehren von General Lafayette im Jahr 1924 – ausgestellt wurden. Die Klatschkolumnistin Suzy Knickerbocker ließ sich ebenfalls von »My Fair Lady« inspirieren, als sie ihren Lesern in den höchsten Tönen mitteilte: »Er hat's geschafft. Er hat's geschafft. Wir wußten, daß er's schafft – und er *hat's* geschafft.«

44

»Man darf sagen, daß Truman Capote allmächtig geworden ist«, erklärte *Women's Wear Daily*, und mehrere Jahre lang war er es wirklich fast. Sein Fest schwand nicht aus dem Gedächtnis; es wurde zur Legende, aufgebläht noch durch die überspannte Atmosphäre der sechziger Jahre. Jeder spätere Ball wurde damit verglichen, und in den Zeitungs- und Zeitschriftenporträts bekannter Persönlichkeiten wurde oft erwähnt, ob der oder die Genannte sich auf Trumans Gästeliste befunden habe, was als unwiderlegbarer Beweis für deren Bedeutung galt. So groß war Trumans Renommee – »sein Name hat für die Menschen heute einen magischen Klang«, erklärte Kay Meehan einer Journalistin –, daß seine bloße Anwesenheit praktisch den Erfolg jedes Ereignisses garantierte, an dem er teilnahm. »Was immer er tut, die anderen tendieren irgendwie auch dazu«, bemerkte Jan Cowles. Er wurde nicht mehr einfach eingeladen, er wurde bestürmt: Komm zum Mittagessen, zum Abendessen, zu Cocktails, was auch immer – aber komm!

»Für Wohlfahrtsveranstaltungen gibt es dieser Tage ein kleines Geheimnis«, schrieb eine Klatschspaltenreporterin der *New York Times*. »Es heißt Truman Capote. Mr. Capote gilt vielen als ein 1,62 großer, 61 Kilo schwerer Magnet, eine besondere Attraktion für betuchte Leute, auf die es beim Geldsammeln in der Society ankommt. Sein Name ist auf einer Einladung zu was auch immer ebenso effektiv wie die Unterschrift eines Rockefeller auf einem Scheck, selbst wenn es etwas kostet. Es besteht praktisch keine Gefahr, daß es nicht honoriert wird.«

Auch auf gewöhnliche, nicht vermögende Leute hatte sein Name diese

Anziehungskraft. Wie die meisten anderen Dinge kann auch Ruhm gemessen werden, und der seine entsprach jetzt etwa dem eines Filmidols oder eines Rockstars. Er war bei den TV-Talkshows ebenso gefragt wie bei den Gastgeberinnen von Manhattan, und fast alles, was er in der Öffentlichkeit tat, wurde von den überregionalen Zeitschriften als berichtenswert betrachtet. Er hatte nicht bloß einen Ball gegeben, er hatte seine eigene Krönung inszeniert. Er war Truman, Rex Bibendi – König der Kurzweil.

Jeder Monarch braucht eine Gefährtin, und seine war Jacqueline Kennedys jüngere Schwester Lee Radziwill. Die beiden waren so oft zusammen, daß sich eine Freundin schriftlich bei ihm darüber beklagte: »Ich möchte kein weiteres Bild von Dir sehen, auf dem Du mit Lee Radziwill Händchen hältst. Ich möchte, daß Du mit mir Händchen hältst.« Suzy Knickerbocker rügte ihn scherzhaft in ihrer Kolumne: »Jemand muß Truman klarmachen, daß ihn Lee Radziwill nicht DIE GANZE ZEIT haben kann. Es gibt nur einen Truman, und wir haben ihn als erste entdeckt.« Ihr eifersüchtiges Drohen mit dem Zeigefinger nutzte ihr nichts. Truman war von der »Liebsten Prinzessin«, wie er sie nannte, hingerissen – sie war mit einem ehemaligen polnischen Prinzen verheiratet – und ebenso vernarrt in sie wie in Babe. »Ich liebe sie«, schwärmte er. »Ich liebe alles an ihr. Ich liebe ihr Aussehen, wie sie sich bewegt, wie sie denkt.« In *Vogue* schrieb er: »Ach, die Prinzessin! Nun, sie ist leicht zu beschreiben. Sie ist eine Schönheit. Innerlich und äußerlich.«

Lee äußerte sich weniger überschwenglich, doch sie hegte ganz ähnliche Gefühle ihm gegenüber. »Er ist mein engster Freund. Mehr als mit jedem anderen kann ich mit ihm über die ernstesten Dinge des Lebens und über emotionale Fragen sprechen. Ich vermisse ihn *schrecklich*, wenn ich fern von ihm bin. Ich vertraue ihm vollständig. Er ist der loyalste Freund, den ich je hatte, und der beste Gesellschafter, den ich je kannte. Wir haben uns immer so gut verstanden, es ist wie ein Echo. Wir brauchen die Sätze nicht zu Ende zu sprechen. Wir wissen einfach, was der andere meint oder sagen möchte. Er kommt mir vor wie mein Bruder, außer daß sich Geschwister selten so nahestehen wie wir.«

Es war leicht zu begreifen, warum er ihr gefiel. Er war der Mann der Stunde. Es war schwerer zu verstehen, warum sie ihm gefiel. Viele suchten vergebens nach den außerordentlichen Qualitäten, die ihn schwärmen ließen wie einen mondsüchtigen Jüngling. Sie hatte Stil und war zweifellos reizvoll: schlank, dunkelhaarig und mit Augen gesegnet, die, um seine Worte zu benutzen, »goldbraun sind wie ein Glas Brandy auf einem Tisch vor dem Kaminfeuer«. Dennoch paßte sie nicht recht in seinen Pantheon von Göttinnen. Ihr fehlte Babes strahlende Präsenz, Gloria Guinness' transzendentaler Schick, Pamela Haywards legendärer Charme. Lee schien im Grunde keine klare Vorstellung ihrer Identität zu haben und auch nichts in der Art des gußeisernen Egos dieser eindrucksvollen Frauen zu besitzen. Ganz im Gegenteil wirkte sie verwöhnt – sogar er gab das zu – und ziemlich oberflächlich.
Aber all jene, die seine Vernarrtheit nicht verstehen konnten, beurteilten Lee nicht nach seinen Maßstäben. Er sah sie mit den Augen des Schriftstellers. Er betrachtete sie wie alle, die er vergötterte, als Romanfigur. Aus seiner Perspektive war sie eine moderne Becky Sharp, für die das Schicksal eine besonders exquisite Folter bereithielt: Die Rivalin ihrer Kindheit – ihre Schwester Jackie – war Gattin eines Präsidenten und die am meisten gefeierte und bewunderte Frau der Welt geworden.

Lees Vater John Bouvier III war ein dunkelhaariger, gutaussehender, blaublütiger Nichtsnutz – mit dem Spitznamen »Black Jack« – gewesen, der sein Erbe verschwendet und seine Frau schon in den Flitterwochen betrogen hatte. Nach der Scheidung hatte ihre Mutter Hugh Auchincloss geheiratet, der langweilig, aber zuverlässig und reich genug war, um seiner Frau und zwei Stieftöchtern alle Annehmlichkeiten der privilegierten Klasse einschließlich Gütern in Newport und Virginia bieten zu können. Nachdem die neue Mrs. Auchincloss ihre eigene Lektion auf mühsame Weise gelernt hatte, brachte sie ihren Töchtern eine simple Regel bei: Heiratet Geld. Und das taten sie denn auch, Jackie mit fabelhaftem Erfolg, Lee mit etwas geringerem. Sie heiratete zuerst Michael Canfield, den Sohn eines bekannten Verlegers, und dann Stanislas Radziwill.

Stas Radziwill war zwar nicht gerade Kennedy-reich, doch hatte er (der als naturalisierter britischer Staatsbürger im Grunde keinen Anspruch auf den polnischen Adelstitel mehr hatte) im Londoner Immobiliengeschäft genügend Geld gemacht, daß er ihr und ihren zwei kleinen Kindern ein äußerst komfortables Leben zu bieten vermochte: ein dreistöckiges Stadthaus im georgianischen Stil in der Nähe des Buckingham-Palace komplett mit Köchin, Butler, zwei Dienstmädchen und einem Kinderfräulein, ein Queen-Anne-Landhaus mit riesigem Hallenbad in der Nähe von Henley-on-Thames, ein zweistöckiges Zwölf-Zimmer-Haus an der Fifth Avenue und Ferien in portugiesischen und italienischen Villen.

Wie Truman bald herausfand, war sie jedoch nicht glücklich. Der neunzehn Jahre ältere Stas war eifersüchtig und launenhaft und stand ihrem Wunsch nach größerer Unabhängigkeit ablehnend gegenüber. »Soviel ich weiß, ist ihre Ehe so gut wie finito«, schrieb Truman an Cecil 1962 nach seinem wahrscheinlich ersten vertrauten Gespräch mit ihr. Es sah tatsächlich ganz danach aus. Ein Jahr danach verbrachten Stas und sie einen Großteil des Sommers auf der Jacht von Aristoteles Onassis. Sie schien in den schwerreichen Griechen, den viele Frauen trotz seines froschähnlichen Aussehens unwiderstehlich fanden, sehr verliebt zu sein. Der erzürnte Ehemann seiner langjährigen Gelieben Maria Callas verkündete der Presse sogar lauthals, Onassis habe Maria fallengelassen, um mit Lee zusammensein zu können. Der Washingtoner Kolumnist Drew Pearson stellte schon die Frage: »Hofft der ehrgeizige griechische Tycoon, Schwager des amerikanischen Präsidenten zu werden?«

Als Patrick, der neugeborene Sohn der Kennedys, im August 1963 starb, erzählte Lee Ari, wie mitgenommen Jackie sei. Er lud Jackie daraufhin ebenfalls auf seine Jacht ein. Die *Christina* werde hinfahren, wo immer sie wolle, versprach er ihr. »Ach, Jackie, es würde solchen Spaß machen«, versicherte ihr Lee, und Jackie ließ sich überreden. Aber für Lee wurde kein Spaß daraus, und alle Träume von einer Heirat mit Ari waren bald verflogen. Am Ende der Kreuzfahrt schenkte er Jackie eine Halskette aus Diamanten und Rubinen. Lees Belohnung dafür, daß sie sie zusammengebracht hatte, bestand nur in drei kleinen Armbändern, so »kümmerlich«, klagte sie Jack Kennedy, daß die kleine Caroline Kennedy sich geniert hätte, sie auf ihrem Geburtstagsfest zu tragen. Das war noch nicht das Ende von Lees Klagen. Fast fünf Jahre später rief sie Truman an, um ihn über das abschließende, bittere Ergebnis ihrer guten Tat zu informieren. »Sie weint und jammert und schluchzt«, berichtete er Freunden. »Ich kann euch nicht erzählen, was sie sagte, aber es wird in den Nachrichten sein. Es ist die größte Sensation, die es an der Klatschbörse gibt, und sie weint sich deswegen die Augen aus.« Die Meldung, die um den ganzen Globus Schlagzeilen machte, war, daß Jackie und Ari heiraten würden. Lees Trostpreis bestand Truman zufolge aus einem wertvollen Stück Land auf einer Halbinsel in der Nähe von Athen, das ihr Ari offenbar in der Hoffnung schenkte, daß Jackie dort ein Haus bauen würde.

Der Höhenflug ihrer Schwester von Gipfel zu Gipfel war der zweite und beständigere Grund von Lees Melancholie. Früher hatte Lee im Mittelpunkt der Aufmerksamkeit gestanden, während Jackie in der Ecke saß und las. »Lee war die Hübsche«, seufzte Jackie. »Also erwartete man wahrscheinlich von mir, die Intelligente zu sein.« Im Laufe der Zeit wechselte der launenhafte Strahl sein Objekt, und Lee schien dazu verdammt, für alle Zeiten in Jackies Schatten zu leben. »Warum sollte sich irgend jemand für das interessieren, was ich tue, wo es doch so viele bedeutendere Leute auf der Welt gibt?« fragte Lee nicht lange, nachdem Jackie First Lady geworden war. »Ich habe doch nichts vorzuweisen.« Nur wenige nahmen die Ressentiments wahr, die hinter dieser kläglichen Feststellung lagen. »Mein Gott, wie eifersüchtig sie auf Jackie ist. Das war mir nie bewußt gewesen«, schrieb Truman 1962.

Lee lechzte danach, sich einen Namen zu machen, wußte aber nicht wie. Zu diesem Zeitpunkt trat Truman, das Genie der Selbstdarstellung, auf den Plan. So sich Lee nach Anerkennung sehnte, sehnte er sich danach, sie ihr zu verschaffen. Nie zuvor hatte er Zeit oder Gelegenheit gehabt, in so großem Stil Pygmalion zu spielen. Babe und die anderen Schwäne waren mehrere Jahre älter als er. Er konnte ihnen zwar hie und da einen Rat geben, aber ihre Lebensplanung hatte lange zuvor stattgefunden. Lee war fast neun Jahre jünger als er und ihre Zukunft noch ungewiß. Es war sein Traum, sie zu gestalten, aus ihrem Leben ein Kunstwerk zu machen. Er betrachtete sie nicht bloß als eine Figur in *einem* Roman, sondern als eine Figur in *seinem* Roman. Aus ihr eine Frau zu machen, die ihrer Schwester das Wasser reichen und sie vielleicht überflügeln könnte, wurde zu einer Aufgabe für ihn, der er einen Großteil des Jahres nach dem Ball widmete. »Sie will nicht irgend jemandes Schwester sein«, bemerkte er. »Sie wünscht sich ein eigenes Leben und eine eigene Identität. Sie ist ein sehr, sehr außergewöhnliches Mädchen. Sie hat einen wirklich guten, erstklassigen Verstand. Er muß bloß freigesetzt werden!«

Im Januar 1967 verbrachte er mit diesem außergewöhnlichen Mädchen eine entspannte Woche oder so in Marokko, dem Land, das die internationale Schickeria zur Spielwiese gemacht hatte. Lee war im vorangegangenen Jahr zweimal dort gewesen. Die beiden fuhren in den Süden, von Rabat ins exotische Marrakesch und dann nach Taroudant mit den rosafarbenen Mauern. Während sie ausritt, schlief er oder entspannte sich unter den Palmen der Hotelgärten. Am Ende des Monats trennte er sich von ihr und flog in die Schweiz, zuerst nach St. Moritz, wo Aga Khan eine Party für den Schah von Persien gab, dann nach Verbier, wo ihn Jack und die Tiere – Charlie und Diotima – erwarteten. Anfang März kehrte er mit Charlie nach New York zurück und fuhr dann in ein Heilbad in Miami Beach, wo er eine Blitzdiät machte und nach seiner eigenen Darstellung fünf Kilo abnahm. Im April war er wieder in Kansas, um der Verfilmung von »Kaltblütig« beizuwohnen. Er hatte den Regisseur Richard Brooks den vielen anderen vorgezogen, die den Film ebenfalls hatten machen wollen, weil er Brooks für einen besonders zähen Burschen hielt. »Ich weiß nicht, ob irgendein anderer Regisseur die Kraft oder die Ausdauer hätte, diesen Film richtig zu machen«, erklärte er. Brooks, der »Die Katze auf dem heißen Blechdach« und »Saat der Gewalt« (»The Blackboard Jungle«) inszeniert hatte, bewies, daß er beides besaß. Der Produzent erwartete, daß »Kaltblütig« in Farbe verfilmt würde; er dagegen bestand auf der sachlichen Klarheit von Schwarzweiß. Der Produzent wollte Steve McQueen und Paul Newman für die Rollen von Dick und Perry. »Verdammt noch mal«, sagte einer der Bosse, »das wird ein Knüller!« Brooks bestand auf zwei Unbekannten: Scott Wilson und Robert Blake, der eine beklemmende Ähnlichkeit mit Perry hatte. Truman versprach, sich nicht einzumischen, aber er bat, das Drehbuch lesen zu dürfen, das der Regisseur selbst geschrieben hatte. Doch Brooks wies ihn wie alle übrigen ab. »Truman, ich kann so nicht arbeiten«, meinte er. »Entweder du vertraust mir, daß ich es schaffe, oder nicht.«

Truman vertraute ihm, und Brooks gab sich außergewöhnliche Mühe, das Buch in einen Film umzusetzen. Viele Leute in Finney County, darunter auch der Herausgeber der Zeitung, wollten nichts mehr von »Kaltblütig« hören. »Warum zum Teufel sie die Leute nicht tot sein – in Frieden ruhen – lassen können, begreife ich nicht«, murrte einer von Herb Clutters Nachbarn. Aber Brooks ließ sich nicht davon abbringen, daß der Film dort und nirgendwo sonst gedreht werden müsse, und er bekam schließlich die Erlaubnis, nicht nur im Gerichtssaal, sondern auch im Clutter-Haus selbst zu filmen. Er überredete sieben der zwölf ursprünglichen Geschworenen, sich noch einmal auf die Plätze von damals zu setzen, heuerte den Henker, der Perry und Dick hingerichtet hatte, und holte Nancy Clutters Pferd Babe aus dem Ruhestand. Als die junge Schauspielerin, die Nancy darstellte, auf Babes Rücken saß, peilte das treue Tier instinktiv den Obstgarten der Clutters an, wo Nancy sie immer hindirigiert hatte.

Die Dreharbeiten waren schon ziemlich weit fortgeschritten, als Truman im Jaguar eintraf, gerade zur rechten Zeit, um die Flugzeugladung voll ausländischer und amerikanischer Journalisten zu begrüßen, die die PR-Abteilung von Columbia eingeflogen hatte. Brooks war ein intensiv arbeitender Regisseur, der Eindringlinge gern von seinen Drehorten fernhielt, und die Störung irritierte ihn sichtlich. Als er und Truman allein durch ein Feld von frischgekeimtem Winterweizen schlenderten, fragte ihn Truman, was denn los sei. »Du bist nicht zufrieden. Was ist los? Bin ich im Weg?«

»Du bist nicht im Weg, Truman, aber deinetwegen sind all diese Leute hierhergekommen. Ich kann nicht drehen, wenn sie da sind.«

»Meinetwegen?«

»Truman, du bist ein großer Star.«

»Wann, möchtest du, daß ich sie fortschaffe?«

»So bald wie möglich. Heute abend wäre schön.«

»Also gut, wenn du das willst, werde ich sie heute abend fortschaffen.«

Truman hielt Wort, aber erst, nachdem er interviewt und fotografiert worden war. Zwei Wochen später setzte ihn *Life* aufs Titelblatt; auf einer einsamen Präriestraße steht er zwischen den beiden Schauspielern, den Darstellern der Mörder, die er so gut gekannt hatte.

Der Film hatte am Jahresende Premiere und erhielt im allgemeinen ausgezeichnete Kritiken. Er ist präzise und kompromißlos, wie Truman erhofft hatte, aber trotz Brooks' Anstrengungen hat er wenig von der Wucht des Buches. Paradoxerweise ist er auch weniger filmisch als das Buch; die Rückblenden sind unbeholfen, das Erzähltempo ist schleppend. Der größte Fehler war, daß Brooks eine neue Figur einführte, einen großen, kummervoll aussehenden Reporter, der vornehmlich gegen die Todesstrafe predigt. Obwohl Truman den Film in der Öffentlichkeit lobte, hatte er persönlich Vorbehalte. »Die Einführung des Reporters, der als eine Art griechischer Chor fungiert, war nicht sinnvoll. Es ist auch nicht genug über die Familie Clutter enthalten. Das Buch handelt vom Leben von sechs Menschen, nicht von zwei, und es ist ruiniert, wenn man sich so sehr auf Perry und Dick konzentriert. Andererseits finde ich, daß die Schauspieler, die die zwei Jungen spielen, sehr gut besetzt sind, gut spielen und gut geführt werden.«

Noch während sich Truman im Glanze des Ruhms seines Buches sonnte, ging er mehrere neue Projekte an, deren wichtigste für das Fernsehen bestimmt waren, ein Medium, in dem er bereits einen auffallenden Erfolg erzielt hatte. Die Dramatisierung von »Eine Weihnachtserinnerung«, die er im Jahr davor mit dem Ehepaar Frank und Eleanor Perry realisiert hatte, war sowohl bei der Kritik als auch beim Publikum gut angekommen und mit einer Emmy ausgezeichnet worden. Derart ermutigt, begannen die Perrys und er weitere Geschichten für das Fernsehen zu bearbeiten. Im Auftrag von ABC schrieb Truman auch das Buch für einen Dokumentarfilm über die Todesstrafe, was ihn veranlaßte, in mehreren Todestrakten weitere Häftlinge zu interviewen, die auf ihre Hinrichtung warteten. Aber selbst dabei ging ihm die Frage von Lees Zukunft nie lange aus dem Sinn. Wie konnte er ihr helfen, sich einen Namen zu machen? Die Antwort schien am Ende auf der Hand zu liegen: er würde eine Schauspielerin aus ihr machen – einen Filmstar.

Als sie zusammen die Idee ausheckten – wahrscheinlich unter einer Palme in der Sahara –, kam sie ihnen sehr plausibel vor. Sie hatten alles, was Lee benötigte. Sie hatte das entsprechende Aussehen, den Wunsch und einige Schulung, er den Grips, die Erfahrung und die nötigen Verbindungen. Er überredete Milton Goldman, der Laurence Olivier und John Gielgud vertrat, sie als Agent zu betreuen. Goldman und er waren der Meinung, ihr Stern würde bei einem ersten Auftritt fern von den Lichtern New Yorks und Hollywoods am hellsten erstrahlen. Das Ivanhoe, ein Dinner-Theater in Chicago, schien genügend weit abseits. Sie hätte zwar lieber eine Tschechow-Heldin gespielt, doch die beiden Männer verfügten weiter, daß sie mit einer leichteren Rolle beginnen sollte: Tracy Lord, die reiche, verwöhnte Heldin in Philip Barrys Komödie »The Philadelphia Story« (»Die Nacht vor der Hochzeit«) klang genau richtig. Lee ärgerte sich, verständlicherweise, über die unvermeidliche Andeutung, sie spiele im Grunde sich selbst. »Ich habe absolut *nichts* mit dem Mädchen gemein«, versicherte sie. »Sie hat keines der Gefühle, die ich kenne, wie Traurigkeit, Verzweiflung oder Verlorenheit.«

Erfolgsentschlossen studierte sie die Rolle in London mit einer Schauspiellehrerin ein. Ende Mai stieß sie zum Rest der Truppe für die Proben in Chicago. Kenneth jettete von New York herbei, um sie zu frisieren, George Masters, ein Maskenbildner aus Hollywood, wurde aus Kalifornien eingeflogen, um sie zu schminken, und Truman und Stas waren zur Stelle, um Händchen zu halten. Angesichts dieses Gefolges ist es durchaus denkbar, daß die Szenen, die sich in ihrer Penthouse-Suite im Hotel Ambassador East abspielten, komischer waren als die in Barrys Komödie. Einen Großteil der humoristischen Einlagen trug Masters bei, der Stas »Princie« nannte und jammerte, die Farben der Saint-Laurent-Kleider – Knallrosa, Violett und Hellgrün – seien alle falsch. Eines, behauptete er, sehe aus wie »Hundefutter – die Supremes würden nicht einmal daran denken, so etwas anzuziehen«.

Aber Lee ließ sich nicht abschrecken, und als der Abend der Premiere, der 20. Juni, kam, gab sie sich hinsichtlich ihrer Aufnahme beim Publikum gelassen. »Jetzt oder nie«, sagte sie. »Vielleicht wird es ein Flop, aber ich kann nicht mehr tun als mir die Nase zuhalten und ins Wasser springen.« Die *Cabala Woman*, eine kalifornische Astrologin, mit der Masters Lee per Ferngespräch bekannt gemacht hatte, konsultierte die Sterne und erklärte sie für »sehr erfolgversprechend für eine Bühnenkarriere«.

Entweder logen die Sterne, oder die *Cabala Woman* hatte sie falsch berechnet, auf alle Fälle hätte die Karriere von Lee Bouvier – sie trat unter ihrem Mädchennamen auf – rasch, aber würdevoll beerdigt werden sollen. Auf der Suche nach etwas Lobenswertem verfiel der Rezensent der *Chicago Sun-Times* auf ihren Mut und bemerkte, angesichts des Drucks, unter dem sie stand, sei es ein Triumph, daß sie den ganzen Text behalten habe. Noch bemühter stellte der Kritiker der *Daily News* fest, sie habe »zumindest ein goldenes Ei gelegt«. So umfassend Truman geplant hatte: Er hatte vergessen, die entscheidende Frage zu stellen: Kann sie überhaupt spielen?

Er ignorierte die unangenehme Wahrheit und tat so, als hätte sie in Chicago nichts als Bravorufe gehört. Und erstaunlicherweise gelang es ihm fast, auch andere davon zu überzeugen, es sei so gewesen – oder zumindest die Buhrufe seien irrelevant. Als er nach Manhattan zurückkehrte, bat er David Susskind, der sowohl unabhängiger Fernsehproduzent wie auch Gastgeber einer Talkshow war, ihr die Hauptrolle in einem Fernsehspiel zu geben. Als Anreiz versprach er, das Drehbuch selbst zu schreiben. Obwohl Susskind keinen günstigen Eindruck von Lees Leistung erhalten hatte, imponierte ihm die Publicity, die ihr zuteil wurde. Kurz darauf kündigte er an, *ABC* habe Lee Bouvier zu einem Honorar von 50 000 Dollar für die Hauptrolle in Trumans Adaption von John Van Drutens Komödie »Die Stimme der Taube« verpflichtet. Truman hatte ein Wunder vollbracht: Er hatte Susskind und die Sendeanstalt überredet, ein großes Budget und zwei Stunden der besten Sendezeit für eine hübsche Dilettantin ohne eine Spur von Talent aufs Spiel zu setzen.

Angesichts ihrer totalen Unfähigkeit, die Komik in »Die Nacht vor der Hochzeit« überzubringen, kam Susskind von Van Drutens Komödie ab und wählte statt dessen etwas Dramatisches für sie aus: eine Bearbeitung des Films »Laura« von 1944, die Truman vornehmen sollte. Lee sollte die Rolle von Gene Tierney spielen und George Sanders den Part von Clifton Webb übernehmen. Der Tausch machte ihr nichts aus. Ihre Briefe an Truman klangen ungewohnt temperamentvoll. »Ich wünschte, wir könnten morgen beginnen – es wird fabelhaft sein«, schrieb sie im August. »Meine Interessen haben sich auf so gewaltsame Weise verengt, daß ich jetzt geradezu besessen bin. Ich danke Dir!« Obwohl sie diesmal nicht von zu Hause fort mußte – Susskind hatte arrangiert, daß »Laura« in London gedreht wurde –, unterstützte Stas das neue Projekt nicht, was zur Folge hatte, daß sie sich noch stärker auf Truman stützte. »Wenn ich Rat brauche, habe ich das Gefühl, daß Du im Zimmer bist und ihn mir gibst«, schrieb sie ihm. »Wenn ich über etwas lachen möchte, kann ich Dich mit mir lachen hören & das macht mich um so glücklicher.« Als die Aufzeichnung näher rückte und Stas schwieriger wurde, fügte sie hinzu: »Ich war *so* glücklich, Deinen Brief zu bekommen, nur hat er mich zum Weinen gebracht, weil ich Dich so sehr vermisse & Dich brauche, damit das Leben einen Sinn hat.« Als Ausdruck der Dankbarkeit und Wertschätzung schickte sie ihm ein elegantes, innen vergoldetes Schlumberger-Zigarettenetui, in das sie eingravieren ließ: »Meinem erhörten Gebet, in Liebe, Lee. Juli 1967.«

Obwohl sie so weitgehender Führung bedurfte, daß man zutreffender von Schauspielunterricht vor der Kamera hätte sprechen können, beharrte Susskind darauf, es sei »etwas *da*«. Mag sein. Aber als das Stück im Januar 1968 gesendet wurde, blieb dieses Etwas den meisten Zuschauern verborgen. Lee kam nämlich der völligen Unsichtbarkeit so nahe, wie das bei einer Schauspielerin, die eine Titelfigur spielt, nur möglich ist. Susskind hatte getan, was der Regisseur von »Die Nacht vor der Hochzeit« vielleicht auch gern getan hätte: Er hatte einen Großteil der Szenen, in denen sie auftrat, auf den Boden des Schneideraums fallen lassen. Mehr als ein Rezensent wies darauf hin, daß die Kamera, sobald sie sich auf sie hätte richten sollen, in eine andere Richtung schwenkte, als wäre sie zu höflich, um sie in Verlegenheit zu bringen. Die Folge sei, daß man ihre Laura »auf eine prächtige Kleiderpuppe reduziert habe, an die keine merklichen schauspielerischen Anforderungen gestellt wurden«, bemerkte Jack Gould, der Fernsehkritiker der *New York Times*. Wenn man sie auf dem Bildschirm erblickt habe, habe sie, meinte *Time*, »nur geringfügig lebloser gewirkt als ihr Porträt über dem Kaminsims«.

Diese negative Reaktion beendete Lees Karriere als Schauspielerin, und Truman wurde seines unbedachten Versprechens enthoben, etwas eigens für sie zu schreiben. Es ist schwer zu sagen, wer von beiden am Ende dieser Donquichotterie dümmer dastand. Die traurige Palme gebührt wahrscheinlich Truman, der damit öffentlich demonstriert hatte, daß ihn sein Urteil in bezug auf Lee völlig im Stich gelassen hatte. Er hatte versucht, ihr etwas Gutes zu tun, und hatte ihr nur geschadet. Statt sie zu einem Star zu machen, hatte er sie der Lächerlichkeit und dem Spott preisgegeben.

»Laura« war noch nicht gesendet, und die schlechte Nachricht hatte Lee noch nicht erreicht, als sie im Spätherbst 1967 nach Amerika zurückkehrte und Truman nach Alabama folgte, um bei der Verfilmung von »The Thanksgiving Visitor« (»Chrysanthemen sind wie Löwen«), der Geschichte, die er ihr gewidmet hatte, anwesend zu sein. Er nutzte den Anlaß zu

einem Familientreffen und hatte auf eigene Kosten ein Dutzend Verwandte, darunter Arch und seine Frau Blanche, eingeladen.
Nachdem Truman seinem Vater seit 1963 nicht mehr geschrieben und auch nicht mehr mit ihm gesprochen hatte, rief er ihn im August an und schickte ihm danach 500 Dollar zum siebzigsten Geburtstag. Arch war außer sich vor Freude, denn er glaubte, dies sei bloß ein Vorschuß auf den materiellen Segen, der ihm als Vater eines reichen Mannes zustehe. »Als dieser Scheck aus dem Brief fiel... traute ich meinen Augen nicht«, jubilierte er gegenüber Truman. »Es war das erste Geschenk irgendwelcher Art, das Du mir in meinem ganzen wechselvollen, interessanten und ereignisreichen Leben geschickt hast.« Die Jahre hatten seine Habgier nicht vermindert, und die Goldmine, der er den größten Teil seines Lebens lang nachgejagt war, erspähte er jetzt in Gestalt seines eigenen Sohnes. »Er ist jetzt die Nummer eins als Schriftsteller und der reichste. Er besitzt zehn Millionen und erhält von jetzt an eine *garantierte* Million im Jahr«, prahlte er gegenüber einem Freund, wobei er sowohl Trumans Vermögen als auch sein Einkommen gewaltig übertrieb. Bestrebt, verlorene Zeit wettzumachen, schrieb er Truman innerhalb von fünf Tagen drei Briefe und eine Postkarte, in denen er ihm abwechselnd schmeichelte, ihm frühere Vernachlässigung vorwarf und ihm genügend Schuldgefühle zu machen suchte, um die Leibrente herauszuschinden, die er sich so dringend wünschte.
Wie alle guten Verkäufer begann er mit den Komplimenten. »Vernagelt war ich, daß ich nicht früher erkannt habe, daß Du ein ›Genie‹ bist, nicht wie andere Leute, und daß ich Dich nicht als Genie behandelt habe! Dieser Fehler wird nicht mehr vorkommen! Du bist nicht nur ein Genie als Schriftsteller, Du bist auch ein Genie in der Art und Weise, wie Du es schaffst, dem Publikum ständig vorauszusein. Gerade, wenn die Leute zu glauben beginnen, der Truman-Capote-Rummel lasse nach, liegt schon eine neue Lawine bereit, die die Phantasie der Öffentlichkeit noch übersteigt. Mit anderen Worten, Du hältst die Spannung und steigerst sie sogar noch bis zum Siedepunkt. Einiges, wenn auch nicht die Fähigkeit zum Schreiben, hast Du in elementarer Weise von mir geerbt.«

Dann folgten die Vorwürfe. Truman habe ihn vernachlässigt, insbesondere, so schrieb er, in der »Sonnenuntergangsphase« seines Lebens. »In den vier Jahren meiner Isolierung habe ich Mama und alle anderen gebeten, nicht für mich zu intervenieren. Ich fand, solche Dinge sollten spontan und vom Herzen kommen. Ich wußte, daß wir vom gleichen Fleisch und Blut sind und daß sich irgendwo in Deinem Innersten die richtigen Elemente durchsetzen würden, wenn die Zeit gekommen ist. Ich machte mir bloß Sorgen, daß es für mich zu spät sein könnte, noch etwas davon zu haben.«
Schließlich ließ er die Katze aus dem Sack. »Du mußt Dir natürlich im klaren sein, daß fast jeder glaubt, weil Du Millionen hast sowie die Fähigkeit, künftig noch mehr zu verdienen, sei Dein Vater nun automatisch in der Lage, daran mehr oder weniger teilzuhaben, während wir doch wissen, daß dies keinesfalls so ist. Ich glaube zwar, daß Familien ihr Los im Leben, sei es gut oder schlecht, miteinander teilen sollten, aber in vielen Fällen läuft es nicht so.« Wenn er selbst in Trumans finanzieller Position wäre, würde er schon einem Freund helfen und natürlich für den eigenen Vater noch viel mehr tun. Dieses Argument trug er auf mehrere unterschiedliche, aber ähnlich plumpe Arten vor und unterstrich es noch durch den Zusatz: »Du solltest Dich auch daran erinnern, daß Du zwar heute zweifellos der höchste Vertreter der Sprachgewalt bist, ich mich aber noch deutlich und lebhaft der Zeit entsinne, da es Dich höchste Anstrengung kostete, auch nur Ma-Ma und Pa-pa zu sagen.«
Hinter dem hemmungslosen Selbstmitleid, den weinerlichen Vorwürfen und der schamlosen Schnorrerei verbarg sich fast mit Sicherheit auch ein Gran echter Zuneigung. Auf seine Weise liebte Arch den Sohn, dem er so wenig gegeben hatte und von dem er jetzt so viel erwartete. »Es ist kaum nötig, daß ich sage, WIE STOLZ ICH BIN«, schrieb er, »stolz – nicht, daß ich Dein Vater bin, SONDERN STOLZ, DASS DU MEIN SOHN BIST. Das *ist* ein Unterschied!!« Was Truman angesichts dieses Hochsommerregens von Worten empfand, tat er nicht kund. Er war jedenfalls nicht tödlich beleidigt – er kannte Arch schließlich. Drei Monate später traf seine Einladung ein: die Verfilmung von »Chrysanthemen sind wie Löwen« mitzuerleben.

Am Montag, den 4. Dezember, kamen Angehörige beider Seiten von Trumans Familie in Montgomery zusammen. Aus Shreveport kamen Arch und Blanche, aus verschiedenen Teilen von Alabama und Georgia kamen Abgesandte des Persons-Clans, aus Monroeville kamen seine Lieblingstante Marie Ida Carter, ihre zwei Söhne und deren Frauen. Und aus New York trafen Truman und Lee ein, deren verjährter polnischer Adelstitel dem Personal des Motels in Montgomery mehrere Tage nervöser Erwartung beschert hatte. »Sollen wir sie Prinzessin oder Eure Hoheit nennen?« hatten die Kellnerinnen in der Cafeteria ängstlich gefragt. Truman und Lee ließen sich sofort zum heruntergekommenen Farmhaus im bewaldeten Süden des Städtchens fahren, wo Eleanor und Frank Perry seine Kindheit wieder zum Leben erweckten. Truman hielt Lee an der Hand – als ob er noch ein Kind wäre, wie eine Journalistin bemerkte –, während er durch das alte Haus ging, das wie Jennies Haus in Monroeville ausgestattet worden war. »Fabelhaft!« rief er aus. »Einfach fabelhaft!«

Am folgenden Tag versammelte sich die ganze Gesellschaft dort zu einem Picknick unter der heißen Wintersonne. Gene Callahan, der einfallsreiche Art Director des Films, hatte auf die durchweichte Wiese neben dem Haus zwei Orientteppiche hingezaubert und Berge von italienischen Speisen und Weinen aufgehäuft, die aus Kristallschüsseln und silbernen Sektkübeln serviert wurden. Trotz der aus dem Rahmen fallenden Üppigkeit war das ländliche Festessen kein voller Erfolg. »Trumans Verwandte brachten sich einfach nicht ein«, berichtete Eleanor Perry. »Sie drängten sich alle auf dem einen Teppich zusammen, und wir übrigen saßen auf dem anderen. Ich glaube, für sie waren wir alle New Yorker und zu schickimicki, obwohl wir mit Ausnahme von Truman und Lee alle schmutzige Bluejeans trugen. Truman, der eine Cardin-Jacke mit mehr Reißverschlüssen anhatte, als ich zählen konnte, war nett zu ihnen, aber seine Vettern ließen ihn ihre Ressentiments spüren. ›Er hat's geschafft‹, schienen sie zu denken. ›Er ist Millionär, und wir werden bloß geduldet.‹ Ich erinnere mich ganz besonders an das mürrische Gesicht eines jungen Vetters, der Sheriff oder so was Ähnliches ist und der offensichtlich nicht viel für ihn übrighatte. Im Grunde

war es eine komische Szene, wie aus einem Fellini-Film. Da saßen wir inmitten von aufgeweichter Erde und Kuhmist und aßen unser italienisches Essen und tranken Wein, der in silbernen Eimern gekühlt wurde. Einmal schaute ich auf und erblickte eine Ziege und einen wahrscheinlich sehr hungrigen schwarzen Pächter, die uns über den Zaun zusahen.«
Vom Augenblick seiner Ankunft bis zum Augenblick seiner Abreise ließ Truman keine Minute lang Lees Hand los. Arch, der sich immer schon geweigert hatte, zu glauben, ein Sohn von ihm könne wirklich homosexuell sein – er warf Jack, den er »diese Kanaille« nannte, vor, er habe ihn auf die schiefe Bahn gebracht –, sah seinen Glauben bestätigt. »Glauben Sie bloß nie, daß er homosexuell ist«, beschwor er einen später. »Er hat mehr Frauen gebumst, als er Finger und Zehen hat! Er ist ein echter Sexprotz. Ich glaube, es gefällt ihm einfach so *und* so, das ist alles. Er ist, was man bisexuell nennt.« Als er ihn auf Callahans Teppich inmitten der Kuhfladen Lee anhimmeln sah, war er überzeugt, Trumans Vorliebe habe sich endgültig den Frauen zugewandt. Über dem Klirren der Teller und Gläser begann er bereits die feierlichen Klänge des Hochzeitsmarsches zu hören. »Ich glaube, er wird Lee Radziwill heiraten«, verkündete er aufgeregt. »Er wird die Prinzessin heiraten!« In die ungewohnte Rolle des besorgten Vaters schlüpfend, sagte er zur Prinzessin selbst: »Lee, ich hoffe, Sie können arrangieren, daß Truman und Sie heiraten.«
Zweifellos amüsiert über seine Naivität, antwortete sie, daß sie seine Wünsche teile, und wiederholte seine Bemerkung etwas später gegenüber Truman, der sie jedoch nicht ebenso amüsant fand. »Ich finde, es war sehr geschmacklos von dir, das zu Lee zu sagen!« zischte er Arch über die Schulter hinweg zu, als er ihm im Laufe des Abends begegnete. Als Lee und Truman am nächsten Morgen nach New York abreisten, machte sich Truman nicht einmal die Mühe, seinem Vater Lebwohl zu sagen. Für sich betrachtet scheinen Archs Missetaten nicht gravierend genug, um soviel Wut auszulösen. Vor dem Hintergrund tausend anderer Kränkungen, gebrochener Versprechen und zerstörter Hoffnungen jedoch genügten sie, um Truman endlich ausrufen zu lassen: Das Maß ist voll!

Truman sah seinen Vater nie wieder. Als Arch vier Jahre später seinen Job verlor und einen schweren Unfall hatte, schrieb er Truman und bat ihn um einen Zuschuß von 10 000 Dollar im Jahr. Aber auch im Alter konnte Arch die Verkaufskanone in sich nicht verleugnen. Er stellte seine Bitte wie ein einmalig günstiges Geschäft dar und wies darauf hin, daß 10 000 Dollar im Jahr 1971 infolge der Inflation nur so viel wert seien wie 2000 in der fernen Vergangenheit. Er konnte es sich auch nicht verkneifen – und ging damit vielleicht einen Schritt zu weit –, Truman außerdem zu bitten, ihm ein Haus in Colorado, Archs Lieblingsstaat in den USA, zu schenken.
Truman hatte es nicht eilig, sich auf dieses günstige Geschäft einzulassen. Er dankte Arch für seine Offenheit, antwortete aber, daß er im Augenblick wegen eines Problems mit der Einkommensteuer nicht flüssig sei, und versprach sich wieder zu melden, sobald das geregelt sei. Immer optimistisch, interpretierte Arch diese unverbindliche und vieldeutige Antwort als Zusage. Er war deshalb um so enttäuschter, als er einige Monate später ein unmißverständliches Nein erhielt. »Er ließ mir durch seinen jüdischen Anwalt einen Brief von drei oder vier Zeilen schreiben, in dem es hieß, er könne nichts für mich tun. Unten in der Ecke stand: ›Kopie an Mr. Capote.‹ Es war einfach höllisch brutal. Es ist schrecklich, nur einen Sohn zu haben und dann zu erleben, daß er sich von einem abwendet, noch dazu ohne jeden Grund. Es ist eines der Rätsel dieser Welt, und ich bin einfach fassungslos. Ich muß sagen, es tut mir höllisch weh. Ich habe ihm nie in meinem Leben etwas getan, außer Gutes.«
Er glaubte das zweifellos: Archs Fähigkeit zur Selbsttäuschung war unbegrenzt. Aber Truman, der die wahre Geschichte hinter »Chrysanthemen sind wie Löwen« kannte – seine Eltern, die ihn in einem Haushalt alter Jungfern zurückgelassen hatten, während sie anderswo ihrem eigenen Leben nachjagten –, ließ sich nicht täuschen, und als er selbst in schwierige mittlere Jahre kam, war er auch nicht geneigt, zu verzeihen: Vier Jahre bevor Arch 1981 im Alter von dreiundachtzig Jahren starb, begab sich Truman in eine Klinik für Alkoholiker und mußte dort ein Formular ausfüllen, auf

dem gefragt wurde, ob seine Eltern noch lebten oder gestorben seien. »Ich schrieb hin: ›Mutter gestorben‹«, sagte er, »dann überlegte ich eine Minute und schrieb daneben: ›Vater gestorben‹.«

VIERTER TEIL

45

Am Tag, an dem »Kaltblütig« erschien, heftete Jack einen Zettel an die Tür von Trumans Haus in Sagaponack. »*Le Beau Jour*« hatte er darauf gekritzelt – »Der Gute Tag«. Aber er hatte nur zur Hälfte recht. Dieser Tag war sowohl gut als auch schlecht. Es gibt im Leben manche bestimmte Momente, die rückblickend betrachtet als Wendemarke erkannt werden, die den Beginn eines dramatischen Auf- oder Abstiegs bezeichnen. Truman hatte das Pech, daß derselbe Tag für ihn beides bedeutete. Während er gerade den Gipfel erreichte, begann auch schon sein Niedergang. Seit Jahren hatte er über den Aphorismus nachgedacht, der der heiligen Teresa zugeschrieben wird – »Es werden mehr Tränen über erhörte Gebete vergossen als über nichterhörte« – und hatte illustre Beispiele für seinen geplanten Roman gesammelt. Jetzt war es ihm beschieden, selbst ein Glied in dieser unseligen Reihe zu werden. Sein Leben begann außer Kontrolle zu geraten; zuerst langsam, dann immer schneller ging es stetig mit ihm bergab.

Die unmittelbare Ursache für seinen tragischen Sturz – denn darum handelte es sich – war »Kaltblütig« selbst. »Er hat sich von diesem Buch nie wieder richtig erholt«, meinte Phillis Cerf. »Bis dahin war es ihm gelungen, mit all seinen Problemen hervorragend fertig zu werden. Aber es war sehr destruktiv für ihn, insbesondere, als die beiden jungen Männer ihn bei ihrer Hinrichtung dabeihaben wollten. Ich weiß nicht, warum er sich das angetan hat, aber er tat es. Er hielt sich wohl für hartgesottener, als er war, und glaubte, er könne es durchstehen. Aber er konnte es nicht. Mit diesem

Buch begann sein Leben aus den Fugen zu geraten. Er fing an – wie soll ich sagen – tollkühn zu leben.«

Er hatte seinen Stoff ausgebeutet, doch der Stoff hatte auch ihn ausgezehrt, hatte seine Nerven, seinen Vorrat an Geduld und seine Konzentrationsfähigkeit erschöpft, kurz, seine Substanz sowohl als Mensch wie als Schriftsteller ausgehöhlt. »Niemand wird je ermessen, was mich ›Kaltblütig‹ gekostet hat«, bemerkte er. »Ich war danach bis ins Mark angeschlagen. Es hat mich fast umgebracht. Ich glaube, es hat mich in gewisser Weise sogar tatsächlich umgebracht. Bevor ich damit anfing, war ich ein stabiler Mensch gewesen, vergleichsweise gesprochen. Danach ist etwas mit mir geschehen. Ich kann einfach nicht vergessen, insbesondere die Hinrichtung am Ende. Schrecklich!« Die Erinnerung an alles, was er mitgemacht habe, klinge in seinem Kopf nach, sagte er, wie das Echo in den Marabar-Höhlen in E.M. Forsters »A Passage to India« (»Eine Reise nach Indien«). Und sie vermittelte ihm dieselbe düstere Botschaft: Das Leben ist sinnlos, oder, wie es Forster formulierte, »alles ist, doch nichts ist von Wert«.

Was Trumans Depression noch verstärkte, war der Zweifel, daß die Opfer sich für das Buch gelohnt hatten. Geld und Beifall waren ihm zwar im Übermaß zuteil geworden, aber es blieb ihm vorenthalten, was er vielleicht am meisten ersehnte: die Anerkennung des literarischen Establishments. »Wie sehr ich mich nach dem Lob der richtigen Leute sehnte«, hatte er einst Cecil gestanden. Aber diese Anerkennung und dieses Lob blieben ihm versagt.* »Kaltblütig« erhielt weder das eine noch das andere offizielle Gütesiegel des Establishments – er jedenfalls hielt diese Preise in etwas naiver Weise dafür –, weder den Pulitzer-Preis noch den National Book Award. Letzteren hatte Newton ein Vierteljahrhundert zuvor für seine Melville-Biographie bekommen. Rückblickend erscheint die Entscheidung der Juroren für beide Preise als willkürliche Blindheit. Sie übergingen das meistdiskutierte Buch des Jahres zugunsten verdienstvoller, aber weniger wichtiger Mitbewerber.

* »The Problem of Slavery in Western Culture« von David Brion Davis errang den Pulitzer-Preis, Justin Kaplans Biographie von Mark Twain mit dem Titel »Mr. Clemens und Mark Twain« gewann den National Book Award.

Truman fühlte sich wie ein Kriegsheld, der sich in der Erwartung, mit einer Parade gefeiert zu werden, nach Hause geschleppt hat, nur um erleben zu müssen, daß andere, die den Feind nie aus der Nähe gesehen hatten, alle Medaillen einheimsen. Sein Triumph war unvollständig und daher gar keiner. Die »richtigen Leute«, die ihn schon brüskiert hatten, als er noch Newtons Boyfriend mit den blonden Locken gewesen war, sahen immer noch hochnäsig auf ihn herab.

Seine Überzeugung, daß man ihn um die ihm zustehende Belohnung betrogen hatte, wurde bestätigt, als ihm ein Insider hinterbrachte, daß Saul Maloff von *Newsweek*, einer der Juroren für den National Book Award, seine Kollegen überredet habe, die Ehrung einem Werk zuteil werden zu lassen, das weniger kommerziell sei als »Kaltblütig«. Truman hat Beleidigungen niemals vergeben. Er rächte sich eineinhalb Jahre später, als *Book World*, die Sonntagsbeilage der *Washington Post*, ihn fragte, welche Bücher er zu Weihnachten verschenken möchte. Maloffs Roman »Happy Families« sei genau das, was Frank Sinatra brauche, antwortete er. Und mit Lust an der Bosheit, die aus jedem Wort spricht, erklärte er, warum: Sinatra leide an starker Schlaflosigkeit, und »dieser betäubende kleine Roman, diese Aneinanderreihung sämtlicher gängigen hohltönenden literarischen Klischees würde sogar ein Känguruh einschläfern, das sich mit Speed bis unters Dach gedopt hat«.*

Trumans Überzeugung, Opfer einer Verschwörung zu sein, verstärkte sich zwei Jahre später, als Norman Mailer für »Heere aus der Nacht«, die Geschichte seiner Teilnahme an Protestmärschen gegen den Vietnamkrieg,

* Maloff hatte guten Grund, zu bedauern, daß er als literarischer Preisrichter gewirkt hatte. Ein paar Wochen nach Trumans »Empfehlung« schrieb James Michener, der Truman bewunderte, einen Brief an *Book World*, in dem er so tat, als rügte er Truman wegen seines unbeherrschten Angriffs, in Wirklichkeit Maloff jedoch ein zweites Mal durch den Fleischwolf drehte: »Zwar muß man zugeben, daß Mr. Maloffs Roman eines der läppischsten Machwerke der letzten Jahre, nichts als eine aufpolierte Fassung einiger tiefgründelnder College-Aufsätze ist, die ihm aus dem englischen Leistungskurs für Anfänger in Erinnerung geblieben sind, und daß Mr. Capote recht hatte, als er den Roman als aufgeblasene Travestie populärer Prototypen bezeichnete, aber es bestand dennoch kein Grund, Mr. Maloff persönlich zu beleidigen. Er hat nicht Spott, sondern Mitgefühl verdient.«

sowohl den Pulitzer-Preis als auch den National Book Award erhielt. Zwar gibt es bedeutsame Unterschiede zwischen Mailers Buch und »Kaltblütig« (der wichtigste ist, daß sich Mailer selbst zur Hauptfigur gemacht hat, während sich Truman nicht erwähnt), aber verglichen mit Trumans Werk besteht eine eher noch bedeutsamere Übereinstimmung. Mailer hat ebenfalls einen Tatsachenbericht verfaßt, als handelte es sich um einen Roman, etwas, das er nie zuvor getan hatte, und wie Truman sein Werk mit einem anspruchsvollen, aber unsinnigen Etikett versehen: »Geschichte als Roman, Roman als Geschichtsschreibung.« Wie er es auch nennen mochte: Truman war überzeugt, daß Mailer ohne »Kaltblütig« nie auf eine derartige Idee verfallen wäre und daß sein alter Freund und Rivale, wäre er ehrlich gewesen, hätte hinzufügen müssen: »Variationen über ein Thema von Capote.«

»Ich schaffe etwas wirklich Neues, und wer kriegt die Preise? Norman Mailer, der mir erklärte, wie ich es in ›Kaltblütig‹ einsetzte, sei dumm, und der sich dann hinsetzt und die Methode von A bis Z abkupfert. Es hat im 20. Jahrhundert kein größeres literarisches Plagiat gegeben. Er hat alles genommen, was ich geschaffen habe, meine ganze harte Arbeit und experimentelle Technik, und hat es kopiert. Aber was mich wirklich ärgert, ist nur das eine, nämlich daß weder Mr. Mailer noch all die anderen, die mich kopiert haben, etwa Mr. [Bob] Woodward und Mr. [Carl] Bernstein, je sagten: ›Wir verdanken Truman Capote etwas; er hat diese literarische Form erfunden.‹ Sie haben alle Preise gekriegt, und ich hab nichts bekommen! Und ich weiß, daß ich sie verdient hätte. Die Entscheidung, sie mir nicht zu verleihen, war absolut ungerecht. Und da sagte ich mir: ›Ihr könnt mich mal! Alle! Wenn ihr so ungerecht seid und nicht wißt, wann etwas einmalig und erstmalig und bedeutend ist, dann könnt ihr mich alle kreuzweise! Dann kümmere ich mich keinen Pfifferling mehr um euch und will auch nichts mehr mit euch zu tun haben. Wenn ihr etwas wirklich Außerordentliches wie ›Kaltblütig‹ und die fünfeinhalb Jahre, die ich hineingesteckt habe, die Kunstfertigkeit und den Stil und das Können nicht zu würdigen wißt, dann könnt ihr mich alle miteinander!‹«

Dennoch ist zu bezweifeln, ob er zufrieden gewesen wäre, selbst wenn er die Auszeichnung eingeheimst hätte. Früher oder später hätte irgendein Professor in Yale oder Harvard einen abfälligen Artikel geschrieben und in ihm die Überzeugung geweckt, die richtigen Leute seien immer noch gegen ihn. Sein Bedürfnis nach Bewunderung war unersättlich geworden, und alle Preise der Welt hätten es wohl nicht stillen können. »Kaltblütig« mag den Anstoß zu seinem Verfall gegeben haben, aber wäre es das nicht gewesen, wäre der Impuls fast mit Sicherheit von woanders ausgegangen. Als Truman in die mittleren Jahre kam, kehrten die Dämonen, die er längst ausgetrieben zu haben glaubte, die verzweifelten Ängste seiner einsamen Kindheit zurück, zupften ihn am Ärmel und flüsterten ihm ins Ohr. »Keine Worte können die verborgene Qual meiner Seele ausdrücken«, schrieb Dickens über die Marter, die ihm die unbesiegbaren Ängste seiner eigenen Kindheit bereiteten. »Auch jetzt noch, da ich berühmt und verwöhnt und glücklich bin, vergesse ich oft in meinen Träumen, daß ich eine liebe Frau und Kinder habe, ja sogar, daß ich ein erwachsener Mann bin, und meine Gedanken schweifen trostlos in diese Zeit meines Lebens zurück.« Fast dieselben Worte hätte auch Truman aussprechen können. »Etwas in meinem Leben hat mir ein schreckliches Trauma zugefügt«, sagte er, »und es scheint unwiderruflich zu sein.«

Dieses Trauma – so glaubte er, und so war es wahrscheinlich auch – war das Ergebnis der ständigen Zurückweisung durch seine Mutter und wurde durch das Geräusch eines Schlüssels symbolisiert, der sich im Türschloß dreht: die junge Lillie Mae, die ihn in ein Hotelzimmer einsperrte, wenn sie abends ausging. »Ich erinnere mich so detailliert an das alles«, sagte er, wenn seine Gedanken in diese Zeit zurückkehrten, was immer häufiger der Fall war. »Jetzt in diesem Augenblick kann ich die Zimmer in St. Louis und New Orleans vor mir sehen. Damals haben meine Klaustrophobie und meine Angst vor dem Verlassenwerden angefangen. Sie hat mich eingesperrt, und ich kann immer noch nicht hinaus. Sie war die Ursache all meiner Angst – ›frei flottierende Angst‹ haben die Psychiater bei mir festgestellt. Wer das nie hatte, weiß nicht, wie es ist. Es steht im selben

Verhältnis zu normaler Angst wie eine Migräne zu gewöhnlichen Kopfschmerzen. Ich lebe ständig damit. Ich bin niemals frei davon.« Holly Golightly hat diesen Panikanfällen einen Namen gegeben: »das rote Grausen«. »Sie fürchten sich und schwitzen wie in der Hölle«, so beschrieb sie es, »aber Sie wissen nicht, wovor Sie sich fürchten. Außer daß etwas Schlimmes geschehen wird, nur wissen Sie gar nicht, was.«

»Alles, was wir tun, tun wir aus Angst«, hatte Truman in der frühen Erzählung »Shut the Final Door« (»Schließ die letzte Tür«) geschrieben. Später waren seine eigenen Ängste lange Zeit großenteils unter seiner Heiterkeit verborgen gewesen, ja sie mögen sogar zur schalkhaften, clownesken Seite seines Wesens beigetragen haben. Ein verängstigtes Kind hat die Wahl, sich entweder in einer Ecke zu verkriechen oder sich zu produzieren und dadurch das Scheinwerferlicht auf sich zu ziehen, das die Dunkelheit vertreibt. Truman wählte instinktiv den zweiten Weg, und dieses unreife Betragen hatte ihm jahrelang gute Dienste geleistet. Zu den Geheimnissen seiner Anziehungskraft auf andere zählten sein ansteckender Frohsinn, daß er sich durch überlebte Konventionen nicht einengen ließ sowie seine bei Erwachsenen so seltene Bereitschaft, Sympathie und Antipathie offen zu zeigen und zu sagen, was er dachte. Er konnte angeben, lügen und sich entsetzlich danebenbenehmen, aber seine Freunde sahen darin nur die Exzesse eines Kindes und vergötterten ihn trotzdem. Selbst seine Wut auf Maloff und die Jury des National Book Award war Zeichen einer erfrischenden Offenheit. Schließlich trachten alle guten Schriftsteller nach Anerkennung und sind verletzt und voll Groll, wenn ihr bestes Werk abgelehnt wird. Aber wenige sind bereit, sich öffentlich eine Blöße zu geben und sich vielleicht zu blamieren, indem sie das Verlangen auch aussprechen. Das rebellische Kind in ihm war bis dahin gewöhnlich jedoch durch einen Erwachsenen von außerordentlicher Klarsicht und sicherem Urteilsvermögen in Schach gehalten worden. Ein bemerkenswert sensibles Gyroskop hatte ihn davor bewahrt, sich zu weit in die eine oder andere Richtung zu lehnen.

In den Jahren nach »Kaltblütig« arbeitete dieses Gyroskop weniger zuverlässig und versagte zuletzt ganz. »Es ist, als wären zwei ganz verschiedene Personen in mir drin«, versuchte er zu erklären. »Die eine ist hochintelligent, phantasievoll und reif, die andere ist ein vierzehnjähriger Schnösel. Manchmal herrscht die eine, manchmal die andere.« Der streitlustige Halbwüchsige ließ immer öfter seine Muskeln spielen und schob den immer schlapperen Erwachsenen bald beiseite. Dem Mann in der Mitte, dem Truman Capote, den die Welt sah, fiel es zunehmend schwerer, zwischen Möglichem und Unmöglichem, zwischen Wirklichem und Unwirklichem zu unterscheiden. So ist es zum Beispiel unwahrscheinlich, daß sich Truman ein Jahrzehnt zuvor auf ein so aussichtsloses Unterfangen eingelassen hätte wie, aus Lee Radziwill einen Filmstar zu machen, oder daß er mit einer derart selbstzerfleischenden Bitterkeit auf die Brüskierung durch die Preiskomitees reagiert hätte.

Zur Verblasenheit seines Urteils trug auch eine zunehmende Abhängigkeit von Tabletten und Alkohol bei. Beides war Bestandteil seines Lebens, seit er als Halbwüchsiger in Greenwich aus dem Zimmer seiner Mutter Schlaftabletten und aus Joe Capotes Hausbar süße Obstliköre gestohlen hatte. In den sechziger Jahren war er bereits abhängig von Beruhigungsmitteln und verschiedenen anderen stimmungsverändernden Pillen, und der Alkohol, der alte und bewährte Verbündete, hatte sich gegen ihn gekehrt. »Als ich ihn kennenlernte, tranken wir gewöhnlich etwas Wein zum Mittagessen, später einen Martini«, berichtete Phyllis Cerf. »Aber während er an ›Kaltblütig‹ arbeitete, trank er immer mehr und mehr und mehr. Er begann mit einem doppelten Martini, trank einen weiteren beim Essen und danach einen Cocktail aus Brandy und Likör. Daß er so viele starke Sachen trank, war neu an ihm.« Zu Beginn der siebziger Jahre war es für ihn wie auch für alle anderen offensichtlich geworden, daß er ohne die Flaschen in seinem Arzneischrank und in seiner Hausbar nicht mehr existieren konnte.

Als »ein Phänomen« hatte Cecil ihn einst bezeichnet und sich gesorgt, daß jemand, der so intensiv lebt, eines Tages ausbrennen könne, daß seine Leuchtkraft zu erstaunlich sei, um dauern zu können. Ein Jahrzehnt, ja länger noch hatte Truman ihn widerlegt und sich in fieberhaftere Aktivität gestürzt denn je zuvor. Aber in den Monaten nach der Veröffentlichung von »Kaltblütig« erfüllte sich Cecils Voraussage schließlich doch: Das »Phänomen« der vierziger und fünfziger Jahre gab es nicht mehr. »Ich habe insgeheim das Gefühl, daß es T. schlechtgeht und er es vielleicht nicht mehr lange macht«, schrieb Cecil im Frühjahr 1966. »Er ist ein echt neurotischer Fall geworden.«

Trumans Prosa war von Anfang an von Nostalgie durchzogen gewesen, von einer Sehnsucht nach einer heiteren und lächelnden Vergangenheit, die er selbst nicht gekannt hat und die auch seinen literarischen Gestalten fehlt. »Will niemals schlafen, Tod nicht erleiden, will nur so dahinziehen über die Himmelsweiden«, geht das Lied von Holly, zu dem sie auf der Feuerleiter sitzend ihrer Gitarre klagende Akkorde entlockt. Aber Nostalgie verschaffte Truman nicht das bittersüße Gefühl, das sie vielen Menschen beschert. Sie war vielmehr Anzeichen eines Pessimismus, der derart tief in ihm wurzelte, daß jeder wache Augenblick verdüstert war. »Die Leute halten mich für einen, der frivole Dinge tut, und das bin ich auch«, meinte er, »aber ich tue sie nur aus Trotz gegen das Gefühl, daß Vergänglichkeit und Tod die zentralen Faktoren des Lebens sind.«

Da ihm in der Kindheit nicht die elterliche Liebe zuteil geworden war, die gewöhnlich später Zufriedenheit bewirkt, hatte er seine Glücksgefühle selbst erzeugt, sie aus seiner Phantasie heraufbeschworen wie seine Texte. Nach »Kaltblütig« war er nicht mehr imstande, die Energie aufzubringen, die für diesen magischen Kraftakt nötig war. Aus Nostalgie wurde Schwermut, und wer ihn gut kannte, dem schien er in einem Zustand ständiger Trauer zu verharren, von einem Verlust überwältigt, der nicht weniger schlimm war, nur weil er nicht genau sagen konnte, was ihm eigentlich genommen worden war.

Es gab sogar Anzeichen dafür, daß er die Illusionen über die ganz reichen Leute verlor und daß ihn die Schwäne sogar gelegentlich langweilten. Er war auf dem Olymp gewandelt und hatte entdeckt, daß die dort Ansässigen doch nicht Gesalbte des Himmels waren. Es war ein Schock für ihn – nicht für seinen Intellekt, mit dem er das schon immer gewußt hatte, sondern für sein Gefühl, mit dem er es nicht erkannt hatte. Der zentrale Mythos seines Lebens begann zu bröckeln. Er verlor den Boden unter den Füßen wie jemand, der die Religion verloren hat, und seine Zuversicht schwand mit seinem Glauben. Die Sonne früherer Jahre schien immer seltener, die Wolken ballten sich so rasch zusammen, daß es schien, als kämen sie aus dem Nirgendwo. Das stimmte jedoch nicht: Sie waren vielmehr die ganze Zeit dagewesen und hatten hinter dem Horizont gedroht.

Das Thema, das sich durch sein Leben zog – eine unablässige, aber erfolglose Suche nach Liebe –, kann mit einem Leitmotiv in manchen Sinfonien und Opern verglichen werden. Getragen von Streichern und Trompeten, funkelt das Thema zu Beginn voll Optimismus und Frohsinn: Alles ist möglich, scheint es zu sagen. Dann verlangsamt sich das Tempo der Musik, und schmelzende Oboen und tiefe Hörner verdrängen die heller klingenden Instrumente, die die Melodie umspielt haben: Das Beste ist vorbei, scheint es jetzt zu bedeuten, es ist vergangen und vorüber. Dieselben Noten, die einst mit dem Übermut des Frühlings erklungen sind, beginnen vom melancholischen Herbst zu erzählen und dem Winter, der danach kommt. Für die Zuhörer, die das jubilierende Echo der früheren Intonation noch im Ohr haben, klingen sie herzzerreißend traurig.

46

»Wenn man von einer Idee wirklich besessen ist, verfolgt sie einen jahrelang«, hatte Truman einmal gesagt. »Sie saugt einen aus wie ein Vampir, bis man sie loswird, indem man sie niederschreibt.« So besessen war er von der Idee der »Erhörten Gebete«. Wenn er sie auch beseite schob, als er nach Kansas ging, zweifelte er doch nie daran, daß er eines Tages darauf zurückkommen würde. »Ach, wie leicht das vergleichsweise sein wird!« sagte er 1965, etwa eine Woche nach Abschluß von »Kaltblütig«, zu einer Journalistin. »Ich habe es fertig im Kopf.«

Aber dieser Tag wurde immer wieder hinausgeschoben, denn er ließ sich auf ein unergiebiges Projekt nach dem anderen ein, eine immer länger werdende Liste, die nicht nur die mißglückten Fernsehbearbeitungen für Lee einschloß, sondern auch »Death Row, U.S.A.«, seinen Dokumentarbericht über die Todesstrafe, und einen neuen zweiten Akt für »Das Blumenhaus«, das Off Broadway produziert wurde. Zusammen mit den Ablenkungen, die einem berühmten Autor stets aufgedrängt werden, verschleierten diese Beschäftigungen die Tatsache, daß er mit Ausnahme der paar abschließenden Seiten von »Kaltblütig« seit Sommer 1964 kaum mehr etwas Neues geschrieben hatte.

Vielleicht verlangte er sogar unbewußt danach, denn sosehr er von der Idee besessen war, schien ihn doch eine merkwürdige Scheu davon abzuhalten, mit »Erhörte Gebete« endlich zu beginnen. Was ihm im Sommer 1965, als das Projekt in verschwommener Entfernung lag, wie ein Kinderspiel vorgekommen war, erwies sich als erheblich schwieriger, als es für ihn Zeit wurde, die Blackwing-Bleistifte zu spitzen. Ein Grund dafür mag gewesen sein, daß ihn das Ganze jetzt ebensosehr abstieß, wie es ihn faszinierte. Der Aphorismus der heiligen Teresa war für ihn ja nicht deshalb zur fixen Idee geworden, weil er darin den Kern eines Romans erblickt hätte. Er ließ ihn vielmehr deswegen nicht los, weil er seiner eigenen düsteren Weltsicht entsprach, seiner Überzeugung, daß das Schicksal die bestraft, die es zu begünstigen scheint, indem es ihnen das beschert, was sie sich wünschen. Eine Abwandlung der uralten Erkenntnis, daß jede große Gabe einen hohen Preis fordert: »Sie, die ihm Süße verlieh, machte ihn blind«, heißt es bei Homer. Immer wieder hatte Truman die verschiedensten Personen in dieses ergreifende Drama verstrickt gesehen.

In den fünfziger Jahren, als ihm erstmals der Gedanke gekommen war, dieses Thema literarisch abzuhandeln, hätte er sich allenfalls vorstellen oder höchstens eine Vorahnung davon haben können, daß er sich einst als Akteur in diesem traurigen Stück wiederfinden würde. Sein größter Triumph lag noch vor ihm; seine eigenen Gebete waren noch nicht erhört worden. Ende der sechziger Jahre waren seine Wünsche in Erfüllung gegangen, und er erkannte, daß er einen Preis dafür bezahlte. Es muß im klargeworden sein, daß »Erhörte Gebete« nicht nur sein ehrgeizigstes Werk, sondern im weitesten Sinn auch seine Autobiographie sein würde. Daß er nicht nur über die verlorenen Illusionen seiner Gestalten schreiben würde, sondern auch über seine eigenen.

Die anderen Gründe für sein Zögern waren wahrscheinlich eher praktischer Art. Er schauderte vor der Aussicht auf eine weitere lange und einsame Plage zurück. Und er fürchtete, sein Talent könnte, selbst wenn er sich einer solchen Bürde unterwarf, seinem Ehrgeiz nicht gewachsen sein. Mit Ausnahme der beiden Kurzgeschichten »Among the Paths to Eden« (»Auf all den Wegen nach Eden«) und »The Thanksgiving Visitor« (»Chrysanthemen sind wie Löwen«) hatte er sich seit »Frühstück bei Tiffany«, das zehn Jahre zuvor entstanden war, nicht mehr an erzählender Prosa versucht. Als er Ende der sechziger Jahre wieder über »Erhörte Gebete« nachdachte, muß er sich gefragt haben, ob er immer noch Schwierigkeiten habe, ja ob er überhaupt noch einen Roman würde schreiben können.

Was seine Angst noch erhöhte war ein Ehrgeiz, der die Grenzen der Vernunft gesprengt hatte. Vom Beispiel Flauberts beflügelt, hatte er sich immer die anspruchsvollsten Maßstäbe gesetzt: »Ich will hoch hinaus«, hatte er in ein Schulheft gekritzelt – aber bis »Kaltblütig« war er ein nüchterner Perfektionist gewesen. Er hatte sich zwar hohe Ziele gesteckt, aber er hatte nicht darauf bestanden, ein großes Werk hervorzubringen, wann immer er sein Schreibheft in die Hand nahm. Diese vernünftige Einstellung fiel jetzt ebenfalls seinem schlecht funktionierenden Gyroskop zum Opfer: Seine Erwartungen überstiegen inzwischen rationale Grenzen. »Erhörte Gebete« mußte ein Meisterwerk werden. Darunter konnte er es nicht machen, wenn er seiner Kunst treu bleiben und gleichzeitig den spöttisch grinsenden Gesichtern des literarischen Establishments die lange Nase zeigen wollte. »Als ich diese Preise nicht bekam, sagte ich mir: ›Ich werde ein Buch schreiben, das euch alle beschämen wird. Ihr werdet erleben, was ein wirklich, wirklich begabter Schriftsteller mit großer Entschlossenheit zustande bringt.‹«

Daß er sich ein so außergewöhnliches Ziel setzte, hatte jedoch nicht zur Folge, daß er sich auch beeilte, Worte zu Papier zu bringen. Es bewirkte statt dessen, was es wahrscheinlich bei jedem anderen Schriftsteller ebenfalls bewirkt hätte: Es löste eine Schreibhemmung aus, die so lähmend auf ihm lastete wie die ägyptischen Pyramiden. Die Einstellung zu seiner Kunst machte ihn, so bewundernswert sie in der Theorie war, in der Praxis nachgerade handlungsunfähig. Selbst die zuverlässige und produktive Hand von Henry James, dem Meister selbst, hätte wohl gezittert, wenn er sich jeden Morgen in so kriegerischer, kompromißloser Stimmung an den Schreibtisch gesetzt hätte.

Es ist daher kaum verwunderlich, daß Truman ständig innehielt und sich von Weg und Ziel ablenken ließ. Beim Anblick des ihn zugleich am meisten erregenden und beängstigenden Objekts – eines leeren Blatt Papiers – muß er sich gefragt haben, ob er sich nicht mehr zumutete, als er bewältigen konnte. Würde ihm ein weiteres Meisterwerk gelingen? Wollte er wirklich mit Gestalten leben, deren unglückliche Erfahrungen seine eigenen widerspiegelten? Was Flaubert sagte, als er sich anschickte, »Bouvard et Pécuchet« zu schreiben, hätte auch von ihm stammen können: »Wie ich mich fürchte! Ich bin auf die Folter gespannt! Ich fühle mich, als bräche ich zu einer sehr langen Reise in unbekanntes Territorium auf und als würde ich nicht zurückkommen.«

Im Herbst 1967 war klar, daß Truman den Beginn seiner eigenen Reise nicht länger hinauszögern konnte. Er hatte Titel und Thema öffentlich bekanntgegeben: eine schwarze Komödie über die ganz Reichen. Von Random House hatte er einen Vorschuß von 25 000 Dollar erhalten, und ohne irgend jemandem auch nur die erste Zeile des ersten Kapitels zu zeigen, hatte er die Filmrechte für die unglaubliche Summe von 350 000 Dollar an die Twentieth Century Fox verkauft – ein Betrag, den man mindestens mit drei multiplizieren müßte, um den heutigen Gegenwert in Dollar zu erhalten. Das einzige, was er für dieses Geld zu tun hatte, war, sich hinzusetzen und das vertraglich garantierte Minimum von sechzigtausend Wörten zu schreiben, was einem kurzen Roman von weniger als zweihundertfünfzig Seiten entspricht. Aber wo sollte er sich niederlassen, um diese Seiten zu schreiben? New York lenkte ihn zu sehr ab, das war nicht der richtige Ort. Ebensowenig Long Island; obwohl sein Häuschen in Sagaponack eine Heizung hatte, war es für warme, nicht kalte Witterung gedacht, und die platten Kartoffelfelder darum herum, die zu anderen Jahreszeiten so reizvoll aussahen, drückten im Winter stark auf die Stimmung. Verbier wäre der naheliegende Ort gewesen, aber die winzige Wohnung dort war zu beengt und enthielt zu viele Erinnerungen an die Qualen von »Kaltblütig«.

Truman regelte diese Frage schließlich, indem er ein Haus in Palm Springs, der bevorzugten Spielwiese Hollywoods, mietete. Es herrschte ein ideales Winterklima dort. Das Haus war klein, doch im Gegensatz zu Verbier bot es all die luxuriösen Annehmlichkeiten, die Truman liebte und die er sich jetzt leisten konnte. Es war zwar abgelegen, aber doch in bequemer Reichweite seiner kalifornischen Freunde, zu denen jetzt sogar der Gouverneur zählte. »Ich habe einen merkwürdigen neuen Freund – Ronald Reagan«, teilte er

Cecil mit und fügte hinzu, als hörte er bereits Gekicher aus London: »Ja, ich *weiß*. Aber er ist wirklich *sehr* nett, und wir kommen ausgezeichnet miteinander aus.« Reagan hatte entsprechende Drähte für ihn gezogen, damit er für seinen Dokumentarfilm über die Todesstrafe San Quentin besuchen konnte. Truman hatte seinerseits Nancy Reagan geholfen, für eines ihrer Lieblingsprojekte, die Restaurierung der offiziellen Gouverneursresidenz in Sacramento, Spenden zu sammeln, indem er sie mit einigen seiner reichen Freunde bekannt gemacht hatte. »Schreiben Sie uns, wenn Sie Zeit finden«, ermahnte sie ihn im November 1967. »Ich möchte den Kontakt mit Ihnen nicht verlieren.«

Ende Dezember startete Truman in einem Buick-Combi westwärts. Donald Windham saß neben ihm, Happy, eine neuadoptierte schwarze Katze hinten, und Charlie, halb dazwischen, hechelte Donald ins Gesicht, wenn er seine Pfoten auf die Rückenlehne stützte, um zu sehen, wo sie hinfuhren. Sie legten im Schnitt fünfhundert Meilen täglich zurück und trafen kurz nach Neujahr 1968 in Palm Springs ein. Truman stellte zu seiner Befriedigung fest, daß sich das von ihm gemietete Objekt, ein unauffälliges, aber komfortables Haus am Paseo El Mirador 853, durch genau das auszeichnete, was er brauchte: absolute Abgeschiedenheit. Garten und Schwimmbekken waren von einer hohen Mauer umfriedet, und das einzige, was von der Außenwelt zu sehen war, waren die Wipfel wippender Palmen und violettes Wüstengebirge. »Es war die ideale Umgebung, um zu arbeiten«, meinte Donald, »insbesondere, da niemand wußte, daß Truman dort war.«

In den zwei Wochen, die Donald bei ihm verbrachte, schien Truman jedoch nicht viel zu arbeiten. Ein Großteil seiner Zeit ging für Ferngespräche mit New York drauf. Er konferierte mit Harold Arlen, dem Regisseur der neuen Fassung von »Das Blumenhaus«, sowie mit Freundinnen, die vor der Vorstellung Dinners und danach ein Wohlfahrtsfest auf der Bühne organisierten. Und weniger als drei Wochen nach seiner Ankunft unterbrach er seinen Aufenthalt, um zur Premiere seines Stücks am 28. Januar nach Manhattan zurückzufliegen. Aber das renovierte »Blumenhaus« fand noch weniger Anklang als das Broadway-Original. »Welche Änderungen auch vorgenommen wurden, es fällt schwer, sie als Verbesserungen zu betrachten«, bemerkte Clive Barnes, der Theaterkritiker der *Times*. Das Stück wurde nach nur siebenundfünfzig Aufführungen abgesetzt, und der gewöhnlich umgängliche Arlen schob die Schuld größtenteils Truman zu. »Wenn er zu den Proben geblieben wäre, statt nach Palm Springs zu fahren, hätten wir, glaube ich, eine reelle Chance gehabt«, bemerkte er.

Truman kehrte rasch wieder nach Palm Springs zurück, wo C. Robert Jennings für das *West Magazine* einen Bericht über sein Leben verfaßte, das hauptsächlich aus Arbeit, Massagen im The Spa und häufigen Unterbrechungen für Drinks zu bestehen schien. Was aus Jennings' Bericht am klarsten hervorging, wenn auch nur zwischen den Zeilen, war etwas, das sich Truman zweifellos nicht anmerken lassen wollte: die Ziellosigkeit seines Lebens in dieser luxuriösen Oase. Obwohl er viele Freunde dort hatte, fühlte er sich deprimiert und einsam. »Ich langweile mich hier überhaupt nicht«, behauptete er, fügte aber ziemlich verräterisch hinzu: »Andererseits habe ich eine grenzenlose Fähigkeit, Langeweile zu ertragen.«

Doch das Gegenteil war richtig. Truman besaß nur eine geringe Fähigkeit, Langeweile zu ertragen, und er konnte innerhalb seiner schützenden Wände kaum stillsitzen. Mitte März begab er sich auf einen zehntägigen Europa-Urlaub, den er zur Hälfte in London verbrachte, wahrscheinlich mit Lee Radziwill, die ihn erst wenige Wochen zuvor in Kalifornien besucht hatte. Ende März war er zurück in Palm Springs und wartete auf die Ankunft von Jack. Er wollte den Winter nicht mehr in Verbier verbringen und hoffte, daß Jack den Alpen ebenfalls den Rücken kehren würde. Anfangs schien dies durchaus möglich: Die fremdartige Schönheit der Wüste verfehlte ihre Wirkung auf Jack nicht. »Ich bin angewiesen worden, nicht in die Wüste hinauszugehen, weil es dort Schlangen gibt«, schrieb er an seine Schwester Gloria, »aber es fällt mir schwer, es zu lassen; die Abende sind so schön.«

Jacks Sympathie schwand jedoch bald. *Thirst's End* nannte er Palm Springs sarkastisch und fügte in seiner poetischen Ausdrucksweise hinzu:

»Wann immer ich meine Augen hob, knallten sie an Berge in der Farbe von Kot.« Er fand auch Trumans Haus abscheulich, es kam ihm gewöhnlich vor, ebenfalls Trumans Leben darin, das er wahnsinnig hektisch fand. »An seinem Leben war etwas fürchterlich falsch«, stellte er später fest. »Die Türglocke läutete ständig, und Leute baten ihn, das oder jenes zu tun. Er stand unter schrecklichem Streß und wurde langsam verrückt. Er kam mir vor wie einer, der in einen gefährlichen Nachtclub geraten ist und nicht mehr raus kann. Er war zu weit gegangen. Ich sagte nichts, aber ich klappte einfach zusammen, so einsam fühlte ich mich. Ich habe noch nie eine derartige Depression erlebt. Die Langeweile machte einem fast angst. Ziemlich bald bekam ich Schwindelanfälle. Mir wurde schwarz vor Augen.

Eines Tages aß ich zwei Spiegeleier und ging dann ins Becken schwimmen. Plötzlich hatte ich ein komisches Gefühl in der Herzgegend. Ich dachte, es sei ein Herzinfarkt und ich müsse sterben. Truman rief einen Arzt, einen abgebrühten kleinen Juden, der auch kam und mir eine Tablette gab – was ich hatte, war eine fürchterliche Verdauungsstörung. Truman beobachtete mich: Er hatte versucht, mich zu etwas zu nötigen, was ich nicht fertigbrachte, nämlich an einem Ort zu bleiben, den ich so sehr verabscheute, daß ich physisch dort nicht ausharren konnte. Er wußte, was los war. Ich glaube, ihm war es selbst zuwider. ›Es wird dir bessergehen, sobald du Räder unter dir spürst‹, meinte er. Und er hatte recht. Sobald wir wegfuhren, fühlte ich mich besser.«

Mitte April, zwei Wochen bevor der Mietvertrag auslief, brachen sie auf, zurück nach New York. »Mein Gott, was für ein großes, einsames Land die USA sind, und wie schön«, schrieb Jack aus Sagaponack an Gloria. »Aber mir gefällt Long Island am besten. Mein Herz ist hier. Hier fühle ich mich zu Hause.« Er kehrte niemals nach Palm Springs zurück. Wohl aber Truman: Er kaufte das Haus, das er gemietet hatte, und gestaltete es nach seinen Vorstellungen um. Damals erschien ihm das folgerichtig. Erst später erkannte er seinen Fehler. »Der Kauf dieses Hauses in Palm Springs war der Anfang vom Ende für mich.«

47

In vielen Teilen der Welt und insbesondere in Amerika war 1968 ein Jahr des Aufruhrs, der Proteste und Mordanschläge. Obwohl sich Truman nicht um Politik scherte – Jack und er waren stolz darauf, daß sie nie zu einer Wahl gegangen waren –, hatte er ausgeprägte Überzeugungen in bezug auf Verbrechen und Kriminelle. Er hatte schließlich eben erst für seine Fernsehdokumentation eine große Anzahl von verurteilten Mördern interviewt. Einige Tage nachdem er nach New York zurückgekehrt war, trat er zum ersten Mal in Johnny Carsons *Tonight Show* auf und erklärte, das FBI suche bei der Fahndung nach dem Mann, der Anfang April Martin Luther King jun. getötet habe, nach der falschen Person. Er habe die Vorgeschichte von James Earl Ray, dem geflohenen Verdächtigen, sorgfältig studiert, führte er aus, und sei zu dem Schluß gekommen, daß Ray »zu dieser speziellen Art eines äußerst berechnenden, exakten und präzisen Verbrechens nicht fähig ist«. Ray war seiner Meinung nach nur eine Schachfigur in einem raffinierten Komplott und mindestens zehn Tage vor King selbst ermordet worden.

Eine Woche nachdem Truman diese unselige Meinung geäußert hatte, flog er mit Frank und Eleanor Perry nach Frankreich, um am Filmfestival in Cannes teilzunehmen, wo sich »Trilogy«, eine Verfilmung von drei seiner Geschichten, die die Perrys für das Fernsehen bearbeitet hatten, um einen Preis bewarb. »Die dortigen Macher wollten große Stars und viele Prominente, und unser Film wurde unter der Bedingung akzeptiert, daß wir Truman Capote herbeischaffen«, berichtete Eleanor. »Natürlich war Truman bereit dazu. Alle Spesen wurden von den Veranstaltern getragen, warum also nicht? Der rote Teppich wurde für uns ausgerollt. Wir wurden am Flughafen abgeholt, ich bekam Blumen, und es gab Mittagessen und Abendessen für Truman. Wir kamen groß raus.«

Aber die Unruhen hatten auch auf Frankreich übergegriffen. Kurz nach ihrer Ankunft brachen im ganzen Land Streiks und Protestaktionen aus. »Wir gingen in den großen Saal, wo der Film eines spanischen Regisseurs vorgeführt werden sollte. Dort herrschte das reinste Chaos«, erinnerte sich Eleanor. »Geraldine Chaplin hielt den Vorhang zu, die Leute schrien und schlugen aufeinander ein, und Jean-Luc Godard wurde in irgendwelche Plastikblumen gestoßen. Jeder bekam zu hören, dies sei das Ende von Smokings, Starlets, Bikinis und vom ganzen übrigen Zirkus, der mit dem Festival verbunden war. Von jetzt an werde es in Cannes nur noch echte Filme für das Volk geben, sagte man uns. Unser Film wurde vom Programm gestrichen, ohne daß er ein einziges Mal gezeigt worden wäre. Es blieb uns nichts anderes übrig, also verdünnisierten wir uns.« Eleanor, die begierig war, das sich zuspitzende Drama mitzuerleben, schlug vor, nach Paris zu fahren, um Zeuge der weitaus ernsteren Umbrüche zu werden, die sich dort ereigneten. Aber Truman, der sich für die französische Politik nicht mehr interessierte als für die in seinem eigenen Land, lehnte das ab, und so kehrten sie über Venedig nach New York zurück.

Er war wieder in Sagaponack, als er am Morgen des 5. Juni im Radio hörte, daß Robert Kennedy in Los Angeles erschossen worden war. Truman und Bobby kannten einander von Dinnerpartys und hatten viele gemeinsame Freunde, darunter natürlich Lee und Jackie. Truman war überzeugt, daß Bobby so großen Einfluß auf Jackie hatte, daß er, falls er am Leben geblieben wäre, ihr sogar hätte ausreden können, Aristoteles Onassis zu heiraten. Truman hatte den Eindruck, Bobby fühle sich in seiner Gegenwart zwar unbehaglich, sei aber irgendwie der Meinung, er müßte ihn mögen, wie manche Leute, die sich nichts aus Opern machen, die Zähne zusammenbeißen und dennoch hingehen, in der Hoffnung, daß ihnen eines Tages ein Licht aufgehen wird. »Ich hatte immer das Gefühl, er grüble über die Frage: ›Was ist denn nur dahinter?‹ Ich kam ihm irgendwie abwegig vor, und er konnte das nie ganz akzeptieren.« Bobby versuchte es immerhin. Er wohnte ebenfalls im U.N. Plaza und rief Truman gelegentlich über das Haustelefon an, um ihn zu fragen, ob er auf einen Drink vorbeikommen dürfe, bevor er abends ausgehe, und er hatte zumindest einige von Trumans Büchern gelesen. Am liebsten sei ihm nicht »Kaltblütig«, sagte er, wie man es von einem ehemaligen Justizminister hätte erwarten können, sondern »Die Musen sprechen«. Es habe ihn mehr amüsiert als jedes andere Buch, das er je gelesen habe.

Zum letzten Mal waren sie an einem frühen Morgen im Mai zusammengetroffen, als sie ihre Hunde ausführten. Bobby hatte bezeichnenderweise angehalten, um zwei kleinen Jungen, die er beim Rauchen erwischt hatte, eindringlich ins Gewissen zu reden. »Einer der Jungen sah zu ihm auf«, erinnerte sich Truman, »und sagte: ›Ehrlich, ehrlich, Mr. Kennedy! Ich schwöre, wir werden es nie wieder tun.‹ Als wäre er eine Art Racheengel, der direkt vom Himmel auf sie herabgestürzt war.« Einen Monat später nahm Truman in der St. Patrick's Kathedrale am Trauergottesdienst für Bobby teil. Er hatte eine fiebrige Grippe und schaffte es nicht, mit dem Sonderzug, der Bobbys Leichnam mitführte, nach Washington zur Beerdigung zu fahren, sondern erlebte diese lange Reise statt dessen im Fernsehen mit und weinte so sehr, daß sich seine Krankheit verschlimmerte. Rose Kennedy fügte ihrem Dank für sein Beileidsschreiben traurig hinzu: »Ich muß immer an Hekubas Klage in Euripides' ›Troerinnen‹ denken.«*

Trumans Autorität als Sachverständiger in Sachen Verbrechen nahm etwas Schaden, als James Earl Ray – der mitnichten tot war, wie Truman dem Publikum der *Tonight Show* versichert hatte – in London verhaftet wurde. Das hielt Truman jedoch nicht davon ab, am 13. Juni erneut in der Sendung aufzutreten und eine zweite, noch abstrusere Theorie zu verfechten, die die Ermordung von King mit den Anschlägen auf Bobby und John Kennedy verknüpfte. Er erklärte, alle drei Morde könnten Teil einer riesigen

* »Ach weh! ... Denn welches Weh fehlet hier? Meine Kinder verloren, mein Land und meinen Gott.«

Verschwörung sein mit dem Ziel, die Vereinigten Staaten zu destabilisieren, indem man ihre Führungspersönlichkeiten ermorde. Er war nicht der einzige, der in diesem Jahr des Blutes einen solchen Verdacht hegte, aber er ging weiter als die meisten, indem er auf eine bestimmte Gruppe, nämlich die Theosophen, zeigte: Der Plan für ein derart großangelegtes Mordkomplott sei im 19. Jahrhundert von Helena Blavatsky, der Begründerin der Theosophie, ausgeheckt worden. Düster fügte er hinzu, der des Mordes an Bobby angeklagte Sirhan Sirhan habe schon bald nach seiner Verhaftung um ein Exemplar von Madame Blavatskys Abhandlung »The Secret Doctrine« gebeten.

Die erbosten Theosophen beeilten sich zu versichern, daß seine zweite Theorie ebenso wackelig sei wie die erste: »Mr. Capote muß völlig durcheinander oder aber grenzenlos unwissend sein, was unsere Gesellschaft, ihre Ziele und Lehren betrifft«, erklärte Joy Mills, die Präsidentin der Theosophischen Gesellschaft. In Wirklichkeit habe Madame Blavatsky Liebe, nicht Mord gepredigt, und Truman habe sie möglicherweise mit russischen Anarchisten des 19. Jahrhunderts wie Michael Bakunin verwechselt, der für politische Attentate eintrat. Zeitungskommentare warfen ihm Verantwortungslosigkeit vor. In einem Leitartikel im *Christian Science Monitor* stand kurz und bündig: »Die ganze Diskussion zeugte von äußerst schlechtem Geschmack.«

Im Juli entzog er sich dem amerikanischen Aufruhr, um wieder einmal auf der Guinness-Jacht durch das Mittelmeer zu kreuzen. Aber er hatte keinen Spaß mehr an solchen luxuriösen Trips. »Ich machte die türkische Küste zum dritten Mal und war im Begriff auszurasten! Jeden Tag legten wir irgendwo an und gingen an Land, um uns irgendwelche Ruinen anzuschauen, irgendwelche blöden, alten Trümmer am Arsch der Welt. Da war sogar ein Professor von irgendeiner italienischen Universität, der uns erklärte, was diese riesigen Steinhaufen bedeuten sollten.

Schließlich sagte ich, ich glaube, zu Babe: ›Ich halte das nicht mehr aus. Ich möchte weg! Ich möchte nach New York oder Long Island zurück.‹ Sie sagte zu mir: ›Komm einfach nicht mit, wenn wir an Land gehen. Bleib auf dem Schiff, schwimme, spiele Platten, trinke, betrinke dich, laß es dir gutgehen.‹ Genau das habe ich getan. Ich ging schwimmen, las und spielte Platten – die Jacht hatte eine wunderbare Stereoanlage – und wurde ganz toll braun. Braun ist kaum der richtige Ausdruck! Ich sah aus wie ein Mulatte! Ich war ganz entspannt, wenn all die anderen müde und schweißtriefend zurückkamen, bloß weil sie irgendeinen verdammten Trümmerhaufen irgendwo in der Türkei angestarrt hatten.

›Truman, ich verstehe wirklich nicht, warum du nicht mit uns kommst‹, sagte Gloria immer wieder zu mir. ›Wir sehen wirklich fabelhafte Dinge.‹

›Gloria‹, sagte ich, ›was ihr tut, ist so ungefähr das Langweiligste, was ich mir vorstellen kann. Ich habe sechs Törns mit euch gemacht, aber nie zuvor ist es eine solche Marter gewesen. Ich mache mir nun mal nichts aus diesen Dingen, und ich verlasse dieses Schiff nicht, um mir diese alten Grüfte und Steinhaufen anzuschauen!‹«

Eine noch größere Enttäuschung erwartete ihn im Herbst, als sich ABC mit der für die Unterhaltungsindustrie typischen Logik weigerte, »Death Row, U.S.A.« auszustrahlen. Es hieß, der Film sei zu trist, eine Bemerkung, die Truman zur Entgegnung veranlaßte: »Was habt ihr eigentlich erwartet – ›Rebecca von der Sunnybrook Farm‹?« Er wurde das Opfer einer der nicht gerade seltenen Umstrukturierungen im Management. Die Sendung war von Thomas Moore, dem früheren Präsidenten von ABC und seinem Freund und Nachbarn in Palm Springs, in Auftrag gegeben worden, und Elton Rule – »dieser sonnengebräunte Uriah Heep«, wie Truman ihn spöttisch nannte –, der neue Präsident der Senderkette, wollte mit einem derart düsteren Stoff nichts zu tun haben. Truman sagte zwar, er sei »schrecklich enttäuscht« von diesem Ausgang der Sache, doch bedauerte er vor allem, daß er eineinhalb Jahre daran verschwendet habe. »Ich bin in erster Linie Prosaschriftsteller«, erklärte er etwas lahm. »Für mich ist Film nicht das Wichtigste der Welt.«

Er hatte 1968 mit festen Vorsätzen zu arbeiten begonnen. Doch am Ende des Jahres hatten seine Anstrengungen – in Sachen Film wie Prosa – wenig

Früchte getragen. »Ich habe hart gearbeitet und nichts anderes getan«, schrieb er an Cecil. »Aber dabei habe ich mich so zersplittert – ich habe an meinem Buch geschrieben und (ganz allein) an einem sehr komplizierten Dokumentarfilm gearbeitet. Das und die ganze Tragik hier in Amerika haben bewirkt, daß man sich fühlt wie ein unlösbares Puzzlespiel.«

Kurz nach Weihnachten machte sich Truman wieder auf den Weg nach Palm Springs, diesmal begleitet von C. Z. Guest und seinem Vetter Joey Faulk, einem von Seabons drei Söhnen. Der ehemalige Militär-Fallschirmspringer Joey chauffierte, C. Z., die langes Autofahren nicht gewöhnt war, saß neben ihm auf dem Vordersitz und wollte alles über die Ortschaften wissen, durch die sie fuhren, und Truman thronte mit Charlie auf dem Rücksitz und las Bücher und Zeitschriften. (Happy war ungeachtet ihres Namens auf Long Island einem Auto zum Opfer gefallen.) Anfang Januar 1969 trafen sie in Kalifornien ein, und C. Z. blieb noch rund zwei Wochen, Joey etwas länger bei ihm. Trumans Tagesablauf glich weitgehend dem des Vorjahres, mit dem Unterschied, daß er den Anspruch aufgab, sich mit »Erhörte Gebete« von der Welt abzusondern, und statt dessen aktives Mitglied eines Winter-Party-Zirkels wurde, zu dem auch Frank Sinatra, Bob Hope und Walter Annenberg, der Eigentümer von *TV Guide*, zählten. Zu Ostern war Joey wieder zur Stelle, um ihn nach New York zurückzufahren.

Er wurde mit seinem Buch nicht im Januar fertig, wie er vorausgesagt hatte. Dennoch schloß Random House im Mai einen großzügigen neuen Vertrag mit ihm ab. Als Vorschuß auf seine nächsten drei Bücher erhielt er fünf erstklassige Aktien im Wert von 750 000 Dollar. Das Kleingedruckte umfaßte viele Seiten, aber es lief darauf hinaus, daß sein Random-House-Portefeuille ihm ein sicheres und stattliches jährliches Einkommen garantieren sollte. Für »Erhörte Gebete« wurde eine neue Frist gesetzt: 1. Januar 1971.

In Manhattan nahm er seine Rundumschläge in TV-Talk-Shows wieder auf. So attackierte er die »jüdische Mafia«, die er als gegenseitigen Bewunderungsverein jüdischer Schriftsteller, Kritiker und Verleger betrachtete. Er pro-

testierte ein weiteres Mal gegen liberale Entscheidungen des Obersten Gerichts zugunsten der Rechte von Straftätern, und er begann mit seiner amüsantesten literarischen Fehde, einer erbitterten, aber letzten Endes harmlosen Polemik gegen Jacqueline Susann, Autorin der populärsten Schmonzette der Filmgeschichte: »Das Tal der Puppen« (»Valley of the Dolls«).
Truman führte den ersten Streich, indem er das vertraute Forum der *Tonight Show* dazu benutzte, um ihre schriftstellerischen Fähigkeiten öffentlich anzuzweifeln. Carson lud sie zum Gegenschlag ein, und statt sein Talent zu bagatellisieren, was ein schlechter Schachzug gewesen wäre, machte sie sich über seine Eigenarten lustig. Sie imitierte seine Babystimme, sein Augenrollen und seine effeminierten Handbewegungen. Gesten sind jedoch bald vergessen. Griffige Formulierungen dagegen werden zu Etiketten, die man nicht mehr los wird. Als im Juni 1969 die Reihe wieder an ihm war, brannte er darauf, Susann einige anzuhängen. Auf ihre dunkelhäutigen, scharfen und etwas maskulinen Züge anspielend sagte er, sie sehe aus wie »ein Brummifahrer im Transvestitenfummel«.
Was er sagte, war natürlich grausam – wenn auch nicht grausamer als ihre Imitation von ihm –, aber es enthielt genügend Wahrheit, um die Studiogäste in lautes Gelächter ausbrechen zu lassen. »Worte sind wie Chemikalien«, schrieb ihr Anwalt Louis Nizer. »Manche Verbindungen zischen bloß. Andere explodieren. Das Gelächter, in das die ganze Nation ausbrach, trieb [Ms. Susann] und ihren Mann Irving Mansfield, der ihr beim Vertrieb ihrer Werke tüchtig zur Seite stand, schnurstracks in meine Kanzlei. Sie bestanden auf einer sofortigen Klage.«
Obwohl Nizer durchaus glaubte, daß Gründe für eine Verleumdungsklage vorlagen, riet er ihr ab, einen Prozeß anzustrengen. Die Sache sei die Unannehmlichkeiten und Kosten nicht wert, meinte er. Sie habe keinen echten Schaden erlitten und sich ja auch selbst provozierend verhalten. Sosehr sie sich auch wünschte, »den kleinen Wurm im Kreuzverhör zappeln zu sehen«, nahm sie doch widerstrebend von einer weiteren Verfolgung der Sache Abstand. Nicht aber Truman, der sich dem Sieg nahe glaubte. Sie habe den Rückzug angetreten, brüstete er sich vor seinen Freunden, weil

Nizer sie darauf aufmerksam gemacht habe, daß sie den kürzeren ziehen werde, wenn Trumans Anwalt ein Dutzend echte Brummifahrer in Frauenkleider stecken und den Geschworenen vorführen sollte: Die Geschworenen würden sofort sagen, sie sehe tatsächlich wie ein Brummifahrer im Fummel aus. Trumans Bosheit wurde von irgendeinem Presseorgan abgedruckt, worauf Jacqueline Susann ihren Rechtsberater erneut anstachelte. »Jetzt hat Ihnen der kleine ›Kapaun‹ doch Worte in den Mund gelegt«, sagte sie. »Es ist wirklich ein dickes Ding. Was meinen Sie?«

Auch Nizer fand nun, es sei Zeit für eine Richtigstellung. Er erhielt sie umgehend. »Wie erfreulich, einen Brief von dem bewundernswerten Mr. Nizer zu bekommen – selbst wenn er eine Rüge enthält«, antwortete Truman. »Er ist so gut geschrieben. Wenn bloß Ihre Klientin Miss Susann (stimmt der Name?) Ihr Stilempfinden hätte!« Er entschuldigte sich zwar dafür, Nizer Worte in den Mund gelegt zu haben, aber nicht dafür, Jacqueline Susann mit einem Brummifahrer verglichen zu haben. »Das scheint mir eine rein ästhetische Ansicht zu sein – eine spontane Beobachtung. Spöttisch, ja; boshaft, nein. Ich empfinde keine Bosheit gegenüber Ihrer Klientin; im Gegenteil, ich respektiere sie als eine sehr professionelle Person, die genau weiß, was sie tut und wie sie es zu tun hat. Darüber hinaus würde ich Ihnen vorschlagen, einige Bemerkungen zu untersuchen, die Miss S. über mich gemacht hat – erst kürzlich vor drei Wochen in einem Interview in der *Los Angeles Times.* Immer wieder hat sie durchblicken lassen, ich sei homosexuell (große Neuigkeit!) und ein Faulpelz, der sie um ihre Produktivität beneide. Was mich angeht, würde es mich auch kalt lassen, wenn sie den Nobelpreis bekäme – Pearl S. Buck hat ihn auch gekriegt, *alors.*«

Die schon damals krebskranke Jacqueline Susann verfolgte die Sache nicht weiter. Aber es gelang ihr, das letzte Wort zu behalten, wenn auch posthum. In »Dolores«, ihrem letzten Produkt, einem ermüdenden Schlüsselroman über Jackie und Lee Bouvier, parodierte sie den »kleinen Kapaun« in Gestalt von Horatio Capon, dem Maler-Freund der jüngeren Schwester. »Er war eine Fernsehpersönlichkeit geworden«, schrieb sie, »und sah aus wie ein blondes Schwein. Das hinderte ihn aber nicht, unentwegt haarsträubende Geschichten und Klatsch zu verbreiten.«

Sommer und Herbst verbrachte Truman größtenteils auf Long Island, wo er den Sagaponack-Haushalt um Maggie, eine neue Bulldogge, erweiterte. Sie wurde ihm viel gefährlicher als Jacqueline Susann – Ende Oktober kostete ihn der Versuch, sie daran zu hindern, aus seinem Jaguar Cabrio zu springen, beinahe das Leben. In seiner Panik stieg er aufs Gaspedal statt auf die Bremse, das Auto raste gegen einen Baum, und er flog durch die Windschutzscheibe und blieb bewußtlos liegen. Man brachte ihn ins Southampton Hospital, wo Schnittwunden am Kopf und im Gesicht behandelt wurden; nach zwei Tagen war er wieder zu Hause. Maggie, die Ursache des ganzen Unheils, blieb unverletzt, aber sein schöner Jaguar – »*Green Girl*« hatte er ihn genannt – war nur noch Schrott.

Ende November flog Truman mit Robert O. Anderson, dem Vorstandsvorsitzenden der Ölgesellschaft Atlantic Richfield nach Teheran. Anderson hatte breiter gefächerte Interessen als so viele andere Geschäftsleute, und ihre Freundschaft war daher nicht ganz so kurios, wie sie vielleicht schien. Anderson hatte Truman wiederholt auf seine Ranch in New Mexico eingeladen, und Truman revanchierte sich, indem er ihn mit dem Schah bekannt machte, was für den Chef einer Ölfirma höchst wertvoll war! »Bob wollte mit seiner Gesellschaft Bohrinseln im Persischen Golf errichten, aber er hatte keinen Draht zum Schah«, erzählte Truman. »Der Schah war nicht einmal bereit, ihn zu empfangen. Nun, ich kannte den Schah zufällig. Ich hatte mit seiner Frau Farah Diba in der Schweiz oft lange Spaziergänge unternommen. Sie hatten mir gesagt, ich könne sie jederzeit besuchen, und so schrieb ich ihr und fragte sie, ob ich einen Freund mitbringen dürfe. Sie antwortete mir gleich, wir würden abgeholt werden. Wir wurden in den Palast in Isfahan gefahren, und Bob und der Schah verstanden sich großartig. Bob bekam, was er im Iran wollte, und seine Gesellschaft machte mehrere Millionen Dollar Gewinn.«

Am Ende der Reise fragte Anderson Truman, wo er zu Abend essen wolle.

»In Harry's Bar in Venedig«, gab dieser prompt zurück, und sie flogen in Andersons Jet hin. Bei der Landung in Venedig wartete bereits ein Motorboot auf sie, das sie zu Harry's brachte, wo man, geschmeichelt, daß sie um einer Mahlzeit willen den weiten Weg nicht gescheut hatten, die Küche länger offenhielt als üblich. Truman kehrte gerade noch rechtzeitig nach New York zurück, um sich von Jack zu verabschieden, der eben nach Verbier aufbrach. Er selbst startete in die andere Richtung, zurück nach Palm Springs. »Jack weigert sich unter allen Umständen, nach Kalifornien mitzukommen«, seufzte er gegenüber Cecil. »Wie immer, der alte Jack!«

48

Sie waren einundzwanzig Jahre zusammen gewesen. Sie hatten einander geliebt und miteinander gestritten und waren Seite an Seite in die mittleren Jahre gekommen: Anfang 1970 war Truman fünfundvierzig, Jack zehn Jahre älter. Jack war tatsächlich der alte geblieben, aber der Truman, der die sechziger Jahre hinter sich ließ, war nicht derselbe, der sie hatte kommen sehen. Und auch ihre Beziehung war nicht mehr das, was sie 1960 und davor gewesen war, als sie den größten Teil der Zeit in ruhiger Arbeit miteinander verbracht hatten. »Wir waren beide von unserem Metier besessen«, meinte Jack. »Wir hatten das Gefühl, wenn wir aufhören zu schreiben, sterben wir.«

Die Veröffentlichung von »Kaltblütig« warf dieses Verhaltensmuster wie fast alles übrige in Trumans Leben über den Haufen. Er konnte es nicht länger ertragen, den ganzen Winter in Verbier festzusitzen, doch er wollte auch nicht allein im U.N. Plaza sein. Wenn Jack bei ihm in New York geblieben wäre, so behauptete er später, wäre er nie nach Palm Springs gegangen. Aber Jack wollte nicht bleiben, und seine Abreise in die Schweiz war jedes Jahr eine Quelle der Angst, etwas, das Truman schon Monate vorher bedrückte. In seinem zunehmend labilen seelischen Zustand erlebte er Jacks alljährliches Fortgehen als eine Form von Zurückweisung und Verlassenwerden. Nicht bereit, allein in Manhattan zu bleiben, begann Truman im Winter zu verreisen, zuerst 1967 mit Lee nach Marokko, dann nach Palm Springs. Ohne es geplant zu haben, hatten sich Jack und er so eingerichtet, daß sie ebenso lange getrennt wie zusammen waren.

Die Regeln, nach denen ihr Leben funktionierte, hatten sich so langsam herausgebildet, daß erst am Ende des Jahrzehnts klar wurde, wie tiefgreifend die Veränderung war. Von Truman ausgehend, hatten sie auch aufgehört, miteinander zu schlafen, und lebten nur noch in Freundschaft zusammen. »Für zwei Menschen ist zwanzig Jahre zusammenzuleben eine lange Zeit«, stellte Truman fest. »Bestimmte Dinge sind eines Tages zu Ende, und das war eines Tages für mich zu Ende. Ich bin nicht fremdgegangen, sondern habe einfach gemerkt, daß ich nicht mehr mit ihm schlafen wollte – aus keinem bestimmten Grund, an den ich mich jetzt erinnern oder den ich damals hätte benennen können. Alles, was ich weiß, ist, daß ich mir eines Tages sagte: ›Ich mag Jack, aber ich liebe ihn nicht.‹ So einfach war das.« Die Vermutung ist jedoch wohl nicht zu weit hergeholt, daß es doch einen Grund gab: daß er sich, wenn auch nur unbewußt, für Jacks alljährliche Flucht nach Verbier rächte.

Falls Trumans Entscheidung Jack verletzte – was sie tat –, verheilte diese Wunde doch rasch. Jack kam rückblickend zum Schluß, daß die Beendigung der sexuellen Beziehung wahrscheinlich die andere und für ihn bedeutsamere Bindung zwischen ihnen erhalten habe. »Die platonische Freundschaft zwischen zwei Menschen ist die höchste Form menschlicher Beziehung«, erklärte Jack. »Wenn eine homosexuelle Beziehung funktioniert, muß sie zu etwas heranreifen, das über das Sexuelle hinausgeht. Truman und ich waren meines Wissens die einzigen, denen das gelungen ist. Es war undenkbar, daß wir je voneinander lassen würden. Die Leute glaubten, unsere Beziehung beruhe auf Sex. Das war nicht der Fall. Sex war uns beiden niemals wichtig. Truman hatte keinen starken Sexualtrieb, und ich habe etwas Kaltes – Hyperboreisches, wie Joyce sagen würde – an mir. Ich unterhielt mich lieber mit Leuten, als sie zu bumsen, zu ihrem Verdruß. Truman wollte nicht mehr mit mir schlafen, und so vergaß ich das Ganze. Ich wurde ziemlich asketisch. Ständig Sex ist ohnehin nicht gut.«

Als sich Truman später anders besann und wieder mit ihm schlafen wollte, war Jack zwar durchaus geneigt, aber sein Körper nicht; er verweigerte den Dienst. Jack war überzeugt, daß Truman mit Lee ins Bett gegangen war –

mit der »Goldgräberin und schamlosen Freibeuterin«, wie Jack sie nannte –, und zu Recht oder Unrecht fühlte er sich betrogen. »Wir versuchten es, aber ich schaffte es nicht«, sagte er. »Dasselbe geschah mit Joan McCrakken. Ich kann einfach nicht, wenn ich das Gefühl habe, er oder sie sei mit jemand anderem zusammengewesen. Ich funktioniere nun mal nicht auf Kommando.« So begab sich Truman erneut auf die Suche nach sexueller Liebe, eine Jagd, die seine Plagen wider alles Erwarten vervielfachen sollte. »Das alles – diese ganzen Affären – fingen an, weil ich nicht in die Schweiz mitfahren wollte«, erzählte Truman später, als wäre es der Anfang einer langen, traurigen Geschichte, und genau das war es auch.

An dieser Stelle folgte der Auftritt von Danny, dem ersten von Trumans »Männern ohne Gesicht«, wie Wyatt Cooper sie nannte, »an die man sich immer nur mit Mühe erinnert, wenn man sie nicht mit Truman zusammen sieht«.* Selbst wer ihn oft sah, tat sich später schwer, ihn zu beschreiben. Die Fotos verraten keinen einzigen markanten Zug. Er war vierzig oder nahe daran und etwa einsdreiundsiebzig groß, hatte braunes Haar, das langsam grau wurde, und war weder schön noch häßlich. Er stammte aus einer Kleinstadt in Illinois, und das Leben im mondänen Ferienort Palm Springs hatte überhaupt nicht auf ihn abgefärbt. »Er trug, was man in Kleinstädten des Mittelwestens eben so trägt«, bemerkte Charlotte Curtis, die Klatschkolumnistin der *New York Times*, die im Winter 1970 ein paar Tage lang bei Truman zu Gast war. »Offenes Hemd, kurze Ärmel, die Haare glattgekämmt für einen Samstagabend in Peoria. Er sah ein bißchen nach fünfziger Jahre aus.«

Seine Bildung war begrenzt; ein Jahr Lehrzeit nach der High-School war alles. Er hatte in Korea gedient, in einem Gefängnis in Illinois als Wärter gearbeitet, war verheiratet und Vater von zwei Söhnen und hatte sich erst kürzlich von seiner Frau getrennt. In Palm Springs verdiente er sich den Lebensunterhalt mit der Reparatur von Klimaanlagen. In den freien

* Danny wurde er von Truman genannt; es war nicht sein wirklicher Name.

Stunden tankte er auf dem Flughafen die Maschinen auf. Bennett Cerf verwechselte Flugzeuge mit Autos und erzählte Trumans Freunden, er sei Tankwart. »Ich bin wütend, daß Bennett so was erzählt!« sagte Truman zu Wyatt. »Er ist *kein* gewöhnlicher Tankwart. Er ist hergekommen, um meine Klimaanlage zu reparieren.«

Als Marella Agnelli Danny kennenlernte, bemerkte sie sehr hellsichtig, Truman müsse »eine große Sehnsucht« empfunden haben. Danny habe ihn wahrscheinlich an einen Spielgefährten seiner Jugend erinnert. Sie hatte recht. Es war der Junge, ein Kadett an der Militärakademie St. John, mit dem Truman seine erste Liebesgeschichte, wie er es nannte, erlebt hatte. »Ich hatte mich schon früher sexuell betätigt«, bemerkte er, »aber ich wußte nicht recht, was ich tat. Dieser Junge war intelligenter als Danny, aber er sah ihm sehr ähnlich und hatte dasselbe Temperament.« Diesen Jungen verkörperte Danny fünfunddreißig Jahre später. Aber auch jene sorglosen, sommersprossigen Bauernbuben von Alabama, mit denen Truman damals gern getauscht hätte, weil er, selbst wenn sie kein Wort sagten, das Gefühl hatte, daß sie sich mit der unbefangenen Selbstsicherheit der totalen Durchschnittlichkeit über ihn lustig machten. Danny repräsentierte Durchschnittlichkeit in jeder Hinsicht, das war sein Reiz. Hätte er über ein schönes Gesicht oder einen wohlgeformten Körper verfügt, oder wäre er in irgendeiner anderen Hinsicht außergewöhnlich gewesen, hätte ihn Truman keines zweiten Blickes gewürdigt.

Ratlos über Trumans Wahl, versuchte Wyatt herauszufinden, was ihn an Danny anzog. »Ich weiß gar nicht, was dir eigentlich gefällt. Welche Filmstars findest du zum Beispiel attraktiv?« Truman ließ die Namen der Stars außer acht, die alle Welt attraktiv fand, und meinte schließlich, er habe schon immer »eine ziemliche Schwäche« für Lloyd Nolan gehabt, einen Charakterdarsteller Hollywoods mit unscheinbarem Pferdegesicht, das ihm oft die Rolle des verläßlichen Schutzmannes beschert hatte. »Also, ich glaube, nicht einmal Mrs. Lloyd Nolan hatte je eine Schwäche für Lloyd Nolan!« juxte Wyatt, als er sich an das Gespräch erinnerte. »Aber als er den Namen erwähnte, wußte ich, was er meinte. Das Normale, das Langweilige

und das Durchschnittliche besaßen eine große Anziehung für ihn, weil sie das Gegenteil von ihm waren.«
Danny war in einer Kleinstadt aufgewachsen, die nicht viel anders war als Monroeville, und zweifellos der Inbegriff des normalen, unkomplizierten Sohnes, nach dem Nina sich stets gesehnt hatte. Als er Truman kennenlernte – wahrscheinlich in den ersten Wochen des Jahres 1970 –, war er immer noch normal und unkompliziert, »schlicht und lieb«, mit Trumans Worten, »eine Mischung aus Tom Sawyer und Huckleberry Finn. Er war die Art von Mensch, die ich sehr attraktiv fand. Er war wie ein junger Hund – und noch dazu sehr sexy. Auf der sexuellen Ebene mag ich keine zu intelligenten Leute, und von meinem Standpunkt aus war er vollkommen. Er muß ungefähr der dümmste Mensch gewesen ein, der mir je untergekommen ist. Ich kann mir niemand Dümmeren als Danny vorstellen.«
So dumm Danny auch sein mochte, Truman war dennoch ungeheuer stolz auf ihn und empfand es als Beweis seiner Anziehungskraft, daß er imstande war, jemanden zu verführen, der so unangreifbar heterosexuell zu sein schien, der, falls es eines Beweises bedurft hätte, sowohl Ehemann als auch Vater war. »Truman prahlte ständig mit Dannys Heterosexualität herum, als wäre er der einzige Mann gewesen, der Danny je gefallen hat«, bemerkte John Richardson, ein englischer Kunsthistoriker, der in Manhattan lebte und sich in Trumans Kreisen bewegte. »Auf die kolossale Eroberung hielt er sich unheimlich viel zugute, dabei hatte ich den Eindruck, Dannys Sexualität, soweit man davon sprechen kann, sei so labil und schwiemelig gewesen, daß jeder, der genügend Interesse oder Geduld aufbrachte, bei ihm hätte landen können. Ehrlich gesagt war ich ohnehin der Meinung, Truman könne nur heterosexuelle Männer kriegen, weil ihn Schwule äußerst unattraktiv gefunden hätten. Ich hätte natürlich nie gewagt, ihm diese Sicht der Dinge nahezubringen.«
Das tat natürlich auch sonst niemand, und Trumans größter Pluspunkt für Danny – Geld – lag für alle, auch für Truman, auf der Hand. »Er wußte, daß er sich selbst in die Tasche log«, meinte Saint Subber. »Er sagte oft zu mir: ›Sag mir, daß er es aus keinem anderen Grund tut als aus Liebe.‹ Ich

wollte meinen besten Freund nicht verletzen, indem ich ihm die Wahrheit sagte.« Prostitution widerte Truman an; er hätte nie die Dienste eines Callboys in Anspruch genommen. Aber er fand nichts dabei, Danny im Schnitt 2000 Dollar im Monat zu geben oder ihm 20 000 Dollar zu versprechen, um ihn als Hausverwalter für die wie Nomaden umherziehenden Reichen von Palm Springs zu etablieren.

Außer Geld hatte Truman jedoch zwei weitere Pfeile im Köcher. Der erste war sein immer noch beträchtlicher Charme. Unter dem forschenden Blick seiner intensiven blauen Augen erwachte Dannys schlafendes Ich, streckte sich und lächelte vor Vergnügen. Nie zuvor war er mit soviel Aufmerksamkeit überhäuft worden. »Ein Mann, für den sich niemand sonst interessiert hätte«, meinte Wyatt, »und plötzlich fand Truman ihn attraktiv. Da sagte sich Danny: ›Hm, ich hab doch immer schon gewußt, daß in mir allerhand steckt!‹ Der Umstand, daß Truman äußerlich unattraktiv war, blieb fast irrelevant, denn Dannys Narzißmus war geweckt.« Der zweite Pfeil im Köcher war, daß er berühmt war. »Ruhm ist *das* Aphrodisiakum«, erkannte Truman. Als Trumans Freund war Danny nicht länger nur Handlanger. Er saß jetzt ebenbürtig neben Tycoons und Filmstars.

Wo immer Truman hinging, schleppte er Danny mit. Als die Damen von Palm Springs zum ersten Mal den Namen des Freundes hörten, den Truman zum Abendessen mitbringen wollte, flatterten sie vor Aufregung, denn sie glaubten, es handle sich um einen populären Dichter und Liedermacher, der – wie lästig für sie – denselben Namen trug. Ihre Begeisterung ließ merklich nach, als sie den Irrtum erkannten, und erlahmte endgültig, als sie entdeckten, daß er über wenig anderes als Klimaanlagen reden konnte, die selbst in der Wüste nur selten als Gesprächsthema vorhalten. »Er war durch und durch primitiv«, meinte Charlotte Curtis. »Er sagte nie ein Wort. Er konnte nichts beitragen, um ein Gespräch in Gang zu halten, was im gesellschaftlichen Umgang sehr störend ist.« Doch Truman machte mit Nachdruck klar, daß, wo immer er eingeladen wurde, auch Danny aufgefordert werden mußte. »Truman wußte, was die Leute dachten«, meinte Alan Schwartz, ein Anwalt aus

Manhattan, den Truman einige Monate zuvor engagiert hatte. »Aber es war seine Art zu sagen: ›Also, ihr bringt in mein Haus mit, wen ihr wollt, und ich kann zu euch mitbringen, wen ich will. Das liegt ganz bei mir.‹ Er drückte damit auch aus: ›Ich werde euch zeigen, daß ich nicht euer Hofnarr bin. Ich bin euch ebenbürtig!‹«

Dennoch verletzte ihn das Befremden, das Danny unwissentlich auslöste. Einmal beendete eine kleine Gruppe zu später Stunde den Abend in einer Diskothek von Palm Springs, und Truman, der viel getrunken hatte, zog Charlotte Curtis aufs Parkett. Halb in Tränen rief er ihr über den Krach der Verstärker hinweg zu: »Wahrscheinlich möchtest du auch wissen, was es mit Danny auf sich hat. Ich kann dir nicht sagen, wie wunderbar er für mich ist. Er ist genau das, was ich brauche. Die Leute machen sich lustig über ihn und mögen ihn nicht. Aber er ist wichtig für mich. Du weißt nicht, was es für mich bedeutet, jemanden zu haben, der mich nicht unter Druck setzt.« Diese Erklärung machte ihr seine Obsession völlig verständlich. »Danny war einer der wenigen Menschen, die ihn nicht zwangen, irgendeinem großartigen Anlaß gerecht zu werden und sich von seiner besten Seite zu zeigen«, sagte sie. »Er brauchte gar nichts zu tun, wenn er mit ihm zusammen war, während er die übrige Zeit dauernd ausgehen und Truman Capote sein mußte.«

Im Juni fuhr Danny mit ihm nach New York, wo sich das Befremden von Palm Springs auf einer größeren Bühne wiederholte. Slim, die wie alle übrigen herauszufinden suchte, was Truman an Danny finden könnte, trieb ihn auf einer Party in die Enge. »Wissen Sie, was Truman macht?« fragte sie ihn. »Wissen Sie, was er gemacht hat? Verstehen Sie etwas von seiner Arbeit?« Aber ihre Fragen richteten sich, wie sie bald erkannte, an »einen leeren Anzug. Er hatte keine Ahnung, wovon ich redete.« In Washington, das ebenfalls auf Trumans Reiseroute lag, war Kay Graham nicht weniger entgeistert. »Ich war entsetzt. Ooooo! Ich wollte keinen Klimaanlagenklempner als Freund. Ich sagte: ›Truman, das ist schrecklich. Das solltest du nicht tun. Wo ist Jack? Was ist geschehen?‹«

Es war eine Frage, die alle seine Freunde stellten. »Wenn er mit diesem Mann zusammen war, war Truman einfach widerlich, ein völlig anderer Mensch«, meinte Phyllis Cerf. »Er gab fürchterlich an und zählte ständig alle Prominenten auf, die er kannte. Es war geradezu peinlich, wie er sich bemühte, ihm zu imponieren. Und dann schaute man diesen Schwachkopf an und fragte sich unwillkürlich, was um Himmels willen in Truman gefahren sei! Wir konnten es nicht glauben. Die Leute flüsterten hinter vorgehaltener Hand über die Bockbeinigkeit, mit der er darauf bestand, diesen Mann überallhin mitzunehmen. Sie wollten ihn nicht dabeihaben. Er hatte weder die gesellschaftlichen noch sonstige Voraussetzungen, um den Leuten zu genügen, denen Truman ihn aufdrängte. Er war wirklich ein Klempner. Das war der Anfang der Auflösung von Trumans Freundschaften.«

Die Cerfs luden ihn an einem Wochenende dennoch nach Mount Kisco ein, und zwar mit Frank Sinatra sowie Kay und Joe Meehan. »Als liebe, kleine Geste mir gegenüber sagte der Mann, er wolle mir zeigen, wie ich meine Klimaanlage reinigen könne«, erzählte Phyllis. »Ich hatte gar nicht den Wunsch, meine Klimaanlage reinigen zu lernen, aber er bestand darauf, und da ich nicht unhöflich sein wollte, ging ich mit ihm in ein Zimmer mit einer Fenster-Klimaanlage. Er fing an, sie auseinanderzunehmen, um den Filter auszubauen – und machte sie kaputt!« Als Danny und Truman später ihr Gepäck im Schlafzimmer abstellten, krachten beide Betten zusammen, ein so unwahrscheinlicher Zufall, daß Bennett die boshafte Geschichte verbreitete, seine Betten seien ihrer sexuellen Raserei zum Opfer gefallen. Ein paar Wochen später hörte Phyllis auf einer Party im nahen Haus bei den Cowles Bennetts unterhaltsamere Version von Pamela Hayward. »Ach, sag das nicht!« gebot ihr Phyllis ärgerlich und zog die Aufmerksamkeit des ganzen Raumes auf sich, als sie Pamela dabei mit der Hand an der Schulter berührte. Innerhalb von Sekunden war die »Geschichte von den kaputten Betten« zur Legende geworden und hatte eine ebenso apokryphe Fortsetzung – »die Party-Ohrfeige« – gefunden. Nach Darstellung mancher Leute hatte Phyllis Pamela nicht bloß an der Schulter berührt, sondern ihr einen regelrechten Schlag versetzt. So breitet sich Klatsch aus; es war vielleicht nur gerecht, daß Truman, der so oft dessen Zuträger gewesen war, jetzt Gegenstand davon wurde.

In Europa, wo sie als nächstes hinfuhren, begann Truman endlich, die Zweifel seiner Freunde in bezug auf Danny zu teilen. »Wir gingen zu einer großartigen Party im gigantischen Palast der Agnellis in Turin. Wenn ich großartig sage, meine ich das wörtlich. Hinter jedem Stuhl stand ein Lakai. Kein Königshaus hat je so gelebt wie die Agnellis. Danny saß neben der Königin von Dänemark, und sie fragte ihn, ob er je zuvor in Europa gewesen sei. ›Nein‹, antwortete er, ›außer damals in Korea.‹ Ich saß ihm gegenüber und hörte jedes Wort, und ich lachte, bis mir die Tränen kamen. Marella mochte ihn, aber sie wußte nicht, wie dumm er war. Für Europäer sind alle Amerikaner gleich. Wir sind alle Nigger. Sie merken keinen Unterschied, weil sie uns für völlig unwichtig halten. Man kann ihnen jeden auftischen.«

In einer Hinsicht könnte Danny jedoch klüger gewesen sein als Truman: Er erkannte nämlich, daß er da nicht hingehörte. Es war nicht nur grausam, sondern auch egoistisch von Truman, ihn in die Lage zu bringen, daß sich die Leute hinter vorgehaltener Hand den Mund über ihn zerrissen. Schließlich konnte man ihm weder seine Unwissenheit noch seine Herkunft zur Last legen. Die anfängliche Faszination, berühmte Leute kennenzulernen, war darüber hinaus verflogen, und er hatte Trumans Freunde ebenso satt wie sie ihn. Er wollte gar nicht neben der Königin von Dänemark sitzen; vielleicht hatte er noch nie von Dänemark gehört. Er wollte nicht einmal die Sehenswürdigkeiten von Europa kennenlernen.

John Richardson, der sie gegen das Ende ihrer Reise in Venedig traf, stellte bei ihm dasselbe Heimweh fest wie während des Zweiten Weltkriegs bei den amerikanischen Soldaten in England. »Er wirkte wie eine Pflanze, die man entwurzelt hat, und war sehr unglücklich. Das einzige, was er sich in Venedig wünschte, war eine gebackene Idaho-Kartoffel. Er sehnte sich einfach danach! Sie war für ihn ein Sinnbild des amerikanischen Lebens, nach dem er lechzte. Truman bat mich, ihm eine aufzutreiben, also ging ich

auf den Markt, fand einige große Kartoffeln und brachte sie dem Küchenchef im Hotel Cipriani, wo wir alle wohnten. ›Sie müssen in der Schale gebacken werden‹, sagte ich, ›nicht zerschnitten und nicht gedünstet.‹ Sowohl Danny als auch Truman waren voll freudiger Erwartung. Aber als der Kellner sie brachte, waren sie natürlich zerschnitten und gedünstet, wie sie es in Italien immer sind. So wurde also auch Dannys Festschmaus zu einer furchtbaren Enttäuschung, und er sah noch trauriger und bedrückter drein als zuvor.«
Als sie in der ersten Septemberwoche in London eintrafen, besuchten sie Lee. Sie war von Danny genausowenig beeindruckt wie alle übrigen – »völlig farblos«, beschrieb sie ihn in zwei Worten –, und Danny hatte denselben Eindruck von ihr, was Truman als persönliche Beleidigung auffaßte. Danny hatte endgültig genug von den mißbilligenden Blicken und eröffnete Truman, er wolle nach Hause fahren. Am 7. September 1970, vier Tage nach ihrer Ankunft, reisten sie unvermittelt ab. Truman machte in New York Station, während Danny allein nach Palm Springs weiterfuhr.

Nach den katastrophalen Wochen in Europa hatte Truman vielleicht ohnehin die Absicht, ihn fallenzulassen. Aber Danny, froh, wieder zu Hause zu sein, machte selbst den ersten Schritt und bemühte sich um eine Versöhnung mit seiner Frau. Das veränderte die emotionale Gleichung für Truman, der erneut das altbekannte Gefühl der Zurückweisung erlebte, diesmal als Eifersucht verbrämt. »Mein ganzes Leben ist von Eifersucht beherrscht gewesen«, gestand er nicht lange danach. »Es ist das einzige, was ich nicht in den Griff kriege. Die Eifersucht ist der Schlüssel zu meinem Charakter. Ich bin eifersüchtig auf alles. Wenn ich zum Beispiel an einem Laden mit einer alten Tasse in der Auslage vorbeikomme und sehe, daß jemand anderer sie auch anschaut, kehre ich um, gehe zurück und kaufe sie.« Es war kein angenehmes Gefühl. Als er Anfang Oktober in Dick Cavetts Talk-Show auftrat, sprach er einigermaßen unvermittelt über »den Nebel von Schmerz, in den man angesichts der Trennung von einem Freund, oder noch schlimmer, von einem geliebten Menschen gerät«. Ihm kamen Rachegedanken, und Mitte Oktober machte er Pläne, nach Kalifornien zurückzukehren.

Der angebliche Zweck der Reise war, für das *New York Times Magazine* über den Mordprozeß gegen Charles Manson und drei seiner Anhängerinnen zu berichten. Aber fast sicher war der eigentliche Grund, weshalb er nach Kalifornien ging, mit Danny zu brechen und ihn auf die einzige Art zu treffen, die ihm zur Verfügung stand, nämlich indem er ihm die Unterstützung für seinen Hausverwaltungsservice in Palm Springs entzog. Er ersuchte Alan Schwartz, ihn zu begleiten, um ihn bezüglich des Manson-Prozesses juristisch zu beraten, aber sein eigentliches Motiv war fast mit Sicherheit ein anderes. Er hatte Alan als Überbringer schlechter Nachrichten angeheuert; er sollte Truman die schlimme Aufgabe abnehmen, Danny klarzumachen, daß sowohl mit ihrer Beziehung als auch mit seinem Geschäft Schluß war. Erst wenige Tage vor der geplanten Abreise ließ Truman Alan wissen, daß sie in Kalifornien noch ein weiteres Problem erwartete: Er galt dort als Flüchtling vor der Justiz; und es war denkbar, daß man ihn bei der Landung in Los Angeles verhaftete.

Sein Status als Delinquent war ein Fallout seines fehlgeschlagenen Dokumentarfilms. Das Urteil eines der Mörder, die er interviewt hatte, war aus verfahrenstechnischen Gründen kassiert worden, und der Staatsanwalt bestand auf Trumans Aussage im neuen Prozeß. Da er wie jeder andere anständige Reporter überzeugt war, Interviews würden vertraulich behandelt, hatte Truman die obligatorische Vorladung ignoriert und war am festgesetzten Tag mit Danny in ein schäbiges Motel in den Bergen geflüchtet. Dort hatte er im Fernsehen gehört, er müsse wegen unberechtigter Aussageverweigerung als Zeuge vor Gericht erscheinen – und werde polizeilich gesucht.

In seiner Panik fiel ihm nichts Besseres ein, als in seinem sicheren und geborgenen Adlerhorst am East River Zuflucht zu suchen. Am folgenden Morgen setzte ihn Danny am Flughafen von Los Angeles ab, und er rannte endlose Korridore entlang, um eine Mittagsmaschine nach New York zu erreichen. »Aber die Polizei kontrollierte alles, was aus Los Angeles abging«, erzählte er, »und genau an dem Gate von genau der Maschine, die ich nehmen wollte, stand der baumlange Polizist, den ich kannte. Das Flugzeug sollte in zehn Minuten abfliegen, und ich verbarg mich in einer Telefonzelle. Wie konnte ich an diesem Burschen vorbeigelangen? Und wer kam in diesem Augenblick in einem hocheleganten grauen Zobelmantel und in Begleitung von sechs oder sieben Musikern vorbeigesegelt? Pearl Bailey! Also öffnete ich die Tür der Telefonzelle.

›Pearl! Pearl! Pearl! Ich bin's! Truman!‹

›Liebling, was machst du denn in dieser Telefonzelle?‹ fragte sie mich, und ich erklärte es ihr rasch. ›Laß dir was einfallen‹, sagte ich. ›Wie komme ich in dieses Flugzeug?‹ Sie wies ihre Leute an, mit mir auf die Toilette zu gehen, und sie liehen mir passende Klamotten. Dann schickte sie jemanden mit den Flugkarten voraus und wickelte mich in ihren Zobel. Wir segelten durch das Gate! Der Polizist hat nichts bemerkt. Er hielt mich doch prompt für ein Mitglied ihrer ausgeflippten Truppe.«

Wie Truman richtig vermutet hatte, war seine Aussage nicht nötig gewesen, um den Killer, den er interviewt hatte, erneut zu verurteilen, und im Oktober rief Alan Trumans Anwalt in Palm Springs an, um zu hören, ob ihn der Staat Kalifornien immer noch auf dem Kieker habe. »Der Richter sagt, es ist okay«, versicherte der Anwalt Alan. »Man wird ihn am Flughafen nicht verhaften, sondern ihm bloß eine Buße von 200 Dollar aufbrummen und ihm auf die Finger klopfen.« Als sie drei Tage später den Gerichtssaal in Santa Ana betraten, merkte Alan jedoch sofort, daß der Anwalt in Palm Springs falsch informiert worden war. Die Sache war keinesfalls ausgebügelt. Der Richter war wütend über Trumans »offenkundige Mißachtung des Gerichts«, wie er es nannte, und verurteilte ihn zu einer Strafe von 500 Dollar und drei Tagen Gefängnis.

Das war eher ein K.-o.-Schlag als ein Fingerklopfen. In seinem Bungalow im Hotel Bel-Air schluckte Truman mehrere Tabletten, kroch taumelnd ins Bett und zog sich die Decke über den Kopf. »Ruf Ronald Reagan an!« rief er Alan zu, der sich im Nebenzimmer befand. Reagan, damals noch

Gouverneur, wirkte beruhigender als Valium. »Kein Problem«, meinte er. »Nennen Sie mir bloß den Richter, und ich werde mich darum kümmern.« Aber als er den Namen hörte, gestand sogar Reagan, daß er hilflos sei. »O nein«, stöhnte er. »Er ist der einzige demokratische Richter in Orange County. Er haßt mich.« Es blieb keine Zeit für weitere Schritte. Am späten Nachmittag des folgenden Tages, am 21. Oktober, verschwand der gesuchteste Ausreißer von Orange County hinter Gittern. »Ich bin in dreißig oder vierzig Gefängnissen und Strafanstalten gewesen, aber das ist das erste Mal, daß ich als Häftling drin sein werde«, scherzte Truman aufgekratzt gegenüber Reportern. So verbarg er seine wahren Gefühle: das blanke Entsetzen.

Alan ließ Truman in Santa Ana zurück und fuhr zu seinem Haus in Palm Springs, um einem traurigen, bestürzten und vor Schreck fast starren Danny seine Botschaft zu überbringen. »Ich bin hier, um Ihnen zu sagen, daß alles aus ist«, eröffnete ihm Alan nach ein, zwei freundschaftlichen Drinks. »Sie dürfen nicht mehr hier sein, wenn Truman aus dem Gefängnis zurückkommt.« Am nächsten Morgen erhielt Alan einen Anruf aus dem Amt des Richters in Santa Ana. Truman sollte nach Verbüßung von nur achtzehn Stunden der dreitägigen Haftstrafe am Mittag freigelassen werden. Der Richter habe ihm bloß vor Augen führen wollen, welch ein ernstes Vergehen es sei, sich einem Gerichtsbefehl zu widersetzen, erklärte ein Referendar. Alan raste auf der Autobahn hin und schaffte es, eine Minute bevor Truman aus einer Hintertür des Gerichtsgebäudes trat, dort einzutreffen. Truman wirkte alles andere als aufgekratzt, sondern sah nach Alans Worten aus, »als wäre er vergewaltigt, ausgeraubt und zusammengeschlagen worden«.

Das Eingeschlossensein in einer Gefängniszelle – selbst wenn es nur für achtzehn Stunden war – traf ihn mit dem Ende seiner Liebesbeziehung bis ins Mark. Er verbrachte mehrere Tage in einem Krankenhaus in Manhattan, um sich von dem anschließenden Nervenzusammenbruch zu erholen. »Er war völlig fertig«, berichtete Slim. »Sein Bruch mit Danny erschütterte ihn mehr als das Scheitern jeder Ehe, das ich erlebt habe. Er zitterte am ganzen Körper und weinte, und dann sagte er: ›Ach zum Teufel damit! Ich bin froh, daß er aus meinem Leben geschieden ist, und ich möchte nie wieder an ihn denken.‹ Aber er war wie ein Hund mit einem Knochen. Er konnte nicht loslassen. ›Weißt du, was er zu mir gesagt hat?‹ fragte er mich immer wieder. ›Weißt du, was er getan hat?‹ Er hat wirklich furchtbar gelitten. Babe war großartig zu ihm. Sie wollte ihn nach Nassau mitnehmen. ›Eine von uns beiden sollte bei ihm sein‹, meinte sie. ›Ich glaube, er könnte versuchen, sich das Leben zu nehmen.‹« Trumans Eitelkeit und Selbstachtung waren tödlich getroffen, und er konnte weder vergessen noch verzeihen. Am Ende, so schien es, reichten all sein Erfolg, sein Ruhm und auch sein Geld nicht aus: Die sommersprossigen Jungen machten sich immer noch über ihn lustig.

In seiner Wut schmiedete er Rachekomplotte, die wie alles übrige an der Affäre Danny jedem außer ihm nur komisch erschienen. Er hatte Danny Zahnkronen spendiert und spielte mit dem Gedanken, sie zurückzufordern. »Das sind meine Zähne, und ich möchte sie haben!« sagte er zu Johnny Carsons Frau Joanne. »Ich möchte sie auf eine Schnur auffädeln und als Halsband tragen.« Ein praktikablerer Gedanke war, Danny das Auto wieder abzunehmen, das Truman ebenfalls bezahlt hatte, aber da es unter Dannys Namen registriert war, scheiterte er auch damit. Schließlich schickte er in seiner Frustration Joanne und Myrtle Bennett, seine Hausmädchen in Palm Springs, mit einem mitternächtlichen Sabotageauftrag zum Parkplatz des Postamts von Palm Springs, wo der arme Danny, der nicht mehr Klimaanlagen reparierte, eine Nachtarbeit angenommen hatte. Ihre Waffe: Ein Pfund Zucker, den sie in den Benzintank seines Autos schütten sollten.

»Wir hatten solche Angst, daß wir dauernd hysterisch kicherten«, erzählte Joanne. »›Keine Sorge, Schätzchen‹, sagte die schwarzhäutige Myrtle. ›Sie werden mich nicht sehen. Der Mond scheint nicht.‹« Ihre Hände zitterten, und Joanne brach beim Versuch, den Verschluß der Zuckerschachtel zu öffnen, den Fingernagel ab. Aber das war der einzige Verlust bei diesem Überfall. Nachdem die beiden den Zucker in den Tank geleert hatten, gelang es ihnen, sich ungesehen aus dem Staub zu machen. Nach abgeschlossener Mission riefen sie Truman in New York an und erstatteten Bericht. Er hätte kaum erfreuter gewesen sein können, wenn sie Dannys Auto in tausend Stücke gesprengt hätten. Er hatte sich gerächt.

49

Nach Dannys Abgang betrat Rick Brown die Bühne, Anreißer und Barkeeper im Club 45, einer ruppigen Seemannskneipe in der 45. Straße West zwischen Broadway und Sixth Avenue. Rick stand eines Abends Anfang 1971 vor der Tür und sah Truman, den er vom Fernsehen erkannte, mit Donald Windham und Sandy Campbell auf dem Nachhauseweg vom Theater. »Wie geht's, Truman?« rief er ihm zu.

»Gut, gut«, antwortete Truman, überrascht anhaltend. »Was für eine Art Lokal ist das?«

»Nur eine kleine Bar. Kommen Sie herein. Ich lade Sie zu einem Drink ein.« Sie blieben nur ein paar Minuten, doch Truman ging ein paar Abende später mit zwei anderen Freunden wieder hin – er sammle für »Erhörte Gebete« Stoff über die Niederungen Manhattans, sagte er zu ihnen – und lud Rick zum Mittagessen im Eichensaal des Plaza ein, wo er ihn über seine Vergangenheit und seine Hoffnungen für die Zukunft ausfragte. »Er sagte, ich mache einen zu klugen Eindruck, um in einem solchen Lokal zu arbeiten«, erinnerte sich Rick. »Ich war zwar nicht gerade naiv, aber ich hatte keine Ahnung, worauf er hinauswollte.« Worauf er hinauswollte, wurde bald klar: Er hatte einen weiteren Tom Sawyer gefunden, jemanden, der seinen Anforderungen in fast jeder Hinsicht entsprach.

Rick war knapp einsachtzig groß, durchschnittlich gebaut, trug eine dicke Brille und hatte ein sympathisches, wenn auch unscheinbares Gesicht und schütter werdendes blondes Haar. Darüber hinaus gab es nicht viel über ihn zu sagen. Der kaum Sechsundzwanzigjährige war ein Hillbilly aus West

Virginia, der in einer abgelegenen Talsenke in jener Gegend aufgewachsen war, wo die Hatfields und McCoys gekämpft und einander befehdet hatten. Abgesehen von der Einführung der Elektrizität hatten sich die Lebensumstände dort seit damals wenig verändert, und er war ohne fließendes Wasser oder eine Toilette im Haus aufgewachsen. Um dem zu entrinnen, hatte er die Schule vorzeitig verlassen und war in die Marine eingetreten. Danach hatte er geheiratet, war Vater eines Sohnes geworden und hatte sich dann wie Danny von seiner Frau getrennt. Obwohl er über wenig Bildung verfügte, war er alles andere als dumm und hatte Ambitionen, sowohl Schriftsteller wie auch Schauspieler zu werden.

In den Wochen nach dem Lunch im Plaza ging Truman im Club 45 ein und aus, nahm Rick auf Prominentenpartys mit, stellte ihn Tycoons wie Robert Anderson vor und führte ihn in einige der teuersten Restaurants in Manhattan ein. Er gab ihm auch einen Schlüssel zu seiner Wohnung und zeigte ihm die Lade im Schlafzimmer, in der er einen mit mehreren tausend Dollar vollgestopften Umschlag aufbewahrte, überwiegend in Fünfzig- und Hundert-Dollar-Scheinen, die eben von der Bank kamen und noch den würzigen Geruch frisch gedruckter Banknoten hatten. »Wenn du je Geld brauchst, hier ist es«, sagte er so beiläufig, wie ein anderer die Benutzung seiner Hausbar oder seines Kühlschranks angeboten hätte. Nach seiner Erfahrung mit Danny wollte er den Köder diesmal offenbar groß genug machen, um sich seiner Beute sicher sein zu können.

Er brauchte sich keine Sorgen zu machen. Rick war, wo er schon immer hingewollt hatte. Er war fasziniert, Stars kennenzulernen und mit ihnen zu reden, er fühlte sich gebauchpinselt, von den Obern auf französisch umgurrt zu werden, wenn sie ihm unter Bücklingen den besten Tisch im Raum zuwiesen, und er, der nie mehr als zweihundert Dollar auf einmal gesehen hatte, bekam Stielaugen bei der Vorstellung, daß er, ohne auch nur bitte sagen zu müssen, Zugang zu zehn-, zwanzig-, dreißigmal soviel hatte. »Das ist das richtige Leben für einen Jungen aus West Virginia«, sagte er sich. »Ich geh doch jede Wette ein, daß es nur eine Frage der Zeit ist, bevor ich selbst einer dieser Jetsetter bin.« Der Glaube verdichtete sich zur

Gewißheit nach einem Besuch zu Hause, wo er an die armselige und prosaische Existenz erinnert wurde, die ihn dort erwartete. »Ich wollte nicht zwanzig Jahre meines Lebens vergeuden und wie die Leute dort werden«, erklärte er. »Ich wollte mehr. Es ist keine Sünde, mehr zu wollen.«
Truman, der selbst immer mehr gewollt hatte, verstand ihn vollkommen. Aber im Augenblick war alles, was er sich wünschte, Rick. Er bewies einmal mehr, daß er seines Vaters Sohn war, und versüßte seine übrigen Köder zusätzlich mit einem Trick, der die Wirkung nie verfehlt: Er sagte zu Rick genau das, was er hören wollte. Nachdem er seine Romanfragmente und Drehbücher gelesen hatte, erklärte er ihn zu einem Schriftsteller von unzweifelhafter Begabung. »Viele Leute werden erst mit fünfundvierzig oder fünfzig große Schriftsteller. Sehr wenige haben ihr Ziel erreicht, bevor sie dreißig waren. Ich glaube, du hättest die Gabe, wenn du dich nur hinsetzt und arbeitest.«
Truman sprach mit ihm wie damals mit Danny auch über ein gemeinsames geschäftliches Vorhaben, eine elegante Bar in Manhattan, die sich auf Trumans Namen und Ricks Erfahrung stützen sollte. »TC's« oder »Truman's Place« – so wollten sie sie nennen – sollte eine literarische Atmosphäre haben, mit Bücherregalen und – das war Trumans makabrer Einfall – dekorativen Drucken von den Grabsteinen der vielen Dichter und Schriftsteller, die im Friedhof Père Lachaise in Paris begraben sind: Man schlürft seinen Brandy an der Seite von Proust, erhebt sein Glas auf Oscar Wilde, flirtet neben Colette. »Mit fünf Riesen bin ich dabei«, versicherte Frank Sinatra, den die Vorstellung beeindruckte. »Nein, sagen wir zehn!«
Mit einer lässigen Handbewegung verscheuchte Truman so die Wolken, die immer über Ricks Kopf gehangen hatten, und breitete einen strahlend blauen Himmel vor ihm aus. »Plötzlich erwachten all diese Träume«, bemerkte Rick, »und ich erkannte, daß ich sie, verdammt noch mal, vielleicht verwirklichen konnte. Er gab mir das Gefühl, alles liege in Reichweite vor mir. Ich wollte den Erfolg nicht mit fünfundvierzig, fünfundfünfzig oder fünfundsechzig. Ich wollte ihn jetzt. Er gab mir Hoffnung, und er überzeugte mich, daß ich durch ihn mehr vom Leben haben würde.«

Alle, die im Lauf der Jahre von Arch hereingelegt worden waren, die in eins seiner Luftschlösser investiert oder ihre Jobs aufgegeben hatten, um ihm auf seinen in Sackgassen endenden Wegen zum Reichtum zu folgen, hätten dasselbe sagen können. Aber keiner hätte es mit rührenderen Worten vorbringen können.

Truman lud Rick nach Palm Springs ein, und als Rick protestierte, er könne seines Jobs wegen nicht weg, bot Truman ihm an, einen besseren für ihn zu finden, einen, der seinen schöpferischen Fähigkeiten eher entspreche. Bis dahin, versprach Truman, werde er selbst für ihn sorgen. »Truman, ich habe nie unter solchen Umständen gelebt«, antwortete Rick würdevoll. »Ich kann mich nicht erniedrigen.«
»Ich verspreche dir, daß das nie nötig sein wird. Ich bezahle deine Miete und gebe dir, was immer du die Woche über zum Leben brauchst, ein paar hundert Dollar.«
»Ein paar hundert Dollar? Schön.«
Also war das geregelt, und als Beweis seines guten Willens stellte ihm Truman einen Scheck über 700 Dollar aus, den Betrag, den Rick brauchte, um eine Couch abzubezahlen, die er für seine Wohnung gekauft hatte. Auf dem Flug westwärts überraschte ihn Truman zusätzlich mit einem Umschlag, der vier Hundertdollarnoten enthielt – »bloß für den Fall, daß du etwas brauchst«, meinte er. Kein einziges Mal hatten sie Sex erwähnt, und erst nachdem sie schon einige Tage in Kalifornien waren und in getrennten Zimmern geschlafen hatten, rückte Truman mit dem so Offensichtlichen heraus, nämlich daß er noch etwas mehr als Gesellschaft für sein Geld erwartete. »Ich weiß nicht«, sagte Rick, der natürlich sehr wohl wußte. »Okay, wir werden's probieren.«
Drei oder vier Abende später schwammen sie zusammen nackt im Pool, dann probierten sie es, und Rick, der behauptete, nie zuvor mit einem Mann geschlafen zu haben, stellte zu seiner Erleichterung fest, daß er es nicht abstoßend fand. »Es war wirklich nicht schwierig, also sagte ich mir, kein Problem, ich mache es.«

Sex war jedoch nicht der einzige Grund, weshalb Truman ihn gedrängt hatte, nach Palm Springs zu kommen, ja es war nicht einmal der wichtigste. Ricks eigentliche Aufgabe wurde klar, als Danny zu einem von Myrtle Bennetts üppigen Mittagessen in Trumans Haus eingeladen wurde und Truman ihn dann auch noch aufforderte, mit seinen zwei Söhnen zum Abendessen zu kommen. Die Atmosphäre war gelassen und freundlich, und erst später erkannte Rick, daß er hauptsächlich da war, um vorgeführt zu werden, daß er aus New York herbeigeschafft worden war, um Danny zu beweisen, daß Truman ihn nicht brauchte, daß er einen anderen gefunden hatte, einen, der genauso gewöhnlich, genauso männlich und genauso heterosexuell war wie er.

Frank Sinatra nahm sie in seinem Privatflugzeug mit zurück nach New York, wo sich eine für beide erfreuliche Lebensweise einspielte, an der sie mehrere Monate lang, den ganzen Frühling und Sommer 1971 über, festhielten. Truman zahlte die Rechnungen, und Rick mietete eine Zweizimmerwohnung mit Dachterrasse an der 46. Straße East, genau südlich vom U.N. Plaza, damit er sich irgendwohin zurückziehen konnte, wenn Jack, der nichts von ihrem Arrangement wußte, von Long Island in die Stadt kam. »Man konnte bei ihm bleiben, bis Jack in die Stadt kam; dann mußte man gehen«, erklärte Rick etwas verbittert. »Man durfte keine anderen Beziehungen haben, sei es mit Frauen oder was auch immer, aber man mußte ihm seine Beziehung zu Jack zugestehen.«

Davon abgesehen konnte sich Rick in Trumans Wohnung ganz zu Hause fühlen. Truman, der sich davor fürchtete, daß die Börse krachte und die Banken schlossen, hatte genügend Vertrauen zu Rick, daß er ihm zeigte, wo er sein großes Geld aufbewahrte, das Mehrfache der lumpigen Summe in der Schlafzimmerlade. Wie ein kleiner Junge, der seinem besten Freund seine verborgenen Schätze zeigt, führte ihn Truman zum rotlackierten chinesischen Sekretär im Wohnzimmer, schob eine scheinbar fest montierte Holzplatte beiseite und enthüllte ein Geheimfach, in dem vier transparente Bankumschläge ruhten, von denen einer 10 000 und die anderen drei je 5000 Dollar enthielten.

Trotz des Unterschieds sowohl im Alter wie im Stand übernahm Rick in vieler Hinsicht die Rolle eines beschützenden, oft auch herumkommandierenden älteren Bruders. So ermahnte er Truman immer wieder, endlich abzunehmen und das Trinken einzuschränken. »Du siehst ja grotesk aus!« sagte er zu Truman, die direkte Diplomatie der Hatfields und McCoys anwendend. »Du bist doch noch ein junger Mann, paß auf dich auf!« Er setzte Truman auf Diät und meldete ihn in einem Fitness-Center an der 47. Straße an. Aber noch so viele beleidigende Worte konnten Truman nicht dazu bringen, den Alkoholkonsum einzuschränken. »Er trank, um einen Rausch zu kriegen«, meinte Rick. »Statt jeweils einen Screwdriver [Orangensaft mit Wodka] zu bestellen, ließ er immer gleich einen doppelten oder dreifachen kommen.« Wenn Reden nichts nützte, griff Rick manchmal zu strengeren Maßnahmen und verbot Truman, zum Abendessen etwas Stärkeres als ein Glas Wein zu trinken. »Wenn du einen Drink nimmst – *einen* Drink! –, stehe ich auf und gehe«, sagte er oft zu ihm, bevor sie abends ausgingen. »Aber bevor ich das tue, werde ich dich blamieren, indem ich dir das Tischtuch mit allem drauf in den Schoß kippe.«

So massiv sie auch waren, solche Guerrillataktiken blieben zum Scheitern verurteilt. Das einzige, was Rick damit erreichte, war, daß Truman sowohl listenreicher als auch entschlossener wurde. Wie alle Alkoholiker gewann am Ende er. Als sie eines Abends zu Hause blieben, war er zum Beispiel verdächtig fügsam, als ihm Rick erklärte, er bekomme nur 7-Up zu trinken. Er schien geradezu Lust darauf zu haben und schickte Rick nach einem Glas um das andere in die Küche. Zu Ricks Erstaunen bekam er aber dennoch einen Rausch, der im Laufe des Abends ständig zunahm. Als Truman am nächsten Tag wegging, durchstöberte Rick sein Schlafzimmer und fand die Erklärung: kleine Wodka-Fläschchen, die er unter den Kissen und Decken im Bett versteckt hatte. »Jedesmal, wenn er mich in die Küche geschickt hatte, hatte er eins geöffnet und – phffft – leer geschlotzt. Das 7-Up benutzte er, um den Wodka hinunterzuspülen. Als er zurückkam, hatte ich elf leere Fläschchen in Reih und Glied aufgestellt. ›Wie sind die denn da hingekommen?‹ fragte er mich.«

Im Sommer engagierte Truman Wyatt Cooper, um mit ihm an einem Fernsehspiel zusammenzuarbeiten, einem Gefängnisdrama mit dem Titel »The Glass House«. Rick wollte die Rolle des jungen Helden spielen, eines Typs, der so attraktiv sein sollte, daß alle Mädchen in Verzückung gerieten. Truman bestand darauf, daß Wyatt, der in Southampton Urlaub machte, nach Manhattan kam, um Rick bei einem Mittagessen kennenzulernen. »Da saß dann dieser langweilige und völlig uninteressant aussehende Mensch und erzählte uns die Handlung eines Joan-Crawford-Films, den er am Abend zuvor im Fernsehen gesehen hatte«, berichtete Wyatt, der sich nicht erklären konnte, warum er herbeizitiert worden war. »Und Truman lauschte seinen Worten, als wäre es das Evangelium!« Des Rätsels Lösung folgte ein paar Tage später. Truman rief ihn erneut an und verkündete, als wäre er eben gerade auf die Idee gekommen, er habe einen idealen Anwärter für den jungen Protagonisten gefunden. »Weißt du, wer die Rolle spielen könnte? Wer irgendwie fabelhaft sein würde? Rick!«

»Truman, du machst Witze. Das muß jemand übernehmen, der gut aussieht und sexy ist.«

»Offensichtlich ist deine Vorstellung von gutaussehend und sexy ganz anders als meine«, war Trumans frostige Antwort.

Als nächstes versuchte er, Wyatt zu überreden, mit Rick an einem von dessen eigenen Drehbüchern zusammenzuarbeiten. »Warum arbeitest *du* nicht mit ihm zusammen?!« schoß Wyatt zurück. »Du bist doch derjenige, der in seiner Nähe sein möchte.«

Rick begann bald über seine Freundschaft mit Truman nachzusinnen. Er kam zum Schluß, daß er ihre ungeschriebene Übereinkunft erfüllt habe. Und er kam zum weiteren Schluß, daß Truman sie nicht erfüllt habe. Rick hatte nicht bloß wöchentliche Zuwendungen, sondern den Aufbau einer Zukunft erwartet. Und den, das sah er jetzt ein, würde er wahrscheinlich nicht erhalten. Da er das Gefühl hatte, ihm sei Unrecht geschehen, wurde er zynischer und berechnender. »Ich gelangte zu einer Einstellung von Gleichgültigkeit«, sagte er. »Die Beziehung wurde rein kommerziell. Ich tat mein Bestes, um soviel Geld auszugeben, wie ich konnte, und ihn sowenig wie möglich zu sehen.«

Gleichzeitig wurde ihm der sexuelle Aspekt der Beziehung zunehmend lästig. »Physisch hat Truman bei mir nichts bewirkt, und das ist auch der Grund, warum wir sexuell kein großes Feuerwerk zündeten. Dazu war er an vielen Abenden betrunken. Es ist sehr schwer, zu jemandem zärtlich zu sein, der besoffen ist, sich entschuldigt, weil er sich übergeben muß, und dann zurückkommt. Wie kann man einen danach küssen? Man kann es nicht. Es war schwierig, sehr schwierig für mich.« Was es noch schwieriger machte, waren die Hänseleien, die er sich von vielen alten Freunden gefallen lassen mußte, die nun als sicher annahmen, daß er homosexuell sei. Selbst seine von ihm getrennt lebende Frau warf ihm das Wort »Schwuchtel« an den Kopf. »Das hat mich sehr verletzt, und ich fragte mich: ›Mein Gott, sehe ich etwa wie ein Schwuler aus? Oder bin ich etwa schwul?‹« Er hätte sich nie träumen lassen, in ein solches Dilemma zu kommen. »Wenn ein Heterosexueller, der mit einem Mann schläft, homosexuell genannt wird«, fragte er anklagend, »warum wird dann ein Homosexueller, der mit einer Frau schläft, nicht als heterosexuell bezeichnet?«

Während Rick sich mit solchen Zweifeln herumschlug, verschlimmerte Truman die Situation noch, indem er weniger großzügig und gleichzeitig besitzergreifender wurde. Er begann Ricks Ausgaben zu überwachen, wollte wissen, wo er seine Zeit verbrachte, und beschuldigte ihn, ein Verhältnis mit einer Frau zu haben. Was Rick befürchtet hatte, trat ein: Er war gezwungen, jedesmal zu bitten, wenn er Geld brauchte, wie ein Sechzehnjähriger, der seinen Vater um Kohle für ein Rendezvous am Samstagabend bittet. »Ich war ein Niemand. Er wollte einem keinerlei Selbständigkeit gestatten, weil man dann das Gefühl gehabt hätte, man brauche ihn nicht mehr.«

Mitten in diesem Hin und Her nahm Truman Rick mit nach Kalifornien, wo er Joanne Carson helfen wollte, in der Gesellschaft von Hollywood Fuß zu fassen. Er hatte Joanne kurz nach der Veröffentlichung von »Kaltblütig« kennengelernt und sich spontan zu ihr hingezogen gefühlt: Ihre Kindheit war ebenso einsam gewesen wie die seine. Sie war in Kalifornien zur Welt gekommen. Nachdem sie einen Großteil ihrer ersten elf Lebensjahre in einem Kloster verbracht hatte und als Teenager von einer Verwandten zur nächsten weitergereicht worden war, hatte sie schließlich einen Job als Stewardeß bei Pan American gefunden. Ihre weitere Geschichte ist zu kitschig, um nicht wahr zu sein: Auf einem Pazifikflug lernte sie Howard Hughes kennen und bekam einen Vertrag mit seinem Studio R.K.O. Sie war durchaus hübsch, hatte dunkles Haar und eine fabelhafte Figur, doch sie war kein Star. Sie gab ihre bescheidene Filmkarriere auf, ging nach Manhattan und heiratete 1962 Johnny Carson, der damals beim Fernsehen die Nachmittags-Show *Who Do You Trust?* moderierte.

Als er Moderator der *Tonight-Show* wurde, änderte sich ihr Leben ebenso dramatisch wie das seine. Plötzlich war sie die Frau eines der populärsten und mächtigsten Entertainer in Amerika, verfügte über Dienstboten, eine jederzeit abrufbare Limousine und, zufällig, auch eine riesige Maisonette im U.N. Plaza, die um ein Mehrfaches größer als Trumans eigene Wohnung war. Von dem unerwartet auf sie gerichteten Scheinwerferlicht geblendet, fand sie Truman, der stets beflissen war, das Leben reicher und attraktiver Frauen zu lenken. »Ich war eine graue Maus«, meinte sie. »Ich wußte nichts. Er ging meine Kleiderschränke durch und sagte mir, was ich tragen sollte und was nicht. Ich bin in der Sonne seiner Anerkennung schwelgend herangewachsen.«

Doch sie war Angstzuständen und Depressionen unterworfen und wahrscheinlich eine größere Herausforderung, als er sich vorgestellt hatte. Johnny, der nach Trumans Ansicht selbst Probleme hatte, war ihr auch keine Hilfe. »Da Johnny im gleichen Haus wohnte, hat er mich ständig angerufen. Ich kannte ihn besser als jeder andere außerhalb des kleinen Kreises von Leuten, die mit ihm zusammenarbeiteten. Die Leute sagen ständig, er sei so ruhig. Doch in Wirklichkeit ist Johnny Carson von Wut zerfressen! Hinter seiner gelassenen Fassade toben Tornados! Er trinkt nicht viel, aber zwei Gläser reichen aus, und er explodiert. Er kann sehr bösartig sein. Dieser Mann besitzt keine Spur von Güte.

Aber ich weiß, woher das kommt. Er haßt seine Eltern, insbesondere seine Mutter. Er stammt aus einer sehr strengen, autoritären Familie in Nebraska. Er mußte stets zu einer bestimmten Zeit zu Hause sein, und wenn er sich auch nur um eine Viertelstunde verspätete, gab es schreckliche Szenen. Einmal erzählte er mir, als er betrunken war, seine Mutter habe sich manchmal auf den Boden geworfen und geschrien: ›Ich habe dich aus diesem Schoß geboren, und du tust mir das an! All diese Schmerzen, und das ist der Dank dafür!‹ Ich bin seiner Mutter einmal begegnet; sie war eine fürchterliche Schreckschraube. Trotz all seiner Erfolge hat sie ihn nie wirklich akzeptiert, und er ringt ständig um ihre Anerkennung. Ich glaube, daß es das ist, was ihn im Grunde antreibt.«
Obwohl Joanne sehr unglücklich war, riet Truman ihr von einer Scheidung ab und empfahl ihr ebenso wie Babe Paley, ihre Ehe als eine lukrative Karriere zu betrachten. Als sie dennoch scheiterte, überredete er Joanne, nach Kalifornien zurückzukehren, wo sie herkam. Einige Monate vor ihrem vierzigsten Geburtstag kaufte sie ein Haus auf dem Sunset Boulevard mit Blick auf den UCLA-Campus, startete eine eigene Talk-Show und wartete auf Anrufe von Freunden, die sie mit Johnny kennengelernt hatte. Es kamen keine. Die Leute, mit denen sie während ihrer Ehe Umgang gehabt hatte, ignorierten sie, seit ihre Trennung bekannt war, und sie saß zwei Monate lang allein in ihrem neuen Haus.
Da er sich zumindest teilweise dafür verantwortlich fühlte, war Truman entschlossen, dies zu ändern. Er und Rick zogen Anfang September bei ihr ein, und er arrangierte Mittag- und Abendessen mit seinen Freunden in der »A-Gruppe« Hollywoods, der gesellschaftlichen Elite der Unterhaltungsindustrie. Doch sosehr er auch flehte und bettelte, drängelte und schubste, er schaffte es nicht, sie in den inneren Kreis Hollywoods einzuschleusen. Seiner alten Freundin Carol Marcus, die jetzt mit Walter Matthau verheiratet war, gestand er, daß sie für die Mitgliedschaft allerdings auch nicht gerade von Natur aus prädestiniert sei.
»Schätzchen, du mußt dieses Mädchen kennenlernen«, sagte er zu Carol, als er sie einlud, mit ihnen im Bistro in Beverly Hills zu Mittag zu essen.

»Sie wird dir furchtbar auf den Wecker gehen. Sie ist stinklangweilig und schlimmer als ein Floh im Arsch, aber sie tut mir leid, und ich mag sie. Sei also mir zuliebe bitte nett zu ihr.«
Carol war nett und lud Joanne nach seiner Abreise ihm zuliebe zu einer Party ein. Aber Joannes erster Alleinflug endete mit einem Absturz. Als sie eintraf, stieß sie die anderen Gäste mit der Verlautbarung vor den Kopf, ihr sei schlecht, und sie brauche frischen Orangensaft. Nervös folgte sie Carol, die ihre anderen Pflichten als Gastgeberin ignorierte und in der Küche Orangen auszupressen begann. Ihnen folgte Audrey Wilder, die Frau des Filmregisseurs Billy Wilder, kam ebenfalls in die Küche und fällte das Urteil der A-Gruppe über Joanne. »Sie sind ein Floh im Arsch«, sagte sie. »Wenn Ihnen wirklich schlecht ist, hätten Sie eben nicht herkommen sollen.« So blieb Joanne der innere Kreis zwar verschlossen, doch machte sie in Los Angeles ihren eigenen Weg und war als Fernseh-Interviewerin recht erfolgreich.
Truman nahm Joanne niemals in sein Pantheon auf, doch er hatte sie gern und konnte auf ihre ihn fast vergötternde Ergebenheit kaum mehr verzichten. »Sie müssen begreifen, daß ich für Truman durchs Feuer gehen würde«, erklärte sie. Sie reservierte ein kleines Zimmer mit Bad neben ihrer Küche für ihn, in dem er oft wohnte, wenn er in Kalifornien war. Er genoß dann ihren auf 33 Grad erwärmten Swimming-pool und ließ sich von ihr bemuttern.

Während er in Kalifornien war, redete Truman auch mit Vertretern der Paramount über die neueste Version von F. Scott Fitzgeralds »Der große Gatsby« – von dem bereits zwei Filmfassungen vorlagen – und erhielt den Auftrag, für ein Honorar von 135 000 Dollar das Drehbuch zu schreiben. In seinem Aufbau – einer langen Rückblende –, seiner Dichte und vor allem in seiner elegischen Stimmung hat der Roman viel mit der »Grasharfe« und »Frühstück bei Tiffany« gemein, und Truman ging an den Auftrag mit einiger Erregung heran. »Fitzgerald hat Charme«, bemerkte er. »Das ist vielleicht ein albernes Wort, aber für mich ist es ein treffendes Wort. Ich liebe den ›Großen Gatsby‹ und seine traurige, fröhliche Nostalgie.«
Aber so schwer faßbare Qualitäten in ein Drehbuch zu bannen, erwies sich

als anspruchsvollere Aufgabe, als er sich vorgestellt hatte. »Als ich die Teile auseinandergenommen hatte, merkte ich, daß es viele Dinge in diesem Buch gibt, die einfach schlecht sind. Es war, als ginge man in die Küche und finde überall den Müll verstreut. Ich muß gestehen, daß es mir ebenso ging, als ich ›The Turn of the Screw‹ für den Film »Haus des Schreckens« adaptierte. Es ist unglaublich, wie James diese Geschichte zusammengestoppelt hat.« (Ironischerweise hatte sich Fitzgerald, der ebenfalls für Hollywood arbeitete, ähnlich über die Adaption der Werke anderer Schriftsteller beklagt. »Es ist alles gut und schön, wenn man es liest«, sagte er, »aber wenn man es ohne Schnörkel zu Papier bringt, ist es wie eine Woche in der Klapsmühle.«)

Anfang Dezember flogen Rick und Truman nach London, um mit Jack Clayton über den ersten Entwurf zu sprechen und Änderungen vorzunehmen. Clayton, der »Schloß des Schreckens« inszeniert hatte, war auf Trumans Empfehlung auch als Regisseur für »Gatsby« vorgesehen. Truman stellte sein Drehbuch ein paar Wochen später – im Januar 1972 – fertig und war, laut Alan Schwartz, insgesamt damit zufrieden. Paramount jedoch war es nicht und lehnte es als »inakzeptabel« ab.

»Tja, Truman, das ist ja genau gleich wie das Buch«, beklagte sich ein Vertreter des Filmstudios.

»Ich hatte den Eindruck, daß wir das Buch adaptieren«, antwortete Truman. Unter dem Vorwand, daß er seine Frist um mehr als eine Woche überschritten habe, weigerte man sich, ihm den verbleibenden Anteil seines Honorars auszuzahlen, der etwas mehr als 101 000 Dollar betrug. Aber Truman machte geltend, daß er durch eine Grippe aufgehalten worden sei, klagte und erhielt, was ihm zustand.

In London erkannte Rick, der inzwischen wußte, daß seine Träume nicht in Erfüllung gehen würden, daß er Truman endgültig satt hatte, der, wenn er gerade nicht an »Gatsby« arbeitete, den größten Teil der Zeit saufend und fernsehend im Bett verbrachte. Einer der wenigen Anlässe, für die er ihre Suite im Hotel Connaught verließ, war, um mit Rick zu einem Abendessen zu Lee Radziwill zu gehen. Aber dieser Besuch machte Rick seinen Status als Anhängsel nur noch augenfälliger. »Was für eine pampige Pute!« rief er aus. »Sie hat mir die Hand geschüttelt, sich umgedreht und mich nie wieder angeschaut.«

Rick wollte nach Hause fahren und buchte, genau wie Danny im Vorjahr, einen Flug für sich. In einer Neuauflage der vertrauten Szene änderte Truman abrupt seine eigenen Pläne, um ihn begleiten zu können. Am 14. Dezember und damit eine Woche nachdem sie New York verlassen hatten, flogen sie zurück. Ohne Reue goß Truman auch über dem Atlantik Wodka in sich hinein, was Rick schließlich veranlaßte, zu ihm zu sagen: »Truman, ich glaube einfach nicht, daß es klappen wird. Hier, ich möchte dir deine Schlüssel zurückgeben, weil ich mich nicht mehr an unsere Abmachung gebunden fühle.« Mit diesen Worten übergab er ihm die Schlüssel zur Wohnung im U.N. Plaza und machte dann einen symbolischen Abgang in Richtung Toilette.

Rick sollte es allerdings bald bereuen. Er hatte sich bereits an das Wohlleben gewöhnt. »Man wird süchtig danach«, erklärte er. »Es ist mörderisch. Man wird abhängig davon wie von Heroin.« Aber als er Truman anrief, um sich mit ihm zu versöhnen, blieb das Telefon stumm. Ohne etwas zu sagen, war Truman wieder weggeflogen, zuerst nach Palm Springs und dann in die Schweiz. In Panik, weil seine Miete fällig wurde, spürte Rick ihn schließlich in Verbier auf und sandte ihm ein Telegramm: BITTE MELDE DICH. Truman kabelte zurück: RATE DIR, ARBEIT ZU SUCHEN. In weicherer Stimmung schrieb ihm Truman dann aber einen langen Brief, der darauf hinauslief, daß er ihn zwar gern habe, jedoch für ihre Beziehung keine Zukunft sehe. Er bat Saint Subber, ihm 1600 Dollar zu geben, was genug war, um ihn einige Monate über Wasser zu halten.

Rick kehrte wieder als Barkeeper in den Club 45 zurück, und ein Jahr später übersiedelte er nach Los Angeles, wo er einen Job in einem ähnlichen Etablissement, dem Pussy Cat Café auf dem Santa Monica Boulevard, fand. Obwohl die beiden in enger Verbindung blieben, war Rick überzeugt, daß sein Leben besser verlaufen wäre, wenn er sich abgewandt hätte, als er Truman damals die 45. Straße hatte entlanggehen sehen. »Genauso schnell, wie sich die Tür öffnete, schloß sie sich wieder«, seufzte er. »Und, mein Gott, was für eine Enttäuschung das war! Er hat mir die Welt versprochen und mich mit einem Pott voll Bohnen abgespeist.«

Truman hatte Rick gern gehabt, aber er war nicht in ihn verliebt gewesen, und das Ende des Verhältnisses brachte ihn nicht ins Schleudern wie die Trennung von Danny. »Ich versinke wieder in meinem Buch«, schrieb er Alan Schwartz aus Verbier, »und fühle mich jeden Tag ferner von den schlechten Schwingungen, diesem unglaublichen Syndrom juvenilen Unsinns, das vor etwa zwei Jahren begonnen hat.« Für eine Weile zumindest schien es, als hätte seine Begegnung mit Danny und Rick seinen streunenden Blick gestoppt. »Es ist unerläßlich, sich an Einsamkeit zu gewöhnen, wenn man Schriftsteller sein will, wenn man wirklich darin aufgehen will«, verkündete er später einer Interviewerin. »Man kommt nicht darum herum – man muß allein sein.«

50

Er versank allerdings nicht sehr tief in seinem Buch, und viele begannen sich – manchmal öffentlich – zu fragen, ob sie es je zu sehen bekommen würden. Als er seinen Termin, 1. Januar 1971, platzen ließ, forderte die Twentieth Century Fox ihre 200 000 Dollar Anzahlung auf die Filmrechte zurück, und zu seinem Kummer mußte Truman sie herausrücken. Reportern, die ihn fragten, wieviel er bereits geschrieben habe, beschied er, daß zwei Drittel fertig seien. Es war die Antwort, die er bereits seit mehreren Jahren gab.

Selbst er redete nun so, als würde er nie zu einem Ende damit kommen. »Ehrlich gesagt, ich möchte es im Grunde eigentlich gar nicht abschließen«, gestand er. »Es ist zu einer Lebensweise geworden. Es ist, als ob man plötzlich ein schönes Tier, sagen wir, oder ein Kind, irgendein reizendes Kind nehmen und es in den Hof hinausführen und totschießen würde. Ich meine, das bedeutet es für mich. Der Augenblick, in dem ich mich davon trenne, ist genauso, als würde ich es in den Hof hinausführen und totschießen, denn es wird mir nie wieder gehören.«

Was auch seine Gründe sein mochten, er hatte es nicht eilig. In den Monaten nach seiner Rückkehr aus der Schweiz schien er sich geradezu darum zu reißen, fast alles andere zu tun, als sich einzusperren und mit den Problemen auseinanderzusetzen, die jeder lange und komplizierte Roman mit sich bringt. Er trank weniger als in den beiden vorangegangenen Jahren – in dieser Hinsicht hatten die schlechten Schwingungen in der Tat nachgelassen – und sprang von einem Projekt zum anderen und von Job zu

Job, ja er schien bereit, fast jeden Auftrag anzunehmen, der ihn von »Erhörte Gebete« fernhalten würde.
Sein erster Abstecher führte in den Journalismus. Peter Beard, Lees Freund – sie hatte sich von Stas getrennt –, und Jann Wenner, Herausgeber des Magazins *Rolling Stone*, überredeten ihn, über eines der großen Medienspektakel von 1972 zu berichten: die Tournee der Rolling Stones durch Nordamerika. Beard sollte die Fotos machen, mit denen sein Artikel illustriert werden würde, und nach Erscheinen in Wenners Zeitschrift sollte ihre Koproduktion als Buch erscheinen – »Die Musen sprechen« eine Generation später mit Hard-Rock-Beat. Er stieg ins Rennen mit zahllosen hungrigen jungen Publizisten, die alle nicht erwarten konnten, mit Hilfe der journalistischen Techniken, die er mitentwickelt hatte, berühmt zu werden. Aber nur ihm und, zeitweilig, dem Szene-Romancier Terry Southern, beides Männer in mittleren Jahren, wurde gestattet, im Flugzeug der Stones mitzufliegen und sowohl das private wie das öffentliche Verhalten dieser Gruppe zu beobachten, deren Anziehungskraft großenteils auf ihrem Ruf zügelloser Lasterhaftigkeit beruhte. Truman hatte somit eine Einladung, genau das zu tun, was ihm am meisten lag: die Fliege an der Wand zu spielen, die alles sieht.
Mit diesem umfassenden Freibrief ausgestattet, stieß der »phantastische T. Capote«, wie ihn Southern nannte, Ende Juni mitten während der zweimonatigen Tournee durch einunddreißig Städte zu den Stones. Es war eine erfreuliche Mischung: Die Stones mochten ihn, er mochte sie, und er war angeregt von ihrer Gesellschaft, die selbst für einen Planetenwanderer wie ihn völlig neu war. Nachdem er am 27. Juli an ihrer Abschiedsvorstellung im Madison Square Garden teilgenommen hatte, fuhr er nach Sagaponack, wo er seine Notizen ordnete und seine Geschichte zu schreiben begann. Den Titel, »Es wird bald hier sein«, übernahm er von einem Gemälde aus dem 19. Jahrhundert, auf dem Farmer des Mittelwestens zu sehen sind, die sich beeilen, ihr Heu vor einem aufziehenden Gewitter zu retten. Für ihn hatte dieser Titel einen ironischen Gehalt: Im 20. Jahrhundert hatten sich die Dinge so umgekehrt, daß die jungen Nachkommen der gottesfürchti-

gen Farmer nicht mehr vor dem Sturm flüchteten – den Stones und dem Chaos, das sie repräsentierten –, sondern in Massen hinströmten und danach gierten, sich vom Hurrikan mitreißen zu lassen.
Der erste Termin verstrich und dann der zweite, und wenn er Beard auch einen Teil vorlas, erreichte »Es wird bald da sein« doch niemals ein Ende. Truman brachte nicht mehr als ein paar Seiten zustande. Kann sein, daß er nicht die Energie oder Konzentrationsfähigkeit aufbrachte, sich einem anspruchsvolleren Prosatext zu widmen, kann aber auch sein, daß ihn die Aufgabe bei näherer Prüfung langweilte. Die Tournee sei zwar eine neue Erfahrung für ihn gewesen, sagte er, aber in keiner Hinsicht überraschend. Alles was geschah, einschließlich der hysterischen Ausbrüche der Fans, sei ja von den Stones und ihren Managern kühl und effizient inszeniert worden. »Da es nichts herauszufinden gab«, erklärte er, »machte es mir einfach keinen Spaß, darüber zu schreiben.« In einem langen Interview mit *Rolling Stone* gab er später zu, daß er, wenn er fünfundzwanzig Jahre jünger gewesen wäre – und nicht bereits einen Bericht über eine musikalische Tournee verfaßt hätte –, vielleicht doch Gefallen daran gefunden hätte. Aber warum, fragte er, »sollte ich mich auf ein Spiel einlassen, das ich schon einmal gespielt hatte?«

Es war eine gute Frage, aber sie hielt ihn nicht davon ab, andere Spiele zu spielen, die er ebenfalls bereits kannte: ein Drehbuch, ein Fernsehspiel, einen Dokumentarfilm und drei Krimis für ABC. Die ersten drei Projekte machte er mit Robert MacBride, einem freien Autor, den er im Sommer 1972 in einem Buchladen im Rockefeller Center kennenlernte. Ihre Beziehung war MacBride zufolge eher brüderlicher und nicht sexueller Art. Möglich ist, daß sich Truman zu Bob MacBride hingezogen fühlte, weil er in ihm Züge von Jack aus früheren Jahren entdeckte. Die äußerliche Ähnlichkeit sprang ins Auge. Der sechsundvierzigjährige Bob war mager wie Jack und hatte mit seinem rostfarbigen Haar und der blassen, gebleicht wirkenden Haut etwas Asketisches an sich. »Er sah aus wie nicht ganz gar, wie ein Auflauf, der nicht lang genug im Ofen war«, beschrieb ihn Slim Keith.

Es gab weitere, ebenso auffallende Ähnlichkeiten. Auch Bob war in Philadelphia aufgewachsen, und auch er war überwiegend Autodidakt mit erstaunlich vielfältigen Kenntnissen, von Computern und den Flotten des Bürgerkriegs bis zu Raumfahrt und Bildhauerei. Wie Jack sprach auch er fließend Französisch. Dem umgänglichen Bob fehlte zwar Jacks explosives Temperament, doch hatte er dieselbe frustrierende Gewohnheit, das Gespräch an sich zu reißen und es in einen Monolog zu verwandeln. »Wenn ich merke, daß Jack einen seiner Wutanfälle kriegt, blende ich mich einfach aus«, bemerkte Truman. »Ich höre überhaupt nichts mehr, und wenn er sich ausgetobt hat, blende ich mich wieder ein. Dasselbe mache ich bei Bob, wenn er anfängt, über den Weltraum, die Sterne und das Universum zu reden. Ich lasse es an mir vorüberrauschen.«

Bob war in zweiter Ehe unglücklich verheiratet, als er Truman kennenlernte, und ernährte seine sechs Kinder als Graphiker und Autor von PR-Broschüren. Seine Zusammenarbeit mit Truman versprach höhere Einkünfte, und so arbeiteten sie über ein Jahr zusammen, nämlich vom Sommer 1972 bis zum Sommer 1973, an drei Projekten, von denen keines je produziert wurde. Die Arbeit mit Bob verlief ähnlich wie die mit Wyatt an »The Glass House«: Truman skizzierte seine Ideen beim Mittag- oder Abendessen, Bob setzte sich dann allein hin und ergänzte Einzelheiten, die Truman bei einem weiteren Mittag- oder Abendessen zurechtrückte. Zumindest für Truman war dies ein angenehmer und schmerzloser Vorgang, der so wenig Ähnlichkeit wie möglich mit Arbeit hatte.

Im Herbst 1972 flogen sie gemeinsam nach New Orleans, wo sie Drehorte für ihren Krimi »Dead Loss« inspizierten. Im Winter waren sie mit »Second Chance« beschäftigt, einem TV-Dokumentarfilm über Transsexuelle. Mitte Juni 1973 fuhren sie nach Kanada, wo sie innerhalb von zwei Wochen in einem Hotel in Montreal und in der jahreszeitlich bedingt fast leeren Skipension »Uncle Sam's Hard Luck Hotel« ein Fernsehspiel über ein Rehabilitationszentrum in Kalifornien fertigstellten. Ihre Beziehung war ganz und gar freundschaftlich, und Bob war deshalb verwirrt und gekränkt, als er nicht lange nach ihrer Rückkehr aus Kanada in Trumans Stimme am

Telefon einen unverkennbar frostigen Ton wahrnahm. »Es war klar, daß er nicht mit mir reden wollte«, berichtete Bob. Ohne Erklärung oder Entschuldigung zog sich Truman von ihm zurück. Seine Frau beklagte sich bald über Trumans »Falschheit«, und Bob, der viel mehr von ihrer Zusammenarbeit erwartet hatte, stimmte ihr zu. Im Oktober schrieb er in sein Tagebuch: »Träumte, Capote kehre zurück.« Aber dies tat er nicht.

Die Erklärung war einfach: Truman war wieder verliebt. Nicht bloß verliebt wie in Danny, sondern hingerissen und betört. Der Name seines neuen Geliebten war John O'Shea, und Truman fand, er sei »einer der attraktivsten Menschen, die ich in meinem ganzen Leben gesehen habe«, obwohl ihn die meisten anderen, die ihn kannten, als nichtssagend beschrieben. Er war einsfünfundsiebzig groß, weder beleibt noch mager, sondern mit der Figur eines durchschnittlichen Vierundvierzigjährigen ausgestattet. Er hatte dunkelbraunes Haar, markante Brauen und blaue Augen, die von dicken Gläsern vergrößert wurden. In jeder Hinsicht entsprach er dem, was er war: einem stellvertretenden Leiter einer kleinen Bankfiliale.

»Charlie Middleclass«, nannte John sich scherzend, und auch ein Soziologe hätte beim besten Willen keinen besseren Vertreter des typischen Amerikaners von etwa 1973 finden können. Die streng katholische Familie bewohnte ein Splitlevel-Haus in einer Mittelstandssiedlung etwa fünfundvierzig Minuten von Manhattan entfernt. Sowohl seine Frau Peg wie auch sein sechzehnjähriger Sohn Brian spielten eine führende Rolle in der Kirchengemeinde; seine fünfzehnjährige Tochter Kathy war eine der besten Schülerinnen in ihrer Klasse, und seine zwei Jüngsten, Kerry, zwölf und Chris, neun, trainierten für eine Karriere als Läufer – John selbst war in seiner Freizeit als übrigens sehr guter Leichtathletiktrainer tätig.

Das war natürlich nur eine Hälfte des Bildes. Auch John war von den Wunden einer schrecklichen Kindheit gezeichnet. Seine Eltern waren aus Irland nach New York gekommen. Als sein Vater, ein Schreinermeister, keine Arbeit finden konnte, mußte die Mutter mit ihrem Job bei einer Telefongesellschaft die ganze Familie erhalten. Sein Vater, vom Leben enttäuscht und voll Sehnsucht nach Irland, wurde Alkoholiker und verprügelte regelmäßig seine Frau und seine zwei Söhne. Als John herangewachsen war, warf er seinen Vater eines Tages aus der Wohnung in der Bronx, nachdem er seine Frau wieder einmal mißhandelt hatte. Aber das löste nur die Hälfte seines Problems mit den Eltern. Seine Mutter war vielleicht noch schlimmer als sein Vater. Ihre Vorstellung von einem irischen Wiegenlied war, ihn vor Schmerzen heulen zu hören. Als er einmal mit Poison Ivy, einer giftigen Pflanze, in Berührung gekommen war, übergoß sie ihn in der Dusche mit Salmiakgeist. Wenn sie ihn bestrafen wollte, mußte er sich in die Badewanne setzen, und sie schlug ihn mit einem Elektrokabel: Auf nasser Haut schmerzen die Schläge mehr als auf trockener, hatte sie gelernt.

Wie sein Vater wurde John ein zutiefst unzufriedener Mann. Nach dem Dienst in der Marine verbrachte er ein Jahr auf einem College nördlich von New York und kehrte dann in die Bronx zurück, um einen Job bei einer Bank anzunehmen und mit Peg eine Familie zu gründen. Da nahm das, was nach außen hin als eine bescheidene Erfolgsgeschichte erschien, eine unerwartete Wendung. Obwohl seine Banklaufbahn langsam Fortschritte machte, fühlte er sich in seiner Haut nicht wohl. Der eigentliche Ehrgeiz, den er abends und am Wochenende nährte, war, sich als Romanautor zu beweisen. Er war auch nicht glücklich in seiner Ehe – er sah Gefängniswände, wo er auch hinschaute. »Es war die klassische irische Laufbahn«, meinte sein Sohn Brian. »Als Kind wurde er geprügelt, dann ging er in die Marine, kam zurück, und als er aufwachte, hatte er ein Haus und einen Haufen Kinder. Er hatte nie ein eigenes Leben.«

Auch darin dem Vater nacheifernd, wurde John Alkoholiker, laut Brian »ein unheimlich gewalttätiger Mann«, der sowohl Peg wie auch Brian vermöbelte. Als Brian größer wurde, lernte er asiatische Kampfsportarten, und als sein Vater eines Sonntags beim Abendessen Krach schlug – John bewarf Peg mit Gemüse –, erhob er sich zornig und wandte einen Trick an: Er rammte zwei Finger in Johns Nasenlöcher, und prompt krachte John zu Boden und war einen Augenblick lang bewußtlos. So pflanzten sich

Feindseligkeit und Gewalt durch drei Generationen fort. Wie sein Vater hatte auch John im eigenen Haus die Herrschaft verloren.

Das war seine Situation, als er, wahrscheinlich in der ersten Juliwoche 1973, Truman kennenlernte. Er war zu einem Vorstellungsgespräch für einen Posten, den man ihm fest zugesagt hatte, nach Manhattan gekommen, hatte ihn aber zu seiner Überraschung und Enttäuschung nicht bekommen. Als er seine Erregung und Wut auch mit zwei Beruhigungstabletten nicht dämpfen konnte, beschloß er, wie er es manchmal tat, wenn er sich schlecht fühlte, eine Schwulensauna in der Nähe des Hotel Plaza aufzusuchen. Die sexuelle Befriedigung, die er dort fand, betrachtete er als eine Form von Masturbation; er hielt sich nicht für homosexuell. »Ein älterer Typ schob eine Nummer auf mir«, erinnerte er sich, »und ich schaute nach rechts, und da war Truman. Es drängte mich, mit ihm zu reden, weil ich dachte, er würde Verständnis für meine Not haben. Ich wollte meine ganze qualvolle Existenz vor ihm ausbreiten und ihm erzählen, wie ich genötigt worden war, in einer Bank zu arbeiten, während ich mich doch in Wirklichkeit als Schriftsteller fühlte. Er würde mir beibringen zu schreiben.«

In einem privaten Zimmer, das Truman in einem Obergeschoß gemietet hatte, klagte ihm John seinen Kummer, und Truman war voll Mitgefühl oder gab es zumindest vor. Wieder einmal ließ er sich von den heimtückischen Strudeln der Nostalgie erfassen, wieder griff er nach dem absoluten Durchschnitt. Aber was Johns Reiz ausmachte, war mehr als seine alltägliche Situation. Wie Danny rief auch er eine Erinnerung in Truman wach. Wie Danny ihn an einen Mitschüler aus der Militärakademie erinnert hatte, erinnerte John ihn an einen Jungen in Monroeville, einen Jungen, dessen Persönlichkeit sich Trumans Gedächtnis so unauslöschlich eingeprägt hatte, daß er ihn zur Hauptfigur seiner Erzählung »Chrysanthemen sind wie Löwen« machte. Erst später erkannte Truman, wie zutreffend und prophetisch diese Assoziation war: Dieser Junge war der Schläger der Schule gewesen, der ihm die Tage zur Hölle gemacht und seine Nächte mit bösen Vorahnungen erfüllt hatte. Odd Henderson hatte er ihn genannt, »den fiesesten Menschen, der mir je untergekommen ist«.

An diesem Nachmittag in der Sauna fand er John jedoch alles andere als fies. Telefonnummern wurden ausgetauscht, und sie trafen sich wieder und danach noch einmal. Ende Juli war eine Liebesbeziehung daraus geworden, die, wie John sagte, »stieg wie ein Drachen«. Jeder sah im anderen, was er sich am meisten wünschte. Für Truman war John die Erfüllung einer Leidenschaft; er wurde von einer Besessenheit gepackt, die sowohl sexueller wie auch psychischer Art war. Er hatte im Grunde nie Genuß am wüsten Sexualleben mit wechselnden Partnern gefunden, zu dem er sich manchmal bekannte, und wie viele Männer seines Alters, die das Gefühl haben, das Beste liege hinter ihnen, bedauerte auch er zutiefst alle versäumten Gelegenheiten. Seit er Danny begegnet war, hatte er sich, wenn auch mit begrenztem Erfolg, bemüht, verlorene Zeit wettzumachen. Jetzt, da er sich den Fünfzig näherte, hatte er jemanden gefunden, der alles hatte, was er sich von einem Geliebten wünschte, der sowohl im Bett aufregend – »wenn ich eine Rangliste meiner Partner aufstellen müßte, würde ich Johnny auf den ersten, Jack auf den zweiten und Danny auf den dritten Platz setzen« – wie auch eine nie endende Herausforderung war.

Was John dagegen in Truman sah, war eine Chance. Truman zog ihn nicht körperlich an; vielleicht fand er ihn sogar abstoßend. Ein paar Jahre zuvor, erinnerte sich Brian, habe sein Vater ärgerlich den Kanal gewechselt, als Truman in der *Tonight Show* auftrat – »verdammte Schwuchtel!« habe John gemurmelt. Aber wie Danny und Rick glaubte auch John, die »verdammte Schwuchtel« könnte seine Träume wahr werden lassen. Er zerbrach sich den Kopf, um ein Mittel zu finden, das es ihm ermöglichen würde, Trumans Vernarrtheit für seine eigenen Zwecke nutzbar zu machen, und kam schließlich auf eine »wunderbare Lösung«. Truman wußte nicht, wie man mit Geld umgeht, er dagegen schon. Was Truman also brauchte, folgerte er, war jemand, der ihm diese Last von den Schultern nahm, der ihm als Faktotum, Agent und Manager diente.

Truman stimmte zu. Wahrscheinlich hätte er jedem Vorschlag zugestimmt, der sie aneinanderband. Entsprechende Papiere wurden ausgefertigt. Es erwies sich als günstig, daß Truman eine Scheinfirma namens Bayouboys Ltd. besaß – Alan Schwartz hatte sie als Steuerfluchtburg eingerichtet –, die John zu einem wohlklingenden Titel und einem Gehalt verhelfen würde. John kündigte seinen Bankjob und wurde zu einem Jahresgehalt von 14400 Dollar zum Vizepräsidenten von Bayouboys Ltd. ernannt. Er begann eine völlig neue Karriere. Bald, so glaubte er, würde er nicht nur Trumans Vermögen verwalten, sondern auch das seiner reichen Freunde. »Ich breche aus!« sagte er zu Brian. »Ich setze mich ab, ich lasse diesen ganzen kleinbürgerlichen Mief hinter mir! Ich werde Finanzberater für Schriftsteller, Filmproduzenten und andere Erfolgstypen.«

Seiner Familie, die ihm nicht einmal geglaubt hatte, daß er Truman auch nur kannte, bis sie seine Babystimme am Telefon hörten, teilte er mit, daß seine neuen Pflichten lange Dienstreisen erforderten. Anfang August waren Präsident und Vizepräsident von Bayouboys auf dem Weg nach Los Angeles und am 3. September nach Europa. Sie flogen zuerst nach Athen und wurden später von Aristoteles Onassis' Hubschrauber auf die Insel Spetsai gebracht, wo Slim Keith zusammen mit anderen Jetsettern, darunter Mary Martin und Stavros Niarchos, Urlaub machte. Sie mieteten ein Haus und blieben, sonnenbadend und segelnd, drei Wochen dort. »Es waren faule Tage, und alles war wunderbar«, erzählte John.

Nach einem Abstecher nach Istanbul, das sie abscheulich fanden und schnell wieder verließen, fuhren sie mit dem Orientexpreß nach Venedig, wo sie zwischen dem Hotel Gritti Palace und Harry's Bar mit einigen Zwischenhalten in Peggy Guggenheims Palazzo hin und her pendelten. Drei Wochen später reisten sie in die Schweiz weiter, wo sie in Verbier logierten und Charlie und Oona Chaplin im benachbarten Vevey mehrere Besuche abstatteten. Von Charlies Ergebenheit als Ehemann gerührt – »so gütig, so liebenswürdig«, dachte er –, beschlichen John Schuldgefühle seiner eigenen Frau und seinen Kindern gegenüber. Der Ausdruck auf Pegs Gesicht, als sie sich auf dem Kennedy Airport von ihm verabschiedet hatte, stand ihm immer noch vor Augen. Der Blick hatte ihm gesagt, daß sie keine

»Ich liebe alles an ihr«, sagte Truman über Lee Radziwill, die hier 1972 auf einer Party zwischen ihm und Norman Mailer steht.

Schon als Truman noch die Greenwich High School besuchte, sagte seine Englischlehrerin Catherine Wood (links) voraus, er werde eines Tages berühmt werden. Sie blieben Freunde, und Mitte der sechziger Jahre zeigte er ihr und ihrer Freundin Marjorie Pierce seine neue Wohnung im U.N. Plaza (hinter ihnen James Fosburghs Porträt von Truman).

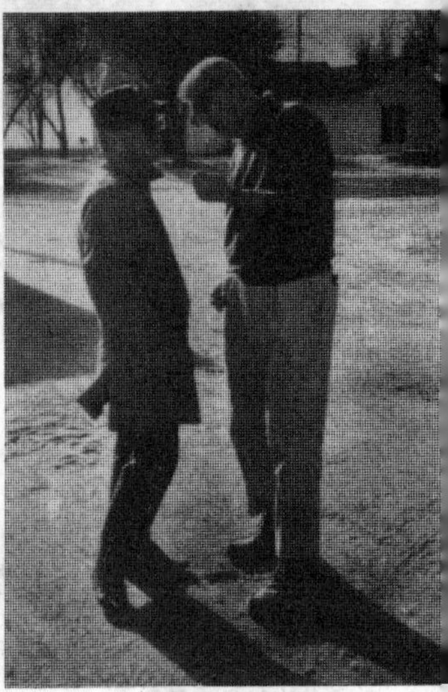

Bei seinem ersten Besuch in Kansas kannte ihn nur wenige Menschen in Finney County. Als er 1967 wieder hinfuhr, um bei den Dreharbeiten von »Kaltblütig« dabei zu sein, war e fast jedem Amerikaner bekannt. *Life* setzte ih auf die Titelseite, zwischen Scott Wilson, de Dick Hickock spielte, und Robert Blake, der al Perry Smith zu sehen war. Truman sucht noch einmal das Haus der Clutters auf (link unten) und sprach mit dem Regisseur Richar Brooks (oben), der ihn schließlich bat, de Drehort zu verlassen, da er zuviel Aufsehen e rege.

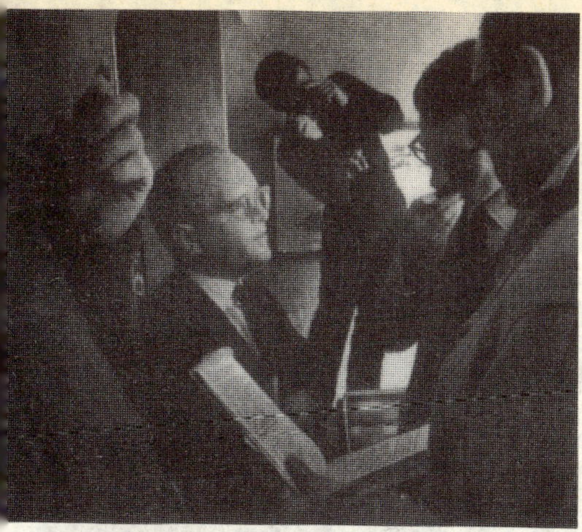

Nach der Veröffentlichung von »Kaltblütig« wurde Truman mehrere Jahre lang häufig zu seinen Ansichten über Gefängnisse, die Todesstrafe und den Strafvollzug befragt.

Stets hörte Truman das Rauschen des Meeres in seinem kleinen Haus in Sagaponack, einem noch ländlichen und unverdorbenen Teil im Osten von Long Island, als er sich Anfang der sechziger Jahre dort niederließ.

Der abgespeckte T
man 1979 nach ein
Diät und einem Fac
lifting.

Andy Warhol interviewte ihn und feierte auch die Riten im Studio 54 mit ihm.

Der fettleibige Truman 1975 mit Diana Ross auf einer Hollywood-Party.

Joseph Petrocik und Myron Clement halfen Truman Ende der siebziger und Anfang der achtziger Jahre über einige Krisen hinweg.

Der Karikaturist Edward Sorel brachte die Gefühle vieler Freunde von Truman nach der Veröffentlichung von »La Côte Basque« auf den Punkt.

C. Z. Guest war eine der wenigen Jetset-Freundinnen, die auch nach seinem Sturz zu ihm hielten.

Die Weihnachtsfeiertage 1975 verbrachte Truman auf Long Island mit John O'Shea und seiner hübschen Tochter Kerry, die Truman später Kate Harrington nannte.

Die letzten Jahre von Trumans Leben waren durch eine Reihe von Desastern gezeichnet. 1977 sprach er auf einer Lesung in Maryland so wirr, daß er von der Bühne geführt werden mußte. 1981 wurde er bewußtlos aus seiner Wohnung in Manhattan abtransportiert. 1983 nahm ihn Joanne Carson zu sich nach Palm Springs, wo er sich von verschiedenen Leiden erholte.

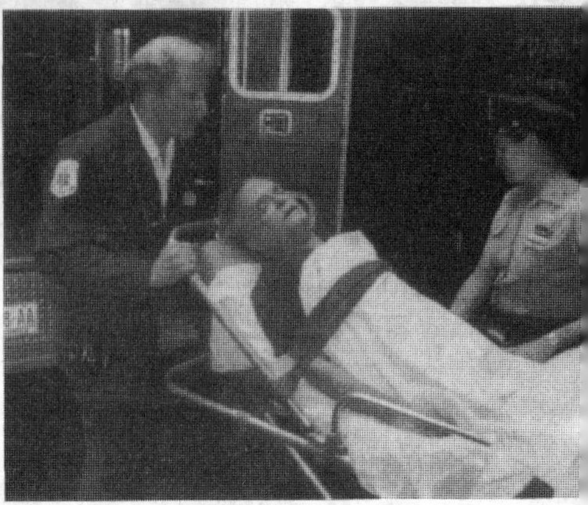

Doch selbst in jenen düsteren Tagen zeigte sich noch gelegentlich der alte Spaßmacher, bereit, zu unterhalten und sich unterhalten zu lassen.

Truman und Jack, hier 1981 am Schlafzimmerfenster von Jacks Haus in Sagaponack, blieben Lebensgefährten, aber ihre Beziehung wurde in den siebziger und achtziger Jahren immer gespannter und schwieriger.

23. August 1984: Das letzte Bild des meistfotografierten Schriftstellers seiner Generation, aufgenommen in Joanne Carsons Haus in Los Angeles mit Joannes Dobermann Cinnamon.

Sekunde lang glaubte, daß er bloß Trumans Manager sei, und daß sie genau wußte, was zwischen ihnen los war. »Es muß schrecklich für sie gewesen sein, allen ihren Freunden zu erzählen, daß ihr Mann mit der weltbekannten Oberschwuchtel abgedüst sei«, meinte er.
Als Marella Agnelli sie einlud, ihre Reise zu verlängern und auf ihrer Jacht die griechischen Inseln zu besuchen, ein Luxustrip, von dem sich John kaum hätte träumen lassen, als er noch hinter seinem Schreibtisch in der Bank saß, zögerte er deshalb nicht, nein zu sagen. »Ich habe Truman soeben befohlen, Marella Agnellis Angebot abzulehnen«, schrieb er stolz an Peg. »Er hat zugestimmt, meint aber, daß sie so was sicher zum ersten Mal erlebt.« Truman gegenüber äußerte er sich direkter: »Ich pfeif auf die griechischen Inseln! Ich fahre nach New York!« Ende Oktober flogen sie nach Hause. Die Flitterwochen waren vorüber.

John mögen Bedenken hinsichtlich ihrer Beziehung gekommen sein, nicht aber Truman; er war ihm hörig. Um seinen neuen Partner davon abzuhalten, wieder zur Bank zurückzukehren, erhöhte er sein Gehalt um mehr als das Doppelte auf 30 000 Dollar im Jahr. Selbst wenn John gewollt hätte, wäre es ihm verdammt schwergefallen, soviel Großzügigkeit zurückzuweisen. Die Zweifel, die er haben mochte, wurden beiseite gewischt, und er lud Truman zum Abendessen nach Hause ein: Es war Zeit, daß er seine Familie kennenlernte.
Entgegen Johns schuldbewußter Vermutung ahnte Peg nicht, daß er Trumans Geliebter war. Es war unvorstellbar für sie, daß ihr Mann ein Verhältnis mit einem anderen Mann haben könnte. Weit davon entfernt, verärgert oder eifersüchtig zu sein, war sie höchst erfreut über den Glücksfall, der ihrer Familie beschieden war. »Truman hatte das Gehalt verdoppelt, das er in der Bank verdiente«, berichtete sie. »Ich war der Meinung, er habe einen fabelhaften Posten gefunden. Wer hätte das nicht gedacht?« Ebensowenig hatte sie sich gedemütigt gefühlt, wie John sich ebenfalls vorgeworfen hatte, als er mit dem berühmtesten sich offen dazu bekennenden Homosexuellen der Welt fortgeflogen war. Ihre Nachbarn

waren sichtlich genauso arglos und vertrauensvoll wie sie. Soweit irgend jemand in der Familie wußte, hatte es bei den Grillfesten dieses Sommers weder verstohlenes Zwinkern noch Geflüster über Gartenzäune gegeben.
Als John ihr erzählte, sein neuer Chef komme zu Besuch, war ihre einzige Reaktion deshalb Nervosität. »Was soll ich ihm vorsetzen?« fragte sie besorgt. »Lammkoteletts«, antwortete John, und sie ging und kaufte vierzehn Lammkoteletts, ein teures Gericht, das im sparsamen O'Shea-Haushalt bis dato unbekannt gewesen war. »Ich trichterte den Kindern ein, statt zu fragen: ›Was ist denn das?‹, zu sagen: ›Ach nein, nicht schon wieder Lamm!‹ Da ich wußte, daß Truman aus dem Süden stammte, ließ ich mir von einer Freundin aus dem Schwarzenviertel der Bronx auch Kichererbsen mitbringen. Aber ich wußte nicht, wie man sie zubereitet, und ließ sie den ganzen Tag auf dem Ofen. Als es Zeit wurde, sie zu servieren, waren sie zu Brei zerkocht. Wenn die Stellung meines Mannes von diesem Abendessen abgehangen hätte – was ich glaubte –, wären wir verloren gewesen. Ich konnte ja nicht ahnen, daß Truman mein bester Freund werden würde. Ich mochte ihn sofort.« Truman kam einige Tage nach Weihnachten noch einmal und schenkte jedem der O'Shea-Kinder eine nagelneue Hundert-Dollar-Note aus seiner Bargeldlade.
John machte sich im übrigen wirklich an die Arbeit und begann, Trumans Karriere zu managen – wahrscheinlich zu Trumans Überraschung und ziemlich sicher zu seinem Mißbehagen. Seine erste Großtat war das Aushandeln eines lukrativen Vertrages, mindestens 10 000 Dollar pro Woche plus Spesen. Truman sollte dafür für die *Washington Post* und die angeschlossene Zeitungskette über einen weiteren Mordfall schreiben, bei dem diesmal auch Sex und Folterung im Spiel waren. Angeklagt war einer von zwei halbwüchsigen Burschen, die beschuldigt wurden, einem Elektriker in Houston geholfen zu haben, andere Halbwüchsige sexuell zu mißbrauchen, zu quälen und zu töten, bis der Angeklagte schließlich rebelliert und den Elektriker erschossen hatte.
Das Interesse am Fall galt weniger den Morden – der Elektriker hatte mindestens siebenundzwanzig Teenager umgebracht – als vielmehr den

Umständen, die ermöglicht hatten, daß sie unentdeckt blieben. Wie konnten so viele Jungen vom Erdboden verschwinden, ohne daß die Öffentlichkeit, die Polizei oder die Presse darauf aufmerksam wurde? Das war zumindest die Frage, der Truman nachgehen wollte. »Ich betrachte den Prozeß als Ausgangspunkt«, sagte er zu einem Interviewer, »um der außergewöhnlichen Kultur – in Texas und im Südwesten bis nach Kalifornien – des ziellosen Herumirrens, des mobilen, entwurzelten Lebens auf den Grund zu gehen; den sieben Meilen langen Campingplätzen, den Motorrädern, den Leuten in den Wohnwagen, Leuten, die keine Adresse, ja nicht einmal einen Familiennamen haben.«

Trotz seiner öffentlich bekannten Begeisterung war es aber kein Auftrag, der ihm Spaß machte. Er nahm ihn nur an, weil John ihn dazu drängte, und John hätte ihn vielleicht nicht gedrängt, wenn er auch nur etwas mit seinen Schreibgewohnheiten vertraut gewesen wäre. Truman hatte selten mit festen Terminen, geschweige denn mit einem täglichen Abgabetermin geschrieben, wie die *Post* es erwartete, und die Aussicht, jeden Abend in ein Telefon diktieren zu müssen wie jeder andere Reporter hinter einer brandheißen Geschichte, muß ihn mit Entsetzen erfüllt haben. Wie dem auch sei, die ehrgeizige Reportage, die ihm vorschwebte, hätte nicht in kleinen Dosen geschrieben werden können, sie hätte einer Anstrengung in der Größenordnung von »Kaltblütig« bedurft. Das Projekt war zum Scheitern verurteilt, und Truman muß es gewußt haben.

Dennoch brachen John und er in der ersten Januarwoche 1974 mit dem Auto nach Houston auf. Sie übernachteten in Washington bei Kay Graham, die von John nicht mehr beeindruckt war als seinerzeit von Danny. »Ein fürchterlicher Typ! Fürchterlich!« entsetzte sie sich. Sie fuhren nach Monroeville weiter, wo sich Trumans Verwandte im Haus seiner Tante Mary Ida zu einem traditionellen Abendessen versammelten, wie es in den Südstaaten üblich ist und wie Sook es zuzubereiten pflegte. »Ich habe nie im Leben so üppig gegessen«, sagte John. In Houston wohnten sie bei Trumans Freunden Lynn und Oscar Wyatt, die selbst nach texanischen Maßstäben reich waren, und sahen sich in dem Viertel der unteren Mittelschicht um, wo der Elektriker seine Opfer ermordet hatte.

Aber Trumans »Houston Diary«, wie sein Bericht betitelt sein sollte, endete in dem Augenblick, in dem der junge Angeklagte in den Gerichtssaal geführt wurde. »Ich habe das schon einmal erlebt«, sagte Truman, auf einen ähnlichen Auftritt von Perry und Dick vierzehn Jahre zuvor bezugnehmend, und mit John auf den Fersen verließ er den Saal.* Sie packten ihre Koffer und fuhren mit dem Wagen nach Palm Springs weiter. Joe Fox, Trumans Lektor bei Random House, fiel die Aufgabe zu, den Redakteuren der *Washington Post* die schlechte Nachricht beizubringen. Truman befinde sich an einem nicht bekanntgegebenen Ort im Westen im Krankenhaus, telegraphierte er, und werde nicht über den Houstoner Mordprozeß berichten.

Joe Fox sagte die Wahrheit. Als Truman in Kalifornien ankam, begab er sich ins Eisenhower Medical Center in Palm Desert, wo seine Beschwerden als Erkrankung der Atemwege bezeichnet wurden. Wie krank er war oder ob er überhaupt krank war, darüber besteht Uneinigkeit. John zufolge benutzte er die Krankheit als Vorwand, um sich aus seinem Vertrag mit der *Post* herauszuwinden. Aber Truman schrieb an Jack, der in Verbier war, er sei sehr krank, er habe Lungenentzündung. »Die meisten Leute reden sich gesund, Truman redet sich krank«, schrieb Jack an seine Schwester Gloria. »Man kann also bei ihm nie wissen. Ein Großteil seiner Probleme hat damit zu tun, daß er zuviel trinkt (behaupte ich!). Wann wird das enden! Er wendet sich nur in Krisen an mich. Wenn es ihm schlechtgeht. Sonst sagt er nichts.«

Truman mag, um Mitgefühl zu erwecken, seine Krankheit in dem Brief an Jack übertrieben haben, doch war er wahrscheinlich vom großen Trip, auf dem er sich seit seiner Begegnung mit John befand, schon angeschlagen, und es kann durchaus sein, daß er auch eine Form von Lungenentzündung hatte. Niedergeschlagen war er unbestreitbar. Da er mehr Unterstützung brauchte, als John ihm geben konnte, rief er auch noch andere Gefährten

* Trumans Instinkt, aus dem Projekt auszusteigen, war richtig; der Prozeß schleppte sich sechs Jahre lang hin. Der junge Angeklagte wurde zweimal für schuldig befunden und zweimal zu 594 Jahren Gefängnis verurteilt.

nach Palm Springs. Sein Vetter Joe Faulk kam aus San Diego, und aus New York kamen Saint Subber und John Knowles, ein Schriftstellerkollege und Freund aus Long Island.

Die meisten von Trumans Freunden hatten Danny und Rick als unpassend, aber harmlos betrachtet. Von wenigen Ausnahmen abgesehen, erregte John weitaus stärkere und erheblich negativere Emotionen. »Wenn er stocknüchtern war, war er in Ordnung, ziemlich manierlich«, stellte Knowles fest. »Aber sobald er einen Drink in der Hand hatte, glaubte er, er könne alles heraushängen lassen. Er drückte sich unglaublich derb aus – ›dieses beschissene Lokal, die beschissene Stadt, das beschissene Restaurant‹ –, und es war unheimlich ermüdend, sich dieses Kasernengerede anhören zu müssen. Er torkelte ins Haus von Robert und Natalie [Wood] Wagner, pflanzte seine Füße auf den Tisch und fing an, seine Zoten auszuspucken. In meinen Augen war er in jeder Hinsicht ein fauler Kunde, der zwar den starken Max mimte, aber nichts Starkes an sich hatte. ›Du bist ein Marshmallow, der sich wie ein Brecheisen aufspielt‹, dachte ich bei mir. ›Wem willst du eigentlich was vormachen?‹« Kay Graham drückte wahrscheinlich die Gefühle der Mehrheit aus, wenn sie bei der bloßen Erwähnung seines Namens abwehrend die Hände hob.

Selbst Trumans umgänglicher Vetter Joey Faulk fand, John lege es förmlich darauf an, Truman zu reizen und zu blamieren, indem er Streit anfing, Restaurants demonstrativ verließ und spätabends in eine gerade beliebte Kneipe abzischte. »Er spielte immer irgendein Spielchen mit Truman und beging kleine Bosheiten, nur um ihn zu ärgern«, meinte Joey. »Offenbar war er auch der Meinung, er brauche nie für irgend etwas zu bezahlen, solange er in Trumans Dunstkreis war. Einmal ging ich mit ihm allein zum Abendessen, und er bestellte einen Drink nach dem anderen und dann das Abendessen und machte keine Anstalten zu bezahlen. Ich lebte zu der Zeit bloß von meinem G.-I.-Sold, und bezahlte alles.«

Doch was Trumans Freunde damals und in den folgenden Monaten am meisten alarmierte, war Johns offenkundiger Versuch, sein Svengali zu werden. Knowles zufolge ging John so weit, das Telefon in sein eigenes

Schlafzimmer in Palm Springs verlegen zu lassen, angeblich, um Truman vor unerbetenen Anrufen zu schützen. Er schien sich nicht nur als Trumans Manager, sondern auch als seinen Aufseher zu betrachten, und er wurde wütend, wenn sich Truman weigerte – was er oft tat –, seinen Anweisungen zu folgen. In Johns Frust und Ärger mischte sich eine an Verachtung grenzende, unverhüllte Wut auf den Mann, der in so vieler Hinsicht so inkompetent schien, aber letzten Endes Herr über sein Geschick war. »Ich habe nie eine ähnliche Situation erlebt«, schrieb John an Alan Schwartz, »nie eine so große Ignoranz in praktischen Fragen, einen derartigen Mangel an gesundem Menschenverstand und eine solche zwanghafte, kindische Impulsivität erlebt. Ich fühle mich wie ein Vormund von Senilen und Infantilen.«

Um sicherzustellen, daß er alle Fäden in der Hand hielt – daß alle geschäftlichen Briefe und Anrufe Trumans über ihn liefen –, ließ er für Bayouboys Briefpapier mit seiner Adresse und Telefonnummer statt der von Truman drucken und verfaßte ein Rundschreiben, das er mit Trumans Unterschrift an verschiedene Freunde und Kollegen Trumans verschickte: »Wie viele von Ihnen wissen, ist der Kontakt mit mir wegen meiner ausgedehnten Reisen oft schwierig und manchmal unmöglich herzustellen bzw. aufrechtzuerhalten. Zur Erleichterung der Kommunikation habe ich meinen Mitarbeiter John O'Shea gebeten, als mein Manager, Agent, Sekretär und Berater zu walten. Mr. O'Shea ist in jeder Hinsicht über mein Interesse an neuen Projekten bzw. meine diesbezügliche Verfügbarkeit im Bilde und weiß über den Entwicklungsstand laufender Vorhaben Bescheid. Er kann und wird sich kompetent zu den oben erwähnten Fragen äußern. Bitte nehmen Sie mit uns nur über die auf diesem Brief angegebene Telefonnummer und Adresse Kontakt auf, und Sie werden umgehend Antwort erhalten.« Als Kay Graham die Kopie sah, die an die *Washington Post* ging, rief sie ihrer Sekretärin entsetzt zu: »Liz, es ist haarsträubend!« So oder ähnlich reagierten viele von Trumans Freunden.

51

Von Palm Springs gelangweilt und deprimiert, versammelte Truman Ende März 1974 Joey Faulk, John Knowles und Saint Subber um sich und fuhr, John O'Shea zurücklassend, mit ihnen an die mexikanische Grenze in ein Heilbad – eine Schlankheitsfarm – in Tecate. Sie erwarteten, verwöhnt zu werden, lesen und sich entspannen sowie in besänftigenden Whirlpool-Bädern schwelgen zu können. Statt dessen bekamen sie am allerersten Abend nichts als Gemüsebrei zu essen und wurden für den nächsten Tag frühmorgens zu Gymnastikstunden eingeteilt. Am nächsten Vormittag flohen sie über die Grenze zurück; Saint und Knowles hielten nicht an, bis sie New York erreicht hatten; Truman und Joey fuhren die Küste entlang nach San Francisco.

Es gab jedoch kein glückliches Wiedersehen, als sie zwei Wochen später nach Palm Springs zurückkehrten. Die Spannung zwischen Truman und John, die sich im Laufe der Monate aufgebaut hatte, entlud sich bald in wütenden Worten. Als John erklärte, er wolle eine Leichtathletikveranstaltung in San Diego besuchen, schlüpfte Truman in die Rolle des strengen Chefs. »Mein Auto kriegst du nicht!« entschied er. Aber als Joey und er am Abend essen gingen, nahm John das Auto doch. Er rief später von San Diego aus an und sagte, er sei in Phoenix – auf dem Weg nach New York. Truman kannte ihn gut genug, um zu wissen, daß er log, und als John vierundzwanzig Stunden später zur Tür hereinkam, hatte er seinerseits eine unangenehme Überraschung vorbereitet. »Ich habe eine Flugkarte für dich nach New York«, bemerkte er kalt und drückte ihm einen Umschlag mit dem Ticket darin in die Hand.

Als John abgedüst war, blieb Truman gerade noch lange genug, um das Haus zu verkaufen. In seiner Eile, es loszuwerden, akzeptierte er das fast lächerlich niedrige Angebot von 63 000 Dollar. Jacks Vorahnung hatte sich als hundertprozentig richtig erwiesen: Das sonnige Refugium, in dem Truman geplant hatte, »Erhörte Gebete« zu vollenden, war statt dessen Schauplatz einiger der schlimmsten Stunden seines Lebens gewesen. Für ihn war Palm Springs tatsächlich zu »Thirst's End« geworden, wie Jack prophezeit hatte, wo die Hoffnung gestorben und die Verzweiflung geboren worden war. Als er, wenn auch etwas spät, erkannte, was ihm an diesem scheinbar friedlichen Ort widerfahren war, muß Truman sowohl Bitterkeit als auch Erleichterung empfunden haben, als er seine Habe zusammenpackte, sich von Myrtle verabschiedete (die zwei Jahre später einem Krebsleiden erlag) und sich dem Exodus zurück nach New York anschloß.

»In Freud und Leid«, sagte John, »sind Truman und ich, solange er lebt, durch eine unsichtbare Nabelschnur miteinander verbunden.« Diese Ahnung erwies sich als richtig. Truman war kaum am Kennedy Airport gelandet, als sie sich auch schon wieder versöhnten. Aber die Konfrontation in Palm Springs war nur die erste von vielen weiteren, und selbst in Bestform erschien ihre Beziehung dem einen wie dem anderen wenig echte Freude zu bereiten. Nach einem Wochenende mit ihnen auf Fire Island im Mai kam Donald Windham zum Schluß, daß John alle »geistigen und seelischen Eigenschaften« fehlten, die den Truman, den er gekannt hatte, interessiert hätten, daß die einzige Verbindung zwischen ihnen pathologischer Art zu sein schien. »[Truman] beobachtete Johnny mit einer zwanghaften Nervosität, ohne Vergnügen, wie ein Mann, der ein Phantom anstarrt«, schrieb Donald. »Die Anstrengung schien ihn auszupumpen.« Obwohl Truman so tat, als hätte John einige Entscheidungsgewalt, tat er in den meisten wichtigen Dingen doch das, was er wollte. »Bitte sei nett zu Johnny«, sagte er zu Alan Schwartz und fügte mit Bedacht hinzu, Alan solle ihn persönlich anrufen, falls er irgendwelche Probleme mit John habe; er werde die Sache ausbügeln. Es dauerte nicht lange, bis John merkte, was

hinter seinem Rücken vorging, und begriff, daß der Posten des Vizepräsidenten nur in seiner Einbildung existierte. Er war stolz genug, um das übelzunehmen, und einsatzfreudig genug, um für das zu kämpfen, was er als die ihm zustehende Stellung betrachtete.
Johns Hauptvorwurf – und die Ursache der meisten Auseinandersetzungen mit Truman – war jedoch, daß Truman sich entschieden weigerte, mit Jack zu brechen. Wie Rick erfüllte es John mit großer Bitterkeit, daß er ständig auf Abruf bereitzustehen hatte, während Truman, der keine vergleichbare Verpflichtung ihm gegenüber einhielt, mit Lee nach New Orleans oder Mexiko jetten oder sich wochenlang mit Jack in Sagaponack einigeln konnte. John fand ein solches Arrangement nicht ganz zu Unrecht eindeutig ungerecht und forderte immer wieder von Truman, daß er Jack verlassen müsse. Einmal schien Truman sogar bereit, es wirklich zu tun, aber er fand dann doch wieder einen guten Vorwand, es sich anders zu überlegen. »Er konnte sich von Jack nicht trennen«, mußte John widerwillig zugeben. »Sie waren zu sehr eins.«
Als John das begriffen hatte, konnte er Truman nicht mehr anschauen, ohne auch den Schatten von Jack im Hintergrund zu sehen. »Ich hätte mich niemals vollständig an Truman binden können, weil ich seiner angeblichen Liebe mißtraute«, erklärte John. »Ich konnte nicht verstehen, wie jemand sagen kann: ›Ich liebe dich, aber ich muß zu Jack nach Hause fahren.‹ Oder: ›Ich liebe dich, aber ich muß mit Lee nach Mexiko fahren.‹ Oder: ›Ich liebe dich, aber ich fahre auf sechs Wochen nach Kalifornien und, nein, du kannst nicht mitkommen.‹ Ich kam mir immer vor wie der letzte Dreck und erwartete nichts anderes, als daß er, wenn er genug von mir hatte – wenn es ihm paßte –, einfach weggehen würde.«
Vielleicht als Balsam für Johns gekränktes Selbstgefühl nahm Truman ihn Mitte Juli, fast genau ein Jahr nach ihrer ersten Begegnung, wieder auf eine Reise nach Europa mit. Sie wohnten bei den Wyatts an der Riviera und nahmen im Schlepptau der lebenslustigen Lynn an einer Gala nach der anderen teil. Zweimal waren sie zum Mittagessen im Palast von Monaco eingeladen, wo John, dem solche Dinge auffielen, überrascht feststellte, daß

sich unter all den Familienfotos kein einziges von Grace Kellys Bruder Jack befand, den er einmal bei einem Leichtathletikwettbewerb kennengelernt hatte. »Sie war eine Gefangene, eine absolute Gefangene«, erklärte er. Später sprach er mit einer von Grace Kellys Freundinnen über seine Entdeckung, und sie stimmte ihm, wenn auch etwas überrascht über seine Arglosigkeit, zu: »Aber von irgendwas mußte sie doch leben.«

Es war eine Bemerkung, die ihm zwölf Monate zuvor nichts als Rätsel aufgegeben hätte, ihn aber jetzt mit der Wucht einer unvermittelt enthüllten Wahrheit traf. Wenn Truman noch ein Beispiel für sein Buch benötigt hätte, hätte er nicht weiter zu schweifen brauchen als bis zu seinem Geliebten, dem die erhörten Gebete nichts als Unglück gebracht hatten. John war zwar aus seiner kleinbürgerlichen Routine ausgebrochen, wie er Brian versprochen hatte, aber er hatte nur eine Gefängniszelle gegen eine andere eingetauscht; auch er saß in einem goldenen Käfig. Weder verwaltete er das Vermögen von Schriftstellern, Filmproduzenten und anderen Erfolgsmenschen, noch hatte er auch irgendwelche Aussicht darauf, es je zu tun. Er wie seine Familie waren vielmehr völlig von den Launen und Stimmungen eines einzigen Autors abhängig. Diese Erkenntnis erfüllte ihn sowohl mit Angst als auch mit Wut.

Truman und John fuhren fort, einander zu drangsalieren, jeder auf die ihm eigene Weise. Truman tat es auf subtile Art; er ließ John fühlen, daß er es war, der die Schecks ausstellte. John zog die direkte Art vor; er schien es zu genießen, seinen Gönner vor Freunden wie Kay Graham oder Carol Matthau zur Schnecke zu machen. Carol war darüber so entsetzt, daß sie John drohte, ihn umzubringen: »Ich habe einen Revolver in der Tasche, und ich schieße ausgezeichnet.« John Knowles war einmal in einem Restaurant in Bridgehampton dabei, als John Truman seinen Drink ins Gesicht schüttete. »Ach Johnny, laß den Quatsch«, tadelte Truman ihn mild. »Setz dich hin und sei friedlich.«

John schreckte nicht einmal davor zurück, Truman bei seinem Vater schlechtzumachen. Unter dem Vorwand, er schreibe Trumans Biographie, rief er Arch an und bat ihn um Informationen, und bei dieser Gelegenheit plauderte er selbst allerhand aus. »Er versuchte nicht einmal, etwas zu vertuschen«, erinnerte sich Arch. »Er sagte, er sei mit Truman sexuell intim, und erzählte mir alles darüber.« Trumans sexuelle Neigungen waren zwar für fast alle Welt längst offenkundig, doch hatten ihn letzte Skrupel bislang daran gehindert, sie seinem Vater gegenüber zuzugeben. Nun hatte John das für ihn erledigt.

Unfähig, lange an einem Ort auszuharren, war Truman den ganzen Herbst und Winter 1974 über ständig auf Achse. Teils mit John, teils mit Lee jettete er nach New Orleans, Kalifornien und Florida – dann wieder zurück nach Kalifornien, nach Mexiko und wieder nach Florida. Mit John landete er Ende Februar 1975 in Key West, wo er sich im Pier House Hotel schließlich zu mehreren Wochen konzentrierter Arbeit niederließ, da es höchste Zeit war, eine Geschichte abzuschließen, die er zwei Monate zuvor der Zeitschrift *Esquire* versprochen hatte. Sie trug den Titel »Mojave«, und er hatte sie offenbar schon längere Zeit im Kopf gehabt, vielleicht auch teilweise schon zu Papier gebracht. Da der Ablieferungstermin schnell näherrückte, setzte er sich nun hin, um sie zu vollenden.

Am 12. März war er fertig. Seit er zum ersten Mal die Redaktion von *Mademoiselle* betreten hatte, war er vielleicht (nicht mehr) so unsicher hinsichtlich der Qualität seiner Arbeit, so gierig nach Bestätigung gewesen. Nicht nur trat er mit seinem ersten Prosatext seit »Chrysanthemen sind wie Löwen« fast acht Jahre zuvor an die Öffentlichkeit, sondern er gewährte der Welt auch einen ersten Blick auf »Erhörte Gebete«. »Mojave«, die trostlose Geschichte enttäuschter Liebe, sollte eigentlich eine Erzählung innerhalb einer Erzählung werden, ein Werk von P. B. Jones, der zynischen Ich-Figur von »Erhörte Gebete«.

Truman war so nervös, daß er eine sofortige Reaktion forderte. Don Erickson, der Chefredakteur von *Esquire*, tat ihm den Gefallen und flog von New York herunter, um das Opus persönlich abzuholen. Als Erickson eintraf, ließ ihn Truman sich zuerst im Swimming-pool des Pier House erfrischen und dann das Manuskript in einem Liegestuhl lesen, während er ihn von der Bar aus angespannt beobachtete. Ericksons Gesicht drückte angemessene Zustimmung aus – wie hätte es unter diesen Umständen anders sein können? –, und er kehrte bald mit »Mojave« im Gepäck nach Manhattan zurück.

»Für John, mit all meiner Liebe und Dankbarkeit«, hatte Truman auf das Manuskript geschrieben, und solange er daran gearbeitet hatte, hatten John und er eine gute Zeit genossen. Jeden Abend hatten sie mit einem Streifzug durch die vielen Nachtlokale von Key West beschlossen. Wo immer sie hingingen, wurde großes Aufheben um Truman gemacht. Eines Abends bat ihn eine Frau in einer überfüllten Bar an der Duvall Street um ein Autogramm: Sie drückte ihm einen Filzstift in die Hand, zog die Hose runter und hielt ihm eine pralle, rosige Schreibfläche hin – ihr nackter Hintern. Sie überbietend schwang sich ein athletischer Barkeeper über die Theke, lief zu ihm hin, öffnete seine Hose und holte einen erheblich kleineren Körperteil für eine ähnliche Beschriftung heraus. »Ein Autogramm wird darauf nicht Platz haben«, bemerkte John sarkastisch, »aber vielleicht die Initialen.« Truman verewigte sich weder auf der einen noch der anderen Unterlage, aber er zitierte Johns schlagfertige Antwort, wenn immer er die Geschichte in Talk-Shows erzählte – und erntete damit jedes Mal Kichern und Gelächter.

Die Harmonie schwand dahin, als Truman dieser nächtlichen Eskapaden müde wurde, worauf John allein durch die Kneipen zog und manchmal erst frühmorgens zurückkam. Truman ärgerte sich darüber, aber er tat nichts, bis John eine junge Frau zu einem Nacktbad im Hotel-Pool mitbrachte, wobei sie so viel Lärm machten, daß andere Gäste auf ihre Balkone heraustraten, um zu sehen, was los war. Ob Truman bloß von diesem lauten Geschäker hörte oder ob er es hinter einer Palme versteckt verfolgte, fand John nie heraus. Aber er wußte jedenfalls Bescheid, und am nächsten Morgen, dem 22. März, rief er John Knowles, der sich gerade im fast zweihundert Meilen nördlich gelegenen Kurbad Palm-Aire in Pompano Beach aufhielt, in aller Frühe an. »Kann ich zu dir kommen«, flüsterte er ins Telefon. »Ich muß hier raus.« Er packte, so leise er konnte, und schlich zu seinem Auto. Für John hinterließ er eine Notiz und 100 Dollar für den Rückflug nach New York.

Truman hatte geduldig fast jede Demütigung hingenommen, die John sich hatte einfallen lassen, und verglichen mit seinen übrigen Missetaten erschien eine Planscherei mit einer jungen Frau im Pier-House-Pool beinahe unschuldig. »Ich bin ja nicht einmal an sie rangekommen«, erinnerte sich John bedauernd. Aber Truman sah nichts Unschuldiges darin. John hatte ihre Gesellschaft der seinen vorgezogen und damit den unverzeihlichen Verstoß begangen: Er hatte ihn, so glaubte Truman, verraten und zurückgewiesen.

Rache schwörend, führte Truman von Pompano Beach aus zwei wichtige Telefongespräche. Mit dem einen teilte er Alan Schwartz mit, daß der Präsident von Bayouboys soeben den Vizepräsidenten gefeuert habe. »Demzufolge«, schrieb Alan wenige Tage später pflichtgemäß an John, »haben Sie sich in keiner Weise mehr als Mitarbeiter von Bayouboys Limited zu betrachten noch sich irgend jemandem gegenüber als solcher auszugeben.« John antwortete bissig, Truman brauche ohnehin rund um die Uhr einen Betreuer und keinen Geschäftsführer. »Wenn Mr. Capotes emotionale Defizite erfordern, daß er eine männliche Krankenschwester braucht, hätte er eben eine anstellen sollen«, fügte er hinzu.

Trumans zweiter Anruf galt Peg O'Shea, zu der er sagte, Johns Alkoholexzesse hätten ihn gezwungen, aus Key West zu flüchten. Truman riet ihr, das Haus mit ihren Kindern vor Johns Rückkehr um ihrer eigenen Sicherheit willen zu verlassen. Entsetzt begann Peg zu packen. Das Signal zum Aufbruch kam, als John selbst aus Florida anrief und sie bat, ihn am Flughafen abzuholen. Sie versuchte sich ihre Panik nicht anmerken zu lassen und schlug ihm vor, sich statt dessen ein Taxi zu nehmen. Während er noch in der Luft war, lud sie mit den Kindern die Habe ins Auto, und sie suchten wie Flüchtlinge vor einer Invasion im Haus einer Freundin Unterschlupf. Ein paar Stunden später betrat John das ausgestorbene Haus.

Sie hatte ihn auch schon früher verlassen, ihm jedoch nach wenigen Tagen wieder verziehen. In ihren Kreisen verließ eine Frau ihren Mann nicht, bloß weil er zuviel trank oder weil er zuschlug. »Er war ja nicht nur mein Mann, sondern auch der Vater meiner Kinder«, erklärte sie. »Wenn man in meinem Glauben aufwächst, heiratet man fürs Leben. John war ein sehr schlechter Mensch, und ich mochte ihn nicht. Aber ich liebte ihn.« Truman, der offensichtlich befürchtete, diese Liebe könnte ein weiteres Mal den Sieg davontragen, kehrte einige Tage später aus Florida zurück und fuhr zu ihrem Versteck. Er war entschlossen zu siegen, und es war Zeit, schwere Geschütze aufzufahren.

Im Wohnzimmer ihrer Freundin stehend, erzählte er ausführlich: daß er mit ihrem Mann eine sexuelle Beziehung habe, daß ihr geschäftliches Arrangement wenig mehr als eine Tarnung für dieses Verhältnis gewesen sei, daß sie einander in einer Sauna kennengelernt hätten und daß John vor Truman schon andere homosexuelle Beziehungen gehabt habe. Zum Beweis zeigte er ihr einen zärtlichen um Versöhnung bittenden Brief, den er soeben von John erhalten hatte. Soweit sich Peg erinnern konnte, lautete er in etwa: »Liebster Truman, wir haben unsere Höhen und Tiefen gehabt. Es tut mir leid, wenn ich Dich verletzt habe. Du sollst wissen, daß ich Dich wirklich liebe. In innigster Liebe, Johnny.« Sie las den Brief und war so schockiert, daß sie sich noch Stunden später kaum zu fassen wußte. Ohne zu überlegen, reichte sie das Schreiben ihrer Freundin – einer ehemaligen Nonne, zu Johns Pech. »Das ist ein Grund für die Annullierung deiner Ehe!« schnaubte die Freundin.

Doch Peg schien immer noch zu schwanken. Wer, fragte sie sich, würde für sie und ihre Familie sorgen? Wenn er auch zuviel trank, war John doch immer ein guter Ernährer gewesen. Wenn er eine andere Stellung fand, würde er es zweifellos wieder sein. Sie dagegen war nie berufstätig gewesen und hatte im Alter von fünfundvierzig kaum Aussichten, einen guten Job zu finden.

»Ich ernenne Sie zu meiner persönlichen Sekretärin«, erklärte Truman, der eine Antwort auf jede Frage parat hatte. »Wir werden viele Reisen machen. Sie brauchen Abwechslung. Sie brauchen Entspannung.«

Er gab ihr Johns alten Job, wenn auch ohne den Titel. Als John aus dem gemeinsamen Haus auszog – was er kurz danach tat –, konnte sie sogar den kleinen Büroraum benutzen, den er für die Arbeit für Bayouboys Ltd. hatte. Truman hatte John nicht nur den Job genommen – sondern auch Frau, Kinder und Heim. John, der allein in einem Zimmer in Untermiete lebte, kam es vor, als habe Truman das von Anfang an geplant. »Er hatte es sich in den Kopf gesetzt, eine Eroberung zu machen, und er wußte, daß er zu diesem Zweck meine Beziehung zu Peg unterminieren mußte. Er hatte es bis ins Letzte ausgetüftelt: wie man eine irisch-katholische Ehe ruiniert.« Truman hatte sich Satisfaktion verschafft.

Truman umwarb Peg jetzt so leidenschaftlich, wie er zwei Jahre zuvor John umworben hatte – und in früheren Jahren Rick und Danny. Er übernahm die Regie in ihrem Leben. Er stellte eine Haushälterin ein, die sich um die Kinder kümmern mußte, und flog im Mai mit ihr nach Kalifornien, wo er sie mit teuren Restaurants und Feten mit Filmstars blendete. Carol Matthau, Jack Lemmon und Jennifer Jones (inzwischen mit dem Financier Norton Simon verheiratet) luden sie zu Cocktails oder Dinners ein, und Robert Anderson nahm sie in seinem Flugzeug über das Wochenende auf seine Ranch in New Mexico mit, nachdem sie per Hubschrauber vom Dach seines Bürohauses in der Innenstadt von Los Angeles zu seinem Privatflugzeug gebracht worden waren. Peg war genauso beeindruckt, wie es sich Truman erhoffte. »Meine Güte, Barbara, wie groß ist denn Ihre Ranch?« fragte sie Andersons Frau, als sie vom Flugzeug aus auf die Weite von New Mexico hinunterblickten. »Das fragt man nie!« lachte Barbara.
Eine lange Reise mit Truman, so fabelhaft sie auch sein mochte, genügte ihr jedoch, und als sie drei Wochen später zu Ende war, sagte sie ihm das auch. »Es hat wirklich Spaß gemacht«, erklärte sie, »aber ich hatte das Gefühl, mich auf Kosten meiner Kinder zu amüsieren. Sie hatten ihren Vater so plötzlich verloren, und jetzt hatten sie auch noch eine herumreisende Mutter. Deshalb hörte ich damit auf.« Fortan erledigte sie ihre Aufgaben als Sekretärin von zu Hause aus.

Aber eine Sekretärin oder Geschäftsführerin war nicht das, was Truman brauchte. Johns spitze Bemerkungen zu Alan Schwartz waren nicht weit übers Ziel geschossen: Truman wollte, wenn schon keine Krankenschwester, so doch jemanden, der ihm rund um die Uhr Gesellschaft leistete. Das konnte ihm Peg nicht bieten. Ihr inzwischen kleinlaut gewordener Mann jedoch konnte es, und Anfang Juli war John bereit, nachzugeben. Sosehr er sich auch bemüht hatte, es war ihm nicht gelungen, einen anderen Job in einer Bank zu finden. Er hatte sich damit zufriedengeben müssen, tagsüber Lebensversicherungen zu verkaufen und abends für eine Inkassofirma zu arbeiten. Mit äußerstem Widerwillen – »ich habe mich mit Händen und Füßen dagegen gewehrt, wieder etwas mit ihm zu tun zu haben« – rief er Truman an und bat ihn, ihm zu helfen, in Manhattan eine Stelle zu finden.

Truman biß an und lud ihn zu einer Wochenend-Party nach Long Island ein. John nahm an, sie redeten noch ein wenig mehr miteinander, und er wurde eingeladen, die Nacht in Sagaponack zu verbringen. Schließlich platzte Truman mit der Frage heraus, auf die John gewartet hatte. Zum Jux, sagte Truman, habe er eine Rolle in einer Krimi-Komödie von Neil Simon angenommen, die im Herbst verfilmt werden sollte. Ob John mit ihm nach Kalifornien gehen würde? Ob sie noch einmal von vorn beginnen könnten? John sagte ja, und Truman mietete für den Monat August ein Apartment im Nachbarort Noyac für ihn. Seine Freunde bat er, Jack gegenüber Johns Anwesenheit nicht zu erwähnen. So nahmen sie ihre Beziehung wieder auf, als ob in der Zwischenzeit nichts geschehen wäre, auch nicht die Zerstörung von Johns und Pegs Ehe. Truman hatte seine Rache gehabt, aber John nicht minder.

Während der Trennung war John trocken geblieben. Aber sobald Truman trank, trank auch John – und umgekehrt –, und innerhalb weniger Tage ging es wieder los mit Suff und Zoff. Eine typische Szene spielte sich im Landhaus von Trumans Freunden Bill und Judy Green in Mount Kisco ab. Sichtlich darauf aus, eingeladen zu werden, rief Truman an einem Samstagnachmittag Judy an.

»Was machst du gerade, Judy?« fragte er sie.
»Ich sitze mit Frank und Ava am Pool«, antwortete sie, unklugerweise auf ihre Hausgäste Frank Sinatra und Ava Gardner anspielend.
»Wenn das stimmt, komme ich sofort.«
»Nein, bitte nicht! Ich habe eine Dinnerparty.«
»Na schön«, antwortete er widerwillig. »Ich komme nach dem Abendessen.«
John und er trafen aber schon um sechs oder halb sieben Uhr ein, bevor Judy auch nur nach oben gegangen war, um sich zu duschen und für den Abend umzuziehen. Truman trug ein Sonny & Cher-Sweatshirt, eine khakifarbene Hose und Turnschuhe; John hatte ein Sportsakko aus Baumwolltweed an und sah – Judy hatte kritische Augen – aus wie der Leiter eines Supermarkts im Mittelwesten. Als um neun Uhr das Abendessen serviert wurde, waren beide angetrunken und fielen in der Runde, die mehrere Konzerndirektoren und den Gouverneur von New York einschloß, total aus dem Rahmen. John ließ versehentlich seine Zigarette fallen und brannte ein großes Loch in einen teuren Teppich, dann fing er an, Sinatra zu beleidigen und ihm seine Verbindungen zur Mafia vorzuwerfen. »Frank reagierte sehr gutmütig«, berichtete Truman, »aber ich konnte es nicht ertragen. Ich mußte raus. Ich ging zum Auto, und Frank sagte, er werde uns in ein Motel bringen. Aber John setzte sich auf den Fahrersitz und rührte sich nicht weg. Also bretterten wir beide über die engen Feldwege los und nahmen Zäune und Bäume mit. Schließlich griff ich nach dem Lenkrad, und wir landeten in einem Graben. Ich sprang raus und rannte in ein Feld. John rief mir etwas nach, und dann fuhr er weg.«
John kehrte in Judys Haus zurück, wo er verkündete, er habe seinen Beifahrer verloren. »Das ist unmöglich!« blaffte Ava Gardner. »Sie können nicht einfach jemanden aus dem Auto springen lassen! Wir müssen ihn suchen.« Sie und Judy nahmen ein anderes Auto und machten sich auf die Suche nach Truman. »Truman!« riefen sie über die friedlich daliegenden Hügel und Täler. »Truman, wo bist du?« Es erfolgte keine Antwort. Schließlich gaben sie auf und kehrten in den Pavillon der Greens zurück.

Dort saßen sie um drei Uhr früh noch immer und hörten plötzlich ein Klopfen an der Tür. Als sie sich umdrehten, sahen sie ein Gesicht, das gegen die Scheibe gedrückt wurde: Truman, der nach seinem langen Spaziergang in der milden Sommerluft höchst erfrischt aussah, war allein zurückgekehrt. »Inzwischen war er wieder völlig nüchtern«, meinte Judy, »und ich glaube, alles, was geschehen war, war ihm schrecklich peinlich.«

52

»Erhörte Gebete« verfolge ihn wie ein »verrückter Wind«, hatte Truman schon 1958 zu Newton gesagt, und tatsächlich hatte ihn das Vorhaben fast zwei Jahrzehnte lang nicht losgelassen und ihm in den Ohren geheult wie ein Schirokko. Aber zumindest für den Augenblick hatte die Veröffentlichung von »Mojave«, eines dafür vorgesehenen Teils, den lästigen Wind besänftigt. *Esquire* bezeichnete Truman als »einen modernen Meister« und zog seine Geschichte groß auf – das gesamte Titelblatt der Juni-Nummer 1975 war ihr gewidmet –, und von denen, die die Geschichte lasen, hörte er nichts als Hosianna. Tennessee Williams, der gewöhnlich nicht zu seinen Bewunderern zählte, fand, sie verrate geradezu Genialität. »Ich habe nie etwas von ihm gelesen, außer möglicherweise ›Miriam‹, was vergleichbar war«, erklärte er.

So viel Begeisterung blies alle Sorgen und Zweifel Trumans weg und zerkrümelte seine Schreibhemmung zu einem kleinen und belanglosen Häufchen Erde. Er war fünfzig und hatte seinen Biß nicht verloren, weder Alkohol noch Tabletten noch ruinöse Liebesaffären hatten der Gabe geschadet, die ihm am meisten bedeutete: seiner magischen Macht über Worte. Vielleicht, so schien er sich zu sagen, wurde »Erhörte Gebete« tatsächlich das Meisterwerk, das er angekündigt hatte. Vielleicht wurde er doch noch der amerikanische Proust. Vor Erscheinen von »Mojave« hatte er den Inhalt seines Buches strikt geheimgehalten. Nun konnte er den Applaus für seine Glanzleistung kaum erwarten. Zum Verblüffen der Herausgeber von *Esquire* versprach er weitere Kapitel. »Wir kippten fast aus den Schuhen, weil es uns gelang, von Truman Capote zu bekommen, was andere Leute seit sehr langer Zeit nicht mehr kriegen konnten«, bemerkte Gordon Lish, der Literaturredakteur des Magazins. »Jedesmal, wenn er wieder zusagte, eine weitere Fortsetzung zu liefern, waren wir außer uns vor Freude.«

Der logischen Abfolge entsprechend hätte das erste Kapitel des Buches, »Unspoiled Monsters« (»Unverdorbene Monster«), der Erzählung »Mojave«, die als zweites Kapitel vorgesehen war, vorausgehen müssen. Was viele argwöhnten, traf jedoch zu: Er hatte von »Erhörte Gebete« noch nicht so viel geschrieben, wie er stets behauptet hatte; das meiste stand erst in seinem Kopf. »Unverdorbene Monster« war erst halb fertig, und als Truman die Beziehung zu John wiederaufnahm und Vorbereitungen für seinen Aufenthalt in Hollywood traf, wurde ihm klar, daß er keine Zeit haben würde, das Kapitel vor Ende 1975 abzuschließen. Da er es eilig hatte, *Esquire* etwas Neues zu übergeben, setzte er sich noch einmal über seine Chronologie hinweg und entnahm seinen Notizheften das wahrscheinlich einzige weitere abgeschlossene Kapitel, das fünfte von acht geplanten. »Es schien mir in sich geschlossen und vollständig«, erklärte er. »Deshalb schickte ich es, ohne groß darüber nachzudenken, hin.«

Dieses fünfte Kapitel verdankte den Titel »La Côte Basque, 1965« Henri Soulés gleichnamigem renommiertem Restaurant an der 55. Straße East, einem beliebten Treffpunkt der Schwäne und einem der wenigen Restaurants in Manhattan, die das besaßen, was Truman als »echten Chic« bezeichnete. Die Handlung spielt an einem Nachmittag des Jahres 1965: P. B. Jones trifft in einer benachbarten Straße seine Freundin Lady Ina Coolbirth, die von ihrer Lunchpartnerin, der Herzogin von Windsor, versetzt wurde und die ihn daraufhin ins Restaurant hineinzieht, wo er den leeren Sitz der Herzogin an einem der begehrten vorderen Tische von Monsieur Soulé einnehmen soll.

Ungeachtet ihres Titels ist Lady Coolbirth gebürtige Amerikanerin, ein »mächtiges Weibsbild voll Schwung und Temperament« in den Vierzigern, die auf einer Ranch im Westen aufgewachsen und deren neuester Ehemann ein reicher englischer Adeliger ist. Kurz, sie ist das Abbild von Trumans alter Freundin Slim Keith. An diesem Nachmittag des Jahres 1965 hat die fiktive Lady Coolbirth viel auf dem Herzen, worüber sie reden möchte, und bei vielen Gläsern Champagner der Marke Roederer Cristal packt sie aus. Truman macht ihre Stimme zu seiner eigenen und nutzt so die Möglichkeit, seine Erzählung wie eine der fast grenzenlos dehnbaren Taschen von Louis Vuitton mit vielen jener Geheimnisse vollzustopfen, in die er in den Jahren seiner Intimität mit den ganz Reichen eingeweiht worden war.

Während Lady Coolbirths wissender Blick die anderen Gäste mustert – eine einmalige Gesellschaft, die Babe Paley und ihre Schwester Betsey Whitney ebenso einschließt wie Lee und deren Schwester Jacqueline Kennedy sowie Gloria Vanderbilt und Carol Matthau –, wird sie zu Trumans Sprachrohr. »In Wirklichkeit bin *ich* Lady Ina Coolbirth!« behauptete er später. »Ich bin es, der all diese Informationen gesammelt hat, und ihr Gespräch ist genau von der Art, wie ich es mit jemandem hätte führen können.« Lee wird zum Beispiel mit dem üblichen Kompliment bedacht: »Wenn ich ein Mann wäre, würde ich mich sofort in Lee verknallen«, bemerkt Lady Coolbirth. »Sie ist wundervoll gebaut, wie eine Tanagra-Figurine.« Die ältere Schwester Jackie erhält den üblichen Nadelstich. »Sehr fotogen, natürlich«, räumt Lady Coolbirth widerwillig ein, »aber die Wirkung ist etwas... unkultiviert, übertrieben.« Aber der größte Teil von Lady Coolbirths Monolog dreht sich um zwei lange und skandalöse Geschichten: ein kaum verschleierter Bericht über den Mordfall Woodward und die Erzählung über einen treulosen Tycoon und die wohlverdiente Strafe, die ihn auf komische Weise ereilt.

Der Mordfall Woodward beschäftigte die gute Gesellschaft seit 1955. Damals hatte Ann Woodward ihrem Mann Bill mit einer doppelläufigen Churchill-Flinte mitten ins glatte und hübsche Gesicht gefeuert. Bill war ein Sportsfreund – seine Turf-Farben Rot und Weiß wurden vom berühmten Vollblut Nashua getragen – und ein beliebtes Mitglied der New Yorker Society gewesen. Am Tag seiner Beerdigung hatten seine Clubs die Flaggen auf halbmast gesetzt, und auf der ganzen East Side von Manhattan hatten sich Dienstboten freigenommen, um ihm die letzte Ehre zu erweisen. Ein Geschworenengericht auf Long Island hatte die schießwütige Ann, die behauptete, ihn für einen Einbrecher gehalten zu haben, freigesprochen, aber die meisten von Trumans Freunden, die von ihren fürchterlichen Wutanfällen gehört hatten, glaubten nicht an ihre Version. Als sie abgedrückt hatte, war Bill eben aus der Dusche gekommen. Wie viele Einbrecher, fragte man sich, laufen schon nackt herum?

Als Truman 1958 anfing, sich Notizen für »Erhörte Gebete« zu machen, hatte er offenbar vorgehabt, Ann zur Hauptfigur zu erheben; auf einer Liste von acht Namen, die er sich in seinem Tagebuch notiert hatte, war der ihre als einziger unterstrichen. Bis 1975 war die Affäre Woodward jedoch weitgehend in Vergessenheit geraten, und er wählte eine andere zur Heldin. Ann Woodward – er machte sich nicht einmal die Mühe, ihren Vornamen zu ändern und nannte sie Ann Hopkins – ist zu einer Nebenfigur geschrumpft, deren Erscheinen im La Côte Basque Lady Coolbirth veranlaßt, die Fakten des zwanzig Jahre alten Falles noch einmal aufzurollen, allerdings so, wie sie von Truman und den meisten seiner Freunde interpretiert wurden.

Seine Ann ist eine Landpomeranze aus West-Virginia, die zuerst Callgirl und dann Gangsterbraut in Manhattan wird und schließlich durch Glück und List zur Gattin eines der Goldjungen der Gesellschaft aufsteigt – Bill Woodward bis hin zu seiner Hemdengröße. Ihre Karriere verläuft in reibungslosem Glissando, bis ihr Mann, ihrer indiskreten Seitensprünge überdrüssig, erfährt, daß sie eine in jungen Jahren geschlossene Ehe niemals aufgelöst hat, nach dem Gesetz also gar nicht seine Frau ist. Als ihr klar wird, daß er drauf und dran ist, sie hinauszuwerfen, knallt sie ihn mit einer Flinte ab. Und sie geht sogar straflos aus, weil die alte Mrs. Hopkins, bereit, alles zu tun, um häßliche Publicity zu vermeiden, die Polizei schmiert und genau wie Bills Mutter, Elsie Woodward, so tut, als sei ihr Sohn das Opfer eines schrecklichen Unfalls geworden. (Elsie Woodward hatte tatsächlich stets behauptet: »Der Tod meines Sohnes war ein verhängnisvoller Unfall. Ich habe nie etwas anderes geglaubt.«) Lady Coolbirth beschließt ihre makabre kleine Geschichte mit der Bemerkung, die alte Dame gebe niemals eine Dinnerparty, ohne ihre Schwiegertochter, die Mörderin, einzuladen. »Das einzige, was ich wissen möchte«, fügt Lady Coolbirth hinzu, »ist, was jeder wissen möchte – wenn sie allein sind, bloß sie beide, worüber reden sie dann?«

Die zweite von Lady Coolbirths exemplarischen Geschichten wird durch den Anblick der Gattin eines früheren New Yorker Gouverneurs ausgelöst, die ebenfalls Monsieur Soulés teure Gastfreundschaft genießt. Eines Abends bei einer Dinnerparty, erzählt Lady Coolbirth, sei Sidney Dillon – »Schürzenjäger und Berater von Präsidenten« – der Platz neben dieser Dame angewiesen worden. Er hatte immer für sie geschwärmt, und da die beiderseitigen Ehehälften abwesend waren, lud er sie in seine kleine Zweitwohnung im Hotel Pierre ein, wo er sie ins Bett lockte, ohne von ihr daran gehindert zu werden. Die Eroberung erwies sich als enttäuschend: Sie hatte versäumt, ihn zu warnen, daß es die falsche Zeit des Monats war, und hatte nach Trumans arg übertriebener Darstellung nicht bloß eine Blutung, sondern den reinsten Blutsturz. Als sie ging, waren die Laken voll *Blutflecken* »von der *Größe Brasiliens*«.

Da Dillon seine Frau am nächsten Morgen früh, noch bevor das Stubenmädchen das Bett machen würde, zurückerwartete, zerfranste er sich fast, um die Spuren seines Seitensprungs zu tilgen, indem er die zinnoberroten Laken mit der einzigen vorhandenen Seife, Fleurs des Alpes von Guerlain, in der Badewanne bearbeitete. »Da hatte er's nun«, erzählte Lady Coolbirth, »der mächtige Mr. Dillon, lag auf den Knien und schrubbte Wäsche wie eine spanische Bauernmagd an einem Bach.« Er bekam die Laken schließlich sauber, und nachdem er sie im winzigen Backofen des Apartments getrocknet hatte, machte er das Bett und kroch zu einem warmen, aber etwas feuchten Schläfchen zurück unter die Decke. Er war so erschöpft, daß er seine Frau nicht kommen und gehen hörte. Sie hinterließ ihm eine liebevolle Nachricht auf der Kommode: »Liebling, Du hast so fest und süß geschlafen, daß ich auf Zehenspitzen gegangen bin, mich umgezogen habe und nach Greenwich gefahren bin. Komm bald nach Hause.«

Von allen Prosatexten Trumans könnte man »La Côte Basque« wahrscheinlich als einzigen als Tour de Force bezeichnen: Er hat darin den Tisch eines Restaurants in Manhattan in eine Bühne verwandelt, auf der er seinen Jet-set-Jahrmarkt der Eitelkeiten ablaufen läßt. Er richtet seinen Scheinwerfer auf eine Figur seines prächtigen Panoptikums nach der anderen, auf einen Reigen, der neben fiktiven Charakteren auch sehr reale wie Carol Matthau, Gloria Vanderbilt und Lee Radziwill einschließt. Es gibt keine durchgehende Handlung – das einzige verbindende Element ist ein Ton abgrundtiefer Desillusion –, und Truman vollbringt eines der schwierigsten Kunststücke in der Literatur, nämlich aus unterschiedlichen Charakteren und zusammenhanglosen Geschehnissen eine nahtlose Erzählung zu formen. »La Côte Basque« ist nicht große Kunst, aber ausgezeichnetes Handwerk, Fabulierlust in höchster Vollendung.

Aber Truman hatte mehr als Literatur im Sinn, als er »La Côte Basque« schrieb. Er benutzte die Geschichte auch, um sich an manchen reichen Freunden schadlos zu halten, die ihn aus dem einen oder anderen Grund im Laufe der Jahre gekränkt hatten. »La Côte Basque« enthält eine verborgene Abschußliste. Ann Woodward ist natürlich darauf. Abgesehen davon, daß ihn ihre recht beeindruckende Biographie faszinierte, erinnerte er sich an eine viel beklatschte Begegnung in St. Moritz, bei der sie ihn »Tunte« genannt und er ihr im Gegenzug den Spitznamen »Bäng-Bäng« angehängt hatte. Ebenfalls auf dem Kieker hatte er Prinzessin Margaret (»Ich war drauf und dran, einzuschlummern, sie ist eine derartige Quasselstrippe«, bemerkt Lady Coolbirth, die das Pech hatte, ihr auf einer Party ausgeliefert zu sein), J. D. Salinger, einen der frühen Verehrer von Oona Chaplin (»Offenbar ist er ein Junge, der sehr leicht in Tränen ausbricht«, meinte Carol Matthau, nachdem sie einige seiner Briefe gelesen hatte), Gloria Vanderbilt, die als so geistesabwesend und egozentrisch beschrieben wird, daß sie nicht einmal ihren ersten Mann erkennt, als er an ihren Tisch tritt, um ihr guten Tag zu sagen (»Ach, Liebling, fang nicht an zu grübeln. Schließlich hast du ihn fast zwanzig Jahre lang nicht mehr gesehen«, sagt Carol tröstend), und Josh und Nedda Logan, denen Truman nicht verzie-

hen hatte, daß sie seinen *New Yorker*-Artikel über die Verfilmung von *Sayonara* sabotiert hatten (»Wie war sie [die Party der Logans]?« fragt Carol Gloria. »Phantastisch – falls man noch nie auf einer Party war.«). All diese Namen hätte man erwarten können. Doch einer ist eine ungeheure Überraschung, nämlich Bill Paley, Trumans alter Freund, der ihm als Vorbild für Sidney Dillon, den Laken waschenden Millionär, dient.
In einer früheren Fassung hatte er Dillon nach W. Averell Harriman gestaltet, die Frau, mit der er ins Bett ging, war seine Geliebte gewesen, nicht eine, die er für einen Abend nach Hause gelockt hatte, und der Blutfleck, den sie zurückgelassen hatte, war von bescheidenem Umfang und nicht so »groß wie Brasilien« gewesen. In der endgültigen Fassung von »La Côte Basque« war die Episode radikal verändert worden. Dillon war nicht länger, wie Harriman, ein WASP, ein weißer angelsächsischer Protestant also, sondern ein reicher und attraktiver Jude, der sich danach verzehrt, ein angelsächsischer Protestant zu sein. Er wollte mit der Frau des ehemaligen Gouverneurs nicht schlafen, weil sie ihm gefiel – »sie sah aus, als trüge sie einen Tweed-BH und spiele jede Menge Golf« –, sondern weil sie ein Symbol dessen war, was er sich am meisten wünschte. »Für Dill war sie die lebendige Verkörperung all dessen, was ihm vorenthalten war, was ihm als Juden versagt blieb, mochte er auch noch so charmant und noch so reich sein«, bemerkt Lady Coolbirth, »der Racquet Club, Le Jockey, the Links, White's – all jene Etablissements, wo er sich nie an einen Tisch zum Backgammon-Spiel hinsetzen, all diese Golfplätze, wo er nie einen Ball einlochen würde...« Umgekehrt war ihre Absicht, als sie mit ihm ins Bett ging, ihn mit den blutigen Laken zu demütigen. Das war ihre Art, ihm zu zeigen, wo er hingehörte. »Sie hat ihn verhöhnt«, schließt Lady Coolbirth, »ihn für seine jüdische Anmaßung bestraft.«
Wenige Leser hätten erraten können, daß Dillon für Bill Paley stand. Weder im Aussehen noch im Verhalten glich er Bill, und es gab auch sonst keine eindeutigen Hinweise, wie sie in Schlüsselromanen üblich sind. Aber wer Truman und die Paleys gut kannte, dem war klar, daß er Bill treffen wollte. Der erste Fingerzeig war die Beschreibung von Dillons betrogener Frau

Cleo – »das schönste lebende Geschöpf«, wie Lady Coolbirth sie verehrungsvoll nennt. Truman hatte so überschwengliche Ausdrücke für die Schilderung einer einzigen Sterblichen, nämlich Babe Paley, reserviert; selbst Lee wurde ein solches Lob nicht zuteil. Der zweite Anhaltspunkt: daß Dillon nach WASP-Hochwohlgeborenheit lechzt. Truman war überzeugt, daß Bills geheime Sehnsucht in die Richtung ging. Jedenfalls glaubte er, mittels so subtiler Signale Bill das anzutun, was die Frau des Ex-Gouverneurs Dillon antat: ihm zu zeigen, wo er hingehörte. Mit Worten, so redete er sich ein, könne er den vielleicht einzigen wunden Punkt des Mannes treffen, dessen Selbstvertrauen unerschütterlich war: seine Empfindlichkeit, weil er Jude war.

»Truman erklärte mir, die Pointe der Geschichte mit dem Blutfleck sei, daß Bill Paley, ein Jude aus dem Mittelwesten, eine Nummer auf einer New Yorker WASP-Lady schiebe«, erinnerte sich John O'Shea, der »La Côte Basque« auf Tippfehler durchlas, bevor das Manuskript an *Esquire* abgeschickt wurde. Von der Anekdote angewidert – »Das ist Klatsch! Das ist Quatsch!« rief er aus –, versuchte er Truman dazu zu kriegen, daß er sie beschämt zurückzog. Er sagte ihm, sie seien doch erst wenige Wochen zuvor Gäste der Paleys auf Kiluna Farm gewesen, die Paleys hätten ihn im Laufe der Jahre mit Geschenken überhäuft, und er könnte Babe verletzen, sie hätten doch beide die traurige Gelegenheit gehabt, zu sehen, daß sie schwer an Lungenkrebs erkrankt sei. Er solle doch den Abschnitt über Dillon herausnehmen, drängte John, aber Truman ließ sich nicht überreden. »Es ist eine bösartige Geschichte«, meinte John, »und ich habe nie verstanden und werde nie verstehen, warum er sie einfügte. Da ist etwas, was sich jeder Analyse entzieht.«

Nur jemand, der das merkwürdige Trio Babe, Bill und Truman in früheren Zeiten beobachtet hatte, hätte Trumans Motivationsgeflecht entwirren können. Er mochte und bewunderte Bill; man spekulierte sogar, er vergöttere nicht nur Babe, sondern habe auch für Bill eine Schwäche. Aber er war auch eifersüchtig auf ihn, wie er auf jeden eifersüchtig gewesen wäre, der mit Babe verheiratet war. Und gleichzeitig konnte er Bill nicht verzeihen, daß er diese phantastische Frau unerklärlicherweise nicht zu schätzen wußte. Er war empört über das, was ihm als Demütigungen, als unerträgliche Herabsetzungen Babes von seiten Bills erschienen. Die göttliche Babe! Von Truman und so vielen anderen verehrt, von ihrem eigenen Mann verhöhnt und mißachtet! Sich die Ungerechtigkeit all dessen zu vergegenwärtigen, war mehr, als Truman ertragen konnte. Babe war der einzige Mensch auf der Welt, den er ohne Zweifel oder Einschränkung liebte, und er allein erkannte, wie unglücklich sie war. Nun, da sie im Sterben lag – denn so war es –, rächte er sie auf die einzige Art, die ihm zu Gebote stand: indem er den Mann der Lächerlichkeit preisgab, der ihr so viele Kränkungen zugefügt hatte.

Truman wollte, daß Bill merkte, daß er verspottet wurde, sonst hätte die Sidney-Dillon-Anekdote keinen Sinn gehabt. Aber seine Gedanken waren gleichzeitig so wirr und widersprüchlich, daß er sich auch einzureden versuchte, weder Bill noch manche andere, über die er sich lustig machte, würden sich selbst erkennen. An einem schönen Julitag nahm er einen Freund zum Schwimmen in Gloria Vanderbilts Pool in Southampton mit – Gloria und Wyatt waren in Europa –, und entschlüsselte, nachdem der Freund das Manuskript gelesen hatte, nacheinander die wirklichen Vorbilder für seine Figuren. »Aber Truman, die werden sich darüber nicht gerade freuen«, warnte ihn der Freund. Auf dem Rücken dahintreibend, antwortete er träge: »Ach wo, die sind zu dumm dazu. Die werden nicht wissen, wer das alles ist.«

Aber sie wußten es doch, und als »La Côte Basque« Mitte Oktober die Zeitungsstände erreichte, ließ ihr Zorn den Boden unter seinen Füßen erzittern. Die ersten Erdstöße erfolgten am 10. Oktober, noch vor Erscheinen der Geschichte. Als Ann Woodward von ihrer führenden Rolle darin erfuhr – jemand hatte ihr ein Vorausexemplar der November-Nummer von *Esquire* zukommen lassen –, schluckte sie eine tödliche Dosis Seconal, dasselbe Medikament, an dem Nina Capote gestorben war. Ann war schwer depressiv gewesen, und »La Côte Basque« war vielleicht nur der Katalysator, der das Unvermeidliche beschleunigte. Was Ann am meisten erschütterte, erzählte die abgekämpfte Elsie Woodward einer Freundin, war nicht, daß Truman die unheilvolle Vergangenheit wiederaufgerührt hatte, sondern seine Andeutung, ihre Ehe mit dem armen Bill sei Bigamie gewesen. Immerhin bedauerten nur wenige Anns Tod, und allgemein herrschte das Gefühl vor, der Gerechtigkeit sei endlich Genüge getan worden. Aber viele waren empört über den Kummer, den Truman dem geliebten Idol, der zweiundneunzigjährigen Elsie, zufügte. Sie hatte sich zwanzig Jahre lang bemüht, den Skandal in Vergessenheit geraten zu lassen, und nun hatte er in wenigen Absätzen ihre ganze harte Arbeit zunichte gemacht.

Als »La Côte Basque« eine Woche später in aller Munde war, brach das eigentliche Erdbeben erst los und entsandte Schockwellen von New York bis Kalifornien, wo Truman gerade mit den Proben für seinen Film begann. Die Reaktion wurde am treffendsten von einer Karikatur auf dem Titelblatt des Magazins *New York* auf den Punkt gebracht: ein Pudel – unverkennbar Truman, bis hin zur Brille – reißt mit scharfen und habgierigen Zähnen auf einer vornehmen Party alles in Fetzen. »Capote beißt die Hände, die ihn gefüttert haben«, lautete die Schlagzeile und gab dem Schock und der Empörung seiner hochgestellten Freunde Ausdruck: Ihr verhätscheltes Schoßhündchen, ihr *ami de la maison*, hatte sich gegen sie gewandt.

Innerhalb von Stunden schrillte auf der ganzen East Side von Manhattan so manches Telefon. Eine der ersten Anruferinnen war Babe, die Slim bat, Sidney Dillon zu identifizieren. »Wer ist es?« fragte Babe argwöhnisch. »Du glaubst doch nicht, daß es Bill ist, oder?«

»Nein, das glaube ich nicht«, antwortete Slim, die genau wußte, wer Dillon sein sollte – Truman hatte es ihr Monate zuvor erzählt. Aber Babe fand es auch so heraus, und statt Bill die Untreue vorzuwerfen, nahm sie es Truman sehr übel, daß er eine so geschmacklose Geschichte in Druck gegeben hatte. Truman hatte sie mit der verzückten Aufmerksamkeit eines Liebhabers studiert, und doch hatte er vielleicht die wichtigste Komponente ihres Charakters nicht erfaßt: Loyalität gegenüber ihrer Familie. Im Geist der strengen katholischen Tugenden von Old Boston erzogen, hatte sie andere

Wertvorstellungen als viele ihrer eleganten Freundinnen einschließlich Slim. Wie Peg O'Shea war sie überzeugt, daß es die Pflicht einer Ehefrau ist, zu ihrem Mann zu stehen, gleichgültig, ob er vom rechten Weg abgekommen ist und ob er sie gedemütigt hat oder nicht. Sie stand deshalb zu Bill. Durch den literarischen Hieb auf ihn hatte Truman auch ihre Familie und den Kodex angegriffen, nach dem sie lebte, und das konnte sie ihm nicht verzeihen.

Ebensowenig Slim. »Du kommst auch vor, Big Mama«, hatte er sie gewarnt, aber sie hatte nicht mehr als einen kurzen Auftritt erwartet und war deshalb völlig unvorbereitet, sich als die geschwätzige Lady Coolbirth wiederzufinden. »Wenn man das liest, es ist meine Stimme, mein Körperbau, mein alles!« explodierte sie. »Sie sieht aus wie ich, sie redet wie ich, das bin ich! Ein Spiegelbild von mir! Ich war absolut fassungslos, als ich es las, wie vor den Kopf geschlagen, daß er mir bei Tisch gegenübersitzen und dann nach Hause gehen und alles niederschreiben konnte, was ich gesagt hatte. Ich hatte ihn heiß geliebt, und ich war so abgrundtief enttäuscht über diesen Mißbrauch von Freundschaft und meine eigene Fehleinschätzung.«

Andere waren ebenso tief getroffen. »Nie zuvor hat man ein solches Zähneknirschen, so lautes Rufen nach Rache, solche Schreie von Verrat und Empörung vernommen«, berichtete Liz Smith, die den Artikel zur Karikatur auf der Zeitschrift *New York* schrieb. Ein Aufschrei stammte von den Logans, die seine böse Bemerkung über ihre Party verärgert hatte. »Diese schmierige kleine Kröte kommt nie wieder auf meine Partys«, erklärte Nedda. Ein anderer stammte von Gloria Vanderbilt, die schwor, ihm ins Gesicht zu spucken, falls sie ihn je wiedersehen sollte. »Schließlich kennen sie und er einander seit langer Zeit«, erklärte ihr Mann Wyatt. »Zwar ist kein Geheimnis, wohl aber eine Art Vertrauensverhältnis verraten worden.«

»Es ist sehr schwierig, Gentleman und Schriftsteller zu sein«, hat Somerset Maugham einmal bemerkt, und Truman hatte sich schließlich für das letztere entschieden. Er hatte die Regeln des Clubs gebrochen, und er mußte bestraft werden. Genauso, wie es einst Mode gewesen war, ihn nach oben zu bringen, war es jetzt Mode, ihn herunterzumachen – *»the chic of the week«*, wie Charlotte Curtis es formulierte. Wer von »La Côte Basque« nicht persönlich betroffen war, reagierte oft genauso empört wie die unmittelbaren Opfer. Marella Agnelli, die Truman mehr als einmal zu der einen oder anderen Kreuzfahrt im Mittelmeer eingeladen hatte, konnte sich nicht einmal mehr überwinden, seinen Vornamen auszusprechen. »Capote verachtet die Menschen, über die er spricht«, stellte sie resigniert fest. »Er nutzt einen die ganze Zeit nur aus. Privat baut er seine Freunde auf, und öffentlich macht er sie herunter.« Über Nacht wurden ihm die Türen vor der Nase zugeknallt, und mit Ausnahme von ein paar unentwegten Getreuen wie Kay Meehan und C. Z. Guest, die nicht verspottet worden waren, weigerten sich seine vornehmen Freunde, auch nur mit ihm zu sprechen. Seit Franklin Roosevelt an die Macht gekommen war, hatten sich die Reichen nicht mehr von jemandem, den sie als einen der Ihren betrachtet hatten, so mißbraucht gefühlt. Truman war aufgenommen, verwöhnt und in die innersten Winkel ihres Privatlebens eingelassen worden, und zum Dank dafür hatte er sich über sie lustig gemacht und ihre Geheimnisse ausposaunt. In ihren Augen war er ein Schuft und ein Verräter.

»In der Gesellschaft zählt eine große Freundschaft nicht viel«, lautete Prousts zynische Beobachtung, und das bewahrheitete sich, als selbst Cecil, der die Ereignisse von England aus begierig verfolgte, sich flugs der Meute der Truman-Hasser anschloß. Vergessen waren die ungetrübten Tage, die Truman und er in Tanger, Portofino und Palamós miteinander genossen hatten, ausradiert die vielen Worte peinlicher Lobhudelei, mit denen Cecil sein Tagebuch vollgekritzelt hatte, aus der Erinnerung verbannt die Zeit, als Truman ihn in Honolulu vor den zwei Matrosen gerettet hatte. Nachdem Cecil den größten Teil seines Lebens darauf verwendet hatte, seinen Platz in den führenden Rängen der Modewelt zu behaupten, wollte er nun nicht den Anschluß verpassen.

In Wirklichkeit hatte sich Cecil, dessen Hauptschwäche nicht Snobismus war, wie viele glaubten, sondern ein verzehrender Neid, schon zehn Jahre früher, nämlich nach dem Erfolg von »Kaltblütig«, insgeheim gegen

Truman gewandt. »Der Triumph Trumans ist Salz in der eigenen Wunde«, hatte er Ende 1965 bitter in seinem Tagebuch notiert. Der erneute Triumph des großen Balles hatte ihn noch mehr ergrimmt. Zehn Jahre lang hatte er darauf gewartet, daß sich der Wind drehen würde. In seinen neiderfüllten Ohren klangen die Aufschreie der Empörung, die er jetzt von der anderen Seite des Atlantiks her hörte, so wohltuend wie ein Wiegenlied – Trumans gehässigster Feind hätte nicht größere Genugtuung über seinen Sturz empfinden können. »Ich hasse die Vorstellung von Truman«, gestand er frohgemut einem Briefpartner. »Wie tief kann er noch sinken?« Selbst Trumans ehemals bester Freund hatte seinen Namen verflucht: Es hätte keine klarere Bestätigung geben können, daß er aus dem Olymp verstoßen war.

Naivität mag ein notwendiger Panzer für Schriftsteller sein, die wie Truman wirkliche Menschen und Geschehnisse erkennbar zum Vorbild ihrer Prosatexte nehmen. Wie könnten sie überhaupt je etwas schreiben, wenn sie voraussähen, was ihre Worte sie kosten werden? Nur eine solche schützende Unbefangenheit kann zum Beispiel erklären, warum Thomas Woolfe nicht daran dachte, »Schau heimwärts, Engel« könnte seine Familie und seine Freunde kränken. Nur eine so absichtsvolle Blindheit kann Prousts Überraschung erklären, als manche seiner aristokratischen Freunde über ihre Porträts in »Auf der Suche nach der verlorenen Zeit« beleidigt waren. Und nur eine so verbohrte Selbsttäuschung kann das Erstaunen und Entsetzen erklären, mit dem Truman nach »La Côte Basque« die Wende seines Schicksals verfolgte.

Natürlich hatte er gehofft, den Blutdruck von Leuten wie den Logans ein wenig hochzutreiben und einige weitere wie Bill Paley und Gloria Vanderbilt vorübergehend zu ärgern. Was er aber nicht vorhergesehen hatte, war das totale Desaster, das jetzt über ihn hereinbrach. Gezwungen, in Kalifornien zu bleiben, solange er seinen Film drehte, hielt er sich aus der Ferne über die Geschehnisse auf dem laufenden. »Er war so überrascht und schockiert, wie man sich nur vorstellen kann«, erinnerte sich Liz Smith. »Er rief mich immer wieder an und fragte mich – quälte mich –, was die Leute in New York über ihn gesagt hätten. Nach ›La Côte Basque‹ war er nie wieder glücklich.« Joanne Carson sah hilflos zu, während er wie vor den Kopf geschlagen in ihrem Haus herumgeisterte und ständig wiederholte: »Aber sie wissen doch, daß ich Schriftsteller bin! Ich verstehe es nicht.« Er rief Slim an, um sie zu versöhnen. Als sie sich weigerte, seinen Anruf entgegenzunehmen, überredete er John, mit ihr zu telefonieren. John sollte ihr sagen, Lady Coolbirth möge zwar eine oberflächliche Ähnlichkeit mit ihr haben, repräsentiere in Wirklichkeit jedoch Slims alte Feindin Pamela Hayward, die neue Mrs. W. Averell Harriman. »Truman ist völlig durcheinander über deine Reaktion«, sagte John. »Er dachte, du würdest darüber lachen.«

»Ich fand es nicht lustig«, entgegnete Slim, die ganz im Gegenteil ihren Anwalt konsultiert hatte, ob sie ihn verklagen solle.

»Findest du es nicht gut geschrieben?« fragte John.

»Nein. Es ist geschmacklos«, urteilte die unerbittliche Slim, die in diesem Augenblick am anderen Ende jemanden atmen hörte und auflegte, da sie erkannte, daß Truman an einem zweiten Apparat mithörte. Truman gab dennoch nicht auf. Am Jahresende schickte er ihr ein Telegramm nach Australien, wo sie Ferien machte. »Frohe Weihnachten, Big Mama«, schrieb er. »Ich habe beschlossen, Dir zu verzeihen. In Liebe, Truman.« Auf eine weitere Abreibung gefaßt, rief Truman auch Bill an, der seinen Anruf entgegennahm und unverfänglich so tat, als wäre seit ihrem letzten Gespräch nichts Besonderes geschehen. »Ich habe andere Mittel, um das kleine Miststück zu foltern«, sagte er später zu einer Freundin. Truman fragte ihn, ob er seine *Esquire*-Geschichte gelesen habe, und Bill antwortete: »Ich habe angefangen, Truman, aber ich bin darüber eingeschlafen. Dann ist etwas Schreckliches geschehen: Das Heft wurde weggeworfen.« Als Truman mit rührendem Eifer anbot, ein zweites Exemplar zu schicken, lehnte Bill höflich ab. »Mach dir keine Mühe, Truman. Ich habe im Moment anderes zu tun. Meine Frau ist sehr krank.« Meine Frau! Nicht Barbara, nicht Babe, sondern meine Frau! Als hätte Truman sie kaum gekannt, als hätte er nicht viele der zauberhaftesten Stunden seines Lebens mit ihr verbracht, als hätte sie ihn nicht in Geheimnisse eingeweiht, die sie niemand anderem, nicht einmal ihrem Mann anvertraute. Wie ein Fremder abgewimmelt zu werden – das war in der Tat eine Folter.

An Babe selbst schrieb Truman zwei lange Briefe. Sie antwortete ihm nicht, aber Anfang 1976 führte sie der Zufall im Quo Vadis, einem damals beliebten Restaurant an der 63. Straße East zusammen – trotz ihrer Krankheit konnte sie noch gelegentlich ausgehen. Er machte sie mit seinen Tischgenossen bekannt, und wie Bill war sie höflich, aber distanziert, als wäre er ein flüchtiger Bekannter. Irgendwann nahm Jack, ohne darum gebeten worden zu sein, Kontakt mit ihr auf. An einem Samstagnachmittag rief er sie in Kiluna-Farm an. Verzeih ihm, bat Jack sie. »Niemals! Niemals! Auf keinen Fall!« gab sie zurück.

»Babe, was Truman in dieser Geschichte geschrieben hat, ist nicht deine Sache. Und auch nicht seine«, erwiderte Jack in dem strengen Ton, den Truman selbst so oft gehört hatte. »Er ist ein Künstler, und Künstler kann man nicht an die Kandare legen.«

»Ach Jack...« begann sie und schien noch mehr sagen zu wollen; nach einer Sekunde des Zögerns schloß sie dann: »Ich werde mit Bill darüber reden.«

Jack wußte in dem Augenblick, daß er verloren hatte. An Slim trug er keine derartigen Bitten heran, was wahrscheinlich für beide besser war. »Wenn mir Slim je auf der Straße begegnet, gebe ich ihr einen Tritt«, versprach er. »Ich werde zu ihr sagen: ›Meine Güte, Slim, so nett, wie dieser Mensch zu dir gewesen ist!‹ Als Truman und ich in Spanien lebten, hatte Leland Hayward sie gerade verlassen. Es ist ihr dreckig gegangen, sie ist ziellos herumgereist, und wir haben sie aufgenommen.«

Babe und Slim waren so haßerfüllt wie gegenüber einem Geliebten, der sie betrogen hat, und nicht bereit, Frieden zu schließen. Nichts, was Truman tat, ob er lange Briefe schrieb oder erheiternde Telegramme verschickte, konnte ihren Sinn ändern. All die Mittel, die ihm in der Vergangenheit so gute Dienste geleistet hatten, nutzten ihm jetzt nichts mehr. »Babe sprach von Truman immer mit absolutem Abscheu als von der Schlange, die sie verraten habe«, berichtete ihr gemeinsamer Freund John Richardson. »Habt ihr gehört, was Truman jetzt wieder gemacht hat?« fragte sie ihre Freunde immer wieder und bekundete Entsetzen über jede neue Bemerkung, die sie zitiert sah, und jede neue Eskapade, von der sie hörte. Als Jim Fosburgh, der Mann ihrer Schwester Minnie, der einst Trumans Porträt gemalt hatte, aus der feindlichen Phalanx ausbrach und mit ihm mittagessen ging, rief ihn Babe am gleichen Nachmittag an, um ihm die Leviten zu lesen. Wie er, ihr eigener Schwager, nur so illoyal sein könne? fragte sie ihn. Doch unter ihrem Zorn verbarg sie sorgfältig ihre große Enttäuschung: Wie Truman hatte auch sie vielleicht ihren besten Freund verloren. Harper Lee bekam diese Enttäuschung bei den paar Anlässen, bei denen Babe und sie einander in den folgenden Monaten begegneten, zu spüren. Ihr Anblick erinnerte Babe an Truman, und sie brach jedesmal unwillkürlich in Tränen aus.

Slim konnte sich ihrerseits nicht enthalten, endlos das Unrecht wiederzukäuen, das ihr zugefügt worden war. »Wenn es eine Frau gab, die vor Wut außer sich war, dann Slim«, bemerkte eine Freundin. Und das stimmte buchstäblich. Wenn Slim über Truman sprach, regte sie sich so auf, daß sie nicht länger als einen Augenblick sitzen bleiben konnte und ständig rastlos von der Couch zum Sessel und vom Sessel zur Couch wechselte. »Nach ›La Côte Basque‹ betrachtete ich Truman als einen Freund, der gestorben war«, erklärte sie, »wir haben nie wieder miteinander gesprochen. Ich habe die Axt genommen und ihn aus meinem Leben herausgehackt. Und das war's.«

In der Öffentlichkeit bedauerte Truman den Verlust der Freundschaft von Babe und auch Slim, behauptete aber, sich vom Sturm der Entrüstung, den er ausgelöst hatte, nicht betroffen zu fühlen. Wie Jack dozierte er ziemlich von oben herab über seine Mission als Künstler. »Der Künstler ist ein gefährlicher Mensch, weil er sich jeglicher Beherrschung entzieht«, verkündete er. »Er wird nur von seiner Kunst beherrscht.« Trotzig daran festhaltend, daß er nichts getan habe, was Proust nicht vor ihm auch getan hatte, versuchte er, sein Werk in den Mantel der Literatur zu hüllen. »Aber

Schätzchen! Es ist Proust! Es ist schön!« rief er in einem Gespräch mit Diana Vreeland aus.
Realistischer, stellte er fest, was wahrscheinlich längst allen bewußt geworden wäre, wenn er nicht, wie Slim es voll Reue ausdrückte, »so listig, so raffiniert und so brillant« gewesen wäre, daß selbst die Mißtrauischsten die Deckung verließen. »Der einzige Stoff, den ein Schriftsteller hat, ist das, was er kennt und weiß«, erklärte er. »Zumindest ist es das einzige, was ich habe – was ich kenne und weiß.« Aber im kleinen Kreis, spätabends und wenn er getrunken hatte, brach er manchmal in Tränen aus. »Ich wollte niemandem weh tun«, schluchzte er. »Ich wußte nicht, daß die Geschichte einen solchen Wirbel verursachen würde.«

53

Während in New York das Drama seines gesellschaftlichen Ruins über die Bühne ging, hatte Truman in Kalifornien mit Problemen anderer Art zu kämpfen. Eines, das man hätte vorhersehen können, war seine Rolle in Neil Simons Farce »Murder by Death« (»Eine Leiche zum Dessert«). Simon hatte ihn als Vorbild für seinen komischen Bösewicht gewählt – ein aparter Rollentausch für den Autor von »La Côte Basque«. Truman sollte nichts weiter tun, als jemanden darstellen, der große Ähnlichkeit mit ihm selbst hatte: einen sonderbaren Exzentriker, der die größten Detektive der Welt zusammenruft, um einen Mordfall zu lösen, den er selbst sorgfältig inszeniert hat. Das schien eine nicht unlösbare Aufgabe, und Truman hatte damit gerechnet, daß sein Debüt als Filmstar Freunde wie Feinde mit Neid erfüllen werde. »Gore Vidal muß vor Neid umkommen«, hatte er glucksend erklärt und sich auf die Wochen in Hollywood wie auf einen Urlaub, einen glanzvollen und gutbezahlten Jux gefreut.* Die eigentliche Schauspielerei oblag einem Ensemble hochkarätiger Profis: Alec Guinness, Peter Sellers, David Niven, Maggie Smith, Elsa Lanchester, Peter Falk, James Coco und Nancy Walker.

Aber vor den Kameras zu stehen war kein Kinderspiel, wie er sich das vorgestellt hatte, sondern harte und oft langweilige Arbeit, und daran hätte sich der Drehbuchautor von »Schach dem Teufel« und »Schloß des Schreckens« erinnern sollen. An den meisten Tagen mußte er um halb

* Seine Gage betrug 10000 Dollar plus Spesen pro Woche; am Ende hatte er fast 79000 Dollar verdient.

sieben oder sieben Uhr früh zum Burbank Studio los und bis zum späten Nachmittag oder Abend dortbleiben, entweder arbeitend oder auf Abruf in seinem Wohnwagen. Selbst in besten Zeiten wäre ein so anstrengendes Arbeitspensum, verbunden mit der Spannung, die er gewöhnlich vor öffentlichen Auftritten empfand, für ihn grauenvoll gewesen. Und die Tage, die dem Erscheinen von »La Côte Basque« folgten, waren mitnichten beste Zeiten. »Diese Dreharbeiten haben ihn völlig fertiggemacht«, berichtete John. »Es war wahrscheinlich die psychisch gesehen erschöpfendste Sache, die er je gemacht hat. Er stand morgens auf, als ginge er zum Galgen, nicht in ein Studio.«

Hätte er sich damit zufriedengegeben, sich selbst zu spielen, wie es die Produzenten von ihm erwarteten, wäre es ihm vielleicht gelungen, der glanzvolle Star zu werden, der er so gern sein wollte. Es gibt so manchen Film, in dem ein Amateur von besonderer Originalität seinen erfahrenen Kollegen die Schau stiehlt. Aber so ein passiver Auftrag genügte Truman nicht. Seit seiner Kindheit hatte er davon geträumt, in Filmen mitzuwirken. Nun, da dieser Traum in Erfüllung ging, würde er sich seine Chance nicht entgehen lassen: Er wollte spielen. »Die ursprüngliche Absicht mag gewesen sein, daß ich mich selbst parodieren sollte, aber so wird es nicht laufen«, teilte er einer Interviewerin trotzig mit. Einer anderen gegenüber fügte er scherzend hinzu: »Wie ich als Schauspieler bin? Sagen wir einfach: ›Was Billie Holiday für den Jazz ist und Mae West unter den Titten... was Seconal unter den Schlaftabletten und King Kong unter den Pimmeln ist, das ist Truman Capote für die Musen!‹«

Der Film hatte im Sommer 1976 Premiere. Daß Truman äußerlich der Rolle eines übergeschnappten Mörders durchaus entsprach, wurde von niemandem bestritten. Er wog weitaus mehr als je zuvor, und mit den Hängebacken und dem Bauch, der die Knöpfe seiner grauen Weste zu sprengen drohte, wirkte er gleichzeitig komisch und bedrohlich, wie ein Riesenfrosch, der sich gerade auf seine Beute stürzen will. Von seinem Aussehen abgesehen, war er nicht sehr gut. Seine Charakterisierung war überzogen – vielleicht, weil er es besonders gut machen wollte – und merkwürdig unecht – er spielte Truman Capote nicht überzeugend. Die Kritiker hatten viele harte wie auch einige freundliche Worte für ihn, aber Alec Guinness' Urteil – »gräßlich!« – war das knappste und treffendste. Es war jedoch nicht das einzige; Robert Moore, der die undankbare Aufgabe hatte, Truman als Regisseur zu führen, schob die Schuld nicht auf Truman, sondern auf all jene, einschließlich Simon, die ihn für die Rolle ausgewählt hatten. »Capote an einen Tisch mit internationalen Starschauspielern zu setzen war eine Prüfung, der wohl kein Autor gewachsen gewesen wäre«, meinte Moore. »Es ist, als würde man vom Präsidenten der Vereinigten Staaten sagen: ›Wäre es nicht toll, wenn er den Präsidenten der Vereinigten Staaten spielen würde?‹ Die Antwort ist: ›Nein.‹«

Trumans zweites Problem, das ebenfalls vorhersehbar war, war seine labile, Achterbahn-ähnliche Beziehung zu John. Die Reise Richtung Westen hatte zwar nicht schlecht begonnen, nämlich mit einer langen und entspannenden Autofahrt durch Kanada und die kanadischen Rockies, einer Art von zweiten Flitterwochen. Die freundschaftliche Stimmung hatte sogar vorgehalten, auch nachdem Truman zu arbeiten begonnen hatte. In die ungewohnte Rolle des hilfreichen Partners schlüpfend, hatte John seine Bürde mit ihm geteilt, war morgens mit ihm aufgestanden, hatte ihn ins Studio gebracht und war den Rest des Tages bei ihm geblieben. Erst als sich Truman an diese Routine gewöhnt hatte – und sie John zu langweilen begann –, veranlaßte John, daß ihm ein Chauffeur der Filmgesellschaft seine Fahrerpflichten abnahm.

Dann begann die angenehme Stimmung jedoch bald zu verfliegen, und die alten Schwierigkeiten tauchten auf wie gehabt. Während Truman etwas weniger trank, solange er an dem Film arbeitete, trank John um so mehr. Am Thanksgiving-Tag war er so deprimiert, daß er sich den ersten Drink schon um neun Uhr früh eingoß. Truman und er feierten bei Joanne Carson, und als am späten Nachmittag der Truthahn serviert wurde, war John so grottenvoll und aggressiv, daß er einem anderen Gast ins Gesicht spuckte, sich dann verzog und in einem anderen Zimmer ohnmächtig zusammensackte. (Truman hatte mit Johns sexuellen Reizen so renommiert, daß ihm ein anderer Gast heimlich folgte und ihm, seinen Vollrausch nutzend, die Hose öffnete, um das anatomische Wunder zu inspizieren. »Nicht schlecht«, berichtete er einem anderen Gast. »Truman hat nicht übertrieben.«)

Etwa eine Woche später hatten Truman und John nachts eine Auseinandersetzung in ihrem Haus in Beverly Hills, das Joanne für sie gemietet und mit eingerichtet hatte. John wurde so gewalttätig – er zerschmetterte jedes gläserne Objekt in Reichweite –, daß Truman gezwungen war zu flüchten. Nur mit einem T-Shirt und Bermudas bekleidet, ging er barfuß ins Hotel Beverly Hills, wo er Joanne anrief. Als sie ihn wenige Minuten später dort abholte, wirkte er ganz durcheinander und blaß, und seine Füße waren von den Glasscherben blutig. John und er versöhnten sich bald wieder, aber zwei Wochen später hatten sie erneut Streit, und Truman suchte abermals Zuflucht bei Joanne.

So destruktiv der Alkohol auch wirkte, war er doch nur Treibstoff für ihre Auseinandersetzungen, die sich wie immer um Macht drehten: Wer sollte das Sagen haben? John lechzte nach diesem Privileg und versuchte erneut, sich zwischen Truman und den Rest der Welt zu schieben. »Ich bin immer überzeugt gewesen, daß man Trumans Angelegenheiten am besten regelt, indem man ihn von ernsthaften Erörterungen über Geld fernhält und ihn hindert, dumme oder übertriebene Verpflichtungen einzugehen«, erklärte er Alan Schwartz. Er öffnete nicht nur Trumans Post, sondern gab dem Werkschutz des Studios auch eine Liste von Besuchern, denen der Zutritt zu seinem Wohnwagen verwehrt werden sollte. Über den Namen eines Mannes, mit dem Truman ein kurzes Abenteuer gehabt hatte, schrieb John das Wort NEIN und unterstrich es dreimal.

Die Argumente, mit denen John dafür plädierte, das Kommando zu übernehmen, klangen vertraut; sie hatten den Leierton, der durch nutzlose Wiederholung zustande kommt. Wenn er lauter schrie und sich noch mehr bemühte, sich wichtig zu machen, tat er es nur, weil er merkte, daß man ihn nicht zur Kenntnis nahm. Nach zwei Jahren fruchtlosen Kampfes erkannte

er, daß Truman weder ihm noch sonstwem je gestatten würde, seine Karriere zu steuern. »Truman und ich haben das zu Tode diskutiert«, gestand er Alan verdrossen. »Nichts wird sich ändern.«
John polterte zwar weiterhin über die Vorrechte daher, die ihm eigentlich zustünden, doch seine realen Ansprüche wurden recht bescheiden. Als Gegenleistung für seine Gesellschaft erwartete er von Truman nur zweierlei. Das erste war ein Dach über dem Kopf. »John redete immer über Geborgenheit«, erinnerte sich Joanne. »Das war sein großes Anliegen. Er sagte, er habe seine Brücken in New York abgebrochen und sei von Truman abhängig. ›Wenn wir unser eigenes Haus haben, kann uns niemand auf die Pelle rücken‹, sagte er.« Das zweite war Hilfe bei der Jobsuche. Er wollte, daß Truman bei irgend jemandem ein gutes Wort für ihn einlegte – er dachte dabei vor allem an Trumans Tycoon-Freund Bob Anderson –, der ihm eine Stelle verschaffen konnte. »Das alles hier ist sehr interessant, auch mit dir zusammenzusein, Truman«, meinte er, »aber du hast doch wiederholt die Nummer abgezogen, daß du abgeschwirrt bist wie ein Vogel und mich total hast hängenlassen. Ich möchte mich endlich geschäftlich etablieren, und das kann ich nicht, wenn ich ständig im Land herumflitze mit dir. Das erste, was ich brauche, sind eigene vier Wände. Das zweite, was ich brauche, ist eine Existenz, die ich mir aufbauen muß, damit ich nicht völlig in der Luft hänge, wenn du eines Tages verschwindest und nicht mehr zurückkommst.«
Der ersten Bedingung – ihm eine Bleibe zu verschaffen – stimmte Truman widerwillig zu. »Ich möchte etwas Aufregendes, Hanglage mit Meerblick«, verkündete Truman, möglicherweise in der Annahme, daß kein solches Haus zu einem für ihn erschwinglichen Preis auf dem Markt sei. Aber es war etwas Aufregendes, was Joanne in den Hügeln über Malibu fand: ein kleines Zwei-Schlafzimmer-Haus mit einem weiten Blick über das Meer, ähnlich, wie Truman ihn von der Fontana Vecchia in Taormina genossen hatte. Er konnte auch nicht einwenden, Joannes Entdeckung sei zu teuer; das Haus war für knapp 150 000 Dollar erhältlich und damit nach örtlichen Maßstäben ein Schnäppchen. Selbst wenn Truman gewollt hätte, hätte er

nicht nein sagen können. Anfang 1976 nahm er es in Besitz, machte innen sofort alles neu – das Wohnzimmer strich er in einem hellen Lachsrosa – und richtete es mit bequemen weißen Korbmöbeln ein.

Als er sich darin niedergelassen hatte, sprach er sogar davon, Manhattan ganz den Rücken zu kehren, wo ohnehin schon so viele bereits ihm den Rücken gekehrt hatten, und ließ seine Wohnung im U.N. Plaza schätzen. Künftig, erklärte er, werde er seine Zeit zwischen zwei Ozeanen – seinem Haus in Malibu und seinem Bungalow auf Long Island – und zwischen John und Jack teilen. John fand das Arrangement ideal. »Truman wollte nicht 365 Tage im Jahr mit mir verbringen«, stellte er fest. »Er wollte mit niemandem 365 Tage im Jahr zusammensein. Einmal hat er das auch ganz offen zugegeben.«

Zu Johns Bestürzung lehnte Truman jedoch die zweite Bedingung rundheraus ab. Er weigerte sich eisern, John bei der Arbeitssuche zu helfen. »Er hat mir nie geholfen – er konnte einfach nicht –, weil er so fanatisch besitzergreifend war. Er wollte nicht, daß ich allein aus dem Haus ging«, meinte John. »Er wußte, daß ich ihn nicht würde begleiten können, wenn ich eine feste Anstellung hatte und es ihm plötzlich einfiel, nach Rio zu fliegen.« Johns Erkenntnis war zweifellos richtig. Truman wollte keinen unabhängigen Geliebten; er wollte einen, der ihm untergeordnet war. Aber wahrscheinlich war er sich auch bewußt, daß die einzige Handhabe gegen John finanzieller Art war und daß John, wenn er je einen Job fand, derjenige sein würde, der abschwirrte wie ein Vogel. Und das war ein Risiko, das Truman nicht bereit war einzugehen.

Ende 1975 beendete Truman die Dreharbeiten an »Eine Leiche zum Dessert«. Er kehrte kurz nach New York zurück und begab sich dann Mitte Januar auf eine Lese- und Vortragsreihe, die ihn an dreißig Colleges und Universitäten führte. Fast sofort erkannte er, daß es ein Fehler war. Er hatte zwar schon früher Lesungen gehalten, doch waren das gewöhnlich einzelne, in langen Zeitabständen stattfindende Auftritte gewesen. Nie zuvor hatte er sich einen so strapaziösen Terminplan zugemutet, der ihn auf Achse hielt wie einen Politiker im Wahlkampf.

John Knowles sah ihn an der Universität von Florida, wo seine Gastgeber, um die große und sehr interessierte Zuhörerschaft unterbringen zu können, die Veranstaltung im Freien angesetzt hatten. Seine Lesung war, ebenso wie die anschließende Diskussion, ein durchschlagender Erfolg. Ein junger Mann fragte ihn gehässig: »Sind Sie homosexuell?« Truman machte eine perfekte Kunstpause und setzte ihn dann mit einer Gegenfrage schallendem Gelächter aus: »Soll das ein Antrag sein?« Als Knowles ihn jedoch nachher im Hotelzimmer aufsuchte, stellte er fest, daß Truman, kaum daß er die Bühne verlassen hatte, in einem apathischen Nebel versunken war. Der Jetlag und die vielen Motelaufenthalte hatten bewirkt, daß er kaum noch wußte, wo er war. Er kippte ein, zwei Wodkas in sich hinein, um sich aufzupeppen, aber bald war er völlig weg. Er versackte schlichtweg. Seine ganze Energie war fort und auch sein klares Denkvermögen.

Manche Schriftsteller blühen bei öffentlichen Lesungen auf. Andere nicht. Daß Truman einer solchen Tournee überhaupt zustimmte, war ein weiteres Anzeichen, daß er die Verbindung verloren hatte, sogar zu seinem eigenen Körper und zu seiner Seele. Vielleicht dachte er – durchaus fälschlicherweise, wie ihm sein Steuerberater Arnold Bernstein hätte bestätigen können –, er benötige das Geld (50 000 Dollar nach Abzug der Spesen und Agentenhonorare), um sich das Haus in Malibu leisten zu können. Vielleicht hoffte er auch, Aufmerksamkeit auf das nächste Kapitel von »Erhörte Gebete« zu lenken, das in der Mai-Nummer von *Esquire* erscheinen sollte. Vielleicht brauchte er nach all dem Geschrei um »La Côte Basque« auch bloß eine Bestätigung, daß er immer noch geliebt und bewundert wurde. Doch was immer er erwartete, es war eine unzureichende Belohnung für eine Tournee, von der er bald sagte, sie sei »das Dümmste, was ich je getan habe. Es ist, als ginge man von einer Folterkammer in die andere.«

Seine Niedergeschlagenheit verschärfte sich durch einen unerwarteten Angriff aus einer anderen Ecke: Gore Vidal. In einem Interview, das Truman einige Monate zuvor in alkoholisiertem Zustand gegeben hatte, hatte er Gore versehentlich die Waffe in die Hand gedrückt, auf die dieser schon lange gewartet zu haben schien. Gore, so hatte er behauptet, sei einmal auf einer Party der Kennedys im Weißen Haus in beschwipstem Zustand so renitent geworden, daß man ihn vor die Tür gesetzt habe – buchstäblich hinausgeworfen wie einen Betrunkenen aus einer Rowdy-Bar. »Es war das einzige Mal, daß er überhaupt ins Weiße Haus eingeladen wurde, und er hat sich betrunken«, hatte Truman behauptet. »Unnnnnd... er hat Jackies Mutter beleidigt, die er nie zuvor in seinem *Leben* gesehen hatte! Ich meine, wirklich beleidigt. Er sagte sinngemäß, er habe sie schon immer verabscheut. Dabei war er der Frau noch nie begegnet! Sie erlitt so was wie einen totalen Schock. Und Bobby [Kennedy] und, ich glaube, Arthur Schlesinger und eine der Wachen hoben Gore einfach hoch, trugen ihn zur Tür und warfen ihn hinaus auf die Pennsylvania Avenue.«

Nicht untypisch hatte Truman die Ereignisse etwas ausgeschmückt. Gore hatte im November 1961 auf einer Party im Weißen Haus tatsächlich etwas gesagt oder getan, was die Kennedys verärgert hatte. Er gab sogar einen scharfen Wortwechsel mit Bobby Kennedy zu, in dessen Verlauf sie einander eher im Stil von New Yorker Taxifahrern als dem des Justizministers der Vereinigten Staaten und eines für seinen Witz berühmten Schriftstellers angebrüllt hatten: »Lecken Sie sich doch selbst am Arsch!« Aber Gore war nicht wirklich zur Tür hinausgeworfen worden, und Trumans Tratscherei, die in *Playgirl* abgedruckt wurde, war zumindest unüberlegt. Gore beabsichtigte nicht nur, ihn als Lügner zu brandmarken – »Ich freue mich darauf, diese kleine Kröte zu erwischen!« erklärte er –, sondern ihn auch finanziell zu schädigen. Zu diesem Zweck strengte er vor einem Gericht des Staates New York mit der Begründung einen Prozeß an, Truman habe ihn beleidigt und ihm »große psychische Belastungen und Schmerzen« zugefügt, und forderte sowohl eine Entschuldigung als auch eine Million Dollar Schmerzensgeld. Die Dauerfehde zwischen Capote und Vidal, die die Beteiligten bis dahin so sehr zu amüsieren schien wie die meisten, die sie mitverfolgten, hatte plötzlich eine sehr unerquickliche Wendung genommen.

Die zu Protokoll gegebenen Aussagen waren das einzige komische Element der im übrigen häßlichen Auseinandersetzung. Wann er Truman zuletzt gesehen habe, wurde Gore gefragt. Auf einer Party Ende der sechziger Jahre, antwortete Gore.

»Was ist damals geschehen?«

»Ich habe mich auf ihn draufgesetzt.«

»Was meinen Sie damit?«

»Ich hatte meine Brille nicht auf und glaubte, mich auf einen Hocker zu setzen, aber es war Capote.«

»Wo saß Capote, als Sie sich auf ihn draufsetzten?«

»Auf einem kleineren Hocker.«

Truman seinerseits verballhornte den Titel von Gores erstem Roman »Williwaw« wie zufällig zu »Willie Wonka«, und demonstrierte damit, wie wenig er davon hielt. Er sagte auch, es sei kindisch von Gore, gegen ihn Klage zu erheben. Auch wenn er manche gedruckte Bemerkung Gores über ihn als beleidigend betrachte, würde er sich nie dazu herablassen, ihn zu verklagen. »Ich halte einfach nichts davon. Ich halte speziell nichts davon, daß Schriftsteller oder Künstler einander verklagen. Ich finde das sehr kindisch, aber das ist mein eigener Standpunkt.«

Erschöpft und an einem, wie er es nannte, »halben Nervenzusammenbruch« leidend, beendete Truman Ende April 1976 seine Lesetournee und kehrte in sein neues Haus in Kalifornien zurück, um sich zu erholen. Aber in Johns Gesellschaft war Regeneration unmöglich. Fast sofort nahmen sie ihre Routine von Krächen und Versöhnungen wieder auf. Truman wollte zu Hause bleiben; John wollte ausgehen, und wenn Truman sich weigerte, an seinen Streifzügen teilzunehmen, ging John eben allein. Es war, als wäre Truman in einer abstrusen Umkehrung der Rollen Jack geworden und John der Truman von früher. »Wir haben verschiedene Wellenlängen«, beklagte Truman. »Johnny ist ein sehr geselliger, extravertierter Mensch, und wie ich auch früher gewesen sein mag, jetzt bin ich jedenfalls nicht mehr gesellig. Er kommt nachmittags nach Hause und sagt: ›Steve McQueen und Ali McGraw kommen heute abend zum Essen.‹ Und ich möchte mich am liebsten im Schlafzimmer verkriechen. Ich mag Steve McQueen und Ali McGraw, aber ich möchte einfach niemanden sehen. Oder wir sind zu einer Party eingeladen. Wenn er allein hingeht, mache ich mir Sorgen, weil ich weiß, daß er zuviel trinken wird. Und wenn ich mitgehe, ist es noch schlimmer, weil fünfzig Leute da sein werden, die mich gegen die Wand drängen. Das hat man davon, der Freak-Promi der siebziger Jahre zu sein.«

Mitte Mai schmiß John eine Riesenparty. Er ließ Speisen und Getränke liefern und lud Dutzende von Leuten in die Fluchtburg auf dem Hügel ein. Aber zu dem Zeitpunkt war eine Party das letzte, was Truman wollte, und er sagte das auch. »Er machte kein Hehl daraus, was nicht gerade entgegenkommend war«, erinnerte sich John. »Ihm war einfach nicht danach zumute, und zwar zum Teil, weil es N.H.E. war, wie wir es nannten – nicht hier erfunden. Mit anderen Worten: Wenn es Trumans Idee gewesen wäre, wäre alles in Butter gewesen. Aber es war eben meine Idee.«

Drei Wochen nach seiner Heimkehr hatte Truman genug. Am 23. Mai nutzte er einen von Johns Ausflügen in die Bars am Pacific Coast Highway, um die Koffer zu packen und zum Flughafen zu fahren. Als John am späten Nachmittag zurückkehrte, fand er einen kurzen Abschiedsbrief vor: Er werde unruhig, hatte Truman geschrieben, und fliege nach New York zurück. In einem Telefongespräch mehrere Tage später fügte er hinzu, er habe beschlossen, das Haus zu verkaufen. John könne noch mehrere Wochen bleiben, müsse sich aber dann eine eigene Wohnung suchen. Das tat John denn auch. Aus einem Haus mit Meerblick und geheiztem Swimming-pool zog er in eine Garage um, die nicht einmal eine Toilette hatte. Seine Bedürfnisse mußte er entweder auf ziemlich primitive Weise in einer kleinen Gasse oder in der Toilette eines benachbarten Restaurants befriedigen. Seine schlimmsten Befürchtungen waren eingetroffen: Truman hatte ihn wieder einmal total hängenlassen.

Psychisch ging es Truman aber nicht viel besser. Eine Woche nach seiner heimlichen Abreise rammte er mit dem Auto auf Long Island ein entgegenkommendes Fahrzeug und wurde wegen Fahrens in alkoholisiertem Zustand verhaftet. Obwohl niemand zu Schaden kam, wurde im ganzen Land über den Unfall berichtet und die Öffentlichkeit damit zum ersten Mal auf sein Alkoholproblem aufmerksam gemacht. Diesmal blieb er stumm. »Capote schweigt zu Verhaftung wegen Trunkenheit am Steuer«, meldete die Schlagzeile der New Yorker *Daily News*. Beschämt und deprimiert entschloß er sich zu einer Entziehungskur in Silver Hill, einer teuren Klinik in Connecticut. »Ich muß einfach über die Depression hinwegkommen, in der ich mich befinde«, sagte er am Abend vor der Abreise unter Tränen zu einer Freundin. Sein Ruin, behauptete er, sei nicht der Alkohol, sondern John. »Meine Gefühle für ihn sind noch intensiver als für Danny, und ich bringe es nicht fertig, mich *nicht* mit seinen Problemen zu identifizieren. Gleichzeitig ist mir völlig klar, warum meine Beziehung mit ihm nicht funktioniert. Es ist, als hätte man das zweite Gesicht, als wäre man imstande, die Wahrheit jenseits der Wirklichkeit zu sehen.«

54

»Das kleine Schreckgespenst« war er in *Women's Wear Daily* nach »La Côte Basque« genannt worden, und Truman, der sich immer gebrüstet hatte, was für ein gefährlicher Feind er sein könne, war sogar einigermaßen stolz auf diesen Titel. Ihm gefiel auch die Vorstellung, daß viele seiner Freunde, oder besser seiner ehemaligen Freunde, höchst besorgt an ihren Nägeln kauten, weil sie fürchteten, was er in den folgenden Kapiteln von »Erhörte Gebete« ausplaudern könnte. Die Fähigkeit, Leute in Aufregung zu versetzen, war die Art von Macht, die er immer genossen hatte, und niemand konnte ganz sicher sein, daß er scherzte, wenn er drohte: »Sei bloß vorsichtig, oder du wirst auch drin vorkommen!« Seine plötzliche Verrufenheit ausschlachtend, stellte ihn *Esquire* im Mai 1976 auf dem Titelblatt der Nummer mit dem Kapitel »Unspoiled Monsters« (»Unverdorbene Monster«) als schwarzgewandeten Mörder mit Elfenbein-Dolch dar. »Capote schlägt wieder zu!« kündigte die Schlagzeile an. »Mehr aus ›Erhörte Gebete‹, dem aufsehenerregendsten Buch des Jahres.«

Aber »Unverdorbene Monster« war nicht bloß mehr aus »Erhörte Gebete«. Es war sehr viel mehr; es war in Wirklichkeit beinahe so lang wie »Frühstück bei Tiffany«. Und es war das erste Kapitel, der Schlüssel zu allen folgenden. Mit dem kürzeren zweiten Kapitel »Kate McCloud«*, das *Esquire* im Dezember 1976 veröffentlichte, schlug es die Grundtonart des Romans an, die der einer schwarzen Komödie entspricht. Es stellt die

* Truman hatte »Mojave«, die Geschichte, die ursprünglich als zweites Kapitel des Romans geplant war, herausgenommen.

Protagonisten P.B.Jones und Kate McCloud vor, und es skizziert den Hauptstrang der Handlung, die offenbar ein Thriller werden sollte.

»Irgendwo auf dieser Welt«, beginnt es, »lebt eine außergewöhnliche Philosophin namens Florie Rotondo.

Unlängst stieß ich in einer Zeitschrift, in der Aufsätze von Schülern abgedruckt waren, auf eine ihrer Betrachtungen. Sie schrieb: *Wenn ich tun könnte, was ich wollte, würde ich in den Mittelpunkt unseres Planeten Erde hinuntersteigen und Uran, Rubine und Gold suchen. Ich würde mich nach Unverdorbenen Monstern umsehen. Dann würde ich aufs Land ziehen. Florie Rotondo, acht Jahre.*

Florie, Liebes, ich weiß genau, was du meinst – auch wenn du es selbst nicht weißt: wie könntest du auch, mit acht?

Denn ich bin im Mittelpunkt unseres Planeten gewesen; zumindest habe ich die Mühsal durchgemacht, die eine solche Reise mit sich bringt. Ich habe nach Uran, Rubinen und Gold gesucht und unterwegs andere bei dieser Tätigkeit beobachtet. Und stell dir vor, Florie – ich habe Unverdorbene Monster getroffen! Auch verdorbene. Aber die unverdorbene Art ist der seltene Vogel: weiße Trüffeln, nicht schwarze; bitterer, wilder Spargel im Gegensatz zum gezüchteten.

Was ich nicht getan habe, ist, aufs Land zu ziehen.

In der Tat schreibe ich dies auf Y.M.C.A.-Briefpapier in einem Y.M.C.A. in Manhattan, wo ich seit einem Monat in einer Zelle ohne Ausblick im zweiten Stock lebe. Ich würde den sechsten Stock vorziehen – damit es wirklich ins Gewicht fiele, falls ich mich entschließen sollte, aus dem Fenster zu springen. Vielleicht werde ich das Zimmer wechseln. Aufsteigen. Wahrscheinlich nicht. Ich bin ein Feigling. Aber nicht feige genug, um den Sprung zu wagen.

Mein Name ist P. B. Jones, und ich weiß nicht recht – ob ich dir jetzt gleich etwas über mich erzählen oder ob ich warten und die Informationen in den Text der Geschichte einflechten soll. Ich könnte dir allerdings genausogut nichts oder sehr wenig erzählen, denn ich betrachte mich in dieser Angelegenheit als Berichterstatter, nicht als Teilnehmer, zumindest nicht als wichtigen. Aber vielleicht ist es leichter, mit mir anzufangen.«

Was er denn auch tut: Der Erzähler und Held von »Erhörte Gebete« ist ein Waisenkind, das als Säugling in einem Kino in St. Louis ausgesetzt und danach von Nonnen aufgezogen wurde. Deren Güte hat jedoch nicht auf ihn abgefärbt – P. B. ist ein Opportunist, ein Schuft, ein Schwein, jemand, der bereit ist, alles, auch sich selbst, zu verkaufen, um zu kriegen, was er will. Als Junge, sagt er, sei er »eine Art Schokoladen-Stricher« gewesen – »es gab nicht viel, was ich für eine Tafel Schokolade nicht getan hätte«. Mit fünfzehn brannte er durch und wurde vom Masseur eines Hotels in Miami Beach aufgelesen, der ihn mit nach Hause nahm und ihm sein Handwerk beibrachte. Was Sex betraf, brauchte P. B. allerdings keine Lektionen.
Die weitere Biographie von P. B. entspricht großenteils der seines Schöpfers. Er brennt darauf, Schriftsteller zu werden, und macht sich auf den Weg nach Norden, um die literarische Welt New Yorks zu erobern. Ein Zeitschriftenredakteur – dichterisch gestaltetes Duplikat von George Davis – protegiert ihn, und er wird der Geliebte von Alice Lee Langman, »Amerikas führender Literatin« – Katherine Anne Porter. (Hier diente Trumans einstiger Freund Bill Goyen als Vorbild für P. B., der die Porter auf ähnliche Art zur Förderung seiner mittelmäßigen Talente benutzte wie P. B. Miss Langman.) P. B. reist dann nach Paris, wo er Denham Fouts, Natalie Barney und Colette kennenlernt, die ihm den Briefbeschwerer, eine weiße Rose, schenkt, den sie Truman 1948 wirklich gegeben hat. Es ist ein Spiel mit Spiegelbildern, das Truman hier spielt. P. B. arbeitet sogar an einem Roman mit dem Titel »Erhörte Gebete« und schreibt mit Trumans Lieblingsbleistiften von Blackwing.
Aber P. B., der seinen Unterhalt eine Zeitlang als männlicher Prostituierter verdient, ist dennoch kein Selbstporträt Trumans. Er ist vielmehr sein auf Abwege geratener und amoralischer Zwilling, eine Alptraum-Version des Menschen, zu dem Truman zumindest die Anlage in sich verspürte. »P. B. ist nicht ich, aber andererseits ist er auch nicht *nicht* ich«, meinte er. »Seine Herkunft ist ganz anders als die meine, aber ich kann mich psychologisch damit identifizieren. Ich bin nicht P. B., aber ich kenne ihn sehr gut.«

Er kannte auch Kate McCloud gut, die die bemerkenswerteste seiner Heldinnen hätte werden können. Wenn Holly Golightly eine Reinkarnation von Little Miss Bobbit aus der Erzählung »Kindergeburtstag« ist, dann ist Kate eine Reinkarnation von Holly. Aber sie ist eine schöne, von innen heraus leuchtende Holly, mit Haar im blassen Rot eines Wintersonnenuntergangs und Augen so grün wie Smaragde, eine ältere Holly auch – sie ist siebenundzwanzig, als P. B. sie kennenlernt – und eine kultiviertere Holly: die Verkörperung, ja die Apotheose, des von Truman so verehrten vollendeten Stilgefühls. Von all seinen fiktiven und wirklichen Schwänen stand Kate seinem Herzen am nächsten. Wie schwärmt P. B.: »Kate! McCloud! Meine Liebe, meine Qual, meine Götterdämmerung, mein ureigener ›Tod in Venedig‹: unentrinnbar und gefährlich wie die Viper an Kleopatras Brust.«

Seine Heldin machte mehrere Verwandlungen durch, bevor sie diese glorifizierte, wenn auch etwas abschreckende Gestalt annahm. Nachdem Truman Ann Woodward als Vorbild verworfen hatte, wählte er Pamela Churchill, deren Liebesaffären, insbesondere das anhaltende Verhältnis mit Gianni Agnelli, die Klatschkolumnisten zwei Jahrzehnte lang mit Stoff versorgt hatten: die »berühmte internationale Sirene«, hatte Cholly Knikkerbocker sie in den fünfziger Jahren genannt. »Wir haben viel Zeit auf Jachten zusammen verbracht«, bemerkte Truman. »Auf einem Segeltörn wird jeder zum Mitwisser, und ich glaube, ich habe jede Nummer, die sie in ihrem Leben geschoben hat, mit ihr durchlebt. Glaub mir, das ist ein Märchen von tausendundzwölf Nächten! Sie ist interessant, weil sie einen phantastischen Geschmack hat und alles über alles weiß, dabei aber nicht die geringsten intellektuellen Fähigkeiten besitzt. Sie ist eine Art grandiose Primitive. Ich glaube nicht, daß sie je ein Buch oder auch nur eine Zeitung gelesen hat, mit Ausnahme der Klatschspalte. (Das kommt wohl daher, daß sie einer der ältesten Familien Englands, den Digbys, entstammt, und die waren der Ansicht, sie brauchten nicht lesen oder schreiben zu lernen.)

Pamela ist eine Geisha, die jeden Mann glücklich machte. Es wollte sie bloß keiner heiraten. Gianni wollte zwar, und sie konvertierte sogar zum katholischen Glauben und lernte perfekt Italienisch – alles! Aber seine

Familie drohte, sich in corpore in einen venezianischen Kanal zu stürzen und zu ertränken, wenn er sie heiratete. So nahm er in letzter Minute die kleine Marella. Pamela war niedergeschmettert, aber ich muß sagen, er hat ihr eine sehr, sehr anständige Abfindung gegeben, darunter eine der schönsten Wohnungen in Paris, die ich je gesehen habe.«

Rose Grantwell ist der Name von Trumans Sirene, zu der ihn Pamela inspirierte, und über sie schrieb er in eines seiner frühen Notizbücher: »Es gibt bestimmte Frauen und einige Männer, die, obwohl sie vielleicht nicht reich geboren wurden, dazu bestimmt sind, reich zu *sein*. Im allgemeinen sind diese Menschen Künstler einer merkwürdigen Spielart. Geld in astronomischen Summen ist ihr Werkzeug – sie benötigen es, wie ein Geiger eine Violine und ein Maler Farbe benötigt. Haben sie es nicht, sind sie schöpferisch impotent; haben sie es, verschmelzen sie materielle Elemente – von Nahrungsmitteln bis zu hochgezüchteten Motoren – zu phantastischen Gebilden, die man sowohl sehen wie auch anfassen kann. Mit anderen Worten, sie verstehen es, Kohle auszugeben, aber auf eine Art, die zwar moralisch fragwürdig, aber zumindest ästhetisch durchaus eindrucksvoll ist. Die Herzogin von Windsor ist ein solcher Mensch, und, um andere Beispiele aus dem sogenannten ›wirklichen‹ Leben zu zitieren, auch Mrs. Harrison Williams, Mrs. Paul Mellon und Mrs. Loel Guinness.«

In den siebziger Jahren war das Image von Pamela weitgehend verblaßt. Truman borgte deshalb einige biographische Details für seine neue Heldin von Cappy Badrutt, einer charmanten amerikanischen Goldgräberin der sechziger und siebziger Jahre, zu deren Ehemännern ein Sproß der Familie Badrutt zählte, der das Palace Hotel in St. Moritz gehört. Aber sein Hauptmodell für Kate McCloud war die eben erwähnte Mrs. Harrison Williams. Kurz vor der Jahrhundertwende geboren, war die »Wundervolle Mona«, wie die Zeitungen sie genannt hatten, ein Schwan der Generation vor Babe, Marella und Gloria Guinness gewesen. Sie war eine vollkommene Erscheinung mit riesigen, außergewöhnlich geformten blauen Augen – laut Cecils fachmännischem Urteil war sie »faszinierend schön, eine Göttin aus Bergkristall« – und konnte jeder einzelnen von ihnen das Wasser reichen. In der Vollendung ihres künstlerischen Entwurfs – ihre Schöpfung war ihr eigenes, unvergleichliches Selbst – stellte sie alle in den Schatten.

Sie stammte aus einer bescheidenen, aber vornehm tuenden Familie aus Kentucky. Als sie ein junges Mädchen war, wurde ihr Vater Verwalter des Lexingtoner Pferdegestüts von Harry Schlesinger, einem reichen Mann aus Milwaukee. Den örtlichen Verehrern hatte sie keinen zweiten Blick gegönnt, aber als ihr der Chef ihres Vaters einen Antrag machte, sagte sie sofort ja. Sie war aber auch für Milwaukee zu groß, und ihre Ehe dauerte nur lange genug, um sie mit 200 000 Dollar, einer Fülle gesellschaftlicher Verbindungen und einem Sohn auszustatten, den sie nach der Scheidung bei seinem Vater zurückließ. Es folgten eine weitere Heirat und Scheidung. 1926 angelte sie sich endlich den Krösus, nach dem sie gesucht hatte: Harrison Williams, einen Kraftwerksmagnaten aus Elyria/Ohio, dessen Vermögen auf nahezu 700 Millionen Dollar geschätzt wurde, was in der heutigen, schwächeren Währung mehreren Milliarden entspricht.

Endlich mit einer unversiegbaren Geldquelle ausgestattet, gestaltete Mona ihr Leben in sublimer und erlesener Schönheit. Sie besaß die üblichen Äußerlichkeiten der ganz Reichen: eine Jacht, ein Haus mit dreißig Zimmern an der Fifth Avenue, eine herrschaftliche Villa in Palm Beach, einen Hundert-Acre-Besitz an der Goldküste von Long Island, eine Wohnung in Paris und (nicht allgemein üblich) das Landhaus des Kaisers Tiberius auf der Insel Capri. Aber sie hatte auch einen erlesenen Geschmack und eine phantasievolle Art, sich zu kleiden und ihre Häuser und Gärten zu gestalten, die sehr wenige Reiche verstehen, geschweige denn nachahmen konnten. Ihr ganz in Weiß gehaltener Salon an der Fifth Avenue war berühmt – sie ging so weit, nur weiße Blumen in ihre weißen chinesischen Vasen zu stellen –, und dasselbe galt für ihre Gärten auf Long Island, durch die sich wahre Flüsse von Schwertlilien schlängelten, gewundene, blühende Bäche, die in ihrem Verlauf zum Portal hinunter von Tiefviolett zu Hellila verblaßten.

Wie gut Truman sie kannte, ist schwer zu sagen. In den vierziger Jahren war er mindestens einmal zum Abendessen in ihrem Haus an der Fifth Avenue eingeladen, und er traf sie wahrscheinlich auch bei anderen Anlässen. Nicht, daß das eine große Rolle spielte: Was er nicht mit eigenen Augen sah, hätte er in Zeitungen oder Zeitschriften lesen können, und was die Reporter nicht aufgestöbert hatten, hörte er zweifellos von Cecil, der oft ihr Hausgast war. Wie er auch davon erfahren haben mag, ihre Geschichte hatte jedenfalls die märchenhafte Aura, die Truman begeisterte – Mona war *seine* Art eines ränkeschmiedenden Aschenbrödels –, und mit ihrem Bild vor Augen, ergänzt durch einzelne Züge von Cappy Badrutt und anderen Frauen, die er gekannt hatte, erschuf er Kate McCloud.

Er stattete seine Kate auch mit einer ähnlichen Herkunft aus. Kates Vater ist Verwalter eines Gestüts in Virginia, und sie wird schon als Kind von den Besitzern McCloud protegiert und mit dem Lebensstil der Reichen bekannt gemacht. Als sie sechzehn ist, verheiratet sie sich mit einem der Söhne, der wie Monas erster Mann Harry heißt. Aber schon im unschuldigen Alter von sechzehn plant Kate weit voraus und läßt in ihren Gedanken die McClouds, Virginia, ja sogar ihre heimatliche Küste bereits hinter sich. Nach der Scheidung von Harry lebt sie in Frankreich und wird zu einem dekorativen Fixstern des internationalen Sets. Niemand kann ihrem Charme widerstehen; bei Partys in St. Moritz will der Schah sie stets als Tischnachbarin haben. Aber Trumans Kate ist kein Engel [bemerkt P.B.]. »Himmel, wenn so viele Stacheln aus Kate hervorstarren würden, wie in sie hineingesteckt worden sind, sähe sie aus wie ein Stachelschwein.« Ihre nächste Ehe schließt sie mit Axel Jaeger, dem reichsten Mann Deutschlands, ja vielleicht ganz Europas.

Etwas geht auch in ihrer zweiten Ehe schief – Truman erklärt nicht, was –, und weniger als ein Jahr nach der Geburt eines Sohnes wirft ihr neuer Mann sie aus dem Schweizer Château und behält das Kind für sich: Ihr Krösus erweist sich als nicht so liebenswürdig wie der von Mona. Als sich Trumans Handlungsknäuel der Abwicklung nähert, plant sie, den Jungen zu entführen, Herr Jaeger plant, sie zu ermorden, und P.B., der

Schokoladen-Stricher, ist dabei, ihr Paladin zu werden. In diesem spannenden Augenblick endet »Kate McCloud«.

Die Reaktion auf die beiden Kapitel »Unverdorbene Monster« und »Kate McCloud« entsprach in keiner Weise dem Feuersturm, den »La Côte Basque« ausgelöst hatte, für das *Esquire* ein halbes Jahr nach Erscheinen immer noch vierzig Bestellungen täglich erhielt. »Klatschmäuler mögen von diesem neuesten Werk etwas enttäuscht sein«, prophezeite *Women's Wear Daily* denn auch nach Erscheinen von »Unverdorbene Monster«. Die Mutmaßungen konzentrierten sich auf Kate McCloud: Wen sollte Trumans Heldin repräsentieren? Unter den Namen, die ins Spiel gebracht wurden, waren Lee Radziwill, Babe Paley, Denise Hale, Gloria Guinness, Pamela Harriman, Fiona Thyssen, die in Neuseeland geborene tizianrothaarige Exgattin des deutschen Stahlmagnaten, und sogar Lally Weymouth, Kay Grahams hochgewachsene und spindeldürre Tochter. Niemand kam auf Mona Williams, inzwischen Gräfin Bismarck, die im Alter von neunundsiebzig Jahren zufrieden auf Capri ihre Gärten hegte, und niemand sprach von Cappy Badrutt, die immer noch damit beschäftigt war, von europäischen Sugar-Daddys Diamanten und ähnliche Liebesbeweise entgegenzunehmen.

Die wenigen kritischen Pressekommentare bezogen überraschende Stellungen. In der entschieden radikalen *Village Voice* warf James Wolcott Truman »pornographische Zwanghaftigkeit« vor. Der Kolumnist Max Lerner dagegen war voll Bewunderung. »Die Erzählung fließt dahin wie ein rascher Strom nach einem Hurrikan mit Überschwemmung«, schrieb Lerner in der *New York Post*, »und man wird von ihm und von dem ganzen Geröll des Lebens mitgerissen – dem Grausamen, dem Komischen, dem Pseudotragischen, dem bloß Dekadenten. Es ist eine grelle, abstoßende Welt, die er uns vorführt, als wäre er der Saint-Simon unserer Zeit, der die Annalen nicht des Hofes des Sonnenkönigs von Versailles, sondern von New York und Paris, der Salons und Hotels und der Rive Gauche schreibt. ›Genauso war es‹, scheint er zu späteren Generationen zu sagen.«

Obwohl Klatschmäuler über das Fehlen von Vertretern der Gesellschaft enttäuscht sein mochten, hatte die Schlagzeile des *Esquire* für »Unverdorbene Monster« nicht unrecht: Truman hatte wieder zugeschlagen, wenn er sich auch diesmal andere und vom Standpunkt von *Women's Wear Daily* weniger interessante Zielscheiben gesucht hatte – Schriftsteller und Künstler wie Tennessee Williams, Katherine Ann Porter und Ned Rorem.
Am zornigsten war Tennessee, das unverkennbare Vorbild für den urkomischen Mr. Wallace, einen der Klienten von P.B.s Call-Boy-Service, der weniger einen Sex-Partner sucht als jemanden, der mit seiner englischen Bulldogge Gassi geht. Der Fußboden seiner Suite im Plaza ist so voller Hundekot, daß P.B. auf einem Häufchen ausrutscht und kopfüber in ein zweites fällt. »Was Capote da geschrieben hat, ist äußerst widerwärtig und zutiefst beleidigend«, erklärte Tennessee. »Capote ist ein Ungeheuer ersten Grades, im Grunde seines Herzens ein kaltblütiger Mörder. Er ist ein Lügner, und jeder weiß das.« Dann führte Tennessee mit der irren Logik, die ihn für viele so liebenswert machte, das Detail an, das nach seinem Dafürhalten bewies, daß Truman die ganze Episode erfunden hatte: »Ich habe im Hotel Plaza niemals mit einer englischen Bulldogge oder irgendeinem anderen Hund gewohnt.«
Katherine Anne Porter, inzwischen Mitte Achtzig, war genauso verärgert, sich als Alice Lee Langman, die sexhungrige »Grande Mademoiselle« der Kulturzeitschriften, wiederzufinden. »Ich habe Trumans Geschichte nicht durchgelesen«, behauptete sie, »aber ich habe da und dort Fitzelchen davon gesehen, und die waren alle so unbeschreiblich gräßlich und wirklich niedrig und gemein! Jetzt hat er seine Freunde unter den Künstlern angegriffen. Offenbar hat sich sein Leben in eine Art von Gift verwandelt, das er über die ganze Welt ausspeit. Ich weiß nicht, warum. Er hat doch ziemlich viel Glück gehabt, und ich glaube, daß er bekommen hat, was er wollte. Ich mag im Grunde nicht über ihn nachdenken oder über ihn reden, denn es ist, als gehöre er einer anderen Welt, einem anderen Planeten an.«
Tennessee und Katherine Anne genossen zumindest den windigen Schutz von Pseudonymen. Rorem dagegen wurde namentlich an den Pranger

gestellt. »Ein Quäker-Bruder«, nennt ihn Truman, »mit anderen Worten, ein schwuler Quäker – eine unerträgliche Mischung aus Scheinheiligkeit und selbstgerechter Frömmelei.« In Rorems Reaktion zeigte sich von beidem etwas. »Je mehr ich darüber nachdenke, desto mehr fühle ich mich beleidigt«, erklärte er. »Truman nimmt sich sehr wichtige Menschen vor und kann nur sagen, wie häßlich sie sind. All diese außerordentlichen Menschen, und er kann über nichts anderes reden als Sex! Ich weiß im Grunde nicht, worauf er hinauswill. Ich bin für ihn entsetzt. Er ist auf einem Karussell und kann nicht aussteigen. Er ruiniert sich selbst. Wie kann er jetzt weitermachen?«

Das wird niemand je wissen, denn von seinem Roman wurde nichts mehr gefunden, und wenn nicht eines Tages unbekannte Manuskripte auftauchen, wird die Welt von Trumans Magnum Opus nie mehr zu sehen bekommen als die hundertachtzig Seiten, die Random House 1987 als »Answered Prayers, The Unfinished Novel« veröffentlichte.* Wenn sie auch nicht das ganze Buch umfassen, das ihm vorschwebte, so bilden diese Seiten, deren einige mit die besten Passagen enthalten, die Truman je hervorgebracht hat, doch zumindest dessen Grundlage und liefern ein paar Anhaltspunkte dafür, wie der Rest beschaffen sein sollte. Wie andere unvollendete Romane – zum Beispiel Dickens' »The Mystery of Edwin Drood« oder Fitzgeralds »The Last Tycoon« – ist auch der Torso von »Erhörte Gebete« frustrierend unvollständig. Doch ebenso wie die genannten enthält er genügend Substanz, daß man ihn mit Genuß lesen und, in begrenztem Maße, aufgrund seiner eigenen Meriten beurteilen kann.
Selbst in seinem unvollkommenen Zustand ist er – in Abwandlung von Edmund Wilsons Kommentar über »The Last Tycoon« – Trumans reifster Prosatext. In »Andere Stimmen«, »Die Grasharfe« und »Frühstück bei Tiffany« hatte er jeweils eine kleine Anzahl von Personen auf einer kleinen Bühne agieren lassen, und mit wenigen Ausnahmen waren seine Protagoni-

* Die deutsche Ausgabe erschien im gleichen Jahr unter dem Titel »Erhörte Gebete«. (A.d.Ü.)

sten entweder tatsächlich oder im Geiste noch Halbwüchsige. In »Erhörte Gebete« erzählt er dagegen eine weit ausgreifende Geschichte, die dreißig Jahre umspannt, zwischen zwei Kontinenten hin und her pendelt und eine enorme Zahl einflußreicher Mitwirkender umfaßt. Er schreibt nicht nur über die große Welt, sondern auch über die Menschen, die an ihrer Spitze thronten. Er unternimmt wirklich den Versuch, zu schaffen, was Proust geschaffen hat. »Ich möchte sagen können: ›Seht her! Das ist die amerikanische Oberschicht in der zweiten Hälfte des 20. Jahrhunderts. Dieses Buch handelt von euch, von mir, von ihnen, es handelt von allen.‹

Ich bin nicht Proust. Ich bin weder so intelligent noch so gebildet wie er. Ich bin in verschiedener Hinsicht auch nicht so sensitiv. Aber mein Blick ist genauso gut wie der seine. Ohne Abstriche! Ich sehe alles! Mir entgeht nie irgendwas! Was ich schreibe, ist wahr, es ist wirklich, und es wird im besten Prosastil geschildert, den ein amerikanischer Schriftsteller wahrscheinlich je erreichen kann. Nur darauf erhebe ich Anspruch, und doch ist er ziemlich hoch. Wäre Proust ein Amerikaner, der heute in New York lebt, würde er genau das tun.«

Eine solche weitherum und unklugerweise ausposaunte Prahlerei wurde weitherum ins Lächerliche gezogen, sowohl von denen, die Proust gelesen hatten – eine kleine Minderheit, wie man sicher vermuten darf –, wie auch von jenen, die seine Werke nicht kannten. Aber Trumans Anspruch war nicht ganz unbegründet, und was die Skeptiker übersahen, war, daß ihm seine zwanzig Jahre Intimität mit den Reichen tatsächlich eine einzigartige Qualifikation verschafft hatten. Kein anderer amerikanischer Autor seit Edith Wharton war in einer so günstigen Position gewesen, und Truman sagte nicht mehr als die Wahrheit, wenn er versicherte: »Ich bin der einzige Mensch in diesem Land, der dieses Buch schreiben könnte – der einzige. Kein anderer kennt die Leute, kein anderer hat die Erfahrung und das Wissen, und kein anderer hat die Frechheit. Ich habe mein ganzes Leben dafür aufgewendet, das Handwerk, den Stil und die Unverfrorenheit zu entwickeln, um das hier schreiben zu können. Es ist die *raison d'être* meines ganzen Lebens.«

Daß er in der Art Prousts Bericht erstattet hat, kann mit Recht niemand bestreiten. Ob er imstande gewesen wäre, das Wissen daraus zu einem Roman von vergleichbarem Format zu verarbeiten, ist die Frage. Die wahrscheinliche, wenn auch nicht endgültige Antwort ist, daß er es natürlich nicht gekonnt hätte – daß niemand es gekonnt hätte. Proust war ein Genie, und »Auf der Suche nach der verlorenen Zeit« ist das bedeutendste Werk erzählerischer Prosa des 20. Jahrhunderts (und wahrscheinlich auch das längste: über eine Million Wörter – mehrere umfangreiche Bände). Es ist ein unbezwingbarer Gipfel und wird es zweifellos bleiben. Die angemessenere Antwort ist deshalb wohl, daß es von Anfang an lächerlich war, sich auf diesen Wettbewerb einzulassen, und töricht von Truman, den Namen Proust auch nur in den Mund zu nehmen. Er verfügte über eigene Gaben und Fähigkeiten, und auch wenn es ihm nicht gelang, einen Roman von Proustschen Dimensionen zu verfassen, hätte er doch ein Buch von großer Kraft und Vitalität schreiben können: das lag durchaus im Bereich seiner Möglichkeiten. Aber er hat es nicht geschrieben, und »Erhörte Gebete«, sein »Auf der Suche«, kann niemals mehr sein als ein faszinierendes Fragment voll vorhandener, aber unerfüllter Verheißungen. Wenn auch ihre Leistungen nicht vergleichbar waren, so war es doch ihre Einstellung zu den privilegierten Objekten ihrer Darstellung, und es ist leicht zu verstehen, warum Truman Proust als geheimen Freund betrachtete. Beide hatten als Zaungäste des Lebens angefangen und mit sehnsüchtigem Staunen die strahlenden Geschöpfe beobachtet, die sich in den goldschimmernden Räumen der Herrenhäuser bewegten. Beide hatten bedeutende Hindernisse überwunden und waren in die inneren Zirkel aufgenommen worden. Und wie alle, die hoffnungslose Illusionen hegen, waren beide ent-täuscht worden. Beide kamen zum Schluß, man habe ihnen ihre Träume geraubt. Prousts blaublütige Aristokraten und Trumans Schwäne und Pfauen waren bei näherer Betrachtung nicht besser als ihre Dienstboten. Sie waren im Gegenteil sogar oft weitaus schlimmer. Da sie weder durch finanzielle noch durch moralische Einschränkungen gebremst wurden, blieb ihnen keine Sünde verwehrt. Sie gehörten in das »Königreich

der Nichtigkeit«, wie Proust schließlich fand. Im letzten Band von »Auf der Suche nach der verlorenen Zeit« führte er eine »schonungslose gerichtliche Untersuchung« durch, wie es ein Literaturwissenschaftler nannte, und befand sie alle für »gemein, nichtswürdig und langweilig«.
»Erhörte Gebete« ist eine ähnliche Untersuchung, und sie wäre – soviel scheint klar – zu ähnlichen Schuldsprüchen gelangt. Mit dem einen Auge hatte Truman seine reichen Freunde angehimmelt, mit dem anderen, dem Auge von P.B. Jones, hatte er ungerührt ihre Schwächen registriert. Lange bevor sie ihn fallenließen, hatte er oder zumindest ein Teil von ihm sich bereits von den meisten unter ihnen abgewandt. Schon 1965 schrieb er, nach einem Aufenthalt von einigen Tagen mit den Agnellis und ihren Freunden in St. Moritz, an Cecil: »Es war ganz lustig. Aber was für eine alberne Bande sie im Grunde sind.« Die sich von »La Côte Basque« verraten fühlten, hatten nicht unrecht: Er war ein Mitglied der Fünften Kolonne gewesen. »Sie glaubten, ich lebe nach ihren Wertbegriffen. Was ich nie tat. Es ist, als hätte ich, indem ich das hier schrieb, zu ihnen gesagt: ›Alles, wofür ihr gelebt habt, alles, was ihr getan habt, ist große Scheiße!‹ Und das stimmt! Das *habe* ich gesagt!«

Darüber, wie sich das vollständige Werk präsentiert hätte, kann man nur spekulieren. Doch lassen die beiden ersten Kapitel in Verbindung mit Trumans Kommentaren immerhin einige Schlüsse darüber zu, was er vorhatte und was sein Ziel war. Die Erzählstruktur sollte filmisch sein und mit vielen Abschweifungen zwischen der Gegenwart und der Vergangenheit hin- und herpendeln. »Man merkt erst nach der ersten Hälfte, worauf das Buch eigentlich hinauswill«, bemerkte er. »In der zweiten Hälfte geht's dann z-o-o-o-m, was ein Nachteil sein könnte. Die Beschleunigung ist fast zu rasant. Deshalb schiebe ich all diese kleinen Ablenkungen ein.«
Das Kapitel »Mojave« erwies sich als eine zu große Abschweifung, er nahm es heraus, und er hätte am Ende wahrscheinlich auch auf »La Côte Basque« verzichtet. Unter den Kapiteln, die noch hinzukommen sollten, waren »A Severe Insult to the Brain«, »And Audrey Wilder Sang« und »Yachts and

Things«. In einem Memo an sich selbst verglich Truman die Schlüsselkapitel mit einem Revolverschuß und notierte, »Unverdorbene Monster« sei der Handgriff, der die Handlung zusammenhalte, »A Severe Insult to the Brain« der Abzug, mit dem die Geschichte in Gang gesetzt werde, »Yachts and Things« der Lauf, durch den das Geschoß flitze, und »The Nigger Queen Kosher Café« – das letzte Kapitel – die Kugel selbst.

Vom Nigger Queen Kosher Café erzählt Denham Fouts P. B. in »Unverdorbene Monster«. In Dennys drogengeborenen Tagträumen ist es eine Art paradiesischer Ort für Menschen, die wie er alle Hoffnungen verloren haben. »Dort ist es«, sagt er zu P. B., »genau da, wo sie dich an der Endstation rausschmeißen. Gleich hinter der Müllhalde... Das Nigger Queen Kosher Café! Kühl und grün, erholsam wie das Grab, der Abgrund!« Bewußt oder unbewußt war Truman an den Schauplatz von »Andere Stimmen« und in das verrottende, von Sümpfen umschlossene Hotel Cloud zurückgekehrt, an den »Ort, wo die Leute hinkamen, wenn sie vom Antlitz der Erde verschwanden, wenn sie starben, aber nicht tot waren.« Am Ende von »Erhörte Gebete« sollte P. B. sein eigenes kühles Grün in Azurest finden, einer tatsächlich bestehenden schwarzen Küstengemeinde nicht weit von Trumans Haus in Sagaponack. Als einziges seiner Bücher, so versprach er, würde »Erhörte Gebete« ein Happy-End haben.

Er hatte vor, dieses Ende nach dem Vorbild des letzten Absatzes von Lytton Stracheys Biographie Königin Viktorias zu gestalten, wo sich Strachey vorstellt, wie die sterbende Königin Bilder aus ihrer Vergangenheit heraufbeschwört: eine Waldlichtung voller Himmelschlüssel, ihren längst verstorbenen Mann, der in seiner silberbetreßten blauen Uniform vor ihr steht, Krähen, die in den Ulmen von Windsor ein heiseres Wiegenlied krächzen. »Das Ende von Stracheys Buch ist der schönste Schluß, den ich je gelesen habe«, schwärmte Truman, »und ich habe mir vorgenommen, ihn eines Tages zu benutzen. Meiner ist genauso gut. Er ist wie Blätter, die wiegend vom Baum fallen. Ich könnte wahrscheinlich darauf verzichten, aber ich meine doch, daß ich das Buch friedlich enden lassen und alles zur Ruhe bringen muß, wie ich es bei ›Kaltblütig‹ getan habe.«

Das waren also seine Pläne, und er sprach davon, als stünden ihm die geplanten Kapitel so lebendig vor Augen, daß ihre Niederschrift eine Kleinigkeit sei wie das letzte Polieren eines Autos, das vom Montageband rollt. »In meinem Kopf ist das Buch schon so weit ausgearbeitet, daß ich es heute nacht beenden könnte«, rief er nach Erscheinen von »Kate McCloud« ungeduldig aus. Im Juni 1977 erklärte er, er habe soeben »A Severe Insult to the Brain« vollendet. Fast ein Jahr später gestand er jedoch, er feile noch daran herum. »Bei einem Absatz stimmt einfach etwas nicht. Ich überarbeite ihn Wort für Wort immer wieder. Dabei würde selbst der kritischste Leser nichts daran auszusetzen finden. Ich stehe unter einem Zwang wie die Menschen, die sich ständig die Hände waschen oder ihre Wohnung putzen.« Aber weder »A Severe Insult« noch ein anderes unveröffentlichtes Kapitel wurde nach seinem Tod unter den Papieren gefunden. Hatte er sie vernichtet, verloren oder versteckt? Oder hatte er sie überhaupt nie geschrieben?

Die Antwort ist unklar, aber selbst wenn er mehr schrieb, als im *Esquire* gedruckt wurde, hat er fast mit Sicherheit nicht viel mehr geschrieben. Im Grunde bestätigten seine eigenen widersprüchlichen Kommentare, daß er vom Weg abgekommen war. Er konnte sich nicht einmal entscheiden, wie lang oder kurz das Buch werden sollte. Jedes Jahr verkündete er eine neue, stark abweichende Schätzung der Länge: achthundert Seiten, dann sechshundert, dann dreihundert, noch später zwei Bände von jeweils vierhundert Seiten. »Ich sehe es jetzt viel klarer«, sagte er 1979 müde und nicht überzeugend. »Ich wußte es nicht, aber bisher war es an den Rändern etwas verschwommen.«

Er hatte das Projekt »Erhörte Gebete« längst aufgegeben, aber er war zu stolz, es einzugestehen, sogar sich selbst. An einem Sommernachmittag 1983 war er über einigen Drinks in Bridgehampton nahe daran, sein Scheitern zuzugeben. »Dieses Buch zu schreiben ist, als erklimme man einen sehr hohen Sprungturm und blicke auf das kleinwinzige, briefmarkengroße Becken hinunter. Die Leiter wieder hinabzuklettern wäre Selbstmord. Das einzige, was einem übrigbleibt, ist, den Sprung mit Haltung zu wagen.«

55

Truman und John wußten beide, daß ihre Beziehung keine Zukunft hatte, und dennoch konnten sie sich nicht für lange Zeit trennen. Als Truman Ende Mai 1976 aus dem Haus in Malibu floh, hätte man den Tag ihres nächsten Wiedersehens fast genauso präzise vorhersagen können wie den Herbstbeginn. Truman brach wie zu erwarten bereits Ende September wieder unruhig in Richtung Westen auf. Diesmal war sein Ziel nicht Kalifornien, sondern New Mexico. John war der Ansicht gewesen, ihre Hoffnungen auf einen neuen Start hätten mehr Chancen, wenn sie sich an einem ruhigen Ort, fern von Trumans gefeierten Freunden, trafen, und Truman hatte sich für Santa Fé entschieden, wo seine alte Freundin Mary Louise Aswell Ruhe und Frieden – ihr Azurest – gefunden hatte.

Sie mieteten ein Haus etwas außerhalb, Mary Louise gab eine Willkommensparty für sie, dann nahmen sie an einem Treffen der Anonymen Alkoholiker teil und gelobten im Beisein eines grauhaarigen alten Bergmannes und dreier Indianer Nüchternheit. Aber John, der auf Versöhnung ebenso erpicht war wie Truman, war unter den falschen Voraussetzungen gekommen. Während der Monate der Trennung hatte er nicht nur eine neue Stellung gefunden, sondern auch eine neue Geliebte: Joanne Biel, graduierte Philosophiestudentin an der Universität von Südkalifornien. Wann immer sich eine Chance bot, stahl er sich davon, um am Telefon mit ihr zu turteln. Es dauerte nicht lange, bis Truman merkte, daß etwas los war, und nach etwa einer Woche rückte John schließlich mit der Wahrheit heraus.

»Truman, ich bin in dieses Mädchen in Kalifornien verliebt; mit uns klappt es einfach nicht«, sagte er.
»Aber ich bin in der Erwartung hergekommen, daß wir uns ein gemeinsames Leben aufbauen«, entgegnete Truman.
»Truman, wir haben diesen Tanz so oft getanzt, daß er ausgeleiert ist.«
»Ja, aber jetzt werde ich nüchtern bleiben, und alles wird in Ordnung sein.«
»Ich glaube eher, daß du mich nicht einmal mehr anrufen wirst, wenn du einmal nüchtern bist, Truman.« Nach wenigen Stunden trennten sie sich erneut. Truman flog nach New York zurück, und John fuhr mit dem Auto nach Los Angeles.
Es war freilich ein Unterschied, ob Truman John fallenließ, wie er es bereits dreimal getan hatte, oder ob John sich von Truman abwandte. Als Truman sich vom Schock erholt hatte, wurde er vom gleichen Sturm von Wut und Groll erfaßt, der ihn gepackt hatte, als Danny ihn verlassen hatte und als John in Key West mit einer Gespielin schwimmen gegangen war. Truman sann auf Rache, aber was hätte er John noch antun können, da er ihn doch bereits um Familie, Haus, Job – und sogar Träume – gebracht hatte? Rick Brown, der im Club 45 wieder an der Bar arbeitete, wußte die Lösung: einen starken Freund, der für ein Honorar von 10 000 Dollar bereit war, John Arme, Beine oder auch jeden anderen Knochen zu brechen, den Truman gebrochen haben wollte.
Truman war völlig hin, aber Rick kamen Bedenken. »Wenn du es jetzt machst, wird es zur Krankheit«, warnte er ihn. »Wenn du es einmal tust, wirst du es wieder tun. Warum sparst du nicht einfach das Geld und vergißt das Ganze? Sag dir einfach: ›Okay, ich bin geschlagen worden, und damit basta.‹ Wir haben alle Niederlagen erlebt. Das kann jedem passieren. Also vergiß es! Geh aus und such dir einen anderen Freund! Schreib diesen als Erfahrung ab.« Zum Glück für John kam der Knochenbrecher zur Überzeugung, Truman sei zu labil, um den Plan geheimhalten zu können, und so stieg er aus, bevor Truman sich entscheiden konnte. Wenn er jedoch schon nicht die Genugtuung hatte, Johns Knochen krachen zu hören, wollte er zumindest Wutschreie vernehmen. Er setzte Rick mehrere Tage lang zu, bis

er ihn überredet hatte, nach Kalifornien zu fahren. »Ich möchte, daß du diesen Burschen ausfindig machst und ihm einen Kinnhaken verpaßt, ihm die Brille kaputtmachst, sein Auto ruinierst – was auch immer«, lauteten seine Instruktionen, als er Rick losschickte.

»Ich habe das Haus gefunden«, meldete Rick sich bald darauf.

»Oh, Gott sei Dank!« seufzte Truman, der nervös neben dem Telefon gewartet hatte.

»Und ich weiß auch, welches sein Fenster ist.«

»Ochhh«, stöhnte Truman, der das für eine Sherlock Holmes würdige Entdeckung zu halten schien.

Aber Rick versetzte John weder einen Kinnhaken noch zerbrach er ihm die Brille. Nach drei Tagen kehrte er nach Manhattan zurück. Wenn Truman wirklich wolle, daß er John ernsthaften Schaden zufüge, erklärte Rick, würde er sich revanchieren müssen: mit seiner Hilfe und seinem Namen als Koautor eines Horrorfilms, an dem Rick arbeitete. »Gut, gut«, versicherte Truman, und nachdem Rick einen muskelbepackten Marine-Kumpel zum Mitmachen überredet hatte, startete er wieder in Richtung Westen. »Wir suchen einen Typ und verprügeln ihn mit einem Baseball-Schläger«, erklärte er seinem Freund. Aber selbst mit dem einschüchternden Riesen an seiner Seite war Rick nicht recht bereit, einen zum Krüppel zu schlagen, und sein Kumpel und er waren für John keine größere Gefahr als Joanne Carson und Myrtle Bennett damals für Danny. Trumans Anweisungen befolgend, richteten sie keinen schlimmeren Schaden an, als daß sie Zucker in den Benzintank von Johns Auto schütteten, um sich dann wie die früheren Saboteure schleunigst aus dem Staub zu machen. Es war keine großartige Rache, aber für den Augenblick schien sie Truman ausreichend.

Sie reichte jedoch nicht aus, um ihn davor zu bewahren, in die vielleicht schlimmste Depression zu versinken, die er je erlebt hatte. »Johnny war die große Liebe meines Lebens«, klagte er. »Ich rede mir immer wieder ein, ich sei über ihn hinweg, aber es stimmt nicht. Ich weiß, daß es das Beste für mich wäre, wenn ich ihn vergessen würde. Aber das kann ich nicht.«

Vergessen waren die Lektionen der Klinik in Connecticut und das Gelöbnis, das er bei den Anonymen Alkoholikern in Santa Fé abgelegt hatte – er trank mehr denn je. Einmal fiel er total betrunken hin und schlug sich Zähne aus und den Kopf blutig. Rick wurde erneut engagiert, diesmal um ihn nach Miami zu fahren, wo er sich mehrere Wochen lang erholen und seine Wunden lecken wollte.

Jack war bei solchen Anlässen gewöhnlich nicht anwesend; er flüchtete, wann immer er konnte, nach Sagaponack oder Verbier. Es wäre unberechtigt, ihm Vorwürfe zu machen – das Zusammenleben mit einem Alkoholiker erfordert übermenschliche Geduld –, ja es könnte sogar sein, daß seine Abwesenheit eher nützte als schadete. Jack neigte zum Meckern, zum Dozieren und Herumkommandieren, was Trumans Ängste und Schuldgefühle nur noch verschärfte; und Jack spottete nur über Kliniken und die Anonymen Alkoholiker. Statt sich auf derlei Hilfen zu verlassen, behauptete er, täten Alkoholiker besser daran, die spirituellen Übungen des heiligen Ignatius von Loyola zu studieren. Doch wenn es auch unberechtigt wäre, Jack Vorwürfe zu machen, so ist es doch berechtigt zu sagen, daß Jack Truman während seiner Alkoholikerjahre nicht viel emotionale Unterstützung bot und es meist anderen, darunter Rick, überließ, ihn in Krankenhäuser einzuliefern und sich um ihn zu kümmern, wenn er wieder herauskam.

Nach seiner Rückkehr aus Florida im November suchte Truman Rat bei zwei Psychoanalytikern, einem Mann und einer Frau. Beide halfen ihm wenig. Zehn Tage vor Weihnachten 1976 lud er einen Freund zum Mittagessen ins Quo Vadis ein. Er wollte reden und hielt seinen Gast vom Mittagessen und anschließenden Drinks bis nach dem Abendessen wie einen Gefangenen am begehrten Tisch in der Nähe des Eingangs fest. Als sich das Restaurant spätabends leerte, schleifte er ihn zu noch mehr Drinks in eine Bar dem U.N. Plaza gegenüber. Zwölf Stunden dauerte Trumans Monolog. Er erzählte von seiner offensichtlich unstillbaren Verzweiflung und erklärte, warum er sich im Alter von zweiundfünfzig mit Selbstmordgedanken trug.

»Jeden Morgen wache ich auf«, sagte er, »und zwei Minuten später weine ich schon. Ich kann nicht aufhören zu weinen. Und jeden Abend geschieht dasselbe. Ich nehme eine Schlaftablette, gehe zu Bett und beginne zu schreiben oder etwas durchzusehen, was ich geschrieben habe, und plötzlich fange ich an zu weinen. Jeder Mensch kann nur ein bestimmtes Maß an Schmerz ertragen. Wie kann ich es die ganze Zeit mit mir herumschleppen? Mich schmerzt nicht bloß eine bestimmte Sache, es sind viele Dinge. Ich bin *so* unglücklich. Ich muß einfach mit irgend etwas fertig werden. Irgend etwas stimmt mit mir nicht. Ich weiß nicht, was es ist, und ich glaube, all diese verblödeten Analytiker wissen es auch nicht.

Weil ich als Kind immer das Gefühl hatte, im Stich gelassen zu werden, haben bestimmte Dinge eine geradezu fürchterliche Wirkung auf mich, die weit über das hinausgeht, was ein anderer Mensch empfinden würde. Deshalb sind Leute, von denen ich weiß, daß sie mich lieben, wie Slim Keith, wie Babe, wie Marella Agnelli, einfach dumm. Sie mißverstehen völlig, worum es mir bei ›Erhörte Gebete‹ geht und warum ich so etwas schreibe, und sie sind sehr grausam. Sie wissen nicht, daß ihr Verhalten grausam ist, weil sie nicht wissen, daß ich drei oder vier Jahre meiner Kindheit in Hotelzimmern eingesperrt zubrachte. Ich kann die Menschen an einer Hand aufzählen, denen ich wirklich etwas bedeute und die wollen, daß ich mit meinen Schwierigkeiten fertig werde. Und obwohl sie Freunde sind, haben sogar sie irgendein handfestes Interesse an mir.

Ich kann drei oder vier Monate ohne Alkohol auskommen. Und dann gehe ich eine Straße entlang und habe plötzlich das Gefühl, ich müsse sterben, ich könne keinen Fuß mehr vor den anderen setzen, wenn ich nicht sofort etwas zu trinken bekäme. Also gehe ich in eine Bar. Wer nicht Alkoholiker ist, kann das nicht begreifen. Aber plötzlich fühle ich mich so müde. Ich hab dieses Alkoholproblem seit etwa fünfzehn Jahren. Ich bin in Entzugskliniken gewesen, ich hab's mit Antabuse versucht, ich hab alles getan. Aber nichts scheint zu wirken. Ich hab immer geglaubt, es werde mir wieder gutgehen, wenn ich das Buch abschließe, wenn ich mich von Johnny O'Shea trenne oder wenn ich gut aussehe. Nun, das Buch entwickelt sich jetzt gut – ich kann das Ende absehen. Mit Johnny hab ich Schluß gemacht, und ich hab achtzehn Kilo abgenommen. Und es geht mir trotzdem *nicht* gut. Ich weiß nicht, was ich als nächstes tun soll.

Ich hab mich tausendmal gefragt: Warum ist mir das zugestoßen? Was hab ich bloß falsch gemacht? Und ich glaube, der Grund ist, daß ich zu jung berühmt wurde. Ich habe mich zu früh nach oben geboxt. Jemand sollte mal beschreiben, wie es in Wirklichkeit ist, prominent zu sein. Leute kommen auf Flughäfen auf mich zu und bitten mich um ein Autogramm, und ich gebe es ihnen, weil ich Angst habe, daß sie mir sonst eine reinhauen. Auf Long Island fuhren sie im vorigen Sommer einfach in meine Zufahrt herein – das Tor hat sie nicht aufgehalten –, und ein Auto hat Maggie den Kiefer gebrochen und ihr den Bauch aufgeschlitzt. Berühmtheit! Das einzige, was man davon hat, ist, daß man in einer kleinen Stadt einen kleinen Scheck einlösen kann. Berühmte Leute sind manchmal wie Schildkröten, die auf dem Rücken liegen. Alle hacken auf der Schildkröte herum – die Medien, potentielle Liebhaber, einfach alle –, und sie kann sich nicht verteidigen. Es kostet sie vielmehr eine ungeheure Anstrengung, wieder auf die Füße zu kommen.

Vielleicht sollte ich diese große Anstrengung mit Dr. Kleinschmidt [seinem Analytiker] unternehmen. Aber ich habe kein großes Zutrauen zur Analyse. Kleinschmidt ist so ernst. Manchmal sitze ich zehn Minuten lang da und sage kein Wort zu ihm, und er sagt kein Wort zu mir. Etwas hat er allerdings zu mir gesagt, nämlich: ›Ich glaube nicht, daß dieser Mann, O'Shea, an deinen Problemen schuld ist. Du benutzt ihn als Sündenbock, weil du dein Buch nicht beenden möchtest.‹ Aber das hatte ich ja schon gewußt. Ich möchte es nicht beenden, weil beenden wie sterben ist. Ich würde mein Leben dann von vorne beginnen müssen. Er hat auch gesagt: ›Ich glaube, daß du dich umbringen wirst. Das ist, was dich am meisten beschäftigt.‹ Ich habe noch nie von einem Analytiker gehört, der das zu jemandem sagt, aber das Schreckliche daran war, daß es stimmte! Mir war nicht bewußt gewesen, wie oft ich mit ihm über Pistolen gesprochen hatte. Ich habe eine 38-Kaliber-Pistole in einer Schublade, und sie ist voll geladen. Ich habe mir auch von ihm und von vier oder fünf anderen Ärzten Tuinal verschreiben lassen und es aufgehoben. Jetzt habe ich genug Tuinal, um fünfzehn Leute umzubringen!«

So ging es weiter, sein Register der Verzweiflung, an diesem Dezembernachmittag und -abend. Gegen Mitternacht platzte schließlich Jack herein, der die Bars der First Avenue abgegrast hatte, um ihn nach Hause zu bringen. »Es ist Zeit zu gehen, Truman«, befahl er so ungeduldig, daß Truman nicht einmal mehr Zeit blieb, einer wartenden Prostituierten ein Autogramm zu geben. Beleidigt schien sie Krach schlagen zu wollen. Jack nahm keine Notiz von ihr. »Los jetzt!« blaffte er. *»Tout de suite! Tout de suite!«* Truman gehorchte kleinlaut, wobei er wie ein schuldbewußter Junge aussah, der bei einem verbotenen Vergnügen ertappt wird. Etwa eine Woche später verbrachte er einige Tage in der Entgiftungsstation des Roosevelt Hospitals in Manhattan. Aber nichts half, wie er niedergeschlagen bemerkt hatte, und gleich danach – am Silvesterabend – erlitt er ein alkoholbedingtes Blackout und verschwand auf dem Nachhauseweg von einer Party. Als er am nächsten Tag in seine Wohnung zurückkehrte, wußte er nicht, wo er gewesen war und was er getan hatte.

Ende Januar 1977 folgte er Jack in die Schweiz und ließ sich in eine weitere Klinik aufnehmen, wo ihn Jack zweimal täglich besuchte. In einem Brief an eine Freundin kontrastierte Jack die melancholische Stimmung dieser Tage mit ihrer ersten Nacht in Verbier: »Nein! Das war nicht vor sechzehn Jahren, das liegt sechshundert Jahre zurück. Nein, es hat überhaupt nicht stattgefunden. Das war eine andere Welt, ein anderes Leben, wir waren alle kühne Krieger, und es gab keinen Zweifel, daß wir ewig leben würden – ewig jung!«

Nachdem sich seine Energien in der Schweiz teilweise regeneriert hatten, kehrte Truman am 21. Februar nach Manhattan und zu der Frage zurück, die seine Gedanken immer noch beherrschte: Wie konnte er sich an John rächen? Die Antwort ergab sich umgehend. Warum sollte er, nachdem er John bereits von seiner Familie getrennt hatte, nicht einen Schritt weiter gehen und Johns Platz im O'Shea-Haushalt einnehmen? Er würde Peg den Ehemann und den jüngeren Kindern Chris und Kerry den Vater ersetzen. (Brian und Kathy, die zwei älteren, hatten bereits das Haus verlassen.) Es mag durchaus sein, daß er dieses abgefeimte Spiel niemals bewußt ausformulierte, und sicher motivierten ihn auch Sympathie und Verantwortungsgefühl gegenüber den O'Sheas. Doch welche Gründe er für sein Handeln auch gehabt haben mag, das Ergebnis war dasselbe. Er war der Mann, an den sich Johns Frau und Kinder fortan wandten, wenn sie Rat oder Hilfe brauchten. John taten sie mit einem spöttischen Spitznamen ab – »Mr. Wonderful«. Hätte sich Truman eine süßere Rache wünschen können?

Peg setzte er mit einem Gehalt von 750 Dollar im Monat erneut auf die Gehaltsliste von Bayouboys, und den Kindern gegenüber fing er an, sich wie ein Vater zu verhalten. Als der dreizehnjährige Chris zum Beispiel Probleme in der Schule bekam, lud er ihn zu einem ernsten Gespräch unter Männern ins La Côte Basque ein. Besorgt, daß Chris nicht die richtigen Maßstäbe beigebracht bekam, schickte er ihn auch in ein teures Sommerlager in Colorado, wo er mit Millionärssöhnen das Zimmer teilte. »Ich werde ihm zeigen, daß es auch außerhalb dieses gräßlichen Vororts noch eine Welt gibt«, kündigte er an. Er war glücklich über Chris' Dankschreiben und noch glücklicher, es John gegenüber erwähnen zu können, den er am Telefon fast vor Eifersucht schniefen hörte. Truman genoß die Rolle des Papas.

Aber vor allem konzentrierte sich seine Aufmerksamkeit auf Kerry, die mit sechzehn zu einer attraktiven Frau erblüht war: groß und schlank, mit dunklem Haar und reizvollen blauen Augen – weiterer Werkstoff für Pygmalion. »Ich habe mir immer gewünscht, jemanden wie sie formen zu können, aber die Richtige ist nie aufgetaucht«, erklärte er begeistert über den unerwarteten Glücksfall. »Kerry ist genau richtig, so hübsch, so natürlich, so intelligent.«

Wieder einmal setzte er alles daran, die Frau seiner Träume zu erschaffen, und er plante Kerrys Karriere so sorgfältig, wie er seine eigene geplant hatte. Zuerst würde er ein Fotomodell und dann einen Filmstar aus ihr machen. Aber Kerry O'Shea war nicht der richtige Name für die Göttin, die er erschaffen wollte; mit einer Handbewegung, als wäre er Louis B. Mayer oder Jack Warner, gab er ihr einen neuen: Kate Harrington. Der Vorname stammte von Katherine Hepburn und der Nachname von Peg – Harrington war ihr Mädchenname. Kerry gefiel der elegante Klang ihres neuen Namens; sie nannte sich fortan Kate Harrington. Truman hatte nicht nur Johns Platz eingenommen, sondern Johns Lieblingskind auch den Namen des Vaters geraubt. Er hätte sie genausogut in Kate Capote umbenennen können.

Dem ersten Teil von Trumans Plan, Kate zu einem Star zu machen, war einiger Erfolg beschieden. Er hatte Dick Avedon überredet, sie zu fotografieren, und eine der führenden Modell-Agenturen Manhattans bewogen, sie zu vertreten. Ende April leitete er dann die zweite Phase seiner Kampagne ein und nahm die neue Kate Harrington nach Kalifornien mit. Vor John hielt er ihre Anwesenheit zwar geheim, doch posaunte er sie allen anderen gegenüber desto lauter aus. George Christy berichtete in der Kolumne *Hollywood Reporter*, auf einer Nobelfete sei »bekannt geworden, daß Truman Capote mit der siebzehnjährigen [sic] Kate Harrington eingetroffen sei, der er einen Bombenerfolg im Film prophezeit (Kate ist die Tochter von Trumans großem Freund John O'Shea)«. Aus Entgegenkommen gab Carol Matthau eine Party, auf der er Kate etwa dreißig kalifornischen Freunden anpries, einem Kreis, dem auch Johnny Carson, Robert Wagner, Cybill Shepherd und Irving und Mary Lazar angehörten. Es sah aus, als wäre ganz Hollywood angetanzt, um sie kennenzulernen, und Truman konnte es sich nicht verkneifen, anzugeben: »Kate hat ihre Qualitäten, aber wenn ich nicht all diese Leute zusammengetrommelt und sie protegiert hätte, wäre sie bloß irgendein Mädchen aus einer Doughnut-Fabrik.«

Er triumphierte zu früh. Das Fiasko mit Lee hätte ihm gezeigt haben sollen, daß selbst er keinen Hollywood-Star aus dem Boden stampfen konnte, und wenn er sich auch noch so sehr aufplusterte. Es gelang ihm nicht einmal, Sue Mengers, die Agentin einiger der größten Stars, darunter Barbra Streisand, Ryan O'Neal und Mick Jagger, dazu zu bringen, Kate als Klientin anzunehmen. Sue Mengers ließ sich lediglich dazu herbei, die beiden zu einem mit Prominenz gespickten Dinner in ihrem Haus in Bel Air einzuladen. Truman hatte danach weder den Willen noch die Kraft, viel mehr zu tun. Er verbrachte einen Großteil seines Kalifornien-Aufenthalts im Hotel Beverly Wilshire im Bett. Von Kissen gestützt und mit einer Wodkaflasche an seiner Seite, erläuterte er: »Ich bin ein Zwangsneurotiker, und Zwangsneurotiker verfügen häufig mehrere Tage lang über enorme Mengen an Energie. Dann brechen sie zusammen. Ich bin außerdem Alkoholiker. Ich habe versucht zu sagen, ich sei es nicht, aber ich bin es, ich bin es – ich bin es, weil ich so unglücklich bin. Ich verliere den Verstand, und niemand kann es ertragen, mitzuerleben, wie jemand den Verstand verliert. Jack kann es nicht. Nicht einmal ich kann es.«

Selbst während der schlimmsten Zeiten waren Truman und John miteinander in Kontakt geblieben. Etwas trieb sie, miteinander zu reden, und sei es nur, um Beleidigungen auszutauschen. Ende Mai, bloß drei Wochen nach seiner Rückkehr aus Kalifornien, erhielt Truman einen fünf Seiten langen Brief, in dem ein deprimierter John den Niedergang seiner Geschicke seit Santa Fé schilderte. Er sei wieder stellungslos, lebe in einer schäbigen Wohnung, angefüllt mit schäbigen Möbeln, von Arbeitslosenunterstützung. Bezeichnend für sein Elend sei, daß sein Farbfernseher nur ein Schwarzweißbild liefere. Die Botschaft war plump, aber deutlich: John war pleite und brauchte Geld.

Truman durchforschte die Seiten des Briefes immer wieder und suchte nach einer anderen Bedeutung. »Er redete gestern abend über diesen Brief, als handle es sich um einen Brief des heiligen Paulus«, grummelte Jack. Nachdem sich Truman offenbar eingeredet hatte, die berechnenden Worte seien ein Liebesbrief, fuhr er Anfang Juli Richtung Westen, und in Santa Monica richteten sich John und er einen gemeinsamen Haushalt ein. Truman verfaßte später seine Version dessen, was in den folgenden, leidvollen Monaten geschah.

»Als mich Mr. O'Shea Anfang Juli im [Hotel] Bel-Air besuchte, wandte er seine ganze List und Tücke auf, um mir vorzuspiegeln, daß er ein anderer geworden sei, daß ihm jetzt nur noch mein Wohlergehen am Herzen liege und er zutiefst bedauere, mir soviel Kummer gemacht zu haben. Ich muß erwähnen, daß ich zu diesem Zeitpunkt nicht wirklich Herr meiner Gefühle und geistigen Funktionen war. Bedingt durch übermäßigen Konsum an Alkohol und Beruhigungsmitteln war meine Zurechnungsfähigkeit nicht gegeben.«

Im Gegensatz zu früheren Wiedersehen war diesmal keine Spur von Honigmond mehr vorhanden. Truman hätte an Johns Brief erkennen sollen, daß es John in erster Linie um Geld ging. Er brauchte Cash nicht nur zum Leben, sondern auch, um seine Studiengebühren an der Universität von Kalifornien/Los Angeles zu zahlen, wo er mit mehr Ehrgeiz als Fähigkeiten studierte, um Englischlehrer zu werden. Johns Bitte um finanzielle Unterstützung war ernüchternd genug, doch weitaus bedrückender war Trumans Entdeckung, daß er insgeheim immer noch mit Joanne Biel tändelte und sich häufig wegschlich, um mit ihr zu telefonieren oder sie in ihrer Wohnung zu besuchen. Erbitterte Auseinandersetzungen folgten, und wie so häufig zuvor, suchte Truman mehr als einmal Zuflucht bei Joanne Carson.

Im August unterbrach Truman den stürmischen Sommer durch eine Reise nach New York und kehrte Anfang September mit 20 000 Dollar in bar nach Kalifornien zurück. Der Streit setzte sich fast in der Minute fort, als John ihn am Flughafen von Los Angeles abholte. »Als wir in der Wohnung waren, fühlte ich mich so schwach und mir war so übel, daß ich aufs Bett fiel und beinahe einschlief. Beinahe, aber nicht ganz. Ich beobachtete, wie John mit geübten Griffen mein Gepäck durchstöberte. Als er den gelben Umschlag mit den 20 000 Dollar fand, warf er mir einen scharfen Blick zu; ich stellte mich schlafend. Er schaute auf seine Armbanduhr; es war etwa 1 Uhr mittags. Er klemmte den Umschlag mit dem Geld unter den Arm und blieb auf dem Weg aus dem Zimmer am Schrank stehen, wo der Anzug hing, den ich im Flugzeug getragen hatte. Er nahm meine Brieftasche aus dem Sakko; es waren etwas mehr als 500 Dollar darin. Er nahm 300 davon.

Er riß auch mehrere Schecks aus meinem Scheckheft. Dann verließ er die Wohnung. Ich war nicht überrascht. Er hatte solche Dinge auch schon früher getan. Er wußte, daß ich krank und hilflos war. Ich wußte es auch; auch, daß ich auf eine mysteriöse, psychisch bedingte Weise von ihm abhängig war. Aber was ich am deutlichsten spürte, war, daß ich in sehr großer Gefahr war.«

John war gewöhnlich von acht Uhr früh bis spätabends fort, angeblich durch sein Studium bedingt. Manchmal schlich er sich auch um zwei oder drei Uhr früh auf Zehenspitzen aus der Wohnung, fuhr mit dem Auto weg und kehrte zehn Minuten später zurück. »Schließlich kam ich dahinter«, schrieb Truman. »Er unternahm diese kurzen nächtlichen Ausflüge, um Miss Biel hinterherzuspionieren, um nachzuschauen, ob ihre Fenster beleuchtet oder irgendwelche unbekannten Autos vor dem Haus geparkt waren. Er war wahnsinnig eifersüchtig – und ich meine das wörtlich. Die paar Male, die wir in ein Kino oder Restaurant gingen, verschwand er jeweils für eine halbe Stunde. Ich machte mir gar nicht die Mühe, ihn zu fragen, wo er gewesen sei. Ich wußte, daß er mit ihr telefoniert und irgendeine Verabredung getroffen hatte.

Ich glaubte den Verstand zu verlieren. Ich wußte, daß er etwas im Schilde führte, aber ich wußte nicht, was. Allmählich kam ich mir vor wie der Blinde in Vladamir Nabakovs [sic] Roman ›Laughter in the Dark‹ – der Blinde, der von einem stummen Jungen und einem stummen Mädchen gequält wird: Er weiß, daß sie in seinem Haus sind und ihm böse Streiche spielen, aber er kann sie nicht sehen.« Am 5. Oktober packte Truman seine Sachen und verließ die Wohnung endgültig. Er fuhr mit einem Taxi zu Joanne, wo er sich bis zur Besinnungslosigkeit betrank.

Johns Darstellung dieser dunklen Tage war anders – aber mit Ausnahme der Sache mit den 20 000 Dollar nicht unbedingt widersprüchlich. Was um der Ausgewogenheit willen festgehalten werden sollte, ist die Tatsache, daß John auch während ihrer Auseinandersetzungen sein Bestes tat, um Truman vom Alkohol wegzubringen. So nahm er ihn zu Versammlungen der Anonymen Alkoholiker mit und machte ihn mit einem hilfsbereiten Arzt, der selbst Mitglied der AA war, bekannt. Seine Bemühungen mögen einen gewissen Einfluß gehabt haben, denn als Truman im Oktober aus seinem Blackout erwachte, beschloß er, seine Abhängigkeit von Tabletten und Alkohol ein für allemal zu überwinden.

Zu diesem Zweck meldete er sich zu einem vierwöchigen Aufenthalt in der Smithers-Klinik in Manhattan an, einer so konsequent und kompromißlos geführten Entzugsanstalt, daß manche, die sie erfolgreich hinter sich gebracht hatten, etwa John Cheever, mit heftiger Abneigung auf den Aufenthalt dort zurückblickten. Die Teufelsinsel der Alki-Kliniken nannte Truman sie, und er schien ernsthaft zu befürchten, daß er die Behandlung nicht überleben werde. »Er kommt sich vor, als wäre er bereits gestorben, und fragt sich, wie er sein wird, wenn er herauskommt«, berichtete Jack, der telefonisch mit ihm in Verbindung blieb. »Er war so traurig, so schwermütig gestern abend: ›Als wir damals in Harry's Bar saßen, schien das alles so unschuldig‹, sagte er.«

Trotz der Angst war sein Entschluß gefaßt, und am 12. Oktober, einen Tag vor der geplanten Abreise aus Los Angeles, bat er Jack, der auf Long Island war, ihn in New York abzuholen. Er wolle den letzten Abend als freier Mann nicht allein verbringen. Aber Jack zeigte kein Mitgefühl, sondern machte ihm klar, daß er keine Lust habe, für nichts und wieder nichts in die Stadt zu fahren. Es war für beide kein erhebender Moment, und Trumans Teil des Gesprächs, den Joanne aufzeichnete, klingt heute noch so erschütternd, wie er damals geklungen haben muß: Truman war überzeugt, daß Smithers seine letzte Chance sei, und bat flehentlich um Beistand. »Es ist immer mein Alptraum gewesen, daß ich eines Tages da würde hingehen müssen«, sagte er. »Es ist ein regelrechtes Leichenhaus. Ich habe gestern mit John Cheever telefoniert. Er sagte: ›Hör zu, Truman, es ist der schrecklichste, trostloseste Ort, den du dir überhaupt vorstellen kannst. Es ist wirklich, wirklich, wirklich grausam. Aber ich bin nüchtern dort herausgekommen und bis jetzt zweieinhalb Jahre nüchtern geblieben.‹ Alles andere habe ich schon probiert«, fügte Truman in Schluchzen ausbrechend hinzu. »Ich habe wirklich furchtbare Angst. Ich habe das Gefühl, daß ich am Ende bin, am Ende. Ich muß das alles loswerden, denn wenn ich es nicht tue, wird mein Leben nie mehr in Ordnung kommen.« Solchem Flehen konnte sich Jack nicht entziehen, und er fuhr denn auch nach Manhattan.

Smithers war so brutal, wie Truman gefürchtet hatte. »Ich hasse diesen Laden«, sagte er kurz nach seiner Ankunft. »Die würden einem nicht einmal ein Aspirin geben, wenn man Lungenentzündung hätte. Aber bald mußte er zugeben, daß die Smithers-Methode funktionierte. Zum ersten Mal seit vielen Jahren stellte er fest, daß er den Tag ohne Tabletten oder Alkohol durchstehen konnte. John und er hielten Rückblick auf die erst kürzlich beendeten Auseinandersetzungen und planten eine weitere Versöhnung nach seiner Entlassung – trockene Weihnacht in Palm Springs.

Dieses frohe Ereignis trat nie ein. Als der Tag von Trumans Entlassung näher rückte, wurde John immer unruhiger. Er fürchtete, die Kur könnte nichts genutzt haben und Trumans Trinkgewohnheiten könnten seine eigene, nicht gerade verläßliche Nüchternheit gefährden. Er »rastete aus«, wie er selbst sagte, und ergriff die Flucht. Als Truman in der Wohnung in Santa Monica anrief, hörte er nur die automatische Ansage, daß unter dieser Nummer kein Anschluß mehr bestehe. Durch einen zweiten Anruf bei der Vermieterin erfuhr er, daß John ausgezogen sei und alles mitgenommen habe. Ein drittes Telefonat mit seinem Anwalt Alan Schwartz förderte einen Abschiedsbrief zutage. Truman werde ohne ihn glücklicher sein, schrieb John – er gehe fort, um in der Wildnis zu leben.

Als wäre das noch nicht genug gewesen, rief John Truman am Abend seiner Entlassung im U.N. Plaza an und warf ihm vor, er habe sein Leben zerstört. Nachdem sie aufgelegt hatten, verließ Truman die Wohnung und ging eine Flasche Wodka kaufen, die er bis zum letzten Tropfen austrank. Der Monat auf der Teufelsinsel war vergeudet; seine Nach-Smithers-Abstinenz hatte nicht Wochen oder Tage, sondern nur Stunden gedauert. In ihrem Rachespiel war jetzt John der Sieger.

Truman agierte die meisten dramatischen Ereignisse in seinem Leben in der Öffentlichkeit aus. Begleitet von Peg und dem jungen Chris O'Shea, fuhr er am nächsten Tag – es war der 13. November – törichterweise zur Towson State University in der Nähe von Baltimore, um eine Verpflichtung einzuhalten. Erst nach der Ankunft im Hotel erkannte Peg, daß die Flasche, die Truman im Auto so fest umklammert hatte, nicht Limonade enthielt, wie er behauptet hatte, sondern Wodka. »Ich bin ein Alkoholiker, ein echter Alkoholiker«, teilte er dem Reporter eines Lokalblattes mit, »nicht bloß ein Pseudo- und Scheinalkoholiker, sondern ein echter Alkoholiker.« Wie um das zu beweisen, stolperte er auf dem Weg zum Podium, und dort angelangt, schwafelte er zusammenhanglos daher. »Ich werde das nicht weiter zulassen«, erklärte der Veranstalter, und Peg schickte Chris vor, der ihn von der Bühne herunterführte. Am nächsten Morgen lautete die Schlagzeile in der New Yorker *Daily News*: »Lautet Trumans Song: Wie trocken bin ich?«

Truman kam es vor, als habe John ihn stets mehr verletzt als er ihn. Wie im Reflex rief er erneut Rick Brown zu Hilfe. John habe nicht nur die 20 000 Dollar gestohlen, die er von New York mitgebracht habe, erklärte er Rick, er habe ihm auch ein unveröffentlichtes Kapitel von »Erhörte Gebete« geklaut – das einzige vorhandene Exemplar. Der erste Vorwurf entbehrte wohl nicht ganz der Wahrheit, wenn John auch behauptete, Truman habe ihm das Geld in Wirklichkeit als eine Art Kaution gegeben, um ihn für den Fall einer weiteren Trennung abzusichern. Der zweite Vorwurf dagegen war fast sicher unwahr. Truman konnte sich nicht einmal erinnern, was ihm gestohlen worden war und ob es sich um zweihundert Seiten handelte, wie er ursprünglich behauptete, oder um dreihundertzwanzig, wie er später versicherte.

Rick blieb jedenfalls ungerührt. »Geschieht dir recht!« erwiderte er, als Truman mit der Aufzählung seiner Anklagen fertig war. »Wie konntest du nach allem, was dir dieser Mann angetan hat, noch einmal mit ihm zusammenziehen? Du hast alles verdient, was geschehen ist, als Strafe für deine Dummheit!«

»Du änderst dich doch nie«, seufzte Truman. »Du machst mich immer herunter. Nie baust du mich auf. Warum bist du so grausam?«
Rick war dennoch bereit, ihm zu helfen. Er machte Johns neue Wohnung in Westwood, Los Angeles, ausfindig, kletterte auf der gegenüberliegenden Straßenseite auf einen Baum und schaute mit einem Fernglas in sein Zimmer im ersten Stock. »Ich stellte die Schärfe ein, und da war er auch schon; er stolzierte bei offenen Vorhängen nackt in der Wohnung herum. Er muß sich unheimlich gut vorgekommen sein.« Diese Schilderung war alles, was Truman zu hören brauchte. Energisch gab er seine Befehle aus: »Ich möchte, daß folgendes geschieht. Ich möchte, daß ihm die Beine gebrochen werden. Ich möchte, daß ihm die Arme gebrochen werden. Tritt ihn in den Hintern. Tu, was immer dir einfällt.«
»Wie kannst du so was sagen, Truman? Benehmen wir uns doch zivilisiert. Warum soll ich nicht einfach hingehen und zu ihm sagen: ›Mr. O'Shea, ich möchte Sie sprechen. Sie haben Trumans Sachen. Ich halte es für das beste, wenn Sie sie zurückgeben.‹«
»Nein«, beharrte Truman, »ich möchte ihm klarmachen, daß er es nicht mit Waisenknaben zu tun hat.«
Wieder ließ sich Rick umstimmen und entschied schließlich, daß ein kräftiger Hieb gegen die Schienbeine mit einem Baseballschläger John wohl Trumans Botschaft am ehesten verdeutlichen würde. Mit einem Freund verfolgte er John zweimal im Auto, aber er entwischte ihnen beide Male mit ein paar Kehrtwendungen, die einem Stuntman Hollywoods alle Ehre gemacht hätten. Einmal schleuderten sie auf Trumans Anweisung auch einen Ziegelstein auf Johns Terrasse, an den sie eine Patrone und einen Zettel mit der Aufschrift »Der Rächer« (oder so ähnlich) befestigt hatten – »Kinderkram«, wie Rick zugab. Als John den Aufschlag hörte, fuhr er »wie von der Tarantel gestochen« aus dem Sessel hoch, erinnerte sich Rick, machte das Licht aus und zog die Vorhänge zu.
Da John glaubte, Truman habe einen berüchtigten Westküsten-Gangster beauftragt, ihn umzubringen oder zum Krüppel zu machen, versetzten ihn diese Drohgebärden, ob pubertär oder nicht, in Angst und Schrek-

ken. Als Rick und sein Freund schließlich bei ihm klingelten, dachte John nicht daran, sie einzulassen. »Mr. O'Shea«, sagte Rick durch die geschlossene Tür, »ich möchte mit Ihnen über einen gemeinsamen Freund sprechen.«

»Worum geht es?«

»Es ist etwas schwierig, das im Treppenhaus zu besprechen. Könnten Sie die Tür öffnen? Oder könnten Sie herauskommen?«

»Nein. Geht es um Truman?«

»Können wir unter vier Augen sprechen?«

»Nein. Ich möchte nicht mehr darüber sprechen.«

»Du Mistkerl, das wirst du bereuen, daß du das gesagt hast«, schrie Rick, und es waren keine leeren Worte. Er ging mit seinem Freund in die Hausgarage, brach die Tür von Johns 1974er Mercury auf, tränkte ein paar Lappen mit Benzin aus einem Feuerzeug, warf sie auf den mit Kram bedeckten Rücksitz und zündete sie mit einem Streichholz an. Als er mit seinem Freund den Ausgang erreichte, stand Johns Auto in Flammen. Erst als er in seinem eigenen Auto auf der anderen Straßenseite saß und rußigen schwarzen Rauch aus der Garage dringen sah, während Mieter in Panik durch die Eingangshalle liefen, fragte Rick sich erschrocken: »O Gott, was zum Teufel habe ich getan?«

56

In panischer Angst, daß Trumans Killer erneut zuschlagen könnten, machte John sich aus dem Staub. Zuerst floh er nach Las Vegas, wo er sich ein neues Auto kaufte, dann in einen Küstenort südlich von Los Angeles, und schließlich kehrte er nach Santa Monica zurück. Wie ein Gejagter lebte er unter Pseudonymen (unter anderem Timothy O'Brian und Roger Sanderson Christie), hielt seinen Aufenthaltsort geheim und ließ sich seine Briefe in ein Postfach zustellen. Das alles waren weise Vorsichtsmaßnahmen. Von Truman angestachelt, verfolgte Rick seine Spur weiter, stöberte ihn auch mehrmals auf und verfolgte ihn, verlor ihn jedoch jedes Mal in der Menge oder im Verkehr wieder aus den Augen.

Aber der Ausbruch, der John einen solchen Schrecken eingejagt hatte, war Balsam auf die Seele Trumans, der endlich das Gefühl hatte, nun seien sie quitt. John wußte jetzt, wer der Boß war, und Truman gelang es zum ersten Mal, eine gefühlsbeladene Bitte um eine weitere Versöhnung, die ihm durch einen gemeinsamen Freund übermittelt wurde, zu ignorieren. »Es ist, als wäre eine Eiterbeule aufgestochen worden«, erklärte Truman. »Ich fühle mich sehr gelöst. Ich werde nicht mehr von jener geradezu hysterischen Angst geplagt. Alles entwickelt sich gut.« Dann fügte er mit neuem Mut und wiederbelebter Hoffnung hinzu: »Ich stehe jetzt am Anfang meines dritten Aktes. Mein erster Akt endete mit ›Frühstück bei Tiffany‹. Mein zweiter Akt war ›Kaltblütig‹, was eine totale Wende für mich bedeutete. Mein dritter Akt wird den Rest meines Lebens umfassen.«

Und in der Tat hatte es im Winter und Frühjahr 1978 den Anschein, als hebe sich der Vorhang über einer neuen, glücklicheren Phase seines Lebens. Johns Demütigung war der Katalysator, aber zum Teil verdankte Truman seine Auferstehung auch der zufälligen Wiederbegegnung mit Bob MacBride, den er so kaltschnäuzig fallengelassen hatte, als er 1973 John kennengelernt hatte. Bob rief ihn wegen irgendwas an, sie verabredeten ein Treffen, und Truman lud ihn zu einem Urlaub nach Martinique ein. Sie kamen besser denn je miteinander aus, und Truman erwartete von da an, daß Bob ihn begleitete, wo immer er hinging. »Kannst du nicht einen Jüngeren für Truman finden?« fragte Andy Warhol einmal den PR-Berater Joseph Petrocik, der mit seinem Partner Myron Clement in den siebziger und achtziger Jahren einer der engsten Freunde Trumans wurde. »Truman läßt sich immer mit diesen Gruftis ein! Die sind nicht sehr attraktiv und *so* langweilig!« Aber Bobs zuverlässige, nüchterne, unaufregende Gesellschaft war genau, was Truman brauchte: ein sicherer Hafen nach viereinhalb Jahren in stürmischen und gefährlichen Gewässern.

Wenn auch seine Tage nicht ganz so sonnig verliefen, wie er vorgab, war alles heiterer als zuvor, und er konnte zum ersten Mal seit Jahren wieder mit überzeugendem Optimismus über die Zukunft sprechen. Bestrebt, seinen mißhandelten Körper zu verjüngen, ging er in das Fitness-Studio, in das ihn Rick Anfang der siebziger Jahre eingeführt hatte. Um auch seine Umgebung zu erneuern, gestaltete er die Wohnung um und verschenkte – ja, verbannte es aus seinem Gesichtskreis – bei dieser Gelegenheit das Porträt, das Jim Fosburgh von ihm gemalt hatte, als er um die Dreißig gewesen war. Eine Neuerwerbung, eine mit Styropor ausgestopfte Klapperschlange aus Texas, drückte die Empfindungen des älteren und wahrscheinlich dickfelligeren Truman aus. Sie reckte sich in der Mitte des Couchtisches in Angriffsstellung hoch und schien zu warnen: »Komm mir ja nicht zu nah!« Und wie das angriffslustige Reptil fühlte auch Truman sich stark genug, denen eins überzubraten, die ihn nach »La Côte Basque« brüskiert hatten. So hielt er zum Beispiel Nan Kempner, einer gesellschaftlichen Größe zweiter Ordnung, die es wagte, ihm in bezug auf »Erhörte Gebete« Ratschläge zu erteilen, eine öffentliche und vielbeachtete Standpauke.

Für alle anderen, die sich gegen ihn verschworen hatten, plante er eine subtilere Rache: Er würde ihnen keine Einladung zu den wunderbaren Partys zukommen lassen, mit deren Planung er bereits beschäftigt war. Den Anfang würde eine Reihe kleiner und eleganter Lunches in seinem Eßzimmer mit Blick auf den East River machen. »Mein kleiner himbeerroter Salon wird zum exklusivsten Club in New York werden«, prophezeite er. »Wer bei Truman eingeladen ist, wird wirklich und wahrhaftig total und absolut *in* sein!« Sobald die Ausgeschlossenen anfangen würden zu bedauern, daß sie ihn fallengelassen hatten, würde er ein Massen-Harakiri wie 1966 auslösen, indem er eine »Vergeltungsparty« veranstaltete, eine noch großartigere Fete als der Black and White Ball. Der 21. März 1979, der erste Frühlingstag, sollte der Tag der Abrechnung sein. Als Schauplatz des Spektakels war eine Tennishalle vorgesehen, die er wie einen Palast aus Tausendundeine Nacht ausstatten würde. Der Gastgeber würde in das bescheidene Gewand eines armen Bauern verkleidet sein und seine wahre Identität nur durch einen riesigen Smaragd enthüllen, der an seiner Stirn funkeln und all jene blenden würde, die sich seiner königlichen Gegenwart näherten. »Ich werde der Fürst von ganz Arabien sein«, kündigte er an, »und ihr werdet mir alle die Hand küssen, wenn ihr hereinkommt.«

In den letzten Jahren des Jahrzehnts verblaßte dieser mit liebevollen Einzelheiten ausgeschmückte und gleichzeitig etwas läppische Plan, und ein Großteil seiner gesellschaftlichen Ambitionen konzentrierte sich auf ein äußerlich unscheinbares ehemaliges Theater an der 54. Straße West, in dem sich das »Nonplusultra der Discos« befand – das Studio 54. Diskotheken waren in New York seit den sechziger Jahren viele eröffnet worden und wieder verschwunden, aber keine war so beliebt wie dieser Palast dekadenten Zeitvertreibs, dessen eigentliches Vorbild nicht seine unmittelbaren Vorgänger, sondern das gasbeleuchtete Moulin Rouge der 1890er Jahre war, die Heimstätte des Cancan, von Toulouse-Lautrec und von Dutzenden draller, hübscher und zugänglicher Mädchen.

Eine Geburtstagsparty für Bianca Jagger hatte Maßstäbe gesetzt: Sie war auf einem weißen Pferd hereingeritten, das ein hünenhafter Schwarzer, dessen nackter Körper mit Goldbronze bemalt war, um die Tanzfläche herumgeführt hatte. Danach war alles erlaubt, solange es mit einer ähnlich frechen Mischung aus Stil und Phantasie über die Bühne ging. Zu den Stammgästen zählten Disco Sally, eine Großmutter, die einfach gern tanzte, Rollerena, ein Transvestit, der die Tanzfläche endlos auf Rollschuhen umkreiste, und zwei junge Männer, die jeden Abend in anderen Kostümen aufkreuzten – einmal als Cowboys, dann als Baseball-Spieler und so weiter. *Le freak, c'est chic* verkündete ein Schlager, und in den späten siebziger und frühen achtziger Jahren traf das zu. Wenn ein weltläufiger Tourist nach Hause zurückkehrte, sei es nach Paris oder Peoria, lautete die erste Frage, die man ihm stellte, ob er im Studio 54 gewesen sei.

Rendezvous du High Life hatte die Reklame für das Moulin Rouge verkündet, *Attractions Diverses.* Mit den gleichen Worten hätte für das Studio 54 geworben werden können, wo man Drogen verherrlichte – das Signet auf dem Vorhang hinter der Bühne zeigte den Mann im Mond, der Kokain von einem Löffel schnieft – und Sex zelebrierte. Die hübschen jungen Kellner, die nichts als seidene Boxershorts trugen, wurden häufig von den Kunden weggelockt, und fast jeden Abend konnte man einige Leute beobachten, die es in der einen oder anderen Form auf dem nach Marihuana duftenden Balkon miteinander trieben.

»Ich bin in sehr vielen Nachtlokalen gewesen, aber das ist das beste, das ich je gesehen habe«, erklärte Truman, der davon so hingerissen war, daß er Bob MacBride zwei- oder dreimal in der Woche dorthinschleifte. »Das ist das Nachtlokal der Zukunft. Es geht sehr demokratisch zu. Jungen mit Jungen, Mädchen mit Mädchen, Mädchen mit Jungen, Schwarze und Weiße, Kapitalisten und Marxisten, Chinesen und was es sonst noch gibt – alles eine große Mixtur!« Aber Bob ging höchst ungern hin und verkrümelte sich gewöhnlich auf den Balkon, wo er sich auf seinen Mantel bettete und einschlief, blind und taub für das hektische Gehopse um ihn herum. »Als ich in der Marine war, habe ich auf dem Stahldeck eines Zerstörers geschlafen, während über meinem Kopf aus Zwölf-Zentimeter-

Rohren geschossen wurde«, erklärte er. »Also kann ich überall schlafen.« Dort oben blieb er jeweils, bis Truman jemanden nach ihm schickte. Truman bevorzugte die Kabine des D.J. über der Tanzfläche, ein Ausguck, wo er beobachten konnte, ohne gesehen zu werden. »Ist es nicht eine Schande, daß Proust nichts dergleichen hatte?« fragte er. »Wenn ich dort oben sitze, denke ich manchmal an all die Toten, die Studio 54 geliebt hätten. Es ist zu schade, daß sie nicht mehr da sind – Leute wie Ronald Firbank oder Toulouse-Lautrec oder Baudelaire oder Oscar Wilde oder Carl Van Vechten. Auch Cole Porter wäre begeistert davon gewesen.« Gelegentlich gesellte er sich zu anderen Mitgliedern der Elite im Sanctum sanctorum, einem mit Gitterstäben abgetrennten Geviert im Untergeschoß neben dem Heizkessel. »Man kam sich fast vor wie im Gefängnis, aber damals war es das begehrenswerteste Kabuff in New York«, erinnerte sich Bob Colacello, der Herausgeber von Andy Warhols Magazin *Interview*. »Heute findet man es total bekloppt, aber damals kam einem das alles so einmalig vor. Truman hat es genossen, aber ich glaube, er wünschte nichts sehnlicher, als am nächsten Tag mit Babe zu Mittag zu essen und ihr erzählen zu können, was los gewesen war.«

Das sollte nie mehr geschehen. Als aus dem Frühling Sommer wurde, näherte sich Babes langer Kampf mit dem Krebs seinem Ende. Wenn sie ausging, dann meist nur, um Minnie und Jim Fosburgh, ihre Schwester und ihren Schwager, zu besuchen, die durch ein groteskes Zusammentreffen beide ebenfalls Krebs hatten.* Babe hatte Truman »La Côte Basque« nicht verziehen. Anläßlich eines Krankenbesuchs bei den Fosburghs führte sie der Zufall einmal zusammen, und um der bezaubernden Minnie willen taten sie, als wäre nichts geschehen. Aber Babes Blicke kreuzten immer wieder die seinen und machten ihm klar, wie die Dinge zwischen ihnen

* Jim Fosburgh starb im April 1978. Minnie Fosburgh, die ihm im November folgte, hinterließ Truman einige Erinnerungsstücke, darunter ein Gemälde mit einer Katze und zwei Keramikhäschen, was darauf hinzudeuten schien, daß ihm zumindest eine der drei Cushing-Schwestern vergeben hatte.

standen. »Als Bill und sie gingen, gab ich vor, im Nebenzimmer telefonieren zu müssen«, berichtete Truman. »Ich fürchtete zusammenzuklappen und in Tränen auszubrechen, wenn ich im Lift mit ihnen hinunterfuhr. Ich neige zu solchen Dingen. Babe ist so etwas nie passiert.«

Doch auch Babe war vielleicht nicht so unerschütterlich, wie sie schien. Truman hat es zwar nie erfahren, aber möglicherweise hat er sein Ziel, sie gegen Bill aufzuhetzen, doch erreicht. »Ich persönlich habe das Gefühl, daß bei ihr ein merkwürdiger Drang vorhanden war von Dankbarkeit und einer Art perverser Loyalität gegenüber Truman, den sie einfach nicht zulassen konnte«, meinte der Kunstkritiker John Richardson, der Babe während ihrer letzten Lebensmonate häufig sah. »Sie wurde sehr ablehnend gegenüber Bill. Sie nannte ihn immer nur Paley, selten Bill, und sprach von ihm in den vernichtendsten Worten. Das mag zum Teil durch den Krebs bedingt gewesen sein – ich glaube, daß Menschen mit Krebs dazu neigen, die ihnen am nächsten stehenden Menschen ihr Leid entgelten zu lassen –, aber ich glaube, es war auch eine Folge von ›La Côte Basque‹. Bill hatte immer schon den Ruf eines Schürzenjägers, aber seine Affären waren nicht Stadtgespräch gewesen, bis Trumans Geschichte herauskam.«

Bill klagte später: »Man begreift viel mehr vom Wert einer Ehe, wenn man sie verloren hat.« Und erst, als Babe im Sterben lag, schien er den bemerkenswerten Charakter schätzen zu lernen, der sich hinter ihrer schönen Fassade verbarg. Erst als es zu spät war, schien er wahrzunehmen, was Truman von Anfang an gesehen hatte. Als sie sich von ihm abwandte, wandte er sich ihr zu und machte es sich nicht bloß zum Ziel, sondern zur Mission, ihr Leben zu retten. »Ich war entschlossen, der am besten informierte Mensch der Welt zu werden, was Krebs betraf, und ich glaube, das war ich auch«, bemerkte er. Doch letzten Endes konnte weder seine Entschlossenheit noch sein Geld und auch seine Macht nichts weiter ausrichten, als ihren Zustand etwas erträglicher zu machen. »Aber es wird Millionen kosten, sie zu Hause zu pflegen«, warnten ihn die Ärzte, als sie den Wunsch äußerte, das Krankenhaus zu verlassen. »Das macht nichts«, antwortete er, »ich habe Millionen« – und er holte sie heim in die Wohnung an der Fifth Avenue.

Sie starb am 6. Juli 1978. Ihr Begräbnis hatte sie geplant wie alles übrige. Truman zählte nicht zum Kreis derer, die benachrichtigt werden sollten. »Sie hat immer zu mir gesagt: ›Es gibt nur einen Menschen auf der Welt, der mich verletzen könnte, wirklich verletzen, und das bist du‹«, erinnerte er sich. »›Bill kann mich nicht verletzen. Betsey‹ – das war die Schwester, vor der sie sich etwas fürchtete – ›kann mich nicht wirklich verletzen. Aber du könntest mir wirklich weh tun. Du könntest irgend etwas tun. Ich weiß nicht, was. Aber ich weiß, daß du der eine Mensch in der Welt bist, der mich einmal wirklich, wirklich kränken könnte.‹ Und offenbar habe ich sie verletzt, so absurd und lächerlich das scheint. Aber weil ich sie liebte, konnte auch sie mich verletzen – aus Loyalität zu einem Mann, der so illoyal zu ihr war. Die Tragik ist, daß wir uns nicht versöhnt haben, bevor sie starb. Und ich bin nicht einmal zu ihrem Begräbnis gegangen ... Ich bin nicht einmal zu ihrem Begräbnis gegangen.«

Ihr Tod und ein langes und nicht sehr schmeichelhaftes Porträt von ihm im *New York Times Magazine* genügte, um den Seelenfrieden zu zerstören, dessen er sich zu Beginn des Jahres gerühmt hatte. Zehn Tage nach der Beerdigung machte er sich erneut in der Öffentlichkeit zum Gespött, als er in einer New Yorker Vormittags-Talk-Show völlig zusammenhanglos daherredete. »Was wird geschehen, wenn es Ihnen nicht gelingt, das Problem mit den Tabletten und dem Alkohol zu meistern?« fragte ihn schließlich der Moderator Stanley Siegel. »Was wird mit Truman geschehen? Ich bin sicher, daß Sie darüber nachgedacht haben.« Das hatte Truman zweifellos, und zumindest auf diese letzte Frage war seine Entgegnung erschreckend klar: »Die naheliegende Antwort ist, daß ich mich früher oder später umbringen werde.«

In New York und auch in vielen anderen Teilen des Landes machte sein Auftreten Schlagzeilen. »Capote betrunken & vollgedröhnt in Talk-Show«, berichtete die *New York Post* am Nachmittag und schob am nächsten Tag eine ätzende Karikatur nach: Sie stellte ihn als tranäugigen Tippelbruder, umgeben von Spritzen, Haufen von leeren Schnapsflaschen und einem Buch mit dem Titel »Frühstück in der Bowery« dar. Fernsehkritiker warfen die Frage auf, ob Siegel ihn in seinem beklagenswerten Zustand überhaupt hätte auf Sendung gehen lassen sollen. Aber niemand sprach der Sendung atemberaubende Spannung ab. »Ein begabter Mann von beträchtlichem literarischem Format machte sich vor zweihundertfünfzigtausend Zuschauern zum Narren«, schrieb John Cashman in *Newsday*. »Aber seltsamerweise war es ein Drama.«

Truman konnte sich an nichts erinnern, was vorgefallen war, und er war entsetzt, als er heimkam und davon hörte. »Ich kann nicht einmal reden, so schockiert bin ich«, sagte er. »Ach, ich fühle mich so entsetzlich!« Um möglichst schnell zu vergessen, verbrachte er einen Großteil der Nacht mit Liza Minnelli und Steve Rubell, einem der Besitzer des Studio 54, in einer Schwulen-Disco in Soho. Am nächsten Tag, dem 19. Juli, ging es ihm so schlecht, daß ihn Bob MacBride in ein Krankenhaus brachte. Da er befürchtete, Truman könnte in die Wohnung zurückkehren und sich umbringen, holte er dort danach die Pistole, die Al Dewey Truman geschenkt hatte, als er für »Kaltblütig« recherchiert hatte. Bob packte sie in eine Papiertüte und deponierte sie im Büro von Alan Schwartz. Als Jack hörte, daß Truman schwer depressiv und selbstmordgefährdet war, bat er einen Freund, ihm in Sagaponack Gesellschaft zu leisten – er wollte nicht allein sein. »Ich zitterte am ganzen Körper«, sagte er. »Ich glaube, ich wartete einfach darauf, daß mir jemand meine Aufgabe abnahm, und ich hatte große Hoffnungen, daß MacBride sich um ihn kümmern würde. Ich glaubte, MacBride sei ein Stab, auf den sich Truman stützen könne. Statt dessen ist er nichts als ein Waschlappen.«

In diesem Fall erwies sich jedoch Jack als Waschlappen und Bob als der Stab, auf den sich Truman stützen konnte. »Ich habe gesehen, was der Mann unter Streß leisten kann«, sagte Joe Petrocik bewundernd. Während Jack auf Long Island seine eigenen Ängste pflegte, übernahm Bob in Manhattan das Kommando und suchte nach einer Lösung für die verzweifelte Situation. Schließlich versuchte er mit Hilfe von Winston Guest, dem

Mann von C.Z., der ebenfalls Alkoholiker war, Truman zu überreden, sich in die Sucht-Rehabilitations-Klinik Hazelden, fünfzig Meilen nördlich von Minneapolis, zu begeben. Noch während Truman schwankte – wenn Smithers die Teufelsinsel gewesen sei, jammerte er, dann sei Hazelden wohl Alcatraz –, verfrachteten Bob und Winston ihn in Winstons Auto (die reinste Entführung, gestand Bob) und brachten ihn in das Landhaus der Guests auf Long Island. Da sie immer noch befürchteten, er könnte sich in letzter Minute anders entscheiden, brachten ihn Winston und C.Z. einige Tage später persönlich zum Flughafen und flogen mit ihm nach Minnesota.
Beinahe genoß Truman zu seiner Überraschung den Monat in Hazelden, das von Wäldern und Wasser umgeben war und wo er im Gegensatz zu Smithers ein Einzelzimmer und die Erlaubnis hatte spazierenzugehen. »Es geht hier äußerst diszipliniert zu – die verstehen keinen Spaß –, aber es ist keinesfalls unangenehm«, gab er zu. »Ich habe mich nervlich erholt und eine gute Einstellung zu dem Ganzen. Es kommt im Grunde nur auf die Einstellung an, ob man Fortschritte macht. In Smithers konnte ich mich nicht wirklich darauf konzentrieren, mit meinen Problemen klarzukommen; es hingen zu viele Dinge drohend über mir. Jetzt ist mir, als wäre ein Hurrikan aufs Meer hinaus abgezogen und als läge ich auf einem sauberen Strand.« Aber die Therapie in Hazelden hatte keinen größeren Erfolg als die in Smithers. Ende September, nur wenige Wochen nach seiner Entlassung, trank er so hemmungslos, daß Rick Brown, der ihn auf eine Lesereise an mehrere Universitäten im Westen begleitete, Schwierigkeiten hatte, die Termine einzuhalten.

»In Bozeman/Montana war er so sternhagelvoll, daß man ihn aus dem Flugzeug tragen mußte«, berichtete Rick. »Ich mietete ein Auto, um ihn zur nächsten Station unserer Reise zu fahren – ich wollte nicht, daß er wieder im Flugzeug trinkt –, aber nach einer Weile sagte er: ›Rick, du mußt anhalten, damit ich was zu trinken kriege.‹ Schließlich stoppte ich vor einer Cowboy-Kneipe. Er ging an die Bar und bestellte Wodka und Orangensaft. Als der Barkeeper antwortete, er führe keine harten Sachen – sie hätten nur Bier und Wein –, schlug Truman mit der Faust auf die Theke und schrie:

›Bier und Wein! Ich dachte, hier geht's knallhart zu! Und ihr wollt Männer sein!‹ Ich hatte richtig Angst, die Cowboys würden ihn umbringen. Aber sie gafften ihn bloß an. Ich glaube, so was wie ihn hatten die noch nie gesehen. Als wir nach Denver kamen, langweilte sich Truman so, daß er mich am ersten Tag in fünf Pornofilme schleppte, homo und hetero. Wir sahen so viele, daß ich schließlich ein Mädchen erkannte, das ich mal kennengelernt hatte.«

Als Truman im Oktober nach Long Island zurückkehrte, war er erneut von Angst gelähmt. »Ich werde von Angst und Schrecken verfolgt, die mir auf die Brust drücken und die Kehle zuschnüren«, klagte er. »Ich denke häufig – nicht bloß gelegentlich, sondern oft – daran, mich umzubringen. Ich bin besessen von der Vorstellung des Sterbens und wache mit der Hoffnung auf zu sterben. Aber was mich am meisten schreckt, ist die Angst, ich könnte mich zum Krüppel machen, aber nicht töten, ich könnte mein Gehirn mit Tuinal zerstören und doch nicht sterben.« Auch Jack glaubte, den herannahenden Schatten des Todes zu sehen. »Du hast einen sterbenden Mann vor dir, verstehst du«, erklärte er einem Freund düster. »Ich schaue ihn an, wenn er schläft, und er sieht müde, sehr, sehr müde aus. Es ist, als wäre er auf einer langen Party und möchte sich verabschieden – aber er kann nicht.«

Während der Krise im Sommer hatte Jack auch gesagt: »Truman hat mich schon oft überrascht, und er könnte auch andere überraschen. Der Baum scheint keine Blätter mehr zu haben, aber wer weiß? Es könnte ein neuer Frühling kommen.« Und es geschah, wunderbarerweise. Anfang 1979 versuchte Truman in einer fast exakten Reprise des Vorjahres, die destruktiven Verhaltensmuster der jüngsten Vergangenheit zu durchbrechen und sich einen neuen Anfang zu verschaffen – ja ein neues Gesicht für die Welt. Innerhalb weniger Monate ließ er sich das Gesicht liften, Haare transplantieren und sein Gebiß sanieren. »Ja Truman«, rief Andy Warhol aus, »du bist ja ein ganz neuer Immer-noch-der-Alte!«

Diesmal schien seinen Anstrengungen Erfolg beschieden. Obwohl er weiterhin Pillen schluckte und Kokain schnupfte, eine Droge, mit der ihn seine Freunde im Studio 54 bekannt gemacht hatten, gelang es ihm doch, den starken Alkoholkonsum zu stoppen und die Kontrolle über sein Leben wiederzuerlangen. »Meine Genesung ist nicht spontan erfolgt«, bemerkte er. »Es war harte Arbeit. Ich mußte durch die Hölle, um es zu schaffen. Es war alles eine Frage der Bereitschaft. Diesmal war ich bereit – ich wußte immer, daß ich es dereinst sein würde –, und Dinge, die mir unmöglich gewesen waren, wurden plötzlich sehr leicht.« Eines dieser »Dinge« war das Schreiben. 1979 wurde vielleicht zum produktivsten Jahr seiner Karriere. Fast jeden Tag fuhr er fünfzehn Stockwerke in ein Dienstboten-Apartment hinunter, das er im U.N. Plaza gemietet hatte, und kritzelte dort, ungestört von lästigen Besuchern und dem Telefon, seine Notizhefte und gelben Schreibblocks voll. »Ich habe nie so konzentriert gearbeitet wie eben jetzt«, erklärte er. »Ich schreibe ununterbrochen und vergesse alles um mich herum. Ich möchte nicht darüber reden, weil das die Konzentration ruiniert, aber Teile davon werden sehr bald ans Licht kommen.«

Er war immer am glücklichsten gewesen, wenn er kurze Prosa schreiben konnte, ob Erfundenes oder Authentisches, und manche der kurzen Texte, die nun folgten, zählen zum Besten, das er je hervorgebracht hat. Die Jahre des Raubbaus hatten sein hochempfindliches Ohr für Rhythmik und Tonfall der englischen Sprache nicht abgestumpft. Die meisten Kurzgeschichten, die entstanden, erschienen später in »Music for Chameleons« (»Musik für Chamäleons«). Dazu zählt die Titelgeschichte, die er zuerst im *New Yorker* veröffentlichte, »Dazzle« (»Geblendet«), eine Geschichte, in der er bekennt, wie sehr er sich in seiner Kindheit danach gesehnt hat, ein Mädchen zu sein, und die er an *Esquire* verkaufte, sowie zehn Arbeiten, die er für *Interview* schrieb. Unter den letztgenannten befand sich ein Profil von Marilyn Monroe mit dem Titel »A Beautiful Child« (»Ein wunderschönes Kind«), eine Anekdote über seine zufällige Begegnung mit einem sowjetischen Spion (»Mr. Jones«), ein Bericht über einen Tag mit einer Zugehfrau, »A Day's Work« (»Ein Tagewerk«) und

»Handcarved Coffins« (»Handgeschnitzte Särge«), ein meisterhaft inszenierter Thriller im Umfang einer Novelle – sein letztes größeres Werk.
Die Idee für »Handgeschnitzte Särge« stammte von Al Dewey, der ihm mehrere Jahre zuvor von einer Serie merkwürdiger Morde in Nebraska erzählt hatte – in einem Fall hatte der Mörder Klapperschlangen benutzt, um seine Opfer ins Jenseits zu befördern. Truman hatte den Fall telefonisch verfolgt und möglicherweise auch Interviews dazu gemacht. Aber der »Tatsachenbericht über ein amerikanisches Verbrechen«, wie der Untertitel lautet, ist dennoch überwiegend erfunden. Den im Geiste schlichten Detektiv hat es nicht wirklich gegeben, sondern er ist eine Mischung aus mehreren Polizeibeamten, die Truman gekannt hat – nicht zuletzt Al Dewey –, und Truman hat auch nicht, wie er im Manuskript behauptet, die Rolle des Dr. Watson für Sherlock Holmes, den Detektiv, gespielt.
»Handgeschnitzte Särge« liest sich wie die anderen Beiträge für *Interview* wie ein Drehbuch. Lange Dialoge werden gelegentlich durch Passagen beschreibender Prosa unterbrochen. Unter Trumans Händen erwies sich dieser Aufbau als bemerkenswert geschmeidig und plastisch, und Truman war über die Ergebnisse so glücklich – »es ist kein Gramm Fett an diesen Geschichten«, prahlte er –, daß er wieder einmal behauptete, er habe eine neue Kunstform kreiert: eine Kombination von Techniken des Films mit Erfundenem und Gefundenem. Das sei ein so radikaler Fortschritt, meinte er, daß die traditionelle Form des Erzählens dadurch obsolet werde. »Es ist eine Destillation all dessen, was ich über das Schreiben weiß: das Schreiben von Kurzgeschichten, von Drehbüchern, den Journalismus – alles. Der Roman hat in meinen Augen keine Zukunft. Ich versuche zu zeigen, wo das Schreiben seinen Platz haben wird. Ich werde da vielleicht nicht hingelangen, aber ich werde die Richtung weisen.«
In Wirklichkeit hatte er nichts weiter gefunden als ein neues Selbstvertrauen, und als »Musik für Chamäleons« 1980 erschien, stellten einige Rezensenten das auch fest und taten seine Kommentare ab, während sie gleichzeitig seine literarische Leistung priesen. Es sei keine glorreiche Zukunft, auf die er hinweise, meinte der britische Romancier John Fowles,

sondern eine glorreiche Vergangenheit, nämlich die knapp und äußerst beherrscht erzählten Geschichten von Flaubert und Maupassant. »Ich betrachte ›Musik für Chamäleons‹ als einen Vorgeschmack dessen, was wir erwarten können, wenn ›Erhörte Gebete‹ einmal überarbeitet und veröffentlicht ist, und ich freue mich jetzt ungeheuer darauf«, schrieb Fowles im *Saturday Review.* »Das gleiche tun, so vermute ich, irgendwo unter einer Café-Markise auf dem Parnaß auch Mr. Capotes drei Meister Flaubert, Maupassant und Marcel Proust (die in letzter Zeit alle ziemlich auf dem trockenen gesessen haben dürften). Wenn ich auch noch nicht ganz sicher bin, daß er ihnen eines Tages dort Gesellschaft leisten wird, so beginnt er, glaube ich, hinter der Schaumschlägerei und den Mätzchen, dem Klatsch und den Judasküssen, der maliziösen Neigung, festzuhalten, was wirkliche Menschen sagten und wie sie sich verhielten, doch ernsthaft Anspruch auf ihre Gesellschaft zu erheben. Und was mir sicher scheint: Die zeitgenössische Literatur wäre um vieles, vieles langweiliger und ärmer ohne ihn.«

Schaumschlägerei und Mätzchen waren Truman jedoch so wichtig wie seine Kunst, und es konnte nicht überraschen, daß er sich nach mehreren Monaten harter und stetiger Arbeit nach einer schlitzohrigen Ablenkung umzusehen begann. Er fand sie nur zu leicht im Zerwürfnis mit seiner einst vergötterten Freundin Lee Radziwill.

Gores Beleidigungsprozeß gegen ihn (Ergebnis des *Playgirl*-Interviews, in dem er behauptet hatte, Gore sei von den Kennedys aus dem Weißen Haus hinausgeworfen worden), schleppte sich bereits mehr als drei Jahre hin, und noch war kein Ende abzusehen. Truman hatte stets erwartet, daß ihm Lee zu Hilfe eilen und sich selbst als Quelle seiner Geschichte bezeichnen würde. Aber jetzt, im Frühjahr 1979, mußte er zu seinem Entsetzen erfahren, daß Lee – seine Liebste, seine Galatea! – ohne auch nur die geringste Andeutung ihm gegenüber genau das Gegenteil getan hatte. Sie war zu einer Belastungszeugin geworden. »Ich erinnere mich nicht, jemals mit Truman Capote über den Vorfall oder den Abend gesprochen zu

haben, um den es meines Wissens bei diesem Prozeß geht«, hatte sie gegenüber Gores Anwalt erklärt.
Schwer erschüttert, schwelgte Truman wieder einmal in einer Vergeltungsphantasie. Überzeugt, daß sich Gore, sollten die Fakten je publik gemacht werden, in einer so peinlichen Lage befinden würde, daß er sofort die weiße Fahne hissen würde, spielte er Kopien der eidesstattlichen Aussagen von Gore und Lee dem Magazin *New York* zu, das Anfang Juni gehorsam lange Auszüge daraus abdruckte.
»Wenn ich das nicht getan hätte, wäre die Wut mit mir durchgegangen«, erklärte Truman so aufgeregt, daß sich seine Worte in einem langen und fast manischen Monolog überschlugen. »Bis das Heft endlich in Druck war, konnte ich kaum atmen, aber in diesem Augenblick fällt es zusammen mit Gores Karriere die Förderrutschen hinunter. Ich wußte die ganze Zeit, daß den Leuten, sobald sie die Aussagen lesen, bewußt würde, daß er ist wie Captain Queeg in ›The Caine Mutiny‹ (›Die Caine war ihr Schicksal‹). Gleich werden sie explodieren und seine Karriere vernichten. Das wird der größte Racheakt in der Literaturgeschichte. Nichts kann sich damit messen. Für den Rest seines Lebens wird er morgens aufwachen und zehn Minuten lang glücklich sein – und dann wird ihm einfallen, was an jenem Tag im Juni geschehen ist. Welche Demütigung für ihn! Ich genieße sie! Ich genieße sie! Ich genieße sie! Nach seinem Tod wird man auf seinen Grabstein schreiben: ›Hier liegt Gore Vidal, er hat sich mit T.C. angelegt.‹«
Warum hatte sich Lee von ihm abgewandt? fragte er sich. Warum hatte sie zugunsten von Gore ausgesagt, den sie gar nicht mochte? »Warum sie mich verraten hat, ist eines der großen Welträtsel, wie die Statuen auf der Osterinsel«, bemerkte er. Als sie auf seinen Anruf hin nicht zurückrief, setzte er Liz Smith zu, sie anzurufen und um eine Erklärung zu bitten. Liz erfüllte ihm den Wunsch und überbrachte ihm Lees Antwort. »Ich hab's einfach satt, daß sich Truman an meine Rockschöße hängt, um berühmt zu werden«, hatte Lee ihr erklärt. »Und außerdem, Liz, was macht es schon? Das sind doch bloß zwei Tunten.«
Hätte ihn der Blitz getroffen, wäre Trumans Schock nicht größer gewesen.

Schlaflose Nächte lang hatte er über der Frage gebrütet, was er getan haben könnte, um sie zu verärgern. Aber das war eine, wahrscheinlich die einzige, Antwort, auf die er nicht gekommen war. Bloß eine Tunte! Er, der Monate eigener Arbeit geopfert hatte, um ihr zu helfen, Schauspielerin zu werden; er, der sich in zahllosen Artikeln und Interviews durch seine törichte Lobhudelei lächerlich gemacht hatte. »Ich habe diesem Mädchen das Leben gerettet, verdammt noch mal«, behauptete er. Aber nun, da er sie brauchte, ignorierte sie ihn. Er war bloß eine Tunte und daher jemand, den man, wenn er nicht mehr nützlich war, wegwerfen konnte wie eine Papierserviette.* Niemand hatte eine glaubhafte Erklärung für ihr Betragen – andere standen ebenso vor einem Rätsel wie Truman –, aber eine Freundin von Babe meinte, immer noch verärgert über »La Côte Basque«, Lee habe, wenn auch ohne es zu beabsichtigen, der Gerechtigkeit zum Sieg verholfen. »Truman hat alles für Lee getan und nichts dafür bekommen«, sagte sie bitter; »Babe hat ihrerseits alles für ihn getan und nichts dafür gekriegt.«

Lees »Tunten«-Bemerkung verwandelte seine Kränkung in Wut. Truman dachte sich einen Racheakt aus gegen die »Principessa«, wie er sie jetzt höhnisch bezeichnete, wobei er die italienische Vokabel im Mund herumrollte, bevor er sie wie ein schlechtes Bonbon ausspuckte. »Wenn die bezaubernde, göttliche und sensible Prinzessin Radziwill eine so niedrige Meinung von Homosexuellen hat, warum hat sie dann gerade mich in den letzten zwanzig Jahren als Vertrauensmann gebraucht?« wollte er wissen.

Während des ganzen ersten Wochenendes im Juni heckte er seine Rache aus, und am Montag, den 4. Juni, als sein Plan fertig war, arrangierte er für den folgenden Morgen einen Auftritt in Stanley Siegels TV-Show. Wenn Lee ihn bloß für eine Tunte halte, sagte er, werde er tun, was von Tunten erwartet wird: Er werde alles ausplaudern, alle Geschichten, die sie ihm im Laufe der vielen Jahre erzählt habe, alle Geheimnisse, alle Liebesaffären,

* Truman war nicht der einzige Mann, den Lee diesen Frühling fallenließ. Anfang Mai hatte sie ihren Verlobten, den Hotelier Newton Cope aus San Francisco – buchstäblich – am Altar stehenlassen, während sich die Hochzeitsgäste schon versammelten und der Champagner in den Eiskübeln gekühlt wurde. Über Cope sowie Peter Tufo, einen anderen Verflossenen, sagte sie: »Niemand hätte doch je von einem dieser beiden gehört, wenn ich nicht gewesen wäre!«

alle Haßgefühle gegenüber ihrer Schwester Jackie. »Wenn ich morgen mit ihr fertig bin, wird der durchschnittliche New Yorker U-Bahn-Passagier wissen, was für eine kleine Schlampe sie ist«, verkündete er. »Sie und ihre geliebte Schwester tun gut daran, die Ambulanz anzurufen und sich Zimmer im Payne Whitney Hospital zu bestellen, denn sie werden lange Zeit dort bleiben. Glaubt mir, so was habt ihr noch nicht erlebt!«

Am Montag probte er bis spät in die Nacht seinen »Verrückte-Tunte-Akt«, um vor der Kamera »ruhig wie eine Eisbombe« zu sein. Am Dienstag holte ihn Sally Quinn von der *Washington Post* frühmorgens in seiner Wohnung ab und fuhr mit ihm ins Fernsehstudio, um das historische Ereignis aufzuzeichnen. »Eine Kassette dieser Show wird zu den großen Klassikern der Komödie aller Zeiten zählen«, versicherte er ihr.

Die erste Hälfte seines Auftritts, den er in einem breiten Südstaatler-Akzent abspulte, hatte denn auch eine gewisse aberwitzige Brillanz. »Ich werde dir was über Tunten, insbesondere Südstaatler-Tunten erzählen«, sagte er zu Siegel. »Wir sind hinterfotzig. Eine Südstaatler-Tunte ist hinterfotziger als die hinterfotzigste Klapperschlange, die dir je untergekommen ist... Ich weiß, daß es Lee nicht passen würde, daß ich das alles ausplaudere. Aber du kennst ja uns Südstaatler-Tunten – wir können einfach das Maul nicht halten.« Er riß sein Maul sehr weit auf und begann Geheimnisse zu enthüllen, die ihm Lee anvertraut habe: Wie eifersüchtig sie auf Jackie sei (»die Prinzessin hatte nämlich geplant, Mr. Onassis selbst zu heiraten«), wie sie einmal versucht habe, William F. Buckley jr. seiner Frau abspenstig zu machen, und wie tief verletzt sie über das Ende ihrer Liebschaft mit Peter Beard gewesen sei (»Peter lernte doch die Biene kennen, die noch etwas weniger Kilometer draufhatte«). Er kam eben richtig in Fahrt, als ihn Siegel, über die Richtung, die sein Monolog einschlug, zunehmend beunruhigt, unterbrach und die Stimmung zerstörte, die er so sorgfältig aufgebaut hatte, so daß seine Tirade mit kläglichem Gestotter endete.

Nachdem er so abrupt wieder auf die Erde zurückgeholt worden war, nahm er Sally Quinn mit nach Hause und wiederholte für sie ohne

Theatralik den Rest seiner Schmährede, die sie prompt in die Zeitung brachte: zum Beispiel, daß Jackie angeblich Lee vorhalte, sie verdanke ihr alles, und daß Lee sowohl in Jack Kennedy wie auch in Rudolf Nurejew verknallt gewesen sei – wenn es sie auch etwas befremdet hatte, in Nurejews Gästezimmer Bilder nackter Männer zu sehen. Aber vor allem gestand er ihr, wie verletzt er war und wie sehr ihn der Verlust einer seiner besten Freundinnen schmerzte. »Liebe ist blind«, sagte er schließlich achselzuckend. »Ich bin auch schon früher in Leute verliebt gewesen, die einfach gräßlich waren. Ich bin in sie ebenso verliebt gewesen, wie ich in sonstjemand hätte verliebt sein können.« Warum sie ihn verraten habe? Er glaube, endlich auf die Lösung gestoßen zu sein: Sie habe Angst vor Gore, und sie habe geglaubt, der arme, besoffene Truman werde ohnehin sterben und sie könne sich deshalb über seine Gefühle hinwegsetzen. »Zum Pech für Prinzessin Radziwill«, fügte er hinzu, »ist diese Tunte nach wie vor gesund und munter und treibt sich in New York rum.«
Nachdem Lee sich zuvor so unklug ausgelassen hatte, blieb sie diesmal stumm. Der immer streitlustige Gore dagegen nicht. »Das ist doch pathologisch«, erklärte er. »Wirklich wie aus der Klapsmühle.« Falls Gore durch die Veröffentlichung seiner Aussagen wirklich bis ins Mark getroffen war, ließ er sich das zumindest nicht anmerken. Ebensowenig zog er seine Klage zurück, mit der Folge, daß sich der Prozeß weitere vier Jahre hinschleppte. Im Herbst 1983 wurde er schließlich außergerichtlich beigelegt: Truman schrieb einen Entschuldigungsbrief. »Lieber Gore, ich entschuldige mich für alle Unbill und Unannehmlichkeiten bzw. Kosten, die Dir in Zusammenhang mit dem Interview mit mir entstanden sein mögen, das in der September-Nummer 1975 von *Playgirl* veröffentlicht wurde. Wie Du weißt, war ich bei dem Ereignis, zu dem ich in diesem Interview zitiert werde, nicht anwesend, und Deine Vertreter haben mir klargemacht, daß meine Bemerkungen in der abgedruckten Form die Geschehnisse nicht korrekt widerspiegeln. Ich kann Dir versichern, daß der Artikel kein wörtliches Transkript meiner Äußerungen ist, insbesondere, was die Bemerkungen betrifft, die ein schlechtes Licht auf Deinen Charakter bzw. Dein Verhalten

werfen könnten, und daß ich mich künftig der Erörterung dieses Themas enthalten werde. Hochachtungsvoll, Truman Capote.«
Nachdem er seine Wut ausgetrieben hatte, zog sich Truman im Anschluß an das Interview mit Sally Quinn nach Long Island zurück und machte sich, anscheinend unerschüttert durch die melodramatische Woche, wieder an die Arbeit. Wenig mehr als eine Woche später konnte er einen der besten kurzen Prosatexte abschließen, die er je geschrieben hat: das Porträt von Marilyn Monroe. Auch in den folgenden Monaten verliefen seine Tage produktiv und einigermaßen glücklich, und er beendete das Jahr 1979 – und das schwierigste Jahrzehnt seines Lebens – hoffnungsvoll und optimistisch gestimmt. »›Musik für Chamäleons‹ wird genauso gut wie ›Erhörte Gebete‹«, meinte er. »Es enthält alles, was ich über das Schreiben weiß. Ich habe alles hineingelegt, wozu ich fähig bin. Ich will, daß jeder begreift, daß es das Werk eines großen Schriftstellers ist. Wenn es nächstes Jahr herauskommt, werden meine Freunde sehr stolz auf mich sein. Ich glaube, wir werden siegen. Nein, ich weiß, daß wir siegen werden.«

57

»Musik für Chamäleons« war das Ergebnis einer enormen, fast heroischen Konzentrationsleistung gewesen. Truman hatte in einem letzten Aufbäumen zeigen wollen, wozu er imstande war, wenn er sich voll einsetzte. Als er das Anfang 1980 geschafft hatte, überließ er sich dem, was er »meine Dämonen« nannte. Unfähig, stillzusitzen, flitzte er unruhig von Ort zu Ort – nach Kalifornien, dann in die Schweiz, nach New York und zurück nach Kalifornien. »Ich bin wie ein Hai«, sagte er. »Der Hai ist das einzige Tier, das niemals schläft. Er ist ständig ohne Rast und Ruh im Wasser unterwegs.«

Gleichzeitig schüttelte er mit zerstreuter und fieberhafter Energie Ideen für neue Projekte aus dem Ärmel. Eins davon war ein längeres Porträt von Babe Paley mit dem Titel »Heliotrop«, nach der violett blühenden Pflanze, die sie so geliebt hatte. Ein anderes war die Darstellung seiner Freundschaft mit Cecil Beaton, der im Januar starb; »Die siamesischen Zwillinge besuchen Siam« betitelte Truman sie in Anspielung auf ihre gemeinsame Orientreise von 1958. Eine Zeitlang dachte er auch daran, ein autobiographisches Werk über seine trunksüchtigen Jahre mit John zu schreiben, mußte sich aber schließlich eingestehen, daß ihre Beziehung sein Verständnis überstieg. »Ich glaube nicht, daß ich je über das schreiben werde, was ich mit John erlebt habe«, schloß er traurig. »Ich blicke da einfach nicht durch. Was zwischen uns geschah, war zu kompliziert, zu idiotisch. Ich könnte eine Komödie daraus machen, aber das wäre nicht die Wahrheit, weil nichts Komisches daran war. Aber in einer ernsten Form würde es

lächerlich. Die Leute würden sagen: Wenn dieser Typ O'Shea wirklich so fürchterlich ist, dann muß Capote völlig schwachsinnig sein, daß er sich mit ihm eingelassen hat.«
Ein Jahr lang schien es, als wäre es ihm gelungen, dieser komplizierten, idiotischen Beziehung zu entkommen. Aber als das neue Jahrzehnt begann, war klar, daß er es nicht geschafft hatte: Er hatte sich in einem Irrgarten vielfältigster Obsessionen verlaufen, in einem sonnenlosen Labyrinth, aus dem Vernunft, Verständnis, ja der gesunde Menschenverstand ausgeschlossen waren. Erneut erfüllte diese unwahrscheinlichste aller Figuren – ein übergewichtiger, bombastischer und gelegentlich gewalttätiger einundfünfzigjähriger Alkoholiker – seine Träume und beherrschte sein Herz und seinen Kopf. »Ich hab allen erzählt, ich sei fertig mit ihm, und ich glaubte es auch«, erklärte er. »Aber es war nicht so.«
Sein Vorwand, um sich erneut mit John einzulassen, war dessen Bitte um Erlaubnis, sein Fernsehskript der Erzählung »Kindergeburtstag« zu verkaufen, eine Lieblingsgeschichte aus Trumans Jugend, zu deren Adaption Truman John in glücklicheren Tagen ermutigt hatte. Als sich Truman darauf mit der Behauptung, auch er habe ein Drehbuch geschrieben, weigerte, ihm die Rechte zu übertragen, forderte John wutschnaubend, Truman müsse es ihm schicken – er werde beurteilen, ob es etwas tauge. »Wenn Truman meint, daß einiges von dem Material seines kürzlich verfaßten Skripts genügend tauge, um in mein Drehbuch eingefügt zu werden«, schrieb er an Alan Schwartz am 4. März, »habe ich nichts dagegen, seine Version unter der Bedingung zu begutachten, daß ich schriftlich genau festlegen werde, welche Passagen seiner Fassung, die von der meinen abweichen, ich bereit bin, in meine zu übernehmen.«
Statt über die schon fast komische Chuzpe zu lachen, geriet Truman in Rage. Der eigentliche Dorn in seinem Auge war allerdings Johns angefügte Bemerkung, sein größter Wunsch sei, »das seltsame Zwischenspiel unserer früheren Beziehung« zu vergessen. Hundert tiefempfundene Gelöbnisse der Liebe und Ergebenheit hätten Trumans Glut nicht erfolgreicher anfachen können als diese paar verächtlichen Worte. Vergessen! Truman

würde ihm schon sagen, wann er vergessen konnte! Und so nahm er seinen niemals endenden Kampf wieder auf, Charlie Middleclass zu demütigen. »Mein großer Fehler war, daß ich nicht durchgegriffen habe, nachdem sein Auto verbrannt war«, sagte er. »Das hat ihm wirklich Angst eingejagt. Ich hätte ihn von ein paar Typen in die Wüste hinausfahren und zusammenschlagen lassen sollen. Dann wäre Ruhe gewesen.«

Im verspäteten Bemühen, dieses Versäumnis zu korrigieren, grub er die alte Behauptung wieder aus, John habe ihm das Kapitel »Severe Insult to the Brain« aus »Erhörte Gebete« gestohlen. »Ich brauche diese Seiten«, versicherte er. »Ich kann nicht darauf verzichten. Jedes Wort war perfekt. Dieses Kapitel enthält den Höhepunkt des Buches, eine echte Überraschung, die niemand erraten könnte, und ich habe immer befürchtet, John zeige es jemandem, der das Geheimnis verraten könnte. Es ist schrecklich, daß er so etwas getan hat, aber er ist ja auch ein schrecklicher Mensch. Man stelle sich die schlimmste Tat vor, die irgend jemand begehen könnte – wirklich die schlimmste: Johnny bringt es fertig, etwas dreimal so Schlimmes zu tun.«

Da John seine Adresse immer noch geheimhielt und seine Post aus einem Schließfach abholte, heuerte Truman Joel Michael, einen Privatdetektiv aus Beverly Hills an, der ihn aufspüren und die kostbaren Seiten retten sollte. »Truman wollte ihn umbringen, und ich glaube, es war ihm todernst damit«, meinte Michael. »Sein Vorschlag war: ›Suchen wir ihn, dann tun wir was.‹« Aber John, der dieses Versteckspiel bereits kannte, war nicht leicht aufzustöbern. Als er merkte, daß er erneut gesucht wurde, wechselte er seinen Wohnsitz so häufig, daß selbst ein Profi wie Michael Schwierigkeiten hatte, ihn ausfindig zu machen. Als ihn der Detektiv einmal auf dem Santa Monica Boulevard sah, gelang es John, ihn abzuschütteln.

Truman, der die Jagd von New York und Long Island aus gespannt verfolgte, rief Michael jeden Tag einschließlich Samstag und Sonntag spätabends an, um mögliche Fährten zu erörtern. »Nach einer Weile wurde das Manuskript für ihn zweitrangig«, berichtete Michael. »Die Verfolgung interessierte ihn mehr als der Fang. Der Gedanke, daß O'Shea vor uns davonlief und sich versteckte und daß wir ihm eine Heidenangst einjagten, gefiel ihm ungemein. Und was ihn völlig aus dem Häuschen brachte – man hörte es seiner Stimme an –, war die Vorstellung, daß O'Shea dem Zusammenbruch nahe war.« Das lag nicht weit neben der Wahrheit. Am 12. Mai 1980 schrieb John in der Hoffnung, die Verfolgung zu beenden, an Joe Fox bei Random House und bestritt ausdrücklich, irgend etwas zu besitzen, was mit »Erhörte Gebete« auch nur »entfernt zusammenhängt«. Falls Truman etwas anderes behaupte, bemerkte John gallig, solle Random House »die Quelle bedenken« und »sich bei Gore Vidal nach T.C.s Wahrheitsliebe erkundigen«.

Um die hämische Anklage zu widerlegen, verfaßte Truman eine neunzehnseitige Chronik der Ereignisse, die laut ihm vor fast drei Jahren zum Diebstahl geführt hatten – die mit John verbrachten Wochen in Santa Monica, Johns heimliche Affäre mit Joanne Biel und schließlich Trumans Entsetzen, als er auf dem Flug nach New York, wo er sich bei Smithers behandeln lassen wollte, entdeckte, daß er in der gemeinsamen Wohnung unter dem Bett versteckt das Manuskript zurückgelassen hatte, von dem John jetzt jede Kenntnis abstritt. Truman schloß seine Darstellung mit einer eindringlichen Passage, die als Koda seines Lebens gelten könnte. »Ich bin Schriftsteller und habe in den vergangenen fünfunddreißig Jahren eine Anzahl erfolgreicher Bücher veröffentlicht«, schrieb er, »aber dieses fragliche Buch, ›Erhörte Gebete‹, ist meine allerletzte Gabe, nachdem ich fünfzig Jahre lang am Altar der Kunst gedient habe. Der Kunst, und insbesondere der Literatur. Das war mein Leben. Ich bin ein kinderloser Mann, und meine Werke sind meine Kinder.«

Seine Anwälte übertrugen die emotional geladene Erzählung in das trockene Für und Wider juristischer Dokumente und reichten am 8. Juli in Kalifornien eine gerichtliche Klage ein. Sie forderten die Rückgabe von »Severe Insult« und zweier gebundener Bücher, die Trumans Notizen für die zweite Hälfte von »Erhörte Gebete« enthielten, und sie verlangten darüber hinaus von John und Joanne Biel Schadenersatzleistungen in Höhe von je viereinhalb Millionen Dollar. Michael ließ Joanne Biel am nächsten

Tag eine Vorladung zustellen. »Sie bekam einen hysterischen Anfall, flippte völlig aus und schob alles auf Johnny«, gluckste Truman mit beträchtlicher Übertreibung. »Es war wie Humphrey Bogart und Mary Astor in ›Die Spur des Falken‹.« Dem flüchtigen John die Vorladung zuzustellen gelang Michael erst am 16. Juli, als er ihn im Zuge der Überwachung des von ihm benutzten Postamts sein Schließfach öffnen sah. Auch John reagierte hysterisch, als sich Michael ihm näherte. Er stürzte zur Tür hinaus und verschwand an der nächsten Ecke in einer engen Gasse.

Obwohl sie es nicht wußten, hatten sowohl der Detektiv wie auch die Anwälte auf dasselbe Ziel hingearbeitet: John wieder in Trumans Arme zurückzuzwingen. Und darin waren sie durchaus erfolgreich. Nach seiner panischen Flucht aus dem Postamt rief John Truman mehrmals an und versuchte, zu einer Einigung mit ihm zu gelangen. Aber das war noch nicht das Ende von Trumans Triumph. Im Laufe seiner Ermittlungen hatte Michael die kalifornischen Behörden auf den falschen Namen aufmerksam gemacht, auf den Johns Führerschein lautete, und John, der weitere Widrigkeiten voraussah, beschloß klugerweise, fortan die Sonne Floridas zu genießen. So hatte Truman Johns Leben fast unbeabsichtigt erneut auf den Kopf gestellt und ihn gezwungen, Kalifornien und damit auch Joanne Biel zu verlassen.

Trumans Klage hatte ihren – genau genommen einzigen – Zweck erfüllt. Durch ein paar freundliche Gespräche und Johns Versprechen, ihn zu treffen, war Truman so weit beschwichtigt, daß er einer Rücknahme seiner Klage zustimmte. (Sie wurde am 14. Januar 1981 offiziell fallengelassen.) »Ich glaube, das Manuskript existiert gar nicht mehr«, erklärte er. Dann fügte er hinzu und gestand damit nachgerade ein, daß es überhaupt nie existiert hatte: »Aber jetzt will ich es auch nicht mehr haben. Es würde mich verwirren. Meine Einstellung zu ›Erhörte Gebete‹ ist nicht dieselbe wie früher. Es ist mir jetzt nicht mehr so wichtig.«

Er hatte erreicht, was er wollte, aber das lange Ringen darum hatte ihn wieder zur Flasche getrieben. In der Nacht zum 29. Juli wachte Jack durch schwache Rufe auf, die über den Rasen drangen, der die beiden Häuser in

Sagaponack voneinander trennte. »Er war auf den Stufen seines Studios gestürzt – lag da, in seiner eigenen Pisse natürlich, mit Glasscherben um ihn herum – und konnte nicht aufstehen«, berichtete Jack. »Ich brachte ihn ins Krankenhaus von Southampton, und da sagte er etwas wirklich Ehrliches. ›Ich trinke‹, sagte er, ›weil es das einzige Mittel ist, es überhaupt auszuhalten.‹«

Den Abmachungen ihres Waffenstillstandes entsprechend, trafen sich Truman und John am 11. August in New Orleans. Aber der Ausgang war vorhersehbar. Truman war betrunken – »gaga«, um Johns Wort zu benutzen –, als er das Flugzeug verließ, und John, der einen Tag früher eingetroffen war, ging es wahrscheinlich nicht viel besser. Da John durchaus zu Recht der Ansicht war, er sei zu dem Treffen gezwungen worden, war er noch aggressiver als üblich. Sie waren erst eine Stunde in ihrer Suite im Hotel Pontchartrain, als John Truman, verärgert durch seine Bemerkungen über Joanne Biel, am Hemd packte und ihm befahl, den Mund zu halten. Diesmal war es Truman, der es mit der Angst zu tun bekam. Nachdem er einen Arzt gerufen hatte, verfügte er sich ins Bett und blieb dort fast bis zum Tag ihrer Trennung, dem 17. August, liegen. Bei der Abreise aus New Orleans war er wahrscheinlich nicht viel nüchterner als bei der Ankunft, und er beendete den Monat, wie er ihn begonnen hatte: in einem Bett im Krankenhaus von Southampton.

Im September flog er nach Los Angeles, angeblich um die Vorbereitungen für die Hollywood-Fassung von »Handgeschnitzte Särge« zu überwachen, dessen Filmrechte er für 300 000 Dollar* an seinen Freund Lester Persky verkauft hatte, den Produzenten von Erfolgsfilmen wie »Taxi Driver« und »Shampoo«. In seiner Suite im Beverly Wilshire angekommen, ging er jedoch kaum noch aus. Als Rick Brown einen Anruf von ihm erhielt, der aus betrunkenem Gelalle bestand, eilte er hin und fand ihn im Bett, in seinen eigenen Ausscheidungen liegend, die Beine mit getrockneten Exkrementen

* Nach Beginn der Dreharbeiten sollte er weitere 50 000 Dollar erhalten sowie einen Prozentsatz des Gewinns von den Kinokassen.

verkrustet. Rick badete ihn und gab ihm zu essen – er hatte offenbar schon zwei Tage nichts mehr gegessen – und traf Anstalten, ihn in Perskys Haus in Bel Air zu schaffen. »Lester, diesen Mann kann man nicht allein lassen«, warnte er Persky.

Rick richtete in Lesters Gästezimmer eine inoffizielle Rehabilitationsklinik ein. Die Behandlung beruhte auf einem ausgetüftelten Plan, den er genau aufzeichnete, um Truman allmählich sowohl vom Alkohol wie auch von den Tabletten wegzubringen. »Cold Turkey schaff ich nicht«, hatte Truman ihn gewarnt. Aber nach etwa einer Woche unter Ricks zunehmend spartanischem Regime rebellierte er, sprang auf Lesters Bett und kreischte: »Das ist zuviel! Das könnt ihr mir nicht antun!« Lester, der an Angina pectoris litt, schrie zurück: »Verlaßt mein Zimmer, alle beide! Ich bin auch ein kranker Mann!«, und rannte ins Bad, um sein Herzmittel zu nehmen. »Es war im Grunde sehr komisch, wie eine Szene der Marx Brothers«, meinte Rick. »Sogar Truman fing an zu lachen.«

Rick ließ sich durch Trumans Wutanfälle nicht umstimmen, und schließlich bereitete sich Truman nüchtern und tablettenfrei auf die Abreise aus Kalifornien vor. Aber einige Tage davor geriet er so in Erregung, daß er Rick bat, ihm wenigstens die Beruhigungspillen zurückzugeben. »Ich werde sie dir geben, Truman«, antwortete Rick. »Aber sag mir zuerst, was dich so aufregt.« Was ihn aufrege, gestand Truman, sei, daß er nicht vorhabe, nach New York zu fliegen, wie er gesagt hatte, sondern nach Jackson/Mississippi, wo John nach einem Abstecher auf der Fahrt nach Florida vorübergehend bei seinem Sohn Brian lebe. Wütend, weil seine ganze harte Arbeit zum Teufel zu gehen drohte, stornierte Rick umgehend diesen Flug, und Truman kehrte kleinlaut nach New York zurück.

Als Truman im Oktober wieder auf Long Island war, gelang es ihm, seine Situation vernünftiger zu beurteilen. »John ist Gift für mich«, erkannte er. »Ich wünschte, ich hätte ihn in New Orleans nicht gesehen. Er bringt mich immer völlig durcheinander.« Aber diese Einsicht war nicht von langer Dauer, und da Rick es ihm nicht mehr verbieten konnte, telefonierte er bald wieder mit John. Im November trafen sie einander in Miami, wo Truman sechsundzwanzig Stockwerke über der funkelnden Biscayne Bay eine luxuriöse Wohnung mietete. »Ist es richtig von mir, wieder in Trumans Leben zu treten?« fragte John Joe Petrocik, der mit Myron Clement zu Besuch kam. – »Was soll ich sagen?« antwortete Joe, der in Wirklichkeit über diese Aussicht entsetzt war. »Ich habe dich seit vier oder fünf Jahren nicht mehr gesehen.«

Die Antwort auf Johns Frage wurde auf das neue Jahr vertagt, und Truman kehrte rasch nach Manhattan zurück, wo er über die Weihnachtsfeiertage eine zweiwöchige Serie von Lesungen geplant hatte. Zwar hatte er schon in Dutzenden kleinerer und größerer Städte, darunter auch New York, gelesen, doch war er bisher noch nie dort aufgetreten, wo die Sterne am hellsten scheinen: am Broadway selbst. Er wollte eine Reihe von Lesungen auf dem *Great White Way* halten, solange »Musik für Chamäleons« noch frisch in Erinnerung war – in der Tat stand das Buch auf der Bestsellerliste.* »Ich will nichts, was auch nur wie Off-Broadway aussieht«, erklärte er hochmütig. Nach monatelanger Fahndung nach dem richtigen, kleinen, aber renommierten Haus und Verhandlungen mit verschiedenen Produzenten entschied er sich für das elegante Mitzi E. Newhouse Theater im Lincoln Center, und dort las er in den letzten zwei Wochen des Jahres 1980, vom 13. bis zum 28. Dezember.

Truman glaubte, mit den richtigen Pillen könne er alles durchstehen. Zwei Wochen vor den Lesungen verließ er deshalb seine Wohnung und zog für den Rest des Monats ins Regent Hospital, wo er sich der ganztägigen Betreuung durch Dr. Nathan Kline, einen der prominentesten Pillen-Pusher des Landes, anvertraute. Als Pionier im Verschreiben von Tranquilizern und Antidepressiva, insbesondere Librium, teilte Kline Trumans inbrünstigen Glauben an die Kräfte stimmungsverändernder Medikamen-

* Anthologien von Kurzgeschichten sind selten ein Erfolg, doch »Musik für Chamäleons« war eine glückliche Ausnahme. Überraschend für Random House wurden 84471 Exemplare abgesetzt, und das Buch war sechzehn Wochen lang, nämlich vom 31. August bis zum 21. Dezember 1980, auf der Bestsellerliste der *New York Times*.

te. Was der arme Truman nicht wußte, war, daß die amerikanische Gesundheitsbehörde FDA wenige Tage, bevor er ins Regent Hospital ging, seinem Dr. Feelgood mit dem weißen Schnurrbart »mangelnde Rücksichtnahme auf die Sicherheit menschlicher Versuchspersonen« vorgeworfen und ihn beinahe aus dem ärztlichen Berufsstand ausgeschlossen hatte.

Truman sollte bald eine sehr ähnliche Klage erheben – Klines Arzneien hätten ihn fast umgebracht, versicherte er –, aber er war doch imstande, sein zweiwöchiges Gastspiel durchzustehen. Halston hatte ihn wie den sprichwörtlichen Autor in seiner Bibliothek ausstaffiert – er trug graue Hosen, eine graue Strickjacke, ein graues Seidenhemd und schwarze Samtslipper –, und er versetzte seine Zuhörer in Begeisterung. Mitzi E. Newhouse flog zur Premiere aus Palm Beach ein. »Heute hat eines der großen Ereignisse in meinem Theater stattgefunden«, erklärte sie stolz.

Auch John flog aus Florida herbei, immer noch unsicher, ob es klug war, sich erneut mit Truman einzulassen. »Es ist sehr schwer zu erklären, aber Truman war ein Mensch, dem es Schwierigkeiten machte, das Leben zu bewältigen«, sagte er. »Ich habe meinem beleidigten Verstand ständig gesagt: ›Fang nichts mehr mit ihm an.‹« Das war ein guter Rat; tatsächlich begannen sie sich zu zanken, sobald Truman aus dem Krankenhaus kam. Schon nach wenigen Tagen suchte er Zuflucht bei Joe Petrocik und Myron Clement. Als John Ende der ersten Januarwoche 1981 nach Miami zurückkehrte, verbrachte Truman ein paar Tage in einem Krankenhaus in Manhattan und folgte ihm am 14. Januar in den Süden. »Falls mir etwas zustoßen sollte, dann vergeßt nicht«, erinnerte er Joe und Myron, »daß ihr mir versprochen habt, mit dieser irischen Kanalratte abzurechnen.«

Er machte keine Witze. April Johnson, eine Journalistin, die ihn bereits in zahlreichen Gefühlszuständen erlebt hatte, wurde jetzt von einem neuen überrascht – Truman hatte Angst, offensichtlich panische Angst vor John. Bei einem Abendessen in ihrem Haus in Coconut Grove lief er ständig wie ein Kind hinter ihr her, doch erst als er ihr in die Küche folgte, begriff sie, daß er verzweifelt versucht hatte, sie unter vier Augen zu sprechen. »Du mußt mir ein Taxi rufen!« flüsterte er. »Ich muß diesem Mann entwischen. Er wird mich umbringen.« Während sie ein Taxi rief, schlüpfte Truman durch die Hintertür hinaus, schlich sich seitlich am Haus vorbei und erwartete das Taxi auf der Straße. John bemerkte bald, daß er nicht mehr da war – »ich glaube, er ist draußen«, sagte April vage –, und suchte ihn im Garten. Als er allein zurückkam, versuchte er gar nicht erst zu verbergen, wie peinlich ihm diese öffentliche Bloßstellung war. »Betrunkener Narr!« rief er erbittert aus.

Von Aprils Haus fuhr Truman in ein Motel, wo er sich zwei oder drei Tage lang versteckte. Offenbar bat er John dann telefonisch, ihn abzuholen, und wahrscheinlich geschah bei diesem Anlaß, am Samstag abend, den 7. März, daß ihn John »grün und blau schlug. Ich hatte eine Mordswut, weil er wieder abhauen wollte – davon hatte ich genug –, und da brannte mir einfach die Sicherung durch. Nachher tut es mir immer leid, wenn so etwas geschieht; es war viele, viele, viele Jahre nicht mehr passiert.« Truman hatte noch mehr Ursache, den Vorfall zu bedauern: Nasenbein und eine Rippe waren gebrochen, ein Finger war verstaucht, und er hatte Schürfungen und Prellungen an Gesicht, Händen, Brust und Schenkel.

Bestürzt über das Ausmaß seiner Verletzungen machte John einen dringlichen Anruf bei Dr. Harold Deutsch, Trumans Arzt in Miami, der mit seiner Frau und einem anderen Paar von einem offiziellen Empfang herbeieilte. Im Motel fanden sie Truman mit John und dessen Sohn Brian, der aus Jackson zu Besuch war. Truman berichtete Deutsch, sowohl der Vater als auch der Sohn hätten ihn mißhandelt. (Brian leugnete später, beteiligt gewesen zu sein.) Nachdem Deutsch Trumans gebrochene Nase in der Praxis gerichtet hatte, brachte er ihn zur Behandlung der anderen Verletzungen ins Larkin General Hospital in Miami.

Truman verbrachte dort zwölf Tage und flog dann nach New York zurück, wo er, nicht überraschend, berichtete, John und er hätten sich gestritten. Trotzdem hielt er am Plan fest, an der Westküste der Halbinsel ein Haus zu kaufen, das sie sich auf der Insel Marco – »Florida's Fantasy Island«, wie die Anzeigen verhießen, ausgesucht hatten. »In gewisser Weise ist das meine Rache«, meinte Truman. »Es ist das Paradies, das sich Johnny immer gewünscht hat, und jetzt kann er da unten sitzen und verfaulen!« Dem Geliebten einen Platz im Paradies zu verschaffen, ist eine etwas merkwürdige Definition von Rache. Die fadenscheinige Rationalisierung unterstrich denn auch nur noch stärker die platte und bedauerliche, aber unbestreitbare Wahrheit: Gleichgültig, was John Truman antat, gleichgültig, wie viele körperliche oder seelische Wunden er ihm zufügte, Truman klammerte sich so fest an ihn wie an das Leben selbst. In der Tat waren seine Wunden kaum verheilt, als er John bereits wieder einlud, Ostern mit ihm in New York zu verbringen.

Nun kam allerdings ein neuer Faktor ins Spiel, und der komplizierte ihre verworrene Beziehung noch um einiges. Truman fing an, unter paranoiden Halluzinationen zu leiden, dies fast sicher als Folge zu vieler Dosen zu vieler rezeptpflichtiger Medikamente. Als sie am Ostersonntag 1981 im La Petite Marmite, einem vornehmen Restaurant gegenüber dem U.N. Plaza, zum festlichen Abendessen Platz nahmen, drückte Truman liebevoll Johns Hand. Dann sagte er in einem so blitzartigen Stimmungsumschwang, daß John einen Augenblick lang an einen Scherz glaubte: »Du hast dich unbenommen benommen.« Die sonderbare und grammatikalisch falsche Bemerkung wiederholend, erhob er sich und warf dabei fast einen Nachbartisch um. »Du kannst deine Mahlzeit beenden, und ich werde dafür bezahlen«, erklärte er, bevor er ins U.N. Plaza hinüberstolperte. »Dann möchte ich dich nie wiedersehen.«

Völlig perplex folgte ihm John zehn Minuten später, nur um einen neuerlichen Schock zu erleben, als er das U.N. Plaza betrat. Truman befahl dem Portier gerade, John aus seiner Wohnung zu werfen. »Dein Trick hat nicht funktioniert!« rief er mysteriös in Johns Richtung. Truman saß noch geistesabwesend an die Decke starrend in der Eingangshalle, als John wütend mit Koffern und Taschen das Haus verließ und ein Taxi heranwinkte. Als John vom Flughafen aus anrief, war Truman in seine Wohnung zurückgekehrt. Er hatte keinerlei Erinnerung an das Vorgefallene und war völlig bestürzt zu hören, daß John das glückliche Osterfest beende und nach Florida zurückfliege. »Aber was habe ich denn getan?« jammerte Truman. »Was habe ich getan?«

Nachdem John nach Miami zurückgekehrt war, verschlimmerten sich Trumans Halluzinationen. Am 24. April weckte er um halb sieben Uhr früh seine Nachbarn, ein älteres Ehepaar, und bat sie um Zuflucht vor Mördern, die in seine Wohnung eingedrungen seien. Von ihrem Telefon aus rief er Bob MacBride herbei, der sich vorkam wie in einer Tragikomödie. Nur mit einem schmuddeligen Bademantel bekleidet, der auseinanderklaffte und ihn darunter nackt zeigte, umklammerte Truman mit der einen Hand ein großes Glas Wodka der Gastgeber und versuchte mit der anderen verzweifelt, Liz Smith bei der *Daily News* zu erreichen. Wenn sie in ihrer Kolumne über die Gefahr berichte, in der er sich befand, sagte er, würden die gedungenen Killer gezwungen sein, ihn in Ruhe zu lassen – so grenzenlos war sein Glaube an die Macht von Publicity. Bob nahm ihm sanft den Hörer aus der Hand, führte ihn in seine Wohnung zurück und brachte ihn zu Bett.

Als Truman am Nachmittag ruhig und klar im Kopf aufwachte, war Bob völlig verblüfft zu hören, daß er sich an alles, was vorgefallen war, erinnerte und ihm zustimmte, daß er Opfer eines psychotischen Schubs gewesen sei – ja, daß er sich dessen schon bewußt gewesen sei, während es geschah. Selbst als Truman die Mörder beschrieben hatte, hatte er in einem Bezirk seines Verstandes gewußt, daß sie nur eingebildet waren. Aber wie jemand, der gefesselt und geknebelt ist und hilflos zusieht, wie Diebe sein Haus plündern, war dieser rationale Teil von ihm außerstande gewesen, zu intervenieren. Er habe schon früher ähnliche Anfälle erlitten, gestand er Bob, aber er habe Angst gehabt, es jemandem zu erzählen.

Bevor Bob am Morgen eingetroffen war, hatte Truman auch mit Joe und Myron telefoniert. Sie sollten Jack in Paris anrufen, hatte er sie angefleht, und ihn bitten, rasch nach Hause zu kommen – er brauche ihn. Aber Jack, der ohnehin vorhatte, in drei Tagen nach Hause zu fliegen, weigerte sich und machte kein Geheimnis daraus, daß es ihn ärgerte, belästigt zu werden. Seine Rückkehr brachte dann allerdings ohnehin keine Hilfe. Fast unmittelbar danach rief Truman erneut Bob an und bat ihn um Rettung vor Jack, der ihn gefangenhalte und ihm nach dem Leben trachte. Zunehmend beunruhigt, stellte Bob ein paar Tage später Jack in einer Begegnung, die ihre erste und letzte bleiben sollte. Trumans Zustand sei so ernst, daß er in ein psychiatrisches Krankenhaus gehöre, hielt ihm Bob vor; seine Freunde und insbesondere Jack sollten diesbezüglich gemeinsam Druck auf ihn ausüben. Aber Jack war empört über Bobs »Anmaßung« und weigerte sich, da mitzuspielen. »Wo hast du bloß deine Freunde her?« fragte Jack danach Truman verächtlich. »Bellevue?«

Bob hätte Truman dieselbe Frage stellen können. »Ich hatte von Truman immer gehört, was für ein toller Typ Jack sei«, bemerkte er, »und was habe ich vorgefunden? Ein ziemlich hilfloses, keifendes altes Weib. Er hatte keine Ahnung, was zu tun war, und wetterte bloß gegen die Übel des Alkohols. Schon nach fünf Minuten machte er mir sogar Vorwürfe, weil ich eine Tasse Kaffee trank und eine Zigarette rauchte. Dann jammerte er nur noch über seine eigenen Probleme, daß er zu tun habe, aber Truman nicht allein lassen könne. Tun Sie, was Sie tun müssen, sagte ich zu ihm, ›ich werde mich um Truman kümmern, während Sie weg sind.‹ Kaum war er fort, kam Truman, der sich schlafend gestellt hatte, auf Zehenspitzen aus seinem Zimmer geschlichen und bat mich, ihm eine Flasche Wodka zu besorgen. Als ich nein sagte, zog er sich an, um sie sich selbst zu holen. Ich stellte mich vor die Tür und sagte: ›Truman, du gehst nirgends hin. Geh zurück ins Bett.‹«

Frustriert vom vergeblichen Versuch, bei Jack Unterstützung zu finden, schrieb Bob am nächsten Tag an Alan Schwartz und wiederholte seinen Appell, daß Trumans Freunde an einem Strang ziehen sollten. »Ich glaube, T.C. wird in Kürze sterben, wenn es nicht gelingt, für ihn einen guten Arzt und eine gute psychiatrische Klinik zu finden, und zwar keine weitere Entzugsklinik – sei es durch eine Überdosis, wie seine Mutter, oder durch etwas noch Drastischeres. (Zum Dach des U.N. Plaza ist es nur eine kurze

Fahrt mit dem Aufzug.) Er ist sich dessen völlig bewußt und macht sich große Sorgen.« Bob stellte Trumans Angst nicht übertrieben dar. Am 14. Mai begab sich Truman freiwillig in ein Rehabilitationszentrum am Hudson River nördlich von Manhattan. Anfang Juni wechselte er in eine Klinik auf Long Island.

Beide Sanatorien entsprachen nicht der Art von psychiatrischem Krankenhaus, das Bob empfohlen hatte, und die Halluzinationen begannen aufs neue, als John Mitte Juni von Truman eine Einladung annahm, wieder nach Norden zu kommen. John wohnte noch nicht lange bei ihm, als ihn Truman erneut mit einem Eindringling verwechselte. Aber diesmal rief Truman nicht Bob oder den Portier zu Hilfe, sondern die Polizei. Das ganze Kommissariat schien erpicht darauf, Trumans Wohnung von innen zu sehen. Ein Überfallkommando, das ausgereicht hätte, um eine ganze terroristische Vereinigung auszuheben, setzte sich in der benachbarten Zentrale des 17. Reviers in Marsch. Erst als John von einer Mauer von Blauuniformierten umstellt war, erwachte Truman aus seinem Delirium und sagte, er sei verwirrt gewesen. Als mehrere Abende später dasselbe geschah, fand John, es sei an der Zeit, sich nach einer ruhigeren Bleibe umzusehen. »Ach zum Teufel damit! Laß mich hier raus!« schrie er und packte seine Koffer, um zum Flughafen zu fahren.

Trumans Halluzinationen mitzuerleben wirkte auf John buchstäblich ernüchternd. Am nächsten Tag, den 21. Juni, fand er wieder den Weg zu den Anonymen Alkoholikern und gelobte, nie wieder zu trinken. »Ich bin zu *allem* bereit, um nüchtern zu bleiben«, schrieb er an Truman, der, wie er verspätet erkannt hatte, für seine Handlungen nicht verantwortlich gewesen war. Mit dem Enthusiasmus des Frischkonvertierten schlug John ihm vor, zusammen ein neues, trockenes und tablettenfreies Leben zu beginnen. Er sei bereit, alles zu tun, schrieb John, sogar vier Monate mit ihm in Hazelden zu verbringen, um Truman zu helfen, die Nüchternheit wiederzuerlangen, die er jetzt genieße. »Truman, laß uns leben!« bat er. »Wir haben die Chance zu leben! Was wir getan haben, ist kein Leben.«

58

Aber Truman wollte nicht auf Alkohol und Drogen verzichten. Das Leben mit ihnen war unerträglich, aber ein Leben ohne sie war undenkbar. Sie waren seine ständigen Begleiter, seine verläßlichsten Kumpel geworden. Manchmal nahm er spätabends seine Pillen und Kapseln aus der Tasche – die gelben und roten, die weißen und blauen, die braunen und schwarzen –, zählte sie fünf- oder sechsmal, um sich zu vergewissern, daß sie alle da waren, und ließ sie zärtlich durch die Finger gleiten wie ein Mensch anderen Glaubens die Perlen eines Rosenkranzes. Allein schon sie zu berühren gab ihm Trost. »Ist sie nicht schön!« rief er eines Tages beim Mittagessen aus und hielt eine Kapsel eines neuerworbenen und besonders starken Sedativums – *Lotusate* lautete sein poetischer Name – ans Licht und drehte und wendete sie, als wäre sie ein Saphir, in dessen erstarrtem Herzen er das Licht tanzen sah.

»Es ist das einzige schöne Medikament, das ich je gesehen habe, ein wunderschönes Lavendelblau. Weil mein Organismus noch nicht daran gewöhnt ist, schlafe ich sofort darauf ein. Ich kann fünf Stunden schlafen; dann wache ich auf und nehme noch eine.«

Auf Kokain sang er ein ähnliches Loblied – »so unglaublich zart«, nannte er es – und prahlte öffentlich, wieviel er davon konsumiere. Ohne sich um die schweren Strafandrohungen zu scheren, bediente er sich seiner mit seliger Unbekümmertheit. So unterbrach er einmal ein Abendessen im La Petite Marmite, um in der gläsernen Telefonzelle neben dem Eingang rasch eine Zeile zu schniefen. Unerschüttert empfahl der Ober Trumans Dinner-Gast, sich vor die Zelle zu stellen, um ihn den Blicken zu entziehen. Eine Zeitlang ging das Gerücht um, er habe aufgehört zu koksen, worauf ihm seine Dealer, beunruhigt über die Aussicht, einen so guten Kunden zu verlieren, Umschläge mit Gratisproben schickten. Aber das Gerücht war falsch. Als Joe Petrocik in Trumans New Yorker Wohnung in einer Zeitschrift blätterte, fielen drei mit Schnee gefüllte Briefchen heraus, die Truman zwischen den Seiten versteckt und dann dummerweise dort vergessen hatte. »Genau das brauche ich jetzt!« kreischte Truman, riß sie ihm aus der Hand und lief ins Nebenzimmer, um den Inhalt zu schnupfen.

Doch genau wie ein Teil seines Bewußtseins rational blieb, während der Rest seine Wohnung mit Mördern bevölkerte, stand ein Teil von ihm nüchtern abseits und erklärte, Koks und Pillen seien nicht, was er brauche, ja sie würden ihn sogar eines Tages ruinieren. Als er eines Abends deprimiert den Blick durch seine Wohnung schweifen ließ, in der überall Pillen und deren Verpackungen verstreut lagen, sprach er eine weitere, unheilvolle Prophezeiung aus. »Zuerst hat es Marilyn erwischt, dann Monty«, meinte er. »Ich werde der nächste sein. In den nächsten Tagen wirst du auf der Titelseite der *Daily News* etwas über mich lesen. Es ist ein sicheres Zeichen, wenn in allen Ecken Tabletten und Röhrchen herumliegen.«

Bevor der Sommer 1981 zu Ende war, schien seine Prophezeiung in Erfüllung zu gehen. Am Morgen des 1. August erlitt er vor dem Einkaufszentrum von Sagaponack eine Art epileptischen Anfall. Man schaffte ihn ins Krankenhaus von Southampton, überzeugt, daß er dem Tode nahe war. »Ich war dreißig Sekunden lang tot, dann vier Stunden lebendig, dann wieder fünfunddreißig Sekunden lang tot«, berichtete er; die Pfleger hatten es ihm so erzählt. »Wenn ich zwei Sekunden länger tot gewesen wäre, hätte es kein Zurück mehr gegeben. Kinder werden im Glauben aufgezogen, daß der Tod schrecklich sei. Aber es war ganz, ganz angenehm.«

Nach fast einmonatigem Aufenthalt im Krankenhaus begab er sich nach Manhattan, doch am 15. September kurz nach 12 Uhr mittags erlitt er im Korridor seiner Wohnung einen zweiten Anfall. »Truman Capote mit

Blaulicht ins Krankenhaus« lautete die Schlagzeile der *New York Post* am Nachmittag über einem Bild, das Truman bewußtlos, mit geschlossenen Augen und offenem Mund, auf eine Tragbahre geschnallt zeigte. Sein Zustand war jedoch nicht so ernst, wie das Foto suggerierte; er kehrte schon nach sechstägigem Aufenthalt im New York Hospital nach Long Island zurück. Ohne sich im mindesten um die Ermahnungen der Ärzte zu kümmern, die diese Anfälle auf den Alkohol zurückführten, ging er auf dem Heimweg bei einem Freund auf ein paar Drinks vorbei. In den Wochen darauf trank er weiter, als wäre nichts geschehen, als wären die Wochen im Krankenhaus aus seinem Gedächtnis gelöscht.

Daß er die deutliche – ja schicksalhafte – Warnung, die seine Anfälle waren, so leichtfertig ignorierte, war ein Signal für etwas, das sich schon lange abgezeichnet hatte: Er hatte den Lebenswillen verloren. »Alles ist jetzt schwierig für ihn und kostet ihn enorme Anstrengung«, meinte Jack. »Die ganze Energie, die er noch hat, braucht er, um eine Fassade aufrechtzuerhalten und den Leuten vorzutäuschen, daß er okay ist.« Oft in diesem Herbst war er nicht einmal mehr dazu imstande; ihm fehlte die nötige Kraft, sich zu waschen, sich zu rasieren und saubere Kleider anzuziehen. Manchmal brachte er nicht einmal die Energie auf, zur Toilette zu gehen, mit der Folge, daß die Hintertreppe seines Studios, die er oft statt dessen benutzte, nach Urin stank. »Geh doch irgendwohin, wo man den Leuten beibringt, in eine Schüssel zu pissen!« lautete Jacks sarkastischer Ratschlag.

Angesichts seiner Hilflosigkeit wollten besorgte Freunde jemanden anstellen, der sich um ihn kümmern sollte, eine Mischung aus Krankenschwester und Begleiter. William Diefenbach, sein Arzt auf Long Island, bot sogar an, ein Jahr Urlaub von seiner Praxis zu nehmen und sich um ihn zu kümmern – falls er seine Zeit dem Schreiben widmen würde. Jede Möglichkeit wurde in Betracht gezogen, aber Truman lehnte alle ab, und Jack, der Unterstützung hätte begrüßen sollen, äußerte sich, wie vorherzusehen war, verächtlich. »Was würde Truman mit einem Pfleger schon anfangen?« fragte er. »Wahrscheinlich würde er ihn dazu verleiten, Heroin zu spritzen; oder der Pfleger würde ihn auf einen neuen Trip bringen.«

Durch eine besonders trostlose Ironie des Schicksals war Truman nun wie Denham Fouts, das Gespenst seiner Jugend, geworden, der in den letzten Monaten seines Lebens seine schwermutverhangene, nach Opium riechende Wohnung an der Rue du Bac nur noch selten verlassen hatte. Dennys Rückzug in die Unterwelt der Drogen hatte Truman damals so verstört und erschreckt, daß er bald aus seiner Nähe geflohen war. In der Tat hatte er in Denny den Spuk kommenden Unheils gesehen, und mehr als dreißig Jahre später war er nun geworden, was er damals befürchtet hatte – ein Halbinvalide, der oft die einfachsten Aufgaben nicht allein bewältigen konnte und der von einem immer kleiner werdenden Kreis von Freunden abhängig war, die sich um ihn kümmerten. An guten Tagen konnte er immer noch bezaubern, amüsieren und sogar schreiben; an schlechten Tagen wurde er zu einer Last, die vielen äußerst schwer zu ertragen schien.

Am drückendsten erschien diese Last Jack, der sich jedes Jahr auf seine Abreise nach Verbier freute wie ein Sträfling auf den Tag seiner Entlassung aus dem Gefängnis. Als der letzte Akt im Drama von Trumans Verfall begann, schien Jack sich selbst als Zuschauer und nicht als Hauptfigur zu betrachten, und ganz sicher nicht als den, der die Rettungsaktionen, so vergeblich sie auch sein mochten, hätte leiten sollen. Nie scheint ihm der Gedanke gekommen zu sein, daß dreiunddreißig Jahre Zusammenleben eine besondere Verpflichtung mit sich bringen. Was bisher durch die cholerischen Züge seiner Persönlichkeit, durch die Ausbrüche von Zorn und Wut, verborgen geblieben war, wurde jetzt offenkundig: Truman hatte ihre Beziehung beherrscht; Truman hatte bestimmt, wo sie hinreisten und wo sie lebten, und Truman hatte geliebt, während Jack sich hatte lieben lassen. Jacks Zuneigung zu ihm war zwar echt gewesen, aber die meiste Zeit war er erstaunlich passiv und distanziert geblieben – »kalt und hyperboreisch«, wie er es selbst genannt hatte. Er hatte nur eines verlangt, nämlich, daß man ihn in Ruhe ließ.

Und Jack blieb im Alter von siebenundsechzig Jahren so egozentrisch, wie er immer gewesen war. Er wollte noch immer in Ruhe gelassen werden, und er entzog sich der Bürde, die Truman geworden war, durch Flucht in die Schweiz oder indem er, selbst wenn er zu Hause war, die Verantwortung auf andere Schultern abwälzte. Im Januar 1983, an einem der tiefsten von Trumans vielen Tiefpunkten, dachte Joe Petrocik kurz daran, Jack ein Telegramm nach Verbier zu schicken und ihn zur Rückkehr nach New York aufzufordern. Als er sich aber Jacks Reaktion ausmalte, hob er resignierend die Hände: »Was würde er schon sagen? ›Ich komme zurück, wenn die Schisaison vorbei ist.‹«

Es war Trumans Schicksal und die trostloseste Ironie, daß er am Ende des Lebens wie an dessen Anfang von jenem Menschen abgelehnt wurde, der ihm am nächsten stand. Wie Nina, war auch Jack während seiner letzten Lebensjahre ihm gegenüber ambivalent und äußerte fast im gleichen Atemzug Liebe und Verachtung. Und ebenso konnte er auf Jack nur dann zählen, wenn es ihm paßte; dann, wenn er gerade nichts anderes zu tun hatte. »Truman kann man nicht mehr helfen«, erklärte er. »Was soll ich denn tun? Ich glaube, ich bin ein Schrecken für ihn. Ich halte ihm dauernd Standpauken. Ich komme mit ihm genausowenig zurecht, wie ich eine Handvoll Wasser von hier [Sagaponack] nach East Hampton tragen könnte. Wie kann man mit etwas leben, wenn man es vor seinen Augen niederbrennen sieht? Truman stirbt. Er ist ein sterbender Mann. Aber ich kann nicht mit ihm sterben.«

Einsam und verängstigt durch seine Anfälle, klammerte sich Truman dennoch an Jack, und Ende 1981 kämpfte er erbittert darum, ihn an der Abreise in die Schweiz zu hindern. »Er krallt sich an mir fest wie an einem Rettungsboot«, stöhnte Jack. Seine Weigerung, bei Truman zu bleiben, war der Auftakt zu einigen der schlimmsten Wochen ihrer ganzen Beziehung. Als alles Bitten und Überreden nichts nützte, griff Truman zum ersten Mal zum Mittel ökonomischer Erpressung und drohte, die Wohnung in Verbier zu verkaufen. Als auch das ohne Erfolg blieb, geriet er vollkommen außer sich und beschuldigte Jack, die kränkelnde Maggie eingeschläfert zu haben – ihre Hinterbeine waren gelähmt –, bloß um ungehindert reisen zu können.

Dieser Vorwurf kränkte Jack am meisten. »O Gott!« ächzte er. »Wie ich um das Leben dieses kleinen Hundes gekämpft habe! Trumans Rachsucht ist grotesk. Er hat das ganze Geflecht unseres Zusammenlebens genommen und zerrissen. Die Liebe seines Lebens hatte Truman verlassen, und er glaubte, er könne mit Jack ins Paradies zurückkehren. Aber das geht nicht. Er hat sich verändert. Vielleicht findet er einen anderen. Schließlich glaubt immer noch mehr als die Hälfte der Menschheit an den Messias. Ich fürchte mich jetzt vor den Wochenenden und Feiertagen mit ihm. Zum ersten Mal seit Jahren habe ich das Gefühl, morgens nicht aufstehen zu können, so deprimiert bin ich. Jeder Mensch, der mit einem Alkoholiker zusammenlebt, fängt an, ihn zu hassen. Wir sind wie Soldaten nach der Schlacht. Es gibt nichts zu sagen.«

Doch es gab sehr wohl noch einiges zu sagen, und Truman hatte es nicht lange zuvor gesagt: »Ich kann die Verbindung mit Johnny nicht abreißen lassen, aber irgendwie weiß ich immer, daß ich mit Jack zusammenlebend sterben werde.« Ein Tauwetter setzte im Frühjahr 1982 mit Jacks Rückkehr aus der Schweiz ein. Einige Wochen lang sah es aus, als wäre die Uhr auf eine angenehmere Zeit zurückgedreht. Truman schmökerte heimlich in Jacks neuestem Buch – »gefällt mir ungeheuer«, berichtete er, als er die Hälfte gelesen hatte – und mischte sich in einen der berühmtesten Gerichtsfälle des Jahrzehnts ein, den Prozeß gegen Claus von Bülow wegen versuchten Mordes an seiner Frau Sunny. Für die Verteidigung Partei ergreifend, die behauptete, Sunnys Drogen- und Alkoholabhängigkeit habe das Koma verursacht, in dem sie lag, erklärte Truman, er habe sie gekannt, und sie sei im Gegensatz zu den Behauptungen der Anklage sowohl alkohol- als auch drogensüchtig gewesen: Sie habe ihm sogar gezeigt, wie man sich Injektionen macht.

Den Hansdampf in allen Gassen zu spielen war in etwa alles, wozu er noch fähig war, und die kurzen Texte, die er sich abrang – eine Erzählung mit dem Titel »One Christmas« (»Eine Weihnacht«) sowie eine Spalte mit Erinnerungen – wirkten irgendwie abgeschlafft und spiegelten seine eigene, nicht zu überwindende Müdigkeit. Einen Großteil des Jahres war er sogar zu kaputt, um viele Gedanken auf John zu verschwenden, der ihm mindestens zwei provozierende Briefe schrieb. Im ersten – im April 1982 – bat er um Geld, das ihm Truman offenbar schickte. Aus dem zweiten, ein paar Monate später geschriebenen, ging hervor, daß ihn John nicht mehr haßte. Sein Betreuer bei den AA habe ihn überzeugt, daß er keinen Frieden finden werde, solange er derart negative Emotionen nicht aus seiner Seele verbanne, schrieb John, deshalb schreibe er ihm. »Also. Betrachte Dich denn als meiner Verzeihung teilhaftig und von mir ungehaßt... Wenn Dir dieses mein durchaus selbstsüchtiges Tun Frieden und Glück bereitet, bin ich froh; und ich hoffe, daß auch Du darüber nachdenkst, Dich wem auch immer gegenüber, den Du haßt, genauso zu verhalten. Laß den Haß versickern, Truman, er ist Gift.«

In früheren Jahren hätte ein so herablassender Brief bei Truman ein Wutgeheul ausgelöst. Aber John stellte nunmehr eine zu große Herausforderung für seine aufgezehrten Kräfte dar. Trotz all seines Nörgelns war Jack derjenige, mit dem er jetzt zusammensein wollte, und als der Herbst 1982 in den Winter überging, richtete Truman die alte Bitte an ihn: Vergiß die Schweiz! Und er erhielt die alte Antwort: Nein. Aber Jack war in Wirklichkeit ohnehin kaum mehr bei ihm, selbst wenn er in New York war. Wenn, allen Versen und Liedern zufolge, Menschen, die einander lieben, sich um den Baum versammeln, am Heiligen Abend nämlich, büxte Jack in die Oper aus, um Verdis »Macbeth«, das blutige Drama des Verrats mitzuerleben, und überließ Truman sich selbst. Als Jack ein paar Tage später für Verbier packte, quartierte sich Truman im Krankenhaus von Southampton ein, wo er, wiederum allein, das neue Jahr 1983 begrüßte.

Trumans Niedergang beschleunigte sich in alarmierendem Maß. Kaum hatte er ein Krankenhaus verlassen, landete er schon im nächsten. Eine genaue Liste seiner Klinikaufenthalte ist schwer zu erstellen, denn zwischen 1980 und 1983 war er in einem halben Dutzend Bundesstaaten sowie in der Schweiz hospitalisiert. Aber die Aufzeichnungen des Southampton Hospitals, der von ihm bevorzugten Klinik, geben eine Vorstellung von der zunehmenden Rasanz seiner Talfahrt: 1981 wurde er dort viermal, 1982 siebenmal und 1983 sechzehnmal aufgenommen. »Früher hatte er ein paar gute Monate zwischen den Krisen«, stellte Joe Petrocik fest. »Dann waren es ein paar gute Wochen. Schließlich ein paar gute Tage. Jetzt sind es ein paar gute Stunden.«

In den ersten zwei Monaten 1983 taumelte er von Krankenhaus zu Krankenhaus: von Southampton nach New York, von einer Schweizer Klinik in das Larkin General Hospital in Miami – dann zurück nach Manhattan und in das Mount Sinai Hospital. »Wenn er sich wieder in den Griff kriegt, bleiben ihm noch viele, viele Jahre«, meinte Bertram Newman, sein Arzt in Mount Sinai. »Aber wenn er so weitermacht wie jetzt, könnte er sich genausogut eine Pistole in den Mund stecken, das würde allen viel Kummer ersparen. Ich fühle mich so ohnmächtig, weil ich weiß, daß er weiß, daß das alles beenden kann.«

Am 1. März 1983, am Tag, an dem er Mount Sinai verließ, machten ihm Lester Persky und Alan Schwartz im La Petite Marmite ungewohnt ernsthafte Vorhaltungen. Alan war zu Tränen gerührt – »ich hatte erst jetzt endlich erkannt, daß er sich tatsächlich umbrachte«, sagte er –, aber Truman war eher irritiert als ergriffen. »Ich hatte einen gräßlichen Lunch mit meinem Anwalt und Lester Ever-Present Persky«, berichtete er am gleichen Nachmittag. »Sie sagten, ich sei in sechs Monaten tot, wenn ich nicht aufhöre zu trinken. Ich hätte am liebsten geantwortet: ›Na und? Es geht um mich, nicht um euch. Warum regt ihr euch auf?‹ Sie tun alle so, als hätte ich keine Anstrengungen unternommen, aber ich habe mich im Laufe der letzten fünf Jahre ungeheuer angestrengt. Es ist fast, als würden sie alle schielen und könnten deshalb nichts sehen.«

Wie Jack – ja wie sogar Truman selbst – begannen seine Freunde zu reden, als hätte er eine tödliche Krankheit, als wäre sein Tod ein unmittelbar bevorstehendes Ereignis, dessen genaues Datum bloß noch nicht feststeht. Manche zögerten sogar, ihm die Tür zu öffnen, aus lauter Sorge, daß er auf ihrer Couch oder in ihrem Gästezimmer einschlafen und nicht mehr aufwachen könnte. Da sie voraussahen, daß er nicht mehr lange genug leben würde, um sein Geld zu genießen, überredeten Alan und Arnold Bernstein, sein Steuerberater, Random House zur sofortigen Freigabe von Summen, die erst in Jahren fällig geworden wären. »Ich wollte, daß er das Geld sofort zur Verfügung hatte, selbst wenn es bedeutete, daß er etwas mehr Steuern zahlen mußte«, erklärte Arnold.

Und so drehte sich die Abwärtsspirale weiter, beschleunigt durch eine Reihe kleinerer Erschütterungen wie die Ablehnung seiner Kolumne durch *Vanity Fair* und ein überflüssiger Angriff seiner Tante Tiny Rudisill, die im März 1983 »Truman Capote« veröffentlichte, eine einmalig alberne Darstellung seiner Kindheit. Obwohl sie ein wenig schmeichelhaftes Bild von ihm zeichnete, verstörte ihn die bösartige Schilderung seiner Mutter noch mehr. Tiny beschrieb ihre Schwester Nina als eine Schlampe, deren »einzige dauerhafte Leidenschaft« weder Arch noch Joe Capote, sondern Teshu gegolten habe, einem Creek-Indianer mit sinnlichem Mund und der Gewohnheit, wie in Kitschromanen zu reden. »Ich habe noch nie so viele Tatsachenverdrehungen in jedem Satz gesehen wie in diesem Buch«, meinte Harper Lee, eine der Hauptfiguren darin. Mary Ida Carter, eine weitere Schwester von Tiny und Nina, war so angewidert, daß sie das Buch in den Abtritt hinter ihrem Haus warf – das »Freilicht-Klo«, wie sie es nannte – und mit einer langen Stange außer Sicht drückte. Doch so hanebüchen Tinys Machwerk war, erzielte es doch eine bescheidene Auflage und wurde bedauerlicherweise von vielen als den Tatsachen entsprechend betrachtet.* Es gelangte sogar in die Hände von Slim Keith, die in ihrer noch nicht besänftigten Wut Truman einen kurzen, aber außergewöhnlich verletzenden Brief schrieb. »Es hat mich so amüsiert«,

* Nach Trumans Tod bot Tiny die plumpe und schwerfällige Erzählung »I remember Grandpa« zum Verkauf an und behauptete, Truman habe sie 1947 geschrieben, in dem Jahr also, in dem er »Andere Stimmen« vollendete. Sie konnte die Autorschaft allerdings nicht beweisen – das Manuskript war getippt und enthielt keine einzige Anmerkung in seiner Handschrift. Er hat die Erzählung offensichtlich nicht geschrieben. Redbook druckte sie dennoch, ein Verlag in Atlanta brachte sie als illustriertes Buch heraus, und viele Leser hielten sie zweifellos für echt.

giftete sie, »über Deine popelige Herkunft & Kindheit zu lesen.« Verletzt über diesen Tiefschlag seitens einer Blutsverwandten, wollte Truman im April nach Alabama fliegen in die tröstlichen Arme von Mary Ida. Sie war die einzige auf der mütterlichen Seite der Familie, die er noch mochte und der er vertraute. Aber er erreichte Monroeville nicht, sondern landete nach einer Überdosis statt dessen im Baptist Medical Center in Montgomery. »Ich schnallte mir einen Rucksack um und alte Schuhe an und strebte in die Heimat, wo es noch anständige Menschen gibt«, scherzte er. »Aber unterwegs hatte ich einen Unfall.« Wieder im Norden, erlitt er eine andere Art von Unfall: Am 1. Juli wurde er in Bridgehampton wegen Fahrens unter Alkoholeinfluß festgenommen und mußte eine Nacht im Gemeindegefängnis von Southampton verbringen. »Capote erneut betrunken am Steuer«, lautete die Schlagzeile der *New York Post.*

Eine längere Haftstrafe schien möglich – es gab ein Gerücht, daß der Staatsanwalt von Suffolk County vorhabe, an ihm ein Exempel zu statuieren –, und Truman erwies sich selbst keinen guten Dienst, als er zur Vernehmung in einem Sommersakko, kurzer Hose und dunkler Sonnenbrille erschien. »So bekleidet erscheint man nicht vor Gericht«, rügte ihn der Richter ärgerlich, ließ ihn dann aber, nachdem er ihn mehrere Monate lang hatte schmoren lassen, mit nichts Schlimmerem als einer Buße von 500 Dollar bei dreijähriger Bewährung laufen. »Ich muß doch nicht nach Sing-Sing!« frohlockte Truman.

Einen großen Teil des Jahres 1983 hätte er jedoch genausogut in Sing-Sing verbringen können, so wenig war er sich bewußt, wo er sich befand oder was er tat. Auf einer Party für Liza Minelli im Dezember redete er so wirres Zeug, daß ihn die anderen Gäste einfach ignorierten und ihn mit einem *cordon sanitaire* aus höflich abgewandten Augen und aufgesetztem Lächeln umgaben. Bestürzt, ihn allein dasitzen zu sehen, organisierte die Klatschkolumnistin Liz Smith eine Reihe von Gästen, die sich bereit erklärten, ihm aus Barmherzigkeit in Schichten von jeweils einer halben Stunde Gesellschaft zu leisten. »Es hat mich so traurig gemacht«, sagte Liz, die sich an andere, gar nicht so lange zurückliegende Abende erinnerte, an denen alle einen Kreis um ihn gebildet hatten, begierig, aus dem Mund von Truman Capote die neuesten geistreichen Kommentare zu hören.

»Er konnte sich kaum an die früheren Tage erinnern«, hatte Truman in seinen Notizen zu »Erhörte Gebete« geschrieben. »Das Glück hinterläßt so flüchtige Spuren; es sind die dunklen Tage, [die] so reichen Niederschlag finden.« Er hatte damit unwissentlich einmal mehr seine eigene Zukunft vorausgesagt. Die Triumphe der Vergangenheit schienen jetzt aus unermeßlicher Ferne nachzuhallen, während sich die dunklen Tage der Gegenwart bis zum Horizont und darüber hinaus erstreckten. Viele von denen, die ihm Vergnügen bereitet hatten, waren inzwischen tot: Bennett Cerf, Babe Paley, Cecil Beaton und Gloria Guinness, sogar Tennessee Williams, dem er nach einer verspäteten Versöhnung »Musik für Chamäleons« gewidmet hatte. Viele andere sprachen nicht mehr mit ihm: Marella Agnelli, Lee Radziwill, Pamela Harriman und natürlich die haßerfüllte Slim. Vernichtender als ein Hurrikan hatten die Jahre seine Armada von Schwänen zerstreut. Vielleicht konnte sich nur noch er, der sie am meisten bewundert hatte, erinnern, welch exquisite Befriedigung es gewährt hatte, sie souverän durch einen Raum schreiten zu sehen und die ehrfürchtigen und staunenden Blicke zu registrieren, die ihnen folgten.

Ihre Vergänglichkeit war natürlich zu erwarten gewesen. Schöne Frauen altern, sterben und machen Platz für andere schöne Frauen. Vor Babe hatte es Mona Williams gegeben, und vor Mona Consuelo Vanderbuilt – die Liste war lang und glanzvoll. Aber irgendwann zwischen den fünfziger Jahren, als Truman die Höhen des Olymps erklommen hatte, und den achtziger Jahren war die Kette abgerissen. Natürlich gab es eine neue Generation schöner Frauen, aber keine besaß das Stilgefühl einer Babe oder einer Gloria oder der unvergleichlichen Mona. Der Geist, den diese drei repräsentierten, war aus der Mode gekommen und eine neue, ausschließlich auf Publicity basierende Art von Glamour an seine Stelle getreten. Die Reichen hatten sich über alle Erwartungen hinaus vermehrt, aber zum Teil gerade deshalb war der Olymp, jenes Reservat der wenigen Stilbewußten, verschwunden. Für die danach Kommenden klang die

Beschreibung davon zweifellos eher nach einer poetischen Erfindung – wie Xanadu oder Camelot oder die verschwundene Insel Atlantis – als nach dem Land der lachenden Sonne, das Truman gekannt hatte. Wenn er an stillen Sommernachmittagen davon erzählte, klang es, als wäre er der einzige Überlebende einer großen Katastrophe, der letzte Erdenbürger, der sich noch erinnerte, wie alles gewesen war.

Seinen müden Augen erschien jetzt alles schal. Er hatte, wie er oft sagte, die Welt aufgebraucht; es gab keinen Platz mehr, der ihm Zufriedenheit bieten konnte, gar keinen Platz mehr für ihn. Manhattan, das ihn seit seinen Teenager-Tagen freudig erregt hatte, bot keine Genüsse mehr, nicht einmal mehr verruchte wie das Studio 54, das geschlossen worden war, nachdem zwei der Besitzer wegen Steuerhinterziehung ins Gefängnis gesteckt worden waren. Der eine Ort, den er noch liebte, das flache Landstück auf Long Island zwischen Southampton und East Hampton – knapp achtzehn Kilometer lang – war von Bauunternehmern verunstaltet worden, und rings um sein Studio erhoben sich teure, ausgefallene und fast durchgehend geschmacklose Häuser.

Da er im Staat New York nicht mehr Auto fahren durfte, konnte er den Aufenthalt dort nicht mehr genießen. Man sah ihn nicht mehr hinter dem Lenkrad versteckt in Jacks rotem Mustang durch die Landschaft fegen und beschwipst oder nüchtern andere Verkehrsteilnehmer durch fast totale Mißachtung aller Regeln in Angst und Schrecken versetzen.

In den ersten sechs Wochen des Jahres 1984 stürzte er zweimal schwer und erlitt eine leichte Gehirnerschütterung. Nach drei weiteren Aufenthalten im Southampton Hospital flog er nach Los Angeles, um sich von Joanne Carson pflegen zu lassen. Eine Woche später, am 27. Februar, schickte ihn der Arzt erneut ins Krankenhaus, diesmal ins Cedars-Sinai Medical Center von Los Angeles, und zwar zur Behandlung einer neuen und potentiell tödlichen Krankheit: Phlebitis, eine Venenentzündung, die sein linkes Bein schmerzhaft anschwellen ließ. Am 11. März ging es ihm gut genug, daß er nach Manhattan zurückkehren konnte, aber die Entzündung flackerte bald

erneut auf, und fünf Tage später lag er im New York Hospital. In seiner Lunge hatten sich Blutgerinnsel gebildet. Bis sie durch ein blutverdünnendes Medikament aufgelöst werden konnten, war er in ständiger Gefahr. Jack war genügend besorgt, daß er früher aus der Schweiz zurückkehrte. Nach seiner Entlassung befolgte Truman mehrere Wochen lang die Anweisungen seines Arztes, der ihm Alkohol verbot. »Die Anonymen Alkoholiker sind im Himmel zusammengekommen und haben überlegt, was sie tun könnten, um mich vom Trinken abzuhalten«, juxte er. »Dann sind sie auf diese Krankheit verfallen.« Aber kaum war die Phlebitis unter Kontrolle, stürzte er sich wieder auf die Flasche. Als Jack seinen Wodka wegkippte, griff er zur letzten Rettung der Alkoholiker, zur NyQuil, einem Grippemittel, das fünfundzwanzig Prozent Alkohol enthält. George McCormack jr., ein neuer Arzt, hielt ihm den üblichen Vortrag: »Ich finde es kriminell, wie Sie mit dem Talent umgehen, das Sie besitzen.« Statt wie gewohnt zu schmollen, hörte ihm Truman zu und erklärte sich im Juni bereit, es mit dem Chit Chat Carom Hospital, einer Rehabilitationsklinik in der Nähe von Philadelphia, zu versuchen. »Ich werde Ihren Rat befolgen, vorausgesetzt, sie nehmen mich«, teilte er McCormack mit. Die Aussicht erfüllte ihn jedoch mit Entsetzen, und als der Tag des Kurbeginns – Samstag, der 23. Juni – näher rückte, wurde er immer unruhiger und trank jeden Tag sichtlich mehr. »Ich glaube, es war falsch, daß ich mich darauf eingelassen habe«, lamentierte er. »Sobald ich wieder draußen bin, mach ich ja doch weiter wie vorher. Ich kenne mich. Ich bin nun mal der Mensch, der ich bin, und werde mich nicht ändern. Ich werde immer trinken. Ohne Zweifel wird es mich am Ende umbringen.«
Ebenso skeptisch hinsichtlich seiner Prognose war Jack. Er stand nicht nur dem Unternehmen Chit Chat ablehnend gegenüber, sondern behandelte Truman auch fast unvorstellbar gemein – sein Verhalten ist nicht anders zu beschreiben. Er half ihm nicht packen, und am letzten Abend vor Trumans Abreise schloß er sich in seinem abgedunkelten Haus in Sagaponack ein und gestattete Truman weder, bei ihm zu bleiben, noch, ihn zu besuchen oder auch nur mit ihm zu sprechen, mit Ausnahme eines Wortwechsels, der

sich durch das Schlafzimmerfenster abspielte. »Fünfunddreißig Jahre lang hat er für nichts bezahlen müssen«, empörte sich Truman, so verletzt und wütend, daß seine Stimme zitterte. »Und jetzt sagt er: ›Ich werde dich nicht ins Haus lassen.‹ Ich habe ihm keinen Grund gegeben, sich so zu verhalten. Er ist ein Ungeheuer! Ein Ungeheuer!«

Am nächsten Tag fuhr ihn Jack immerhin nach Manhattan, und Truman wartete pflichtgemäß in der Lobby des U.N. Plaza, als ihn Dr. McCormack am Samstag früh zur Fahrt nach Pennsylvania abholte. Er begann jedoch so furchtbar zu zittern, daß McCormack auf halbem Weg an einem Spirituosenladen halten mußte, um ihm ein Fläschchen Wodka zu kaufen, da er befürchtete, er könnte sonst Krämpfe bekommen. Als sie die Klinik erreichten, war Truman so betrunken, daß er nicht ohne fremde Hilfe aus dem Auto steigen und sich auskleiden konnte. »Das ist nicht meine *tasse de thé«*, bemerkte er wehmütig, als sich McCormack verabschiedete. War es auch nicht. Ein paar Tage später erhielt McCormack einen Anruf des Direktors von Chit Chat: Truman bereite seine Flucht vor. »Nicht nur er will abhauen, er hat auch zwei andere überredet, mit ihm zu gehen!« beschwerte sich der Direktor.

Für einen kurzen Augenblick tauchte John wieder in seinem Leben auf, der ihn in Los Angeles im Krankenhaus besucht hatte, die erste persönliche Begegnung seit über zweieinhalb Jahren. John hatte im Sommer davor einen Herzinfarkt gehabt und schien im Gegensatz zu Jack Mitgefühl für Trumans seelische und körperliche Leiden aufbringen zu können; es war, als hätte ihn sein eigener Flirt mit dem Tod von seinem alten Zorn und Groll gereinigt. Nach dem Krankenhausbesuch telefonierten sie miteinander und schmiedeten Pläne für ein späteres Wiedersehen in Florida, wo John als Verkäufer in einem Möbelgeschäft arbeitete. »Truman ist genauso, wie er vor vielen Jahren war – völlig abgewrackt«, meinte John. »Er will nicht nüchtern werden, aber ich möchte trotzdem, daß er hierherkommt, so daß ich einen letzten Versuch mit ihm machen kann. Ich möchte ihn einfach festnageln und fragen: ›Truman, was kann ich tun, um dir da rauszuhelfen?‹«

Zu diesem letzten Versuch sollte John keine Gelegenheit mehr bekommen. Am 2. August wurde Truman als Folge der bisher schlimmsten Überdosis mit der Ambulanz in das Southampton Hospital gebracht. Seine Pupillen waren unbeweglich und vergrößert, und seine Atmung mußte maschinell unterstützt werden, das erste Mal, daß dies notwendig war. »Ich glaube, er ist dem Tod diesmal ziemlich nahegekommen«, meinte Dr. Diefenbach. »Es liegt im Schoß der Götter, ob man so etwas ausschlafen kann, ohne daß die Atmung versagt.« Auf seinen gelegentlichen Fahrten nach Manhattan wurde Truman erneut von Halluzinationen heimgesucht. Eines Abends sah er Gespenster, darunter Joe Capote, und bekam solche Angst, daß er an die Tür seiner Nachbarn trommelte und bat, eingelassen zu werden. Da er sich fürchtete, allein in New York zu bleiben, und in Sagaponack unglücklich war, machte er Pläne, einige Wochen in Kalifornien bei Joanne zu verbringen, obwohl es bedeutete, daß er Jacks siebzigsten Geburtstag versäumen würde. »Ich möchte weg von Jack und seinen Schikanen«, erklärte er. »Mit jedem zweiten Satz hackt er auf mich ein.« Die Spannung zwischen ihnen hielt bis zum Tag der Abreise an, und als Truman in Los Angeles eintraf, sagte er zu Joanne: »Mit Jack ist es endgültig aus. *Fini.*« Aber dieses Wort hätte man auf alles anwenden können, was Truman gekannt und geliebt hatte, seine Arbeit eingeschlossen. Es war alles vorbei und zu Ende – *fini*. Nicht lange davor hatte ihn ein Freund gefragt, wie »Erhörte Gebete« vorankomme. »Reden wir nicht *darüber*«, antwortete Truman verdrossen. Dann besänftigte sich seine Miene, und der Trotz wich einer Mischung aus Ratlosigkeit und Trauer: »Ich träume davon, und mein Traum ist so wirklich wie eine angestoßene Zehe. Alle Menschen, mit denen ich zusammengewesen bin, kommen drin vor, so strahlend, so echt. Ein Teil meines Gehirns sagt: ›Das Buch ist so schön, so gut aufgebaut – ein so schönes Buch hat es noch nie gegeben.‹ Aber dann entgegnet ein zweiter Teil meines Gehirns: ›Niemand kann so gut schreiben.‹«

59

Ein Monat trennte Truman noch von seinem sechzigsten Geburtstag, als er am Donnerstag, dem 23. August 1984, in Los Angeles eintraf. Aber ein Polaroid-Bild, das Joanne an dem Abend machte, zeigte das Gesicht eines älteren Mannes, so müde, daß sich seine Züge fast auflösen, als seien sie aus schmelzendem Wachs. Am nächsten Tag schien er etwas aufzuleben, aber am Samstag kehrte seine Müdigkeit zurück. Als ihn Joanne frühmorgens aufwecken wollte, sagte er, er sei noch müde und wolle weiterschlafen. Als sie ihn am Mittag wach zu rütteln versuchte, war er tot.

Das war jedenfalls die Version, die Joanne der Polizei und den Journalisten erzählte. Aber so hatten sich die Dinge, wie sie mir später anvertraute, nicht abgespielt.

Als sie ihn an diesem Samstag morgen, wahrscheinlich etwa um halb acht Uhr, wecken ging, sah er so blaß und erschöpft aus, daß sie seinen Puls fühlte; er flatterte. Sie dachte, das Frühstück würde ihn kräftigen, aber er ließ sie nicht gehen, sondern griff nach ihrer Hand und zog sie neben sich aufs Bett. »Nein«, sagte er, »bleib hier.«

»Bist du okay?« fragte sie ihn.

»Nein, bin ich nicht«, antwortete er. »Aber bald werde ich es sein.«

»Truman, ich glaube, ich möchte den Notarzt rufen«, sagte sie und wollte sich erheben. Wieder hielt er sie fest, und während der nächsten drei oder möglicherweise vier Stunden redete und redete er, bis er nicht mehr sprechen konnte.

Die Autopsie, die vom County Coroner von Los Angeles durchgeführt wurde, ergab keine »eindeutige Todesursache«, wie die Ärzte gewöhnlich sagen. »Es wurde festgestellt, daß er infolge einer Lebererkrankung, kompliziert durch Phlebitis und mehrfache Arzneimittelvergiftung, starb«, lautete die knappe Auskunft seitens des Coroners. Aber er hatte nie Symptome einer ernsten Lebererkrankung gehabt. Seine Leber war erst wenige Wochen zuvor im Krankenhaus von Southampton getestet worden, und was man schlimmstenfalls darüber sagen konnte, war, daß sie präzirrhotisch war – daß sie mit anderen Worten Anzeichen einer beginnenden Zirrhose aufwies. Die Ärzte in der Praxis des Coroners schienen etwas verwirrt.

Woran war er dann gestorben? Da er keinen Alkohol im Blut hatte – ausnahmsweise hatte er nicht getrunken –, ist die Schuld am ehesten bei den schönen kleinen Pillen zu suchen, mit denen er so gern gespielt hatte. In den Stunden und Tagen vor seinem Tod hatte er große Mengen von Medikamenten eingenommen: Valium, Dilantin, Kodein, Tylenol und zwei oder drei verschiedene Barbiturate. Das Valium allein – etwa 40 mg –, hätte ausgereicht, einen Menschen, der nicht wie Truman daran gewöhnt war, so zu betäuben, daß ihn ein Schrei ins Ohr nicht aufgeweckt hätte. Ein gesunder Mensch hätte einen derartigen Angriff auf den Organismus vielleicht überlebt. Ein kranker dagegen, insbesondere einer mit leichtem Leberschaden wie Truman, eher nicht, und so deutet alles darauf hin, daß er wohl eine tödliche Überdosis eingenommen hat. Die einzige verbleibende Frage kann niemals beantwortet werden: War die Überdosis beabsichtigt oder nicht?

Wie dem auch sei, wahrscheinlich erlitt Truman infolge der Überdosis eine Herzrhythmusstörung, ein Versagen der normalen elektrischen Signale an das Herz. Der flatternde Puls, den Joanne feststellte, bestätigt diese Schlußfolgerung. Eine solche Störung, die bei Alkoholikern häufig auftritt, ist bei der Leichenöffnung nicht festzustellen. Sie kann Stunden dauern, und während dieser Zeit kann der Betroffene sprechen, und zwar völlig klar sprechen, was Truman, wie Joanne sagte, getan hat. Sie ist auch behebbar, wenn der Betroffene ärztlich versorgt wird. Wäre der Notarzt gerufen worden, hätte Trumans Leben wahrscheinlich noch einmal gerettet werden können. Aber das wollte er offensichtlich nicht, und vielleicht ist die Frage gar nicht so wichtig, ob er versucht hat, sich das Leben zu nehmen: Selbst wenn es so war, hat er ja noch einen Aufschub, eine letzte Chance erhalten. Und als er zwischen Leben und Tod wählen konnte, entschied er sich für den Tod.

Als Truman fünf- oder sechsjährig war und in Monroeville lebte, schenkte ihm jemand ein kleines Flugzeug mit Pedalen, mit dem er im Hof herumfahren konnte wie mit einem Dreirad. Es war grasgrün und hatte einen zinnoberroten Propeller, und Truman schwärmte seinen neiderfüllten Freunden vor, er werde eines Tages davonfliegen, werde von der staubigen Straße vor Jennies Haus abheben, sich über die Bäume emporschwingen und über die Meere bis nach China ziehen, jenes idyllische und geheimnisvolle Land, von dem er oft träumte. Er hatte alle, auch sich selbst davon überzeugt und trat wütend in die Pedale, schneller und schneller... Aber er hob nicht ab. Nun, da er in seinem Schlafzimmer in Joannes Haus saß und spürte, daß etwas Schreckliches mit ihm geschah, sollte sein Wunsch in Erfüllung gehen.

»Truman, ich glaube, du brauchst Hilfe«, sagte Joanne noch einmal. »Laß mich den Arzt rufen. Wir können dich ins Krankenhaus bringen.«

»Nein«, antwortete er. »Ich möchte das nicht noch einmal durchmachen. Keine Krankenhäuser mehr. Mein Liebes, ich bin so furchtbar müde. Wenn du mich gern hast, dann tu gar nichts. Laß mich einfach gehen. Ich weiß genau, was ich tue. Ich habe beschlossen, nach China zu gehen, wo es keine Telefone und keine Post gibt.« Er sprach weiter, hauptsächlich über seine Mutter, aber auch über seine Arbeit und »Erhörte Gebete«. Wie Blätter, die sanft vom Baum fallen, werde das Buch enden, hatte er versprochen, und so endeten auch seine eigenen letzten Stunden, während sein Leben langsam entschwand. Sein Puls wurde schwächer, seine Äußerungen verkürzten sich zu Formeln. »Schöne Babe«, lautete eine. »Mama, Mama« eine

andere. Schließlich: »Ich bin's, Buddy« – Buddy war Sooks Kosename für ihn gewesen. »Mir ist kalt«, waren seine letzten Worte. Kurz vor zwölf Uhr mittags hörte er auf zu atmen, und Joanne rief den Notarzt, der ihn um zwölf Uhr einundzwanzig für tot erklärte.
So war er, Augenblick für Augenblick, zum Anfang zurückgekehrt.

Bibliographie

Aldington, Richard. *Portrait of a Genius, but…: The Life of D. H. Lawrence.* London, 1950.
Alsop, Susan Mary. *To Marietta from Paris: 1945 – 1960.* New York, 1975.
Arvin, Newton. *Hawthorne.* New York, 1961.
–. *American Pantheon.* Edited by Daniel Aaron and Sylvan Schendler. New York, 1966.
Auden, W. H. *Collected Poems.* Edited by Edward Mendelson. New York, 1976.
Bacall, Lauren. *Lauren Bacall by Myself.* New York, 1979.
Baldwin, Billy. *Billy Baldwin Decorates.* New York, 1972.
–. *Billy Baldwin Remembers.* New York, 1974.
– with Michael Gardine. *Billy Baldwin: An Autobiography.* Boston, 1985.
Barker, Richard H. *Marcel Proust.* New York, 1958.
Beach Sylvia. *Shakespeare and Company.* New York, 1959.
Beaton, Cecil. *The Wandering Years, Diaries 1922 – 39.* Boston, 1961.
–. *The Years Between, Diaries 1939 – 44.* New York, 1965.
–. *The Best ob Beaton.* Introduction by Truman Capote. New York, 1968.
–. *Cecil Beaton: Memoirs of the 40's.* New York, 1972.
–. *The Strenuous Years, Diaries 1948 – 55.* London, 1973.
–. *The Restless Years.* London, 1976.
–. *The Parting Years, Diaries 1963 – 74.* London, 1978.
– and Gail Buckland. *The Magic Image.* Boston, 1975.
Benchley, Nathaniel. *Humphrey Bogart.* Boston, 1975.
Bernstein, Burton. *Thurber.* New York, 1975.
Birmingham, Stephen, *The Right People: A Portrait of the American Social Establishment.* Boston, 1968.
Bosworth, Patricia. *Montgomery Clift: A Biography.* New York, 1978.
Bowles, Paul. *Without Stopping: An Autobiography.* New York, 1972.

Bradlee, Benjamin C. *Conversations with Kennedy.* New York, 1975.
Brian, Denis. *Murderers and Other Friendly People.* New York, 1973.
Brickell, Herschel, ed. O. *Henry Memorial Award Prize Stories of 1946.* New York, 1946.
–., ed. *Prize Stories of 1948.* New York, 1948.
Brinnin, John Malcolm. *Sextet.* New York, 1981.
Brown, Frederick. *An Impersonation of Angels: A Biography of Jean Cocteau.* New York, 1968.
Buckley, William F., Jr. *The Jeweler's Eye.* New York, 1968.
–. *A Hymnal: The Controversial Arts.* New York, 1978.
Carpenter, Humphrey. *W. H. Auden.* Boston, 1981.
Carr, Virginia Spencer. *The Lonely Hunter, A Biography of Carson McCullers.* New York, 1975.
Cerf, Bennett. *At Random: The Reminiscences of Bennett Cerf.* New York, 1977.
Clark, Ronald W. *Freud, The Man and the Cause.* New York, 1980.
Cocteau, Jean. *Professional Secrets: An Autobiography of Jean Cocteau.* Edited by Robert Phelps, translated by Richard Howard. New York, 1970.
Connolly, Cyril. *Ideas and Places.* New York, 1953.
Coward, Noël, *The Noël Coward Diaries.* Edited by Graham Payn an Sheridan Morley. Boston, 1982.
Cowles, Virginia. *The Astors.* New York, 1979.
Cowley, Malcom, ed. *Writers at Work, The* Paris Review *Interviews.* New York, 1959.
Creeger, George R. *Animals in Exile: Imagery and Theme in Capote's* In Cold Blood. Middletown, Connecticut, 1967.
Curtis, Charlotte. *The Rich and Other Atrocities.* New York, 1976.
Curtiss, Mina. *Other People's Letters.* Boston, 1978.
Davis, John H. *The Guggenheims.* New York, 1978.
–. *The Kennedys: Dynasty and Disaster, 1848–1983.* New York, 1984.
Dillon, Millicent. *A Little Original Sin, The Life and Work of Jane Bowles.* New York, 1981.
Donald, David Herbert. *Look Homeward: A Life of Thomas Wolfe.* Boston, 1987.
Doughty, Howard, *Francis Parkman.* New York, 1962.
Drutman, Irving, *Good Company.* Boston, 1976.
Dunphy, Jack. *John Fury.* New York, 1946.
–. *»Dear Genius ...«: A Memoir of My Life with Truman Capote.* New York, 1987.
Eells, George. *The Life That Late He Led, A Biography of Cole Porter.* New York, 1967.

Ewen, David. *The Story of America's Musical Theater.* Philadelphia, 1968.
–. *New Complete Book of the American Musical Theater.* New York, 1970.
Eyles, Allen. *Bogart.* New York, 1975.
Fiedler, Leslie A. *Love and Death in the American Novel.* New York, 1960.
Finney, Brian. *Christopher Isherwood.* New York, 1979.
Fitzgerald, F. Scott. *The Last Tycoon.* Foreword by Edmund Wilson. New York, 1969.
Flanner, Janet. *Paris Journal, 1944 – 1965.* Edited by William Shawn. New York, 1965.
Flaubert, Gustave. *The Letters of Gustave Flaubert, 1830 – 1857.* Selected, edited and translated by Francis Steegmuller. Cambridge, Massachusetts, 1980.
Forster, E. M. *A Passage to India.* New York, 1924.
Fryer, Jonathan. *Isherwood.* New York, 1978.
Fulton, John F. *Harvey Cushing: A Biography.* Springfield, Illinois, 1946.
Garson, Helen S. *Truman Capote.* New York, 1980.
Gill, Brendan. *Here at The New Yorker.* New York, 1975.
Goad, Craig M. *Daylight and Darkness, Dream and Delusion: The Works of Truman Capote.* Emporia, Kansas, 1967.
Graham, Sheilah. *How to Marry Super Rich: Or Love, Money and the Morning After.* New York, 1974.
Grant, Jane. *Ross,* The New Yorker *and Me.* New York, 1968.
Green, Martin. *Children of the Sun.* New York, 1976.
Green, Stanley. *The World of Musical Comedy.* New York, 1962.
Greene, Graham. *Ways of Escape.* New York, 1981.
Grobel, Lawrence. *Conversations with Capote.* New York, 1985.
Gruen, John. *Menotti, A. Biography.* New York, 1978.
Guggenheim, Peggy. *Out of This Century: Confessions of an Art Addict.* New York, 1979.
Halberstam, David. *The Powers The Be.* New York, 1979.
Hanna, David. *Bogart.* New York, 1976.
Hassan, Ihab. *Radical Innocence: Studies in the Contemporary American Novel.* Princeton, New Jersey, 1961.
Herbert, David. *Second Son: An Autobiography.* London, 1972.
Higham, Charles. *Brando: The Unauthorized Biography,* New York, 1987.
Holroyd, Michael. *Lytton Strachey: A Critical Biography,* Volume II. New York, 1968.
Hoover, Kathleen, and John Cage. *Virgil Thomson: His Life and Music.* New York, 1959.
Huisman, P., and M. G. Dortu. *Lautrec by Lautrec.* New York, 1964.

Hyams, Joe. *Bogie*. New York, 1966.
Isherwood, Christopher. *Down There on a Visit*. New York, 1962.
Jablonski, Edward. *Harold Arlen*. New York, 1961.
James, Henry. *The Art of the Novel*. New York, 1934.
Johnson, Edgar. *Charles Dickens: His Tragedy and Triumph*, Volume I. New York, 1952.
Jullian, Philippe, and John Phillips. *Violet Trefusis: Life and Letters*. London, 1976.
Kahn, E. J., Jr. *Jock: The Life and Times of John Hay Whitney*. New York, 1981.
La Guardia, Robert. *Monty: A Biography of Montgomery Clift*. New York, 1977.
Lawrence, D. H. *The Letters of D. H. Lawrence*. Edited and with an introduction by Aldous Huxley. New York, 1932.
Leavitt, Richard F., ed. *The World of Tennessee Williams*. New York, 1978.
Lee, Harper. *To Kill a Mockingbird*. Philadelphia and New York, 1960.
Lewis, Robert. *Slings and Arrows: Theatre in My Life*. New York, 1984.
Lilienthal, David. E. *The Journals of David E. Lilienthal, Volume II: The Atomic Energy Years, 1945 – 1950*. New York, 1964.
–. *The Journals of David E. Lilienthal, Volume III: The Venturesome Years, 1950 – 1955*. New York, 1966.
–. *The Journals of David E. Lilienthal, Volume V: The Harvest Years, 1959 – 1963*. New York, 1971.
Logan, Joshua. *Movie Stars, Real People, and Me*. New York, 1978.
Lopez, Enrique Hank. *Conversations with Katherine Anne Porter*. Boston, 1981.
Mack, Gerstle. *Toulouse-Lautrec*. New York, 1949.
Mailer, Norman. *Advertisements for Myself*. New York, 1959.
–. *The Armies of the Night*. New York, 1968.
Malin, Irving, ed. *Truman Capote's* In Cold Blood: *A Critical Handbook*. Belmont, California, 1968.
Martin, Ralph G. *A Hero for Our Times: An Intimate Sory of the Kennedy Years*. New York, 1983.
Menen, Aubrey. *The Duke of Gallodoro*, New York, 1952.
Metz, Robert. *CBS: Reflections in a Bloodshot Eye*. Chicago, 1975.
Moore, Harry T. *The Priest of Love: A Life of D. H. Lawrence*. Revised edition. New York, 1974.
Morgan, Ted. *Maugham*. New York, 1974.
Morley, Robert, and Sewell Stokes. *Robert Morley*. New York, 1966.

Nance, William L. *The Worlds of Truman Capote.* New York, 1970.
Newquist, Roy. *Counterpoint.* Chicago, 1964.
Nicolson, Nigel, ed. *Harold Nicolson, The Later Years, 1945 – 1962.* New York, 1968.
Nin, Anaïs. *The Diary of Anaïs Nin.* Edited by Gunther Stuhlmann, New York, 1971.
Nizer, Louis. *Reflections without Mirrors.* New York, 1978.
Nolan, William F. *John Huston, King Rebel.* Los Angeles, 1965.
O'Higgins, Patrick. *Madame.* New York, 1971.
Ozick, Cynthia, *Art and Ardor.* New York, 1983.
Painter, George D. *Proust, The Later Years.* Boston, 1965.
Paley, William S. *As It Happened: A Memoir.* New York, 1979.
Paper, Lewis Jo. *Empire: William S. Paley and the Making of CBS.* New York, 1987.
Pope-Hennessy, Una. *Charles Dickens.* New York, 1946.
Priestley, J. B. *Charles Dickens.* New York, 1962.
Quennell, Peter, ed. *Marcel Proust, 1871 – 1922, A Centennial Volume.* New York, 1971.
Rader, Dotson. *Tennessee: Cry of the Heart.* New York, 1985.
Reed, Kenneth T. *Truman Capote.* Boston, 1981.
Rorem, Ned. *The Paris and New York Diaries of Ned Rorem, 1951 – 1961.* San Francisco, 1983.
Ross, Lillian. *Reporting.* New York, 1964.
Rudisill, Marie, with James C. Simmons. *Truman Capote: The Story of His Bizarre and Exotic Bayhood by an Aount Who Helped Raise Him.* New York, 1983.
Ryan, Cornelius, *The Longest Day.* New York, 1959.
Sagar, Keith. *The Life of D. H. Lawrence.* New York, 1980.
Saroyan, Aram: *Trio.* New York, 1985.
Schorer, Mark, *The World We Imagine.* New York, 1968.
Schwartz, Charles. *Cole Porter, A Biography.* New York, 1977.
Seaman, Barbara. *Lovely Me: The Life of Jacqueline Susann.* New York, 1987.
Secrest, Meryle. *Between Me and Life.* New York, 1964.
Selznick, David O. *Memo from David O. Selznick.* Edited by Rudy Behlmer, New York, 1972.
Snow, Carmel, with Mary Louise Aswell. *The World of Carmel Snow.* New York, 1962.
Stanton, Robert J. *Truman Capote, A Primary and Secondary Bibliography.* Boston, 1980.

– and Gore Vidal, eds. *Views from a Window: Conversations with Gore Vidal.* Secaucus, New Jersey, 1980.
Stassinopoulos, Arianna. *Maria Callas: The Woman Behind the Legend.* New York, 1981.
Steegmuller, Francis, *Cocteau: A Biography.* Boston, 1970.
Stein, Jean, interviewer, George Plimpton, ed. *American Journey: The Times of Robert Kennedy.* New York, 1970.
Strachey, Lytton, *Queen Victoria.* New York, 1949.
Susann, Jacqueline. *Dolores.* New York, 1977.
Thomas, Bob. *Selznick.* New York, 1970.
Thomson, Elizabeth H. *Harvey Cushing: Surgeon, Author, Artist.* New York, 1950.
Thomson, Virgil. *Virgil Thomson.* New York, 1967.
Thurber, James. *The Years with Ross.* Boston, 1959.
Thurman, Judith. *Isak Dinesen, The Life of a Storyteller.* New York, 1982.
Toklas, Alice B. *What Is Remembered.* New York, 1963.
–. *Staying On Alone: Letters of Alice B. Toklas.* Edited by Edward Burns. New York, 1973.
Trewin, J. C. *Peter Brook, A Biography.* London, 1971.
Tynan, Kenneth. *Tynan Right and Left.* New York, 1967.
Vickers, Hugo. *Cecil Beaton, The Authorized Biography.* London, 1985.
Vidal, Gore. *The City and the Pillar.* New York, 1948.
Viertel, Salka. *The Kindness of Strangers.* New York, 1963.
Vreeland, Diana. *D. V.* Edited by George Plimpton and Christopher Hemphill. New York, 1984.
West, Ray B., Jr. *The Short Story in America: 1900 – 1950.* Chicago, 1952.
White, E. B. *Letters of E. B. White.* Collected and edited by Dorothy Lobrano Guth. New York, 1976.
Wickes, George. *The Amazon of Letters: The Life and Loves of Natalie Barney.* New York, 1976.
Williams, Tennessee. *Memoirs.* New York, 1975.
–. *Tennessee Williams' Letters to Donald Windham, 1940 – 1965.* Edited by Donald Windham. New York, 1977.
Windham, Donald. *Lost Friendships, A. Memoir of Truman Capote, Tennessee Williams, and Others.* New York, 1987.
–. *Footnote to a Friendship.* Privately printed, 1983.
Wishart, Michael, *High Diver.* London, 1977.
Woolf, Virginia. *The Diary of Virginia Woolf. Volume V, 1936 – 1941.* New York, 1984.

Register

Bildnachweis

Jamie Ardiles-Arce/*Architectural Digest*: IV, 3 u. – Cecil Beaton/Sotheby's: I, 8; II, 2; II,4
Karl Bissinger: II, 3 u.
Paul Bowles: II, 5
Joanne Carson: IV, 6 u.; IV, 8
Cartier-Bresson/Magnum: I, 4 u.; II, 3 o.
Gerald Clarke: IV, 8 o.
Jerry Cooke/*Life Magazine* © Time Inc. I, 7 o.
Culver Pictures: I, 7 m.
Curtis Studio: III, 8 o. l.; III, 8 o. r.
Bill Cutler: I, 4 r. m.
Jared French: II, 1
Laurence Fried: III, 6 u.
Henry Grossman/*Life Magazin* © Time Inc.: III, 6 o. m.; III, 7 o.; III, 7 u. James Hamilton: IV, 4 r. o.
Lisa Larsen/*Life Magazin* © Time Inc.: I, 5 o.; I, 5 u.; I, 6
Library of Congress: III, 5 o.
Carol Nash: IV, 7
Neal Peters: II, 6 u.
Joseph Petrocik und Myron Clement: IV, 4 u.; IV, 5 u.
Arty Pomerantz/*New York Post*: IV, 6 m.
Random House © Harold Halma: I, 7 u.
John Rawlings/The Edward C. Blum Design Laboratory at F.I.T.: III, 3 u.; III, 1 o. r.
St. Louis Post Dispatch/Black Star: IV, 1 u.
Steve Schapiro/*Life Magazin* © Time Inc.: IV, 2 o. l.; IV, 2 r.
Edward Sorel/*New York Magazin*: IV, 5 o. l.
Phil Stern: IV, 2 u. l.; IV, 3 o.
UPI: II, 7 o.; II, 8; III, 8 u. l.; III, 8 u. r.; IV, 1 o.; IV, 4 l. o.
Vogue/Irving Penn: III, 1
WWD: III, 6 o. r.; III, 6 o. l.; III, 7 m.; IV, 4 m. r.
Wide World: IV, 6 o.